Montagnes

Mise en pages : Xavier Féli
Création, maquette et réalisation : Lunwerg Editores.

ISBN: 2-84459-062-4
Dépôt légal : septembre 2003

Imprimé en Espagne

Montagnes

PRÉFACE DE CATHERINE DESTIVELLE

TEXTES

Eduardo Martínez de Pisón
E. Serrano Cañadas
Eduardo Viñuales Cobos
Juanito Oiarzabal
Sebastián Álvaro
Joaquín Fernández
Joaquín Araújo

PHOTOGRAPHIES

Sebastián Álvaro
Oriol Alamany
Esteban Anía
Julio Herrera
Eduardo Viñuales
E. Serrano Cañadas
Josu Bereciartua

TRADUCTION

Jean Prigent
Martine Richebé

TEXTE RÉVISÉ ET ADAPTÉ PAR

Sylvain Jouty

ÉDITIONS
PLACE DES VICTOIRES

Pages suivantes :

Deux des sites majeurs de l'histoire de l'alpinisme. Au premier plan, le sommet de l'aiguille Verte. Au fond, dans l'ombre, la face nord des Grandes Jorasses.

Sommaire

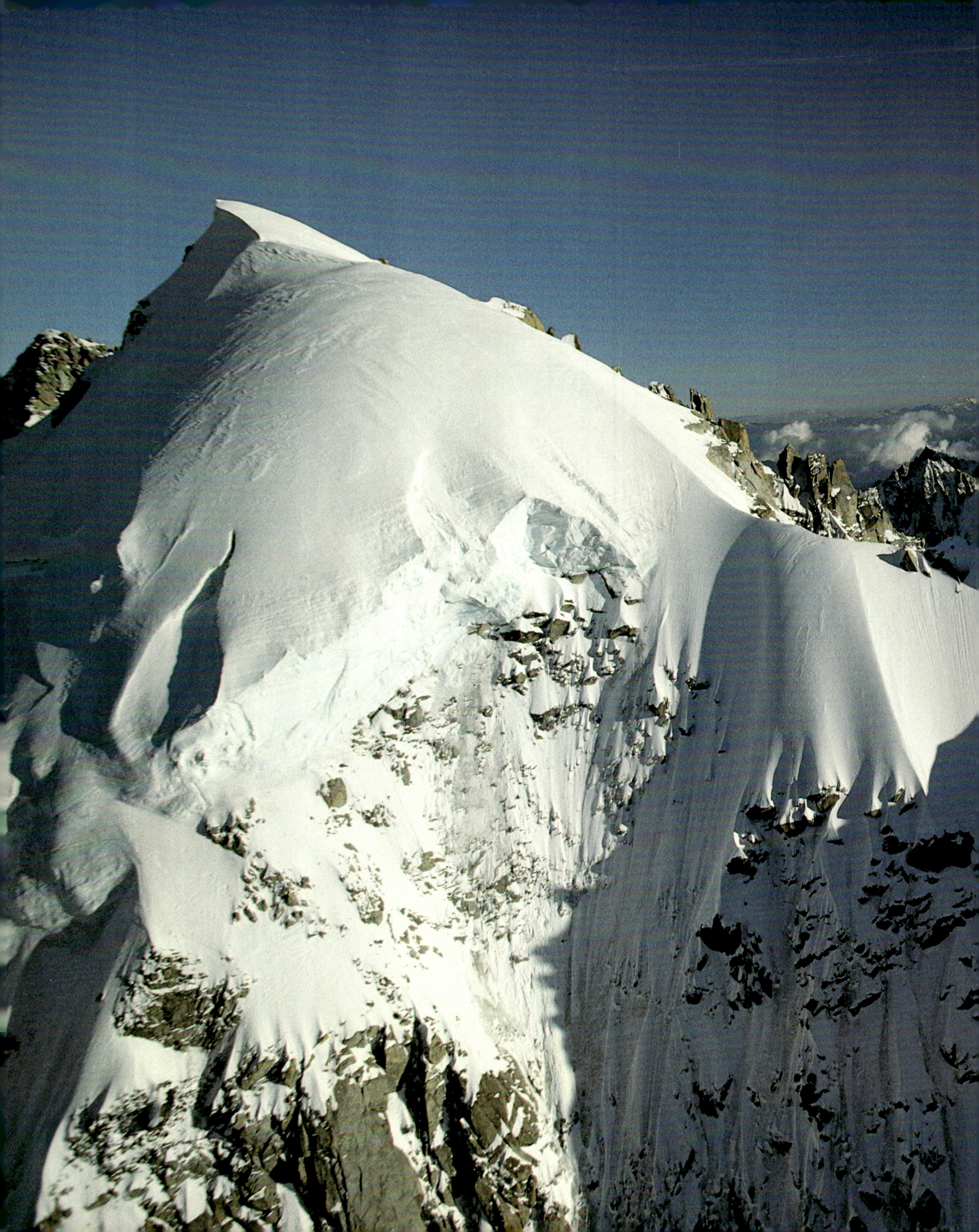

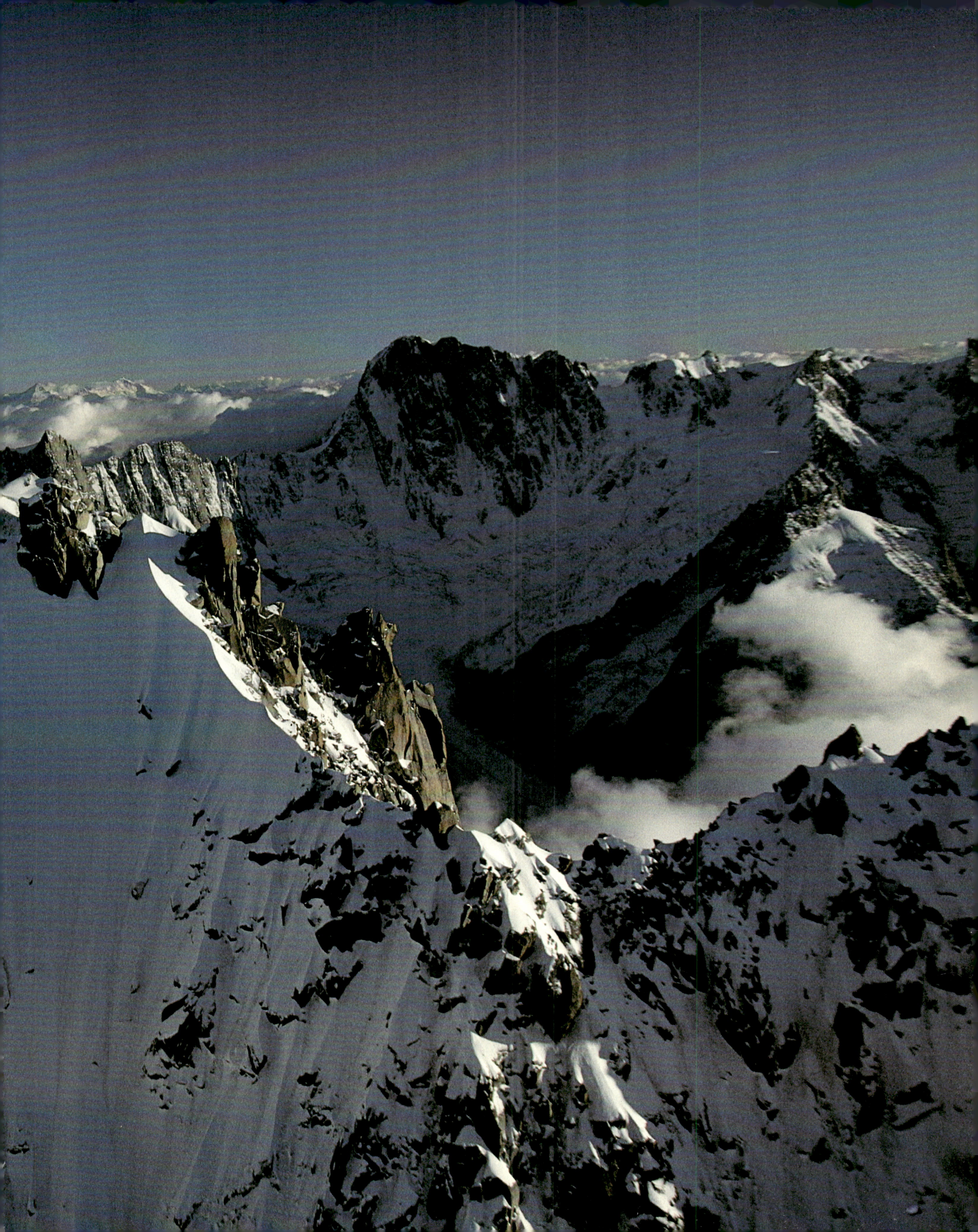

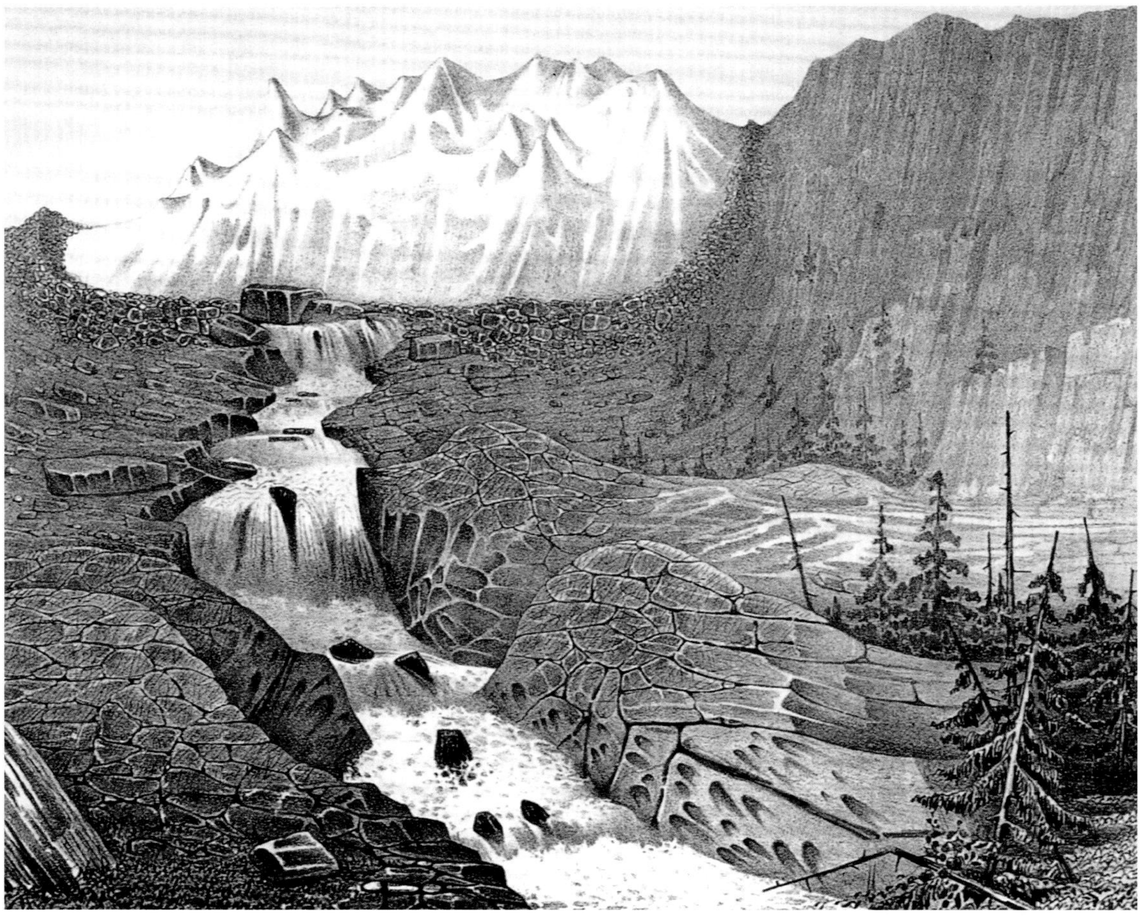

Lithographie des moraines du glacier de Fiesch, illustration du livre de Louis Agassiz, *Recherches sur les glaciers*, 1840.

Préface

« J'aime grimper jusqu'à ce point où on touche le ciel », a écrit l'alpiniste Gaston Rébuffat. Ce lieu magique, le sommet, m'attire comme un aimant depuis l'enfance. Au début, c'était sur les blocs gréseux de la forêt de Fontainebleau que, du haut de mes 6 ans, j'exultais du plaisir d'avoir grimpé. En même temps je découvrais en famille la montagne, les alpages et bientôt les paysages plus arides de la « haute » montagne.

J'eus ensuite la chance que mes parents encouragent, accompagnent puis tolèrent avec intelligence les étapes de mon apprentissage : la passion dévorante pour l'escalade, la boulimie de parois, et plus tard les entreprises extrêmes pour lesquelles je savais aussi pouvoir compter sur l'appui d'amis fidèles. Le choix des montagnes et des faces que j'ai gravies s'est toujours nourri de rêves remontant à ces premières années, et ces rêves naissaient à la vue d'images, pyramides de rocs et de glace, flèches de granit. La fascination pour ces cristaux géants m'a conduite aux Drus, au Cervin, à l'Eiger, et à bien d'autres.

Ces images qui me font encore rêver, je les retrouve aujourd'hui dans « Montagnes », et en elles je reconnais la passion des cimes et des perspectives vertigineuses. Les formes parfaites des plus beaux sommets me feront toujours vibrer comme à mes débuts. Le triangle neigeux de l'aiguille Verte, la pyramide du Cervin, les flèches des Drus et du Cerro Torre sont autant d'appels à déserter le « plancher des vaches » !

Les photos de ce magnifique album nous font voyager dans tout ce que notre Terre compte de lieux élevés, des Alpes à l'Himalaya en passant par les Andes et les montagnes Rocheuses. Il nous emmène aussi dans des reliefs plus secrets comme ceux de Norvège, d'Islande, de Namibie, d'Égypte, du Sahara, de Nouvelle-Zélande, du Groenland... et d'Espagne ! Le Naranjo de Bulnes, les Picos de Europa en hiver sont là pour nous rappeler que les Pyrénées, les sierras espagnoles et la chaîne Cantabrique n'ont rien à envier à ces Alpes qui focalisent bien souvent toute notre attention.

Sans en avoir l'air, les photos de ce livre nous offrent un éclairage particulier. Bien sûr, à tout seigneur tout honneur, il fait la part belle aux stars des montagnes, le massif du Mont-Blanc, les « 8 000 » de l'Himalaya, le Cervin, car ceux-ci sont inévitables. Mais il nous propose aussi, au fil des chapitres, des thématiques visuelles, des rapprochements qui enrichissent notre perception de la montagne. N'est-elle pas un condensé de ce que l'on appelle un « milieu extrême », par le froid, la sécheresse, le manque d'oxygène, et cela ne la rapproche-t-elle pas de ces lieux hostiles que sont l'Arctique et l'Antarctique ? Voilà que l'un des portfolios nous transporte dans le Grand Nord et le Grand Sud. N'est-elle pas aussi minérale que le Sahara le plus profond ? Voilà qu'un autre portfolio fait se succéder, dans les rouges et les ocres de la roche et de la terre, parois et déserts. Quel spectacle nous touche plus profondément que l'alliance de l'eau et de la verticalité ? Voilà une suite de lacs de montagne où le regard embrasse à la fois l'eau, l'arbre et le minéral. Qu'est-ce qui fait qu'un paysage montagneux ressemble, ou ne ressemble pas, à un autre ? Voilà un cahier qui rapproche les Rocheuses canadiennes et des massifs d'Espagne. Il y a quelques années, après un séjour d'escalade en Aragon sur les Mallos de Riglos, j'étais revenue avec l'impression que les seuls paysages européens qui me rappelaient ceux d'Amérique du Nord étaient là, en Espagne. J'ai retrouvé ce sentiment dans cet ouvrage. « Montagnes » en appelle bien sûr au regard, mais il m'a aussi appris beaucoup de choses, car au fil des chapitres se développent dans un texte d'une grande érudition des approches différentes, historique, scientifique, écologique, sportive et même poétique.

Pour l'anecdote, il est habituel de faire remonter le premier « fait d'alpinisme » à l'ascension du mont Aiguille dans le massif du Vercors par un groupe mandaté par le roi Charles VIII. C'était en 1492, l'année même où Christophe Colomb mit le pied sur le continent américain, l'année de l'expulsion des Juifs d'Espagne. Mais parle-t-on souvent de l'ascension du Popocatépetl, ce volcan gravi dès 1519 par un capitaine de Cortes en quête de soufre pour fabriquer de la poudre ? C'est pourtant un sommet de 5 482 mètres, bien plus haut que le mont Blanc escaladé deux siècles et demi plus tard ! Au chapitre de la vie sauvage en montagne, j'ai appris que les vêtements chauds, les chaussettes, l'antigel, les semelles souples pour l'escalade et l'igloo sont des techniques empruntées par l'homme aux trouvailles de Dame nature !

« Montagnes » montre superbement ces montagnes qui sont les racines de ma passion. Je vous invite à les découvrir à votre tour.

Catherine Destivelle

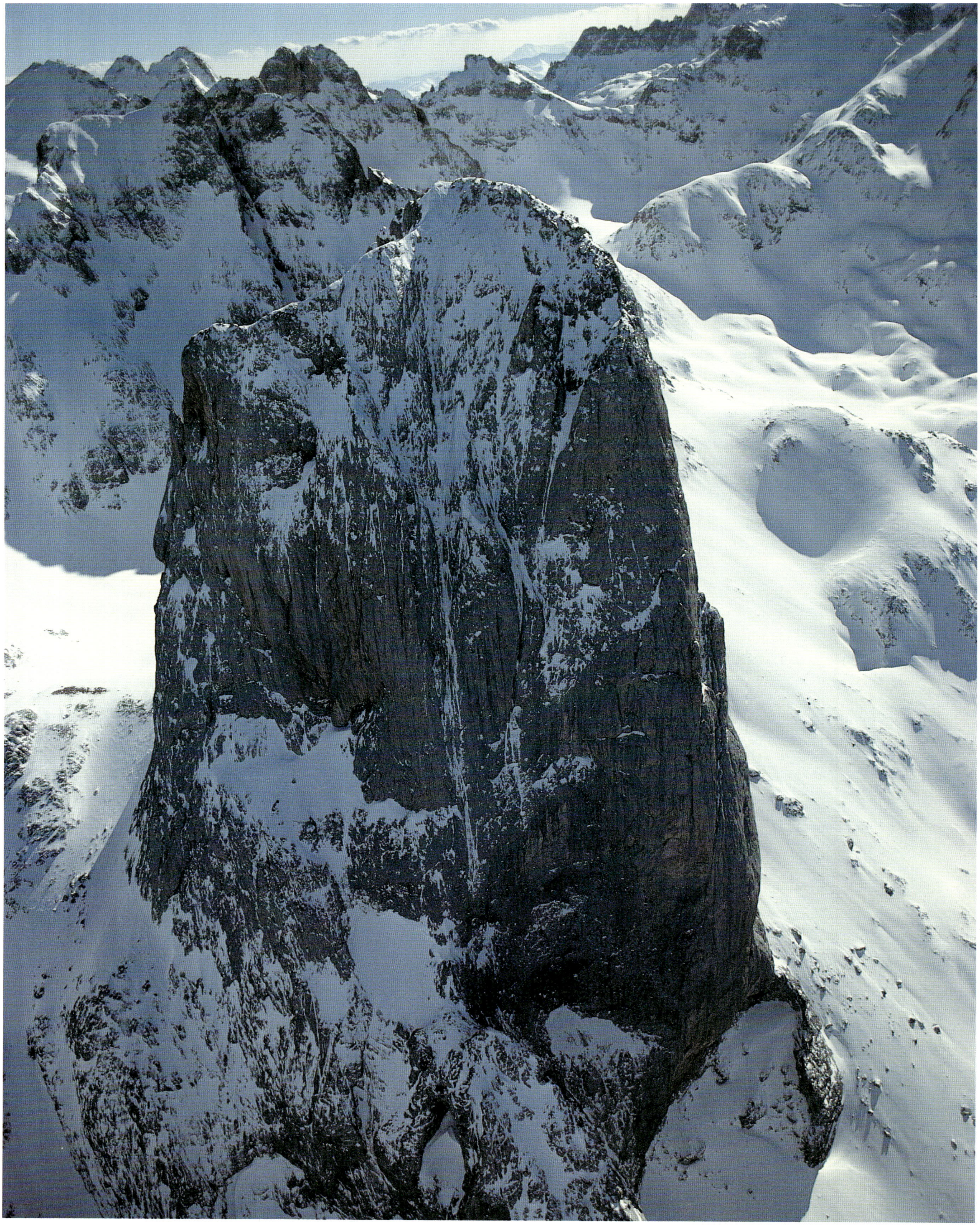

La perception de la beauté et de la valeur naturelle des montagnes

Eduardo Martínez de Pisón

Professeur de géographie physique à l'université autonome de Madrid, Eduardo Martínez de Pisón est un expert reconnu de l'univers des montagnes. Il fait partie du Comité scientifique des parcs nationaux espagnols. Il est aussi l'auteur de nombreux ouvrages scientifiques grand public.

L'admiration

Le temps n'est pas si lointain où l'on parlait encore en Europe de « montagnes maudites ». Dans notre histoire culturelle récente, surtout depuis le XVIIIe siècle, on assiste à une évolution intéressante, celle de la découverte de la splendeur d'un paysage qui n'est pas celui de terres lointaines, mais se dresse superbement au cœur même du continent. Les hommes des vallées et des plaines environnantes n'avaient su jusqu'alors y porter un regard admiratif ou laisser l'empreinte de leurs pas dans les neiges, cependant si proches, de leurs sommets, sinon de façon occasionnelle, avec crainte et presque toujours pour des raisons pratiques.

L'approche pragmatique s'est donc enrichie d'une perspective culturelle. Ces deux manières de considérer la montagne n'ont cessé depuis lors d'évoluer conjointement, même si elles se sont exprimées de diverses façons. Le souci de la productivité et du rendement a logiquement conduit à une meilleure exploitation de ses ressources économiques et, à partir de la Renaissance (surtout après l'œuvre éloquente de Gesner, *De montium admiratione*), puis au siècle des Lumières et à l'époque du romantisme, le paysage de haute montagne n'a plus été perçu comme un simple territoire, mais s'est trouvé étroitement associé au sentiment croissant du respect de la nature.

Ce regard a alors acquis une nouvelle profondeur et s'est chargé d'une émotion peu commune, se muant en une passion d'une incomparable vigueur. Dès 1708 et 1723, Scheuchzer avouait explicitement dans ses écrits une préférence pour la lecture directe du livre du monde dans les Alpes, plus édifiante que les classiques enseignements livresques, et faisait de la montagne le lieu idéal de la connaissance et de l'apprentissage : il prônait la supériorité de l'expérience vécue sur la pétrification du savoir. Ainsi naquit le concept de l'instruction par la nature, d'une sorte de grande école des montagnes, dont la reconnaissance fut tardive. Une relation morale, un dialogue singulier s'établirent avec cette réserve sauvage suspendue au-dessus d'un continent domestiqué, considérée comme le site naturel par excellence.

Ce fut le célèbre poème d'Albert de Haller, *Les Alpes*, qui en 1732, entre autres œuvres, contribua le plus à orienter les goûts culturels vers le paysage de montagne. Il incita à considérer comme lucide et positif l'exercice d'une sensibilité qui nous portait à l'aimer, l'explorer, à en tirer des enseignements, à respecter sa beauté, ses éléments et ses êtres vivants, à le considérer comme un site admirable, un foyer abritant la vie, une source d'harmonie et de bonheur dans notre relation avec le monde. Plus tard, le pouvoir persuasif de Jean-Jacques Rousseau développa le goût des pèlerinages culturels dans les vallées des Alpes, qui servirent de décor au développement d'une théorie fondée sur la sérénité des paysages naturels vierges, expression d'une Terre encore libre, refuges de populations qui avaient une manière simple et exemplaire d'organiser leur vie, où l'esprit pouvait trouver la paix et l'intelligence se développer. Les forêts devinrent une source d'inspiration, une société modeste la réserve d'un idéal, et ces deux aimants attirèrent vers le sanctuaire alpin de la raison les lettrés du siècle des Lumières. L'esprit « helvétique » qui entraîna initialement les Européens cultivés – comme l'Alsacien Ramond de Carbonnières, connu ensuite comme le fondateur du pyrénéisme – dans des voyages formateurs à travers la Suisse ou les Alpes, fut exprimé

La face nord du Naranjo de Bulnes en hiver, dans le massif des Picos de Europa (Espagne). Pedro Pidal et Gregorio Ruiz, surnommé « El Cainejo », en firent l'audacieuse première ascension par la fissure centrale, en 1904.

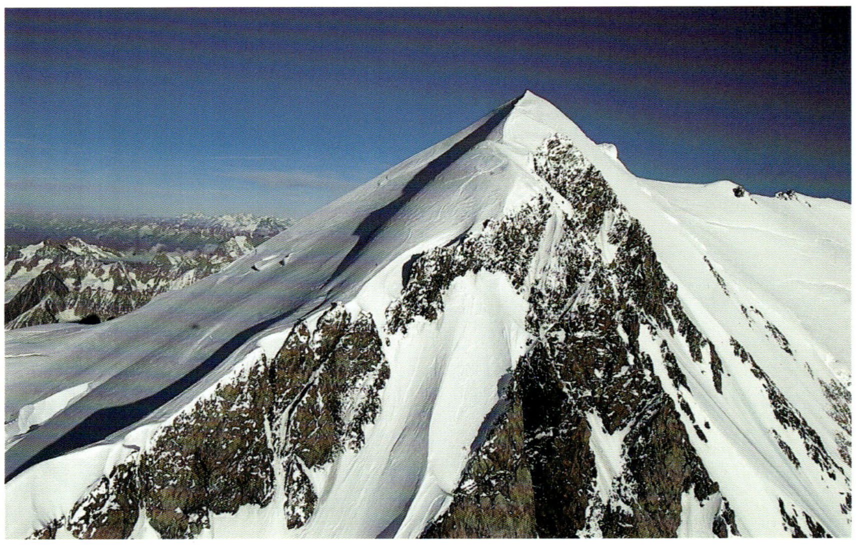

L'arête des Bosses, qui conduit au sommet du mont Blanc, avec la trace laissée par les alpinistes.

par d'autres grands écrivains, comme Goethe. Rousseau incita ses lecteurs à adopter ses idées, à expérimenter sa sensation de paix et d'harmonie avec l'environnement, à imiter ses excursions dans les rochers, les montagnes, les forêts et les prairies, à observer les plantes et à admirer « la majesté des arbres ». Il fut largement écouté. Le siècle des Lumières tout entier trouva en lui l'une de ses plus fortes expressions – et avec lui la montagne, un monde dont la porte s'ouvrait définitivement à la culture – et le romantisme qui lui succéda poursuivit son enseignement en l'imposant avec énergie. Ce fut l'âge d'or de la suprématie de la nature sur l'univers des salons.

L'étape suivante fut celle de la conquête des sommets. La diffusion du message à la gloire des cimes et des glaces, de ce monde suspendu et hostile qui n'avait été si longtemps perçu qu'au travers des mythes, fut l'œuvre de Saussure, surtout après les premières ascensions du mont Blanc en 1786 et 1787. Le mont Blanc sortit du domaine mystique des vieilles montagnes sacrées, pour devenir le royaume de la raison, de l'étude naturaliste, de l'exploration au travers de la connaissance, de l'amour de la nature et de l'émotion de l'alpiniste. Saussure fit découvrir un nouveau paysage et un autre mode d'approche de la montagne. Il eut d'illustres successeurs, comme Ramond de Carbonnières, Humboldt et, plus tard, Whymper qui continuèrent comme lui à cultiver une passion que rien ne pouvait arrêter. Ils établirent de nouveaux modes d'approche et de connaissance du milieu montagnard ; la culture et la science sur laquelle leur démarche s'appuyait, l'esprit d'aventure qui les animait et le récit qu'ils firent de leurs expériences contribuèrent à la naissance et au développement des fondements essentiels de la civilisation moderne à proximité ou au cœur des montagnes.

Il serait long de récapituler tout ce que la science en a retiré. La géographie des montagnes fut établie à partir de données orographiques, glaciologiques, etc. ; la mise au point d'altimètres barométriques permit de déterminer l'altitude réelle des reliefs, la cartographie géométrique de les situer avec précision. Ce « nouveau monde » dominant l'Europe, jusqu'alors impénétrable, la montagne maudite, délivra de précieuses informations pour un meilleur entendement de la planète. Un autre naturaliste du XVIIIe siècle déclara avoir découvert dans les montagnes les lettres capitales de l'écriture de la Terre. Ce fut la fin des interprétations magiques et des allusions aux « caprices de la nature ». La méthode et l'analyse s'élevèrent jusqu'aux neiges éternelles. Et les sommets, d'où l'on avait une vision panoramique plus claire des éléments du paysage, devinrent aussi la source, selon les termes de Saussure, de « profondes émotions, de sensations jusqu'alors inconnues, intenses, lumineuses ».

Cette vision romantique de la montagne alpine à laquelle scientifiques et alpinistes étaient sensibles fut également partagée par des écrivains de talent, qui contribuèrent à la cultiver. Senancour fut l'un des premiers à se distinguer par la profondeur de ses réflexions. Dans la lignée des premiers adeptes du courant helvétique, il se rendit dans les Alpes dès 1789 et relata son expérience jusqu'au début du XIXe siècle. Il fut un excellent traducteur du langage secret de la nature, de la voix silencieuse des espaces sauvages, intemporels, sublimes, harmonieux, immuables et austères de la montagne, du silence dans lequel « s'élevait la pensée », d'un lieu sans artifice où l'on était confronté à l'essentiel, l'authentique. De cet endroit où la vie s'écoulait en harmonie avec la force du monde.

Ce mode de perception s'étendit à toutes les montagnes, d'abord aux massifs européens, puis aux plus distants. Les Pyrénées en firent rapidement l'objet, l'année même de l'ascension du mont Blanc par Saussure en 1787, avec les premières observations de Ramond de Carbonnières. Comme il l'avait déjà démontré dans les Alpes, il possédait, à l'image de ses maîtres, Rousseau et Saussure, le don de communiquer, avec un intense pouvoir expressif, l'émotion suscitée par la découverte émouvante de ce monde ignoré, d'un nouveau canon de beauté, et par les dangers qu'il fallait braver pour l'atteindre. Ramond de Carbonnières en fit l'ascension avec adresse et bravoure, en rendit compte avec une grande finesse dans ses écrits et s'adonna à des observations naturalistes méthodiques. Il se lança régulièrement à l'assaut de la montagne et contribua d'une excellente façon à la faire connaître. Il fut un exemple de ténacité, dans sa volonté de prouver que, pour connaître la nature, il fallait en pénétrer les lieux, les parcourir et se familiariser avec eux. Comme d'autres précurseurs, il fit preuve d'excellence dans ce domaine. Les montagnes trouvèrent en tous ces hommes les interprètes qu'elles méritaient. Ils démontrèrent que ces lieux désolés étaient riches d'enseignements, associant ainsi les sommets à la connaissance.

La perception de la beauté et de la valeur naturelle des montagnes n'est donc pas un phénomène intemporel. Elle ne procède pas, sauf dans des cas exceptionnels, d'une sensibilité innée. Elle est le produit d'un acquis historique, d'une évolution culturelle et correspond, ainsi que l'exercice de la sensibilité qui s'y rattache, à certains niveaux et modes de civilisation. Même si la prise de conscience individuelle de cette perceptibilité dépend, au-delà du niveau de formation, d'une aptitude personnelle.

L'engouement pour la montagne, que développèrent tant les écrits de Ramond que ceux de Saussure, conduisit vers les Alpes et les Pyrénées toute la génération romantique. Shelley, Liszt, Dickens ou Wagner visitèrent la mer de Glace ; Hugo et George Sand y ajoutèrent le cirque de Gavarnie ; Byron chanta la Jungfrau et Théophile Gautier admira le Cervin. Tous ces artistes, il est vrai, se contentèrent à peu de chose près de demeurer sur les sentiers et le monde de la haute montagne leur resta largement inconnu. Mais il n'empêche que leurs œuvres en portent la trace et que d'innombrables voyageurs marchèrent sur leurs pas.

Ce mouvement était européen. Les Britanniques visitaient le pays de Galles, la région des Lacs mise au goût du jour par les poètes justement dénommés « lakistes », Shelley ou Wordsworth, aussi bien que les Alpes ; les Allemands découvraient la chaîne du Harz et les montagnes du Tyrol ; les Français visitaient la Savoie encore étrangère ou les Pyrénées, réputées plus sauvages, où bruissait toujours la rumeur du brigandage et de la contrebande... Dès le début du XVIIIe siècle, un véritable itinéraire touristique s'était mis en place en Suisse et en Savoie ; on visitait successivement les « glacières » de l'Oberland bernois, puis le glacier du Rhône, enfin Chamonix. Rares, très rares étaient encore ceux qui osaient aller plus loin et plus haut. Le nombre des voyageurs augmenta régulièrement, suscitant, dans des fonds de vallée hier misérables, la naissance d'une industrie touristique. Dès 1800, Chamonix voyait passer, en deux mois d'été, quelque 1 500 voyageurs.

Une importante littérature naquit aussi de ce mouvement. S'y illustrèrent non seulement les écrivains précités et bien d'autres, mais aussi beaucoup d'inconnus. Nombre de ces livres étaient illustrés de gravures qui jouèrent leur rôle, elles aussi, dans la graduelle familiarisation de la montagne pour un public toujours plus vaste.

Longtemps le mont Blanc fut à peu près le seul sommet gravi au-dessus de Chamonix, sinon de toutes les Alpes ; les explorations alpines étaient rares et conservaient un caractère exceptionnel. Il arriva même que d'importantes ascensions soient faites sans que leurs auteurs aient la moindre idée de la valeur que, plus tard, on leur accorderait ; ce fut le cas, notamment, des ingénieurs géographes qui, pour la levée de la carte d'état-major, établirent leurs stations sur quelques-uns des plus importants sommets des Alpes et des Pyrénées. En 1825, les ingénieurs Peytier et Hossard posèrent leur théodolite au sommet du Balaïtous ; quatre ans plus tard, le capitaine Durand faisait de même au Pelvoux, stationnant plusieurs jours de suite à près de 4 000 mètres. Ces exploits ne seront découverts que bien plus tard, lorsque des alpinistes, croyant ces sommets vierges, s'aviseront de les conquérir... Les ingénieurs faisaient leur travail, dans des conditions héroïques ; ils n'étaient pas des alpinistes et, tout à leurs mesures d'angles, n'ont absolument rien noté quant à la splendeur du paysage.

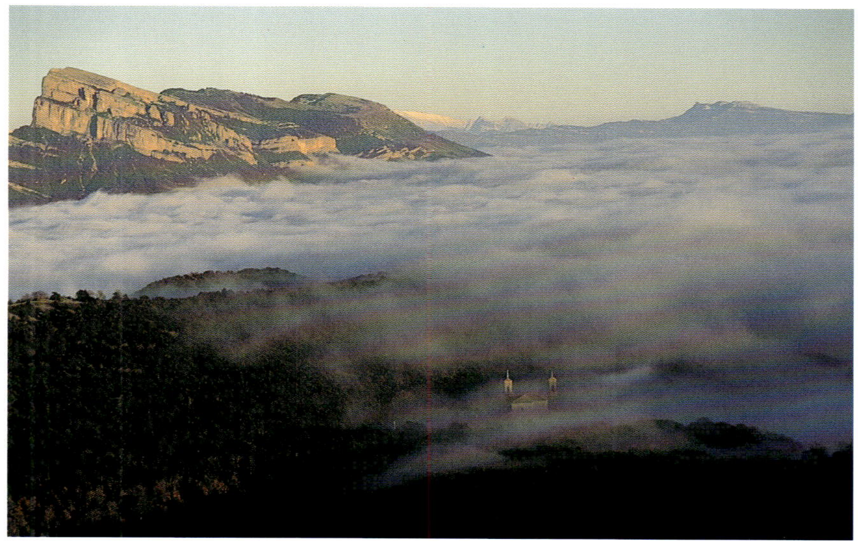

Les Pyrénées vues de Huesca, avec le rocher d'Oroel émergeant de la mer de nuages.

Le respect

La connaissance des montagnes s'accompagna d'une vision plus pondérée de leur géographie et de l'appréciation de leur réelle valeur. En dehors de la démarche alpine exemplaire qui associait la montagne à la culture de la nature, il ne faut pas oublier la création, à la même époque, des parcs nationaux nord-américains dans des régions montagneuses isolées et couvertes de forêts. Nos montagnes bénéficièrent de cette approche et devinrent le milieu naturel le plus étroitement associé à ce critère de protection des paysages sauvages et grandioses.

Par ailleurs, la montagne alpine connut une transformation notable en vue de son exploitation touristique, ce qui fut vigoureusement critiqué dans les cas les plus flagrants par les écrivains et le milieu des intellectuels, des scientifiques et des alpinistes. Des grands noms de la

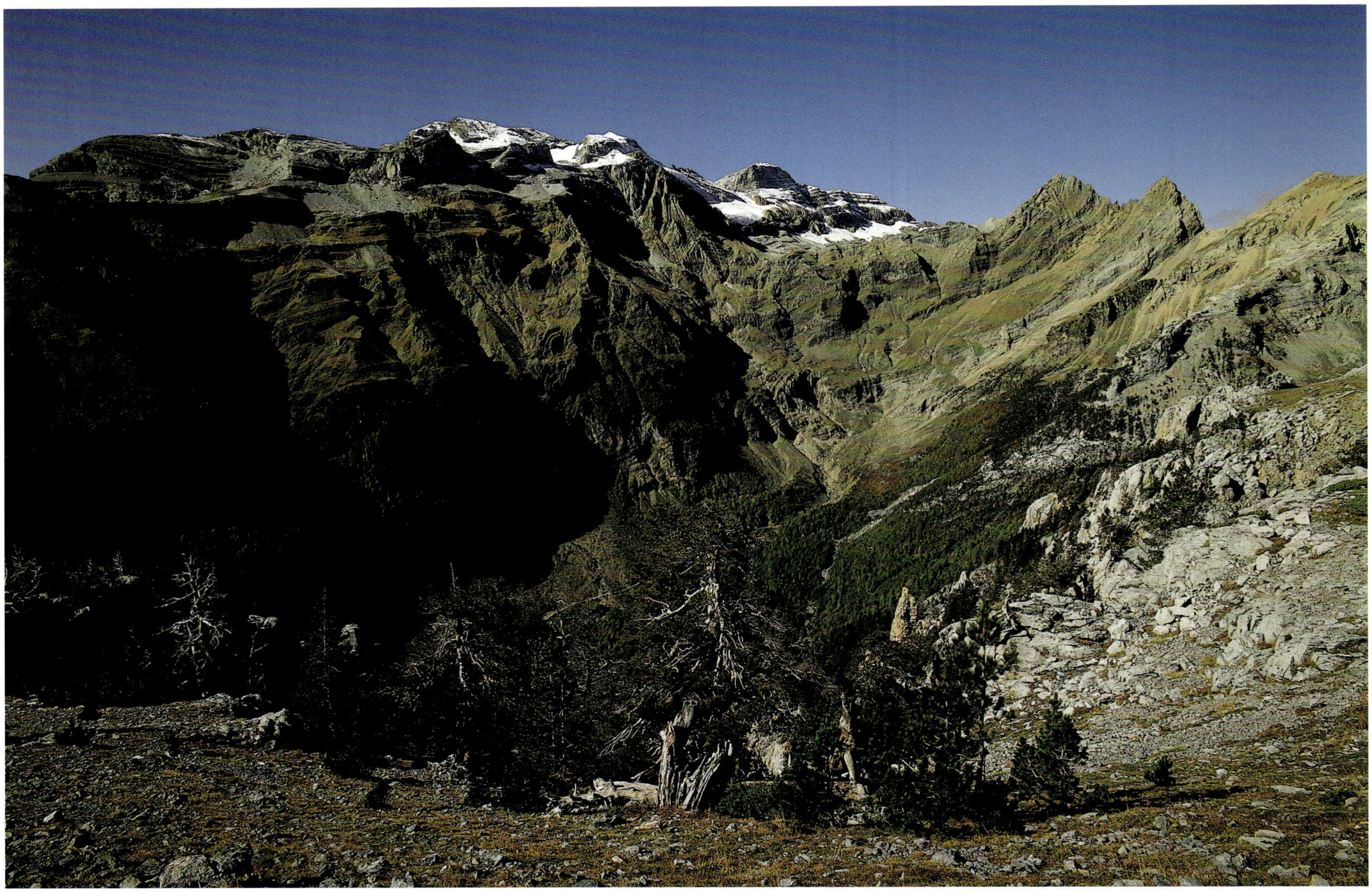

Le mont Perdu vu de la vallée de Pineta. On y aperçoit le glacier suspendu, l'un des seuls des Pyrénées, qu'abrite la face nord de la montagne ; un vestige en voie de disparition.

littérature, dont le poète Wordsworth, s'insurgèrent dès 1790 pour défendre le paysage alors menacé de la région des Lacs et instaurèrent un courant de pensée qui, entre autres tendances, inspira les idées du célèbre naturaliste, artiste et écrivain John Ruskin. Celui-ci, dans son idéalisation des Alpes, considérait leurs cimes comme des lieux intouchables, dont la plus grande vertu était l'enseignement spontané des valeurs les plus élevées de la nature. Ces gigantesques recueils des âges de la Terre exigeaient avant tout, pour transmettre leur enseignement, du respect.

« Vivre ainsi dans la solitude des monts sublimes – écrivait George Sand dans les Pyrénées – au-dessus, réellement et moralement, de la région des orages... avoir à soi les longues heures de recueillement, la contemplation du ciel étoilé, les bruits magiques du désert, enfin la possession de soi-même. » Pour qu'il en soit ainsi, il était indispensable, de toute évidence, de préserver l'isolement, le sublime, la possibilité de retraite et, par conséquent, de veiller à ce que le désert reste désert. Sinon, l'ultime refuge finirait pas s'ajouter à la liste des éléments de cette vaste et si vide « région des orages ». Cette lumière que l'on ne percevait qu'en altitude devenait pénombre vue d'en bas. Le géographe Élisée Reclus défendit aussi l'idée que la montagne sauvage était une grande éducatrice ; il exprima avec talent la relation intime qui l'unissait non seulement à la grandeur du paysage, à la puissante dynamique de la tempête ou du torrent (« les torrents sont des ouvriers, les Pyrénées leur atelier », écrivait Victor Hugo), mais aussi au plus petit détail, comme un brin d'herbe luisant dans le soleil du soir ou une pierre émergeant au milieu d'une prairie. Si la montagne éduquait par le spectacle de sa beauté, qu'il fallait donc préserver, il estimait en outre que l'effort personnel nécessaire pour l'atteindre, le courage d'en affronter les risques,

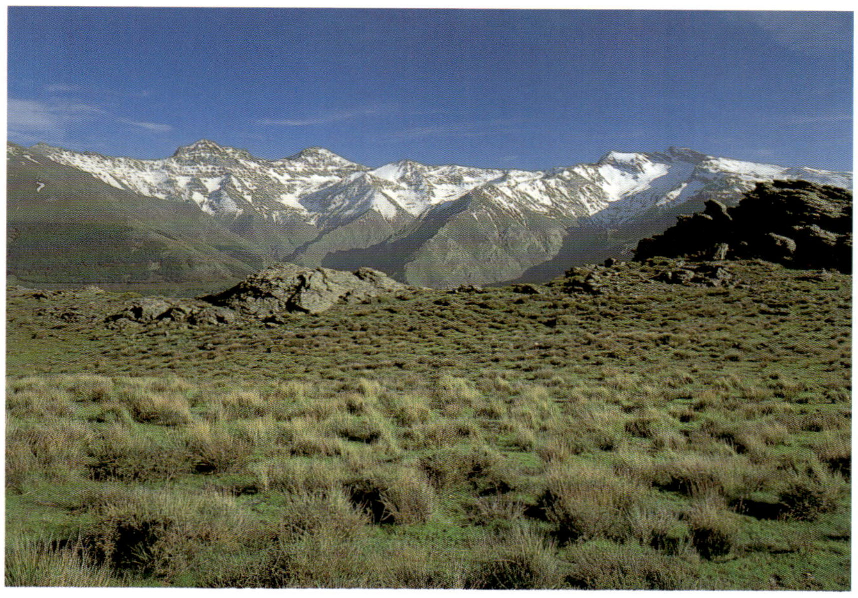

Au sud de l'Espagne, se dresse une cordillère aux proportions harmonieuses, d'une singulière beauté : la sierra Nevada, avec les pics du Mulhacén, de la Veleta et de la Alcazaba.

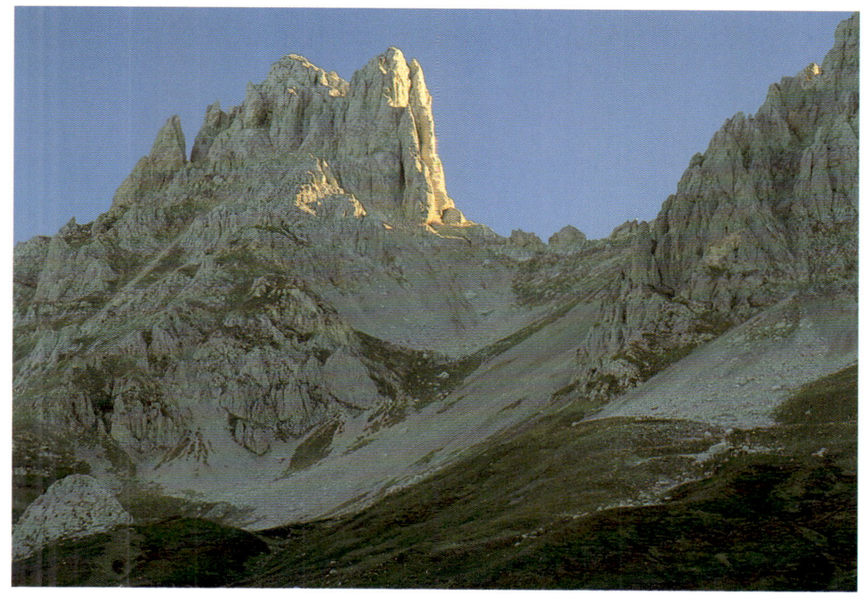

Le parc national des Picos de Europa, avec son labyrinthe d'aiguilles, de gouffres et de tours, comme celle-ci, connue sous le nom de Torre del Friero. León, Espagne.

la sensibilité du regard qu'on lui portait, étaient indispensables à l'exercice de son pouvoir éducatif sur les hommes. Une raison de plus pour lui conserver ce qui faisait sa force. À l'époque où Reclus exprimait ces opinions, les Alpes étaient déjà transformées par un mercantilisme débridé, un processus, observait le géographe, qui n'était pas le meilleur exemple d'une approche civilisée de la nature mais bien au contraire signifiait sa soumission aux travers des hommes qui, ne cherchant pas à établir une relation harmonieuse avec le paysage, le détruisaient. Il évoquait ainsi avec « répugnance » les cimes profanées par des constructions, les voies de chemin de fer et routes pour touristes, les « ascenseurs mécaniques accolés à des parois jusqu'alors inaccessibles » et les sommets équipés de garde-fous et ne suscitant plus aucune émotion, mettant l'accent sur la disparition progressive du sens profond de la montagne.

Un autre géographe éminent, le Français Franz Schrader, adopta aussi cette attitude de défense de la montagne en 1898. Ses écrits eurent une répercussion particulière sur les Pyrénées, bien que ce soit dans les Alpes qu'il ait connu à l'origine une expérience négative. Il évoqua aussi le caractère unique et la beauté sublime du paysage d'altitude exclusivement naturel. En accord avec l'idée de Senancour, selon laquelle on ne pouvait bien traduire les particularités de la montagne dans une langue conçue dans les plaines, il souligna qu'il était impossible de bien comprendre le paysage à partir de concepts préétablis dans d'autres milieux, d'en exprimer le caractère avec nos ressources limitées, de le traiter de façon appropriée en adoptant les modes d'action habituels. Si on l'aborde sans préjugés, la montagne apporte une contribution complémentaire à la compréhension du monde. C'est pourquoi elle est nécessaire, telle quelle, d'un point de vue éducatif : seuls ses paysages sont les maîtres de cette autre face de la Terre. Si nous endommageons cette ressource, en y introduisant des éléments propres à la plaine – si nous la « nivelons » à son image en facilitant l'accès à ses pentes, en supprimant son isolement, en la rendant moins exigeante – elle perdra sa fonction éducative spécifique : plus nombreux seront ceux qui y accéderont dans des funiculaires, mais ils ne connaîtront pas l'expérience authentique qu'on peut y vivre, celle qui est exclusive à la montagne, car ils perdront le sens même de son ascension en la convertissant en simple loisir. En retirant son caractère à la montagne, en « abîmant un lieu admirable », en « prenant la beauté comme prétexte pour la détruire », on appauvrira ses paysages et leur contenu et, avec eux, la valeur de l'expérience du « silence, de la solitude et de l'émotion ». Ne touchez pas aux sommets. Préservez les sites où peuvent se matérialiser les rêves.

Dès le début du XVIIIe siècle, Alexandre de Humboldt, précurseur de l'écologie comme de l'alpinisme – sa tentative d'ascension du Chimborazo, en 1803, en fit « l'homme le plus haut du monde » –, qualifiait déjà les montagnes de « monuments naturels ». Un demi-siècle plus tard, John Ruskin proclamait qu'elles étaient « les cathédrales de la Terre ». Ce mouvement d'admiration esthétique envers les montagnes conduira à la naissance des premiers parcs naturels, conjointement avec la prise de conscience de leur dégradation due à l'action humaine. En 1841, l'*Étude sur les torrents des Hautes Alpes* du géographe Surell attira

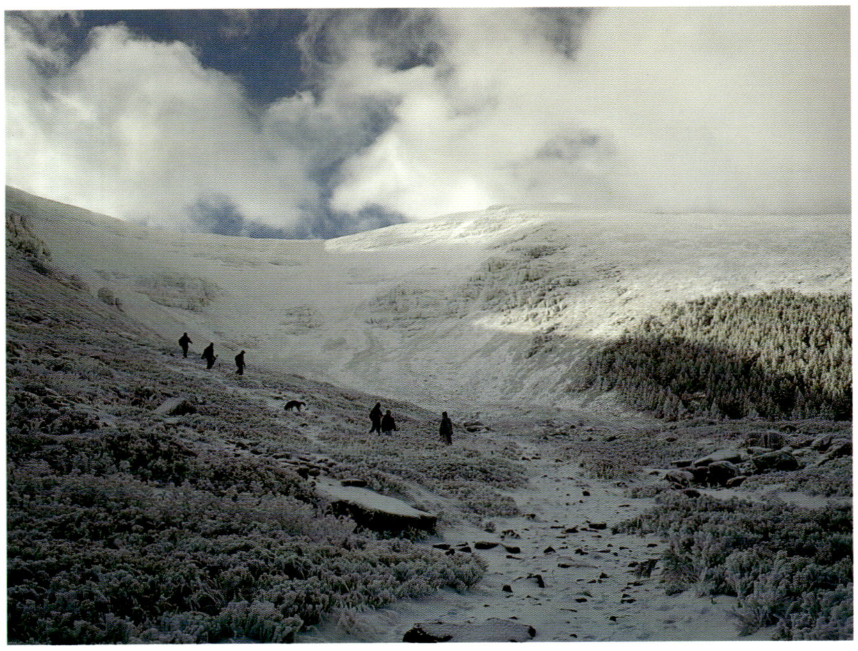

Aspect hivernal du Pozo de San Miguel, dans le parc national de la sierra du Moncayo. Chaîne Ibérique. Saragosse, Espagne.

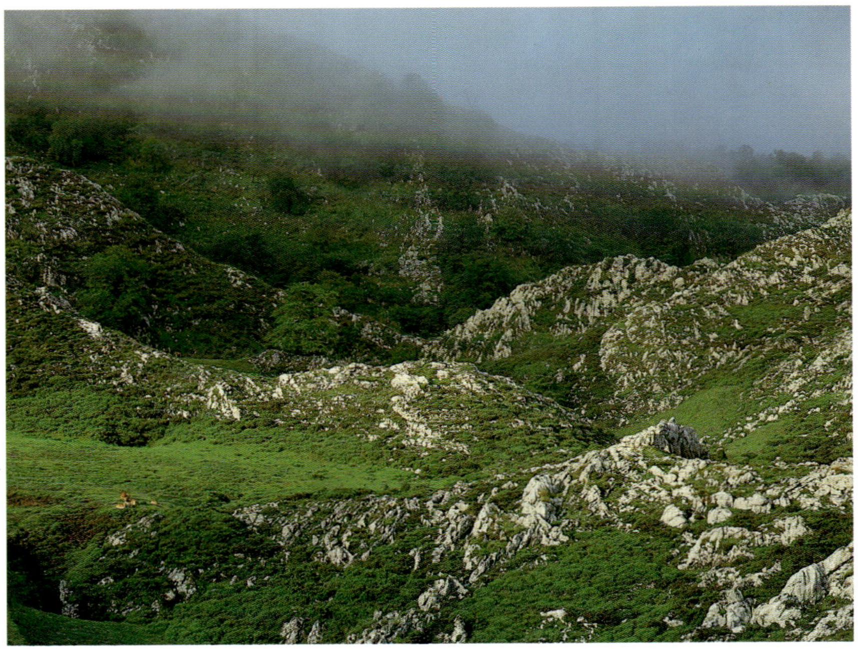

Les rochers calcaires des Picos de Europa abritent certaines des grottes les plus profondes du monde.

l'attention sur la déforestation, qui entraînait le ravinement ; cela donna naissance, en 1860, à la loi française sur le reboisement et le regazonnement des montagnes. Dès 1886, l'edelweiss était la première plante alpine protégée dans la région de Salzbourg. À la même époque, les excès de la chasse conduisaient manifestement à la disparition de la grande faune sauvage : les derniers ours et les derniers loups des Alpes étaient tués au début du XXe siècle ; il s'en fallut de peu pour que le chamois et le bouquetin subissent le même sort. Cet appauvrissement favorisa, en Italie et en Espagne, la création des premiers parcs nationaux à partir de réserves de chasse. La première d'entre elles est beaucoup plus ancienne : la réserve de Freiberge, dans le canton suisse de Glaris, date en effet de... 1548.

Les peintres et les poètes, de leur côté, étaient également sensibles à l'altération progressive des paysages qui les enchantaient. Dès 1814, Wordsworth, si sensible au charme des montagnes de la région des Lacs, écrivait dans *L'Excursion* : « Où que le voyageur tourne ses pas, / Il voit la sauvagerie stérile effacée/ ou en voie de disparition. » Cette « disparition » ne fit que s'amplifier au fil du temps et la prise de conscience en devint effective lorsque les atteintes multiples au paysage devinrent évidentes. Avant la Première Guerre mondiale, les initiatives se multiplièrent : on vit se créer, un peu partout, des associations pour la défense des plantes alpines, des sociétés de protection du paysage, des jardins alpins... Dès 1911, le bouquetin était réintroduit en Suisse.

En même temps se développait un mouvement inverse, dû à la fréquentation croissante des montagnes. Les clubs alpins construisaient sentiers et refuges, des industriels partaient à l'assaut des sommets à l'aide des remontées mécaniques. Ce que l'on protégeait d'un côté, dans les réserves et les parcs en gestation, on le mettait à l'encan de l'autre, dans les sites les plus touristiques. Ce partage de l'espace montagnard entre deux conceptions opposées – aménagement touristique et rentable d'un côté, protection naturelle « gratuite » de l'autre – demeure plus que jamais aujourd'hui. Si l'on prend l'exemple de la Tarentaise, on voit y coexister une vaste zone dédiée aux sports d'hiver, la plus vaste des Alpes en vérité : téléphériques, pistes taillées au bulldozer, stations construites *ex nihilo* sur les alpages. Et, juste à côté, le parc national de la Vanoise, le premier de France, conçu en 1963, protège faune, flore et paysage naturel avec une grande efficacité, mais aussi au prix d'un règlement sévère et d'interdictions multiples pour le visiteur (sortir des sentiers, introduire des chiens, camper ou même bivouaquer en dehors des lieux autorisés, etc.) comme pour les habitants.

Il n'est pas facile de concilier ces deux attitudes louables : protéger la montagne et la rendre accessible au plus grand nombre. La première revient presque obligatoirement à en restreindre l'accès, les paysages fragiles ne supportant guère la surfréquentation. Les ours pyrénéens ne survivent guère que parce qu'ils disposent encore de forêts assez vastes pour ne pas trop risquer d'être surpris par l'homme... Et chaque route, chaque sentier même est comme un appel à la fréquentation. On est donc devant ce paradoxe, ou cette contradiction : faut-il protéger la montagne pour elle-même, ou pour que nous en profitions ? Ces deux tendances existent toujours ; la première mène aux réserves intégrales, telle celle du lac Lauvitel, dans le massif des Écrins, où nul n'a le droit de pénétrer ; la seconde à la « muséification », à l'exemple des sentiers didactiques (botanique, glaciologique, géologique, etc.) qui se développent un peu partout, ou encore de la mise en place d'itinéraires de randonnée sportive (via ferrata) équipés d'échelles et de câbles, et parfois payants. Dans un cas comme dans l'autre, le paysage n'a plus grand-chose de naturel.

Les simples amoureux de la montagne, qui aimeraient tout bonnement pouvoir s'en réjouir et s'y livrer à leurs activités préférées, qu'il s'agisse de marcher, de grimper ou d'autre chose, sont pris dans cette contradiction douloureuse. Ils voudraient y profiter d'un paysage sauvage, perçu comme un espace de totale liberté, opposé à la vie contraignante de la ville, et perçoivent toute réglementation comme une contrainte. Mais nombre d'entre eux exigent, en même temps, des aménagements corrects, refuges confortables ou itinéraires d'escalade bien équipés... Chacun voit « sa » montagne, ce qui est du reste parfaitement légitime. Mais ce n'est pas forcément la même : la montagne de l'alpiniste est-elle semblable à celle du randonneur, celle-ci ressemble-t-elle à celle du skieur, du simple touriste monté en téléphérique, ou encore du vététiste ou du parapentiste ? Rien n'est moins sûr. Le skieur n'est guère gêné par les pylônes des remontées mécaniques, ni par les immeubles de la station de ski. Le randonneur sera plus sensible aux pelouses d'altitude couvertes de gentianes de Koch qu'à l'esthétique sévère des parois nord. Le premier jurera, comme Ruskin, que la montagne n'est belle que depuis là où tout le monde peut la voir, tandis que le second préférera l'admirer depuis quelque sommet inaccessible au plus grand nombre. Et le parapentiste, quant à lui, vantera la vision qu'il en a depuis l'air... De nos jours il n'y a plus, comme c'était le cas du temps de Goethe et de Rousseau, une esthétique de la montagne. À chacun sa montagne, en somme.

Il est évident que les montagnes sont également considérées comme productives et exploitées par certains, et ont à en souffrir de diverses manières. Pour d'autres, elles sont associées au monde des loisirs, de plus en plus mercantile. Loisirs et affaires sont des termes apparemment opposés, qui ont néanmoins un point de convergence manifeste. Mais il y a aussi ceux qui apprécient surtout la montagne pour y pratiquer des activités physiques. Les montagnes constituent en elles-mêmes de superbes cadres géographiques et sont les réserves d'un précieux patrimoine naturel. La haute montagne avant tout, mais aussi les forêts et les paysages champêtres sont, en outre, suivant une expression caractéristique de la fin du XIXe siècle, les domaines les plus aptes à « muscler l'esprit » de ceux qui les vivent sans renoncer à l'exercice de leur sensibilité.

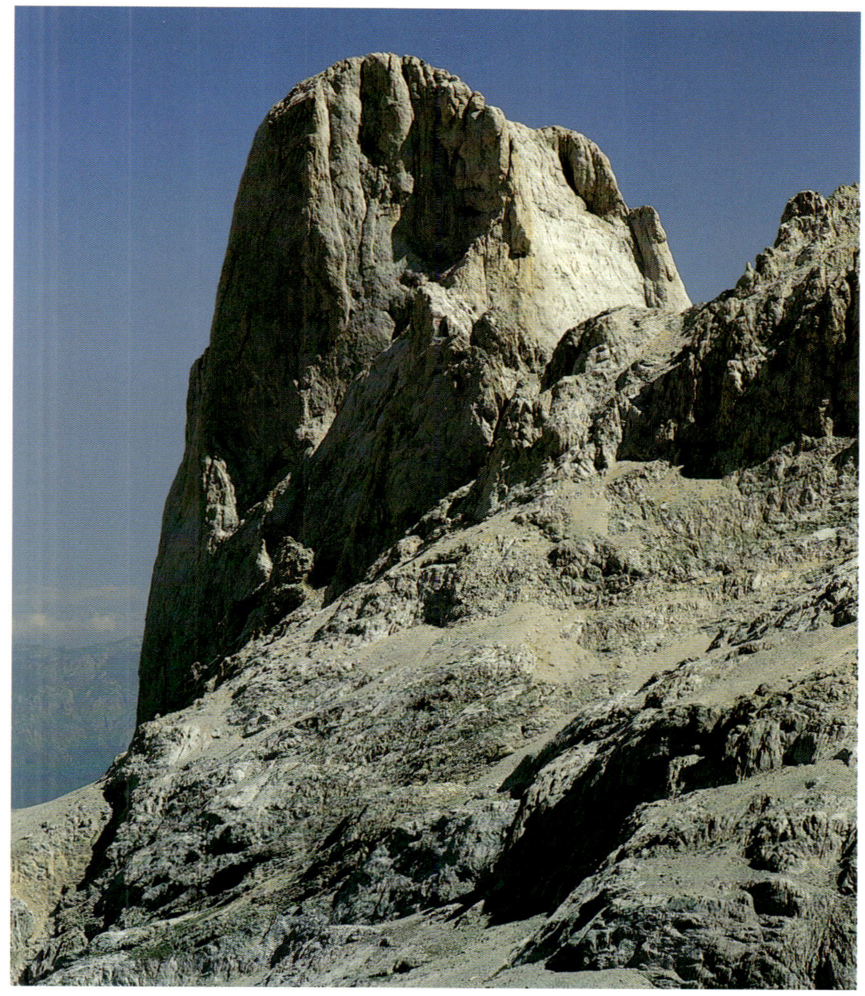

L'impressionnante silhouette de la face ouest du Naranjo de Bulnes (Picos de Europa) dont le défi silencieux a été relevé pour la première fois par Alberto Rabadá et Ernesto Navarro en 1962.

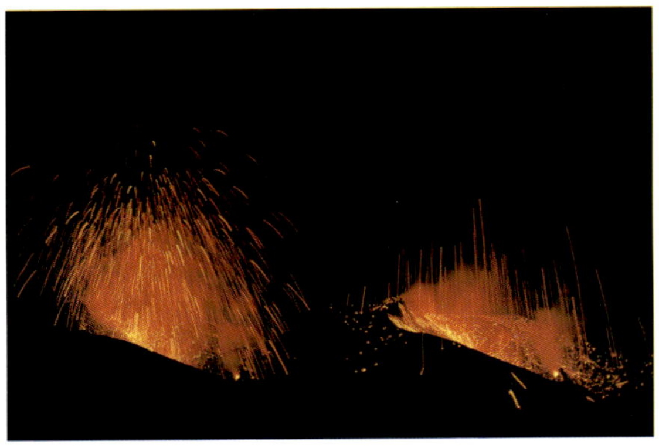

Le Stromboli, dans les îles Éoliennes, est l'un des exemples les plus spectaculaires des « montagnes de feu ».

Pinacles sculptés par l'érosion dans le parc national de Bryce Canyon. Utah, États-Unis.

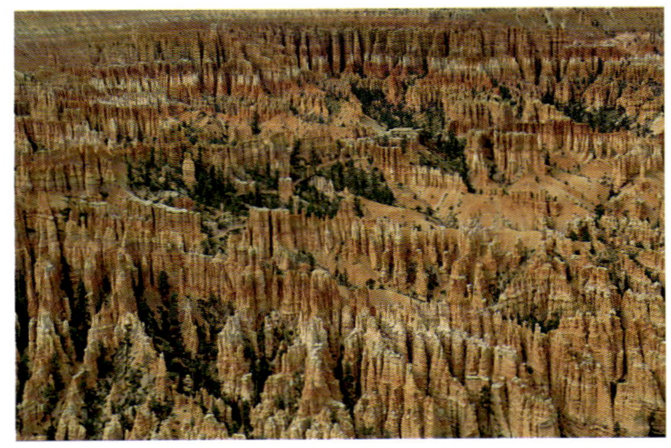

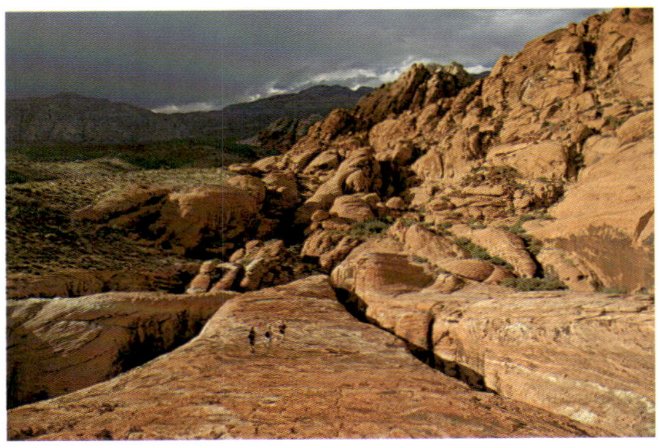

Randonneurs dans un paysage rocheux du parc national de Red Rock Canyon. Nevada, États-Unis.

L'incroyable flèche de granit du Cerro Torre (3 102 m), dans les Andes de Patagonie, est considérée comme l'une des montagnes les plus difficiles du monde. Le mauvais temps presque continuel a recouvert son sommet d'un étonnant champignon de glace.

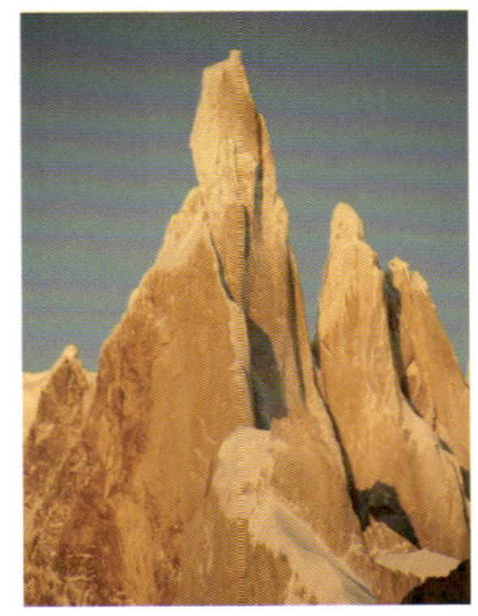

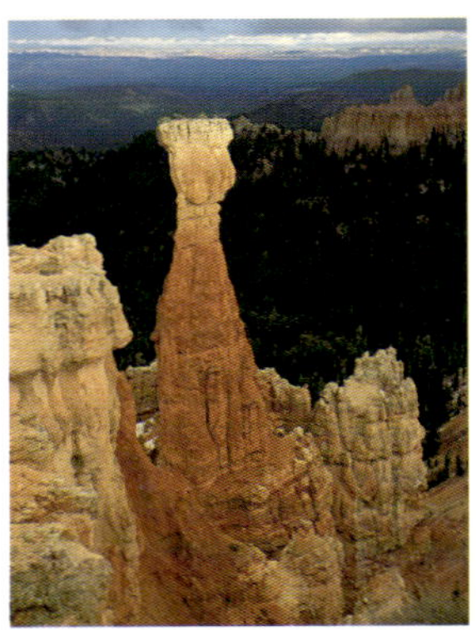

L'eau et le vent ont sculpté le paysage de façon étonnante dans le parc national de Bryce Canyon, États-Unis.

Les montagnes constituées des matériaux géologiques les plus fragiles révèlent des formes capricieuses, comme celles du Muela de Teruel. Aragón, Espagne.

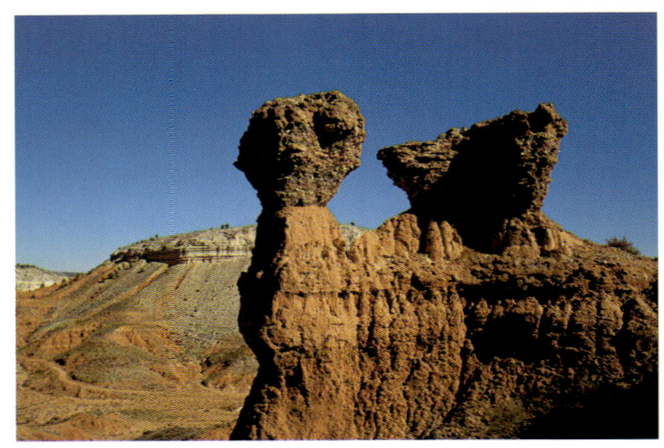

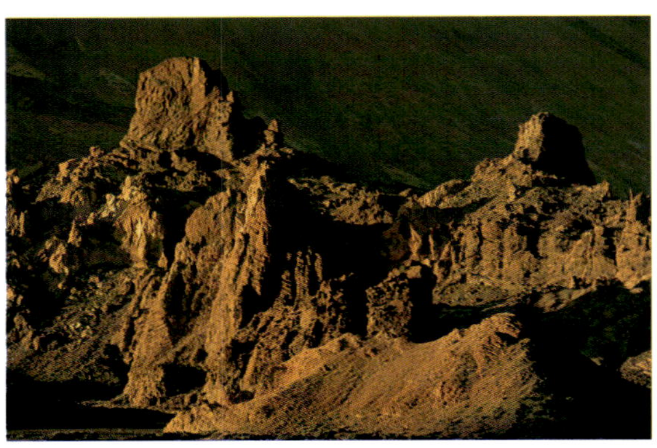

Coucher de soleil sur les reliefs volcaniques des Roques de García, au pied du pic de Teide. Tenerife, îles Canaries, Espagne.

Sculpture naturelle du parc national de la sierra Nevada, avec, au fond, les pics du Mulhacén et de la Alcazaba. Andalousie, Espagne.

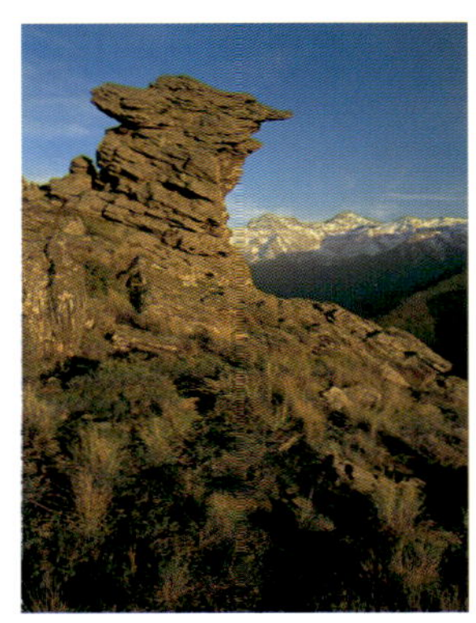

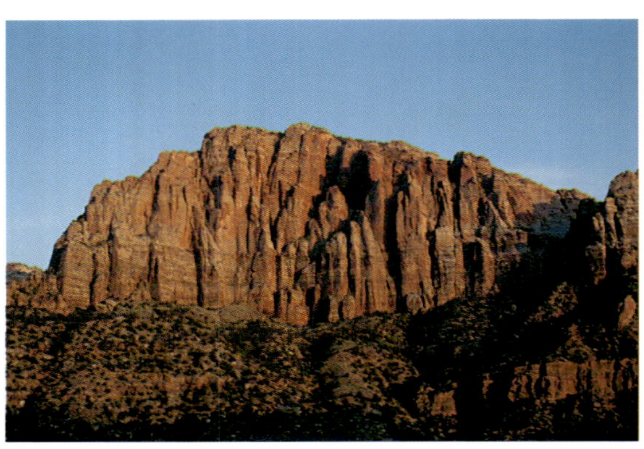

Parc national de Zion. Utah, États-Unis.

Les aiguilles basaltiques du Tezoulag, dans le massif du Hoggar. Désert du Sahara, Algérie.

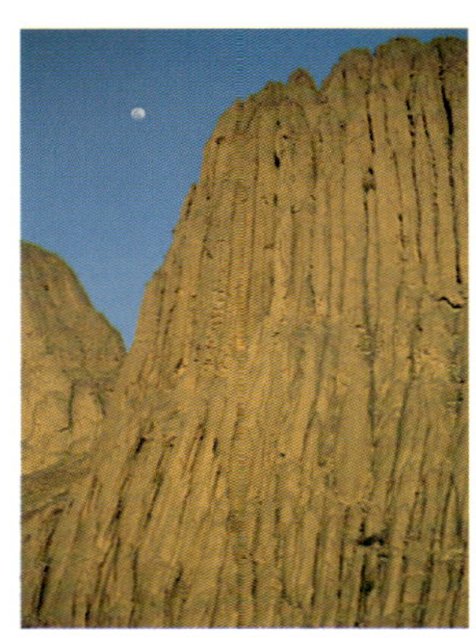

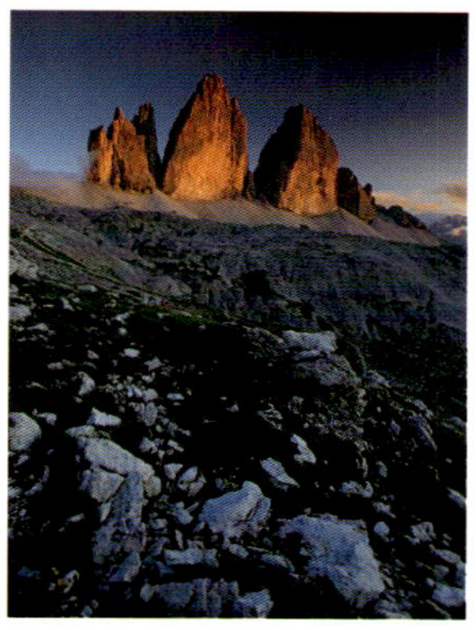

Les trois cimes du Lavaredo, au cœur des Dolomites.
Italie.

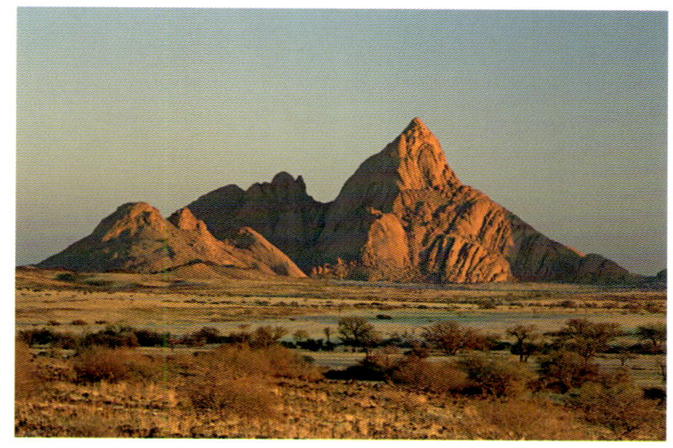

Le massif du Spitzkoppe au lever du jour.
Damaraland, Namibie.

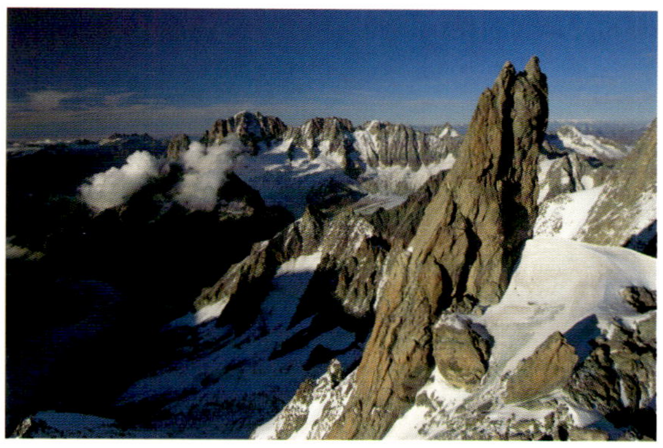

La Dent du Géant dans le massif du Mont-Blanc.
Au fond, on aperçoit l'aiguille Verte, les Droites et les Courtes.

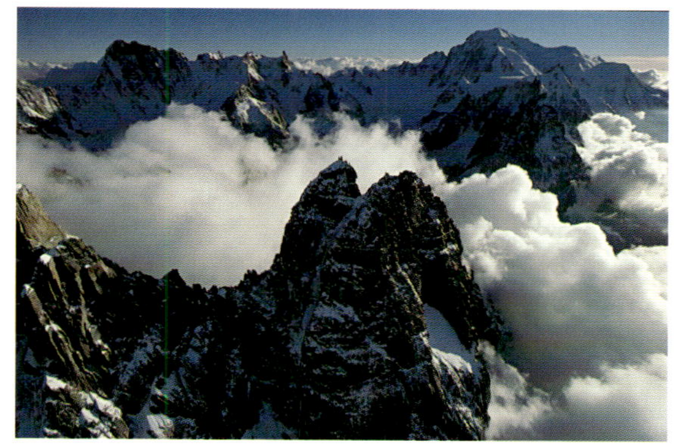

Les deux sommets des Drus déchirant la mer de nuages. En arrière-plan, on peut admirer le sommet du mont Blanc (à droite) et la face nord des Grandes Jorasses (à gauche).

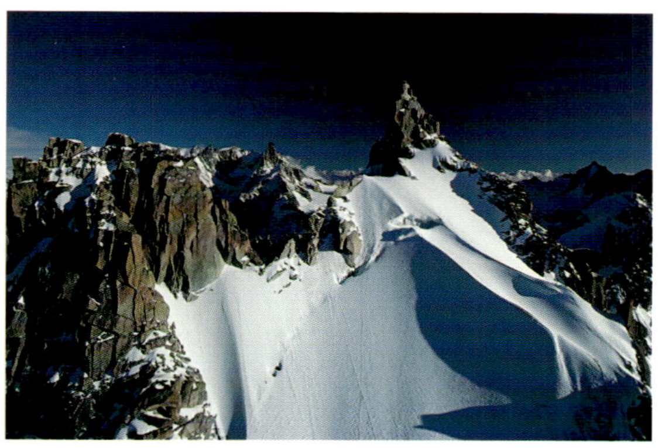

L'aiguille du Plan, l'un des plus hauts sommets des aiguilles de Chamonix.

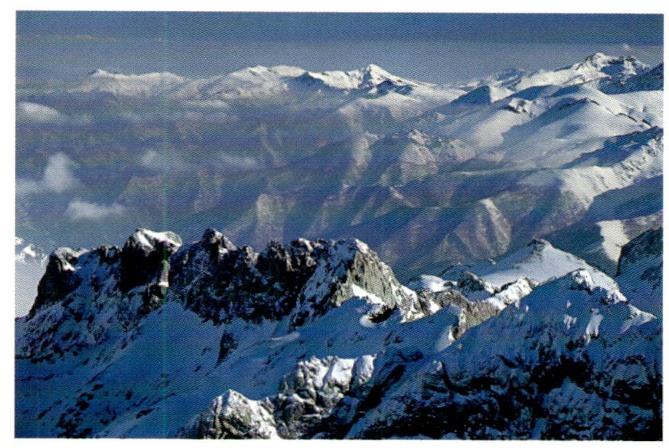

Vue du massif des Picos de Europa en plein hiver.

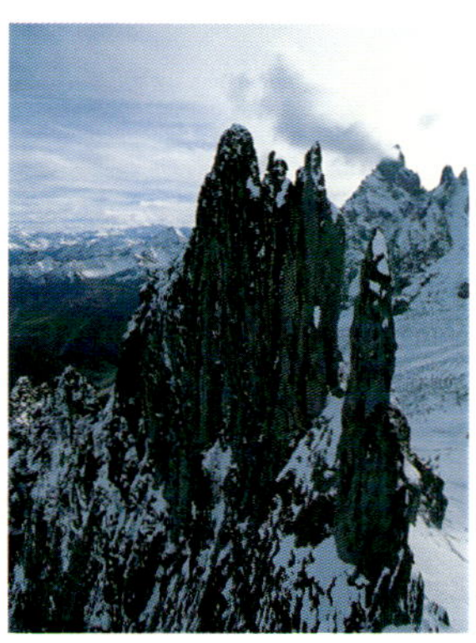

L'aiguille de la Brenva se dresse avec insolence sur le versant italien du mont Blanc.

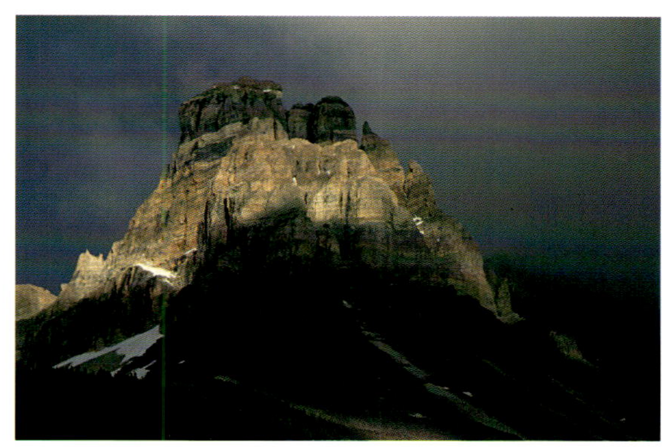

Ombres et lumières sur les parois rocheuses du mont Cathedral. Parc national de Yoho.
Montagnes Rocheuses, Canada.

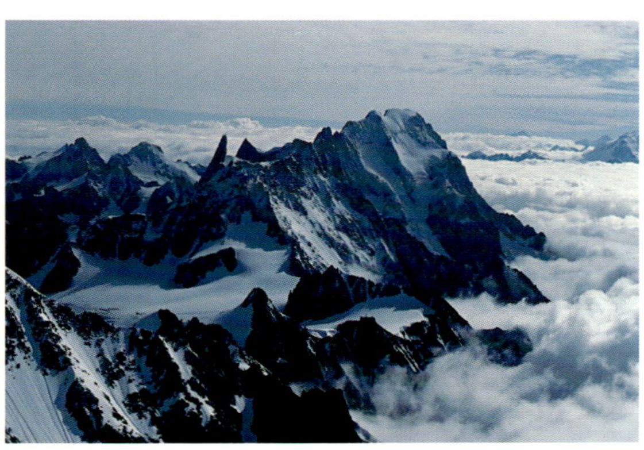

Massif du Mont-Blanc vu de l'ouest. Au fond, se dressent les Grandes Jorasses, l'aiguille de Rochefort et la Dent du Géant.

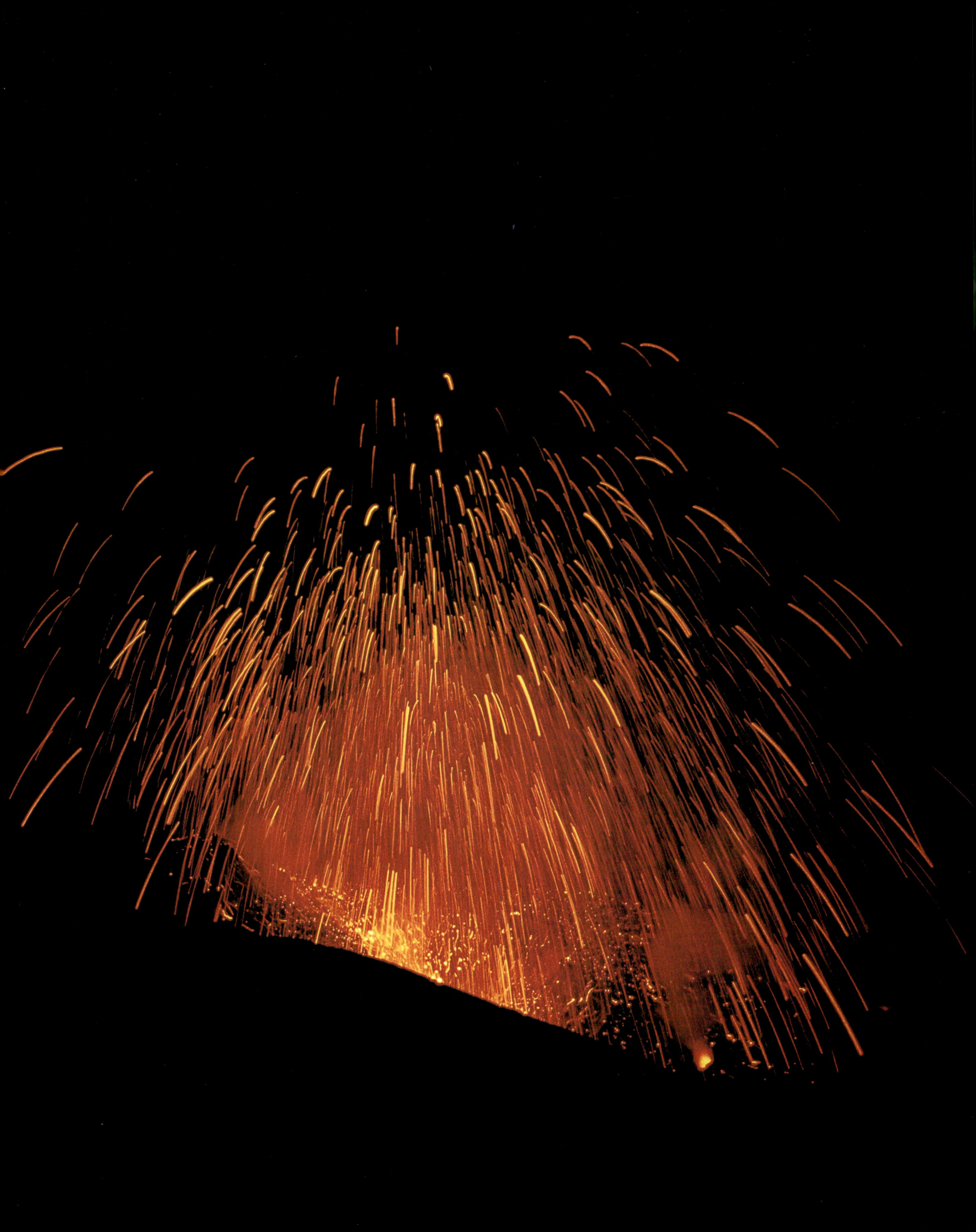

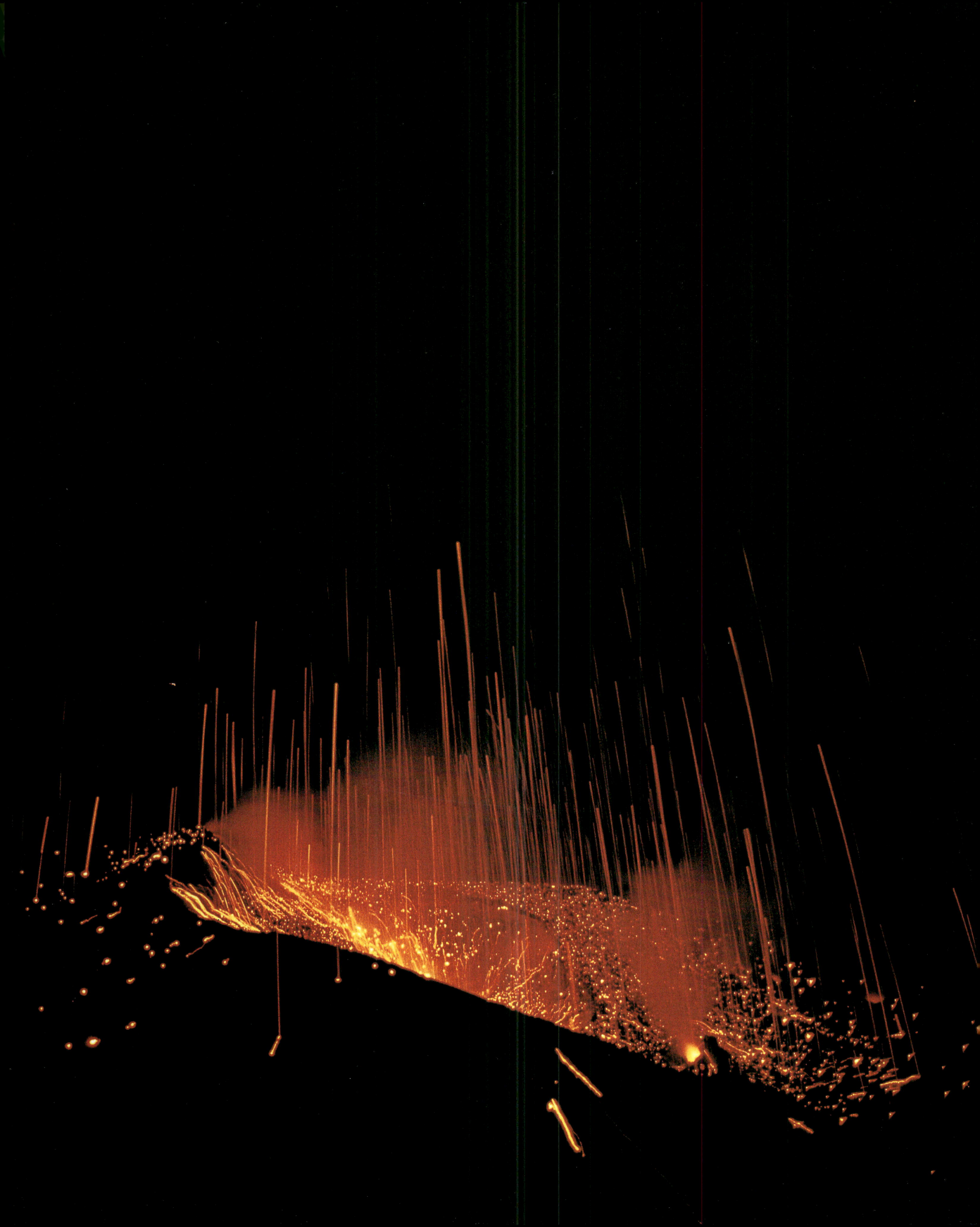

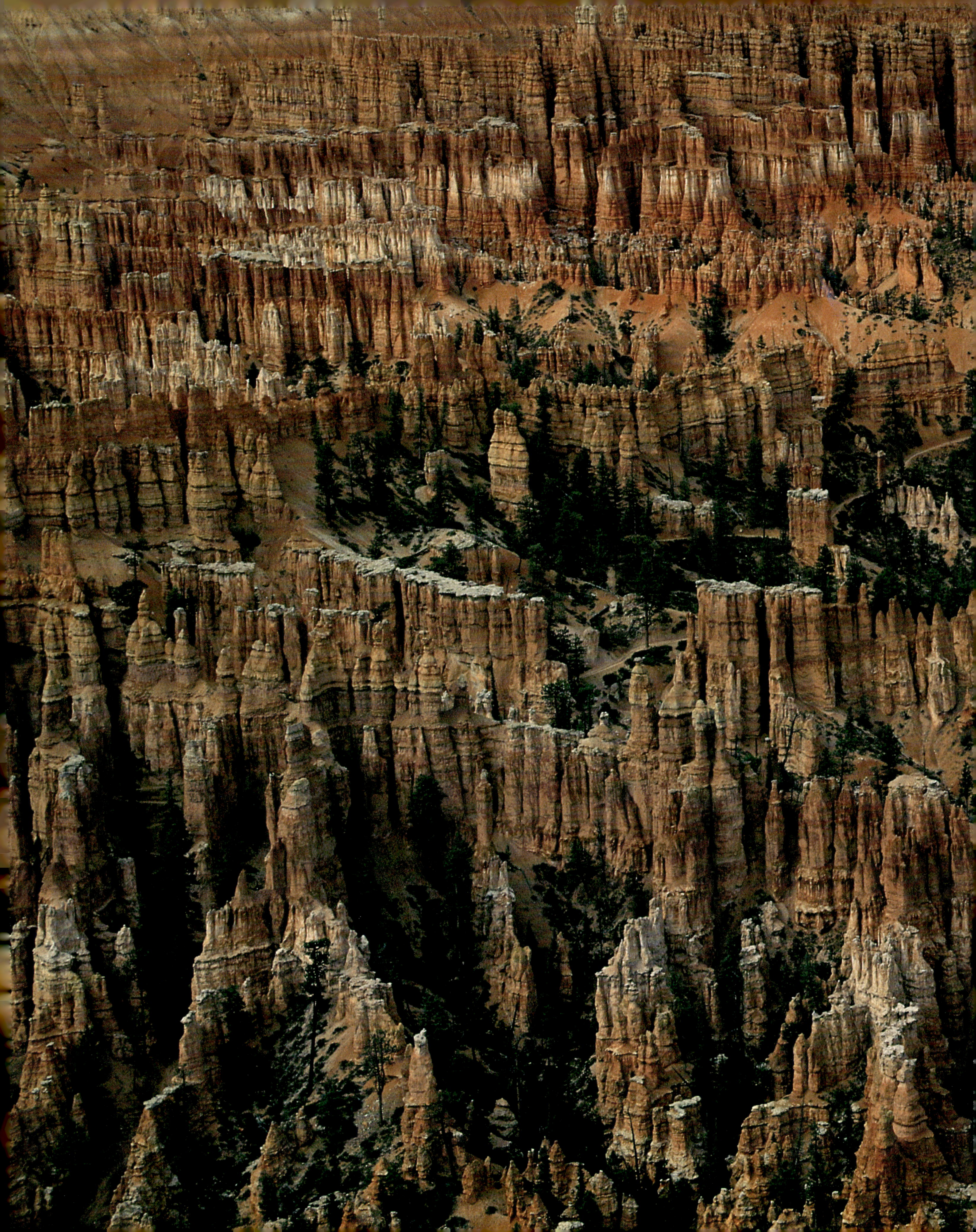

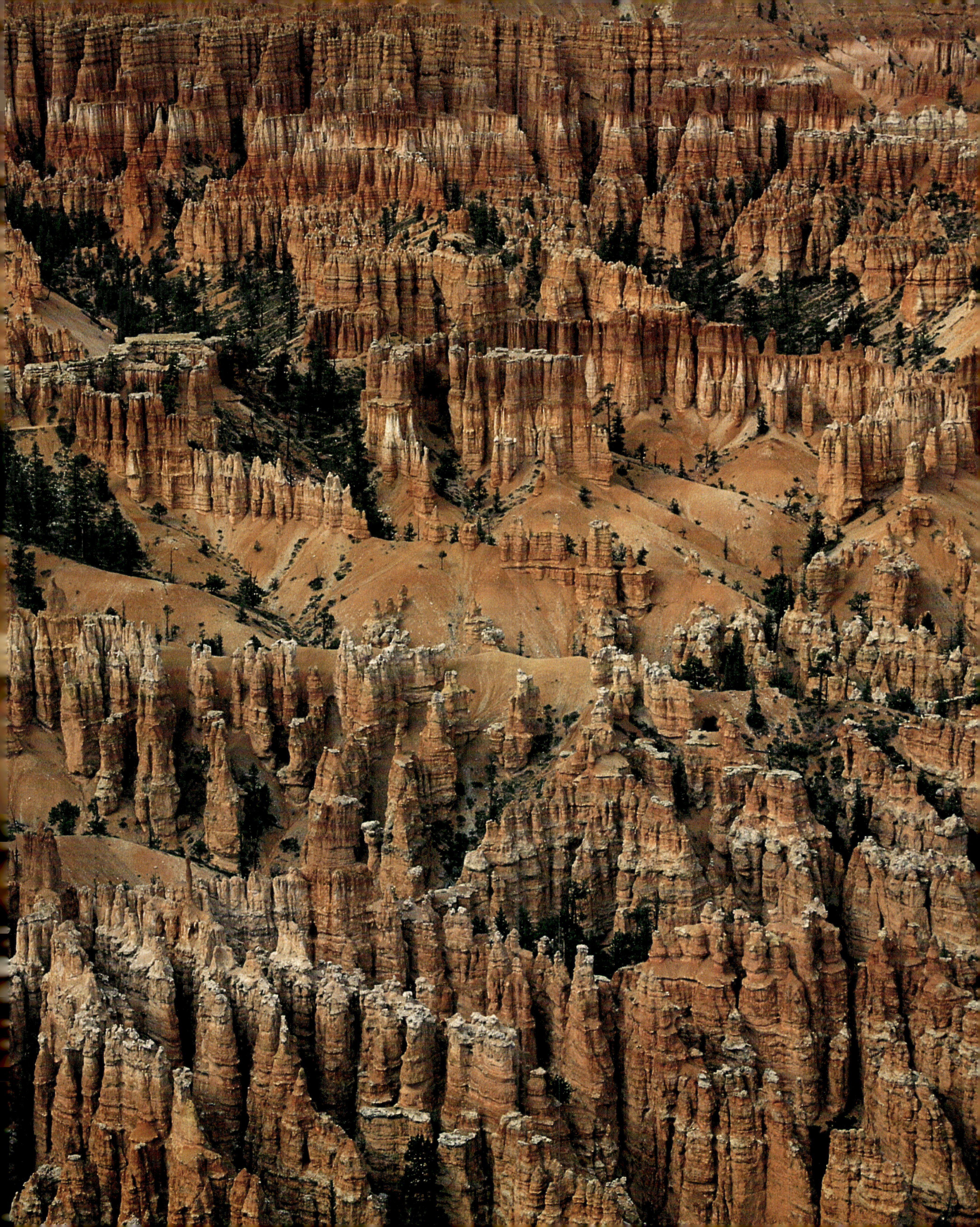

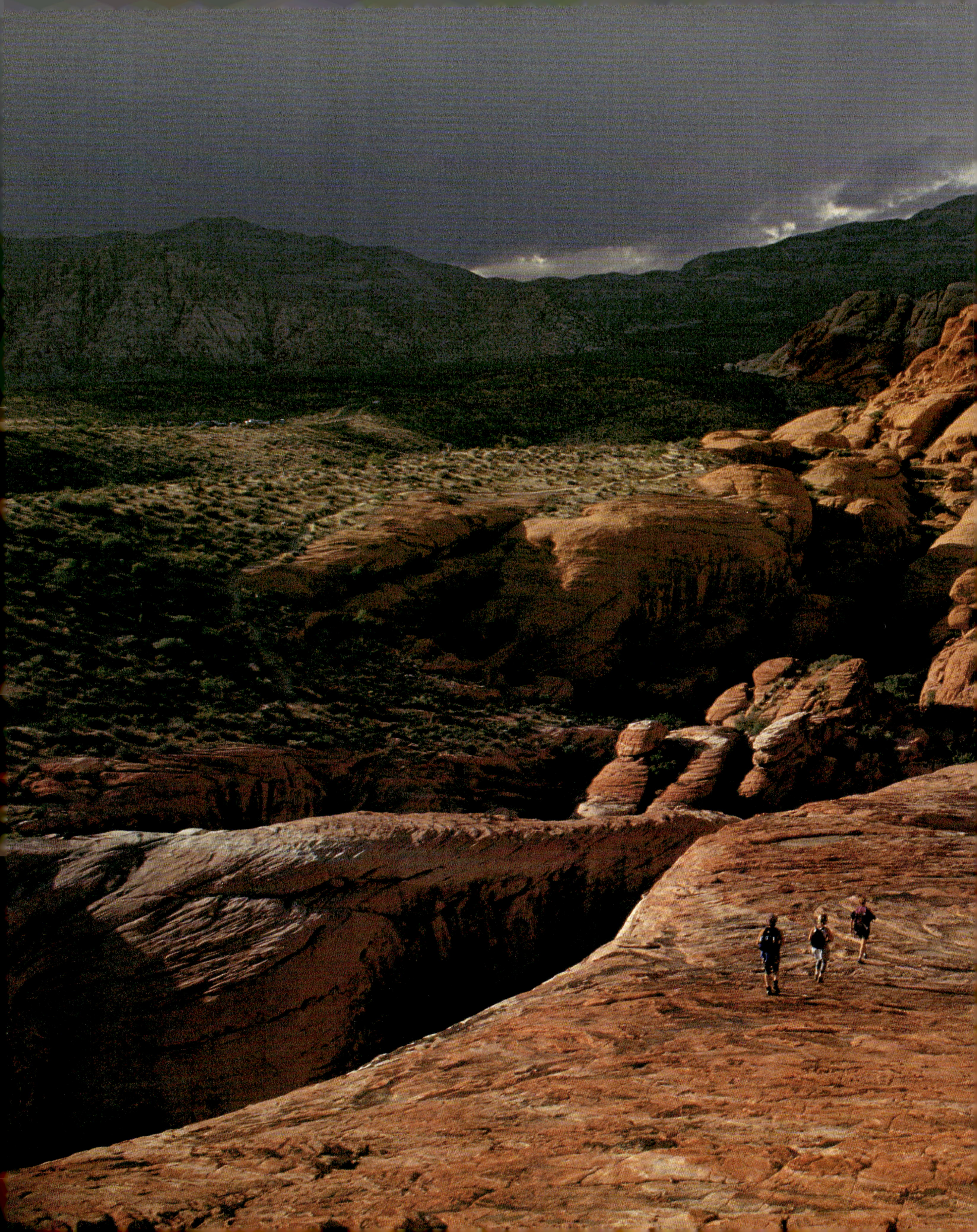

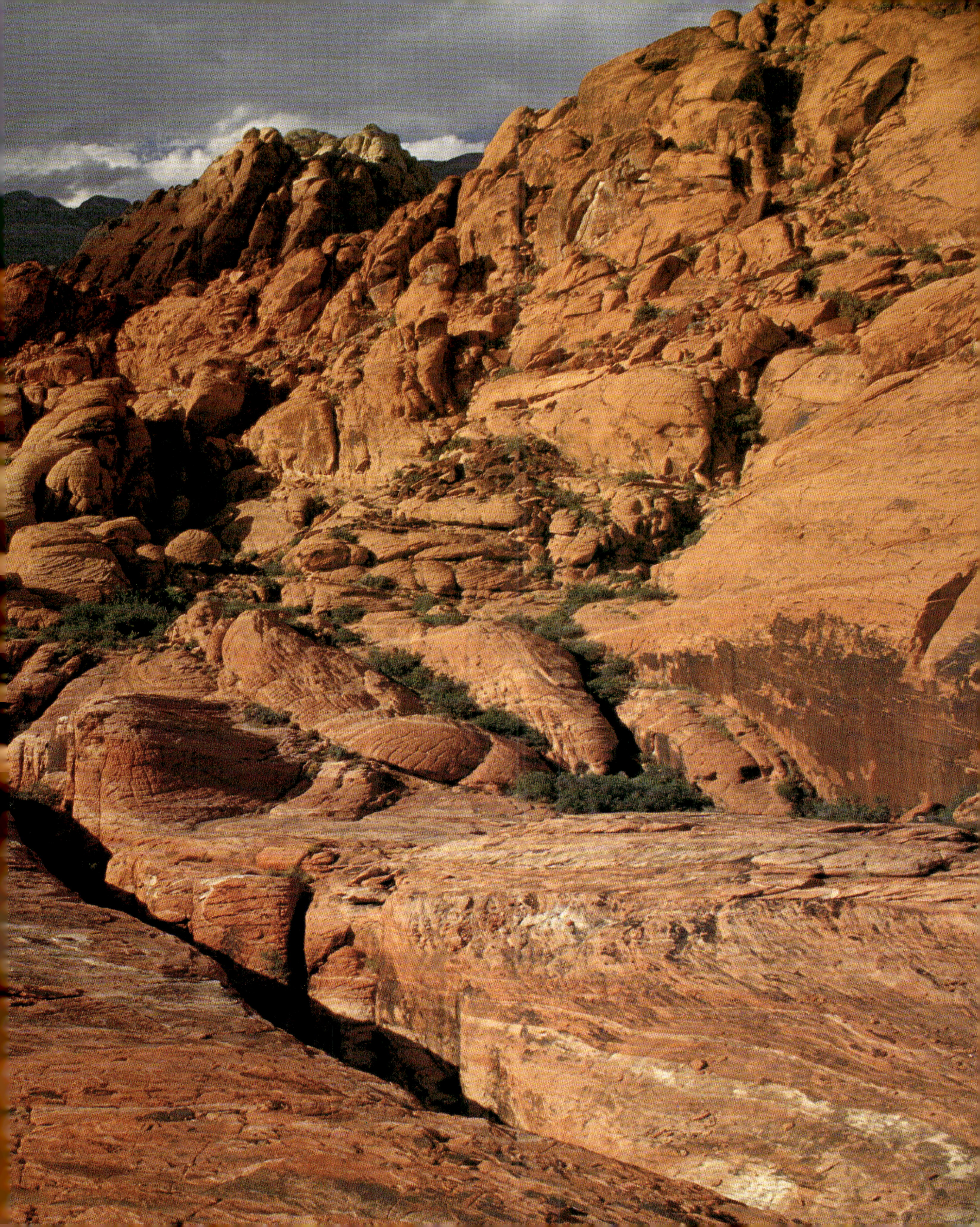

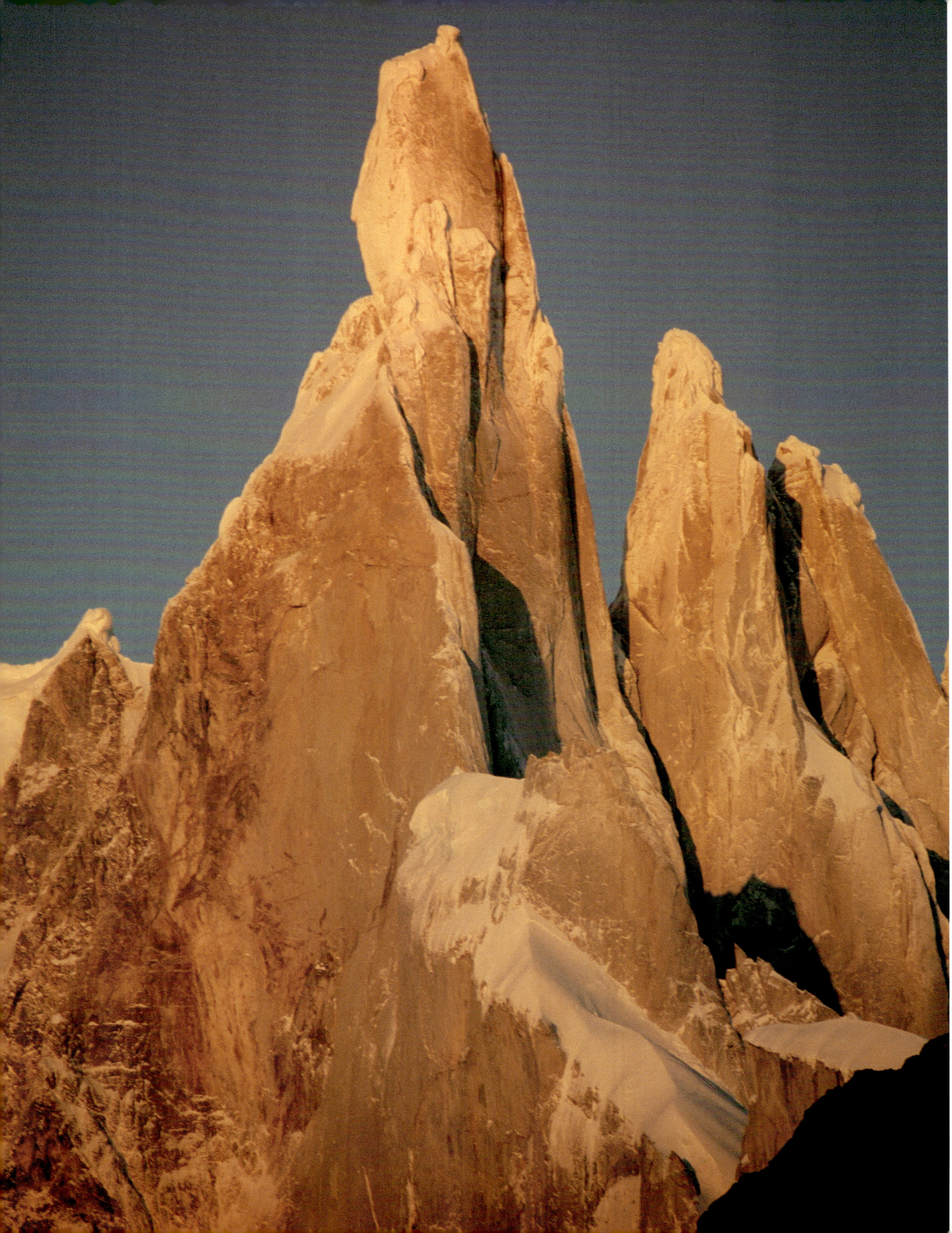

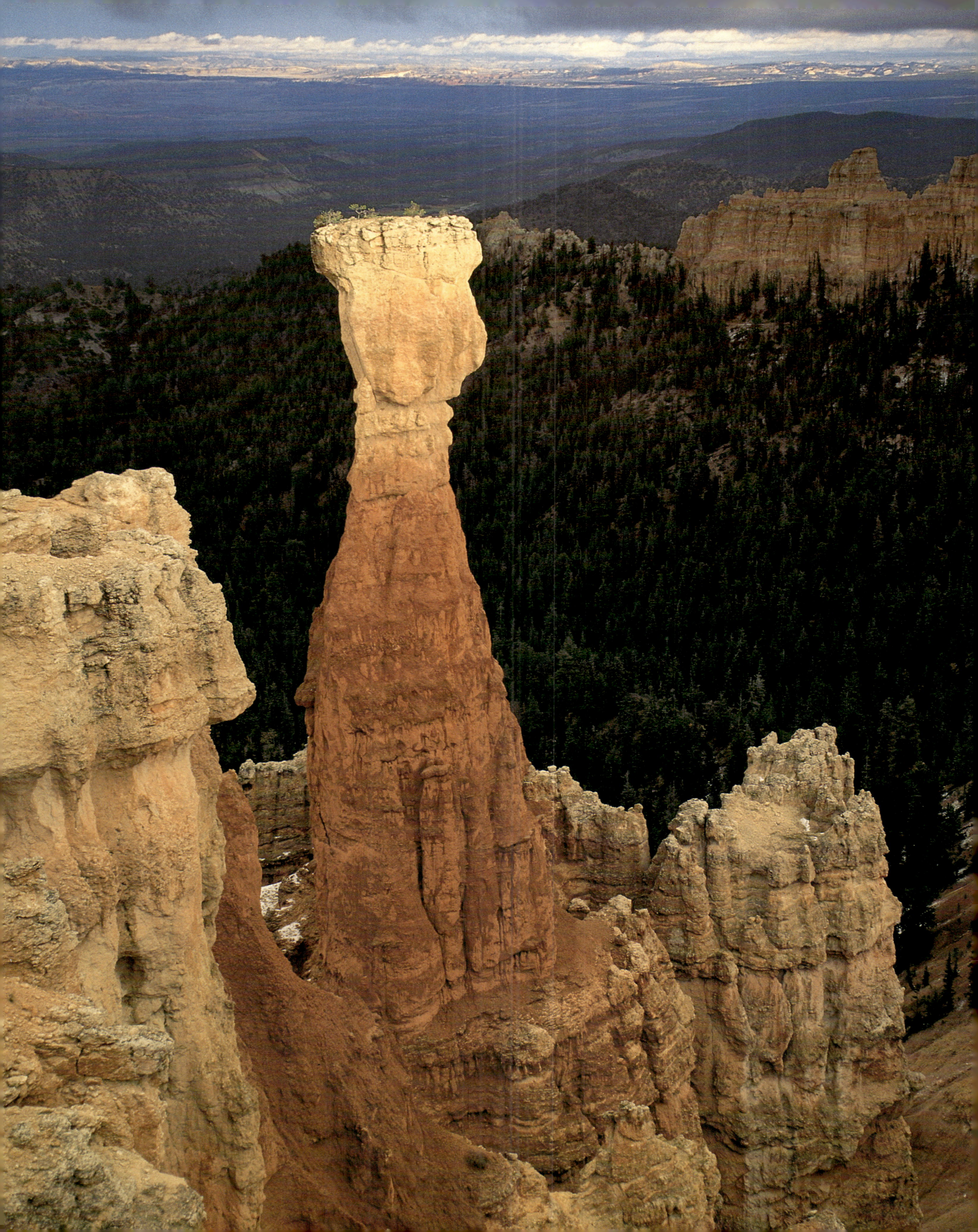

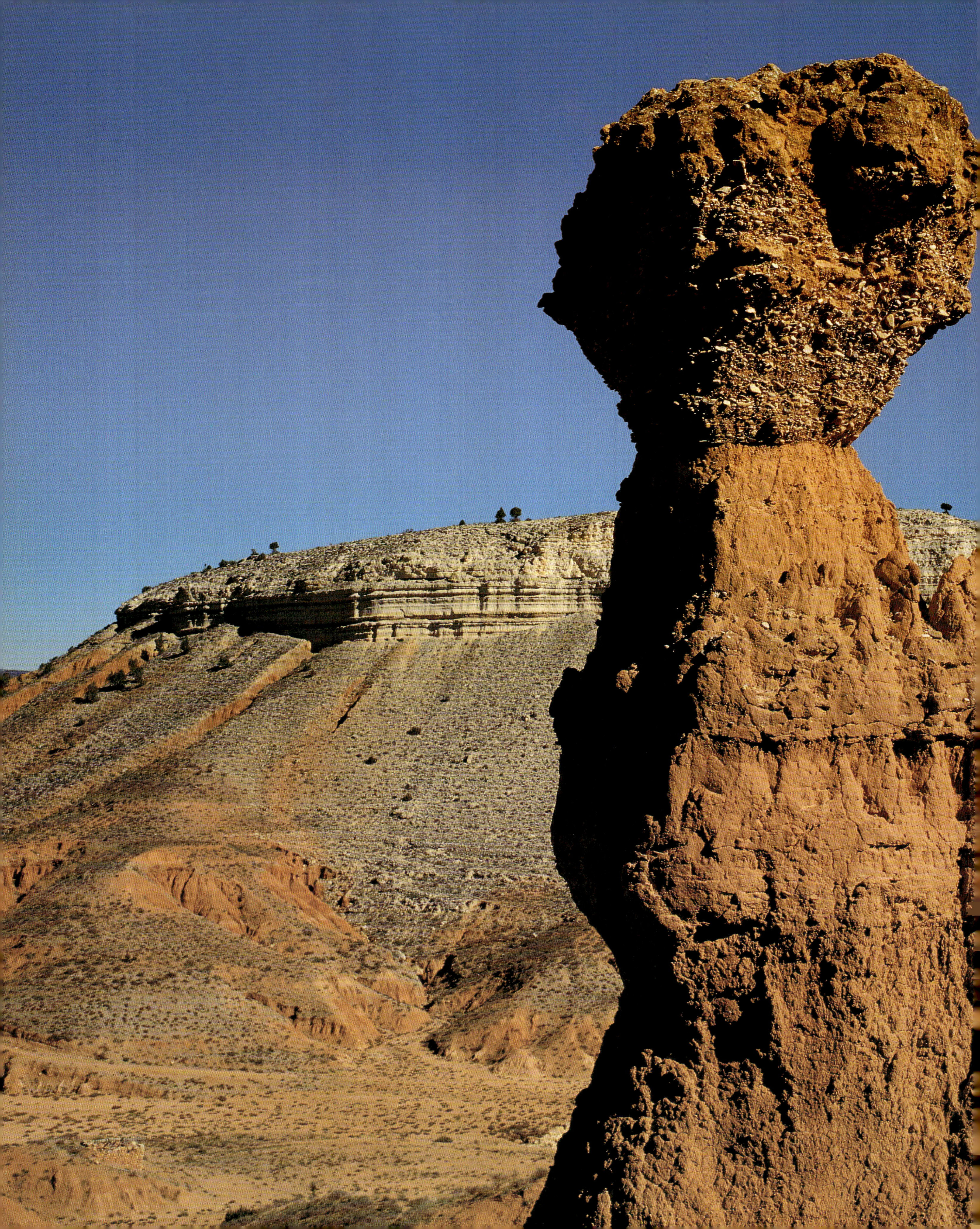

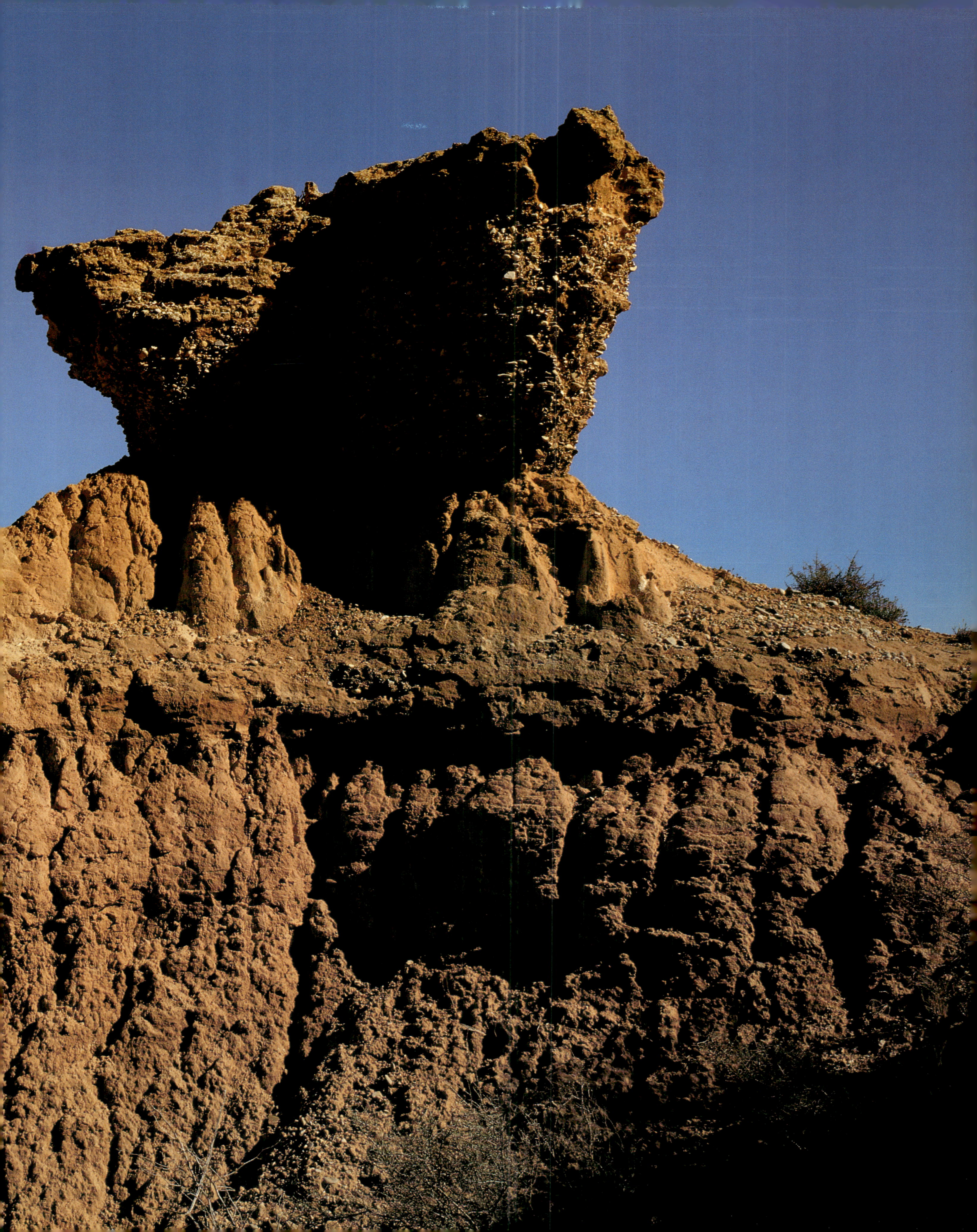

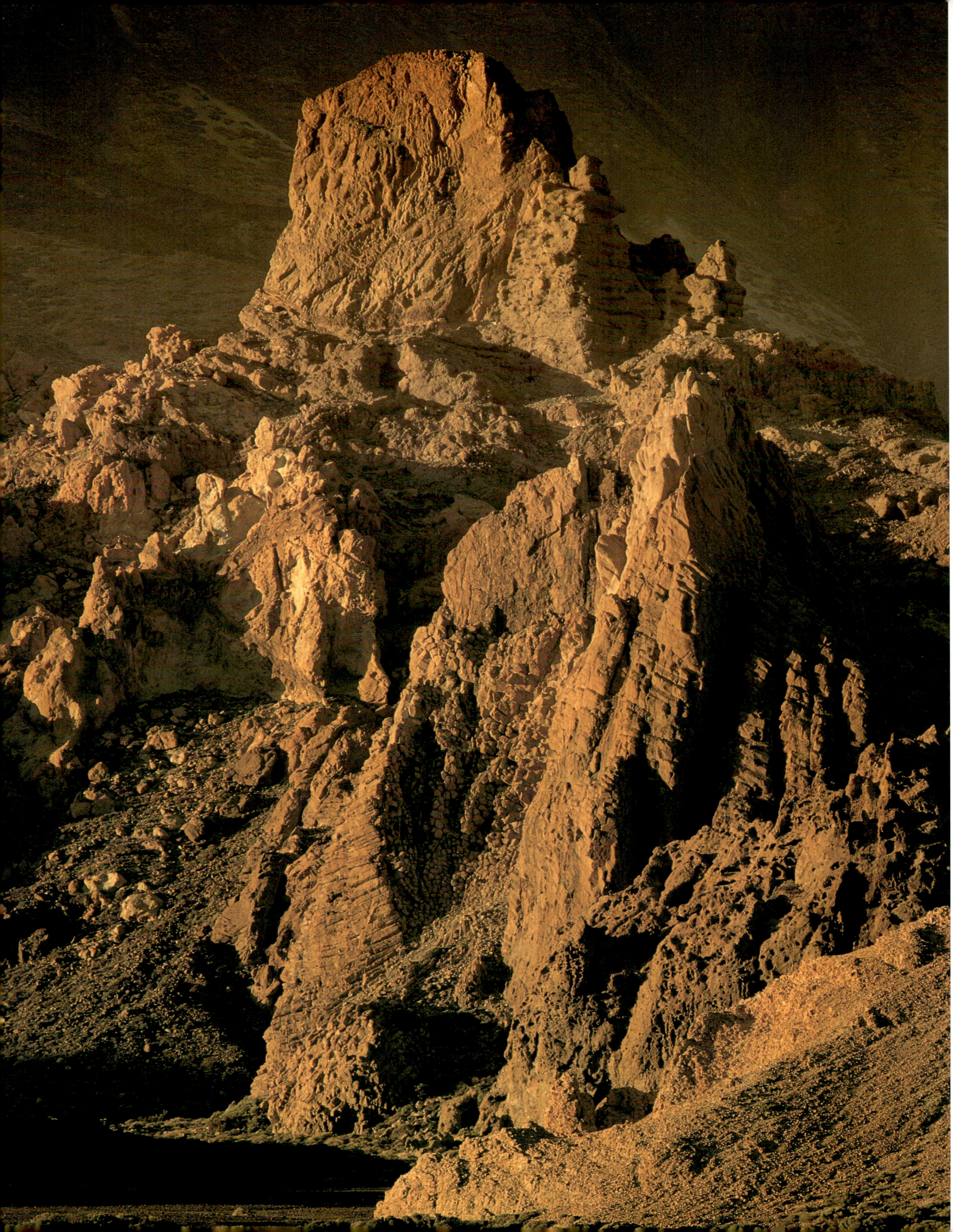

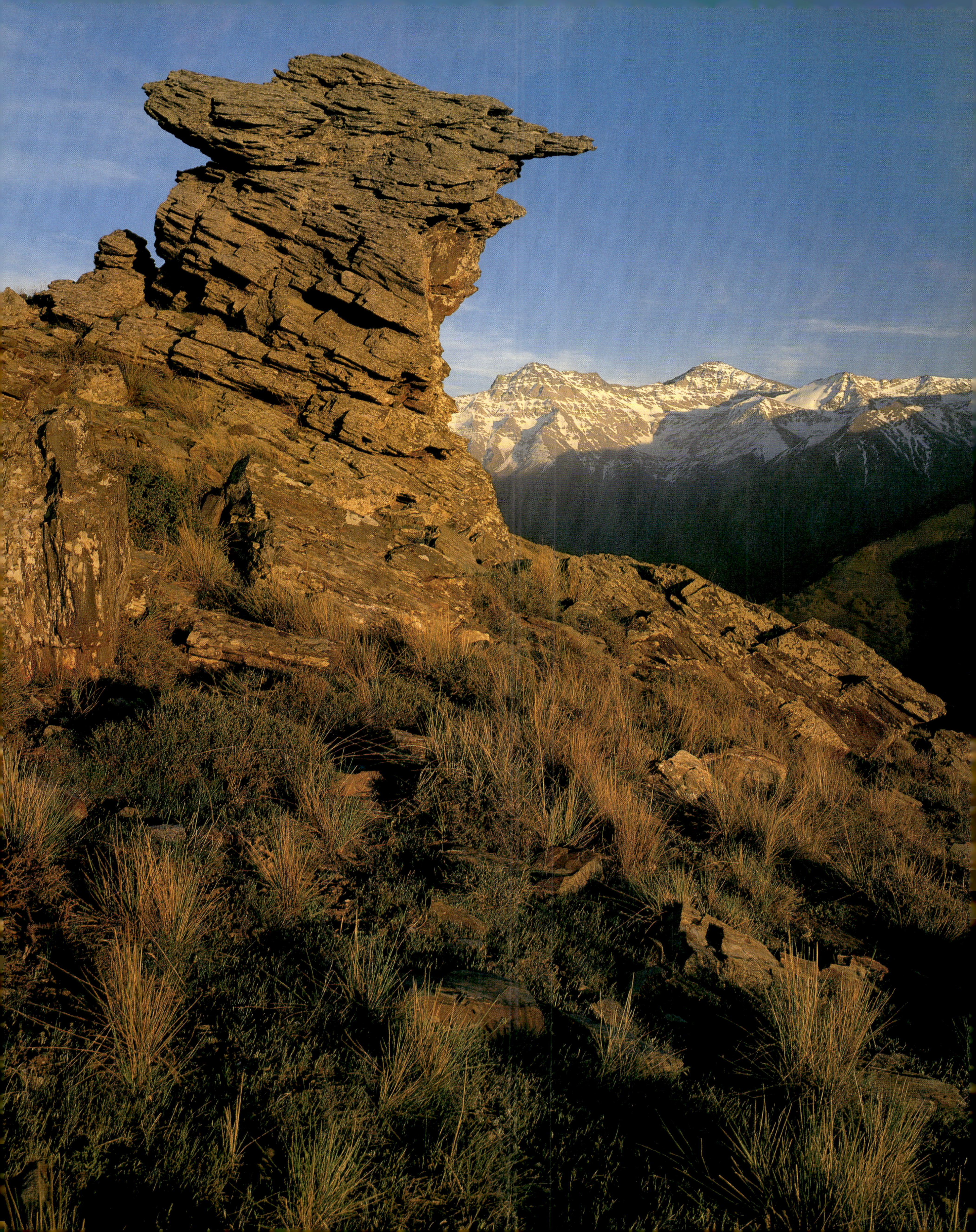

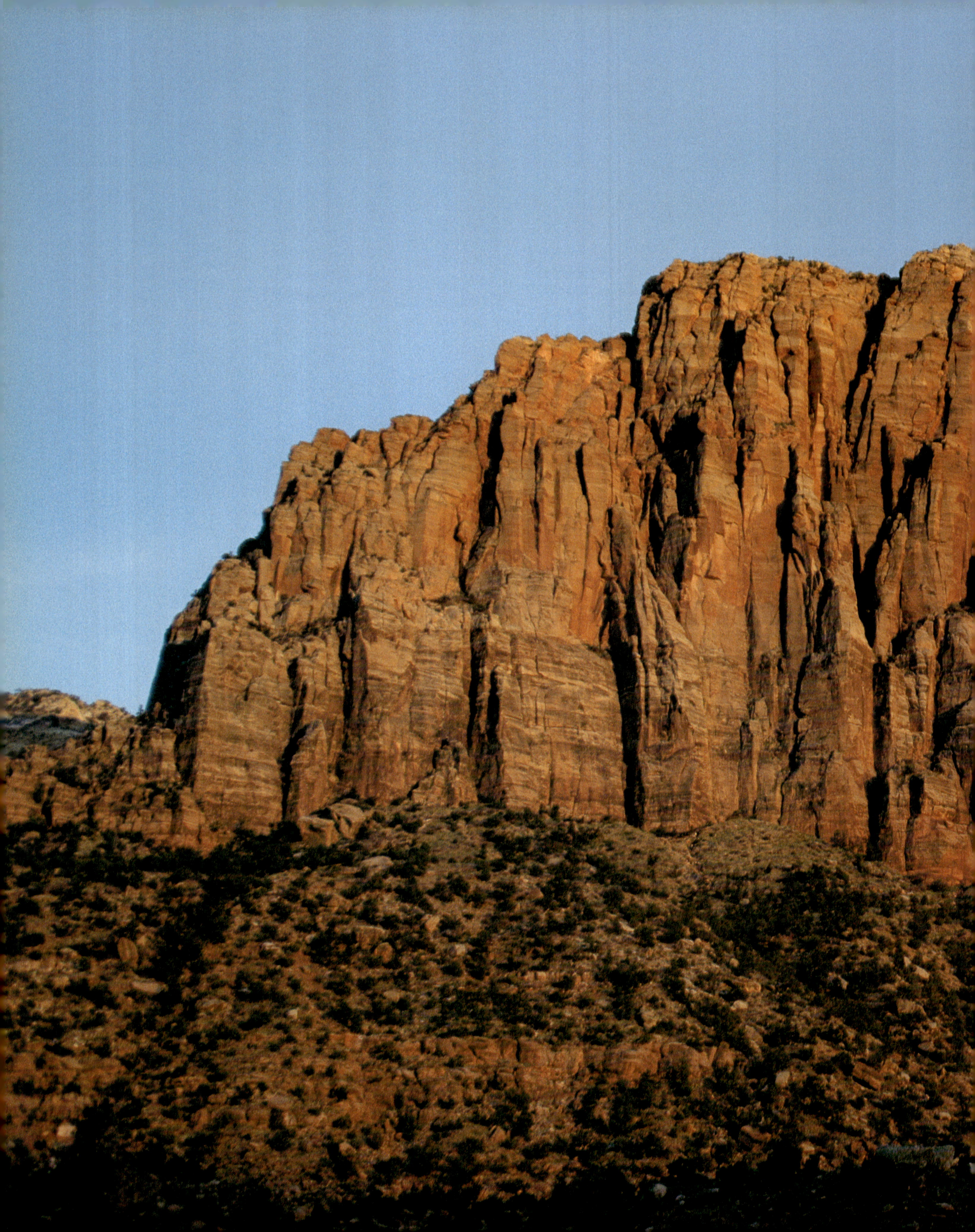

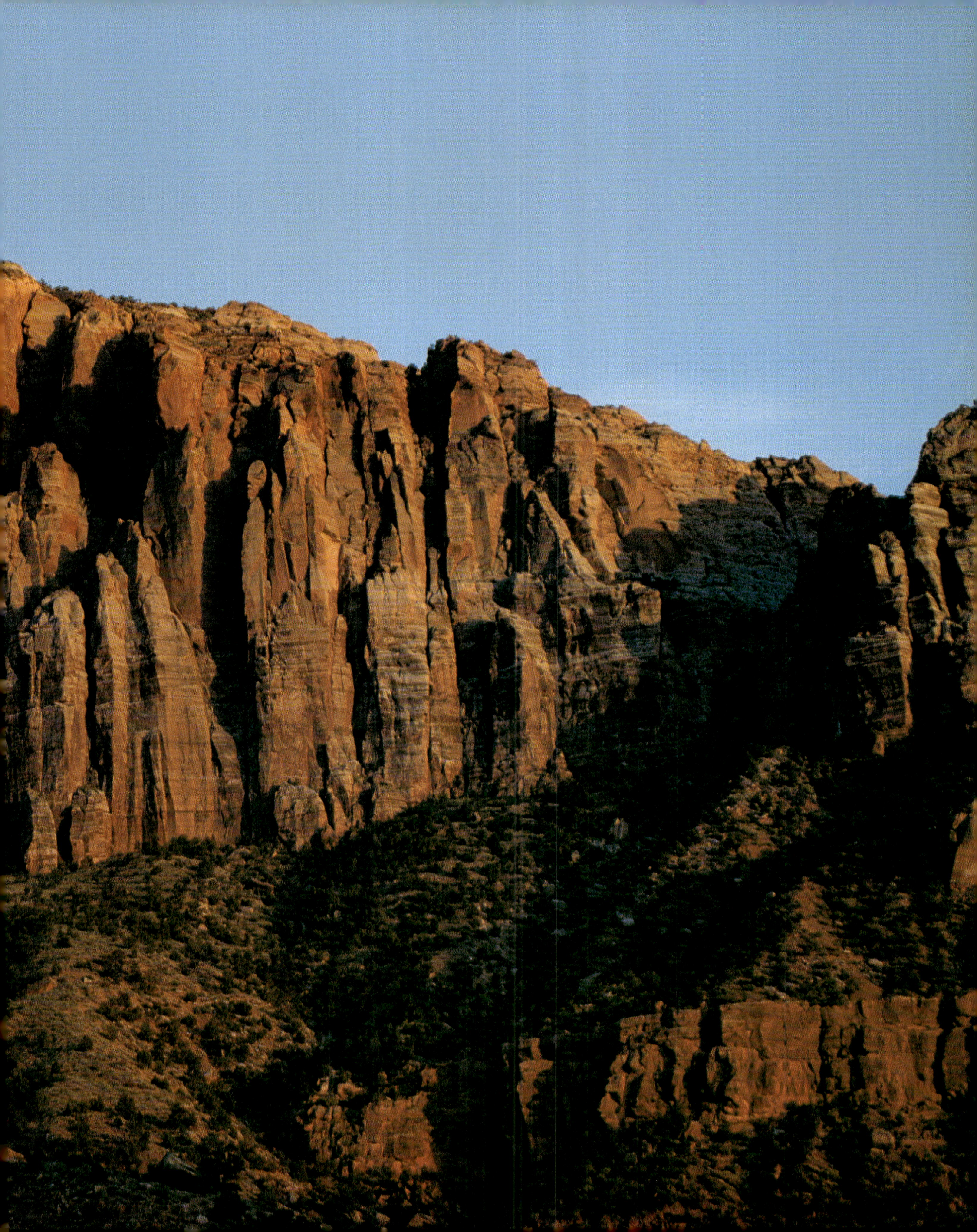

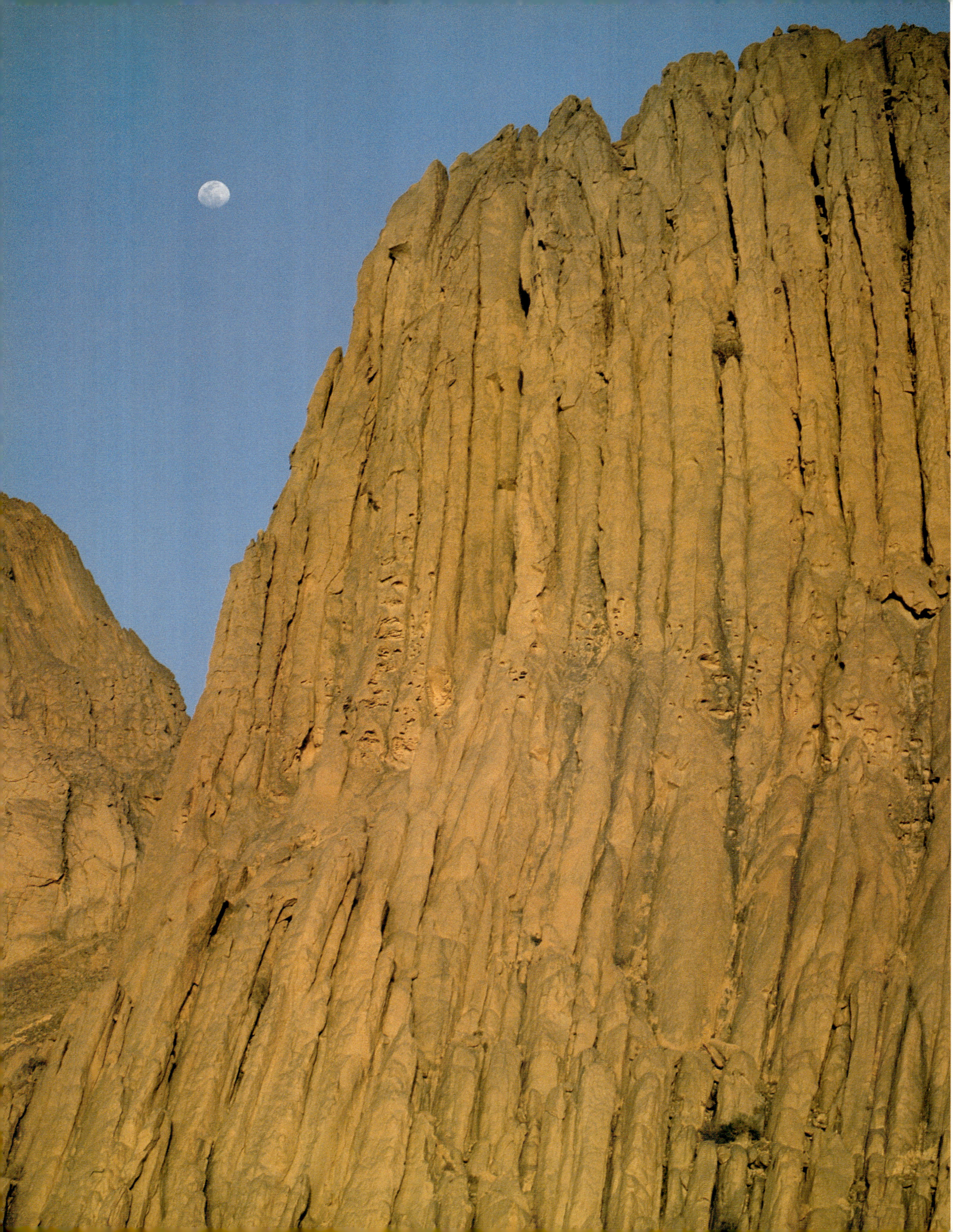

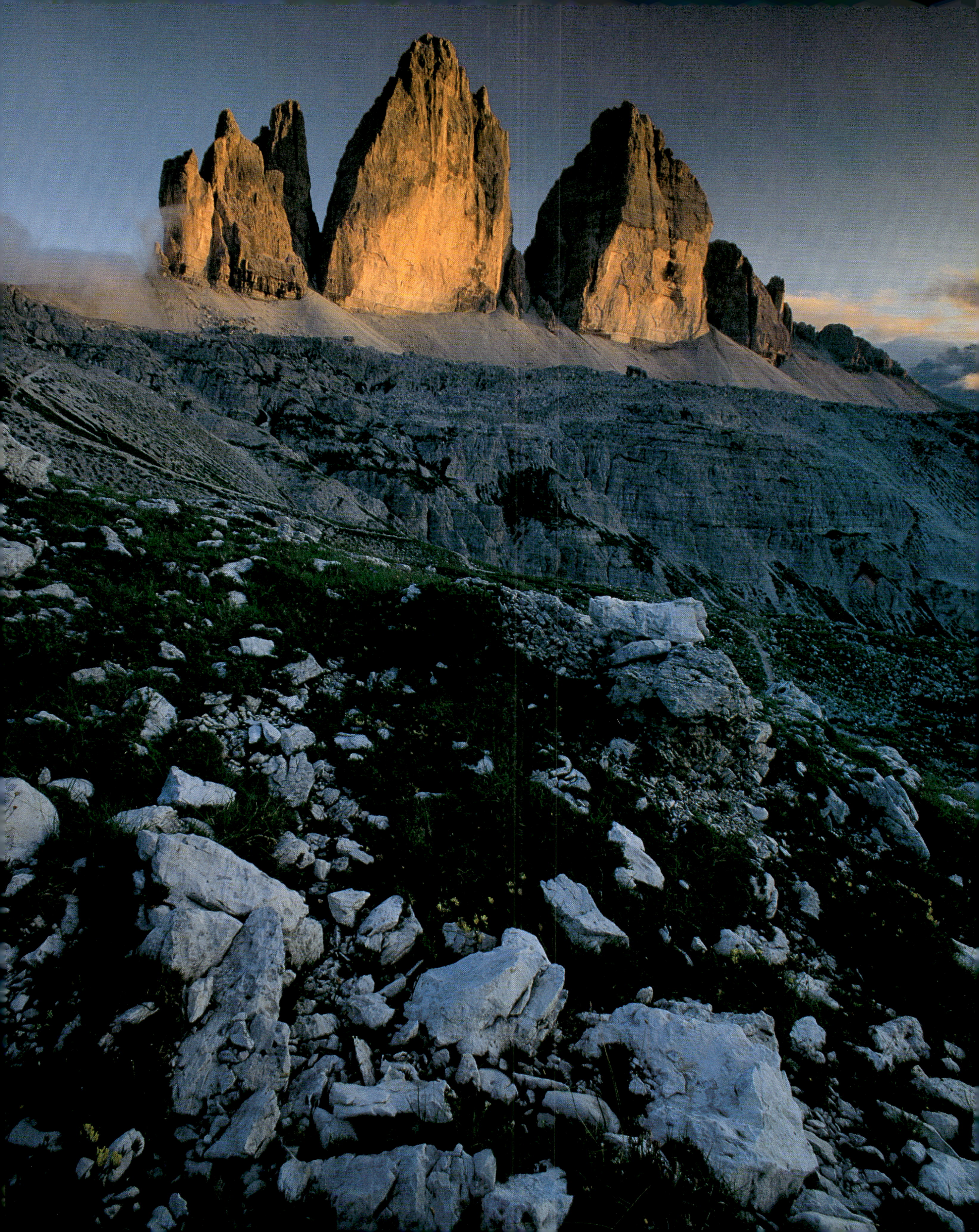

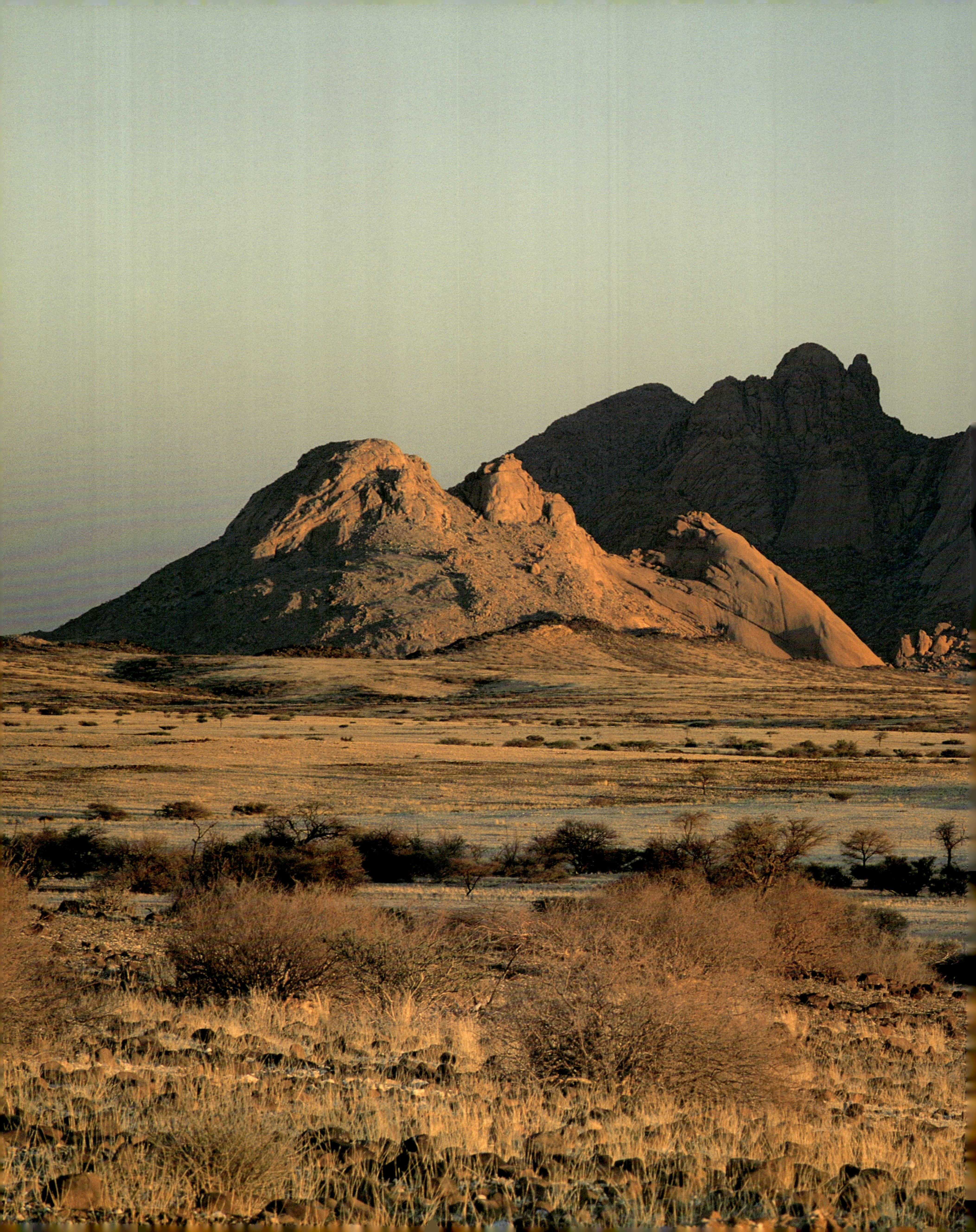

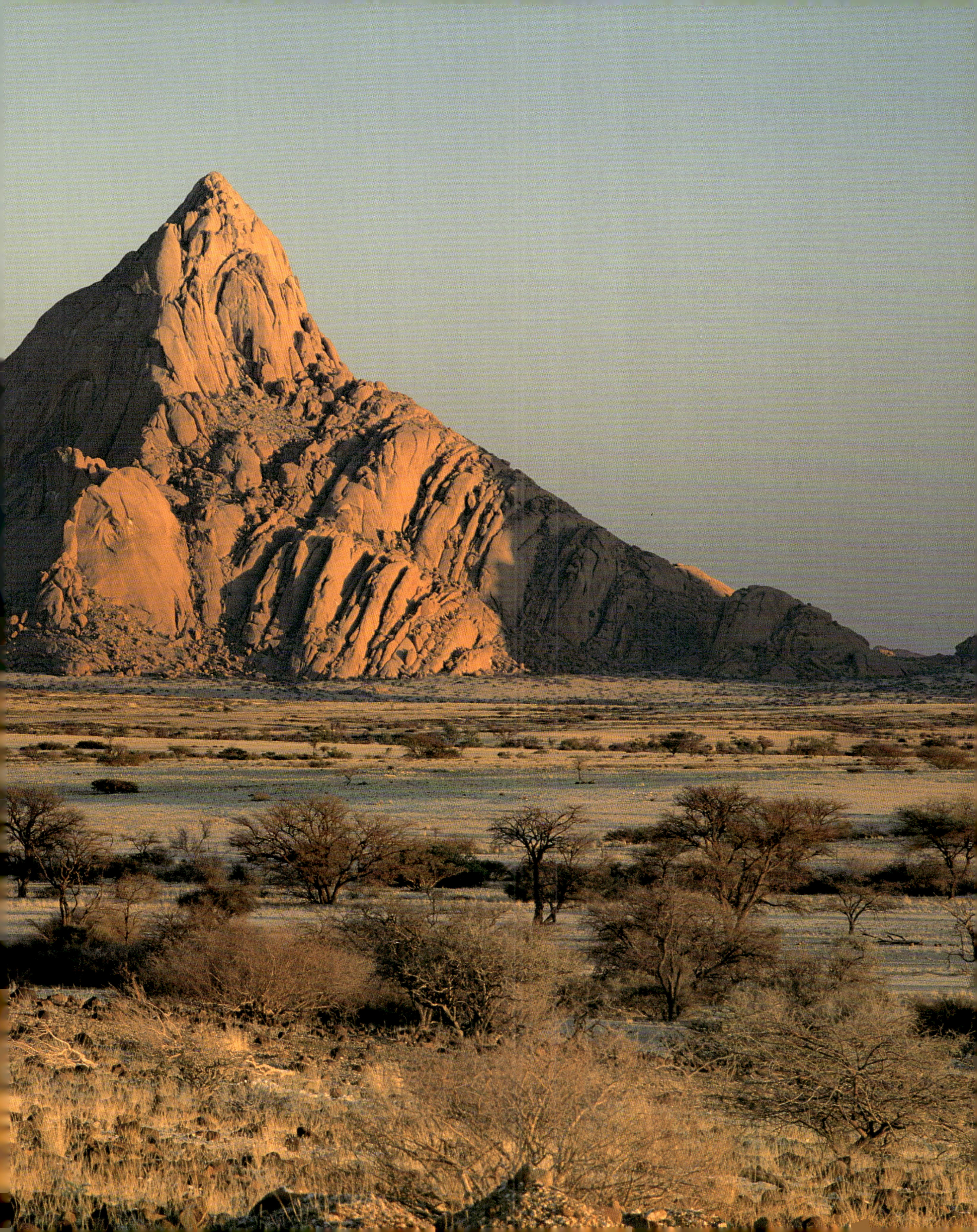

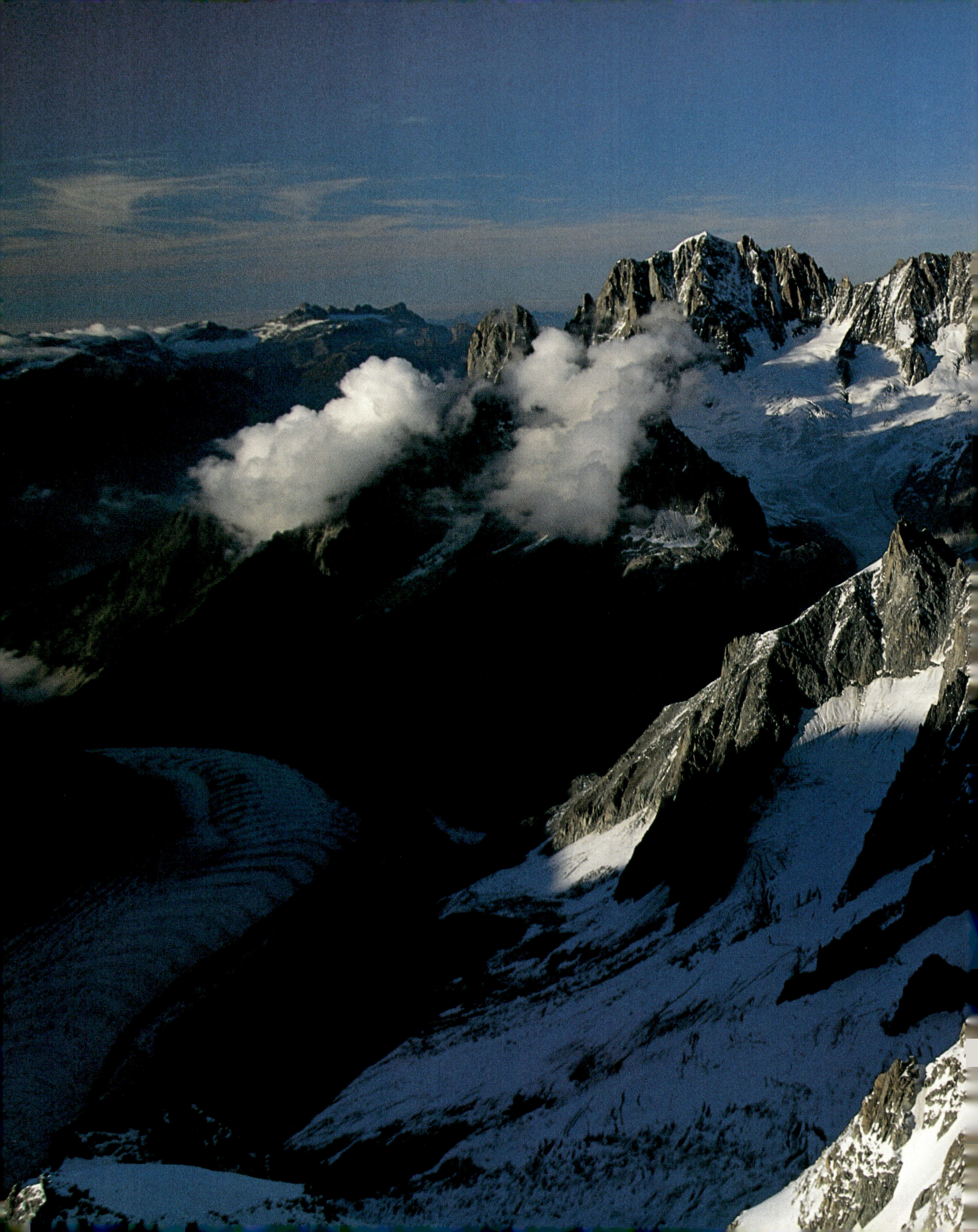

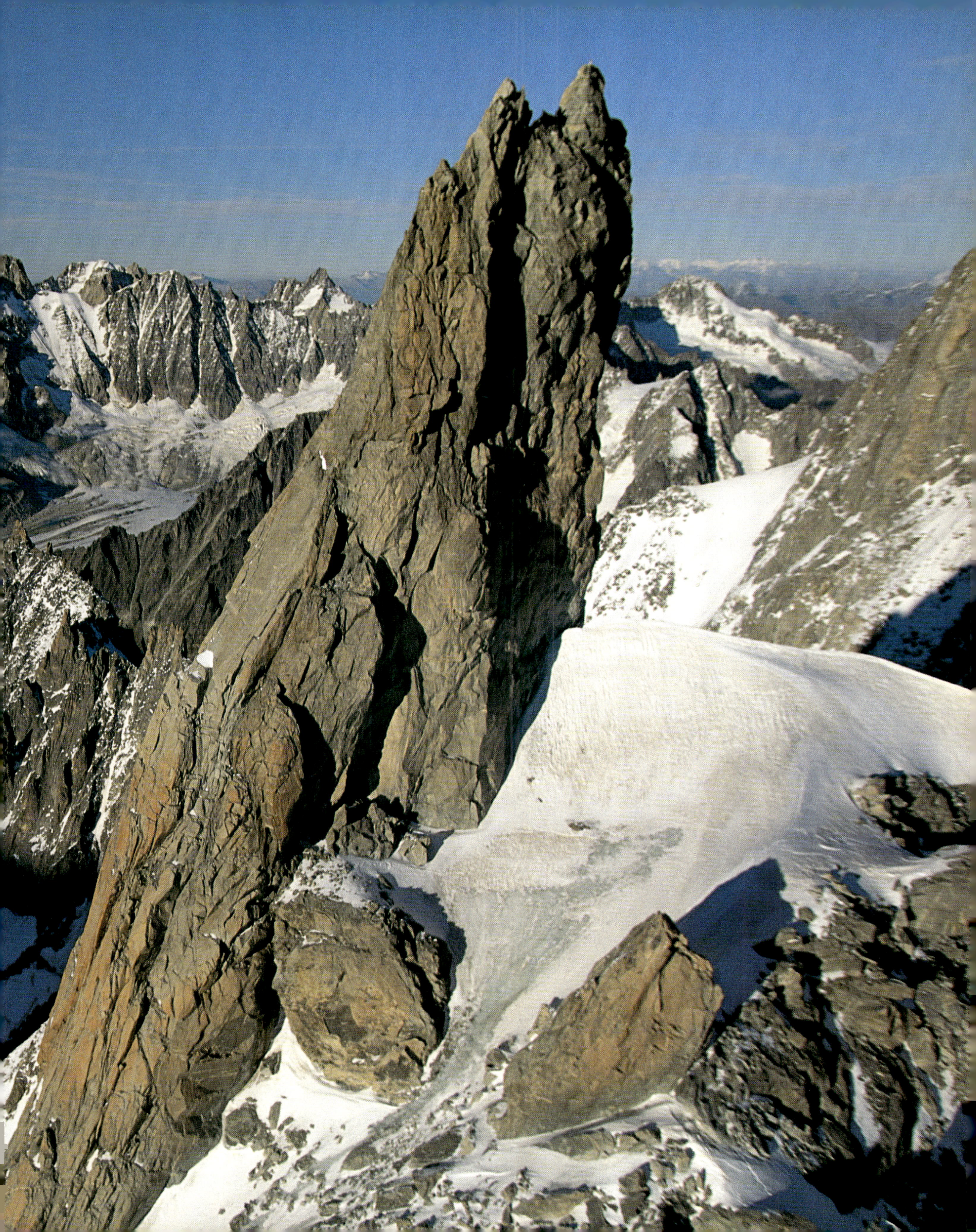

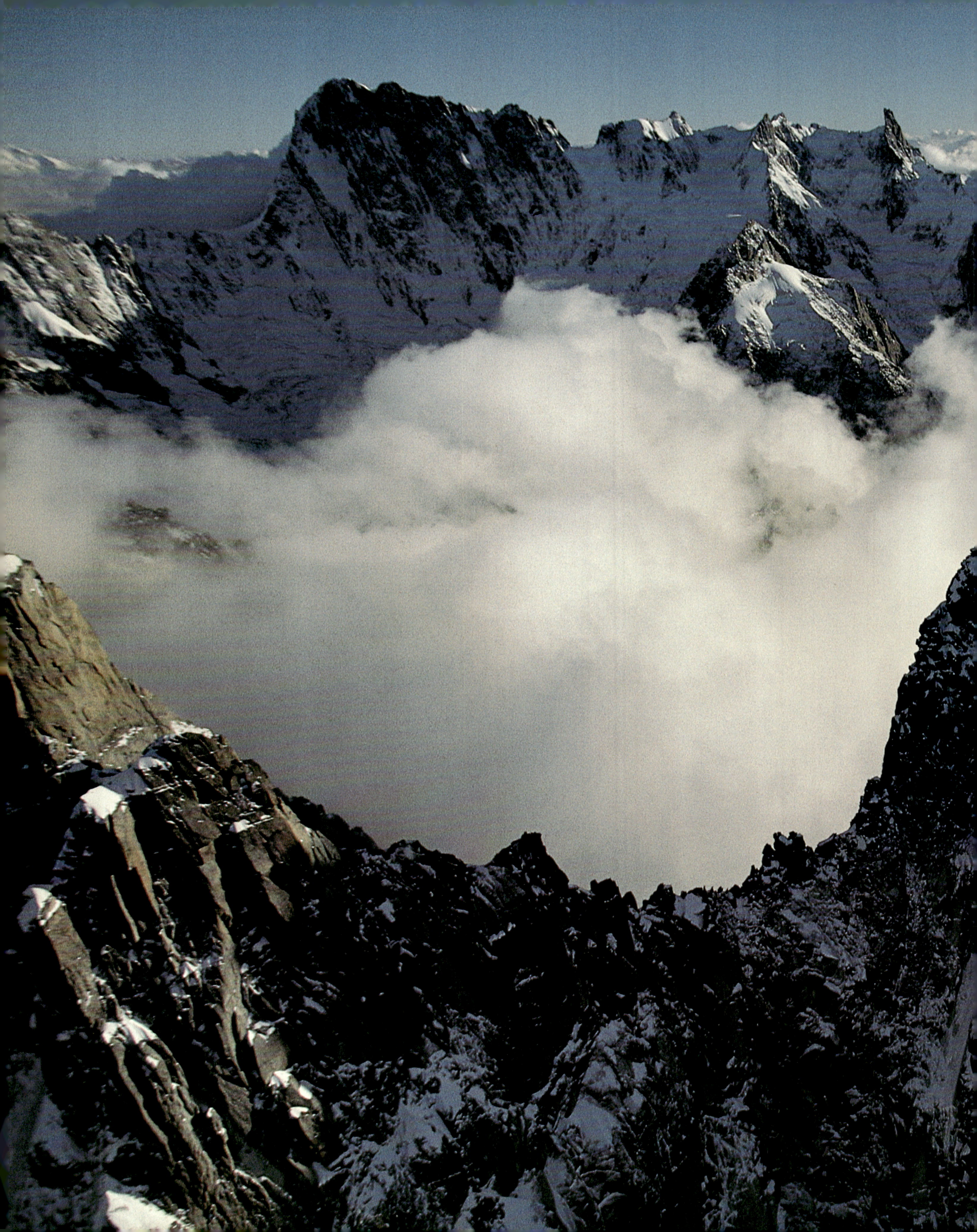

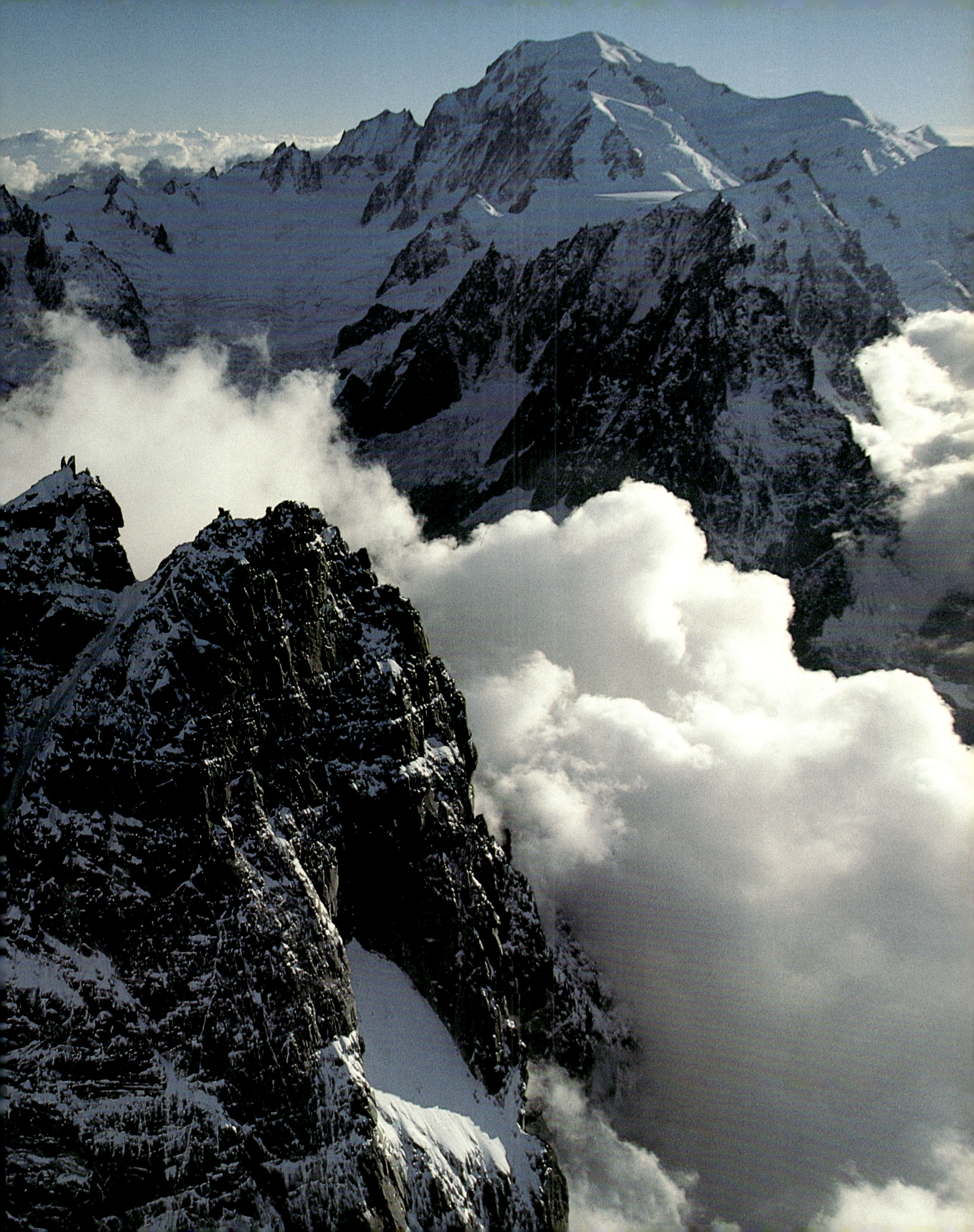

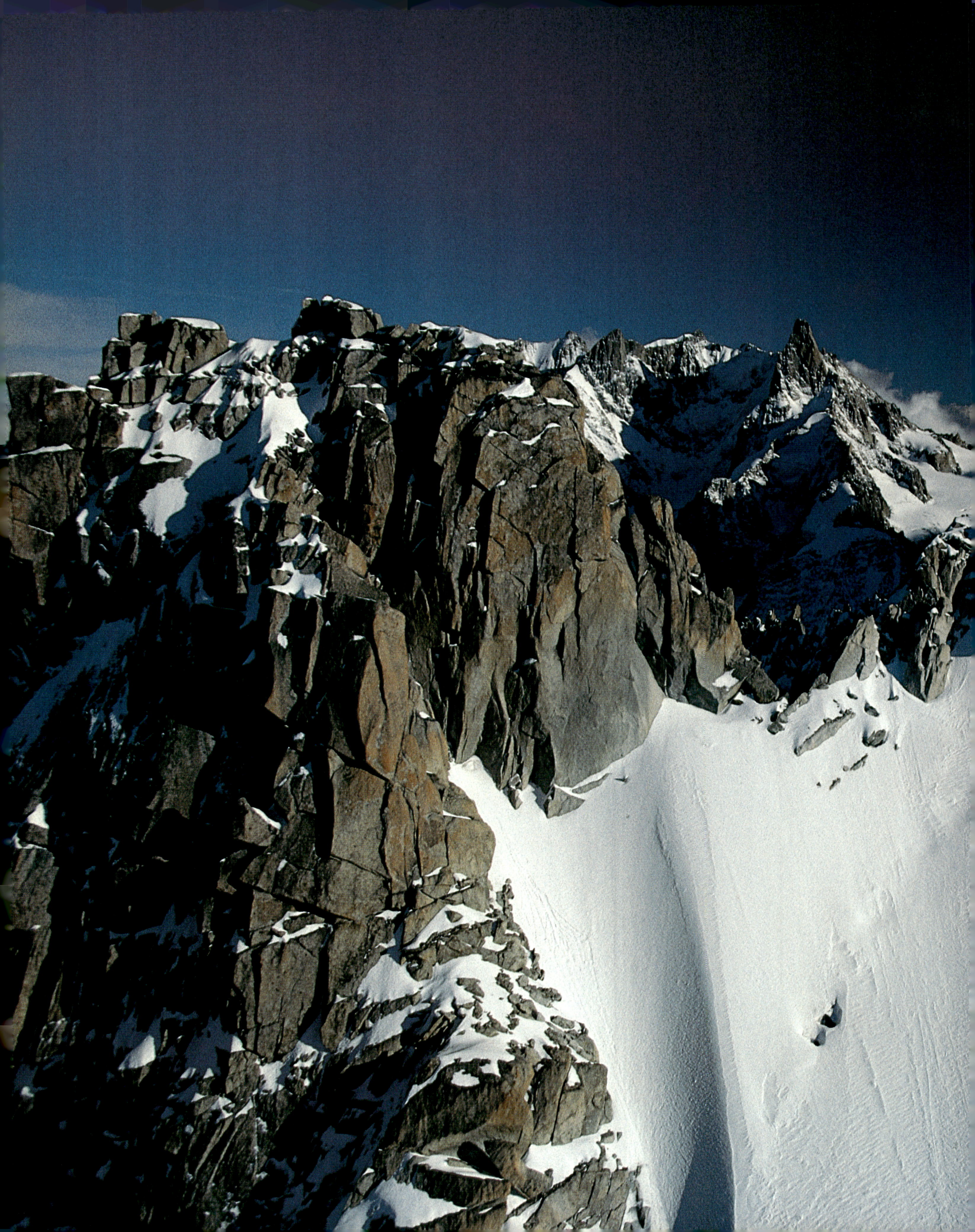

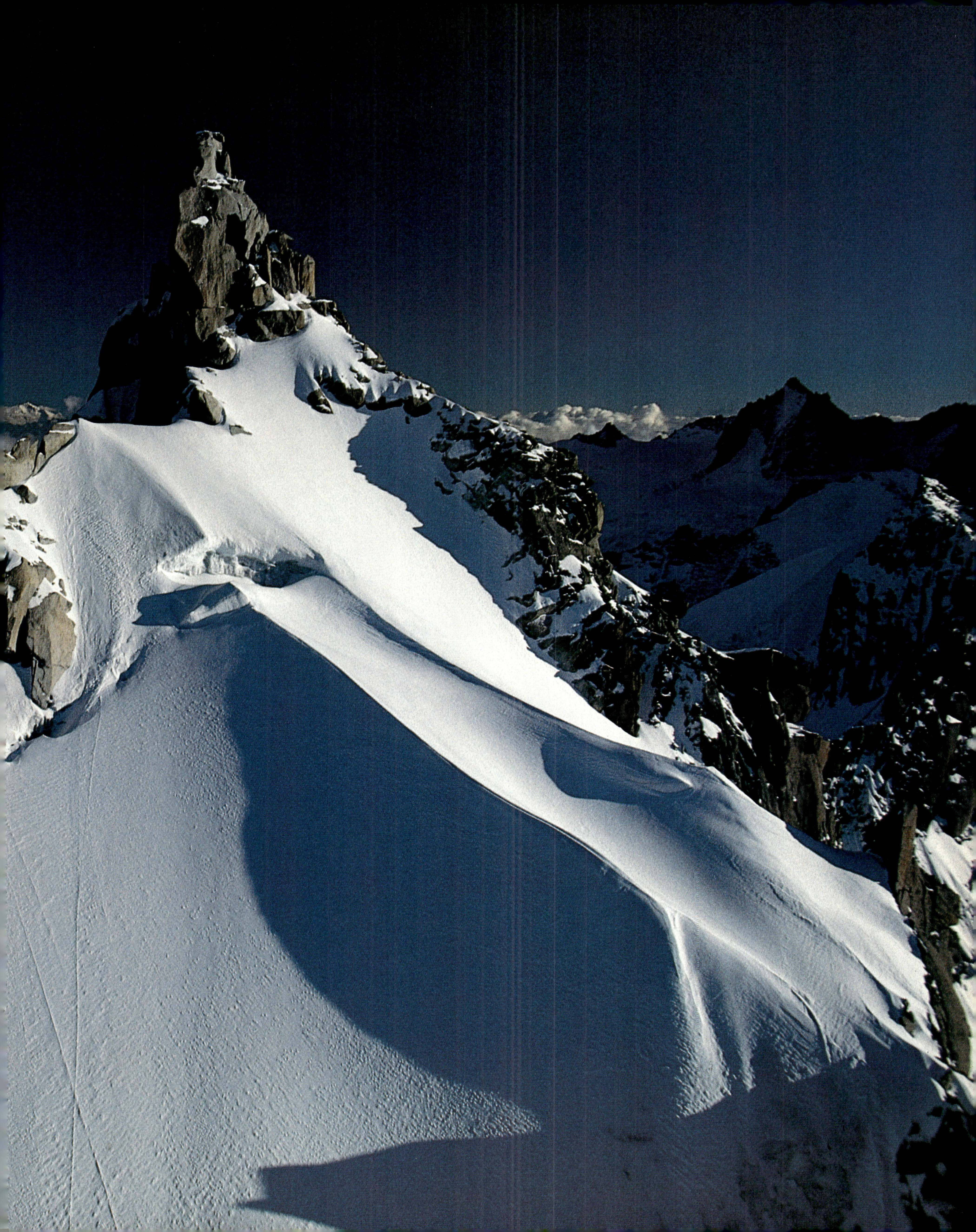

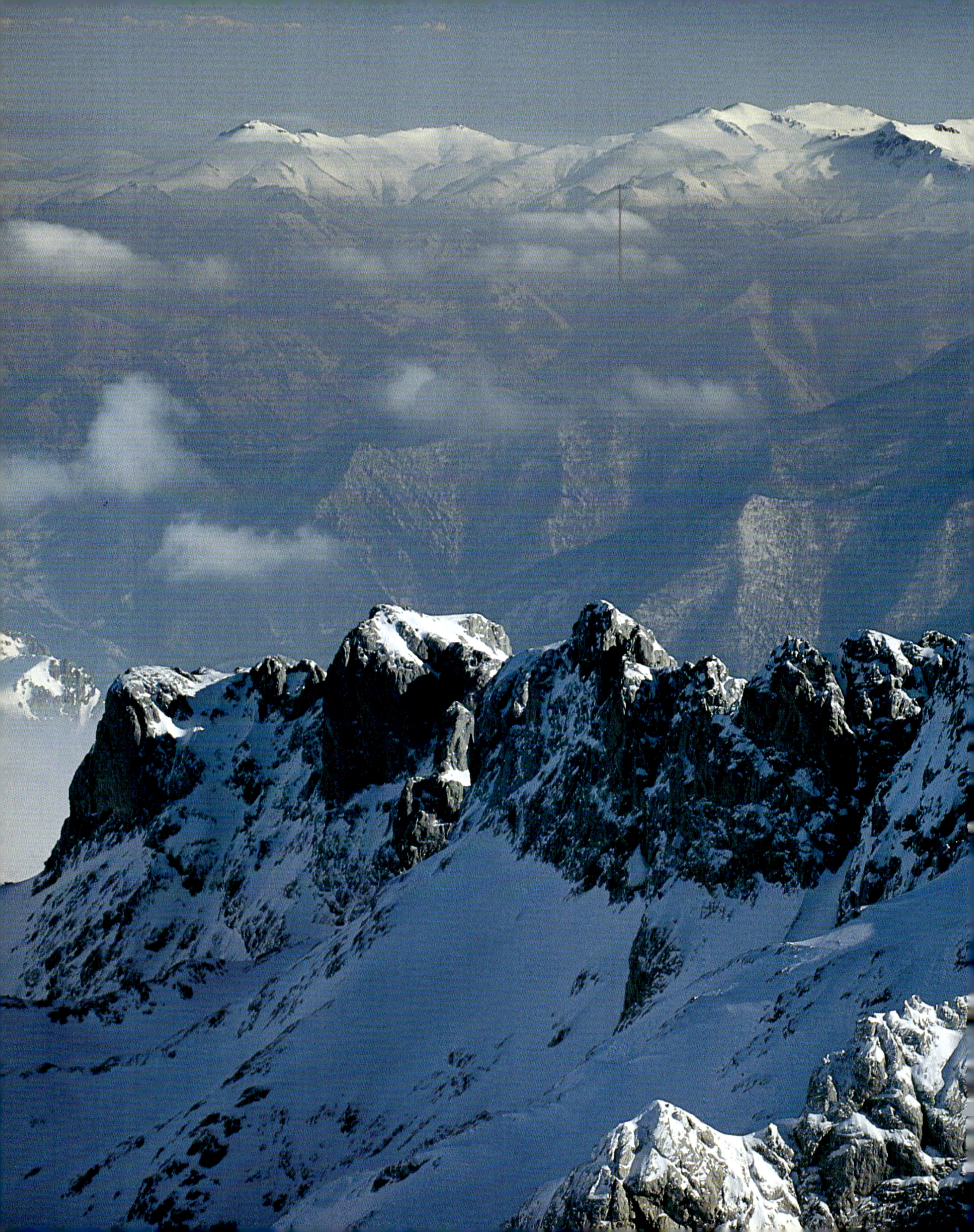

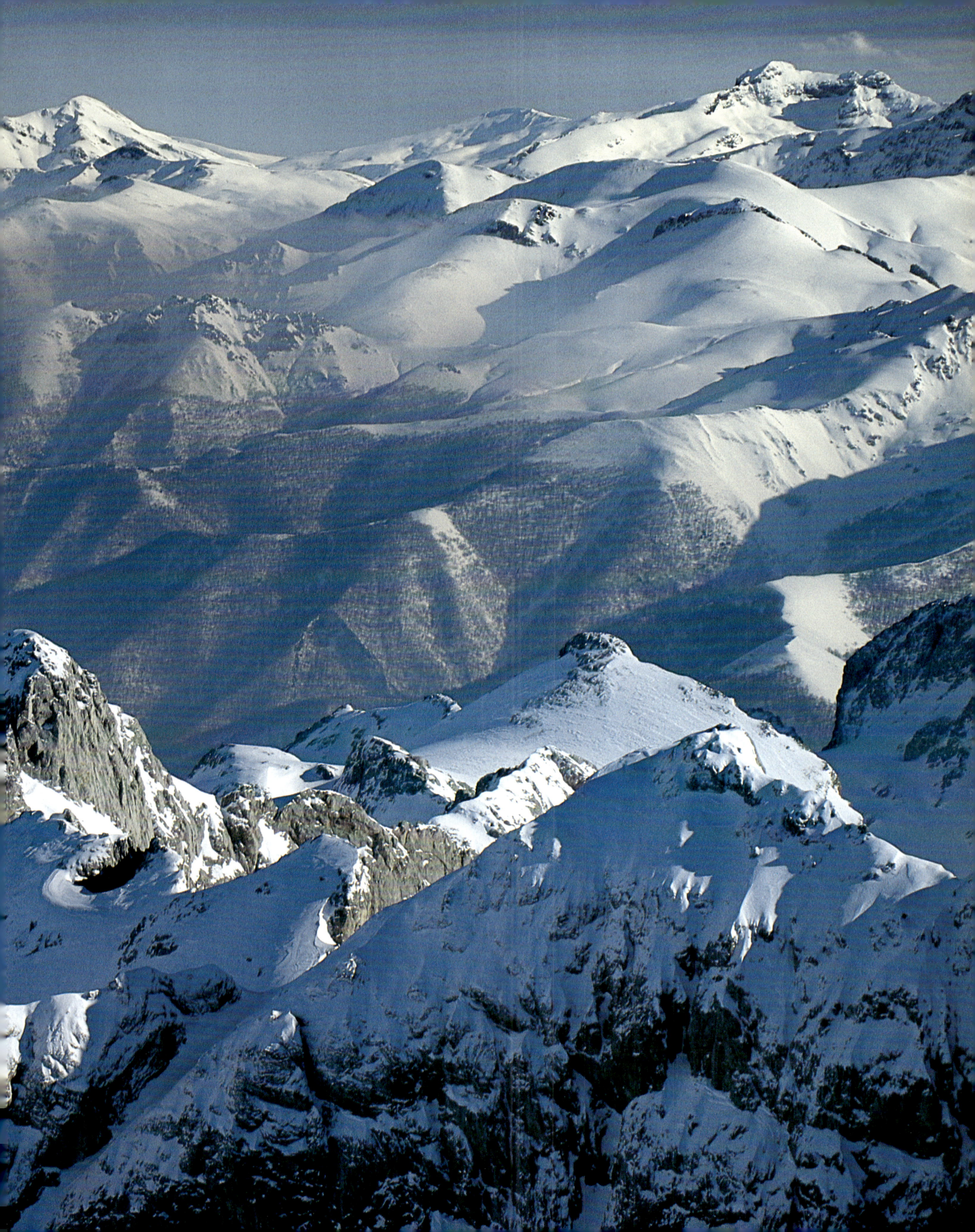

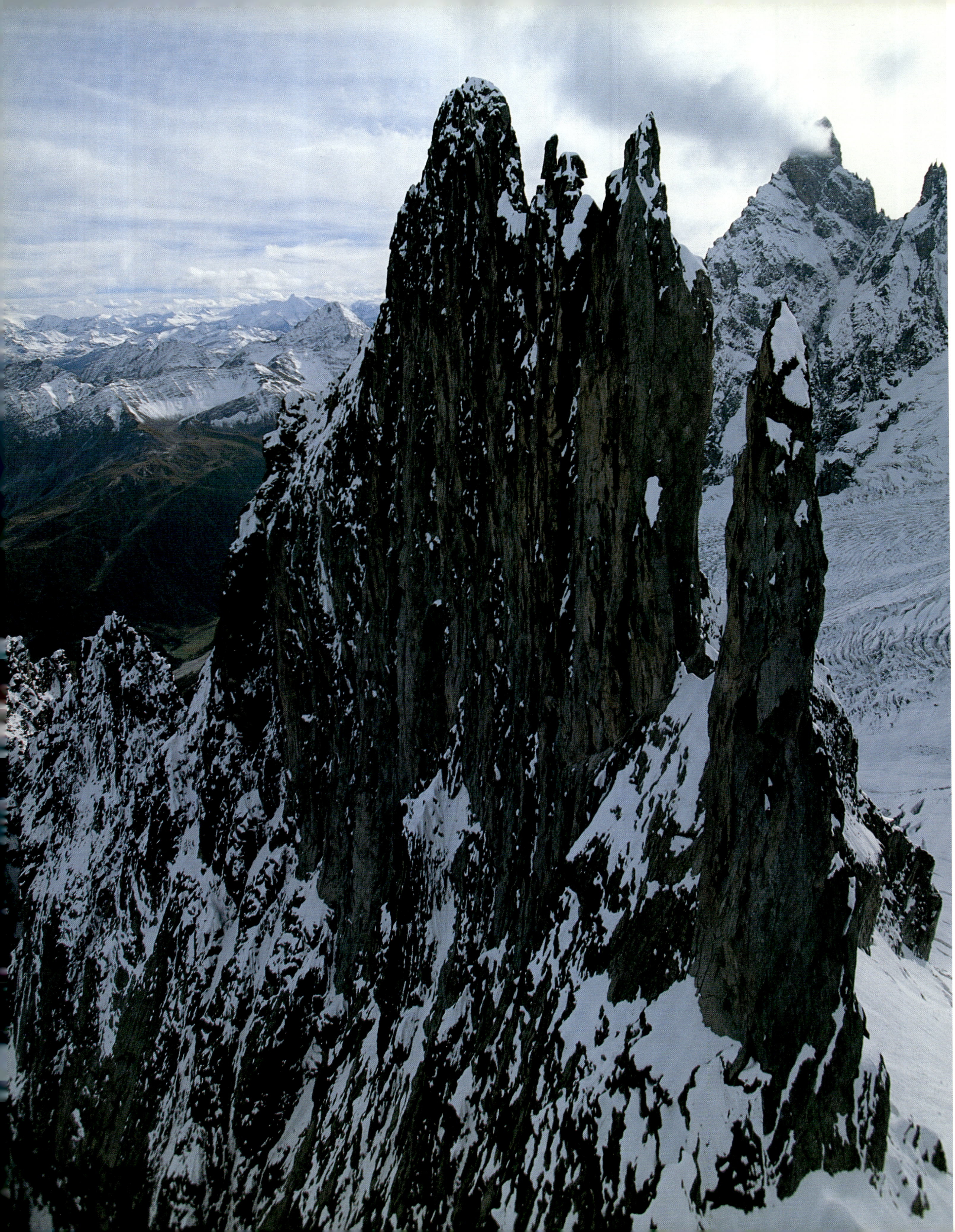

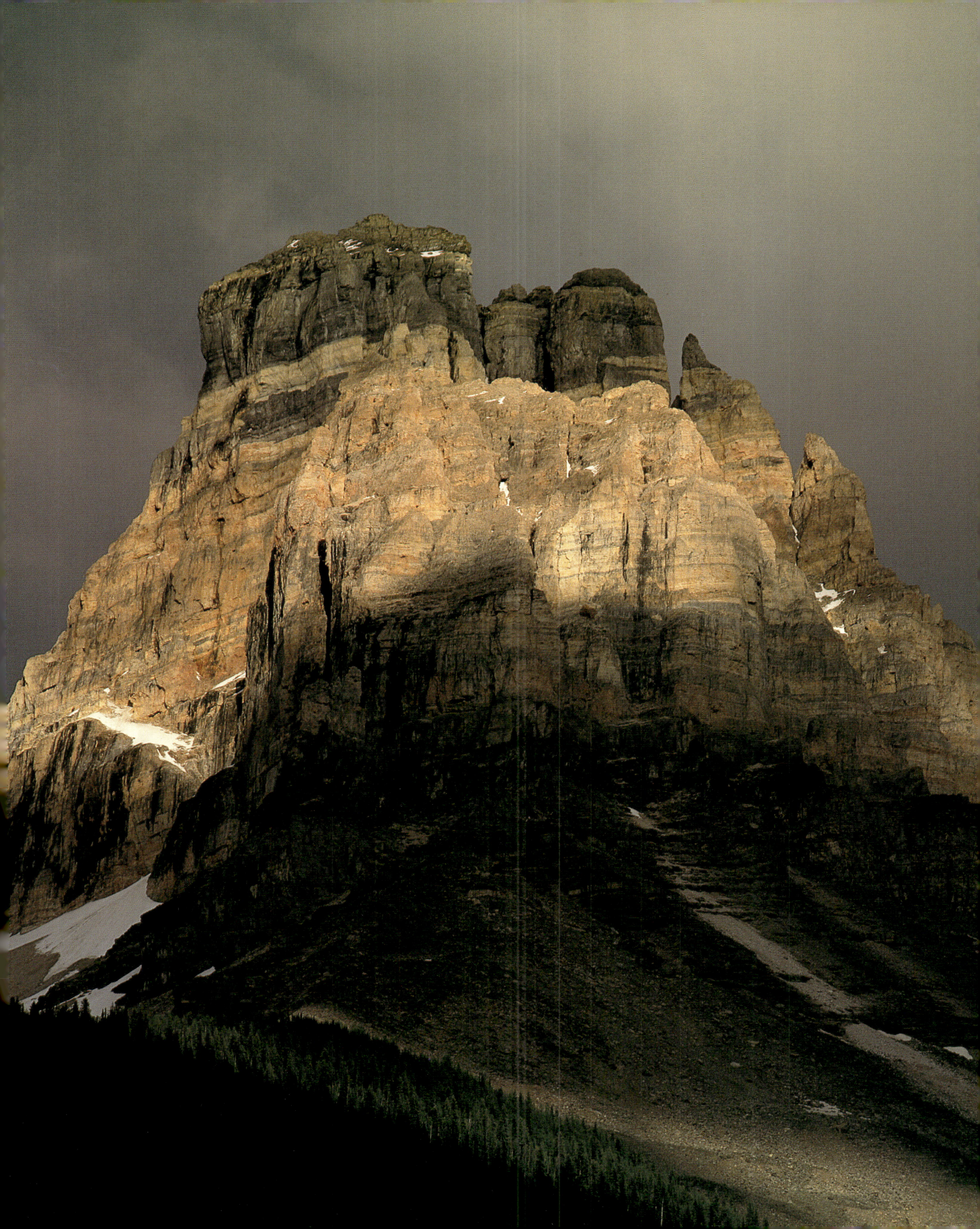

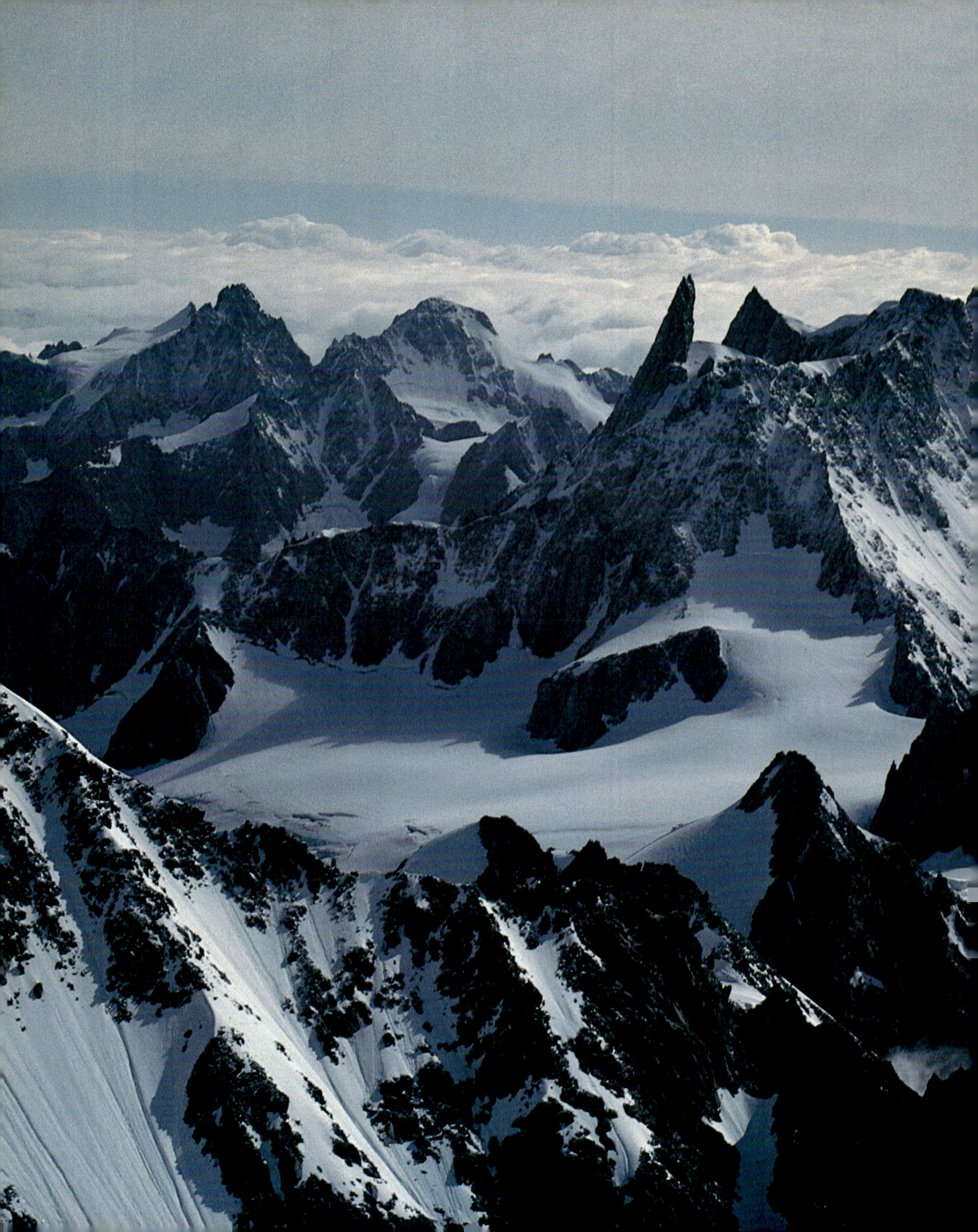

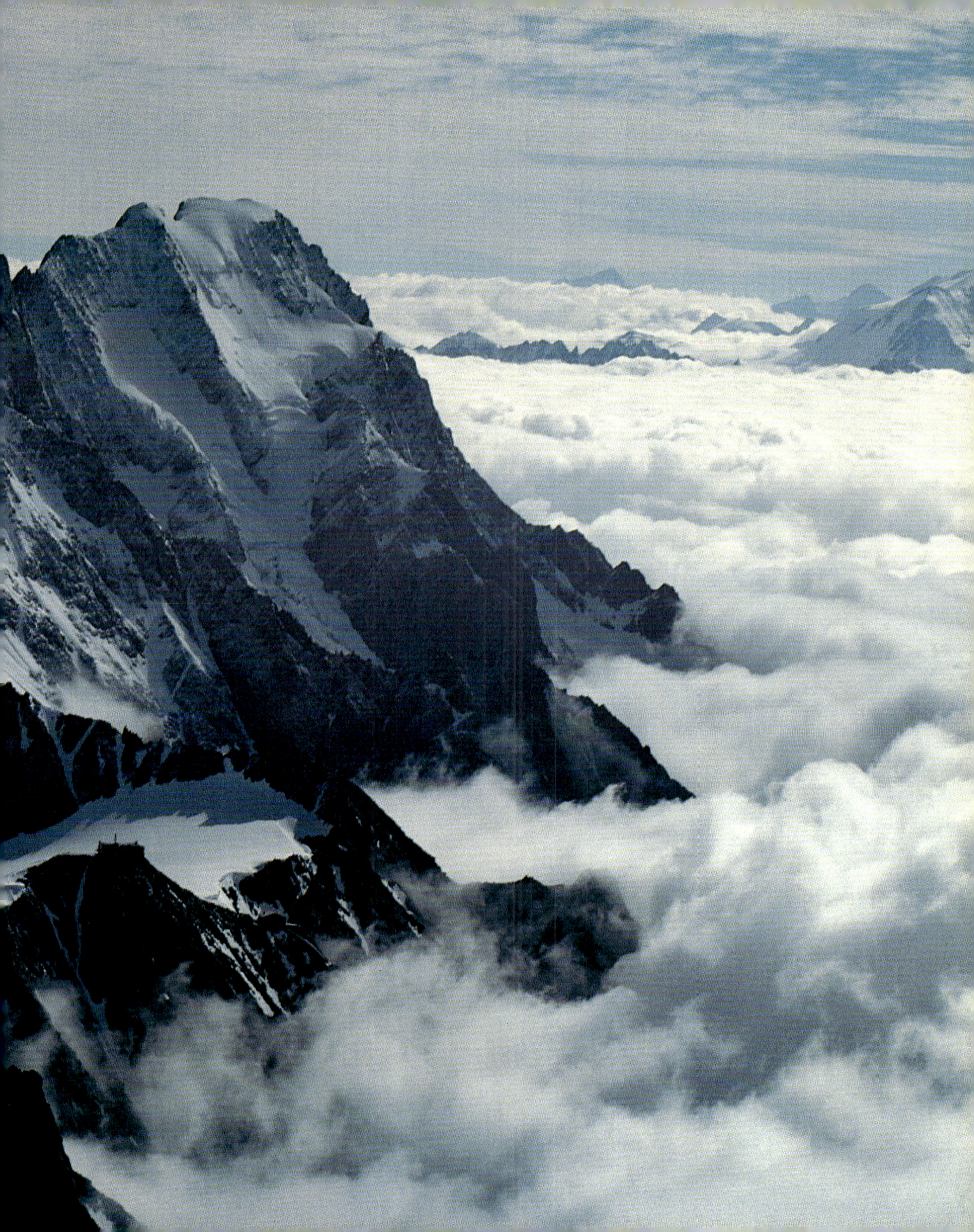

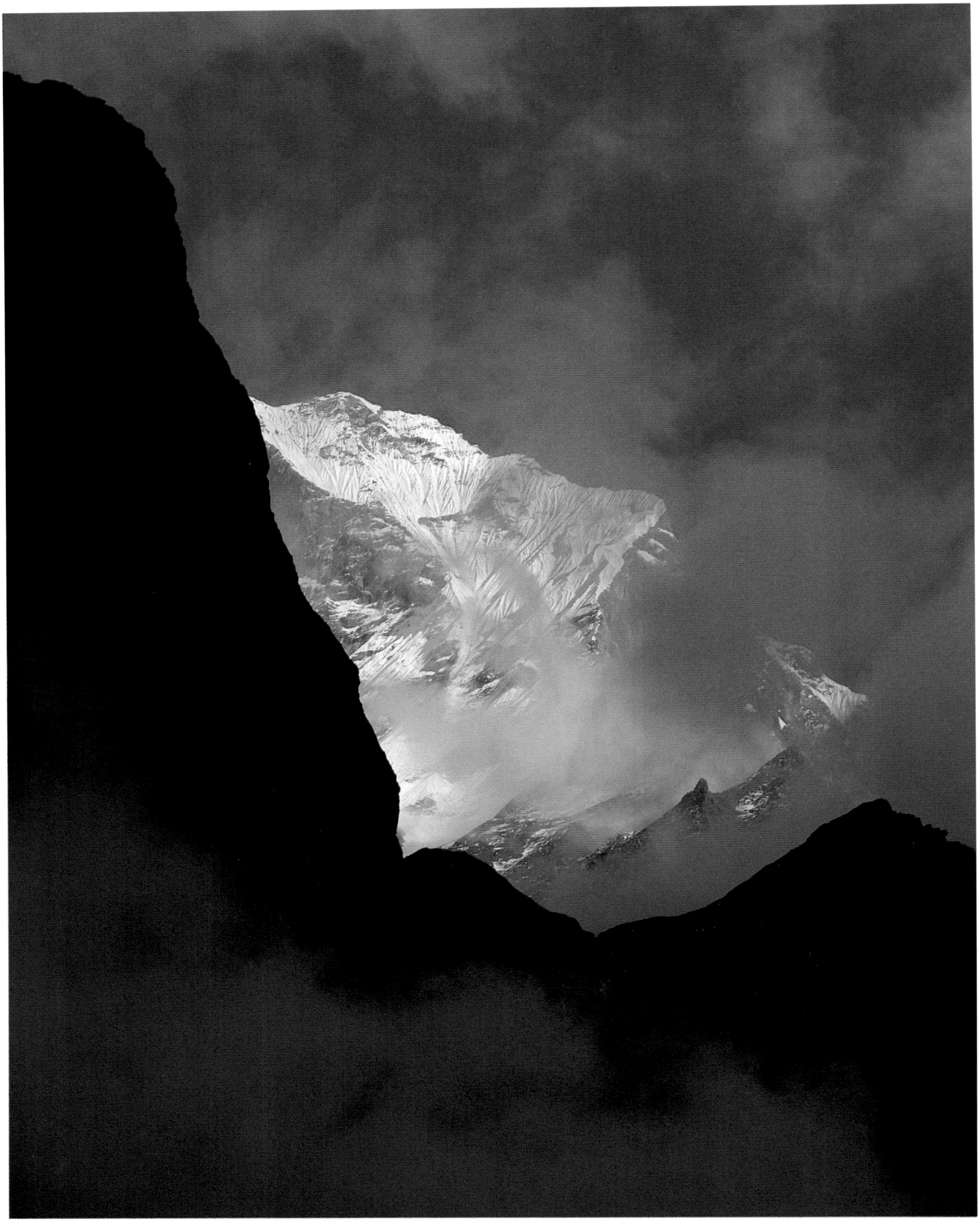

L'évolution de la connaissance physique des montagnes

E. Serrano Cañadas

Professeur de géographie physique à l'université de Valladolid, E. Serrano Cañadas est spécialiste des milieux d'altitude et auteur de nombreux articles consacrés aux Andes, aux Alpes et aux Pyrénées.

Le montagnard a entretenu durant des millénaires une relation étroite avec la montagne, pour l'avoir parcourue quotidiennement et y avoir accompli de brillants exploits ; il y a effectué des travaux d'aménagement modestes ou ambitieux, a vécu dans ses vallées ou sur ses versants et s'est adapté aux conditions que le milieu naturel lui imposait. La montagne a été essentiellement pour lui un lieu de travail et il y a acquis une grande connaissance de la nature, ce qui lui a permis de situer son habitat dans les lieux les plus favorables, en minimisant les risques, en tirant profit des conditions climatiques ou en recherchant la sécurité, d'exploiter les terres en pensant au futur et d'utiliser les ressources naturelles d'une manière écologique. Il a vécu immergé dans un milieu naturel qu'il connaissait bien, mais en restant soumis à ses lois.

Cette connaissance de la montagne était initialement subordonnée à une « conception mythique »[1] : la culture montagnarde, enracinée dans la nature et dépendante des conditions du milieu, avait recours au mythe pour expliquer le fonctionnement de la nature. La complexité topographique, l'énergie des processus géomorphologiques, la vivacité biologique, la densité de la végétation, c'est-à-dire le dynamisme et la diversité des milieux et paysages montagnards, favorisaient la multiplicité des croyances qui, selon les termes de Samivel, « avaient leur propre géographie, leur propre architecture, leurs vallées, rivières et lacs, leurs cimes, leur faune, qui ne correspondaient pas aux descriptions scientifiques ni aux récits des voyageurs »[2]. Le montagnard s'est ainsi forgé un monde interprétatif, non tant de l'au-delà que de l'incompréhensible auquel il était immédiatement confronté, cherchant souvent dans la bienveillance ou la malveillance de dieux et personnages fantastiques, aimables ou odieux, débonnaires ou pernicieux, protecteurs ou sages, des explications aux processus naturels et aux événements de la vie humaine qui étaient pour lui mystérieux, qu'ils soient bien réels (l'avalanche, la crue, le glacier, les vents), ou ancrés dans la mémoire des générations. Bref, il a édifié un vaste univers mythique, qui lui a permis d'expliquer en partie tant la réalité quotidienne que les faits exceptionnels. Cette perception de la montagne était éloignée de sa connaissance physique, de la compréhension rationnelle d'une nature omniprésente, qui fera lentement son chemin, venant de l'extérieur.

Contreforts de l'Annapurna (8 091 m), se dressant au-dessus de vallées couvertes de nuages. Népal.

Mythe, science et religion dans la perception des montagnes

Pendant longtemps, seul le montagnard a eu une connaissance réelle de la montagne, qui se limitait au territoire assurant sa subsistance, à son espace vital, et elle ne constitua pas un objet d'étude durant tout le Moyen Âge et jusqu'au début de la Renaissance. L'ignorance de la montagne caractérisa cette époque, où les sommets européens furent colonisés par des populations qui restèrent isolées dans leurs vallées. Les intellectuels et les scientifiques avaient alors une idée abstraite de ce lieu et la littérature de cette époque n'y faisait même pas allusion[3], situant tout au plus aventures ou personnages dans d'ingrats paysages montagneux, qu'ils ne décrivaient pas. Tout cela conduisit à une interprétation religieuse de la montagne comme reflet du pouvoir de Dieu, avec des connotations négatives, puisqu'elle était vue comme un châtiment postérieur à la Création et associée souvent à l'expulsion du Paradis et au Déluge. Les incursions de Pétrarque, en 1336 au mont Ventoux, à Taillavent, en 1430 dans le Jura, ou à La Salle, en 1440 dans les Apennins, constituèrent une prise de contact symbolique avec la montagne, mais se bornèrent à l'approche allégorique d'un nouveau cadre physique. Les montagnes et leurs paysages étaient négligés par les voyageurs et explorateurs dans leurs récits et compte rendus[4].

Il fallut attendre le XVIe siècle pour que cette attitude change, et qu'elle commence à être considérée comme un élément remarquable de la nature terrestre. Au début, cette conception physique de la montagne était associée aux sentiments qu'elle inspirait[5].

C'est également à partir du XVIe siècle qu'apparaissent de nouvelles conceptions qui inscrivent les montagnes dans le cadre d'une compréhension globale de la Terre. On doit cette évolution aux élites intellectuelles des villes et États alpins. Léonard de Vinci avait déjà fréquenté les montagnes alpines pour y effectuer des observations précises, de nature scientifique, axées avant tout sur la connaissance des réalités de la nature, qui lui avaient permis de prendre conscience de la montagne, qu'il considérait comme le squelette du monde. Mais ce n'était qu'un avant-goût de l'évolution qui allait ensuite se produire.

C'est dans l'œuvre du médecin suisse Conrad Gesner, qui publia en 1541 une lettre intitulée *De montium admiratione*, que l'on trouve la première appréciation positive et enthousiaste des montagnes. Il y indique non seulement que sa fréquentation est source de plaisir, mais aussi que « dans la montagne, nous pouvons admirer au plus haut degré l'ensemble des éléments de la nature et leur diversité »[6]. Ce montagnard érudit la considère comme une machine hydrothermale, implantée dans un paysage naturel harmonieux, une conception éloignée de l'horreur et de la répulsion qu'elle provoquait alors, et témoigne, dès le milieu du XVIe siècle, d'une connaissance scientifique naissante[7]. Vingt ans après, Valerius Faventies publia le premier traité dédié exclusivement aux montagnes et aux causes de leur formation[8]. Trente ans après Gesner, Josias Simler écrivit l'un des ouvrages qui participèrent de façon essentielle au changement de sensibilité à l'égard du paysage de montagne qui allait se manifester au XVIIe siècle. Ces ouvrages révélèrent l'existence des glaciers, objets d'admiration qui jouèrent ultérieurement un rôle si remarquable dans la perception des paysages de montagne. Simler, humaniste de Zurich, publia en 1574 le second tome d'une géographie alpine (*Vallesiae Descriptio*), intitulé *De Alpibus Commentarius* qui, dans le but de « rendre compte du milieu naturel et de la grandeur des Alpes », rassemblait tout ce que l'on savait à l'époque du monde alpin. Bien que n'ayant pas une connaissance directe des Alpes, il laissait transparaître une certaine expérience de terrain, acquise peut-être dans les environs de sa ville, dans sa description minutieuse des particularités de la nature montagnarde, comme les dangers des crevasses et des avalanches, ou dans son observation des différents types de neige. Pour Simler, l'eau était étroitement liée à l'essence de la montagne, grâce aux glaciers qui la retiennent et canalisent son infiltration dans le sol ainsi que sa restitution dans les vallées et les plaines. Cette nouvelle perception de la montagne en tant que réserve d'eau restera dominante jusqu'au XIXe siècle et apparaît solidement ancrée aujourd'hui dans la planification de l'aménagement du territoire.

Durant le XVIIe siècle, la compréhension de la Terre fut révolutionnée par la tentative d'en interpréter la structure et l'évolution sur la base de nouvelles connaissances physiques. Dans un souci de rationalité, on s'efforça d'expliquer la nature en ne faisant plus seulement référence à la Bible, reléguée au rang de littérature populaire. Comme l'a indiqué H. Capel, il fut alors question « d'interpréter le récit biblique à la lumière des connaissances scientifiques de l'époque »[9], et le paradigme sacré devint un nouveau paradigme théologico-physique, qui permit de confronter l'étude et l'interprétation de la Terre. Cette perspective impliquait que les montagnes soient considérées comme un élément de l'ordre terrestre. Il s'agissait d'apprendre à les connaître et à en apprécier les valeurs naturelles, d'appréhender leur rôle dans l'histoire naturelle, tout en leur conservant leur composante sacrée. Dans ce contexte, on peut comprendre l'importance des apports d'Athanasius Kircher, Thomas Burnet ou Johann Jakob Scheuchzer.

Kircher publia en 1665 un ouvrage intitulé *Mundus subterraneus*, premier essai qui fournissait une interprétation de la structure de la Terre basée sur l'idée d'un feu central, une vision organiciste, fortement symbolique. En dehors des volcans, engendrés par un feu interne, il distingue deux types de montagnes : les primitives, créées par Dieu, se dressant verticalement sur la surface terrestre, et les secondaires, postérieures au Déluge et résultant de causes naturelles. La montagne entre comme élément explicatif dans une vision héritée des thèses orogéniques traditionnelles, dont le symbolisme[10] tente d'associer une explication cohérente avec le paradigme théologico-physique et différente de celle du cartésianisme dominant. Dans le même esprit que Kircher, le prêtre britannique Thomas Burnet essaya de rendre compatibles le récit biblique, la réflexion rationnelle et les découvertes scientifiques de l'époque dans son œuvre influente *Telluris Theoria Sacra* (1681-1689). Pour lui, les montagnes seraient nées de la nécessité qu'aurait éprouvée Dieu de contracter l'écorce terrestre, initialement plane, sans vallées ni montagnes, pour disposer de la quantité d'eau suffisante en vue de son inondation lors du Déluge. Ainsi, il assimilait le monde antédiluvien au Paradis terrestre, à la fin duquel avaient surgi les montagnes, manifestation du châtiment divin consécutif au péché originel. Mais il avait aussi une conception géologique de la Terre[11], considérant la métamorphose du paysage et son dynamisme comme le produit de forces naturelles.

Sur la base de son expérience dans les Alpes, qu'il qualifiait de « musée des merveilles de la nature », Johann Jakob Scheuchzer, médecin, ingénieur et naturaliste suisse, tenta d'analyser l'histoire sacrée du point de vue de la philosophie moderne[12], en faisant preuve d'un esprit critique et empirique. Pour Scheuchzer, l'étude directe de la nature était le seul moyen de progresser dans sa connaissance ; non seulement il conseilla de « gravir les montagnes » pour les étudier, mais il entreprit plusieurs voyages dans les Alpes avec ses étudiants. Cette conviction l'amena à parcourir les montagnes suisses, et à nous léguer le premier document sur le glacier du Rhône[13] et ceux de l'Oberland bernois, où il fournissait des données sur l'origine et la fonction des glaciers. S'appuyant sur un travail de terrain, et associant la raison, la tradition et les croyances, il publia tout d'abord, entre 1702 et 1711, *Ouresiphoites helveticus sive itinera per Helvetiae alpinas regiones*, puis en 1721 *Jobi Physica Sacra*, contribuant de façon essentielle à une approche moderne de l'étude du paysage alpin. Scheuchzer reprit l'idée selon laquelle les montagnes constituaient une grande réserve d'eau et avança la thèse de montagnes antédiluviennes, bien qu'il considérât les montagnes actuelles comme ayant été érigées par des forces divines à la suite des dévastations causées par le Déluge, estimant que leur formation n'était pas le fruit du hasard.

Ainsi furent établies les bases sur lesquelles les naturalistes entreprirent au début du XVIIIe siècle l'étude physique des montagnes, de leurs caractéristiques, de leur dynamisme et de leur importance dans le contexte terrestre, à partir d'observations directes. Quoi qu'il en soit, la montagne continua à être perçue dans la culture populaire et dans les milieux intellectuels comme un lieu hostile, un lieu de passage, éloigné du monde civilisé, où les forces de la nature étaient les manifestations concrètes les plus terrifiantes des lois divines. À la fin du XVIe siècle, alors que s'impose un nouveau modèle scientifique de connaissance sous l'influence de Montaigne ou de Zwinger, les intellectuels n'accordent aucune attention à la montagne. Elle est absente de leurs écrits et de leur perception du monde, tant sous son aspect physique que spirituel ou sentimental[14].

La découverte physique d'un monde singulier : l'ouverture de la montagne à la connaissance au XVIIIe siècle

À partir du milieu du XVIIIe siècle, connu sous le nom de siècle des Lumières, deux voies furent adoptées pour étudier les montagnes. D'une part, des théories générales furent élaborées sur leur genèse et des naturalistes comme Antonio Lazarro Moro[15], Buffon[16], Élie Bertrand[17], le baron d'Holbach[18], Jean André Deluc[19] ou James Hutton[20] procédèrent à des classifications. D'autre part, un travail fut entrepris sur le terrain, centré essentiellement sur les Alpes, qui fournit des données précises sur la montagne et en améliora la connaissance[21]. Les naturalistes trouvèrent dans le voyage et l'exploration le moyen idéal d'obtenir les éléments dont ils avaient besoin pour leurs interprétations. Ainsi, les Britanniques Windham et Pockoke, en 1741, et le Suisse Martel, en 1742, furent les premiers à se rendre à la mer de Glace en vue d'étudier directement les glaciers.

L'étude des montagnes durant ce siècle s'inscrivit dans la transition entre les cosmogonies théologico-philosophiques, qui considéraient le Déluge comme un dogme explicatif de la genèse et des caractéristiques des montagnes, et l'hypothèse, dont Hutton fut le principal instigateur, de l'existence d'un « feu central » ayant engendré minéraux, roches et mouvements tectoniques. Les théories de Burnet furent réfutées, de nouvelles interprétations neptunistes et plutonistes firent leur apparition, tandis que les thèses théologico-physiques (Bertrand, Buffon), alliant la tradition biblique aux courants scientifiques modernes, étaient maintenues.

À la fin du siècle, le neptunisme[22] imposa son interprétation de la formation des roches sédimentaires, grâce aux travaux de Werner[23] et de ses disciples, et le plutonisme s'affirma avec vigueur après les expériences du chimiste Hall. Ainsi, la théorie diluvienne sombra dans l'oubli, détrônée par les théories fluviales formulées par les naturalistes (tels Deluc, Soulavie, Palassou, Saussure, Gourier) pour expliquer la formation des vallées alpines et pyrénéennes[24]. Entretemps, les naturalistes travaillant sur le terrain fournirent des informations sur les montagnes (Alpes, Pyrénées, Andes) qui en améliorèrent la connaissance, et furent à l'origine de l'étude exhaustive de leurs éléments caractéristiques, en particulier des glaciers. On prenait conscience de la complexité de la nature physique des montagnes.

La montagne joua un rôle de premier plan dans l'évolution des connaissances des naturalistes au milieu du XVIIIe siècle, bien qu'elle continuât à être négligée en dehors de ce domaine[25]. Les théories générales publiées par Lazarro Moro et Buffon incitèrent les naturalistes à se livrer à des études empiriques et à se rendre dans les montagnes pour y recueillir des informations directes. Le positivisme entraîna aussi le savant sur le terrain, l'incita à parcourir les montagnes en quête de données fiables, d'informations précises et valides, faisant passer la connaissance des faits avant l'interprétation personnelle et éphémère. Cette conception scientifique, dont les sciences de la

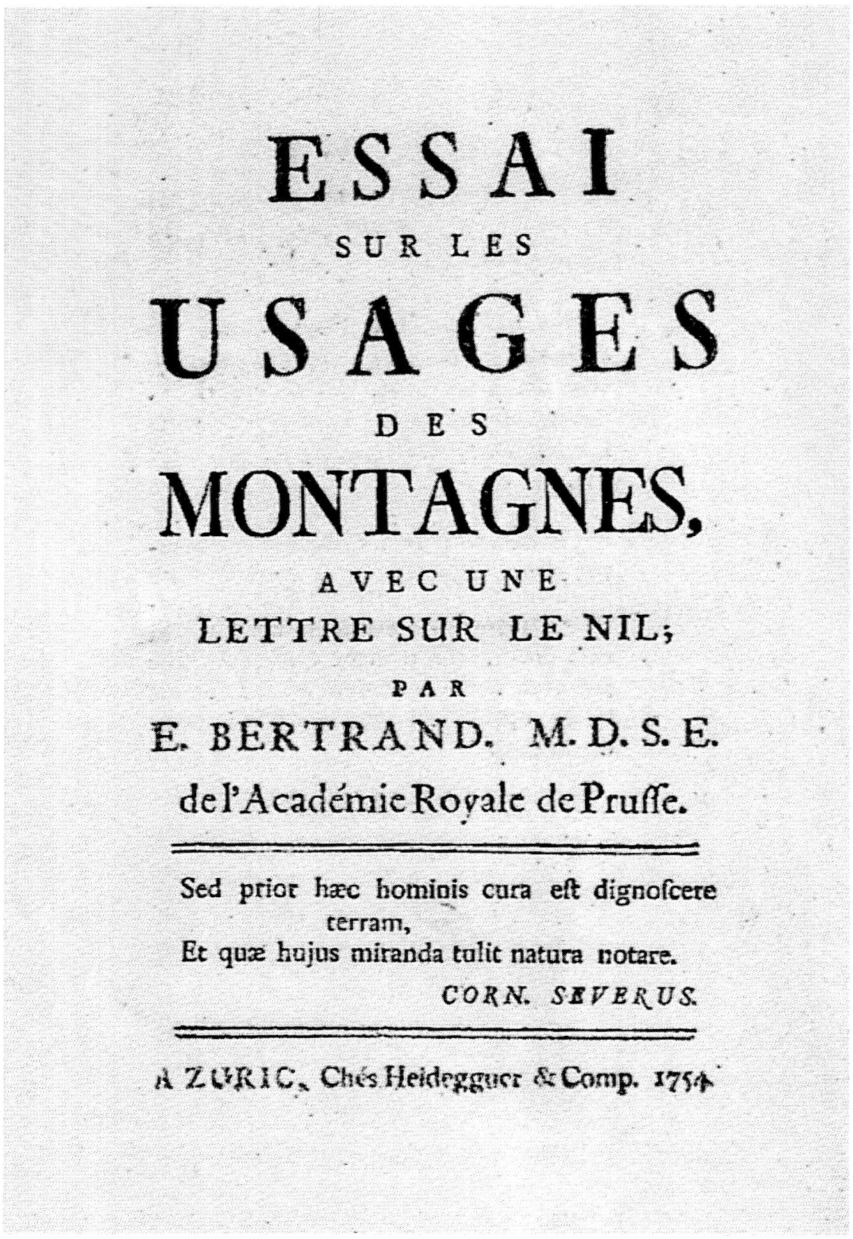
ESSAI
SUR LES
USAGES
DES
MONTAGNES,
AVEC UNE
LETTRE SUR LE NIL;
PAR
E. BERTRAND. M. D. S. E.
de l'Académie Royale de Prusse.

Sed prior hæc hominis cura est dignoscere terram,
Et quæ hujus miranda tulit natura notare.
CORN. SEVERUS.

A ZURIC, Chés Heidegguer & Comp. 1754.

Couverture du livre d'Élie Bertrand (1754).

Terre subirent si profondément l'influence, favorisa le développement de mouvements culturels, en particulier du romantisme, avec lequel elle coïncida.

C'est au XVIIIe siècle que se produisit la véritable ouverture intellectuelle aux montagnes, qui perdirent leurs connotations terrifiantes sous l'influence des milieux scientifiques et littéraires. Les naturalistes ne se contentèrent pas de décrire et d'interpréter les faits, mais exprimèrent aussi les sentiments que leur inspirait l'objet de leur étude, en faisant souvent preuve d'un grand talent littéraire. Deluc, Saussure ou Ramond de Carbonnières furent les véritables artisans de cette ouverture totale à la compréhension physique des montagnes, qui étaient pour eux à la fois source de connaissances et d'émotions[26]. Mais si la science influa sur le sentiment porté à la montagne et la rapprocha des écrivains, ceux-ci contribuèrent également à transformer la vision des naturalistes du XVIIIe siècle. Il convient de mentionner à ce propos le poème de Albert de Haller, *Die Alpen*, publié en 1732, en avance sur son temps, et le roman de Jean-Jacques Rousseau, *La Nouvelle Héloïse*, paru en 1761. Ces deux écrivains centrèrent leur attention essentiellement sur l'homme et, dans une moindre mesure, sur le paysage, mais instaurèrent une nouvelle approche des montagnes, à la fois spirituelle, intellectuelle et physique, qui influença les naturalistes de la fin du XVIIIe siècle et surtout du XIXe siècle. Mais l'introduction de cette autre conception des montagnes fut surtout l'œuvre de Saussure et Ramond de Carbonnières, deux figures éminentes dans ce domaine.

Au cours du XVIIIe siècle, l'étude des montagnes fut dominée par l'école suisse, représentée essentiellement par les sociétés scientifiques de Genève et de Zurich, qui comptaient d'éminents naturalistes, dont Gesner, Scheuchzer, Deluc, et surtout le Genevois Horace Bénédict de Saussure. Cet érudit rationaliste et positiviste connaissait Buffon, Deluc et Haller, dont il admirait les travaux naturalistes, mais surtout la sensibilité poétique, et la vision qu'ils avaient du montagnard. Il consacra plus de trente ans de sa vie à parcourir et étudier les Alpes avec un regard attentif et rigoureux qui éveilla son intérêt pour d'autres montagnes, notamment l'Etna, dont il fit l'ascension en 1773. Cette passion pour la haute montagne qu'il nourrissait depuis sa jeunesse se concrétisa dans ses études naturalistes, ses diverses contributions scientifiques[27] à la théorie de la formation de la Terre et sa nouvelle conception scientifico-géographique des Alpes qui reposait sur une démarche méthodique : observation sur le terrain, réflexion, émission et vérification d'hypothèses. Saussure ne développa pas seulement l'intérêt des naturalistes pour la montagne ; il fut aussi le promoteur de l'alpinisme, étant à l'origine du projet d'ascension du mont Blanc. La première ascension eut lieu en 1786 et il en atteignit lui-même la cime en 1787, événement qui marqua le début de l'alpinisme et amena tout d'abord les naturalistes, puis les voyageurs, artistes et enfin les touristes à se rendre dans les Alpes, et notamment au mont Blanc[28]. Il relata ces deux expériences de naturaliste et d'alpiniste dans son œuvre essentielle, *Voyages dans les Alpes. Précédés d'un essai sur l'histoire naturelle des environs de Genève*, parue en quatre tomes entre 1779 et 1796. Elle renferme des descriptions de phénomènes naturels et d'importants apports scientifiques qui font jouer aux montagnes et à leur conception physique un rôle prééminent dans la connaissance de la nature et dans l'amélioration de la théorie de la formation de la Terre. Mais elle est aussi le reflet d'une passion, et il y fait preuve d'un véritable talent littéraire dans l'expression de ses sentiments, de son admiration pour la haute montagne et de son respect pour la culture alpine. Il contribua ainsi à la compréhension de ce milieu, tout en faisant partager ses émotions avec le public en général, les alpinistes et les naturalistes.

Vingt ans plus tard, Louis François Élisabeth Ramond de Carbonnières étudia les Pyrénées avec la même passion, avec une prédilection pour le mont Perdu, pour lequel il exprima sans détour son admiration : « Du mont Blanc, il faut se rendre au mont Perdu : quand on a vu la première des montagnes granitiques, il faut absolument voir la première des montagnes calcaires. » Armé d'une culture scientifique, d'une conception philosophique empruntée à Rousseau, de sa passion préromantique pour la montagne et, surtout, de son talent littéraire pour traduire les sentiments qu'elle lui inspirait[29], Ramond de Carbonnières, après un rapide voyage dans les Alpes en 1777, se consacra durant quinze ans à l'étude et à l'ascension du mont Perdu[30]. Sa passion pour les Pyrénées lui fit acquérir une grande expérience de la montagne, une profonde connaissance des plaisirs et souffrances qu'elle engendrait, qu'il sut transmettre d'une manière remarquable dans ses ouvrages de 1789, 1801 et 1803[31]. Sur les cimes ou dans les vallées, il étudia et apprécia le milieu naturel des Pyrénées, et « personne ne sut mieux exprimer la beauté pure de la haute montagne »[32]. Ses excursions dans le massif du Mont-Perdu lui firent découvrir un monde à part, comme en atteste la description qu'il fit de ses sommets vus de la brèche de Roland : « Les glaciers scintillent et la cime du mont Perdu, que les clartés célestes font resplendir, semble ne pas appartenir à la Terre [...] un monde s'achève et un autre commence. » Sa compréhension physique, intellectuelle et sentimentale de ce nouveau monde, a fait dire à Numa Broc[33] qu'il était « le véritable fondateur de la géographie générale des montagnes ».

C'est au cours du XVIIIe siècle qu'eut lieu la « découverte de la montagne »[34], celle de sa réalité physique, affranchie des superstitions, et surtout celle des sensations qu'elle pouvait procurer, qui donna naissance à l'alpinisme. De Scheuchzer à Ramond de Carbonnières, auteurs qui révélèrent un monde riche en réalités et émotions nouvelles, un long cheminement intellectuel conduisit à l'appréciation des paysages de montagne et à la connaissance des éléments formant les milieux naturels montagnards. La découverte d'une réalité si longtemps redoutée ouvrit la voie à l'exploration et à l'étude détaillée du milieu montagnard.

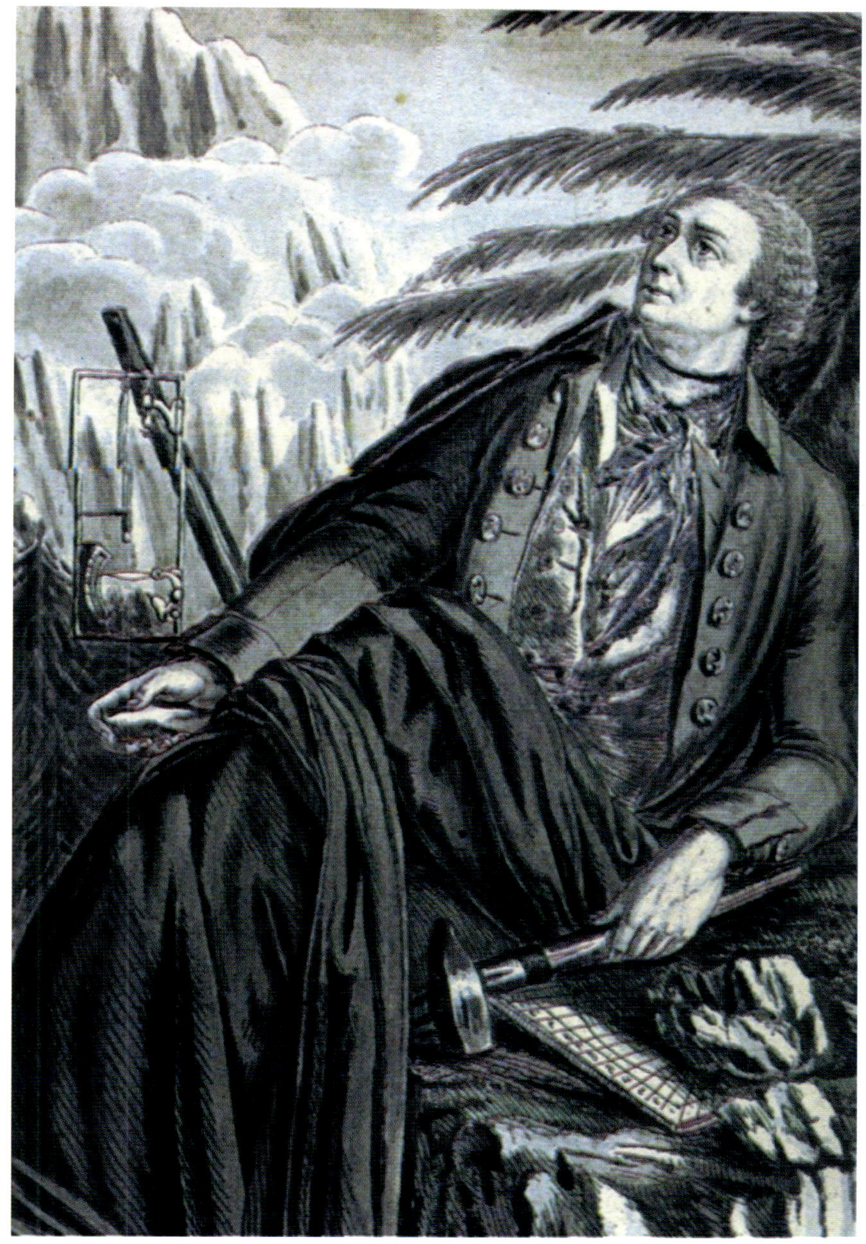

Horace Bénédict de Saussure fut le premier à oser porter sur les montagnes un regard où se mêlaient curiosité scientifique et passion de l'aventure.

La montagne comme source de connaissance : le romantisme et l'étude des glaciers

Les naturalistes préromantiques, comme Saussure et Ramond de Carbonnières, fréquentèrent la montagne pour mieux la connaître et trouver une réponse aux mystères que leurs prédécesseurs avaient résolus en ayant recours à leur foi ou à leur imagination. Ils éprouvèrent de l'attirance pour la montagne, le désir d'en percer les secrets et, en entrant en relation directe avec elle, ils purent la faire connaître sous un jour nouveau et écrire de belles pages exprimant les sentiments qu'elle leur inspirait. Peu après, les romantiques, avides d'une

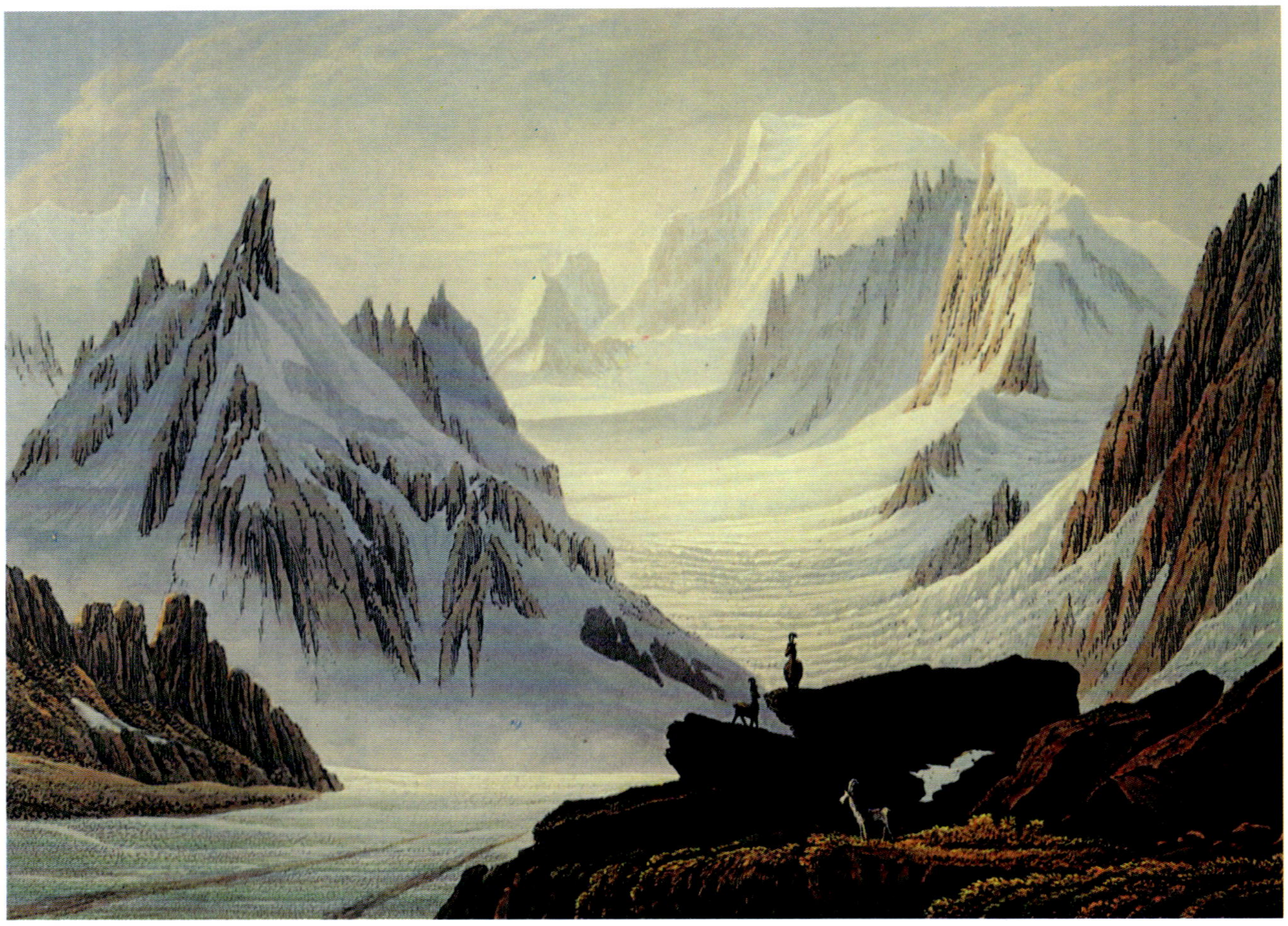

Paysage idéalisé de Samuel Birmann, représentant le massif du Mont-Blanc depuis le Jardin de Talèfre.

relation intime avec la vie, les paysages, les cultures, pour les traduire dans la littérature et la peinture, décidèrent de mêler la montagne (les Alpes en particulier, mais aussi la Sierra Nevada, les Pyrénées ou les montagnes norvégiennes) à leurs voyages motivés par la découverte de l'art, de cultures anciennes, et surtout de l'exotisme. La montagne devint le royaume du « sublime », de l'exaltation des sentiments au travers de l'aventure, de l'effort, et de la richesse de la nature, et ils s'y rendirent, dans une démarche empreinte de subjectivité, pour « sentir » les paysages[35]. Le scientifique positiviste adhéra à la culture romantique, en assimila les valeurs[36] et allia le fait au sentiment, qui l'emporta parfois sur l'interprétation rationnelle. L'artiste, quant à lui, se fit naturaliste, et associa la nature – la mer, la montagne, la forêt – aux personnages et architectures mythiques ou exotiques de ses romans, récits de voyages ou peintures. Le paysage pictural romantique[37] (pour les Alpes[38] en particulier) offrit une nouvelle vision de la montagne[39]. Et il n'est pas étrange que l'association de l'artiste et du naturaliste, en une seule personne ou dans le cadre d'une collaboration, ait été la source de précieux apports tant dans le domaine scientifique qu'artistique, mais aussi de fortes contradictions, vécues avec l'intensité dramatique propre à la sensibilité romantique. Les différentes versions picturales d'un même paysage par Caspar Wolf en sont un bon exemple : il lutte entre la subjectivité des sentiments que lui inspire la nature et la nécessité de rendre fidèlement les éléments naturels des montagnes, quand il esquisse sur le motif, aux côtés des naturalistes, les illustrations de leurs travaux ou interprétations, et peint, en sublimant la nature par rapport à l'homme, de belles et impressionnantes scènes qui alternent avec des visions plus contenues et rigoureuses du même panorama[40]. Dans les deux cas, il nous a légué un héritage historique, scientifique et artistique qui, en dehors de son intérêt intrinsèque, a consolidé les nouvelles visions de la montagne, sa perception physique et émotionnelle. Le naturaliste et l'artiste contribuèrent à leur manière à instaurer une nouvelle conception de la montagne : la connaissance de son milieu naturel, l'appréciation de ses cultures et paysages et les nouveaux sentiments inspirés par l'altitude[41] transcendèrent les visions mythiques austères et repoussantes. Elle ne fut plus considérée comme un lieu « effrayant » mais comme un espace « sublime »[42], dont la perception de la réalité exigeait subjectivité, passion et sensibilité.

La montagne était déjà un milieu naturel reconnu et apprécié au XIXe siècle. Elle constitua un objet d'étude et fut examinée sous de nouveaux aspects, particuliers et généraux, qui permirent de mieux la

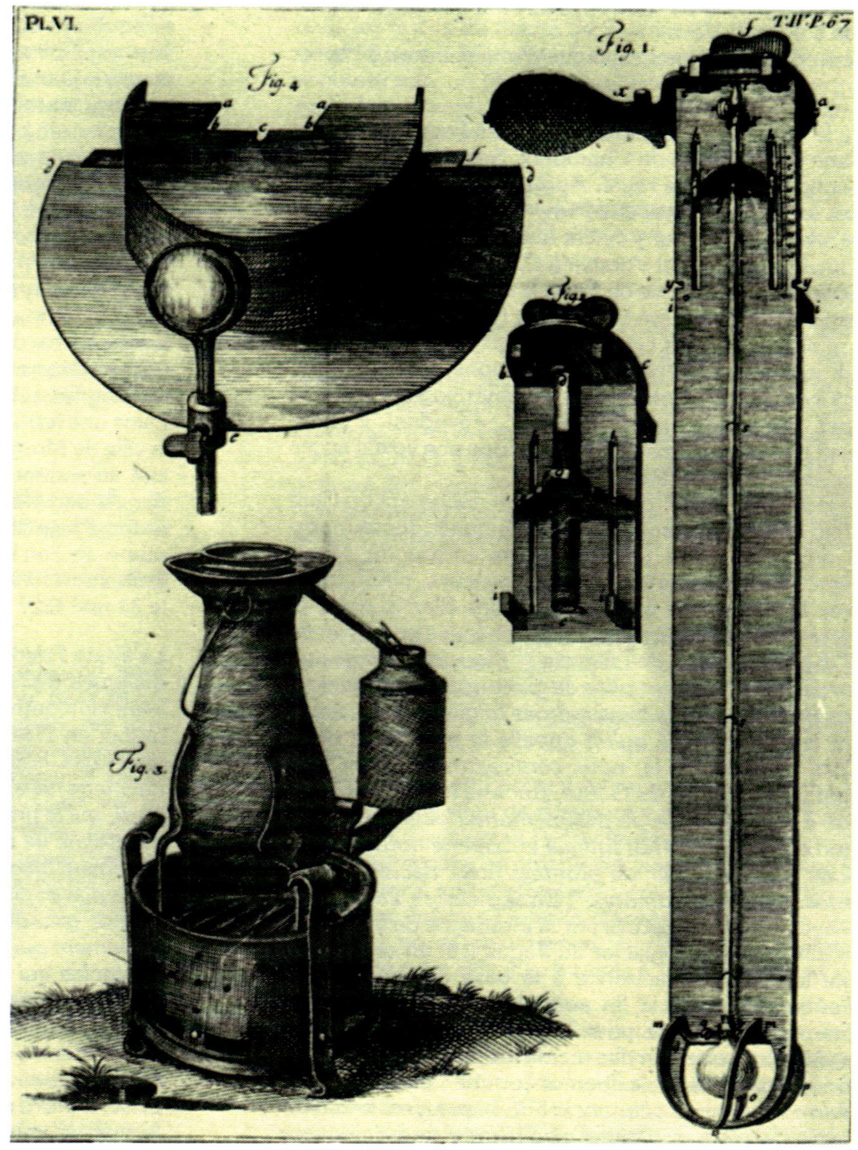

Les premiers hommes qui se rendirent en haute montagne se munirent d'instruments scientifiques qui étaient censés apporter des réponses à certaines de leurs interrogations.

comprendre. Le renouvellement total de la manière de concevoir la nature, et les montagnes en particulier, sous l'influence du romantisme, fit passer les sentiments avant les faits. Toutefois, même si les naturalistes se livrèrent avec passion à l'étude du milieu naturel et de son paysage, s'impliquèrent dans cette nouvelle perception au travers de leurs expéditions et travaux sur le terrain, l'observation rigoureuse des faits resta néanmoins pour eux un principe essentiel. Quand Byron déclara « cieux, montagnes, vents, lacs, je possède une âme capable de vous comprendre », l'artiste et le naturaliste de l'époque romantique avaient déjà acquis la faculté d'admirer les montagnes[43], qui n'étaient plus pour eux un monde étrange. Mais si la capacité de les apprécier et d'en tirer des enseignements était acquise, on assista aussi à cette époque à la séparation définitive de l'alpinisme et de la science[44], qui suivront des chemins parallèles en termes d'appréciation de la montagne, mais opposés dans leurs aspirations.

Dans ce contexte, Alexandre de Humboldt fournit une nouvelle vision empirico-romantique[45] des milieux naturels et de la conception physique des montagnes, recherchant la compréhension globale de la nature. Il se rendit dans les Alpes durant sa jeunesse, où il rencontra Saussure, qui lui transmit ses méthodes d'observation et une connaissance de la nature alpine qui lui seront d'une grande utilité dans les Andes. Il fit l'ascension du pic de Teide (Canaries) en 1799 et du Pichincha (Équateur) en 1802. Cette même année, il entreprit l'ascension du Chimborazo, alors considéré comme la montagne la plus haute de la Terre, culminant à 5 878 m. Un compte rendu riche en observations précises de la nature, mais renfermant peu de descriptions de la montagne, révéla son attitude et son esprit scientifique, et affirma sa renommée en Europe[46]. Il explora aussi le Cotopaxi cette année-là et fit l'ascension du Vésuve en 1822, car, comme il le dit en parlant de son ascension du Teide, « on connaît d'autant mieux la physionomie du paysage que l'on cherche à en définir les caractéristiques, à les comparer, à découvrir par ce genre d'analyse les sources des satisfactions que nous offre le grand tableau de la nature »[47]. Il établit des relations entre les données qu'il recueillit dans les montagnes et mit au point de nouvelles techniques d'observation qui lui permirent d'interpréter les faits d'une manière neuve et d'offrir une autre vision de ce milieu naturel, fondée sur les multiples corrélations entre les éléments qui le caractérisent, comme l'altitude, les changements climatiques, la structure géologique et les processus géomorphologiques. Ses représentations picturales de la nature, et surtout ses croquis géographiques indiquant l'altitude des reliefs, notamment celui du Chimborazo, firent découvrir un nouvel aspect des montagnes. Humboldt nous a légué une vision globale du milieu physique des montagnes, en mettant en lumière la complexité de l'interdépendance de ses éléments, qui les distingue d'autres milieux naturels. Il eut une profonde influence sur la science du XIXe siècle et surtout sur les naturalistes, car il servit d'intermédiaire entre le rationalisme éclairé de Saussure, qui l'initia à la connaissance de la montagne en 1795, et le positivisme d'Agassiz, qu'il rencontra à Paris et aida à poursuivre ses travaux en 1832, et légua aux naturalistes qui lui succédèrent une compréhension globale des paysages de montagne qui reste d'actualité[48].

Les glaciers jouèrent au XIXe siècle un rôle primordial dans la compréhension physique de la montagne et dans l'intégration définitive de la haute montagne dans le monde de la science et de la culture.

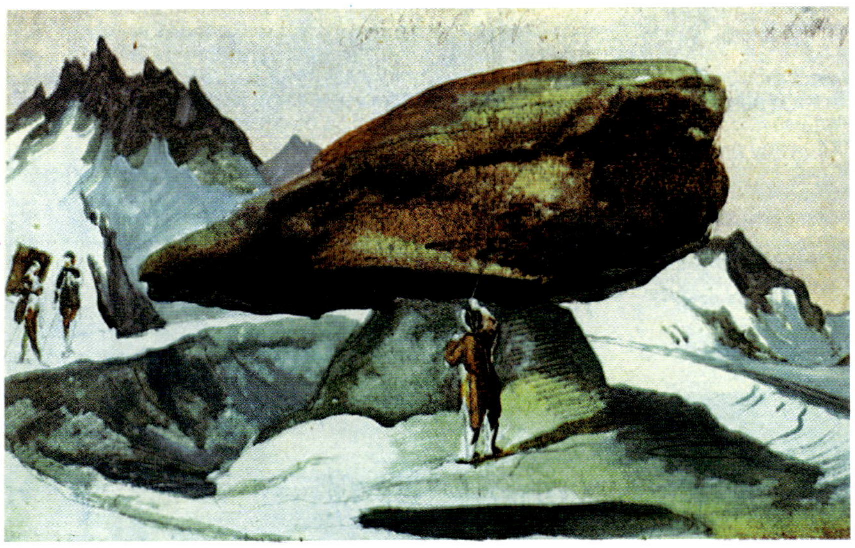

Aquarelle de la fin du XVIIIe siècle, représentant un énorme bloc charrié par le glacier de l'Unteraar. Ce phénomène est connu sous le nom de « table de glacier ».

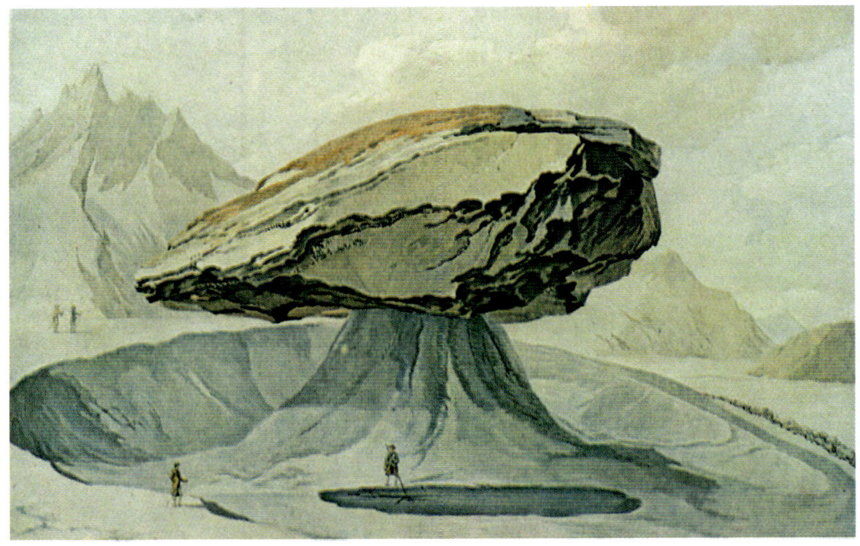

Gravure d'une « table de glacier » par Caspar Wolf, l'un des plus remarquables peintres des Alpes.

S'ils ont été mentionnés pour la première fois par Rustus Festus Avenius (IVe siècle) dans son *Ora Maritima*, leurs premières descriptions datent du XVIe siècle, en relation avec la recherche des sources des rivières alpines[49] ; d'importants efforts ont été faits au XVIIe siècle pour en améliorer la connaissance et les premières théories interprétatives ont été formulées au XVIIIe siècle[50]. Scheuchzer, dans sa « théorie de la dilatation », émit l'idée que le mouvement des glaciers était dû à l'augmentation de leur volume sous l'effet de l'élévation de la température, tandis que Gruner, des années plus tard, avança l'idée que les glaciers glissaient sous l'effet de leur propre poids et de leur fusion, une thèse admise par Saussure, qui la développa dans sa « théorie du glissement des glaciers », fondée essentiellement sur l'effet de la gravité. Mais il fallut attendre le XIXe siècle pour que les glaciers alpins soient étudiés de façon systématique, et que de nouvelles théories plus précises soient émises à partir d'observations et de contrôles méthodiques.

Ignatz Venetz, en 1829, et Jean de Charpentier, en 1834, affirmèrent que les glaciers, par leur mouvement, étaient capables d'exercer une action érosive sur les roches, de charrier les matériaux érodés et de les déposer en aval de leur front. En observant des blocs erratiques qui n'auraient pu être transportés par les eaux, ils en conclurent qu'ils avaient été déplacés par les glaciers à des époques antérieures. Louis Agassiz, naturaliste suisse et professeur à Neuchâtel, qui s'était consacré jusqu'aux années 1830 à l'étude des fossiles marins, formula à ce sujet une audacieuse hypothèse qu'il soumit à la communauté scientifique en 1834. Il postula que les blocs erratiques européens avaient été déposés par les nappes de glace qui avaient autrefois recouvert entièrement l'Europe. Il publia ses théories sur les glaciers et la glaciation en 1840, fondant une discip ine, la glaciologie[51], et se consacra à la géomorphologie glaciaire, étudiant en détail l'un des éléments les plus représentatifs de la montagne. La faible adhésion à ses hypothèses le conduisit à les confronter à la réalité, conformément à la théorie actualiste proposée par Lyell et Prevost peu d'années auparavant, selon laquelle l'étude des glaciers actuels permettait de comprendre ce qui s'était produit dans le passé. Ainsi, il installa, entre 1841 et 1844, un camp sur le glacier de l'Unteraar[52], pour en contrôler et mesurer systématiquement le mouvement, en étudier les dépôts et en dresser la carte. Des dessinateurs, comme Bourkhardt et Hogard, des cartographes, comme J. Wild, et des naturalistes comme E. Desor[53] et C. Vogt, se joignirent à lui. Agassiz publia le résultat de ses études en 1847[54], décrivant le mouvement des glaciers et les oscillations de leurs fronts, leur morphologie et leurs dépôts, leur action érosive, leur structure interne, et y consignant de multiples observations qui lui permirent de réaliser une première classification. Son interprétation de l'écoulement des glaciers se situait à mi-chemin entre la théorie de la dilatation, qu'il avait exposée dans son premier livre, et celle du glissement sous l'effet de la pesanteur.

Parmi les spécialistes qui collaborèrent avec Agassiz sur le terrain, il faut citer l'éminent physicien écossais James David Forbes, professeur à Édimbourg, qui, invité par Agassiz, effectua des études dans le massif du Mont-Blanc (mer de Glace) et les montagnes norvégiennes[55]. Forbes observa en détail le mouvement de la mer de

Glace et développa la théorie de « l'écoulement visqueux », qui marqua une étape importante dans l'interprétation du mouvement des glaciers et fut à l'origine de l'une des principales controverses du XIXe siècle entre les scientifiques européens qui s'intéressaient aux montagnes (opposant les partisans de la théorie de l'écoulement visqueux et ceux de la théorie du glissement par gravité)[56]. Plus tard, John Tyndall[57], physicien et professeur à Londres, qui était aussi un excellent alpiniste, formula la « théorie du regel », expliquant le mouvement des glaciers et les ruptures de leur dynamique par des processus internes de fonte et de regel de la glace. Il engagea ainsi une polémique avec Forbes qui anima le débat entre les naturalistes de la fin du XIXe siècle.

L'étude des glaciers marqua le passage d'une conception préscientifique de l'étude des montagnes, à une conception pleinement scientifique. Comme l'ont indiqué Smiraglia et Diolaiuti, la confluence de la passion pour la montagne et de l'enthousiasme pour la science[58], et la perception de la montagne comme un système naturel complexe, permirent d'atteindre une compréhension physique de ce milieu qui, bien que partielle, ouvrit la voie à une nouvelle approche de l'étude détaillée de ses différents éléments, libérée des limitations du passé. De plus, elle fit prendre conscience de la nécessité d'entreprendre l'exploration des autres montagnes du globe, dont la connaissance permit d'établir des comparaisons et de parfaire l'entendement physique d'un monde vaste et complexe, beaucoup plus étendu et élevé que le milieu alpin bien connu.

L'exploration, la divulgation et la compréhension globale et planétaire : la signification des montagnes

Durant la période allant de la seconde moitié du XIXe siècle à la fin des deux premières décades du XXe siècle, les contributions à la connaissance physique des montagnes furent très diverses. Elles se manifestèrent sous la forme de monographies de caractère régional relevant des domaines de la géologie, de la botanique, de la géographie, ou de travaux spécifiques (dans les domaines de la glaciologie, de la limnologie, de la cartographie, ou portant sur l'étude du quaternaire ou du relief karstique) qui constituèrent un important corpus de connaissances sur les montagnes. L'alpinisme n'était désormais plus associé à la science, et c'est grâce à l'exploration détaillée des montagnes, au développement de théories et modèles dans des domaines précis, et aux premiers essais

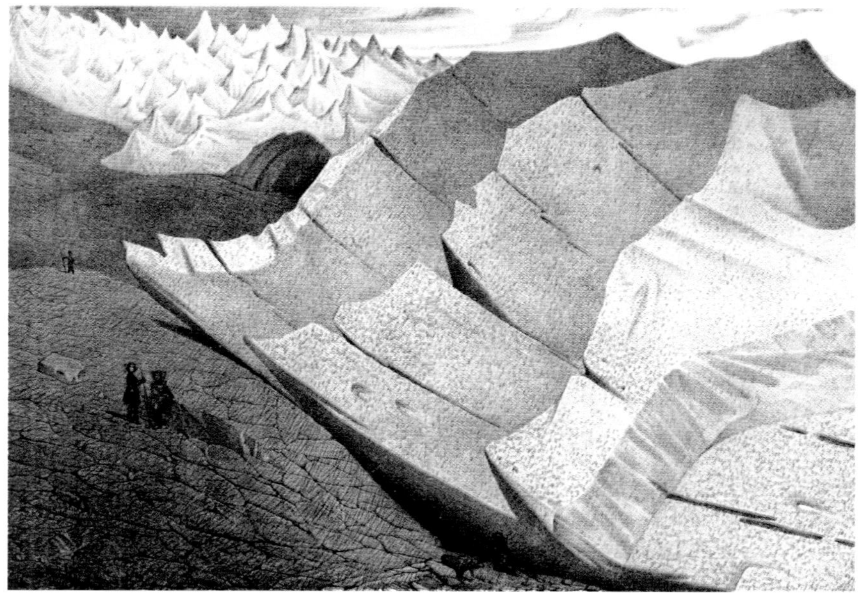

Lithographie du glacier du Gorner, au-dessus de Zermatt, montrant le mouvement de la masse de glace au milieu du XIXe siècle.

de synthèse sur leurs milieux naturels que l'on en acquit une meilleure connaissance physique, notamment à partir des années trente.

Ce fut surtout une époque d'exploration et d'observation des montagnes par des scientifiques, explorateurs et excursionnistes, qui effectuèrent des études partielles ou globales des montagnes du monde entier, des plus lointaines, pratiquement inconnues alors du monde occidental, considérées comme exotiques et dangereuses, à celles situées aux portes des villes européennes. Dans tous les pays européens furent fondés des sociétés scientifiques et clubs d'excursion qui eurent pour objectif d'étudier la nature, la géographie et l'ethnologie du milieu montagnard. En Espagne, ils se centrèrent sur l'étude des montagnes proches de Madrid, Barcelone ou Grenade, jusqu'alors quasiment oubliées[59]. Durant cette période, une grande quantité d'études descriptives furent publiées – topographiques, géologiques, géographiques, botaniques, ethnographiques – et on commença à s'intéresser aux montagnes les plus inaccessibles. En l'espace de quelques décades, des informations furent recueillies sur l'ensemble du globe, toutes les montagnes furent explorées et parcourues en vue de la réalisation d'études exhaustives à partir de travaux sur le terrain, suivant les modèles scientifiques établis. Les montagnes furent cartographiées par les géologues et les naturalistes, elles firent l'objet de rapports régionaux et nationaux, sous l'impulsion des États impérialistes, pour lesquels la maîtrise du territoire était une nécessité, et qui s'orientèrent vers la connaissance des montagnes en finançant des expéditions et projets scientifiques.

Les géologues, géographes, hydrologues, biogéographes et ingénieurs s'employèrent à formuler et vérifier des hypothèses et

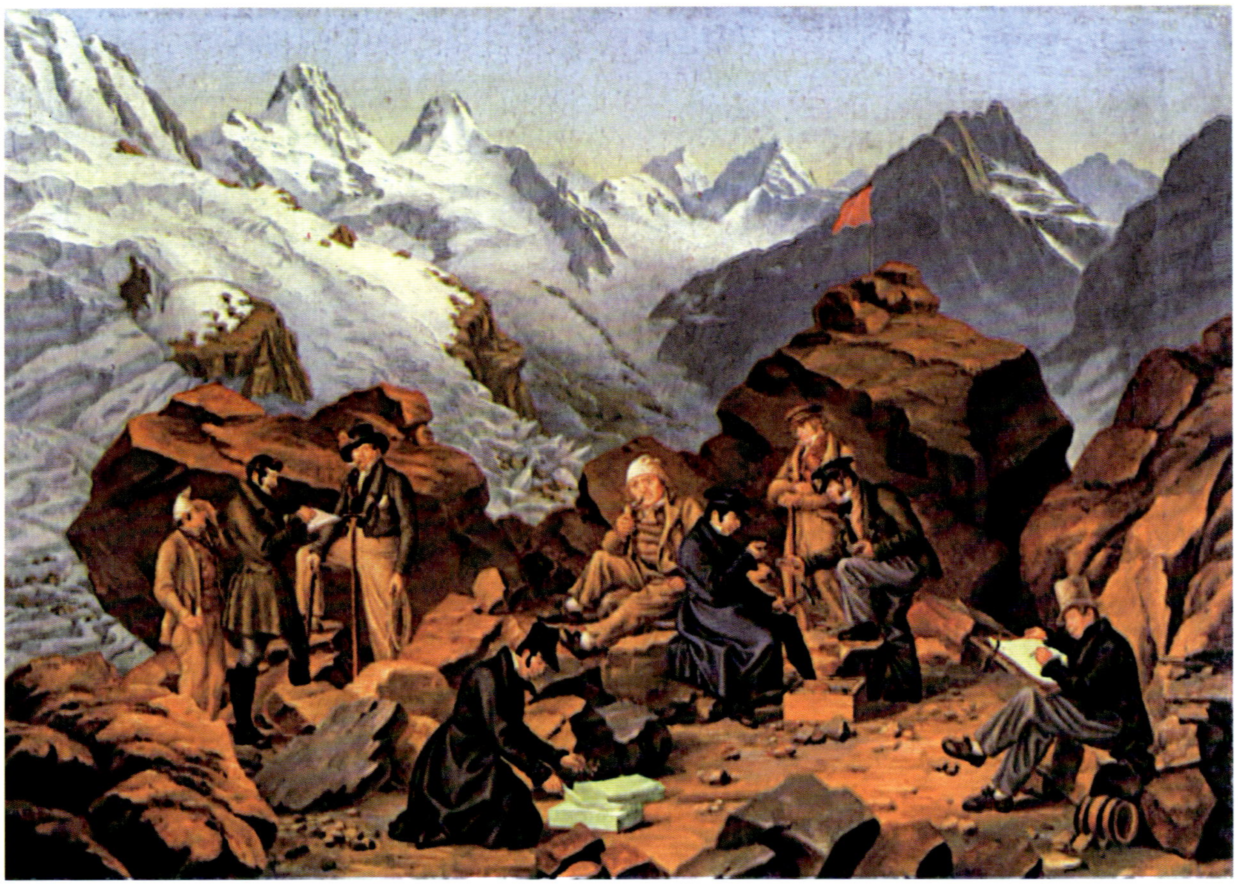

Les naturalistes parcourent, explorent et gravissent les montagnes, participant à des expéditions, comme celle du Suisse Hugi, sur le versant du Rottal de la Jungfrau, représentée en 1834 par Martin Disteli.

des théories qui permirent d'acquérir une connaissance précise des montagnes. À partir du développement des lois de l'érosion par Surell en 1841, on étudia le comportement des ruisseaux, torrents, rivières et lacs des Alpes[60]. La morphologie glaciaire s'imposa dans le milieu scientifique et permit une meilleure compréhension des formes du relief, avec l'application par Davis de la théorie de l'érosion normale à l'érosion glaciaire, et l'explication de ses phases, qui servit de point de départ à l'étude des glaciations quaternaires par Penck et Brückner[61]. L'interprétation de la tectonique des Alpes connut un développement important avec la description par Albert Heim, en 1878, et Marcel Bertrand, en 1884 et 1890, des nappes de charriage, et culmina avec le travail de synthèse d'Eduard Suess, publié entre 1883 et 1908[62], qui servit de référence pour la géologie de l'époque en général et pour la tectonique des montagnes en particulier. D'autres contributions mineures furent apportées à la compréhension physique des montagnes, avec les théories sur l'isoaltitude de leurs cimes développées par Doly, dès 1905, auxquelles succédèrent celles de Penck en 1919, ou de Davis en 1923 ; ou avec les études de la flore alpine effectuées par Tschudi en 1872, H. Christ en 1898 ou Schroeter en 1907, entre autres.

Cette accumulation d'informations sur le milieu naturel montagnard fut immédiatement suivie de synthèses, certaines partielles, dont la plus remarquable fut la théorie de la dérive des continents[63], d'autres plus générales. Les naturalistes de la fin du xixe siècle et du début du xxe, centrés sur l'exploration, la découverte ou la vérification de données, furent confrontés à la tâche difficile de fournir une représentation scientifique des montagnes, qu'ils différèrent jusqu'au xxe siècle au profit de la compilation de données, surtout sur la base des connaissances acquises dans les Alpes[64].

Les premières synthèses isolées sur le milieu montagnard, sa structure, son fonctionnement et son organisation, furent réalisées au xixe siècle. Les plus remarquables furent celles de Jules Michelet[65] et d'Élisée Reclus[66]. Michelet rédigea une allégorie historico-culturelle du milieu montagnard associant ses éléments physiques et humains, rassemblant les connaissances que l'on avait sur les montagnes du globe et insistant sur leur rôle de « château d'eau ».

Élisée Reclus, fort de son expérience du milieu alpin, contribua à introduire une nouvelle conception globale des montagnes, se situant à mi-chemin entre celle de ses prédécesseurs et celle des naturalistes du xxe siècle. Il rendit compte des découvertes récentes en employant une méthode narrative fondamentalement didactique, cherchant à faire partager ses observations directes et ses émotions pour faire connaître ce milieu sous son aspect physique et humain. Il fallut néanmoins attendre que les connaissances se consolident et que de nouvelles théories soient développées pour que la compréhension physique globale des montagnes progresse. Aux premières synthèses de R. Peattie[67] et aux tentatives de classification des montagnes de la fin du XIXe et du début du XXe siècle, succéda l'introduction de concepts écologiques et systémiques dans l'étude des montagnes. Carl Troll (1899-1975) en fut le promoteur le plus remarquable. Dans ses premiers travaux datant de 1939, il intégra les concepts écologiques à l'étude du milieu naturel et du paysage des montagnes, et dès la période de l'après-guerre, il développa une écologie du paysage et instaura la « géoécologie », qu'il appliqua, ainsi que ses disciples, à l'étude des montagnes (Alpes, Himalaya, Andes, Pyrénées, montagnes norvégiennes). Elle reposait sur une méthodologie incluant les aspects lithologiques, édaphiques, géomorphologiques, climatiques, hydrologiques et biologiques des montagnes, et en offrit une nouvelle vision qui eut une grande influence sur leur compréhension physique à partir du milieu du XXe siècle, à l'origine des essais de synthèse[68] actuels sur la géographie physique des montagnes.

Aujourd'hui, l'étude des montagnes se caractérise par la diversification et l'accumulation de données et observations qui permettent des révisions constantes d'apports ponctuels, récents ou passés, bien qu'il soit difficile de les rapprocher de l'ancienne conception physique traditionnelle des montagnes. Comme nous l'avons vu, le processus a débuté avec les premières observations directes effectuées au début du XVIIe siècle, alors que la montagne était considérée comme un lieu hostile, dominé par les forces les plus terribles de la nature. Au XVIIIe siècle, la montagne fut perçue dans sa réalité physique, éveillant des sentiments qui permirent d'en apprécier les paysages et l'on commença à en étudier de plus près le milieu naturel. Dès la fin du XVIIIe siècle et au cours du XIXe siècle, la montagne s'ouvrit à la connaissance ; son exploration et son observation détaillée l'intégrèrent pleinement dans la culture scientifique occidentale. L'étude des glaciers marqua la transition entre les étapes pré-scientifique et véritablement scientifique : la montagne fut alors considérée comme un système naturel complexe, autorisant des visions libres de toute limitation. Elle fut à l'origine de l'exploration (première étape de la connaissance) des montagnes situées en dehors du monde alpin connu et limité, et d'essais de synthèse qui, dès la fin du XIXe siècle et au cours du XXe siècle, caractérisèrent l'étude du milieu physique des montagnes. Aujourd'hui, bien que les montagnes soient toujours explorées, parcourues et étudiées, au moyen de travaux sur le terrain, de la télédétection et de nouvelles technologies, et malgré le bagage de connaissances acquis jusqu'ici, il nous reste un long chemin à parcourir (dans la compréhension de leurs paysages, de leur dynamique, des relations entre les divers éléments qui les composent et de l'action de l'homme sur leur milieu naturel) pour parvenir à la compréhension physique de ce monde passionnant, qui joue un rôle fondamental dans l'évolution de la connaissance de l'humanité, et de celle de la Terre.

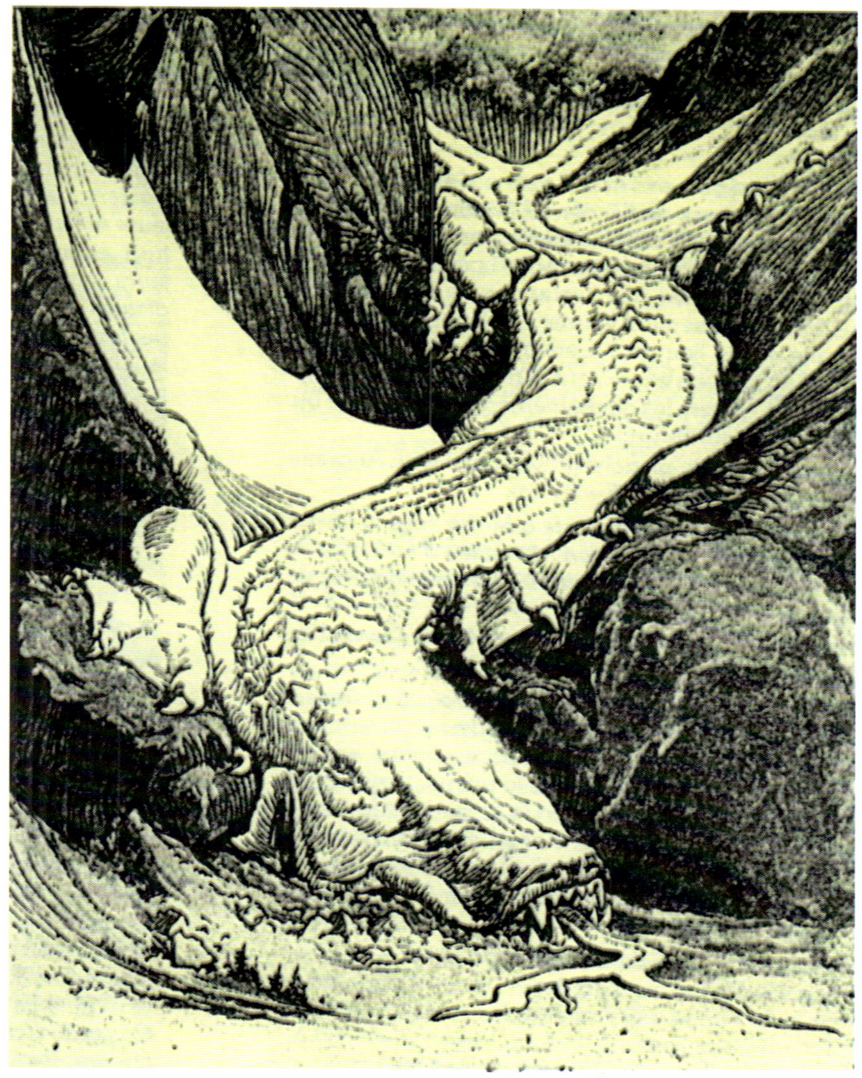

Gravure illustrant l'une des légendes alpines. Pendant longtemps, les montagnes furent considérées comme le refuge de monstres imaginaires.

Notes

1. E. Martínez de Pisón, « Los conceptos y los paisajes de montaña », in *Supervivencia de la montaña*, Madrid, ministère de l'Agriculture, 21-34, p. 22.

2. Samivel, « Les montagnes des mythes et légendes », in *La montaña*. Labor, Barcelone, 1967, 25-81, p. 25.

3. P. Zumthor, *La Mesure du monde. Représentation de l'espace au Moyen Âge*, Seuil, Paris, 1993.

4. L'absence de références, dans l'œuvre de Marco Polo, aux paysages ou aux montagnes qu'il a traversés, est significative, comme l'indique P. Zumthor (*op. cit.* dans la note 3).

5. À ce point de vue, les apports de G. Sonnier, *La Montagne et l'homme*, Albin Michel, Paris, 1970, ou d'E. Martínez de Pisón et S. Álvaro, *El sentimiento de la montaña*, Desnivel, Madrid, 2002, sont tous deux intéressants.

6. E. Pesci, « Il paesaggio alpestre fra mito e scenza », in *Dall'orrido al sublime. La visione delle Alpi*, Biblioteca de Vía Senato Ed., Milan, pp. 24-39.

7. M. de Terán, « Las formas del relieve terrestre y su lenguaje », 1977, in M. de Terán, *Del mito al logos*, Estudios Geográficos, CSIC, Madrid, 1985, pp. 89-118.

8. M. de Terán, « De causa montium », 1980. Quelques considérations sur l'histoire des sciences de la Terre, et notamment sur l'origine des montagnes, in M. de Terán, *Del mito al logos*. Estudios Geográficos, CSIC, Madrid, 1985, pp. 89-118.

9. H. Capel, *La física sagrada. Creencias religiosas y teorías científicas en los orígenes de la geomorfología española*, Serbal, Barcelone, 1985.

10. Paola Giacomoni, *Il laboratorio della natura. Paesaggio montano et sublime naturale in età moderna*, Franco Agneli, Milan, 2001.

11. Voir les commentaires de Capel, *op. cit.* dans la note 9, pp. 106-111 ; et ceux de Terán, *op. cit.* dans la note 8.

12. H. Capel, *op. cit.* dans la note 9, p. 113.

13. P. Kasser et W. Haeberli, *La Suisse et ses glaciers. De l'époque glaciaire à nos jours*, Éditions géographiques Kümmerly & Frey, Berne, 1981.

14. Lorsque Montaigne traversa les Alpes en passant par la Savoie, il ne fit aucune référence au paysage ou à la nature, se bornant à des commentaires gastronomiques et à citer les difficultés du voyage.

15. A. L. Moro publia en 1740 un texte clé pour la compréhension du relief (*De' Crostacei e degli altri Marini Corpi che si truovano su' monti*), dans lequel il réfuta les théories de Burnet, distingua deux types de montagnes, primaires et secondaires, et lia l'origine des montagnes à la mer, instaurant le courant neptuniste.

16. G. L. Leclerc, comte de Buffon, publia une *Théorie de la Terre* en 1749, et *Les Époques de la nature* en 1778. Dans ce dernier texte, il distinguait six périodes dans la formation de la Terre, conformément à la Création, et associait la genèse des montagnes à l'existence d'un « feu central », instaurant ainsi le courant plutoniste.

17. E. Bertrand opta pour la théorie théologico-physique, associant tradition et innovation, dans sa publication de 1754, *Essais sur les usages des montagnes. Avec une lettre sur le Nil*.

18. Un important encyclopédiste français, le baron d'Holbach, contribua à faire connaître les montagnes et les classa en deux types, les montagnes primitives et les montagnes récentes, ces dernières renfermant les roches stratifiées. Dans l'*Encyclopédie*, il mit l'accent sur la nécessité du travail sur le terrain et écrivit en 1765 que le naturaliste « en escaladant la cime de montagnes escarpées, en parcourant des paysages variés, finira par arracher à la Nature certains des secrets qu'elle cache à notre regard ».

19. Éminent spécialiste des Alpes, le naturaliste genevois J. A. Deluc publia en 1778 ses *Lettres physiques et morales sur l'histoire de la Terre et de l'homme*, dans lesquelles il considère l'étude des montagnes comme une source de connaissances et développe la théorie sur la fonction et l'évolution des montagnes, qui eut une grande influence sur les naturalistes qui lui succédèrent.

20. J. Hutton, naturaliste écossais, se livra à des travaux de recherche sur le terrain et publia en 1785 sa *Theory of the Earth*, œuvre qui aura une influence importante sur ses successeurs, dans laquelle il établit les bases du plutonisme.

21. Numa Broc, *Les Montagnes au siècle des Lumières*. Paris, Comité des travaux historiques et scientifiques, 1991.

22. Neptunisme et plutonisme sont deux théories géologiques sur la formation des roches, aux interprétations opposées, qui furent à l'origine d'une importante polémique scientifique à la fin du XVIIIe siècle. Le neptunisme, développé par A. G. Werner, postulait que les roches avaient pris naissance dans un océan primitif qui contenait les matériaux de l'écorce terrestre en dissolution et en suspension. Le plutonisme, formulé par J. Hutton, considérait que les roches ignées étaient générées en profondeur, sous l'effet de la chaleur. Au sujet de la polémique et de ses protagonistes, voir A. Hallam, *Grandes controversias geológicas*, Labor, Barcelone, 1985.

23. Pour connaître la doctrine de Werner et de ses disciples, il est conseillé de lire l'étude approfondie de l'œuvre de Carlos de Gimbernat par Maria Dolores Parra, *Los « planos geognosticos de los Alpes, la Suiza y el Tirol » de Carlos Gimbernat*, Theatrum Naturae, Doce Calles Ed., Madrid, 1993.

24. E. Martínez de Pisón, « El discurso d'Arcet », in *Eria*, 1990, n° 22, pp. 176-180.

25. Numa Broc, « Le milieu montagnard : naissance d'un concept », in *Revue de géographie alpine*, 1984, 72 (2-3-4), pp. 127-139.

26. Cette vision est développée dans de nombreux ouvrages, dont *La Montagne* de M. Herzog, Larousse, Paris, 1967 ; *La Montagne et l'homme* de G. Sonnier, Albin Michel, Paris, 1970 ; *Les Montagnes au siècle des Lumières* de Numa Broc, Comité des travaux historiques et scientifiques, Paris, 1991 ; ou *El sentimiento de la montaña* de E. Martínez de Pisón et S. Álvaro, Desnivel, Madrid, 2002.

27. Saussure contribua à l'évolution de la tectonique, de la minéralogie et de la stratigraphie, et effectua des études sur la gélifraction en haute montagne, l'érosion fluviale et torrentielle, la formation des vallées et, surtout, la morphologie et la dynamique des glaciers. Il postula que le mouvement des glaciers était dû à la gravité, développant la « théorie du glissement », et définit les formes et dépôts d'origine glaciaire.

28. Paul Guichonnet, « Chamonix des origines à la conquête du mont Blanc », in *Découverte et sentiment de la montagne 1740-1840*, Éd. Département de la Haute-Savoie, Annecy, 1986, pp. 29-40.

29. E. Martínez de Pisón et S. Álvaro, *El sentimiento de la montaña*. Desnivel, Madrid, 2002, p. 51.

30. Comme Saussure, qui avait été l'initiateur de l'ascension du mont Blanc, Ramond de Carbonnières fut à l'origine du projet de la première ascension du mont Perdu qu'il gravit lui-même en 1802.

31. Ramond de Carbonnières publia trois œuvres fondamentales pour la connaissance des Pyrénées, *Observations faites dans les Pyrénées* (1789), *Voyages au mont Perdu et dans les parties adjacentes des Hautes-Pyrénées* (1801) et *Voyage au sommet du mont Perdu* (1803), qui complétèrent les œuvres parues au XVIIIe siècle sur les Pyrénées : *Discours en forme de dissertation sur l'état actuel des montagnes des Pyrénées et sur les causes de leur dégradation* de M. d'Arcet (1776) ; *Essai sur la minéralogie des Monts Pyrénées* de Palassou (1781) ; et *Voyage physique dans les Pyrénées* de Pasumot (1797).

32. G. Sonnier, *La Montagne et l'homme*, Albin Michel, Paris, 1970.

33. Numa Broc, *Les Montagnes au siècle des Lumières*. Comité des travaux historiques et scientifiques, Paris, 1991.

34. G. Sonnier, *op. cit.* dans la note 32.

35. Pour Senancour, théoricien du sentiment de la nature et du paysage romantique, c'est dans la montagne que « la Nature entière exprime avec éloquence un ordre supérieur, une harmonie plus visible, une unité éternelle ».

36. Les scientifiques ne se contentèrent pas d'explorer et d'effectuer des mesures, mais exprimèrent aussi leurs sentiments. Pour Humboldt, « l'ascension du pic de Teide n'est pas seulement intéressante du point de vue de la multiplicité des phénomènes observables qui fait progresser nos recherches scientifiques, mais l'est encore plus par l'extraordinaire spectacle qu'elle offre à ceux qui sont sensibles à la majesté de la nature » (*Voyage aux régions équinoxiales du Nouveau Continent*). Et Casiano de Prado s'exprime ainsi : « et même si la géologie ne présentait aucun intérêt pour moi et si en gravissant ces sommets je n'avais d'autre but que de contempler le magnifique panorama qui s'offrait à mon regard, ces heures compteraient parmi les plus agréables de ma vie » (in *Revista Minera*, n° 11, 1860, pp. 62-72 et 92-101).

37. Parmi les peintres qui ont su saisir la beauté du paysage montagnard, il faut citer C. D. Friedrich, E. F. Oehme, S. von Carolsfed, A. Cozens et W. Turner.

38. Kasser et Haeberli, *op. cit.* dans la note 13.

39. R. Dubbini, « La montagne comme modèle esthétique entre le XVIIIe et le XIXe siècle ». *Revue de géographie alpine*, 1999, 87, 1, pp. 61-69.

40. Ses représentations « fidèles » ou « romantiques » de la table du glacier de l'Unteraar en sont un bon exemple. C. Wolf (1735-1783), peintre paysagiste suisse préromantique, participa avec le naturaliste Samuel Wittenbach à de nombreuses expéditions sur les glaciers et eut une grande influence sur la peinture de paysage suisse du XIXe siècle.

41. E. Martínez de Pisón et S. Álvaro, *El sentimiento de la montaña*, Desnivel, Madrid, 2002.

42. Terme souvent employé sous le romantisme, exprimant la perception de l'essence de la montagne au travers du sentiment romantique – à l'égard de son paysage et de ceux qui la fréquentent – notamment des naturalistes, dont on admirait la manière d'aborder la connaissance physique des montagnes. Senancour utilisa ce terme de façon réitérée dans son roman épistolaire *Oberman*. Il écrit à propos de la nuit en montagne que c'est « l'heure du repos et de la sublime mélancolie » et à propos du montagnard que « sur ces montagnes désertes, où le ciel est immense, l'air est plus vif, le temps s'écoule moins rapidement, la vie plus permanente... il vit une vie authentique dans une sublime harmonie ». Les naturalistes du XIXe siècle (Humboldt, Agassiz, Desor, Vogt, Forbes, Tyndall) qui escaladèrent les montagnes et y séjournèrent pour les étudier, éprouvèrent le même sentiment.

43. Cité in « La primera geomorfología española » de E. Martínez de Pisón, in *Geógrafos y naturalistas en la España contemporánea. Estudios de Historia de la cienca natural y geográfica*, U. A. M., Madrid, 1995, pp. 81-106.

44. C. Raffestin, « Les Alpes entre mythes et réalités », in *Revue de géographie alpine* (2001), 89, 4, pp. 13-26.

45. A. de Humboldt (1769-1859) chercha à « connaître les relations existant entre les forces de la nature » et acquit « le sentiment intime de leur interdépendance », se fondant sur « un empirisme raisonné, c'est-à-dire sur l'enregistrement scientifique de faits et sur leur comparaison et leur mise en relation », bien qu'il indiquât à l'époque que « la tentative de décomposer en divers éléments la magie du monde est pleine de risques, car la qualité fondamentale d'un paysage et de toute scène naturelle imposante dérive de la simultanéité des idées et sentiments qu'ils suscitent chez l'observateur » (*Cosmos*, 1845).

46. Cité par Douglas Bottin, *Humboldt*, Belin, Paris, 1979.

47. A. de Humboldt, *Voyage aux régions équinoxiales du Nouveau Continent*.

48. Si pour Numa Broc (*op. cit.* dans la note 21) Ramond de Carbonnières fut le fondateur de la géographie générale des montagnes, Humboldt fut le fondateur de leur géographie physique.

49. H. Zümbül et H. Holzhauser, *Glaciers des Alpes du petit âge glaciaire. Les Alpes*, Club alpin suisse, Berne, 1988 ; C. Smiraglia et G. Diolaiuti, « La primavera della glaciologia, Fatti, uomini e scritti del XIX secolo », in *Dall'orrido al sublime. La visione delle Alpi*, Biblioteca de Vía Senato Ed., Milan, 2001, pp. 40-55.

50. En 1741, Windham et Pockoke furent les premiers à se rendre à la mer de Glace et y retournèrent l'année suivante avec Martel, en réalisant la première description naturaliste (*An account of the glacieres or ice Alps in Savoy*, 1744) ; en 1760, Gruner publia en allemand son *Histoire naturelle des glaciers suisses*, étude fondamentale qui formule des hypothèses sur la dynamique des glaciers ; en 1773, A. C. Bordier, suivant l'exemple de Martel et de Windham, publia *Voyage pittoresque aux glacières de Savoie fait en 1772*. Saussure apporta d'importantes contributions dans la décade 1780-1790, ainsi que les œuvres de caractère plus didactique et touristique de Bourrit (*Description des glacières, glaciers et amas de glace du Duché de Savoie*, 1773 ; *Nouvelle description des glaciers de Savoie, particulièrement de la vallée de Chamonix et du Mont-Blanc, et de la dernière découverte d'une route pour parvenir sur cette haute montagne : dédiée à M. le Comte de Buffon*, 1785 ; et *Itinéraire des glaciers de Chamonix, du Valais et du Canton de Vaud*, 1808).

51. G. K. C. Clarke, « A short history of scientific investigations on glaciers », in *Journal of Glaciology*, 1987, numéro spécial, pp. 4-24.

52. Pompeusement appelé « Hôtel des Neuchâtelois », un abri rocheux sommaire sur une moraine du glacier de l'Unteraar fut l'abri des équipes de recherche dirigées par Agassiz, et leur servit de camp de base pour leurs travaux scientifiques et leurs ascensions des sommets environnants. Les dessins et peintures de Bourkhardt le rendirent célèbre.

53. Desor publia *Excursions et séjours dans les glaciers et les hautes régions des Alpes de M. Agassiz et de ses compagnons de voyage* (1844) qui fit de lui l'historien du groupe des Neuchâtelois et de leurs séjours en haute montagne, durant lesquels ils se livrèrent non seulement à son étude, mais firent l'ascension de la Jungfrau, du Lauterhorn, du Rosenhorn et du Wetterhorn, entre autres sommets.

54. Les œuvres fondamentales de L. Agassiz furent : *Étude sur les glaciers*, datant de 1840, considérée comme le premier traité de glaciologie ; et *Nouvelles études et expériences sur les glaciers actuels : leur structure, leur progression et leur activité physique sur le sol*, datant de 1847 et faisant référence aux expéditions sur le glacier de l'Unteraar.

55. Il publia les résultats partiels de ses travaux avec L. Agassiz dans ses *Letters on glaciers*, et mit ensuite fin à sa relation avec lui pour suivre des chemins différents. Plus tard, il publia *Norway and its glaciers visited in 1851: followed by journals of excursions in the high Alps of Dauphiné, Berne and Savoy* (1853) ; et *Occasional papers on the theory of glaciers: now first collected and chronologically arranged: a Prefatory note on the recent progress and present aspect of the theory* (1859).

56. C. Smiraglia et G. Diolaiuti, « La primavera della glaciologia. Fatti, uomini e scritti del XIX secolo », in *Dall'orrido al sublime. La visione delle Alpi*. Milan, Biblioteca de Vía Senato Ed., 2001, pp. 40-55.

57. John Tyndall fut un éminent alpiniste et scientifique, qui vécut à l'époque de l'âge d'or de l'alpinisme, quand il ne fut plus associé à l'activité scientifique. Tyndall fit l'ascension du mont Blanc, du mont Rose, du Cervin, la première ascension du Weisshorn et publia divers livres d'alpinisme. Il publia aussi en 1860 *The glaciers of the Alps, being a narrative of excursions and ascents, an account of the origine and phenomena of glaciers and an exposition of the physical principles to which they are related*, ouvrage dans lequel il relate tant ses aventures d'alpiniste que ses travaux scientifiques.

58. C. Smiraglia et G. Diolaiuti, *op. cit.* dans la note 56.

59. En Espagne, le Centre Excursionista de Catalunya joua un rôle précurseur, en 1873, et diverses sociétés ou associations furent ensuite créées dans les principales villes espagnoles, dont la Sociedad para el estudio del Guadarrama, fondée en 1886, qui s'est distinguée par son activité naturaliste. C'est à cette époque que l'on accéda à une connaissance réelle des montagnes, et que d'abondantes informations furent recueillies par les pyrénéistes, en majorité français. Il faut citer les travaux de Franz Schrader, Édouard Wallon, Henry Russell, Emmanuel de Margerie, Lucas Mallada, Soler Santaló ou Lucien Briet. Ou encore de Casiano del Prado, G. Schultz et Saint-Saud dans les Picos de Europa, de Casiano et des naturalistes de l'Institucion Libre de Enseñanza et du Museo de Ciencas naturales dans la sierra de Guadarrama, et de Wilkomm dans la sierra Nevada.

60. A. Surell fut l'initiateur de ces études en publiant en 1841 ses *Études sur les torrents des Alpes*, Cézanne, Paris, qui furent poursuivies par Forel, qui publia *Le Léman* en 1894 et *Fleuves et glaciers* en 1897 (Bulletin Soc. Vaudoise sciences naturelles, n° 33, pp. 136-156) et culminèrent avec les nombreux apports de Maurice Pardé sur les Pyrénées et les Alpes à partir des années vingt.

61. Les tentatives de formulation d'une théorie sur l'érosion glaciaire aux États-Unis donnèrent lieu à des travaux intéressants dont ceux de W. J. McGee en 1883 (« Glacial Caybons », *Proceedings of the American Association*, 238), d'A. R. Wallace en 1893 (« The Ice Age and its work », *Fortnightly review*, n° 40, pp. 616-774) et de J. Geikie en 1895 (*The Great Ice Age*, New York). Mais ce fut surtout l'influence d'E. Brückner et A. Penck qui fut déterminante. Ils publièrent respectivement leurs travaux à partir de 1885 et 1889, et leur œuvre de référence entre 1901 et 1909 (*Die Alpen im Eiszeitalter*, Leipzig, 1 200 pages). Davis eut aussi une grande influence durant cette période, publiant « Glacial Erosion in France, Switzerland and Norway », *Proceedings of the American Academy of Arts and Sciences*, 1900, n° 31, pp. 303-332 ; et « The Sculpture of Mountains by Glaciers », *Scottish Geographical Magazine*, 1906, n° 22, pp. 76-89.

62. Les travaux d'Eduard Suess sur les montagnes, qui donnèrent lieu à la synthèse alpine de 1875 *Entstehung der Alpen*, culminèrent, après les apports de A. Heim et M. Bertrand, avec *Antlitz der Erde* (1883-1908), où il fait la synthèse des connaissances sur les nappes de charriage. A. Heim effectua des études de tectonique dès 1878, et les divulgua avec la publication de *Geologie der Schweiz*, Leipzig, en 1920. M. Bertrand publia, en 1890, *Sur les refoulements qui ont plissé l'écorce terrestre et sur le rôle des déplacements horizontaux*, qui influença fortement l'interprétation tectonique postérieure et dans la synthèse de Suess.

63. À partir des concepts de mouvements tectoniques latéraux, et d'études lithologiques et paléontologiques, Alfred Wegener développa la « théorie de la dérive des continents » en 1913, qui déboucherа plus tard sur la « théorie de l'expansion des océans » et la « théorie de la tectonique des plaques » pour aboutir aujourd'hui à la « tectonique globale », qui explique la formation, constitution, structure et répartition actuelle des montagnes du globe.

64. Raffestin (2001), *op. cit.* dans la note 44.

65. Jules Michelet (1798-1874), prestigieux historien français, rédigea diverses monographies à partir de ses études de la nature. *L'Oiseau* (1856), *L'Insecte* (1857), *La Mer* (1861) et surtout *La Montagne* (1868), œuvre qui bénéficia d'une grande diffusion grâce à la renommée intellectuelle dont il jouissait.

66. Élisée Reclus participa à l'élaboration de guides sur la Savoie, le Dauphiné et les Alpes-Maritimes entre 1860 et 1864, et consacra aux Alpes une importante partie de son ouvrage *La Terre* (1868), mais sa principale œuvre sur la montagne fut *Histoire d'une montagne*, publiée en 1880.

67. Le géographe américain R. Peattie étudia en 1929 les Pyrénées (« Andorra: a Study in Mountain Geography », *Geographical Review*, 19, pp. 218-233), et réalisa une synthèse du milieu physique et humain en 1936 (*Mountain Geography*, Harvard University Press, Cambridge). Il faut aussi citer les ouvrages de synthèse sur les Alpes d'Emmanuel de Martonne qui publia, en 1931, *Les Alpes* (Armand Colin, Paris), et de Raoul Blanchard qui publia, en 1925, *Les Alpes françaises* (Armand Colin, Paris).

68. Parmi les contributions de Carl Troll à l'étude des montagnes, il convient de citer « Luftbildplan und ökologische Bodenforschung », *Zeitschrift der Gesellschaft für Erdkunde*, 1939, pp. 241-298 ; Die tropischen Gebirge, *Bonner Geographie Abh.* 25, 1959, pp. 1-93 ; *Geoecology of the High Mountain Regions of Eurasia*, F. Steiner Verlag, Wiesbaden, 1972 ; *Geoecology of the Mountainous Regions of the Tropical Americas*, Drummlers Verlag, Bonn, 1968. En ce qui concerne les synthèses classiques et actuelles sur les montagnes, qui peuvent servir d'introduction à leur connaissance physique, il faut signaler, à titre non exhaustif : *Mountains and Man. A Study of Processes and Environment*, de L. Price, University of California Press, San Francisco, 1981 ; *Mountain Ecosystems*, de B. Messerli et J. Ives, International Mountain Society, Boulder, 1986 ; *Geoecology of the Colorado Fronts Range*, de J. Ives, Westview Press, Boulder, 1980 ; *Mountain Environments* de A. Guerrand, Belhaven Press, Londres ; *Geoecología de las áeras de montaña*, de J. M. Garcia Ruiz, Geoforma Ediciones, Logroño, 1990 ; *Hautes montagnes. Passion d'explorations* de B. Francou, Masson, Paris, 1993 ; *Environmental change in Mountains and Upland* de M. Beniston, Arnold, Londres, 2000.

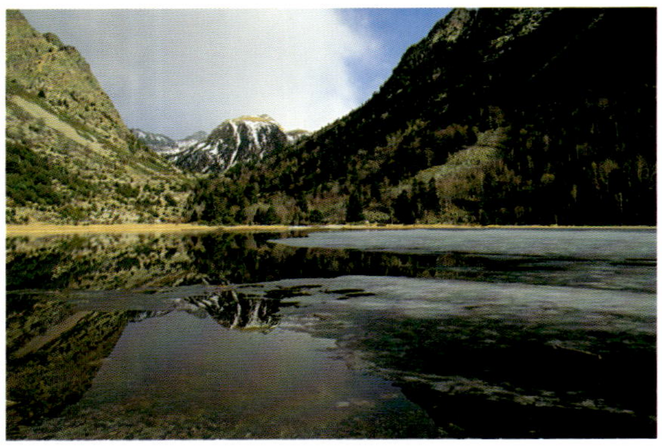

Lac d'origine glaciaire de la Llebreta, dans le parc national d'Aigües Tortes. Catalogne, Espagne.

Lacs de Minnestimma. Parc national de Banff. Montagnes Rocheuses, Alberta, Canada.

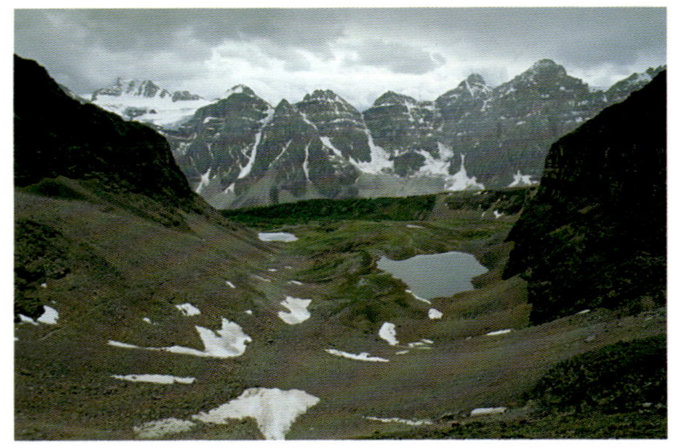

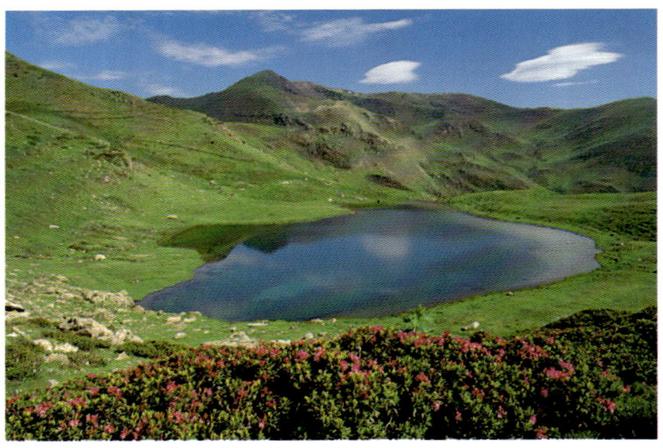

Les rhododendrons en fleur bordent les rives du lac glaciaire de Fillà. Vall Fosca, dans la région de l'Alto Pallars. Catalogne, Espagne.

Crépuscule sur le lac Bow. Parc national de Banff. Montagnes Rocheuses, Alberta, Canada.

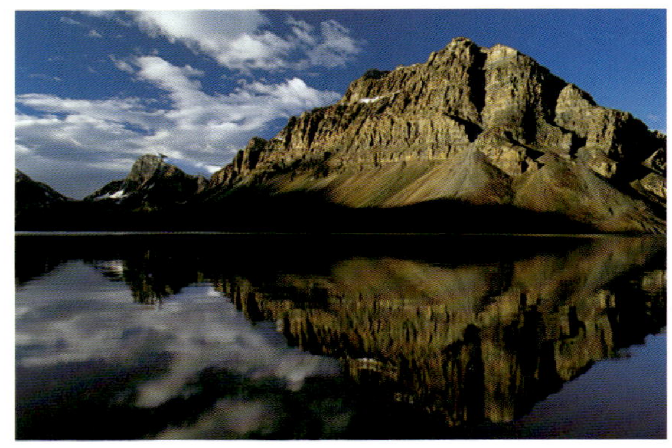

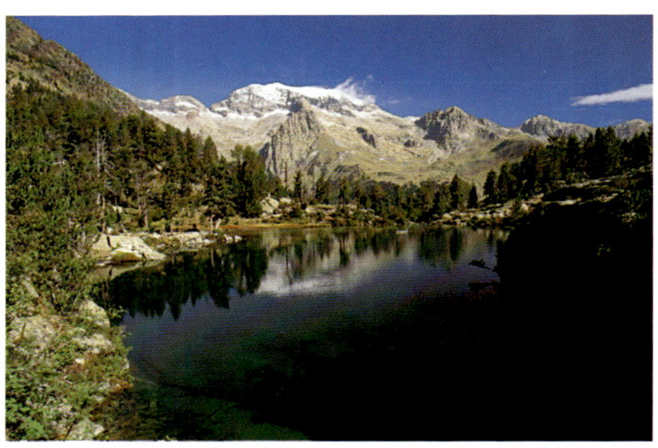

Les eaux du lac de montagne d'Escarpinosa reflètent les cimes du massif de Perdiguero. Parc naturel Posets-Maladeta. Aragon, Espagne.

Langue glaciaire du glacier de Svartisen, Norvège.

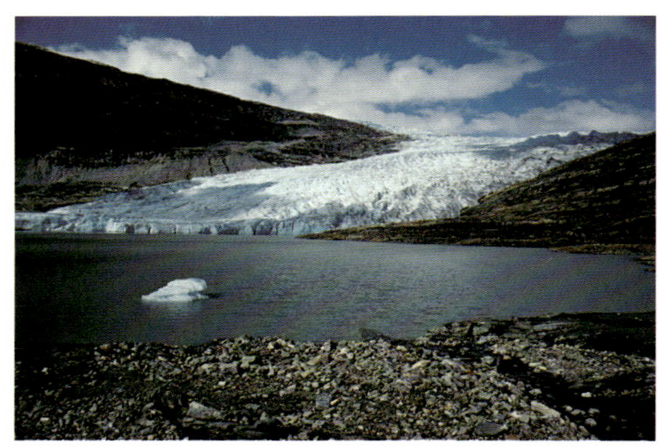

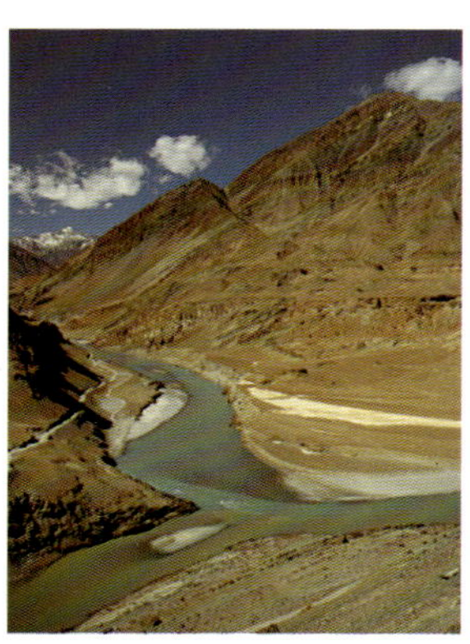

Confluence de l'Indus – le Fleuve Lion de la mythologie hindoue – et du Zanskar, dans la région du Ladakh, Inde.

L'aiguille de Perramó se dresse au-dessus des forêts de pins noirs qui entourent le petit lac de montagne de Batisielles. Huesca, Espagne.

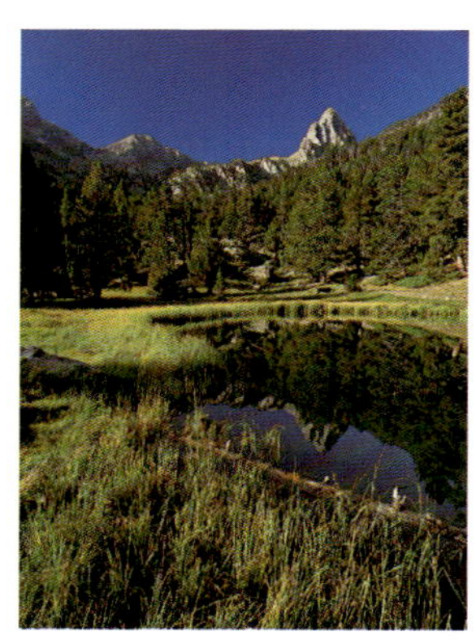

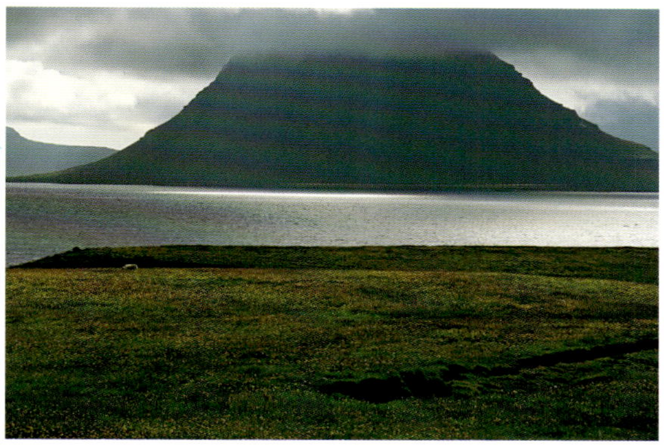

Un nuage couvre le sommet d'un volcan, dans la région d'Askja, au centre de l'Islande.

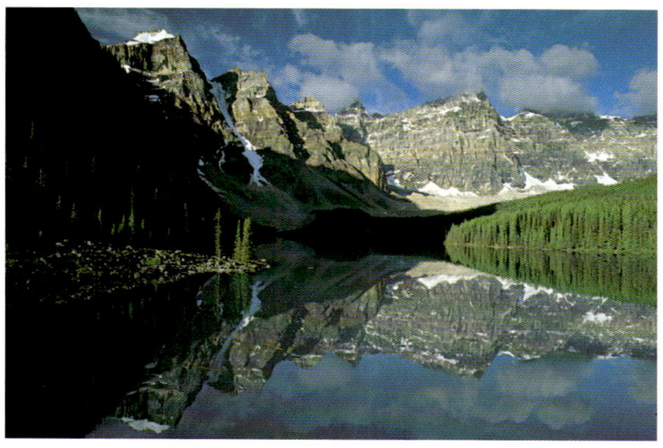

Les lacs de montagne constituent un miroir idéal pour les hautes cimes. Lac Moraine au lever du jour. Montagnes Rocheuses, Alberta, Canada.

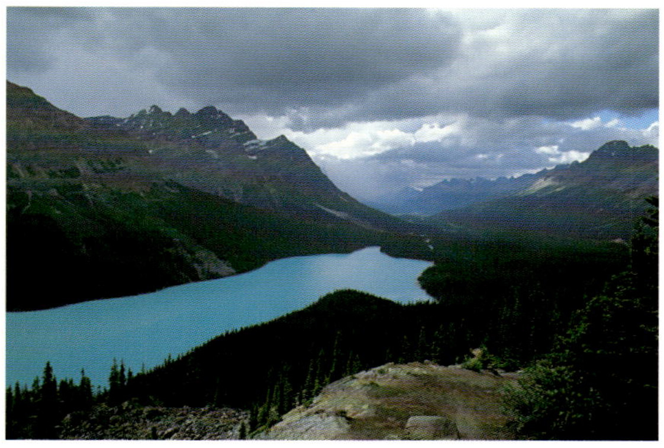

Les roches et conifères du parc national de Banff, au Canada, servent d'écrin au lac Peyto.

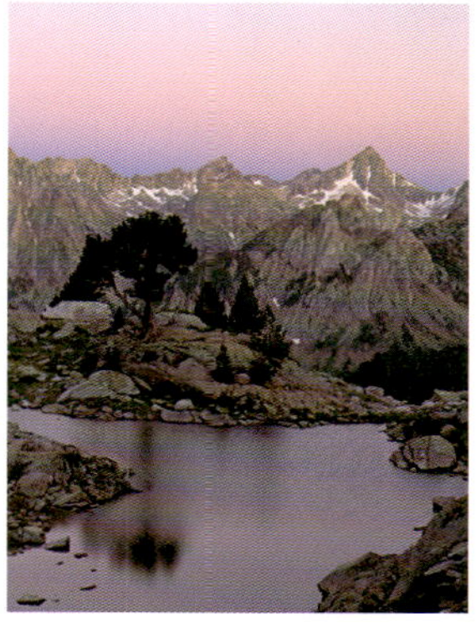

Les Encantats et le pic Peguera se découpent sur l'horizon, sur cette photo prise à l'aube à partir du lac d'Amitges. Parc national d'Aigües Tortes. Catalogne, Espagne.

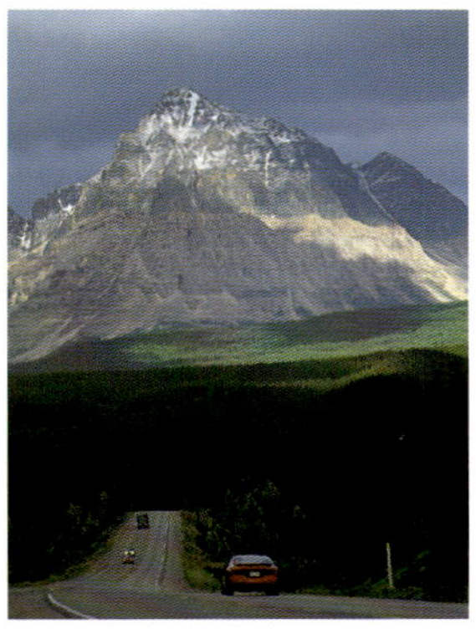

Le mont Fitzwilliam se dresse dans le prolongement de la Yellowhead Highway, en Colombie britannique, Canada.

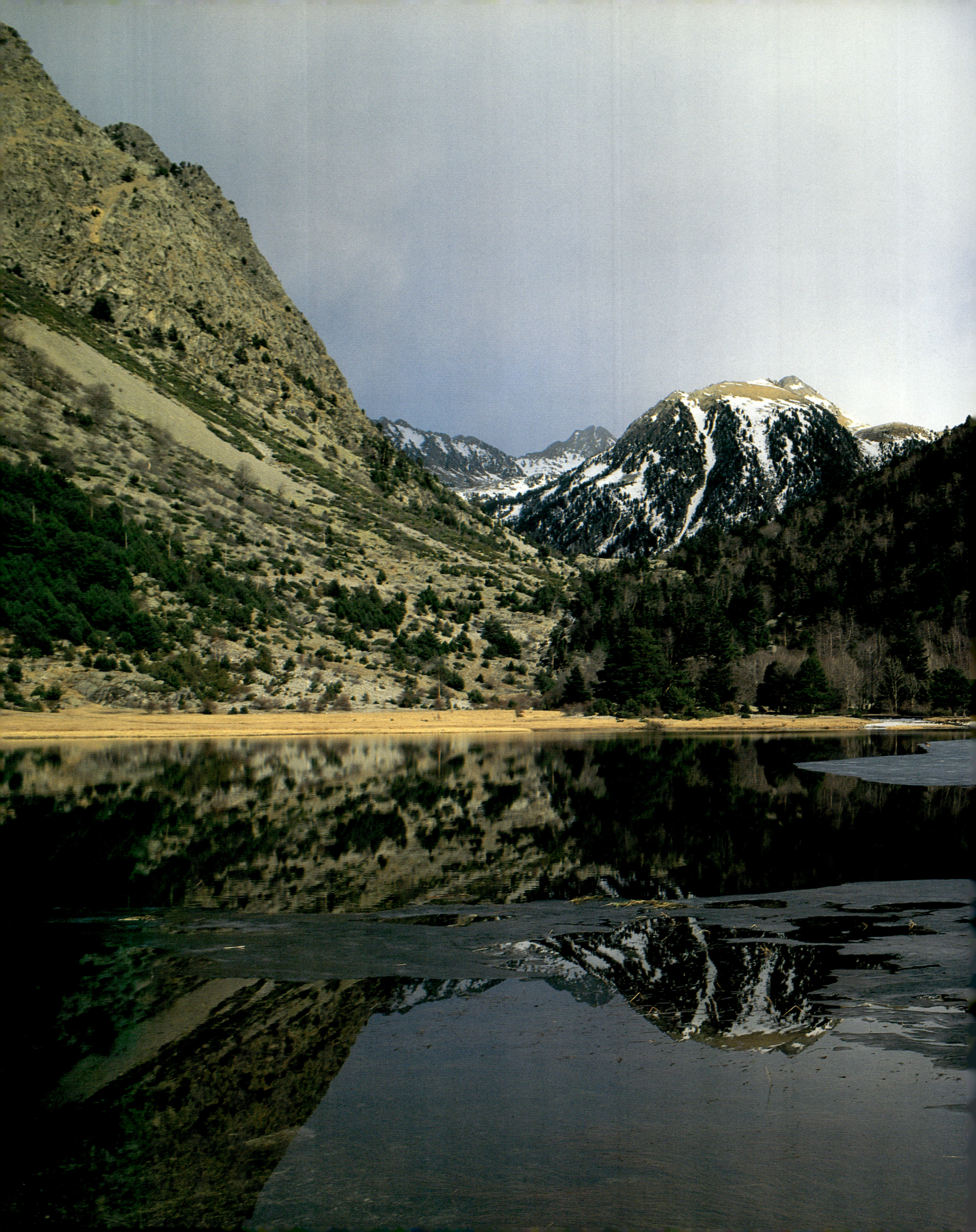

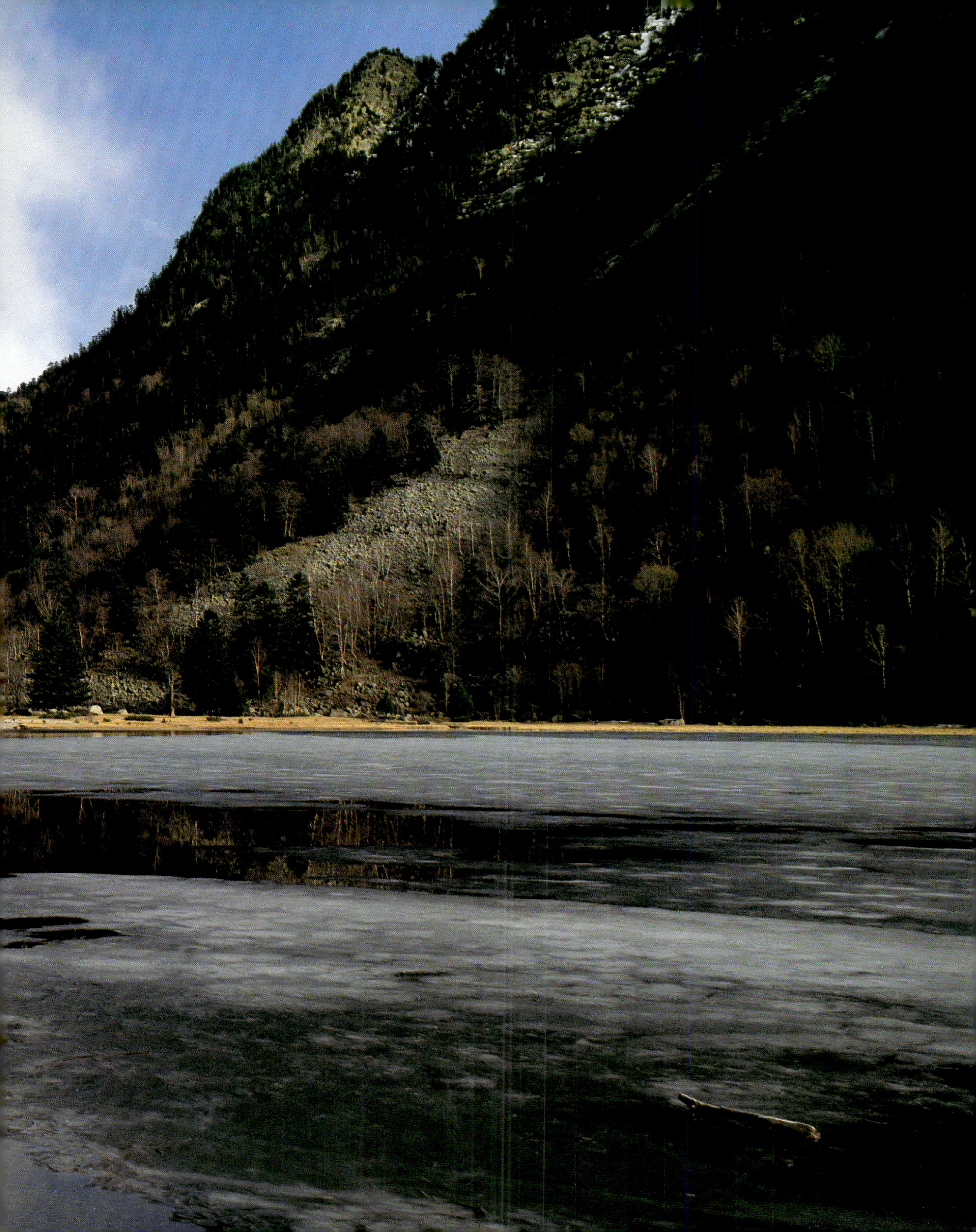

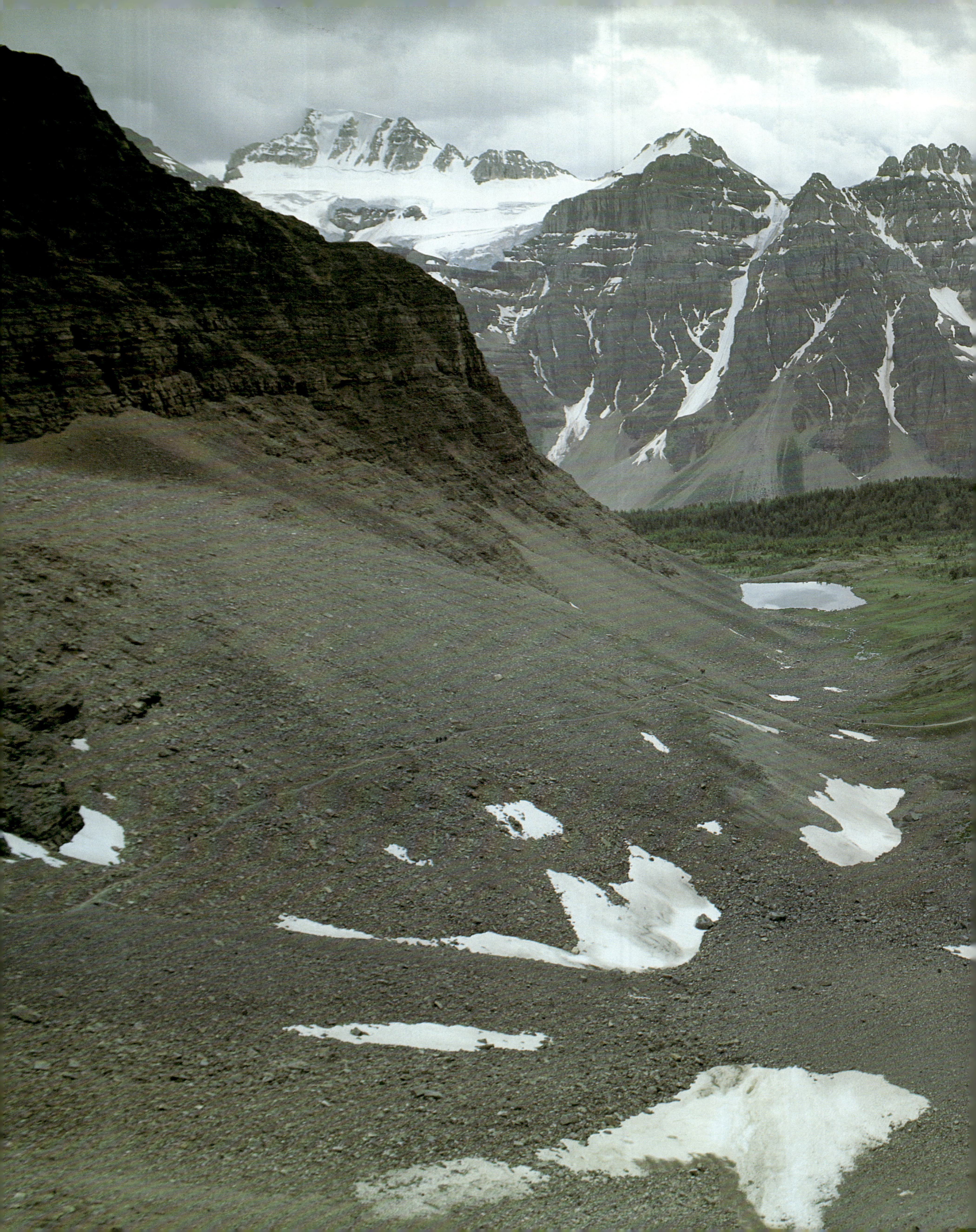

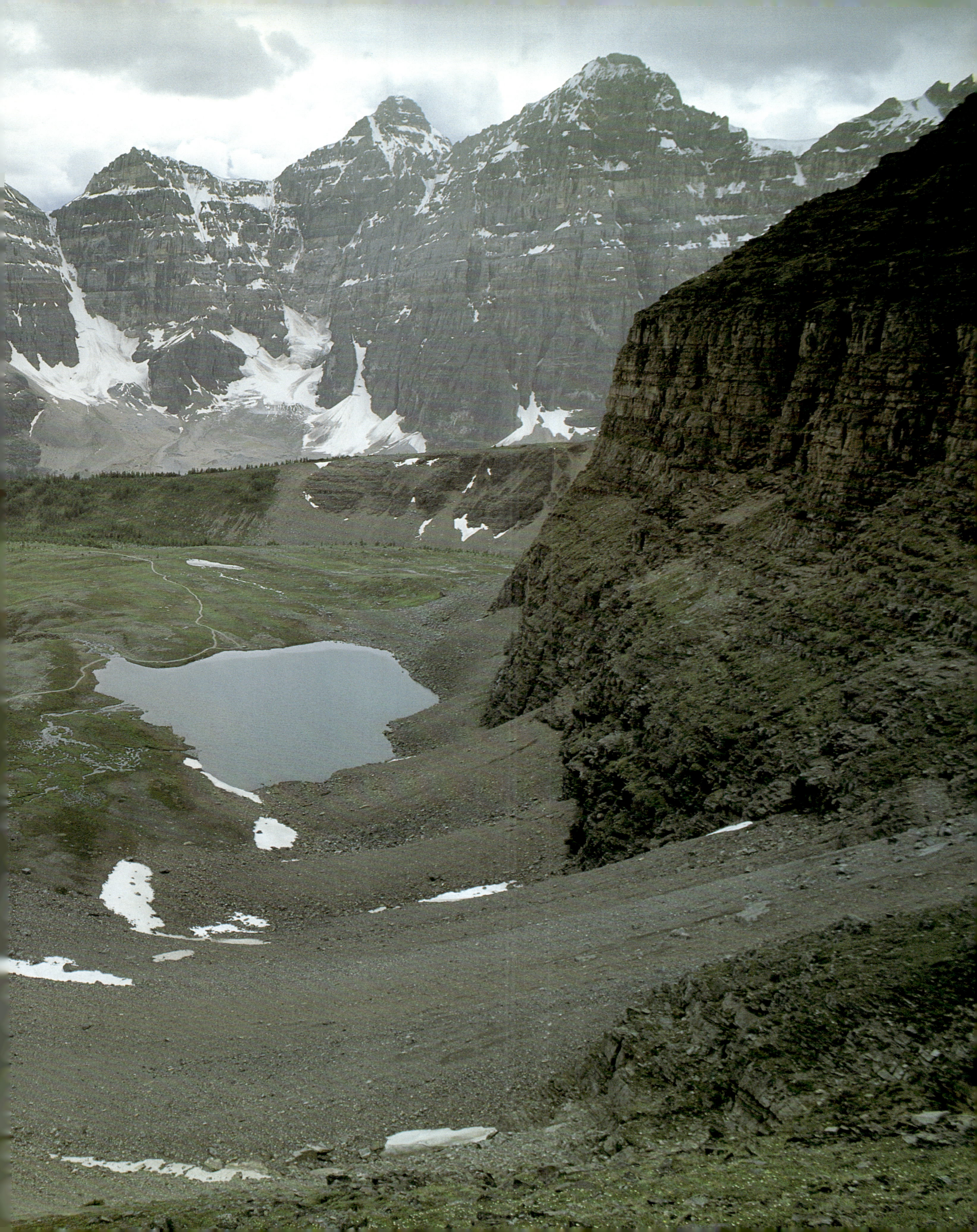

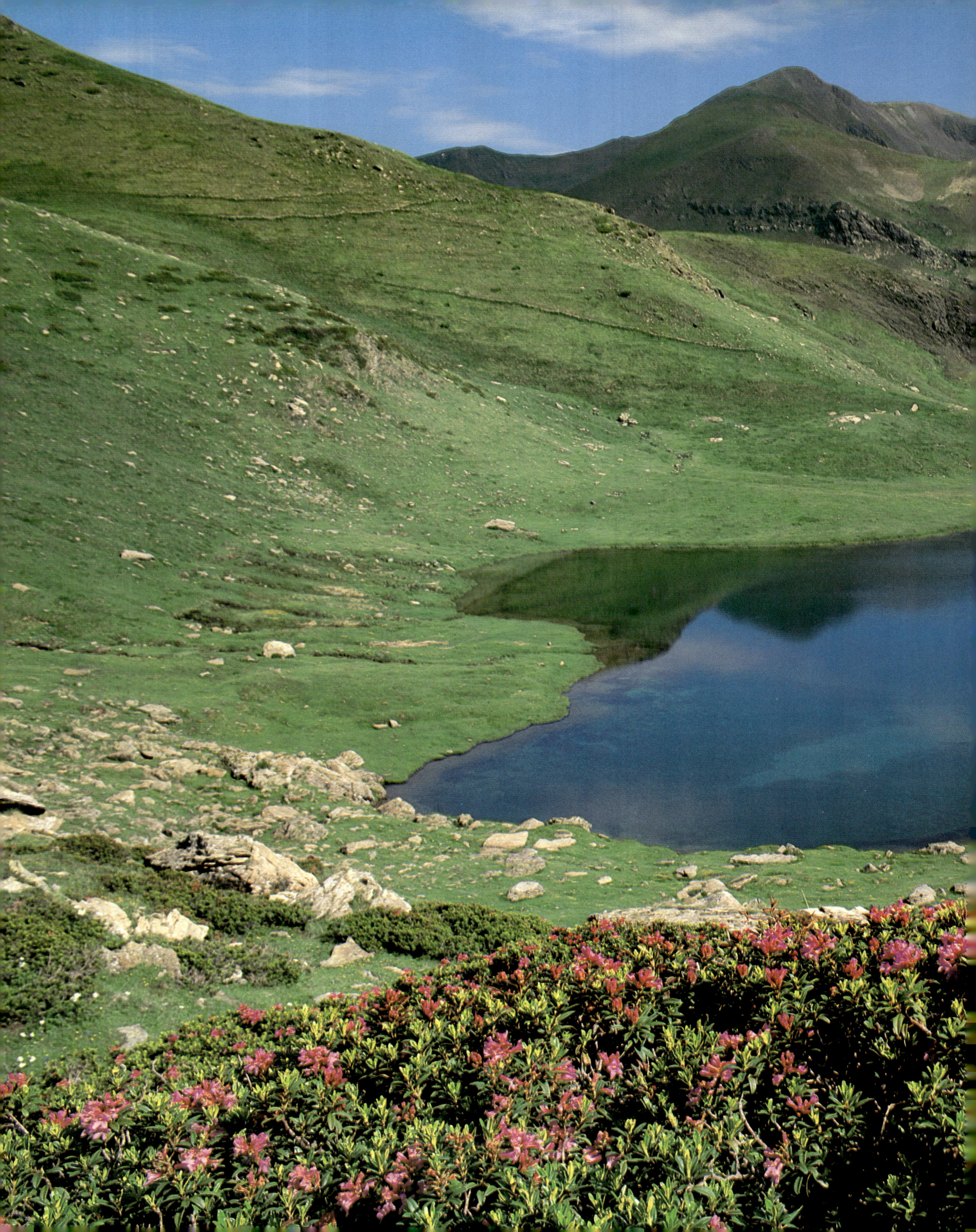

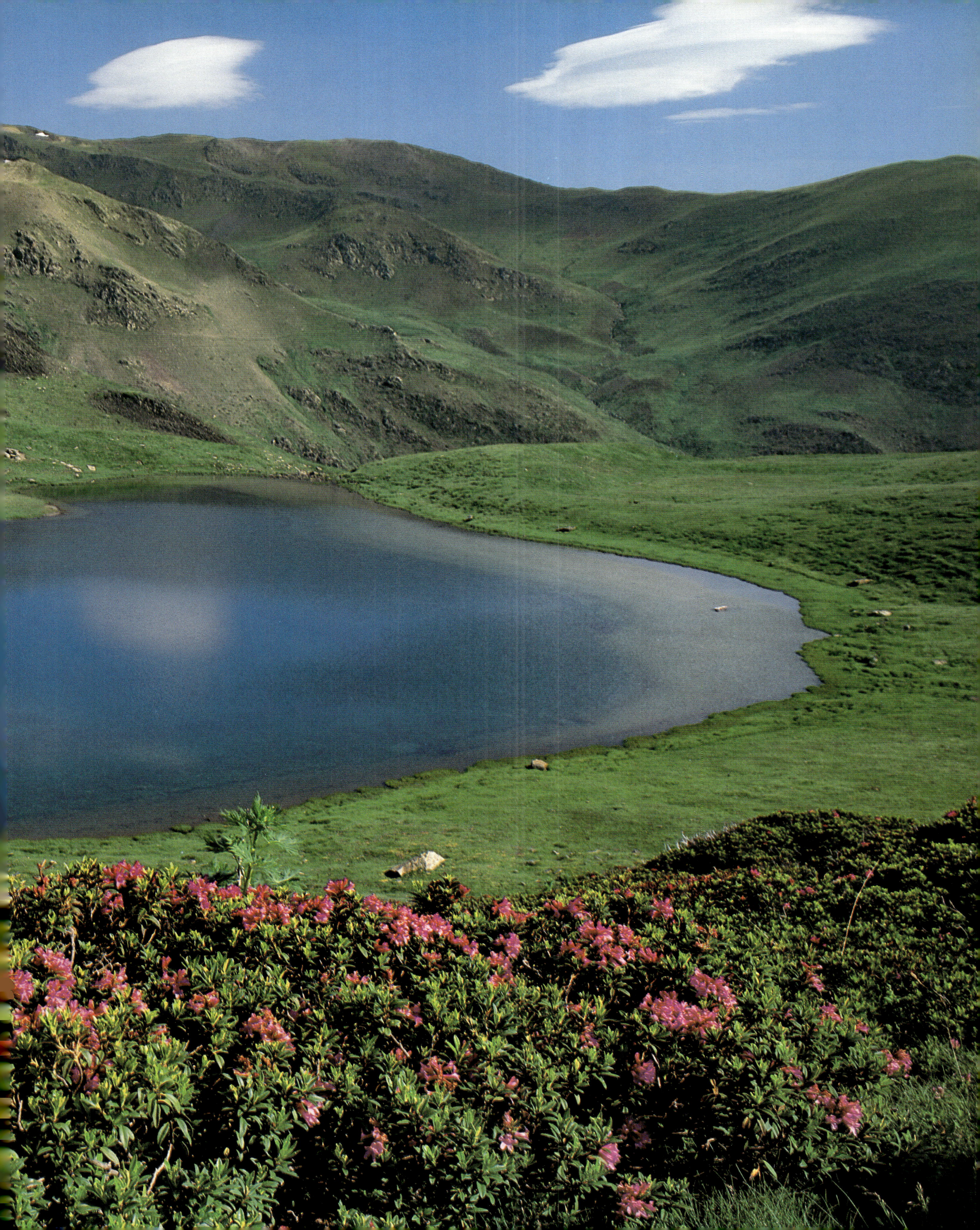

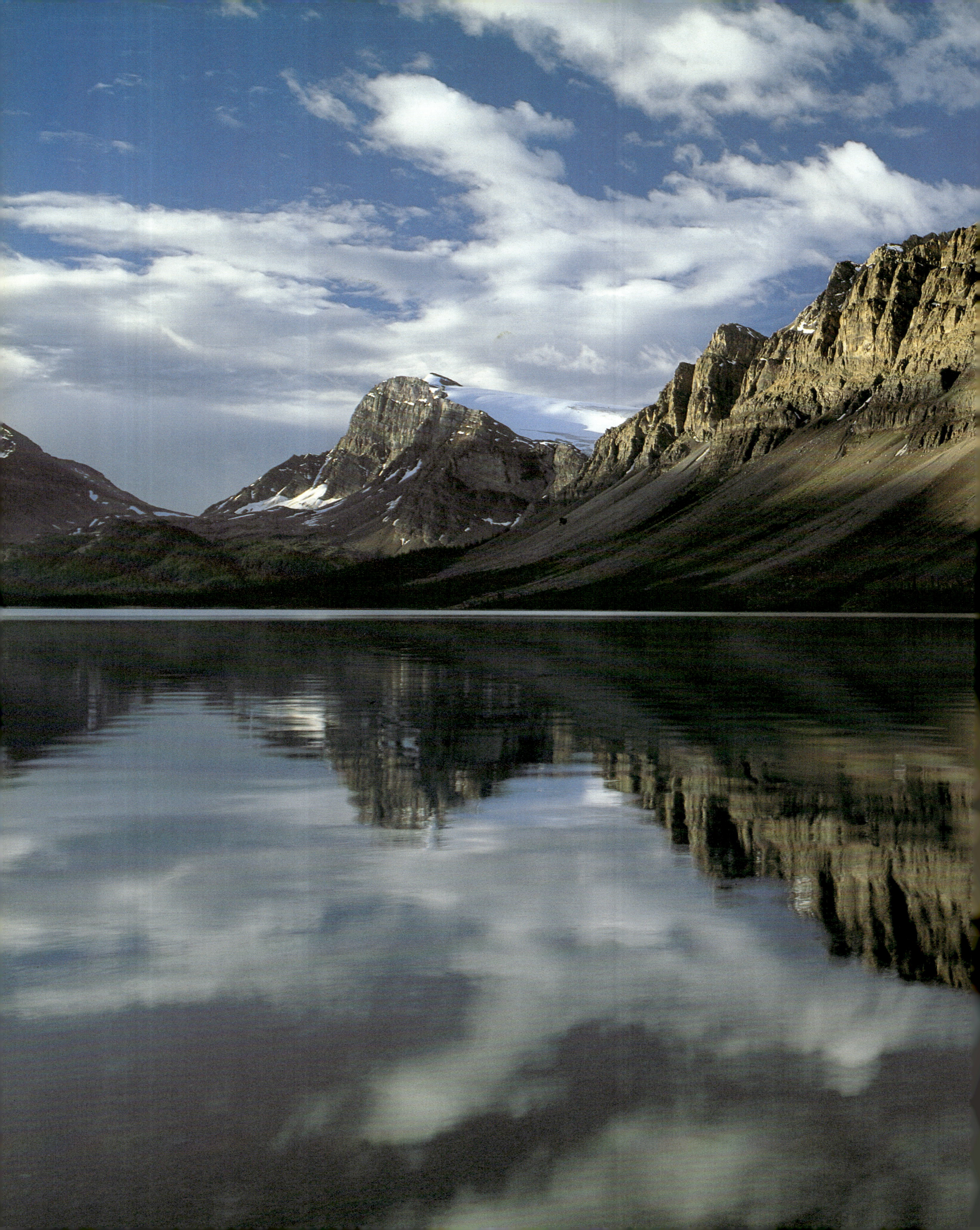

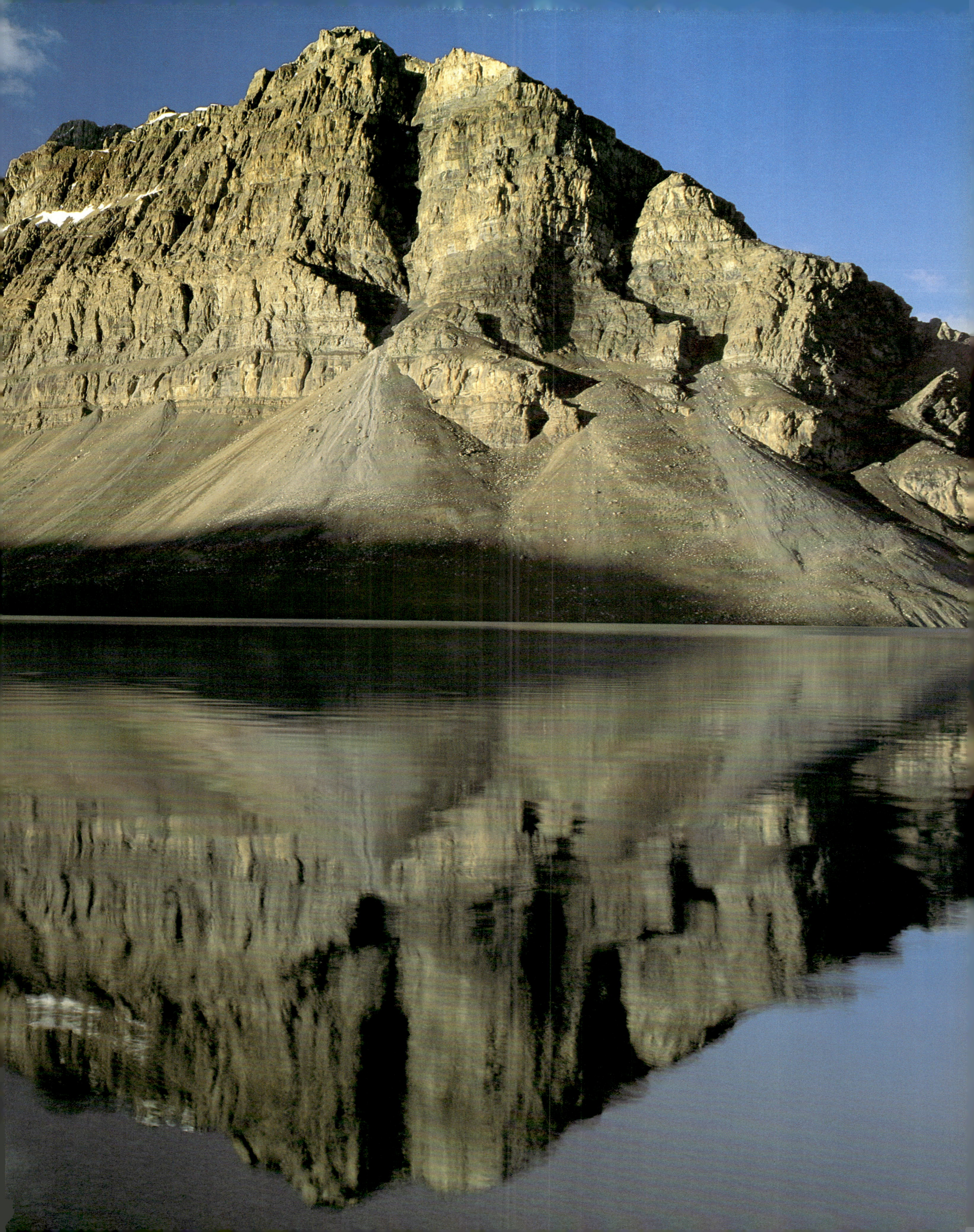

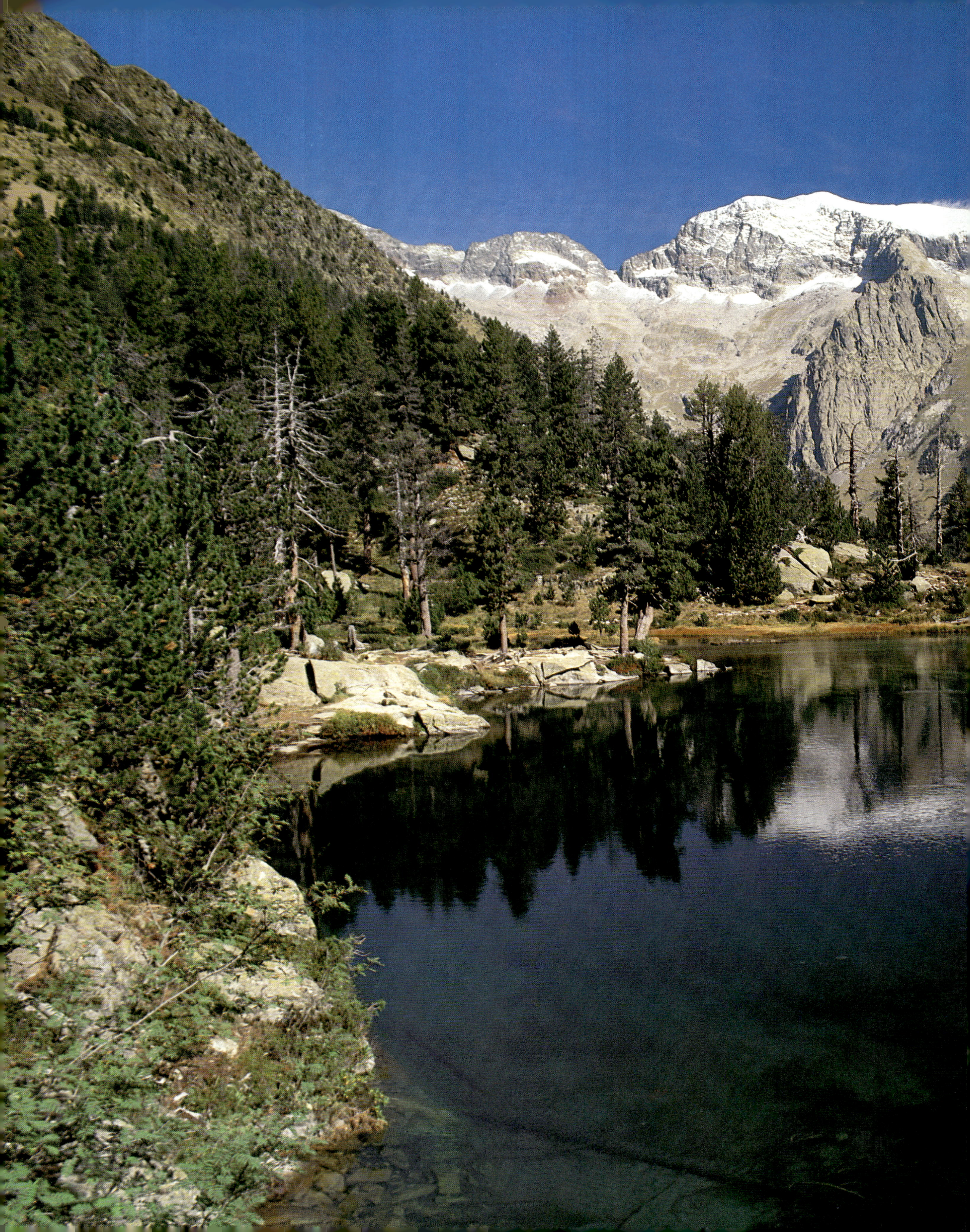

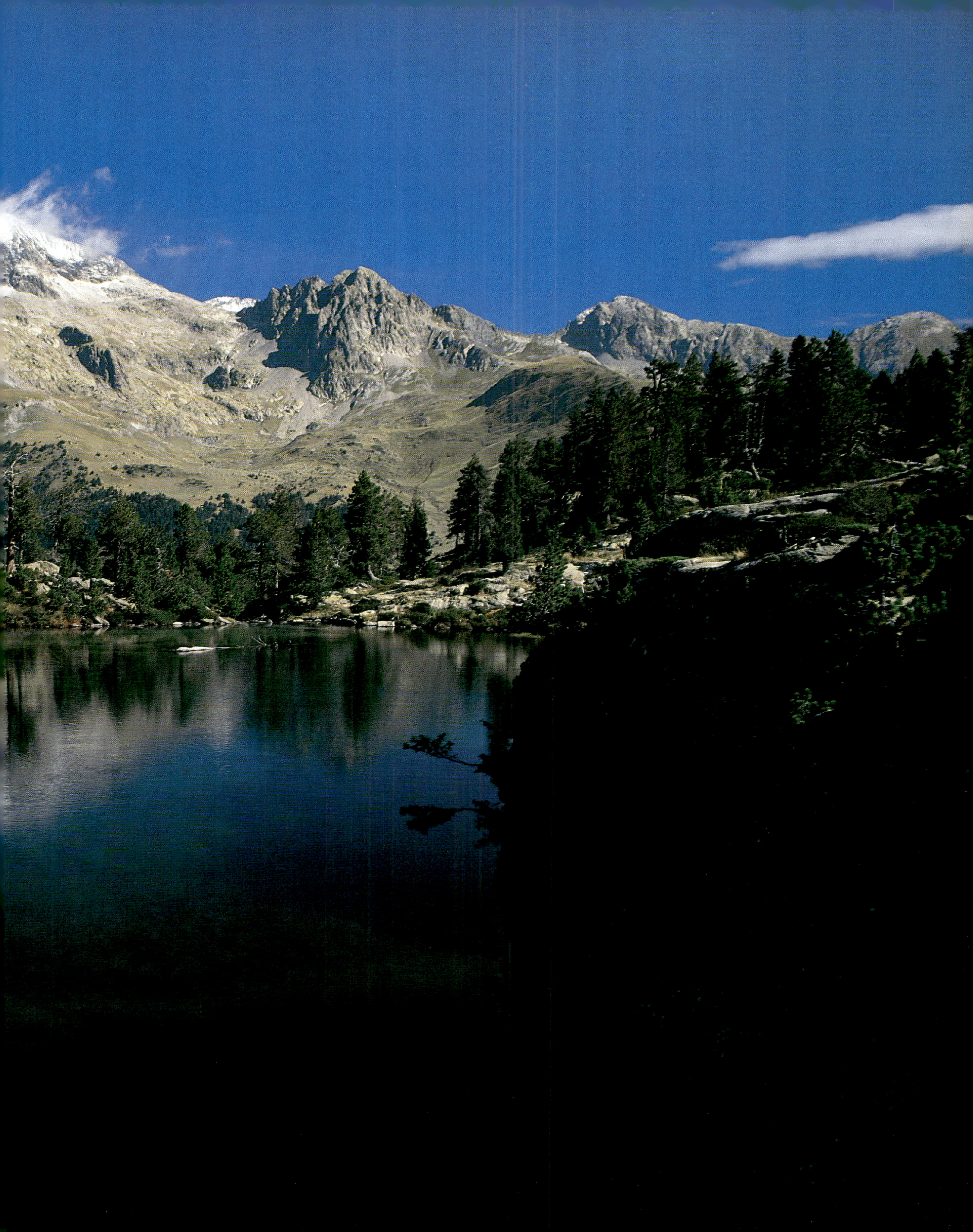

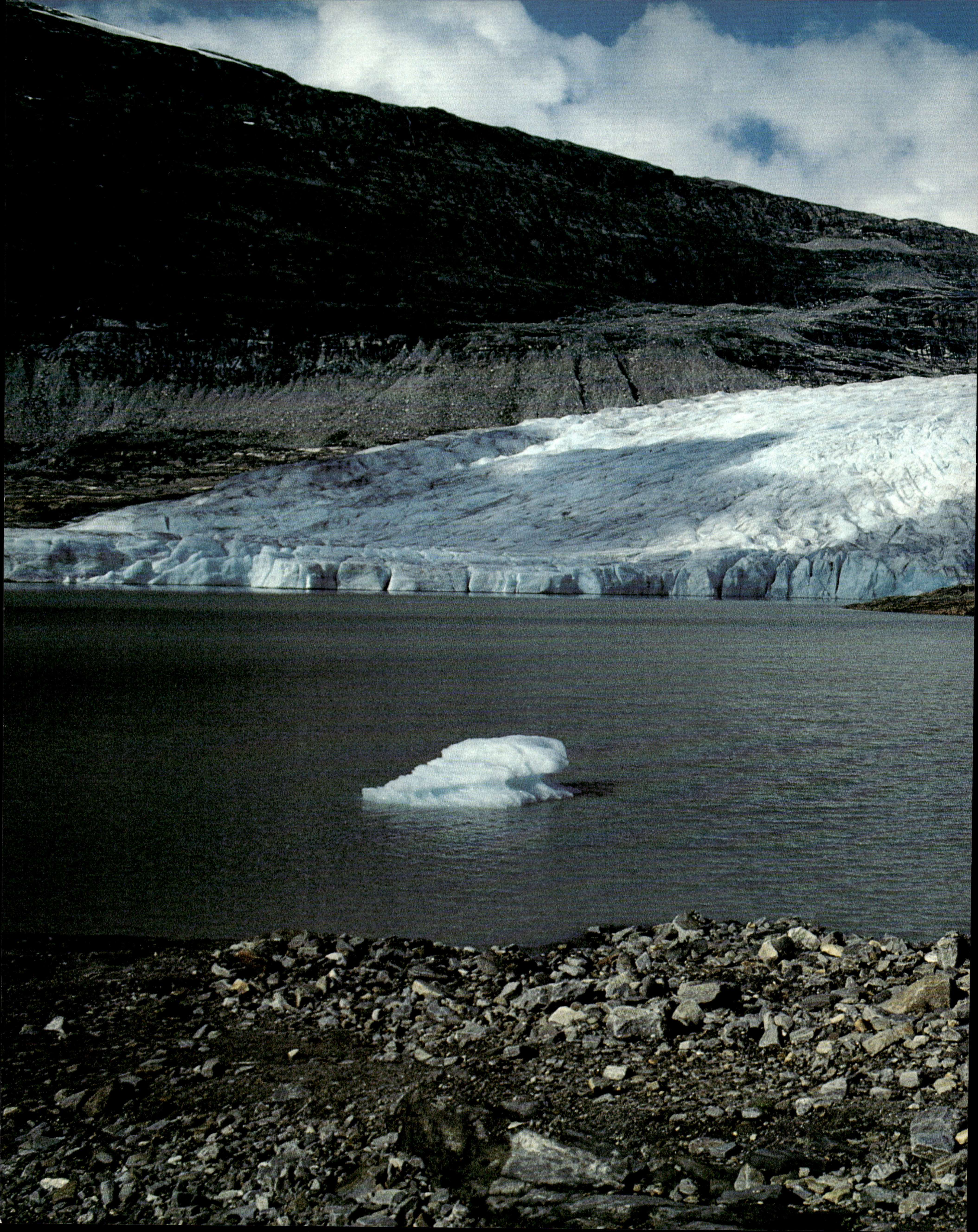

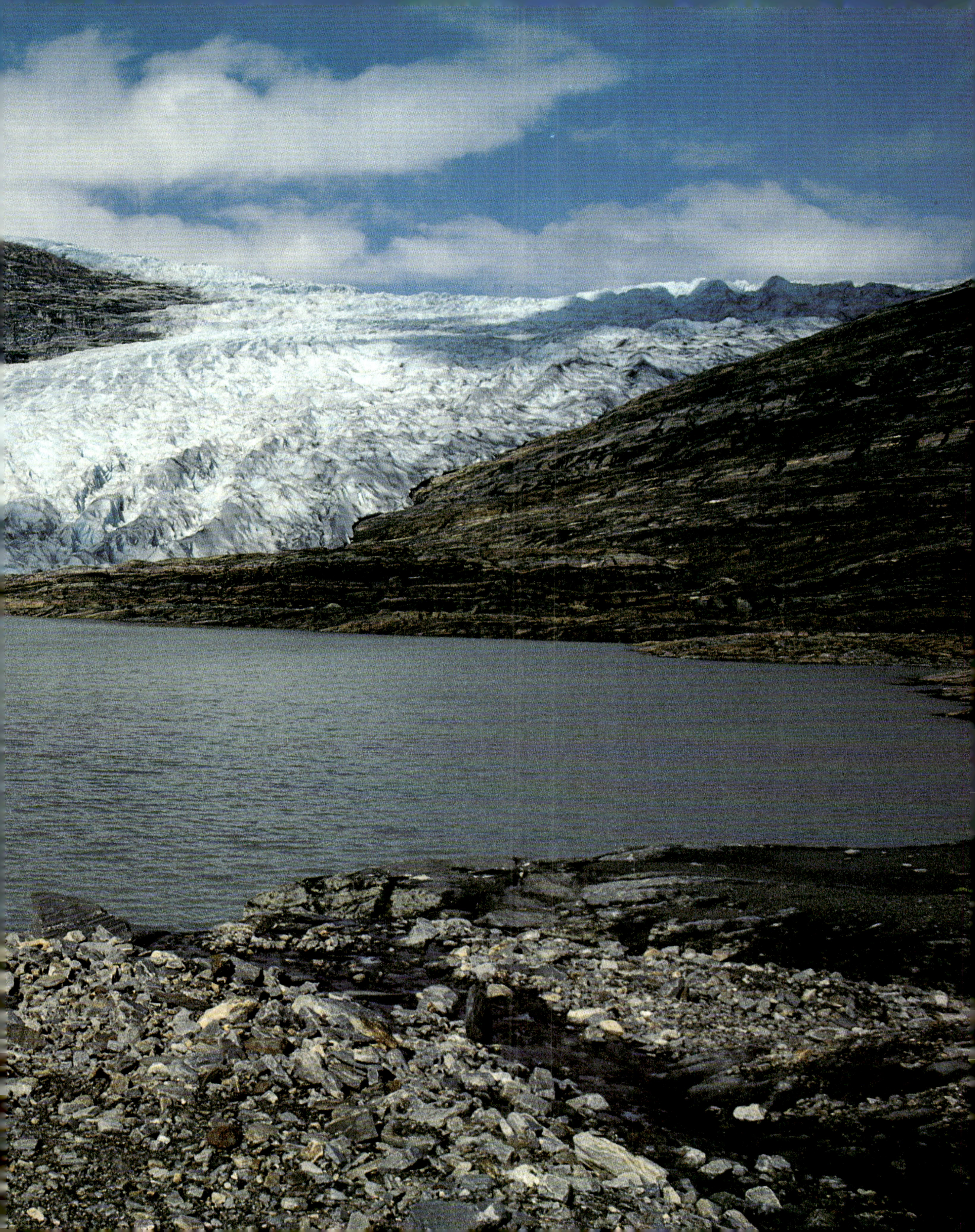

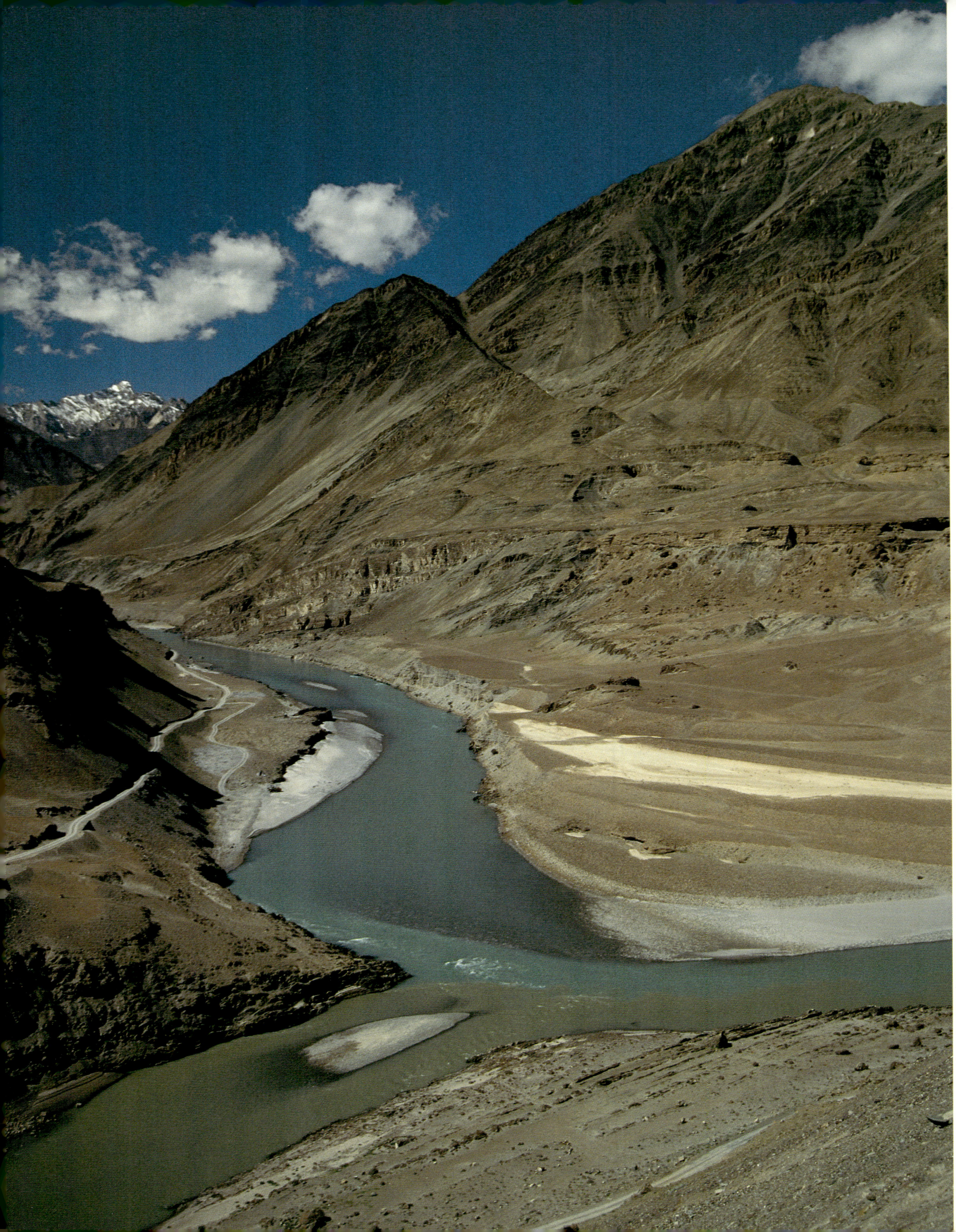

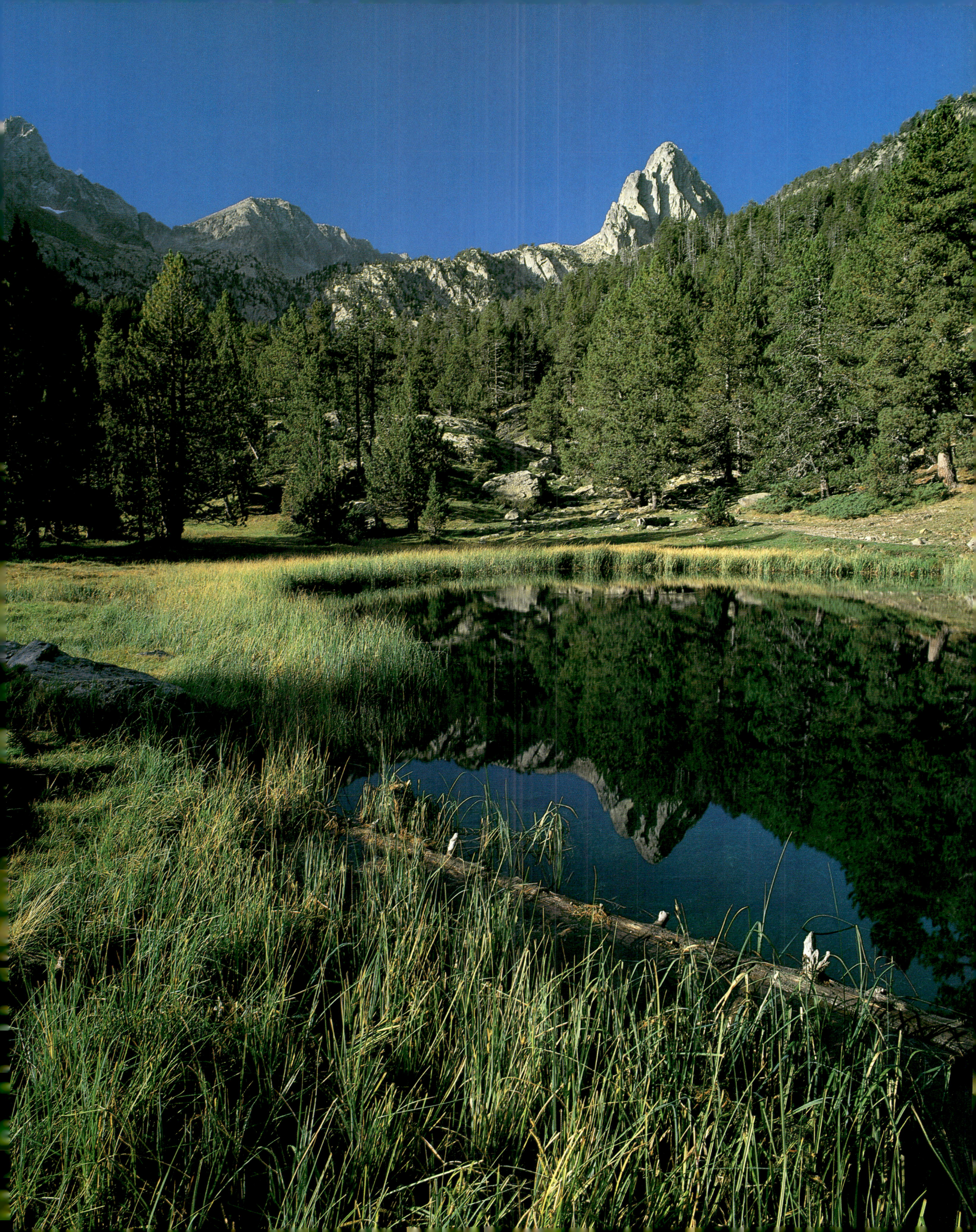

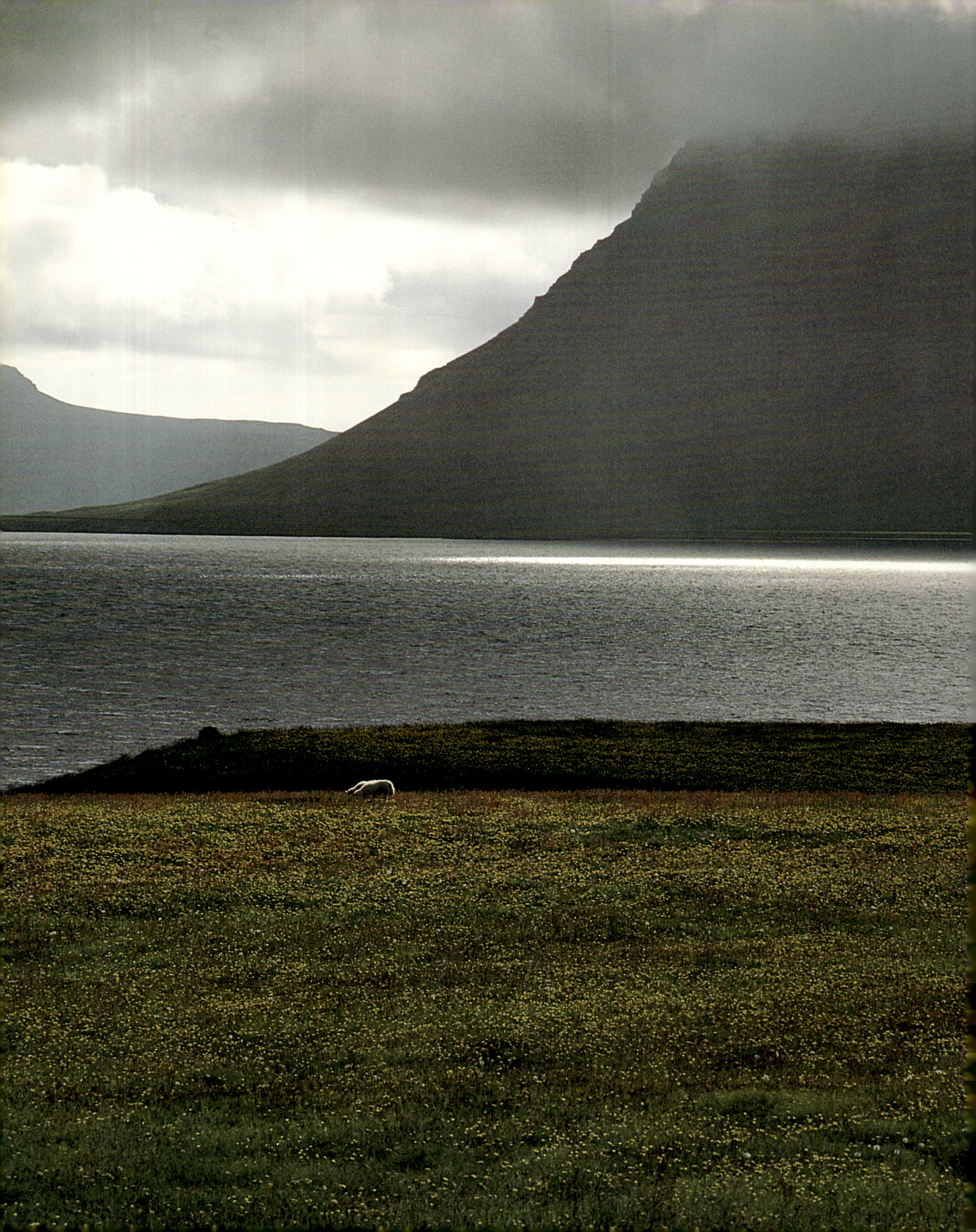

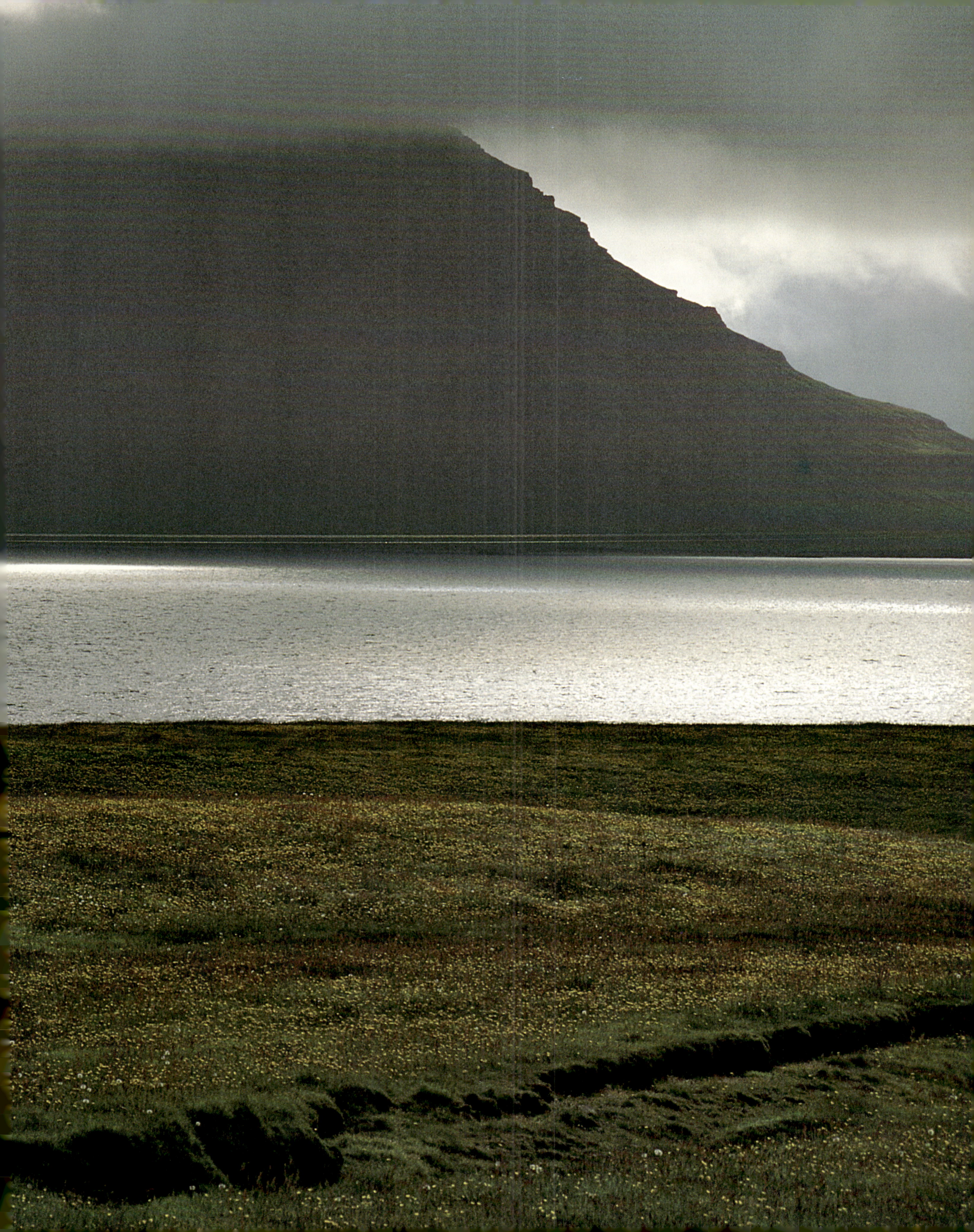

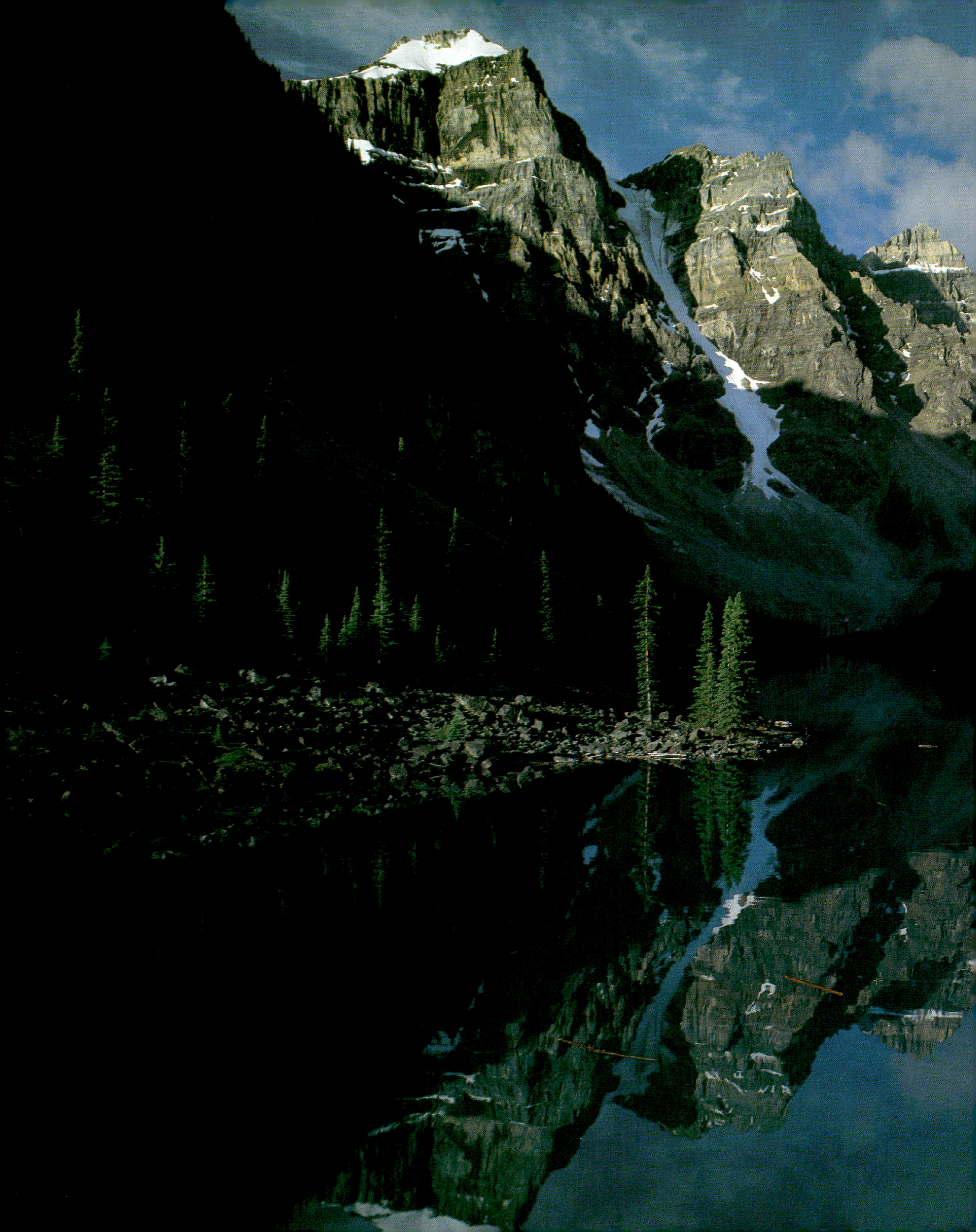

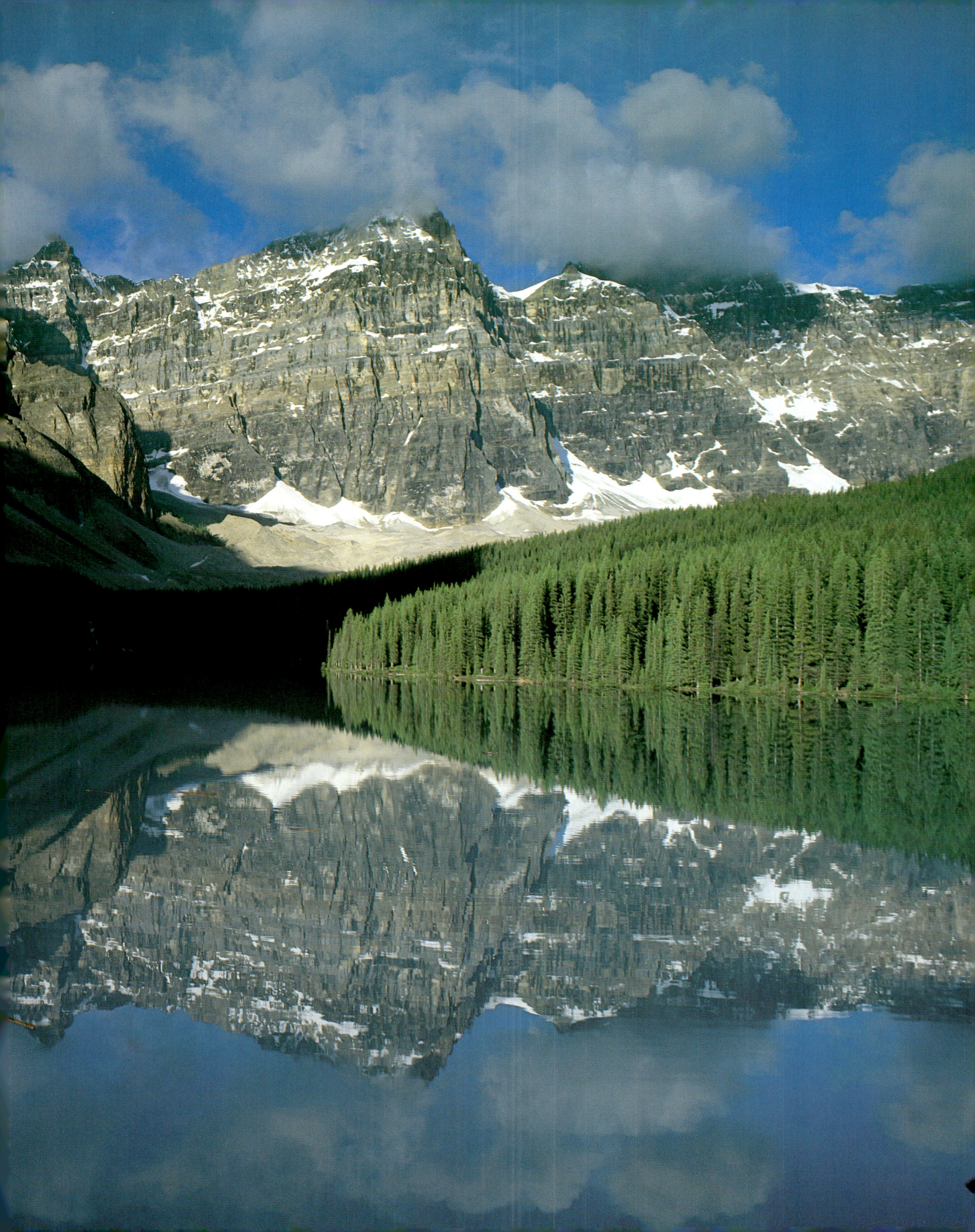

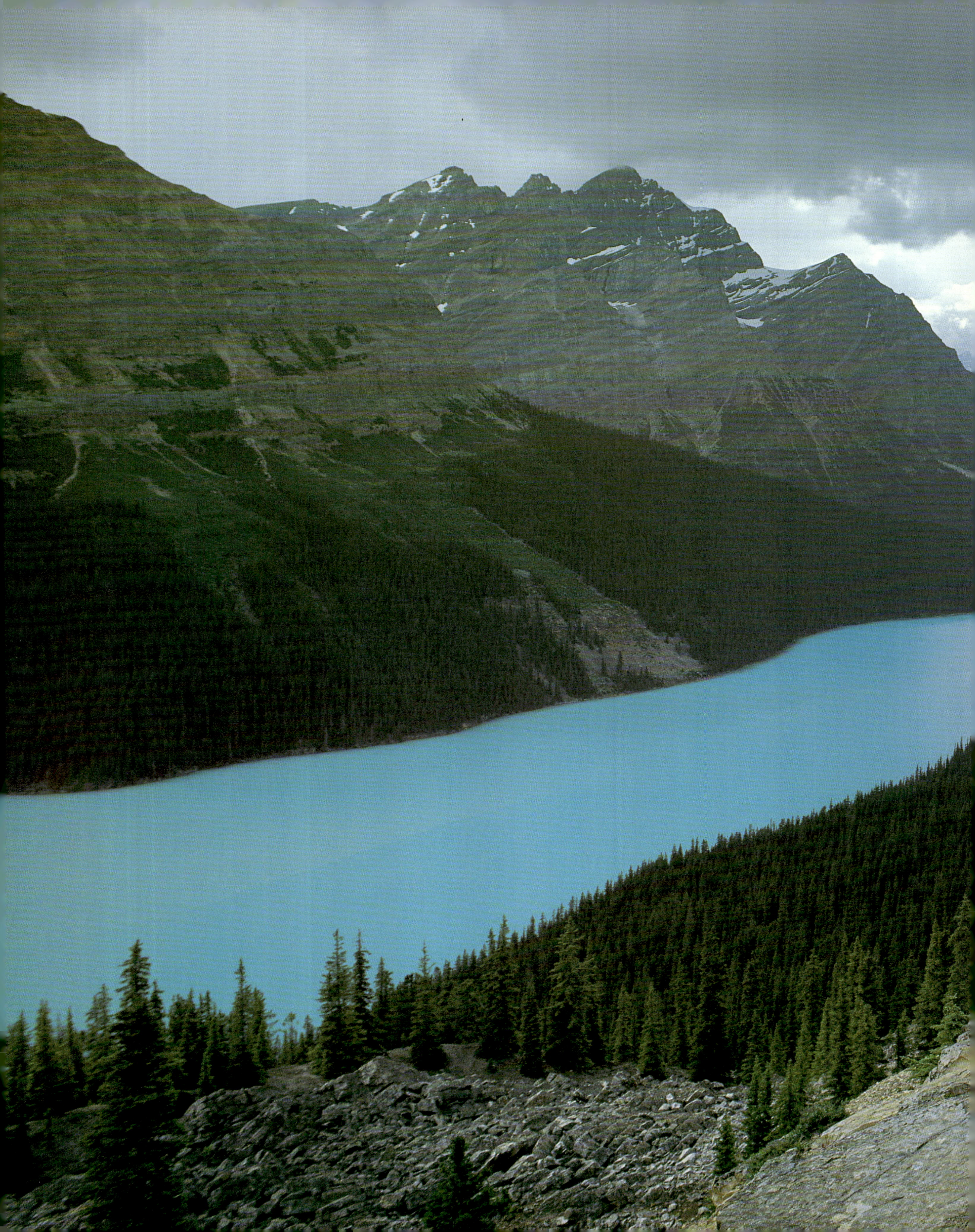

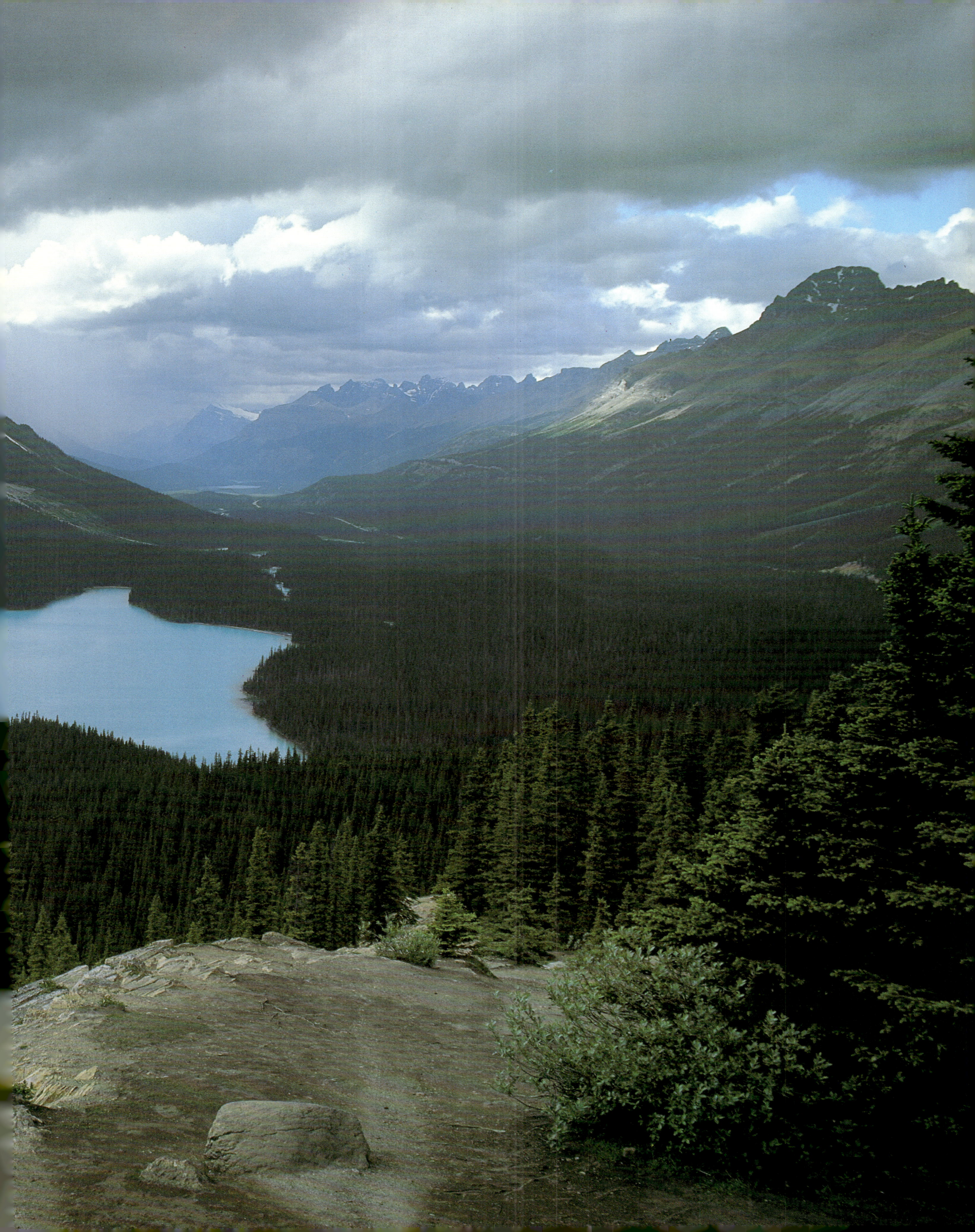

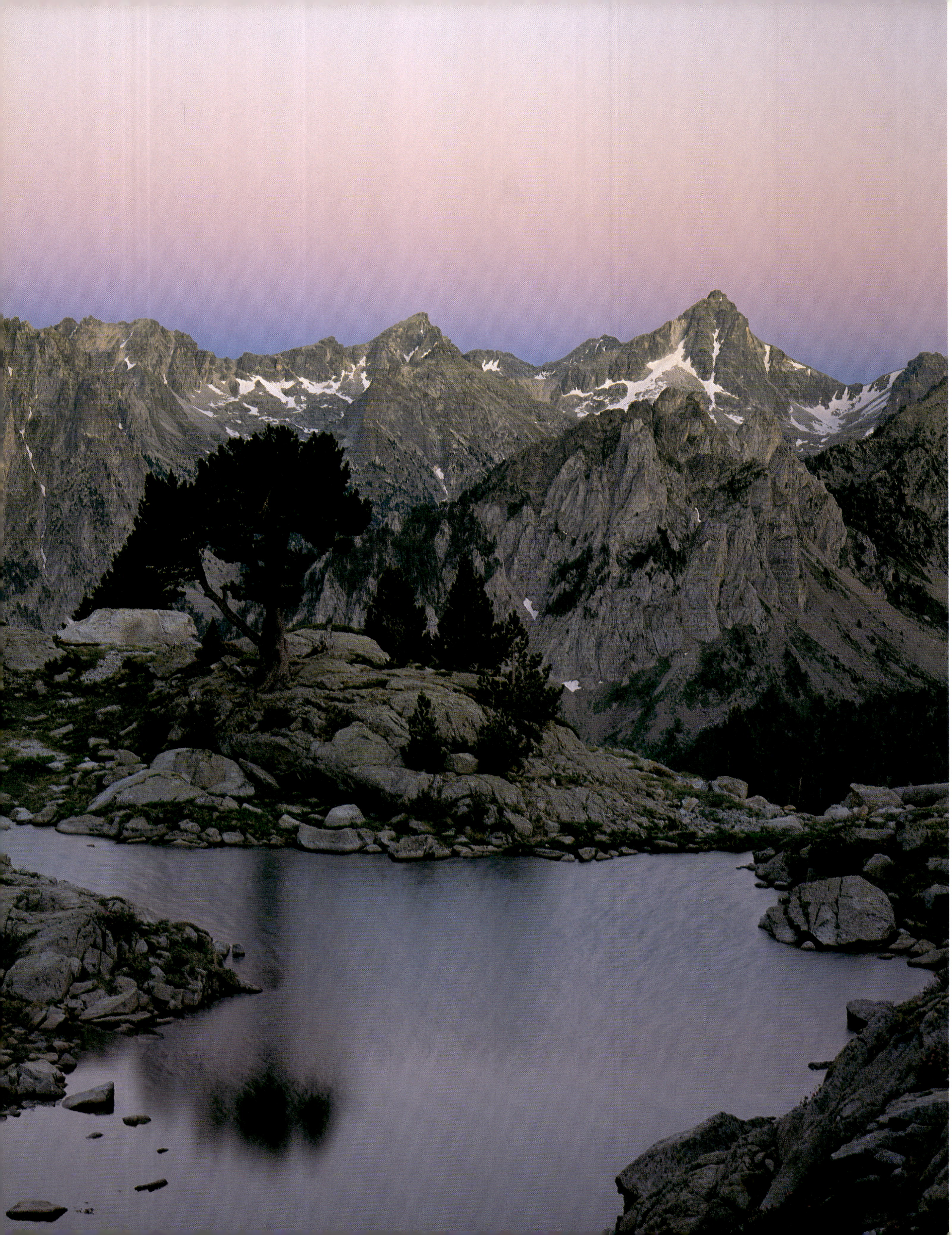

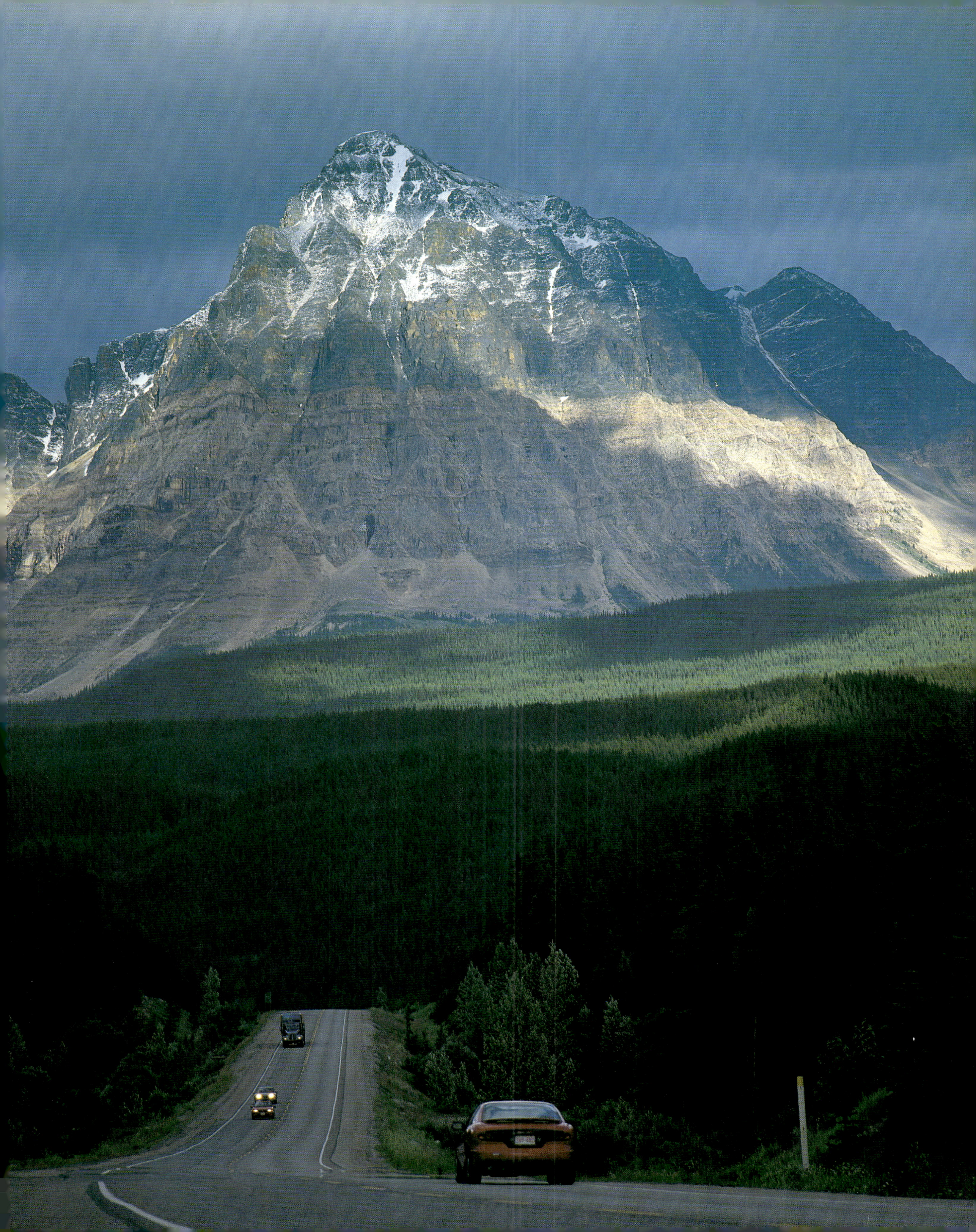

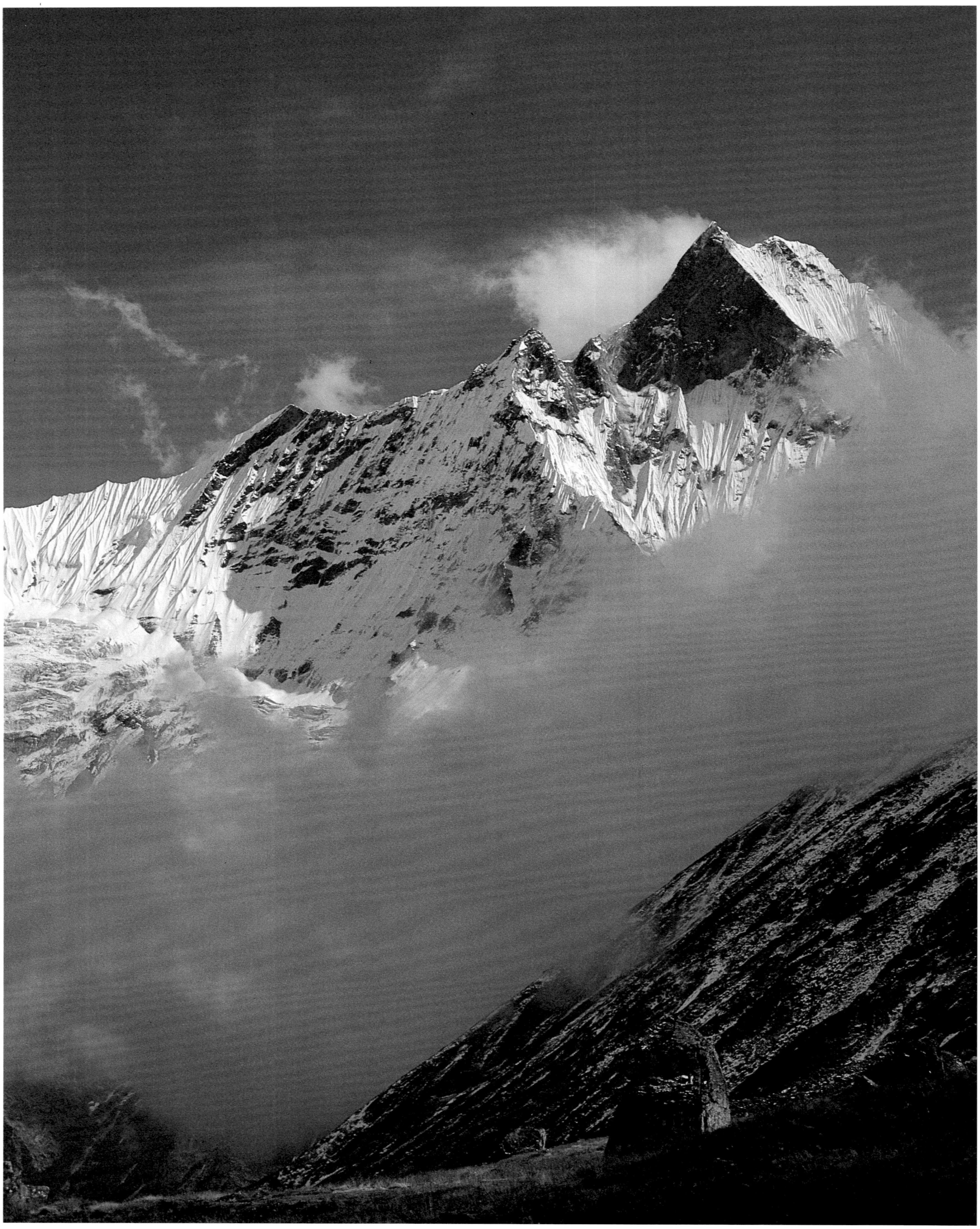

La vie sauvage en haute montagne

Faune et flore d'altitude

Eduardo Viñuales Cobos

Écrivain et journaliste, Eduardo Viñuales Cobos est spécialisé dans les questions de montagnes, d'environnement, et de protection de la nature. Il travaille pour le parc national d'Ordesa et du mont Perdu (Huesca).

Combien de temps pourrions-nous survivre par nos propres moyens au cœur d'un désert aride ? Et au sommet d'une chaîne de montagnes, dans la neige et le froid ? Il m'arrive souvent de penser que les montagnes et les déserts ont, de façon générale, beaucoup de points communs, si on fait abstraction des différences d'altitudes, de températures et de précipitations. Ce sont deux univers extrêmes et inhospitaliers. Mais quand je songe à la présence des espèces vivantes dans ces milieux naturels, je me dis que tous deux, montagne et désert, sont des lieux hostiles, aux paysages ouverts et dénudés, où seules quelques espèces « élues » peuvent jouir du luxe d'établir leur habitat et leur demeure.

Oui, les grandes montagnes de la planète offrent des paysages attirants et extraordinaires, mais ce sont aussi des endroits dangereux pour nous les hommes et pour la plupart des formes de vie qui peuplent la planète. Les montagnards et les chercheurs d'aventures savent bien qu'atteindre les plus hautes altitudes implique de multiples périls inhérents à la nature du lieu : un relief accidenté, de vastes étendues neigeuses ou glacées, la prédominance des basses températures, des vents violents, etc. Quand l'homme accède à une cime il n'y demeure que quelques instants, puis il s'empresse de redescendre à son point de départ pour ne pas risquer sa vie.

Le Machapuchare est l'une des montagnes les plus sacrées du Népal. Son ascension est interdite, car les Népalais pensent que fouler sa cime serait une profanation.

L'homme, un être vivant de passage dans les hautes altitudes

Il est difficile de rester longtemps à haute altitude, lorsque la température descend au-dessous de zéro. Comme être vivant, l'homme a installé ses foyers et les villages où il demeure de façon permanente sur les versants et dans les vallées des montagnes, sans jamais dépasser certaines hauteurs. Selon le propos du fameux alpiniste italien Reinhold Messner, « l'homme, comme un être imparfait, fait piètre figure dans la haute montagne, à tout le moins rien ne justifie qu'il y demeure ». La faculté d'adaptation du corps humain au froid nous permet de supporter temporairement des températures extrêmes, grâce à des mécanismes de défense qui évitent que nos organes vitaux cessent de fonctionner. Notre corps est conçu pour se maintenir à une température constante de 36 à 37 degrés, ce qui nous porte à réagir automatiquement dès que se manifeste un brusque changement de la température environnante. Si celle-ci descend, l'organisme met en œuvre des mécanismes d'accélération métabolique, qui exigent un apport d'énergie qu'on obtient soit en mangeant soit en faisant des exercices physiques. Ce que nous appelons « grelotter » n'est pas autre chose qu'une réaction du corps afin d'augmenter son métabolisme par le moyen de contractions musculaires involontaires.

L'homme dispose d'autres mécanismes de défense : la vasoconstriction ou « chair de poule », l'accélération du rythme cardiaque pour produire de la chaleur et la sélection de catécholamines (adrénaline et noradrénaline) qui favorisent le déclenchement du métabolisme de base et l'augmentation de l'énergie corporelle. En outre, l'être humain, dans son effort d'adaptation au milieu glacé des montagnes et des pôles, a su modifier sa tenue (en se revêtant de peaux, de laine, de fibres) et se construire des maisons bien isolées avec les matériaux que lui offre l'environnement (par exemple de solides murs de pierre ou le semi-sphérique igloo de glace). Il s'agit de défenses réduites qui, de toutes façons, ne nous permettent pas de survivre longtemps dans ces lieux.

Mais tout cela n'est pas nouveau. La nature avait imaginé avant l'homme ces stratégies destinées à vaincre les obstacles du froid et de la haute montagne, et l'homme est intelligent et observateur. Les igloos furent inventés par les perdrix des neiges, et le vêtement d'hiver pour la montagne fut utilisé avant l'homme par les chamois et certaines plantes recouvertes de poils. Si nous observons la faune et la flore alpine, nous y trouverons toujours des mécanismes identiques chez les espèces qui, à la différence de l'homme, vivent en altitude de façon permanente. Cette remarquable adaptation aux rigueurs de la haute montagne constitue le secret de ces plantes et de ces animaux.

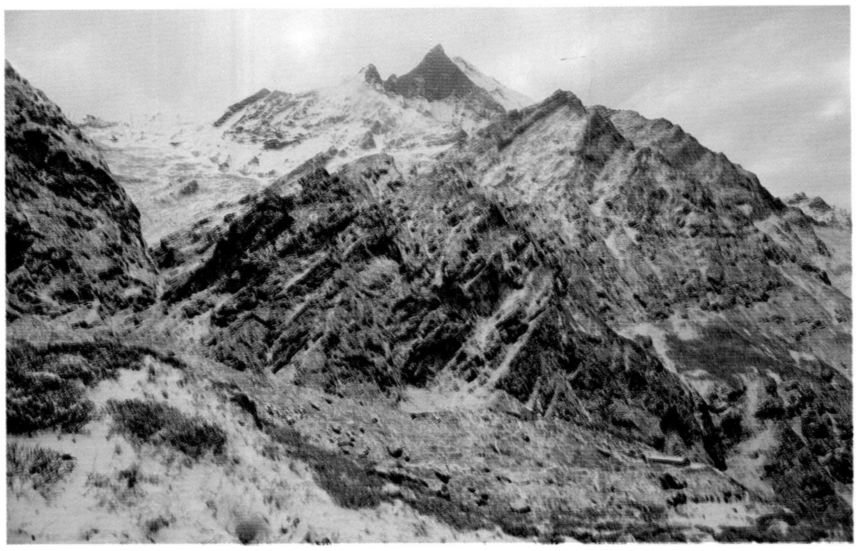

Mauvais temps dans la zone de l'Annapurna, dans l'Himalaya, au Népal. Au fond, s'élève le Machapuchare.

Vivre sans souffrir dans le froid

Nous venons de le constater, il existe des espèces d'animaux et de plantes qui ont su, à la différence de l'homme, s'adapter au climat et aux conditions rigoureuses qui règnent dans les hautes montagnes et dans les déserts du monde.

La haute montagne est une sorte de désert froid. On n'y trouve pas d'arbres, le vent y souffle avec violence, les températures y sont extrêmes, et l'absence de signes de vie nous incite à abandonner pareil endroit, à « déserter » (à échapper à ce « désert »). Si on enregistre dans le désert les plus hauts degrés de chaleur et de sécheresse, dans la haute montagne, au contraire, nous trouvons les plus basses températures et de notables précipitations sous forme de neige. On calcule qu'à chaque fois qu'on s'élève de 100 mètres sur un versant de montagne la température diminue d'environ 0,6 °C, cependant que les précipitations se font plus abondantes. Ces données indicatrices ont été relevées dans les montagnes des zones tempérées de la planète, mais elles varient d'une chaîne montagneuse à l'autre, et même sur chaque versant en fonction de son orientation. On sait que dans les Alpes la température annuelle moyenne à 300 mètres au-dessus du niveau de la mer, est de 9 °C, tandis qu'à 3 000 mètres elle se situe déjà aux alentours de – 6 °C. Les données pluviométriques ne sont pas aussi régulières, mais il suffit de savoir que la pluviosité augmente avec l'altitude et qu'à proximité de l'isotherme de 0 °C la pluie passe de l'état liquide à l'état solide (la neige). On a relevé des valeurs identiques en dix-neuf stations météorologiques des Pyrénées situées entre 1 300 et 2 800 mètres. À chaque dénivelé de 100 mètres, la température varie d'une valeur comprise entre 0,54 et 0,56 °C. En ce qui concerne le manteau neigeux des domaines alpin et pyrénéen, le nombre de journées avec précipitations de neige frôle les quatre-vingt-dix, ce qui implique que le sol est couvert de neige cent quatre-vingt-six jours par an. Chaque fois qu'on s'élève de 100 mètres, la neige se maintient sans fondre quelque dix à treize jours de plus.

Pour toutes ces raisons, on considère qu'une ascension en montagne est l'équivalent d'un voyage en latitude de milliers de kilomètres. « Lorsque nous montons de 70 mètres, c'est comme si nous parcourions 110 kilomètres sur une route conduisant de l'Équateur aux pôles », expliquent les scientifiques.

Ce sont là autant de facteurs qui influencent évidemment les cycles végétatifs et les périodes naturelles de la vie des plantes, et qui sont décisifs dans la présence de tel ou tel type de faune ou de flore. Ce ne sont cependant pas les seuls inconvénients que doit surmonter la vie alpine. Dans les montagnes, les changements de temps sont brusques et fréquents. Les différences de température entre le jour et la nuit sont considérables, comme entre l'adret (le versant exposé au sud et au soleil) et l'ubac (le versant exposé au nord, plus à l'ombre). Le rayonnement solaire est violent et bref. L'atmosphère raréfiée en altitude laisse plus facilement passer les rayons solaires. Le poids de la neige nuit à la végétation et empêche les arbres et les arbustes de prendre un port normal et leur impose d'adopter des formes rampantes. Les avalanches anéantissent implacablement toute vie se trouvant sur leur passage. La violence des vents exerce sa force sur les arbres et soumet les autres végétaux à des effets de dessèchement.

De surcroît, les plantes doivent s'enraciner dans des sols pauvres, de faible épaisseur, caillouteux, escarpés, et parfois instables à cause de l'érosion ou du glissement des terrains en pente.

Pourtant la nature, dans sa sagesse, a pris soin de doter quelques espèces de mécanismes tels que la haute montagne est devenue leur habitat favori. Ces espèces élues sont peu nombreuses. Comme nous l'avons vu pour les températures, qui diminuent au fur et à mesure que l'altitude augmente, le même phénomène affecte les espèces biologiques. Dans les Pyrénées, par exemple, on dénombre à 2 300 mètres d'altitude 505 espèces de plantes différentes, mais 1 000 mètres plus haut, à 3 300 mètres, il n'en survit plus que 7. Ce phénomène se lit avec évidence dans ces paysages. Dans les Alpes, dans le massif du Mont-Blanc précisément, on compte 106 espèces florales à 3 000 mètres, 42 espèces à 3 400 mètres, et, entre 4 100 et 4 275 mètres, il n'en subsiste plus que 5. Au sommet, à 4 810 mètres, il n'y a plus le moindre vestige de vie végétale.

Quelques conseils pratiques pour ne pas mourir gelé

La haute montagne, comme tout milieu hostile, s'est montrée peu propice à la vie. Il semble qu'elle n'ait pas voulu lui permettre d'habiter ses cimes ni ses pentes. Et, néanmoins, des fleurs minuscules, de petits insectes ou des oiseaux d'altitude ont su inventer des stratégies multiples et diverses d'adaptation à ce milieu inhospitalier. L'évolution des espèces les a gratifiés de quelques-uns des secrets qu'offre la biologie pour triompher du froid, pour faire de la neige glacée une alliée ou pour s'autopolliniser en cas de nécessité.

Il faut observer la morphologie et la physiologie pour découvrir les secrets de la nature et écouter ses conseils. Antigels, manteaux de fourrure, chaussures adaptées pour l'escalade en terrain rocheux, etc., ont été inventés par elle, et parfois chez les formes de vie les plus minuscules. Les espèces qui résident dans les milieux neigeux sont, en général, des êtres qui, lors des glaciations quaternaires, connurent une extension maximale et qui, après le recul des glaces, se trouvèrent relégués dans les hautes montagnes et les régions arctiques. C'est le cas des lagopèdes des saules et alpin (*Lagopus lagopus* et *L. mutus*) ou d'autres tétraonidés comme les tétras et les faisans asiatiques. L'*Ithaginis cruentus* est propre à l'Himalaya et au Tibet ; il peut séjourner à 5 000 mètres. Le *Tetraogallus caucasicus* et le *T. altai* vivent dans les montagnes du Caucase et de la chaîne de l'Altaï. Tous deux, proches parents des tétraogalles de l'Himalaya, *T. tibetanus* (qui vit entre 3 500 et 5 500 mètres) et *T. himalayensis*, trouvent à se nourrir sur les pentes dénudées, à peine garnies de quelques rares et rachitiques touffes d'herbe ou de mousse.

L'une des stratégies les plus communes à laquelle a recours la vie en haute montagne est celle du « ras de terre ». Beaucoup d'arbustes et de plantes ligneuses adoptent des formes rampantes. Leurs rameaux se cantonnent au plus près du sol, comme on peut l'observer dans les Alpes et les Pyrénées avec le genévrier sabine (*Juniperus sabina*) ou le genévrier nain (*Juniperus communis*, var. *nana*). Dans les Alpes, le pin à crochets (*Pinus montana*) fait la même chose, en renonçant au tronc qui le caractérise sur les basses pentes. Les saules nains (*Salix reticulata* ou *S. retusa*) se développent au ras du sol, rampant et prolongeant leur croissance pendant de longues années, de sorte qu'on se croirait en présence d'un autre arbre. Il est étrange que ces arbustes minuscules parviennent à vivre soixante ans sans dépasser 30 centimètres de hauteur.

Une autre adaptation aux rigueurs des gelées correspond aux formes en coussinets ou en pelotes, dont les tiges se pressent les unes contre les autres. L'un des exemples classiques est offert par le silène acaule (*Silene acaulis*), une plante aux belles fleurs roses qui, sans tiges visibles, pousse d'une touffe ressemblant, vue de loin, à une mousse. Parfois, les tiges sont si serrées les unes contre les autres qu'il est difficile d'introduire la pointe d'un doigt dans le cœur vert de ces coussinets. Grâce à sa morphologie, le silène échappe aux dommages que causeraient le poids de la neige, ou bien la pénétration du vent, la sécheresse et surtout le froid. À l'intérieur du coussin du silène acaule, on enregistre une différence thermique de 10 °C par rapport à la température extérieure. Le cœur abrite de vieilles tiges couvertes de feuilles mortes, un vrai refuge de montagne.

Les botanistes appellent ces plantes qui vivent au ras du sol des plantes naines ; il faut s'en approcher en rampant à plat ventre pour les étudier et les photographier. Leurs noms scientifiques sont des allusions à leurs propriétés : « *acaulis* » veut dire sans tige, « *procumbens* », gisant et « *prostrata* » signifie prostrée. D'autres cas similaires sont ceux de l'androsace de Suisse (*Androsace helvetica*) et de la saxifrage à feuilles opposées (*Saxifraga oppositifolia*). Cette dernière vit sur les plus hauts sommets d'Europe et du Tibet : elle peut atteindre l'altitude de 6 000 mètres. Elle supporte des vents glacés et résiste à des températures extrêmes de – 40 °C. Ses fleurs peuvent s'épanouir sous la neige. Elle peut s'autopolliniser si les insectes se révèlent défaillants. Et ses graines sont si légères, quelque 0,0001 gramme,

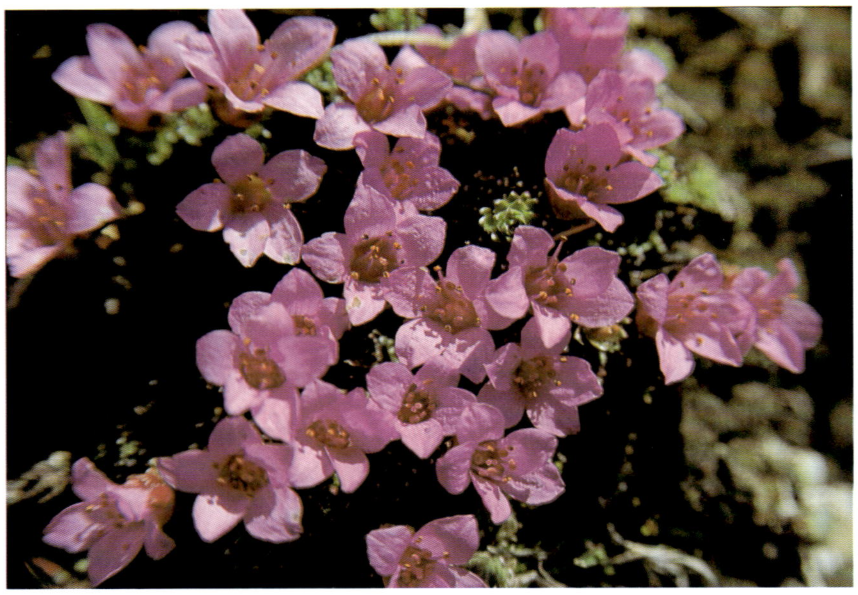

La saxifrage à feuilles opposées (*Saxifraga oppositifolia*) pousse à plus de 3 000 mètres dans les plus hautes montagnes des Pyrénées. Mais on la trouve aussi à 3 800 mètres dans les Alpes, et jusqu'à 6 000 mètres à l'ouest du Tibet.

que le vent peut les transporter au loin. Cette saxifrage rose est un exemple achevé d'adaptation, une combinaison de stratégies mises en œuvre à seule fin de vaincre l'adversité.

Il est probable que, sans le recours à tous ces mécanismes, l'espèce ne se serait pas perpétuée. La montagne est ainsi, implacable avec toute vie qui montre le plus léger signe de faiblesse. Comme chacun sait, il n'y a pas de meilleur remède contre le froid qu'un bon vêtement. C'est ce que sait aussi l'immortelle des neiges, le populaire edelweiss (*Leontopodium alpinum*), une fleur remarquable parce qu'elle est revêtue en toutes ses parties extérieures d'une couche de laine blanche qui n'est autre qu'un ensemble de poils pouvant atteindre 3 millimètres de longueur. Ce duvet, de plus, retient facilement la chaleur accumulée pendant la journée et permet d'affronter plus confortablement le froid de la nuit. Les 40 espèces de *Leontopodium* qui poussent en Asie centrale et en Chine sont dotées des mêmes ressources.

Avez-vous jamais vu un oiseau en chaussettes ? Eh bien, le lagopède alpin ou perdrix des neiges (*Lagopus mutus*) est la seule espèce dont les pattes sont couvertes de plumes. Dans les montagnes d'Islande, une légende spécule sur ses origines. Il s'agit simplement d'une adaptation au froid pour que l'oiseau puisse marcher et passer la majeure partie de sa vie dans la neige. La chaleur que retiennent ses plumes fait penser à certains canards arctiques comme l'eider (*Somateria mollissima*), qui recouvre ses nids et ses œufs des plumes les plus chaudes et les plus fines de la gorge de la femelle, ce même duvet qu'on utilise pour la garniture des sacs de couchage des alpinistes.

Les mammifères, eux aussi, s'emmitouflent consciencieusement. Dans les Pyrénées et les Picos de Europa, les isards (*Rupicapra pyrenaica*), dans les Alpes, les chamois (*Rupicapra rupicapra*) et les bouquetins (*Capra ibex*), en Asie centrale, l'argali (*Ovis ammon*), dans l'Himalaya, le yak sauvage (*Bos mutus*), au Canada, le mouflon américain (*Ovis canadensis*), en Amérique du Sud, la vigogne (*Lama vicugna*) et le guanaco (*L. guanicoe*) disposent de denses pelages spéciaux. Certains d'entre eux sont les êtres les plus velus du monde. Par exemple, quand il fait mauvais temps, la mère yak protège son petit dans l'épaisse toison qui se trouve entre ses pattes. Et il n'y a pas lieu de s'étonner que la laine de la vigogne, qui vit dans les Andes jusqu'à 6 000 mètres d'altitude, soit la plus agréable et la plus chère du monde.

Le léopard ou panthère des neiges (*Uncia uncia*), peut-être le mammifère le plus représentatif des montagnes du monde, est doté d'un épais pelage blanchâtre, orné de taches noires, qui en hiver se transforme en une fourrure drue dont les poils atteignent 6 cm de long. Ce félin vit dans les montagnes les plus élevées d'Asie, l'Himalaya et le Karakorum ; c'est un animal craintif et rare qu'il est difficile d'apercevoir. Considéré comme le roi des hautes altitudes, c'est un prédateur des veaux, des coqs de bruyère, des pies, des marmottes et des troupeaux de moutons.

Contre le froid, antigels et racines profondes

Certains insectes recourent à un mélange antigel contenu dans leurs cellules et qui leur permet de se mouvoir par très grand froid. Les scientifiques attestent que les tardigrades, une espèce d'arthropodes minuscules qui se nourrissent de mousses et de protozoaires, peuvent vivre dans les endroits les plus inhospitaliers du monde (l'Antarctique et la haute montagne) grâce à leur aptitude à supporter l'alternance de gel et dégel, à survivre jusque dans l'air liquide à – 200 °C et à sortir indemnes d'une dessiccation de plusieurs années. Il existe aussi, dotées de parades équivalentes, quelques plantes du genre *Gentiana*, *Stellaria* ou *Poa*, dont les feuilles de taille réduite possèdent un liquide cellulaire dense, riche en sucres, en mucilages et autres substances dont le degré de congélation est très bas, de sorte que les tissus cellulaires sont protégés de l'éclatement même à des températures très inférieures à 0 °C. Les conifères, pour citer un nouvel exemple, utilisent comme isolant la résine, infiltrée entre l'écorce et les vaisseaux conducteurs de sève.

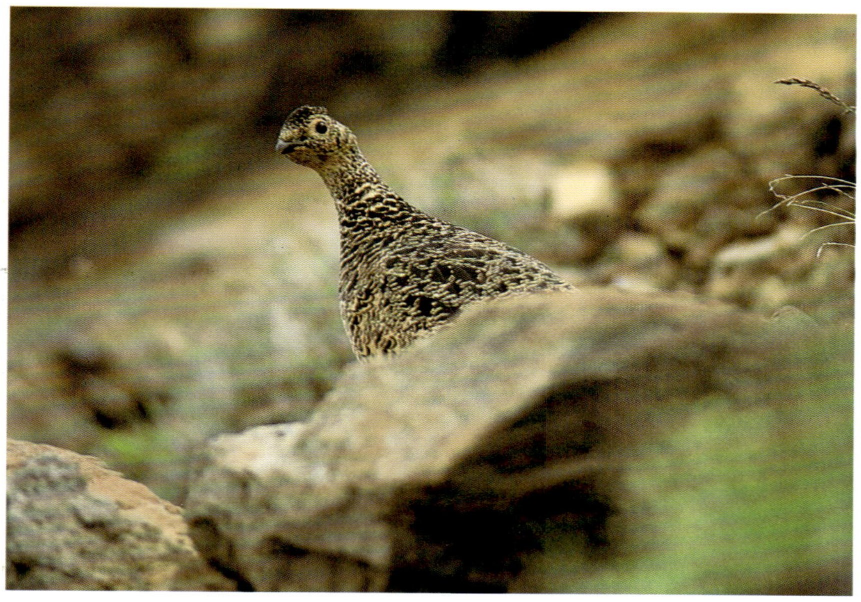

Femelle de lagopède alpin ou perdrix des neiges (*Lagopus mutus*). C'est l'oiseau le mieux adapté au froid des montagnes et au climat boréal du grand nord de l'Europe.

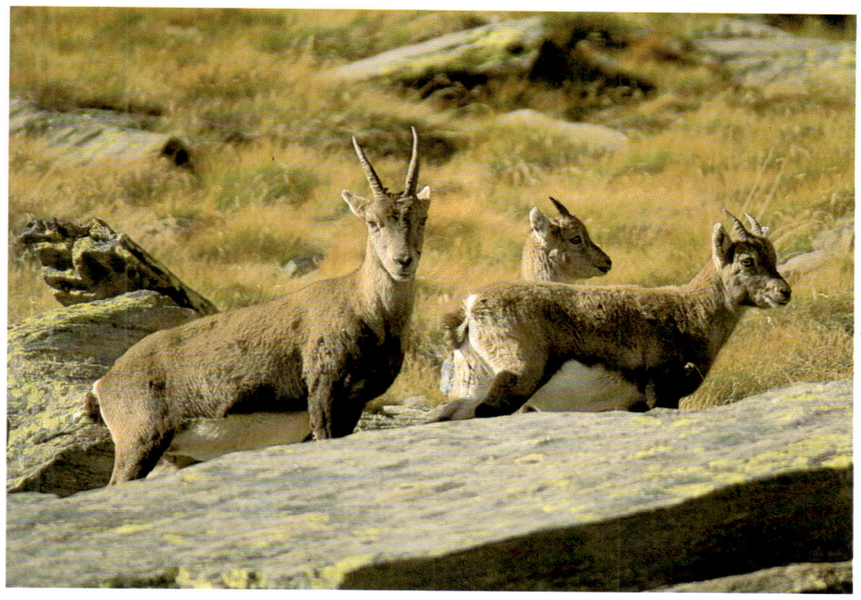

Une femelle de bouquetin des Alpes (*Capra ibex*) accompagnée de deux chevreaux. Parc national du Grand Paradis. Alpes, Italie.

Dans le monde végétal adapté à la haute montagne il existe aussi des végétaux qui n'appartiennent pas aux plantes supérieures. Les fougères ont des spores qui supportent des chaleurs et des froids extrêmes, à condition qu'il ne leur manque pas un facteur indispensable : l'humidité.

Et si nous observons la surface des roches, nous verrons que s'y logent les lichens, ces êtres vivants dotés d'une double nature, formés par la symbiose d'un champignon et d'une algue. Les lichens peuvent vivre à des températures atteignant – 196 °C, comme l'ont démontré des expériences de laboratoire. Sur les granits et les gneiss loge fréquemment le lichen géographique (*Rhizocarpon geographicum*), de couleur jaune verdâtre. Comme tous ceux de son genre, il croît très lentement, d'environ 0,5 millimètre par an, de manière radiale. Il n'est donc pas étonnant que ces formes de vie, dont le développement apparent est si parcimonieux, dépassent facilement l'âge, chez les hommes, d'un vieillard. Les mousses et les algues sont d'un héroïsme comparable. Les algues peuvent vivre directement sur la neige ; c'est pourquoi les glaciers ou les névés acquièrent une couleur rosée, provoquée par la présence d'espèces non décelables à première vue comme le *Haemotococus nivalis* et la *Chlamydomas nivalis*, dont la cellule contient en proportion élevée un pigment rouge, l'hématochrome, qui teinte de douces couleurs chaudes les étendues neigeuses. Ces algues vivent à des températures qui oscillent entre 0 et 0,2 °C, et cela leur suffit.

Parfois le secret de l'adaptation au froid réside, caché, dans la racine des plantes. Contre mauvaise fortune bon cœur, dit-on. Contre mauvaise terre longue racine, disent ces organismes. Et si nous regardions au-dessous de quelques plantes minuscules, qui semblent atteindre à grand-peine quelques centimètres, nous découvririons qu'elles disposent d'un réseau de racines couvrant plus d'un mètre carré, qui leur permet, dans des sols pierreux et arides, de récupérer eau et substances minérales sur un large rayon. Par ailleurs, dans les gravières, les rocailles et autres éboulis, ces profondes racines permettent à leurs propriétaires de s'ancrer dans un sol profond et stable, et de résister ainsi à un arrachement mortel.

Ces racines pénétrantes permettent de surcroît de compenser, du même coup, les terribles évaporations que doivent supporter ces espèces. C'est là une défense qu'on peut obtenir aussi par d'autres moyens, grâce à des feuilles rigides et coriaces, grasses et succulentes comme celles des orpins (*Sedum*). Il est connu que la plupart des plantes de montagne supportent sans problème une réduction de 40 à 50 % de l'eau dans leurs tissus.

Il y a aussi des plantes qui préfèrent vivre dans des fissures ou des surplombs, suspendues à une paroi verticale et défiant le vide. Elles savent qu'elles y sont en sécurité, à l'abri des prédateurs. C'est le cas de *Petrocoptis* ou de la belle couronne royale des Pyrénées (*Saxifraga longifolia*), dont les inflorescences blanches pendent au mois de juillet dans les canyons ou les gorges calcaires. De fait, *Saxifraga* signifie « celle qui rompt ou brise la roche ». Les fissures de roches et les replats sont des endroits où s'accumulent l'eau de capillarité et les substances nutritives.

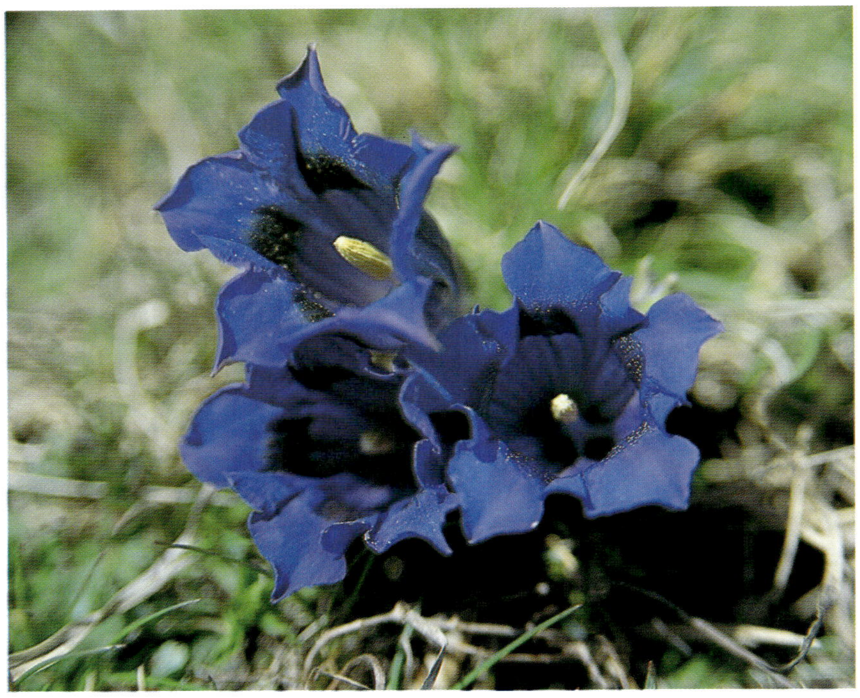

Gentiane de Koch (*Gentiana acaulis*), propre aux montagnes du centre et du sud de l'Europe, et qui croît dans les hauts pâturages de la vallée de l'Ansó. Pyrénées espagnoles.

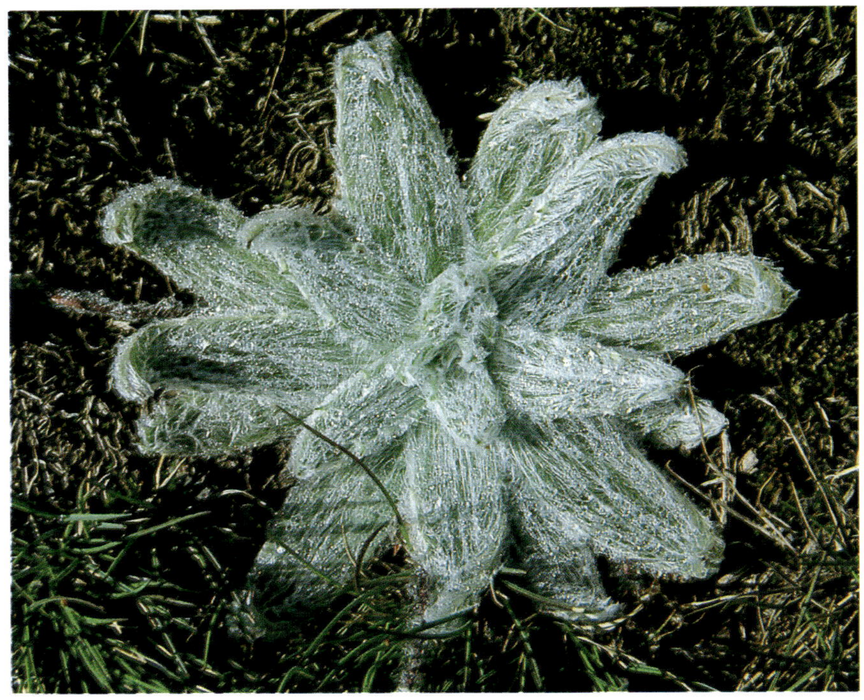

Recouverte de duvet, l'étoile des neiges (*Plantago nivalis*) est l'une des plantes endémiques les plus représentatives du parc national de la sierra Nevada. Andalousie, Espagne.

Ces milieux escarpés ne sont pas le domaine de ces seules plantes suspendues ou des oiseaux qui fréquentent les hauteurs, comme le condor des Andes (*Vultur gryphus*) et les chocards à bec jaune (*Pyrrhocorax graculus*), souvent à tort dénommés choucas. La nature a doté les chèvres sauvages des montagnes, comme le chamois des Alpes (*Rupicapra rupicapra*) et l'isard des Pyrénées (*Rupicapra pyrenaica*), de sabots spéciaux, avec une enveloppe de corne dure et une semelle élastique et flexible, qui forment un pied doté d'un talon semi-rigide.

Un été tardif : à vos marques, prêts... partez !

Les plantes montagnardes doivent en général affronter une véritable épreuve contre la montre pour germer, croître, fleurir, fructifier et répandre leurs graines. À ces altitudes, l'hiver est fort long et l'été ne dure communément pas plus d'un à trois mois. Le signal de départ est habituellement donné par la fonte des neiges. Jusqu'à ce moment, les espèces botaniques se sont maintenues en repos. Certaines plantes ont un secret : elles gardent leurs feuilles vertes durant tout l'hiver, ce qui constitue un avantage quand elles doivent relancer leur activité. D'autres s'arrangent pour que leurs graines germent dès la fin de l'été, sans attendre que s'installe une nouvelle saison, ou bien elles déclenchent une germination précoce, sous la neige, en anticipant sur la besogne. Lors de la fonte des neiges, toute la montagne reprend vie en même temps. Les fleurs et les insectes de toutes les espèces se manifestent à l'unisson. Certaines plantes sont précoces et promptes à fleurir, comme le perce-neige (*Galanthus nivalis*), la soldanelle (*Soldanella*) ou le narcisse (*Narcissus*), qui parviennent à développer leurs bourgeons et à fleurir sous la neige. Leur grande résistance au froid les autorise à profiter de ce moment encore précoce pour intensifier leur pollinisation, assurées que les rares insectes qui volent à cette époque-là vont leur consacrer une attention exclusive.

Plus on prend de la hauteur, plus s'abrège le temps de la lutte contre la montre pour la perpétuation des espèces. Dans les Pyrénées, par exemple, les plantes situées à 2 300 mètres disposent d'une période végétative de quatre-vingt-huit jours, c'est-à-dire quelque trois mois. À 2 800 mètres, l'espace de temps se réduit à trente et un jours, soit un mois seulement. Et à 3 000 mètres, théoriquement, elles ne disposent plus que de huit journées propices. Mais il ne s'agit là que de théorie, et les plantes gagnent du temps en poussant sous la neige, pour devancer les saisons en s'activant à des températures très basses si elles veulent vivre, fleurir, produire des semences et proliférer. Certes, ces plantes des plus hautes altitudes ne jouissent que d'un bref et rapide cycle vital, consommé à une allure vertigineuse si nous le comparons à celui des espèces vivantes qui habitent en plaine, où le processus est lent et s'étend de mars à octobre.

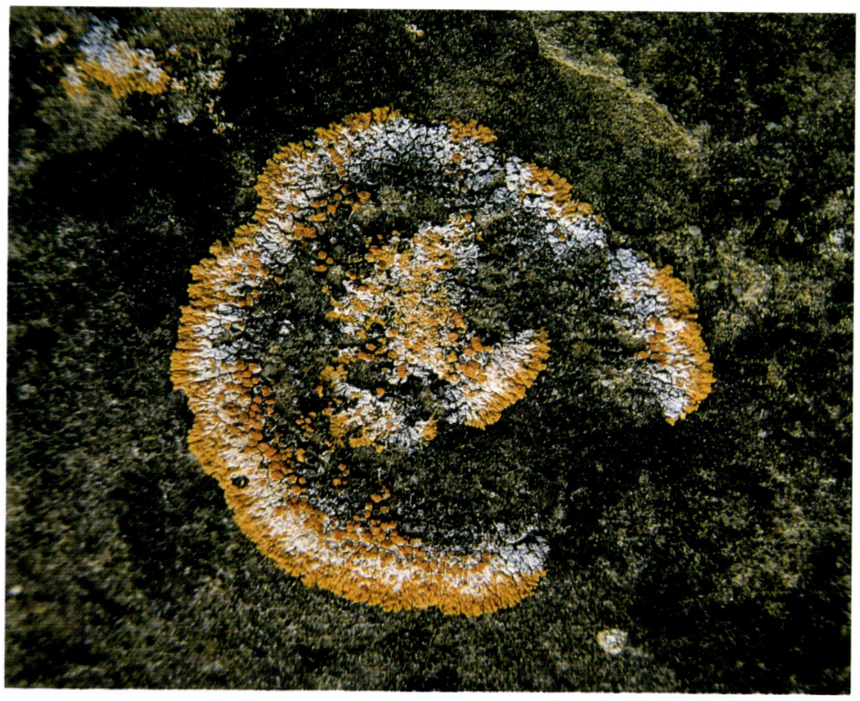

Les lichens représentent l'une des formes de vie les plus adaptées aux rigueurs du sol et du climat de la haute montagne.

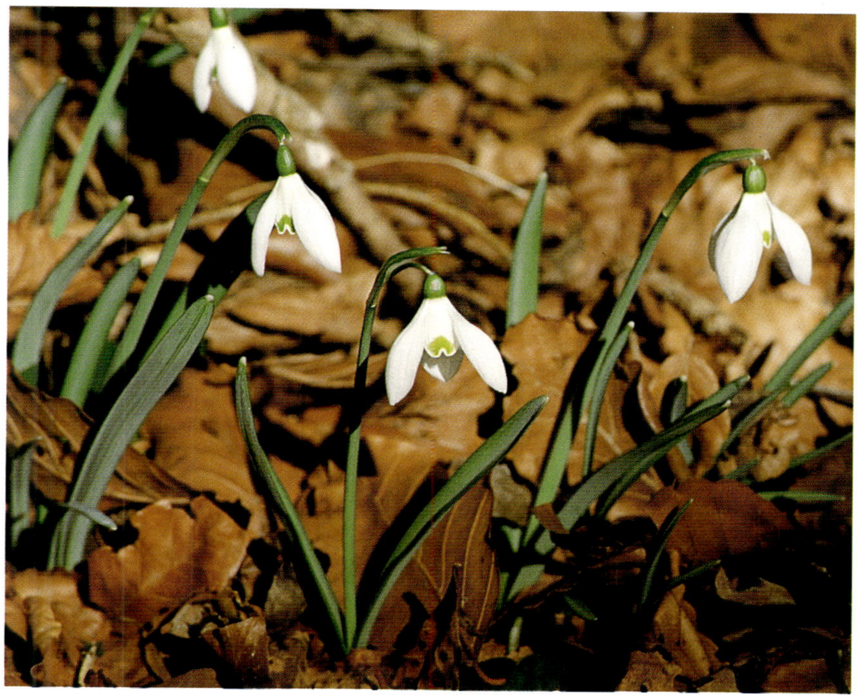

Le perce-neige (*Galanthus nivalis*) est l'une de ces fleurs qui s'épanouissent en janvier ou février dans les forêts de montagne du centre de l'Europe.

Le cycle s'accomplit avant l'arrivée du froid. Pourtant il y a aussi, dans les pâturages de montagne, des plantes qui retardent leur floraison et attendent que vienne un coup de froid, comme les colchiques (*Merendera montana*) qui sortent de leur léthargie quand arrivent les premières journées fraîches d'automne.

La brièveté de la période de beau temps est aussi un inconvénient pour la reproduction des oiseaux. Et spécialement pour des espèces de taille et d'envergure imposantes comme les aigles, les vautours et les gypaètes, qui requièrent une période de nidification prolongée. C'est ainsi que la femelle du gypaète barbu (*Gypaetus barbatus*) reste quelque 55 jours sur son nid, prodiguant sa chaleur à ses œufs. C'est le temps d'incubation le plus important de toute l'avifaune européenne. Il faut ajouter à cela quelque 110 jours pour qu'un unique petit atteigne l'âge adulte. Cette longue période oblige ce rapace à commencer le temps de la couvaison dès les derniers jours de décembre ou de janvier, et il n'est pas rare que l'adulte qui se trouve dans un nid non protégé – sans couverture ou sans toit, dans l'anfractuosité où il demeure – soit directement exposé aux rafales de neige hivernale. La reproduction durant l'hiver du bec-croisé des sapins (*Loxia curvirostra*), un oiseau de 17 centimètres qui vit dans les bois de conifères, répond à des nécessités alimentaires, parce que c'est au cours des mois de plus grand froid qu'abondent les pignons qui composent la majeure partie de son alimentation.

Couleurs vives, parfums agréables

Les plantes, durant leur floraison, doivent faire le meilleur usage de leur temps et de leurs forces. La discrétion n'a rien de productif dans un monde hostile. Elles doivent retenir au maximum l'attention des rares insectes qui volent en haute montagne pour favoriser leur pollinisation. La stratégie la plus répandue se fonde sur la couleur ; plus elle est vive et brillante, mieux cela vaut. Rhododendrons roses, gentianes bleues, renoncules blanches, boutons d'or jaunes, linaires violettes emplissent de beauté et d'intenses colorations les vertes pâtures et les sombres pierrailles des hautes cimes. Le secret de tant de couleur réside dans l'anthocyan, une sorte de pigment que les plantes alpines possèdent en plus grande quantité que les autres, et que favorise l'action intense des rayons ultraviolets en ces zones élevées. Plus il y aura de couleur réunie dans le plus dense bouquet, plus la fleur attirera l'attention. Et si, pour comble, le bouquet est parfumé, il attirera plus irrésistiblement encore les mouches, les bourdons et les autres insectes chargés de la pollinisation.

Certaines espèces botaniques ont évolué vers des formes plus complexes et plus sophistiquées. Celles des genres *Alchemilla* ou *Potentilla* sont capables de s'autopolliniser. D'autres ont opté pour la reproduction végétative, dans laquelle les tiges aériennes ou souterraines qui apparaissent près des bourgeons auxiliaires permettent

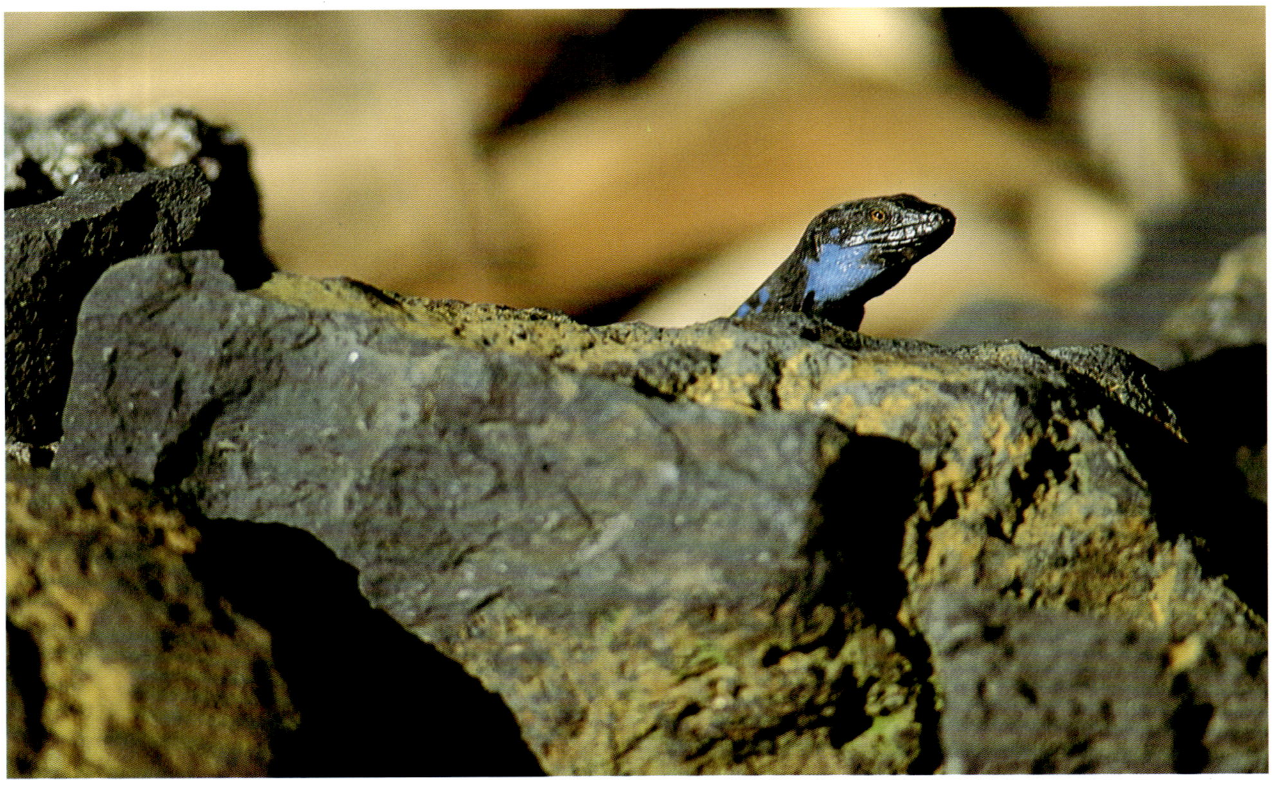

Ce mâle en rut est un lézard tison (*Gallotia galloti*) qui vit sur les coulées de lave dénudées des montagnes des Canaries.

leur multiplication. C'est ce que fait, par exemple, l'épicéa (*Picea abies*) pour réparer ses branches brisées par les coulées de neige ou les avalanches.

Quand arrive l'hiver

Dès que s'installe l'hiver, les dures conditions de la vie en montagne s'aggravent. Les premières chutes de neige surviennent, le soleil est plus timide et éphémère que jamais, on enregistre les plus basses températures de l'année, les insectes dont on pouvait se nourrir ont disparu… et pour résister à la froidure, aucune plante ne saurait déclencher la moindre poussée de sève à l'intérieur des tiges.

La faune prend aussi ses dispositions pour affronter la saison la plus hostile de l'année. C'est à ce moment que le lagopède alpin descend des sommets neigeux vers les zones subalpines situées au-dessus de 2 200 mètres. Après le temps du rut, à partir de novembre, chamois et isards reviennent à la lisière des bois, sur les versants moins exposés et moins enneigés, à la recherche de nourriture. Ils rejoignent même le niveau qu'occupent les chevreuils et le bétail, mais ils occupent de préférence les escarpements rocheux et les zones les plus accidentées. Les accenteurs alpins, eux aussi, perdent de l'altitude et s'aventurent en petites bandes à la recherche de montagnes un peu moins élevées que celles qui leur servirent de quartiers d'été. Combattre le froid exige une grande dépense d'énergie, et s'il arrive qu'ils soient privés des ressources alimentaires qui leur permettent de conserver leur chaleur, beaucoup d'oiseaux, et spécialement ceux de petite taille, finiront par mourir après avoir consommé toutes les réserves qu'ils avaient emmagasinées.

Les marmottes (*Marmota marmota*) plongent dans un sommeil qui va durer six mois : elles n'en sortent qu'en de rares occasions pour uriner et déféquer. Le corps de ces rongeurs trapus, enroulé sur lui-même, hibernera sous terre depuis la fin d'octobre jusqu'à la mi-avril. La température de leur corps descend de 36 °C, leur température habituelle, à 5 ou 6 °C. Quand arrivent les mois de décembre et de janvier, l'ours brun (*Ursus arctos*), répandu en Amérique du Nord, en Asie et en Europe, rejoint la couche de sa tanière particulière, une cachette bien protégée généralement située dans une grotte, bien qu'elle puisse n'être aussi qu'un trou creusé dans la terre. C'est là que le grand plantigrade se nourrit sans manger, alimenté seulement par les réserves de graisse qu'il a accumulées pendant l'automne grâce aux glands, aux faines et aux autres ressources de la montagne.

Les couleuvres et les lézards de montagne hibernent aussi, assoupis dans leurs terriers. Ce sont des reptiles qui, de même que les amphibiens, dépendent d'une source de chaleur extérieure – le soleil – pour maintenir une température corporelle propice à leur activité quotidienne. Mais il arrive un moment dans l'année où leur capacité thermorégulatrice ne fonctionne plus, et ils doivent alors entrer dans un sommeil ou « diapause » dont la durée dépend de l'espèce, du lieu et de l'altitude.

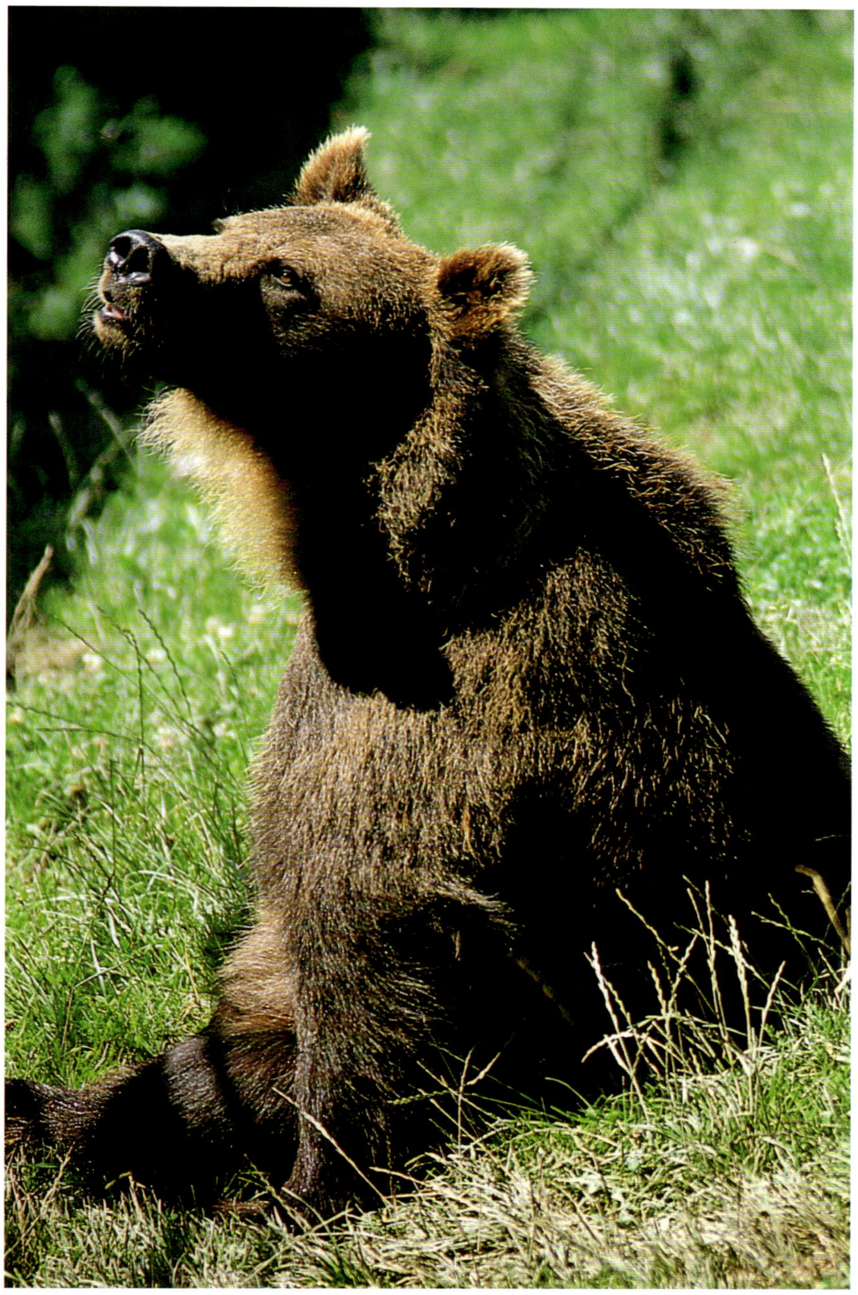

L'ours brun (*Ursus arctos*) s'est réfugié dans les montagnes les plus inaccessibles de l'Eurasie. En France, il survit encore dans les Pyrénées, bien qu'il soit menacé de disparition.

Par exemple, le lézard des souches (*Lacerta agilis*), une espèce paléoarctique qui vit dans l'épaisse végétation des forêts pyrénéennes d'Andorre et de Cerdagne, n'est actif que d'avril-mai à la fin septembre.

Poussés par le froid, d'autres animaux, volants, se déplacent vers des pays ou des continents lointains, effectuant des centaines ou des milliers de kilomètres à la recherche d'un nouvel été. Le sterne arctique est celui qui parcourt la plus grande distance, d'un pôle à l'autre, soit quelque 17 000 kilomètres dans les plumes à chaque voyage, quand il se rend, à l'arrivée de l'hiver, de l'Arctique à l'Antarctique. Dans les Alpes et les Pyrénées, on trouve des oiseaux migrateurs comme le vautour percnoptère (*Neophron percnopterus*), le monticole de roche (*Monticola saxatilis*), la pie-grièche écorcheur (*Lanius collurio*), le merle à plastron (*Turdus torquatus*) ou le traquet motteux (*Œnanthe oenanthe*), qui nous abandonnent pendant l'hiver.

Les truites (*Salmo trutta*) et d'autres salmonidés qui vivent en eau froide dans des lacs de montagne d'une certaine profondeur ne risquent pas d'être gelés, bien que les torrents, les cuvettes, les marmites et les lacs d'origine glaciaire demeurent pendant plus de la moitié de l'année couverts d'une épaisse et solide couche de glace qui ne fond pas avant le printemps bien avancé. Au-dessous de la surface dure et gelée, la température se maintient mystérieusement autour de 4 °C. La truite commune est l'un des rares poissons d'Europe habitant ces eaux, où elle se nourrit de petites larves de trichoptères et de plécoptères, adaptés eux aussi au froid et à l'altitude.

La neige peut aussi être une amie

La présence de neige persistante sur les cimes et les versants les plus élevés est un facteur décisif dans l'existence de la faune et de la flore. Sa simple présence implique une réduction de la période végétative des plantes, laquelle entraîne une privation de nourriture pour les herbivores. Elle maintient aussi une basse température ambiante ; elle est à l'origine des avalanches destructrices qui ravagent les pentes et les versants sur lesquels s'accumulent d'importantes épaisseurs de neige. Les naturalistes affirment que la neige est l'un des phénomènes atmosphériques qui ont le plus d'influence sur les cycles naturels de la vie dans les montagnes.

Cependant, la vie dans la montagne a su en tirer profit. Pour beaucoup de plantes alpines, le fait de pousser sous la neige représente une protection contre le vent glacial qui fait un tort considérable aux pousses et aux bourgeons, dont les parties les plus sensibles subissent une dessiccation par évaporation. Sous la neige, la température est sensiblement plus élevée qu'à l'extérieur ou à découvert, et les sols recouverts sont beaucoup moins exposés au risque de gel ; l'heureux développement des plantes est favorisé par cette bienveillance climatique. Si en dehors de cette couverture l'atmosphère accuse une température de – 15 °C, sous la neige le sol se maintient à quelques dixièmes de degrés au-dessus de 0 °C, et à soixante centimètres de profondeur la température peut atteindre les 6 °C.

Les plantes qui ont une prédilection pour la neige sont appelées « chionophiles ». Parmi elles, on classe celles qui appartiennent aux genres *Soldanella*, *Saxifraga*, *Galanthus*, *Bulbocodium*, *Crocus* et *Primula*.

Dans un igloo, petite hutte construite en blocs de glace, la température intérieure est sensiblement plus élevée qu'au dehors. C'est un fait que les lagopèdes, ces perdrix des montagnes et des régions arctiques, connaissaient déjà bien avant les Esquimaux. Ces oiseaux, lors des bourrasques, creusent un trou dans la neige où ils se réfugient et se reposent, en gonflant leurs plumes pour conforter la chaleur de leur corps, de sorte qu'ils peuvent, la tempête passée, s'aventurer à nouveau dans le monde extérieur.

Une épaisseur de quelque 40 centimètres de neige laisse passer une lumière naturelle suffisante pour que les plantes réalisent la photosynthèse et puissent croître normalement. Si, en revanche, la masse de neige accumulée est très épaisse, il en résulte une forte humidité et un grand poids qui sont préjudiciables à la vie alpine.

Quelques records des habitants des grandes hauteurs

Comme nous l'avons vu, la faune et la flore n'ignorent pas que la vie est difficile dans les plus grandes hauteurs. Résumons : absence de sol fertile, grand froid qui réduit les périodes végétatives des plantes, forte insolation, avalanches de neige, etc. Cependant, parmi les espèces sylvestres, certaines ont réussi à s'installer dans ces hauteurs, dans le froid et la neige, harcelées par le vent et gênées par le rayonnement du soleil. Cela n'a pas été une décision brutale. La nature a pris son temps, comme toujours. Il a fallu des milliers ou des millions d'années, des alternances de glaciations et de climats plus chauds pour arriver à la situation actuelle.

Quelques espèces de plantes et d'animaux sont fameuses, en raison de leur complexe et curieuse adaptation à un monde hostile, mais aussi parce qu'elles détiennent les records d'altitude. Comme cela se passe avec les alpinistes et les montagnards qui ont atteint la cime de l'Everest, qui ont escaladé l'arête la plus aérienne, ou qui ont triomphé des quatorze plus hauts sommets de la planète.

Dans le domaine de la vie sauvage, le record appartient à quelques champignons qu'on a pu observer entre 8 400 et 7 600 mètres dans le massif de l'Everest. Quelques mousses et lichens suivent juste derrière, entre 6 600 et 6 300 mètres au-dessus du niveau de la mer. La plus alpine des plantes connues est une crucifère, la *Christolea himalayensis*, que l'on trouve dans le massif du Kamet (Himalaya du Garhwal, Inde) à 6 300 mètres. Tout près de cette altitude, pour ce qui concerne le monde animal, on a recensé des acariens dans les Andes du Pérou.

Quant aux mammifères, il suffit d'indiquer qu'à 6 000 mètres on peut rencontrer dans les Andes des rongeurs comme le chinchilla (*Chinchilla chinchilla*), et au Tibet des gazelles (*Procapra picticaudata*) ou des yaks (*Bos mutus*).

Quelques papillons apollon, du genre *Parnassius*, atteignent dans l'Himalaya des hauteurs supérieures à 5 000 mètres. Le *Parnassius acco* a pu être observé à 5 800 mètres, par exemple. Un autre lépidoptère, l'abondante petite tortue (*Aglais urticae*), aurait été découvert à l'altitude record de 6 600 mètres dans l'Himalaya, mais l'absence de nourriture pour ses chenilles a laissé croire, non sans raison, qu'il s'agissait d'une erreur. Cette petite tortue peut, de façon plausible, n'être que l'un de ces nombreux et légers voyageurs transportés malgré eux par les courants d'air chaud qui montent des plaines ou des hauts plateaux. Les apparitions massives de coccinelles (*Coccinella septempunctata*) et d'autres insectes dans les névés et les glaciers relèveraient du même phénomène. Par ailleurs, ces invertébrés qui finissent par atterrir sur les hauteurs, éblouis par l'éclat de la neige et gelés, serviront de nourriture à des oiseaux tels que l'accenteur alpin (*Prunella collaris*), la niverolle alpine (*Montifringilla nivalis*), le tichodrome échelette (*Tichodroma muraria*) et même la noire araignée des neiges (*Evipella nigerrima*) qui, à 5 500 mètres, se cache dans les fissures de la glace pour guetter ces proies égarées.

Pupilla loessica est un gastéropode, un escargot, qui vit dans le Pamir à 5 000 mètres. Dans l'Himalaya existent deux espèces de lézards du genre *Leiolopisma*, qui grimpent jusqu'à 5 500 mètres. Une salamandre, *Pseudoeurycea gadovii*, a été découverte dans les montagnes du Mexique à l'altitude de 4 570 mètres.

Des îlots de biodiversité qu'il faut protéger

Toutes les espèces qui vivent en haute montagne représentent des formes de vie qui, pour occuper ces biotopes, ont su s'adapter avec une multitude de stratégies pour atténuer les effets hostiles du relief, de l'altitude, du climat et du sol de la haute montagne. Ce sont là de rudes conditions qui, à peu de différences près, se retrouvent tout au long, tout au large et « tout au haut » de la Terre, depuis les Pyrénées jusqu'à l'Himalaya et depuis les Andes jusqu'à la chaîne des Alpes.

Les montagnes sont considérées comme des « îlots de biodiversité », entourées qu'elles sont par des océans de monocultures et de paysages modifiés et altérés par l'action humaine. À l'inverse de ce qui se passe en altitude, beaucoup d'espèces de plantes et d'animaux ont disparu des ver-

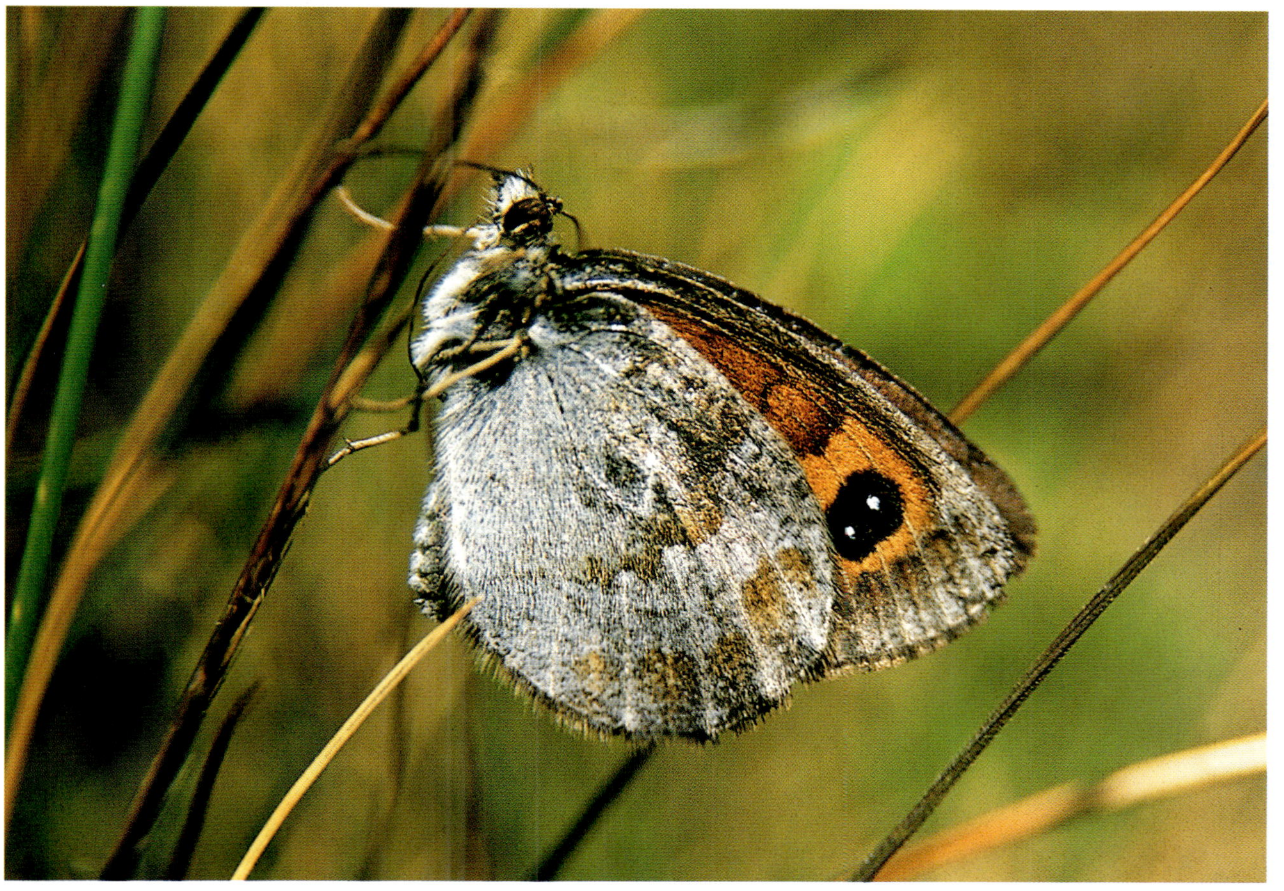

Parmi les lépidoptères des montagnes européennes brille d'un éclat particulier la famille *Erebia*, avec une grande variété d'espèces endémiques dans différentes chaînes ou massifs montagneux.

sants et des zones basses où la présence humaine est beaucoup plus dense.

L'isolement et la relative inaccessibilité des montagnes ont contribué à protéger et préserver leurs espèces vivantes. C'est le cas de l'ours brun et du gypaète en Europe, ou de certains bois de *Pinus aristata* dans les montagnes Rocheuses sur le continent américain.

L'Organisation des Nations unies a déjà révélé que « les écosystèmes montagneux, qui abritent une grande diversité biologique, sont tous les jours plus menacés par des problèmes environnementaux et par les conflits armés ». En 1999, vingt-trois des principaux conflits armés de la planète se déroulaient dans des régions montagneuses. La pauvreté des communautés de montagnards est l'une des principales causes de destruction des habitats de montagne. En France et en Europe, la situation est différente. On constate dans les zones montagneuses les impacts évidents des changements massifs et brutaux que créent dans le paysage les exploitations minières industrielles, les déboisements, les centrales hydroélectriques et les bassins réservoirs, les routes, les chemins de fer, les pylônes et les installations de télécommunications, les infrastructures des stations de ski – les accès, les remontées, les bâtiments –, soit tout ce qui se rapporte au développement industriel et touristique. Ces installations détériorent les paysages, et mettent en péril la biodiversité et la vie sauvage des hautes montagnes.

Ces menaces se mesurent concrètement lorsque des oiseaux sont électrocutés par les lignes électriques, la faune est déplacée par la pression du tourisme, les rivières sont contaminées à la source par une urbanisation négligeant les installations d'épuration, les stations de ski détruisent l'habitat hivernal de certaines espèces animales et végétales... lorsque la Nature est défigurée et que son équilibre écologique est en danger. Les gorilles d'Afrique orientale, les ours masqués des Andes et les quetzals d'Amérique centrale sont cantonnés, en populations restreintes, dans des forêts embrumées. Parallèlement, le commerce de plantes et d'animaux exotiques des montagnes, y compris de quelques espèces d'orchidées, d'oiseaux et d'amphibiens, continue de ravager chacune de ces populations.

En 2002, déclarée Année internationale des montagnes, l'ONU a voulu que l'accent ne soit pas seulement mis sur la conservation des espèces sylvestres.

Dans les Andes, par exemple, les paysans cultivent jusqu'à 200 variétés locales différentes de pommes de terre. Dans les montagnes du Népal sont cultivées quelque 2 000 variétés de riz. Au sommet d'une montagne de la chaîne mexicaine de Manantlàn, on continue à exploiter la seule variété connue de maïs sylvestre. Ces précieuses réserves de diversité génétique constituent notre sécurité pour l'avenir, d'autant plus que l'économie mondiale consacre toujours davantage de sites des terres basses

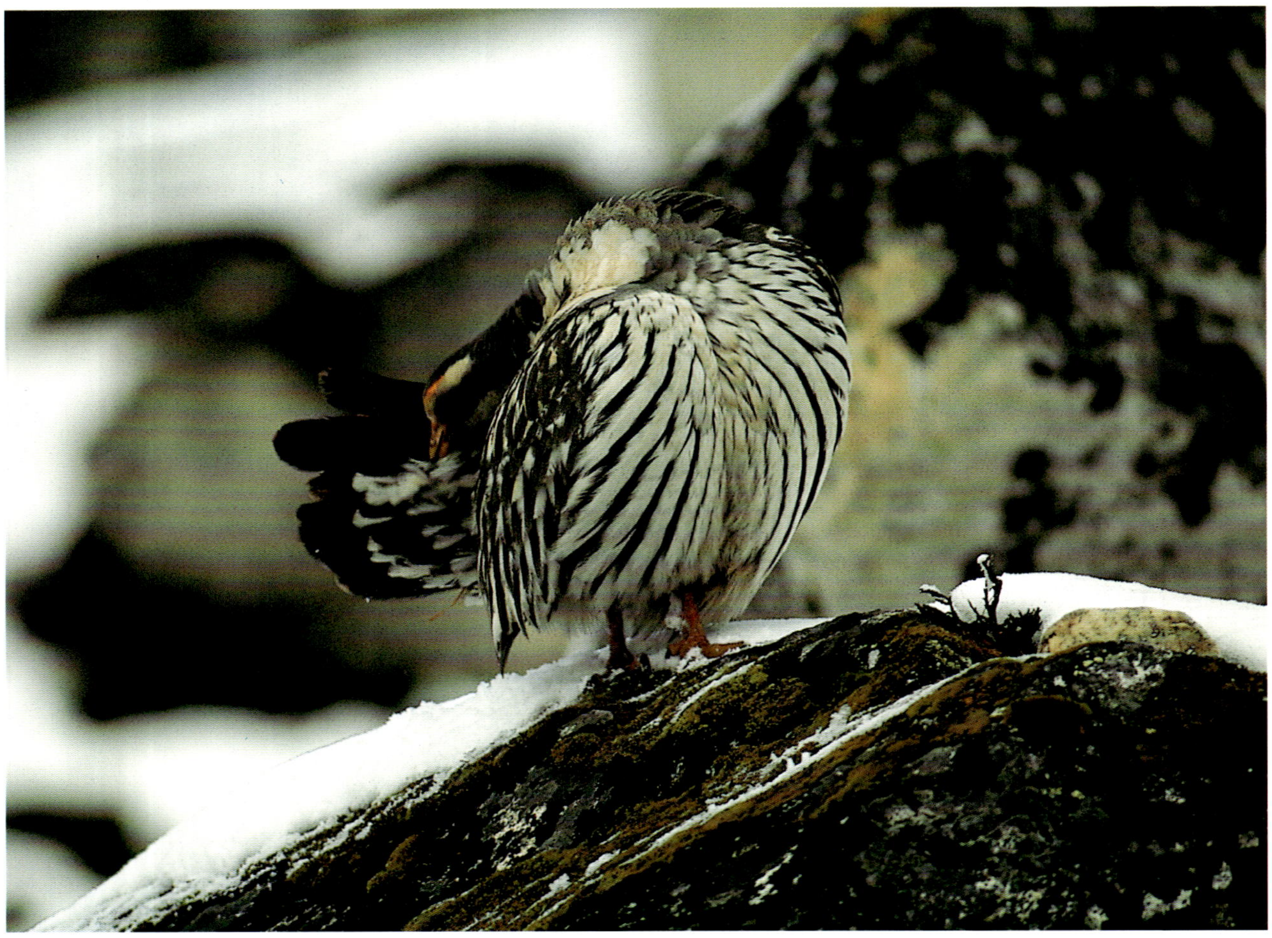

Tétraogalle du Tibet (*Tetraogallus tibetanus*) au camp de base de l'Ama Dablam, à 4 200 mètres d altitude. Région de Solo-Khumbu, dans l'Himalaya, au Népal.

à la culture intensive d'un nombre réduit de variétés alimentaires, en monocultures exposées aux fléaux et aux pathologies. Effectivement, parmi les vingt espèces végétales qui fournissent 80 % des aliments de la planète, il y en a six qui proviennent des montagnes. Parmi elles, la pomme de terre est originaire des Andes péruviennes, le maïs de la montagne mexicaine, et le sorgho des hauts plateaux de l'Éthiopie. Dans certaines montagnes, diversités agricole et culturelle vont de pair. Sans les connaissances acquises au fil des générations par les peuples des montagnes, une grande partie de la biodiversité de ces zones serait demeurée lettre morte. Mais au moment même où le monde commence à reconnaître la valeur de cette énorme ressource, l'avenir des écosystèmes montagnards et la survie des espèces locales sont précisément en péril.

Selon un dossier de l'Université des Nations unies (UNU), il existe sur notre planète dix zones ou chaînes montagneuses gravement menacées, en Europe, en Asie, ou en Amérique du Nord, parmi lesquelles celles des Alpes et de l'Himalaya. La chaîne des montagnes Rocheuses, menacée par l'industrie des sports d'hiver et la construction immobilière, et la sierra Chincua au Mexique, qui est en danger à cause de l'exploitation forestière et agricole, figurent aussi parmi les écosystèmes montagneux en péril. Ces menaces se mesurent avec l'un des premiers indicateurs du danger : la perte de la biodiversité.

L'exemple le plus clair par sa proximité est celui des Alpes. Là, dans l'arc alpin, le tourisme et l'urbanisation dans des zones de plus en plus élevées constituent les principaux problèmes écologiques. La détérioration de l'environnement contraint la population de petites communautés agricoles de la zone alpine (au-dessus de 1 000 mètres) à un exode forcé vers une poignée de centres économiques. Selon Jack Ives, expert en écologie de la montagne et conseiller de l'Université des Nations unies, « le dépeuplement des petites communautés montagnardes, contrairement à la croyance populaire, mène à une accélération de l'érosion des terres et des glissements de terrain parce que les modèles de l'agriculture traditionnelle sont souvent la meilleure protection contre la dégradation du sol ».

Dans la chaîne de l'Himalaya, le Karakorum et l'Hindu Kush, un système montagneux qui s'étend sur 5 000 kilomètres de l'Asie subtropicale à l'Afghanistan, ce sont la sécheresse, la déforestation, la guerre et l'agriculture intensive qui sont mises en cause. Les exemples les plus graves de dégradation environnementale et socio-économique se situent dans l'Hindu Kush, en Afghanistan, dans le Karakorum, l'Himalaya occidental et le territoire du Cachemire. Bien que, selon Jack Ives, qui est aussi professeur à l'université canadienne de Carleton, « il soit difficile d'appliquer une même politique de sauvetage à toutes les régions menacées, étant donné que chacune d'elles a des problèmes très spécifiques ».

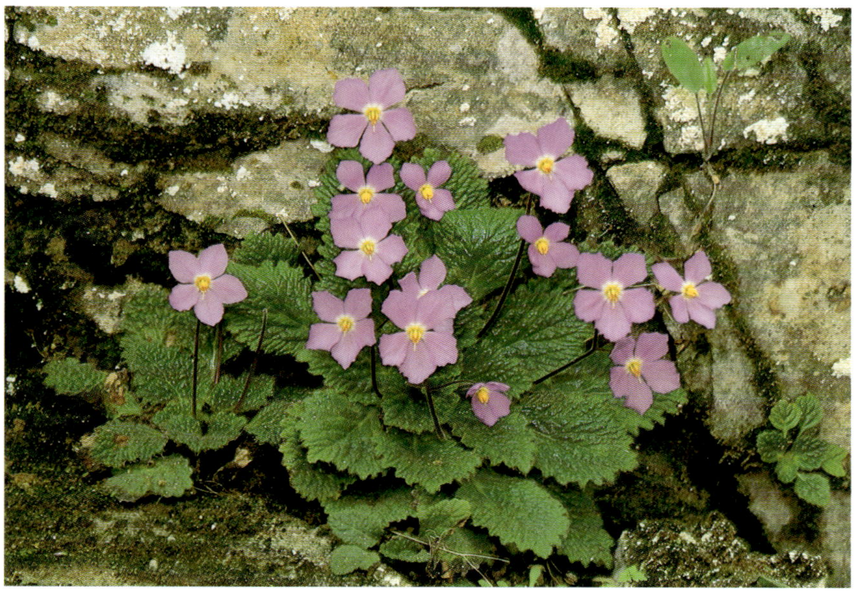

La ramondie des Pyrénées (*Ramonda pyrenaica*) porte le nom de Louis Ramond de Carbonnières, naturaliste de la fin du XVIIIe et du début du XIXe siècle, qui est considéré comme « le père du pyrénéisme ».

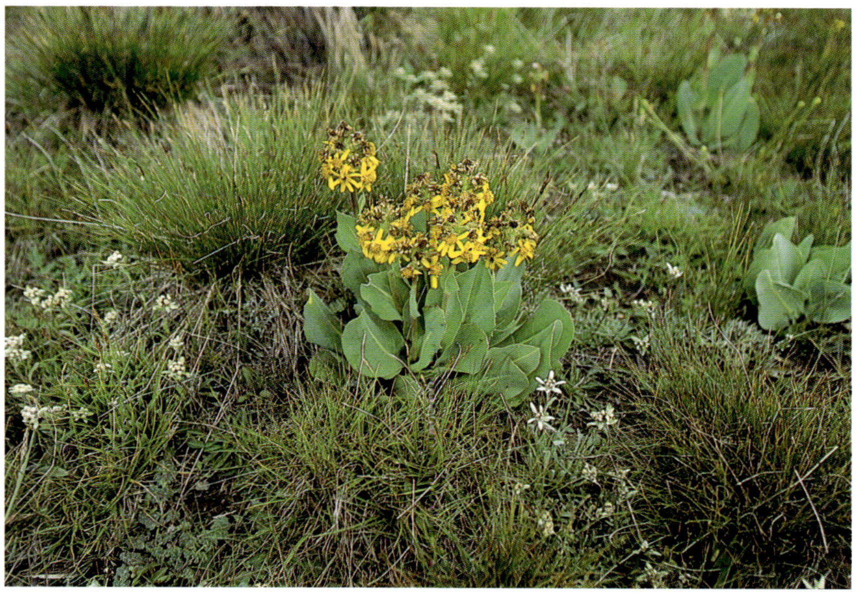

Fleurs de montagne avec, au-dessous, un groupe d'edelweiss.

Comptes rendus et programmes ont coïncidé, à l'occasion de l'Année internationale des montagnes, avec la philosophie de la « Lettre Messner », document qui fut présenté par le célèbre alpiniste en décembre 2001 devant le Parlement européen en tant que projet de loi pour la régulation et la protection des espaces montagneux européens. Reinhold Messner a souligné que les aires montagneuses représentent un tiers de la superficie de l'Union européenne. « Au-delà des défis qu'elles affrontent au niveau local, ces zones ont des perspectives communes pour la solution de leurs problèmes. Il s'est développé une conception globale et sans frontières qui correspond aux exigences de survie, et qui est apte à garantir les emplois ; c'est seulement par ce moyen qu'il sera possible de défendre les caractères les plus précieux de ces régions, pour assurer à la population locale les ressources dont elle a besoin, et des aires de repos, de ressourcement et de loisirs aux habitants des centres urbains. C'est la mise en œuvre de tout cela qui constitue le salut des zones montagneuses en tant qu'espaces de vie »

La protection effective de cet ensemble de formes héroïques de vie animale et végétale représente le meilleur indice pour savoir si nous sommes sur le bon chemin, celui de la préservation des montagnes du monde, de leurs paysages, de leurs cultures et de ce qu'ils symbolisent pour nous en tant qu'espaces sauvages encore vivants.

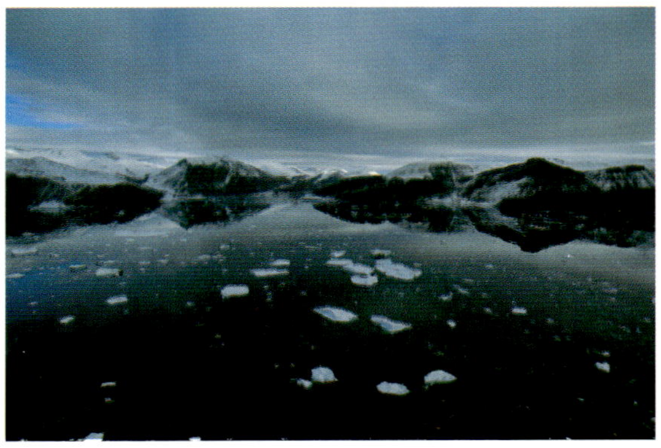

Montagnes de l'Arctique canadien.

Un bateau dans le détroit qui sépare
les côtes du Canada et du Groenland.

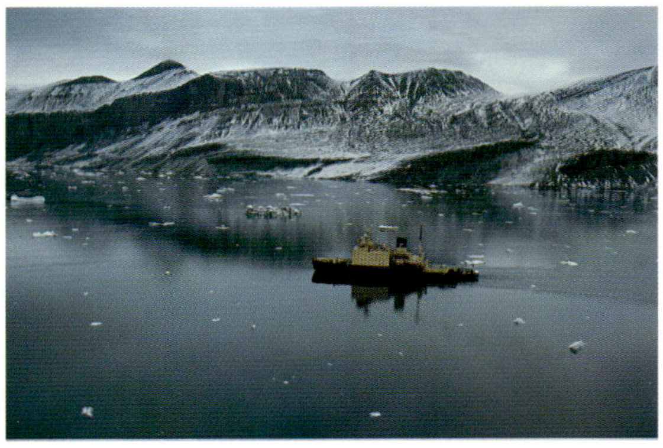

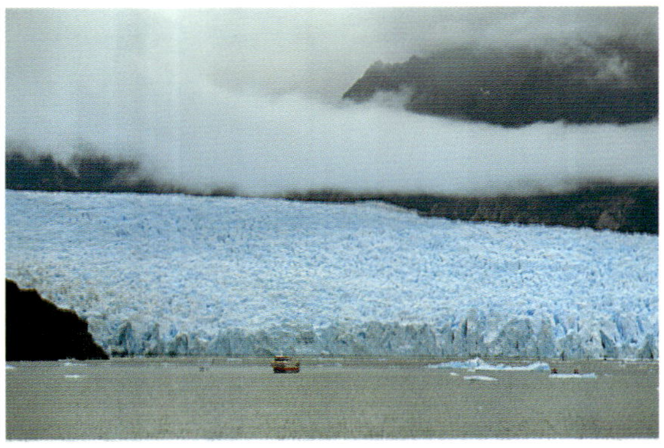

Glacier de San Rafael. Patagonie du Chili.

En kayak face au glacier de la Dama Blanca,
dans le fjord des Montagnes.
Patagonie du Chili.

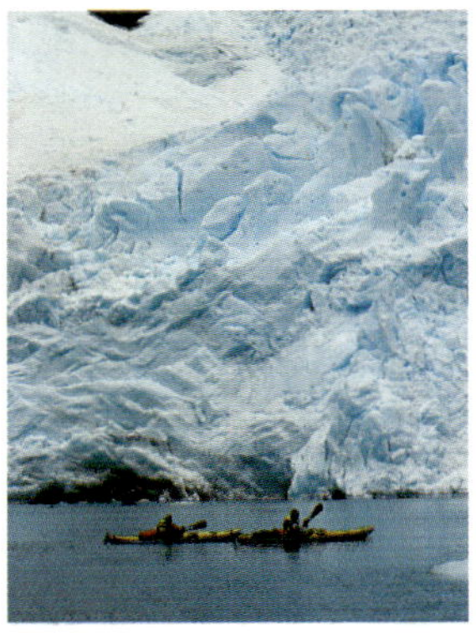

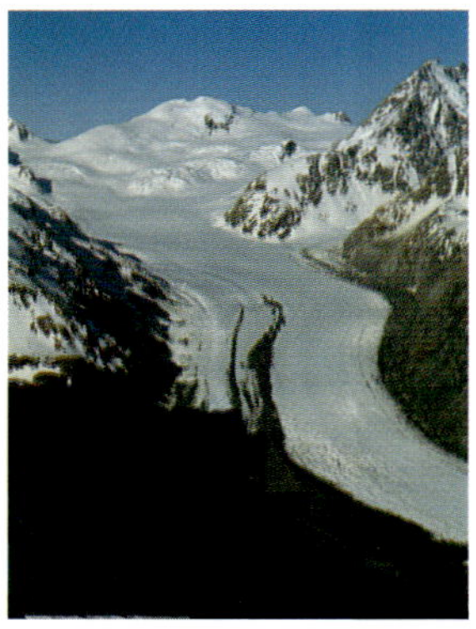

Glacier de Tasman, dans les Alpes néo-zélandaises,
depuis le massif du mont Cook.

Panorama du Caucase, avec les deux cimes
de l'Ouchba au centre, depuis l'Elbrouz (5 642 mètres),
la montagne la plus haute du massif.

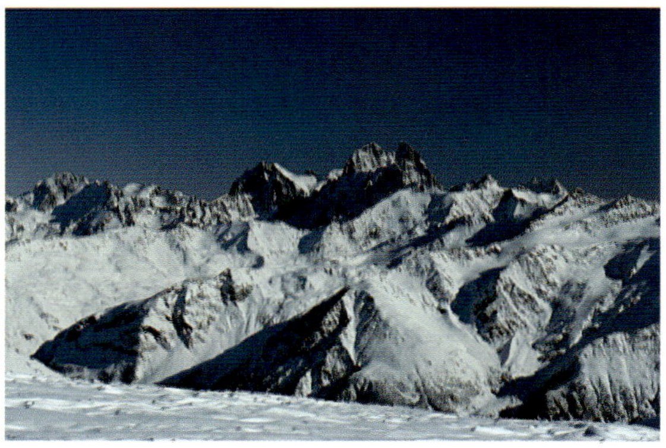

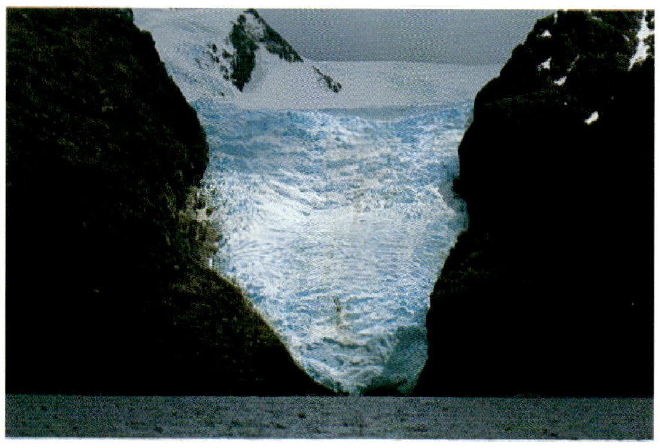

Langue glaciaire tombant dans le fjord des Montagnes. Région de Última Esperanza, Patagonie du Chili.

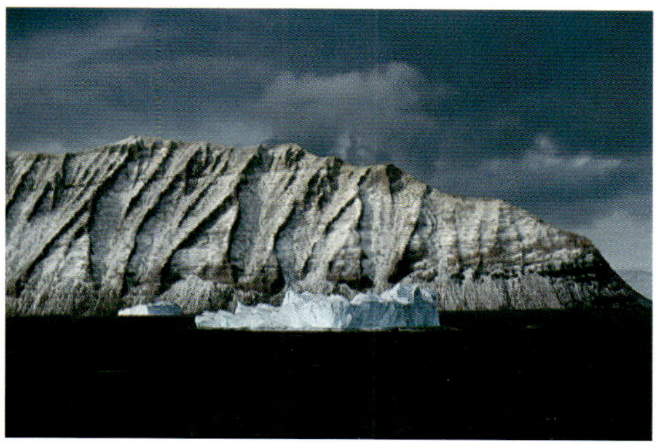

Icebergs flottant face à la côte du Groenland.

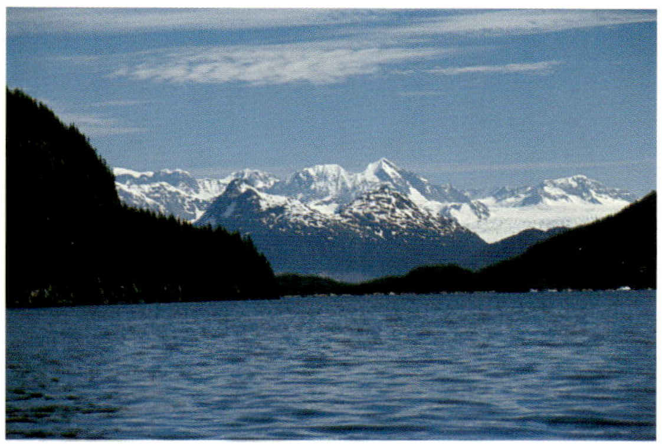

Les montagnes sauvages de l'Alaska, vues de la côte.

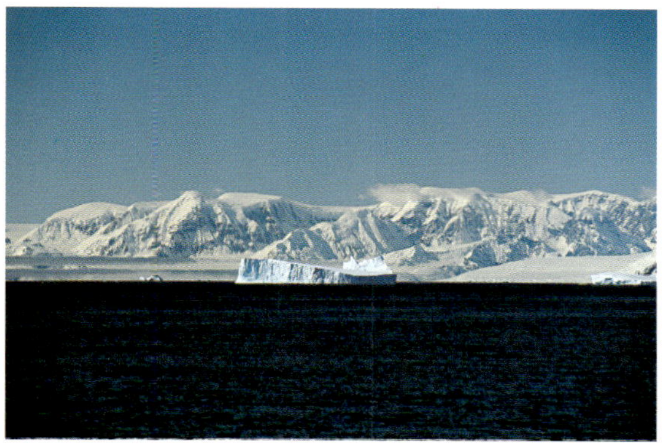

Montagnes inconnues surgissant sur la côte antarctique.

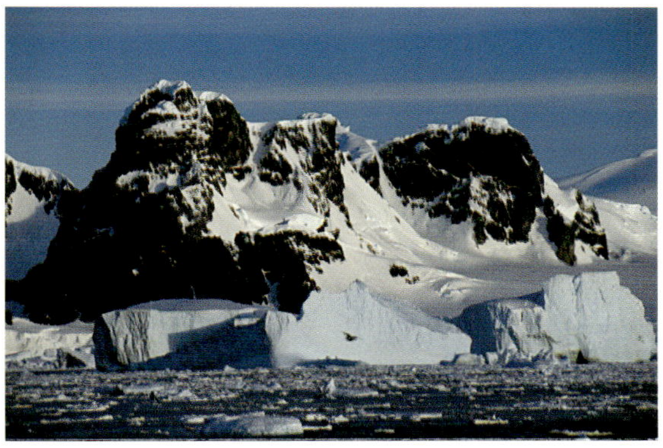

L'univers de glace des montagnes les plus froides de la terre. Péninsule antarctique, détroit de Lemaire.

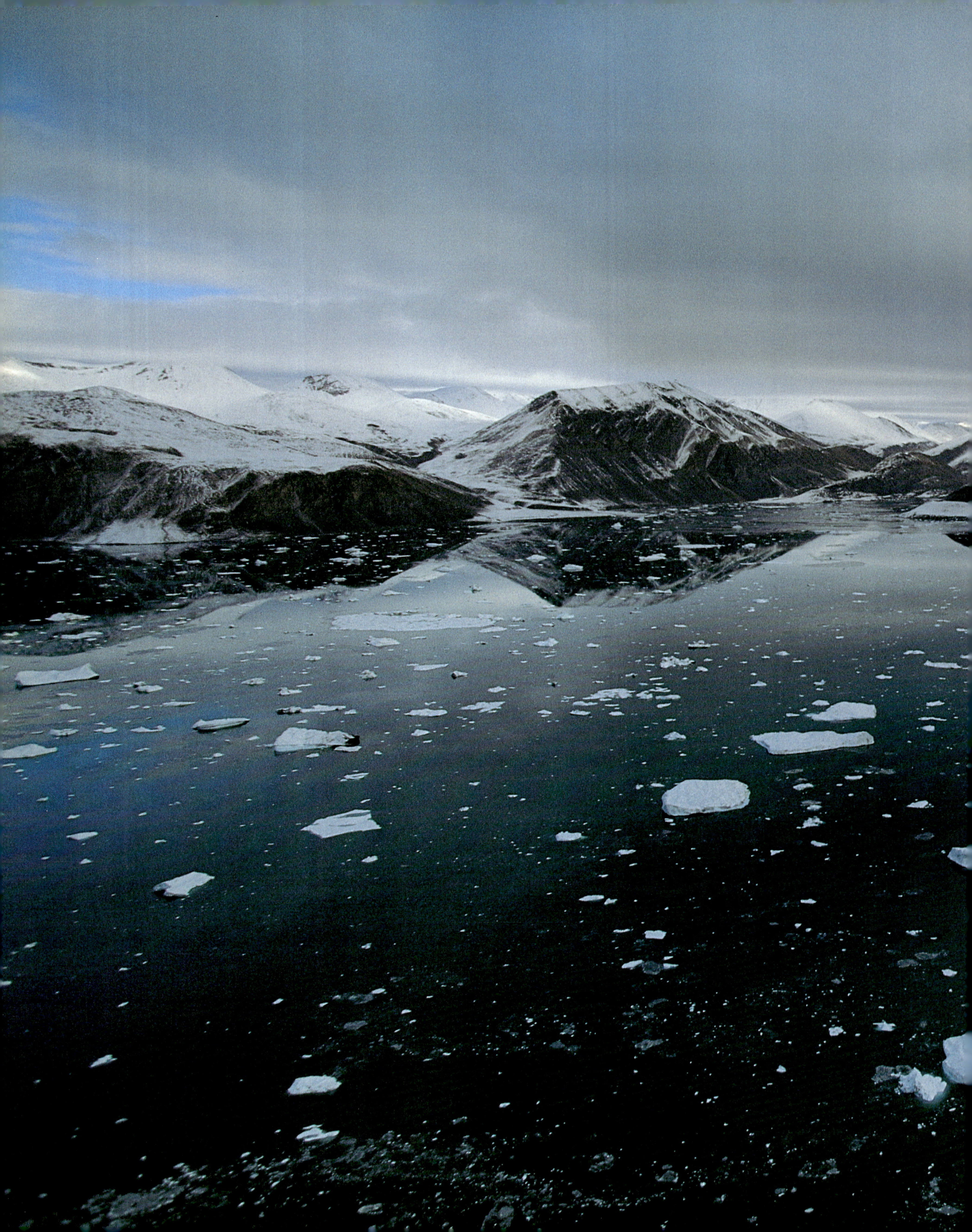

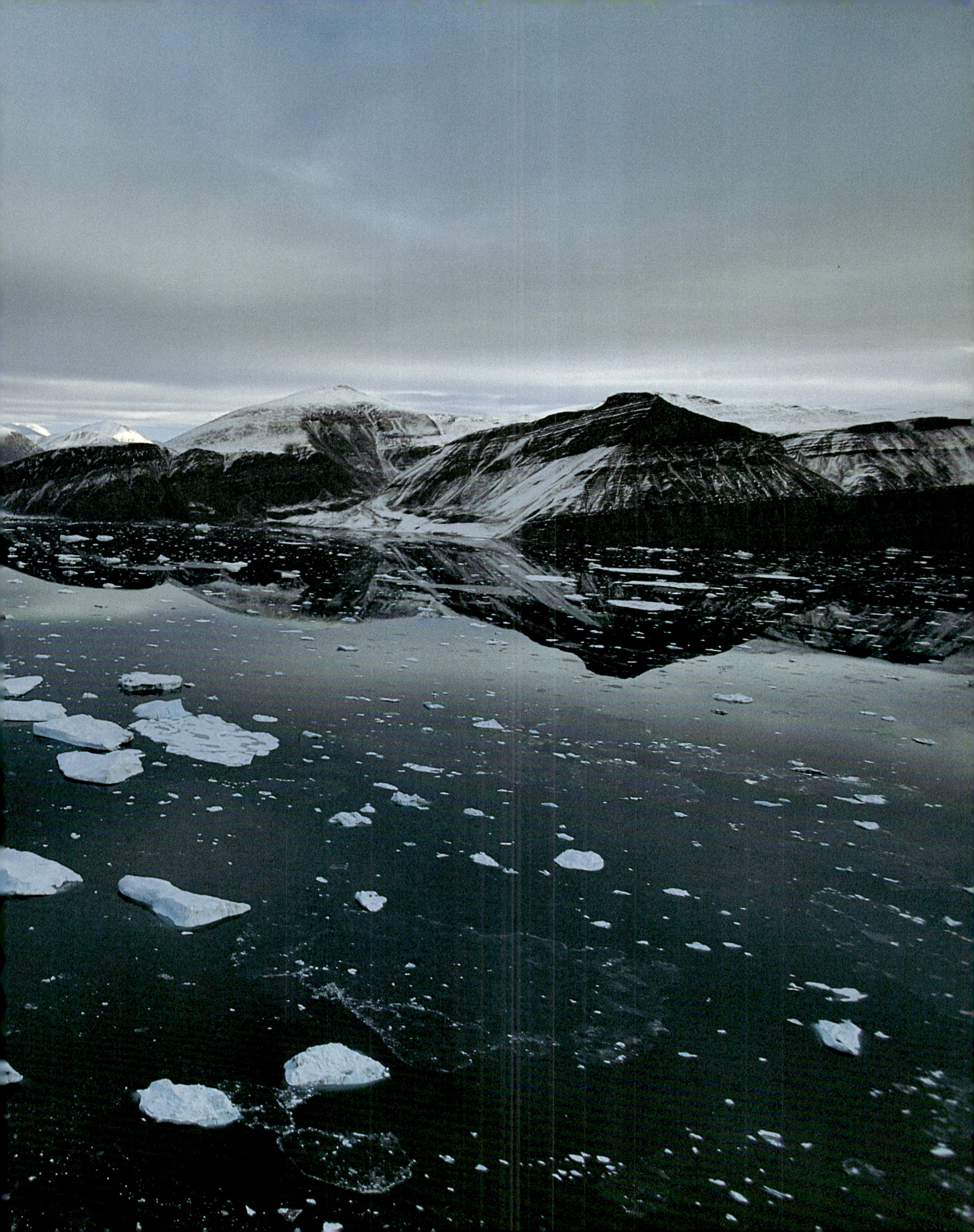

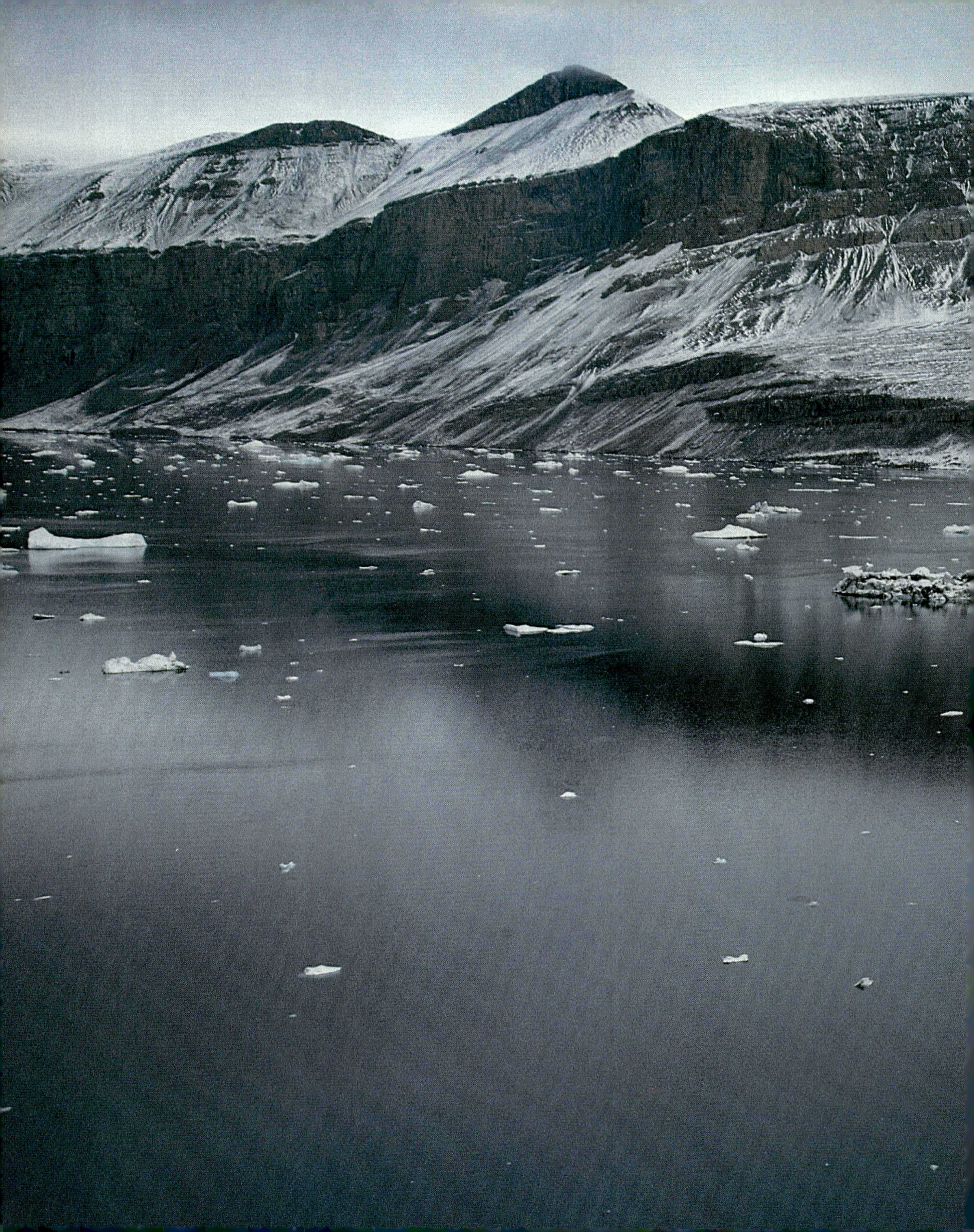

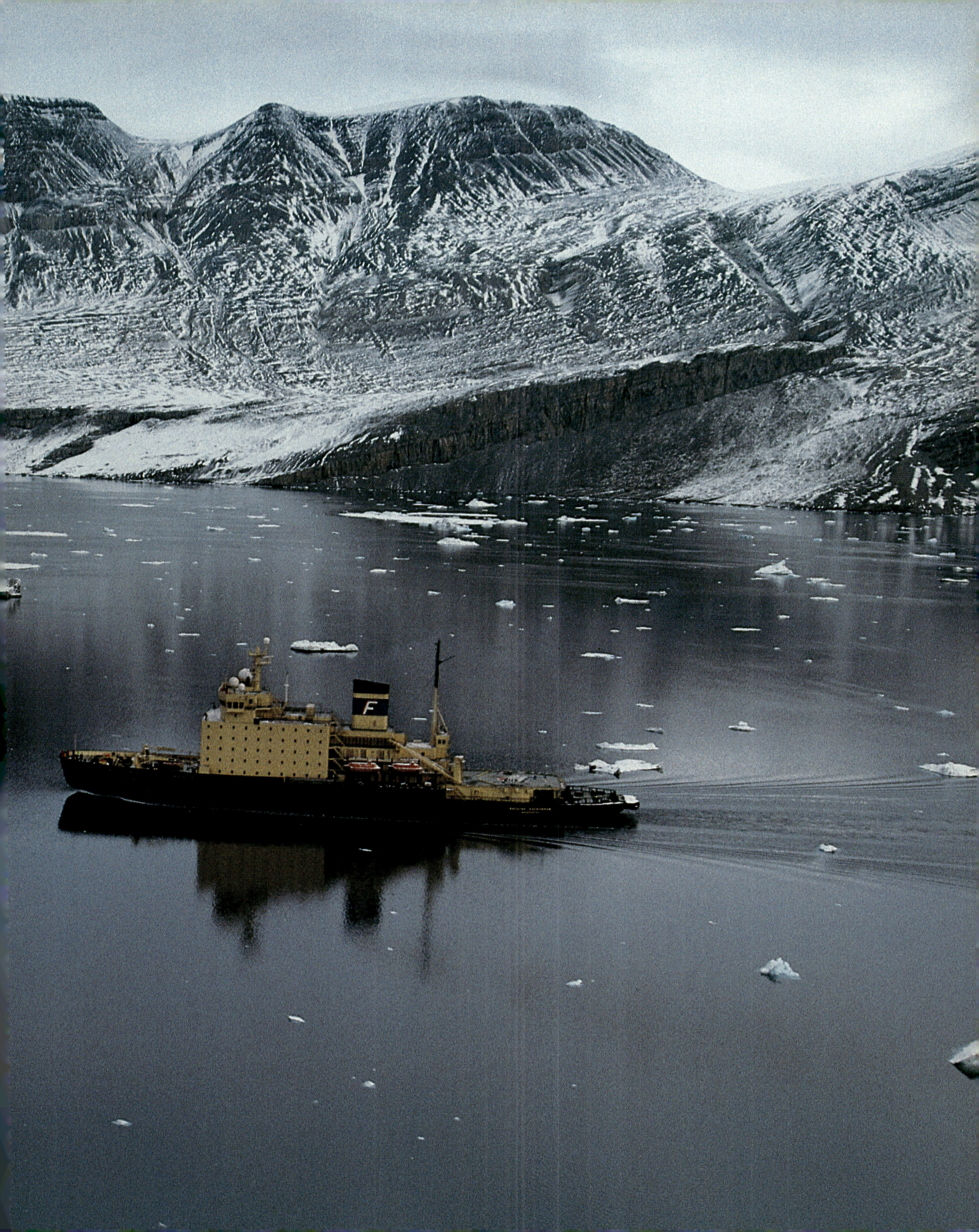

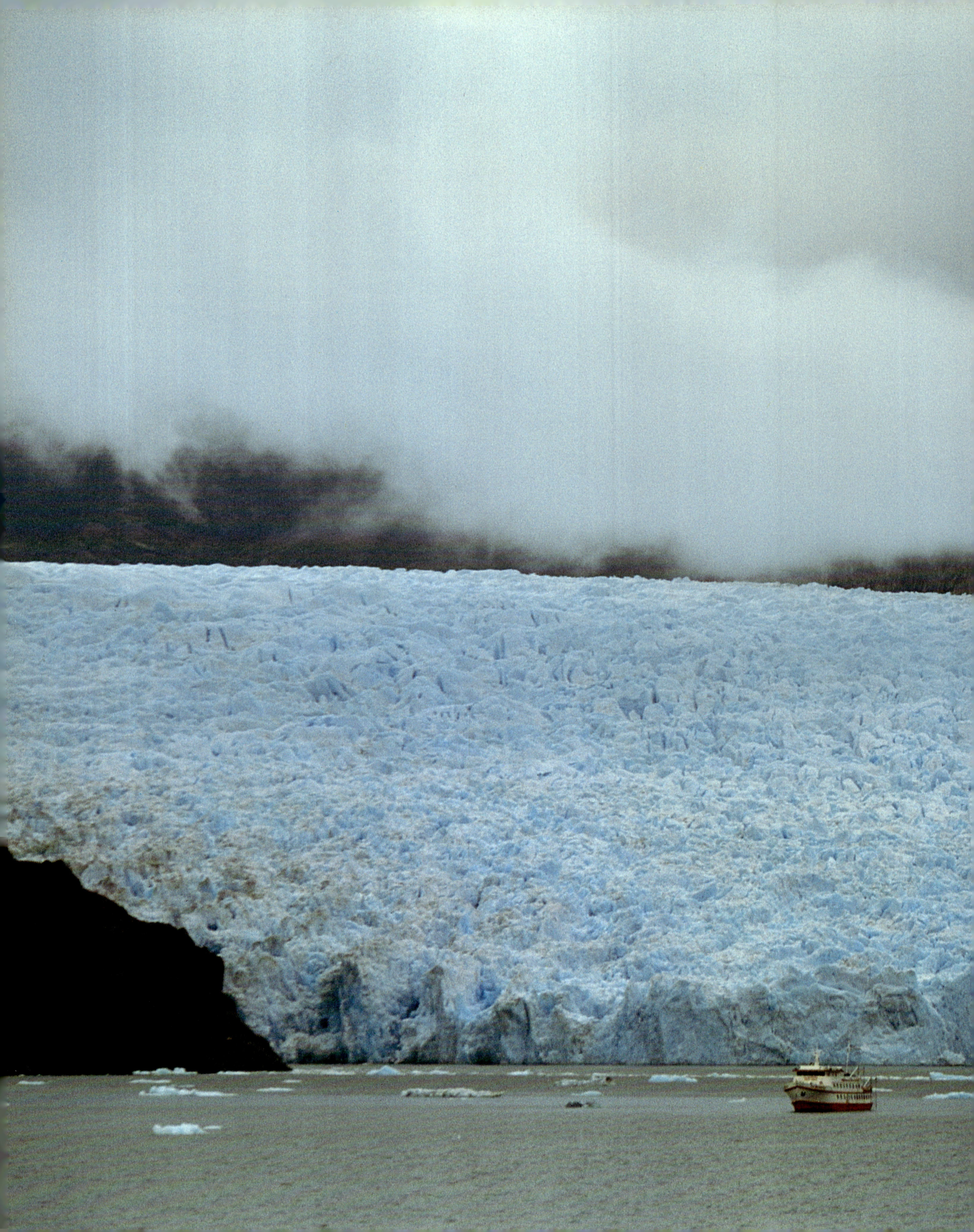

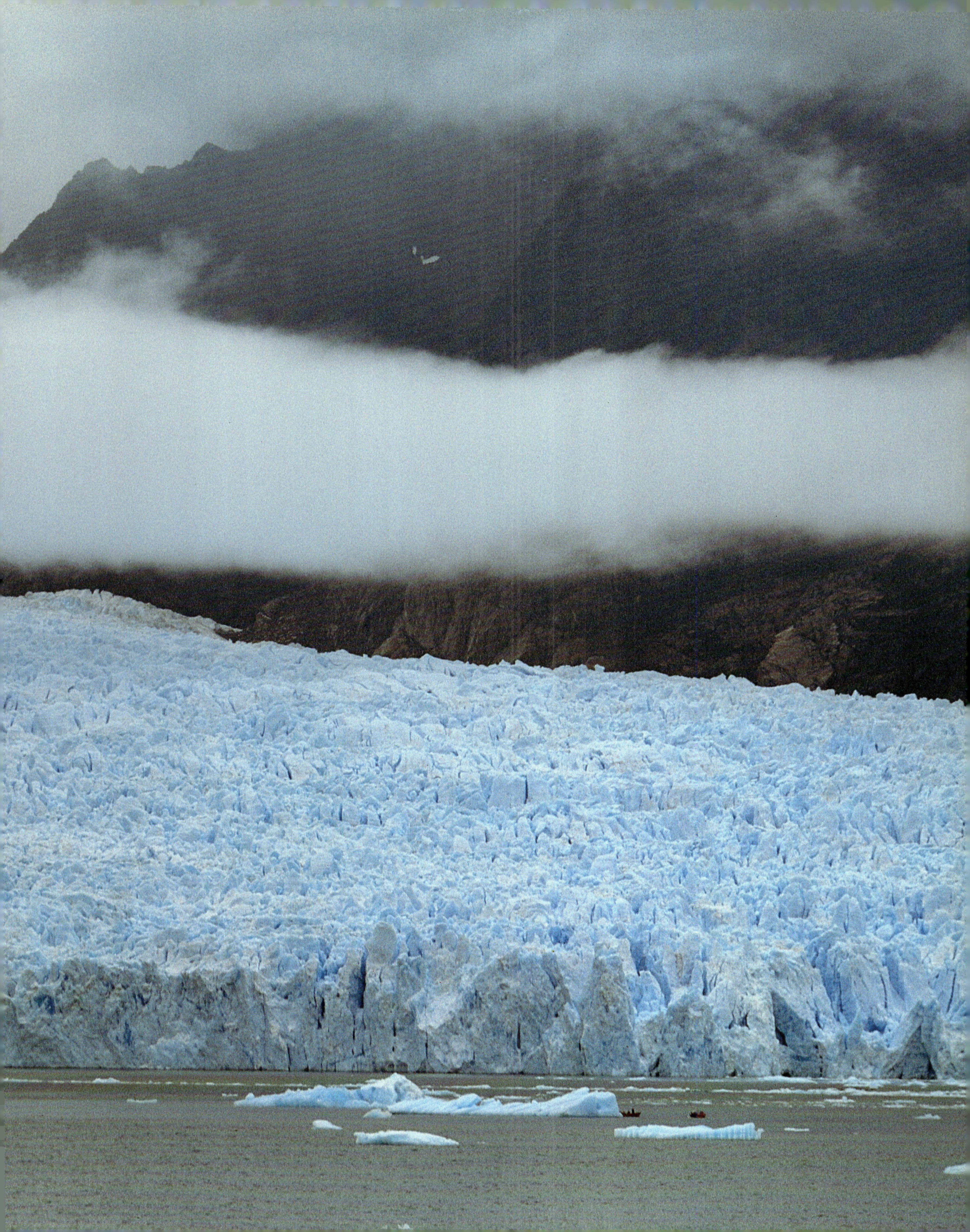

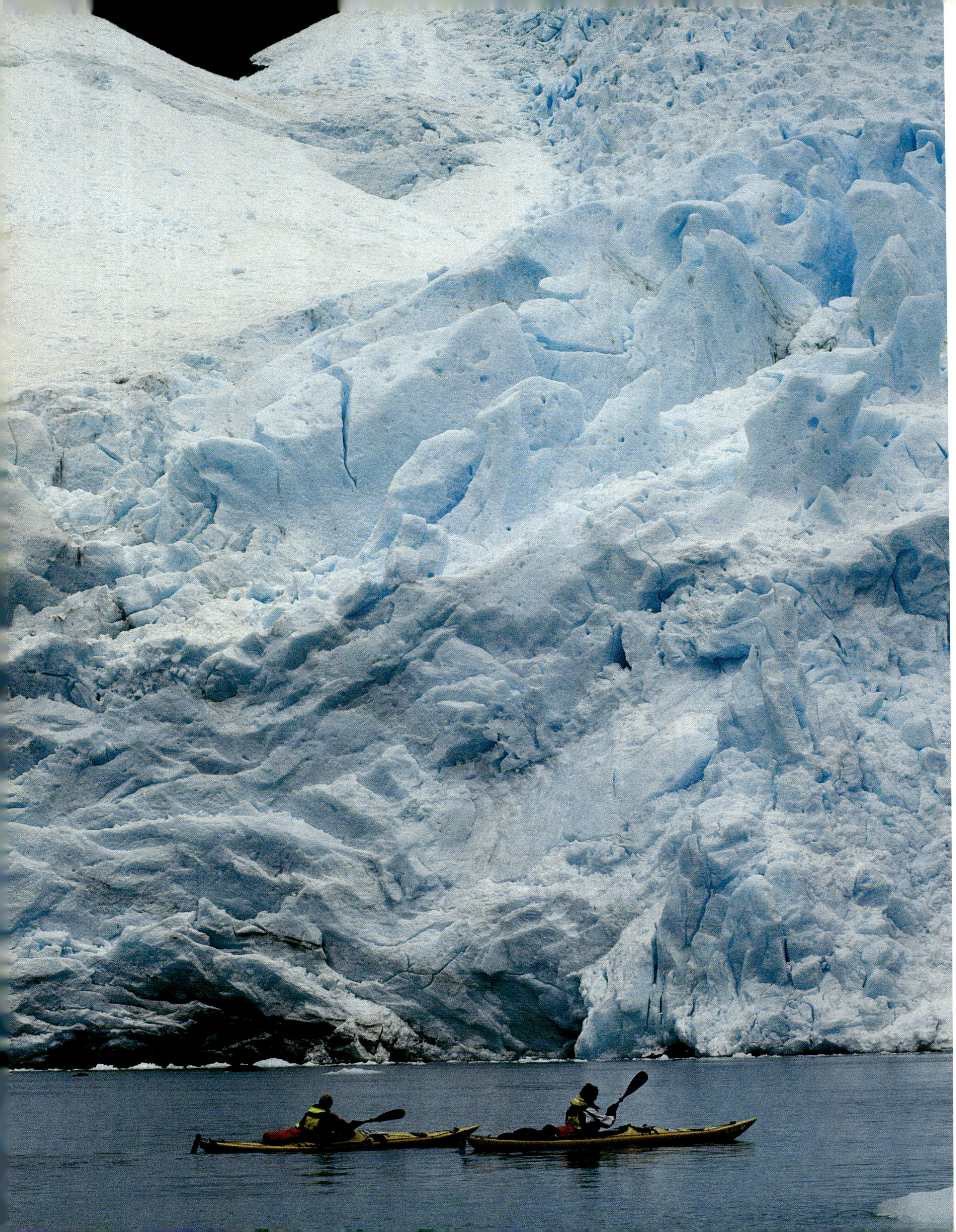

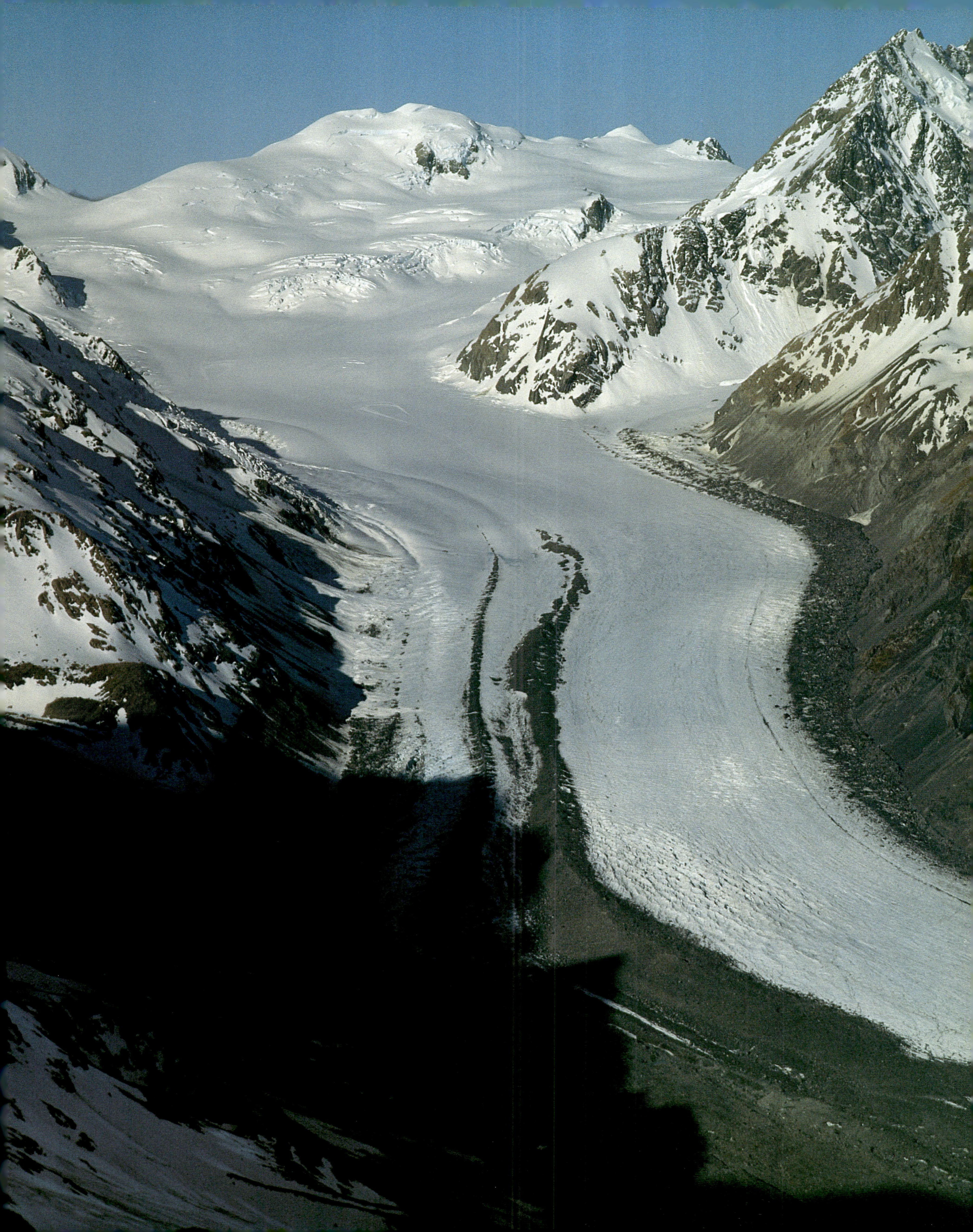

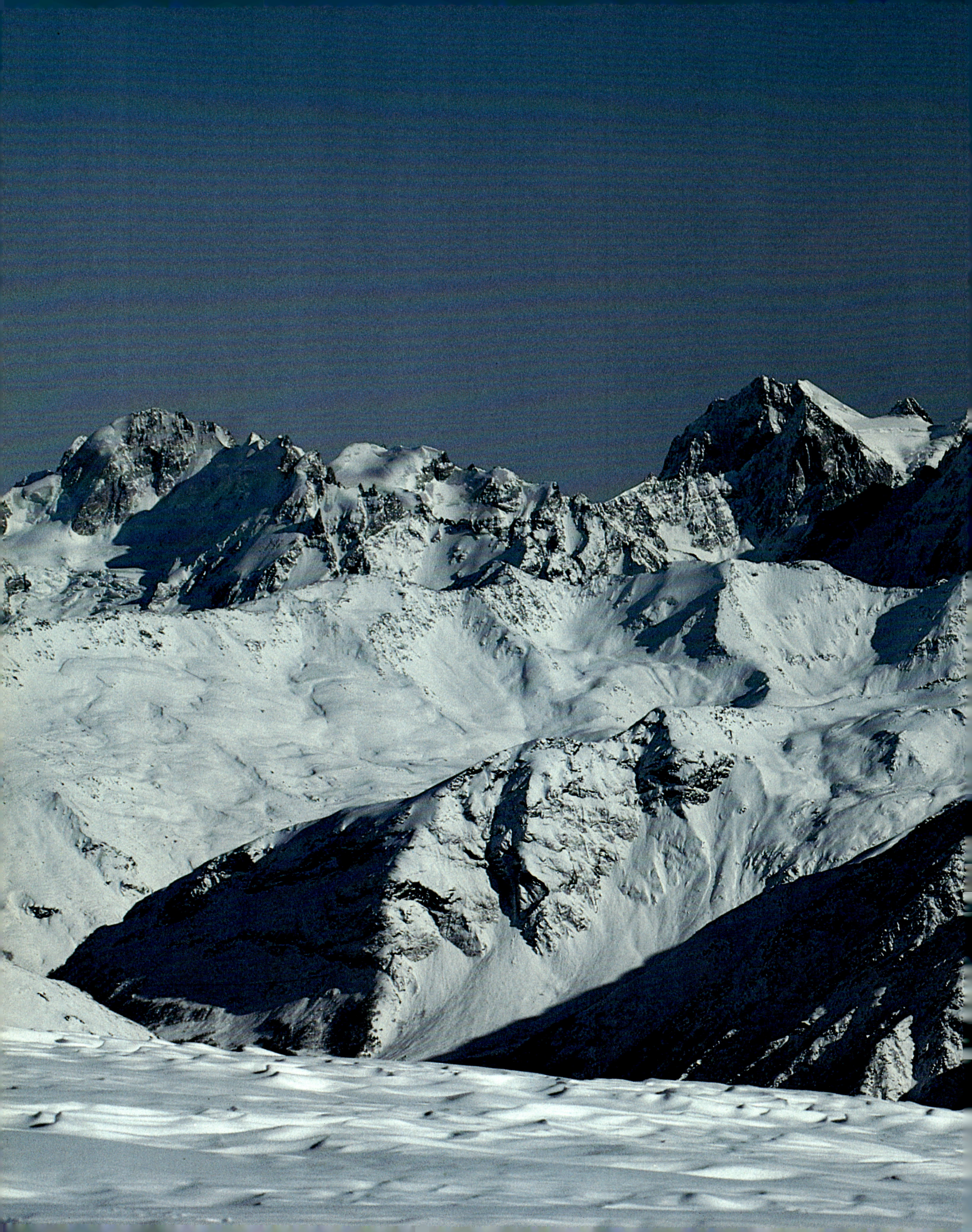

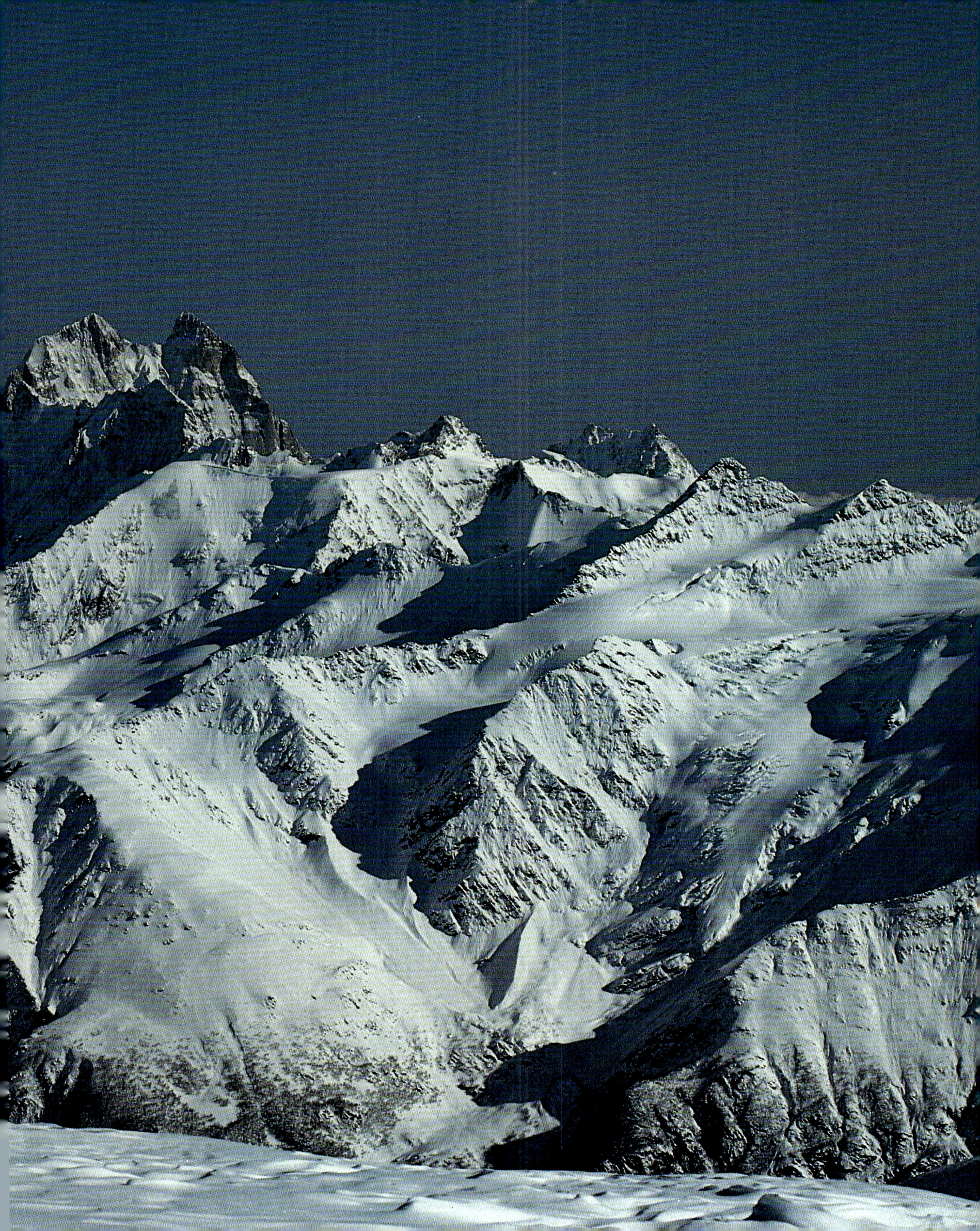

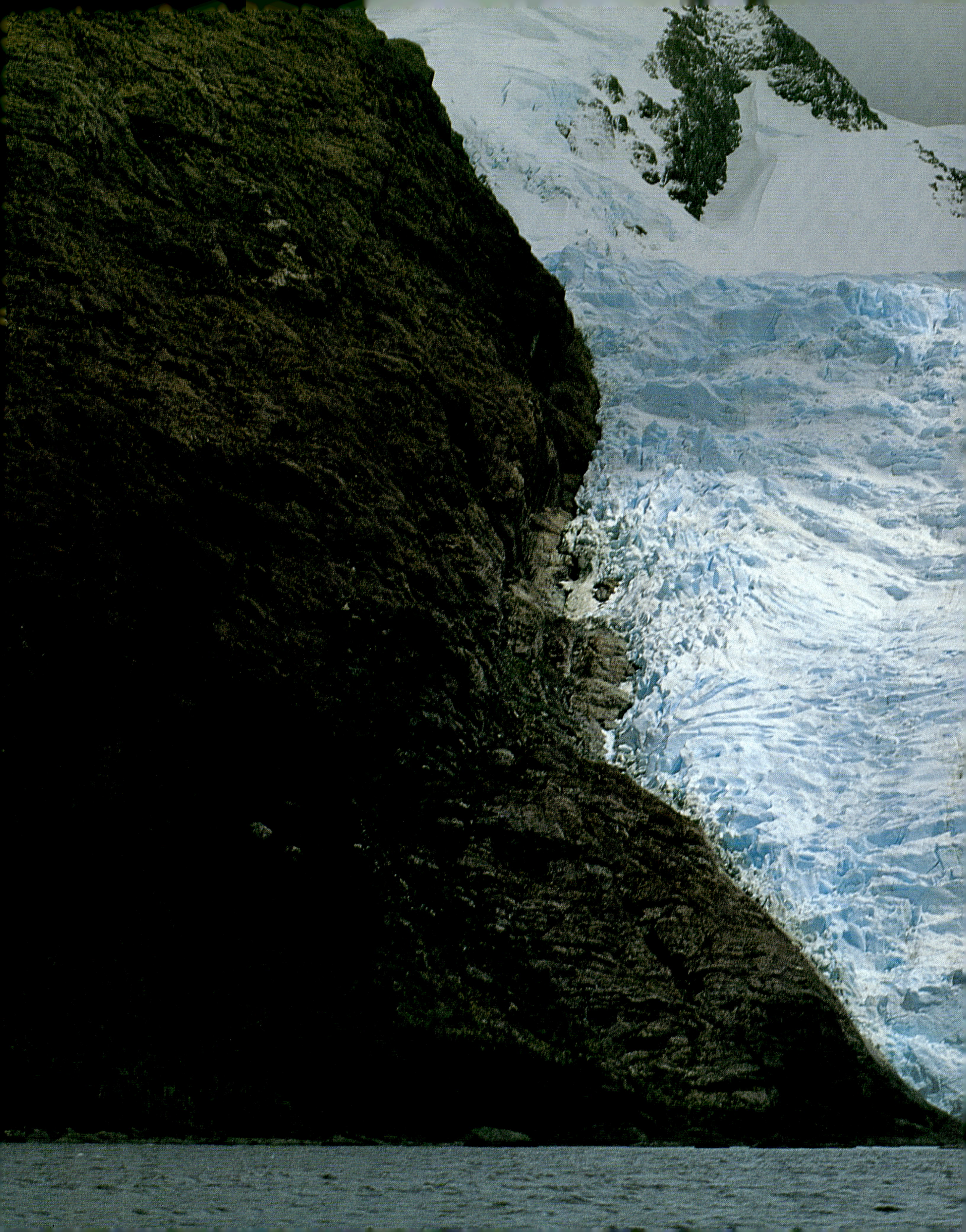

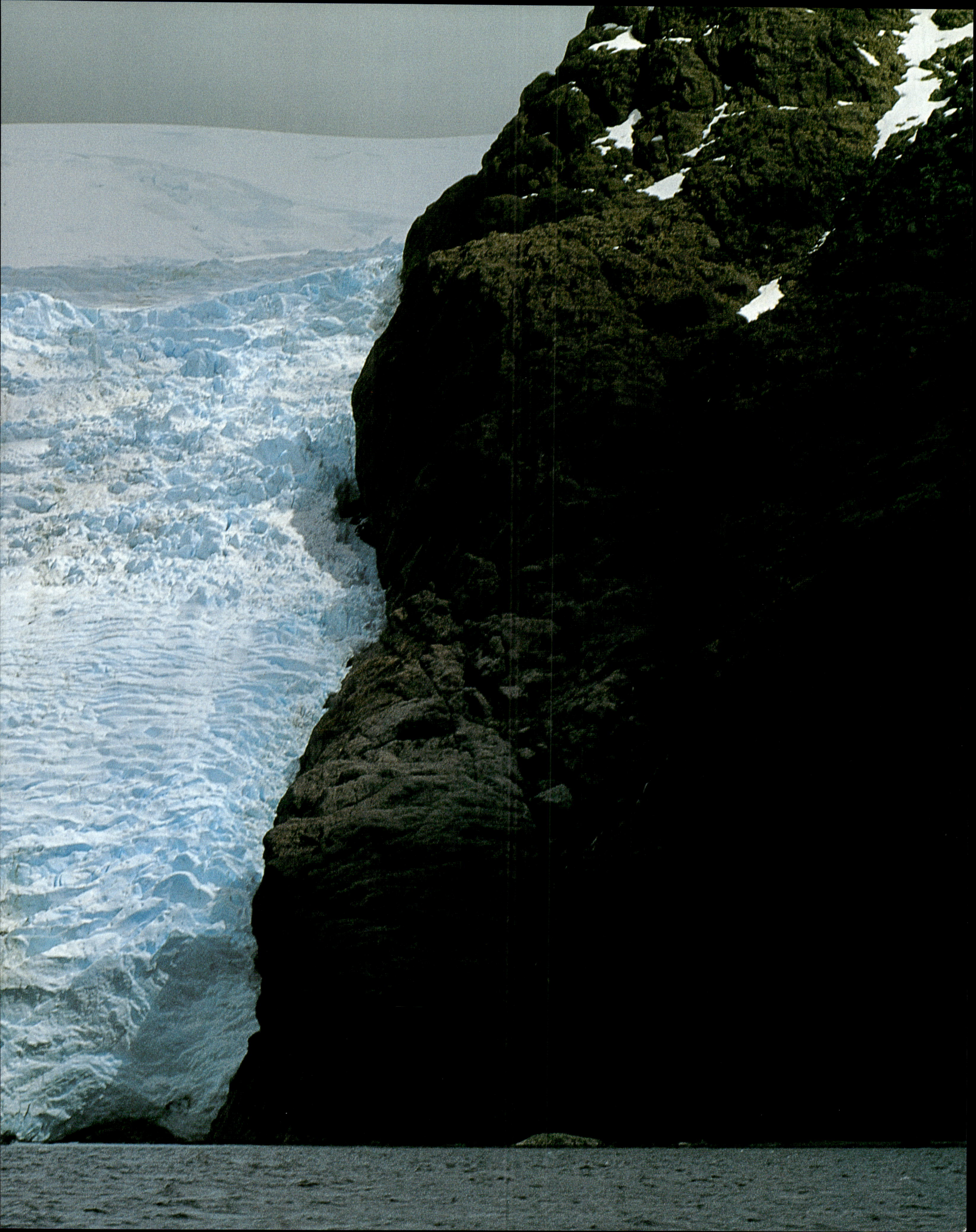

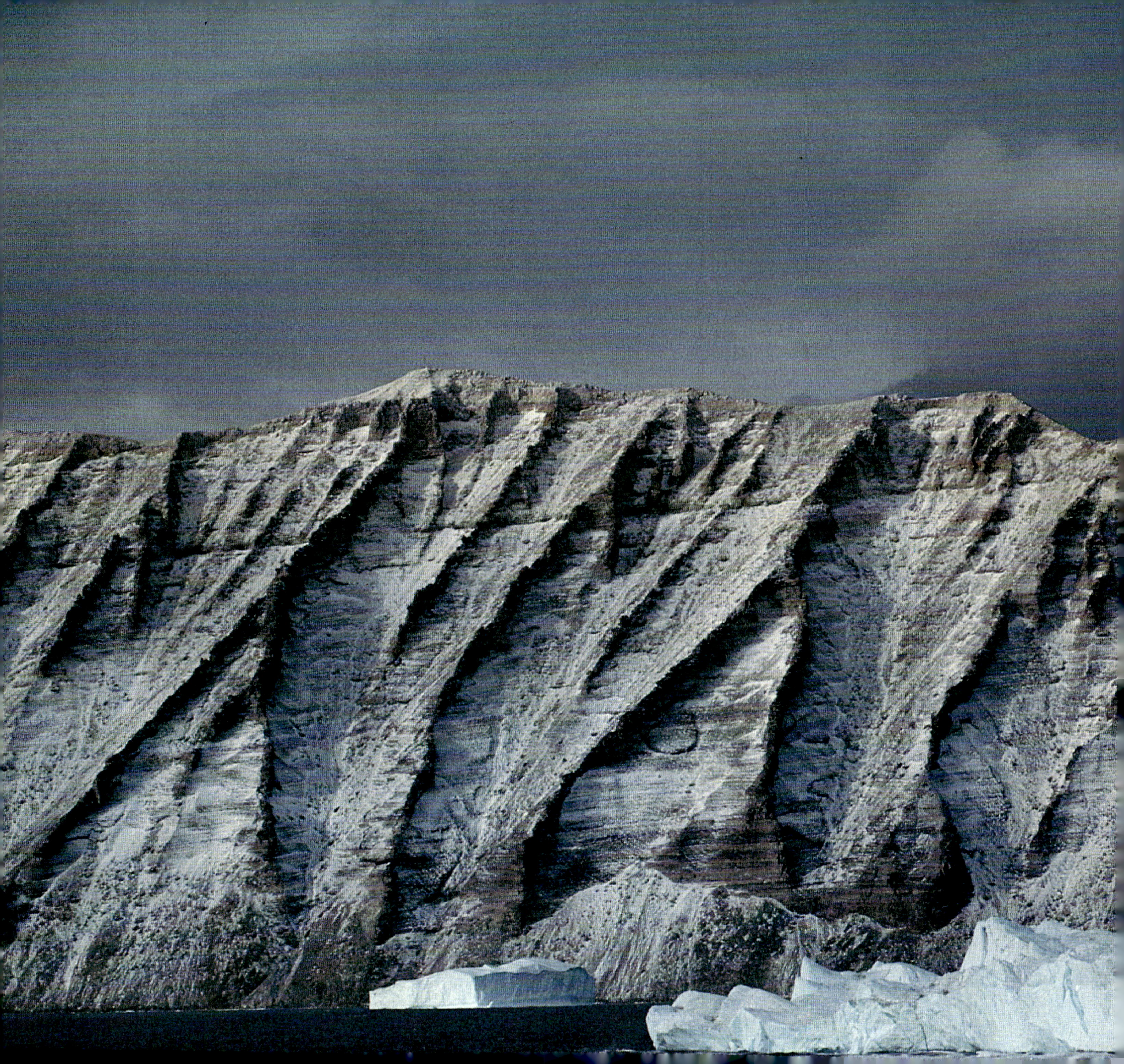

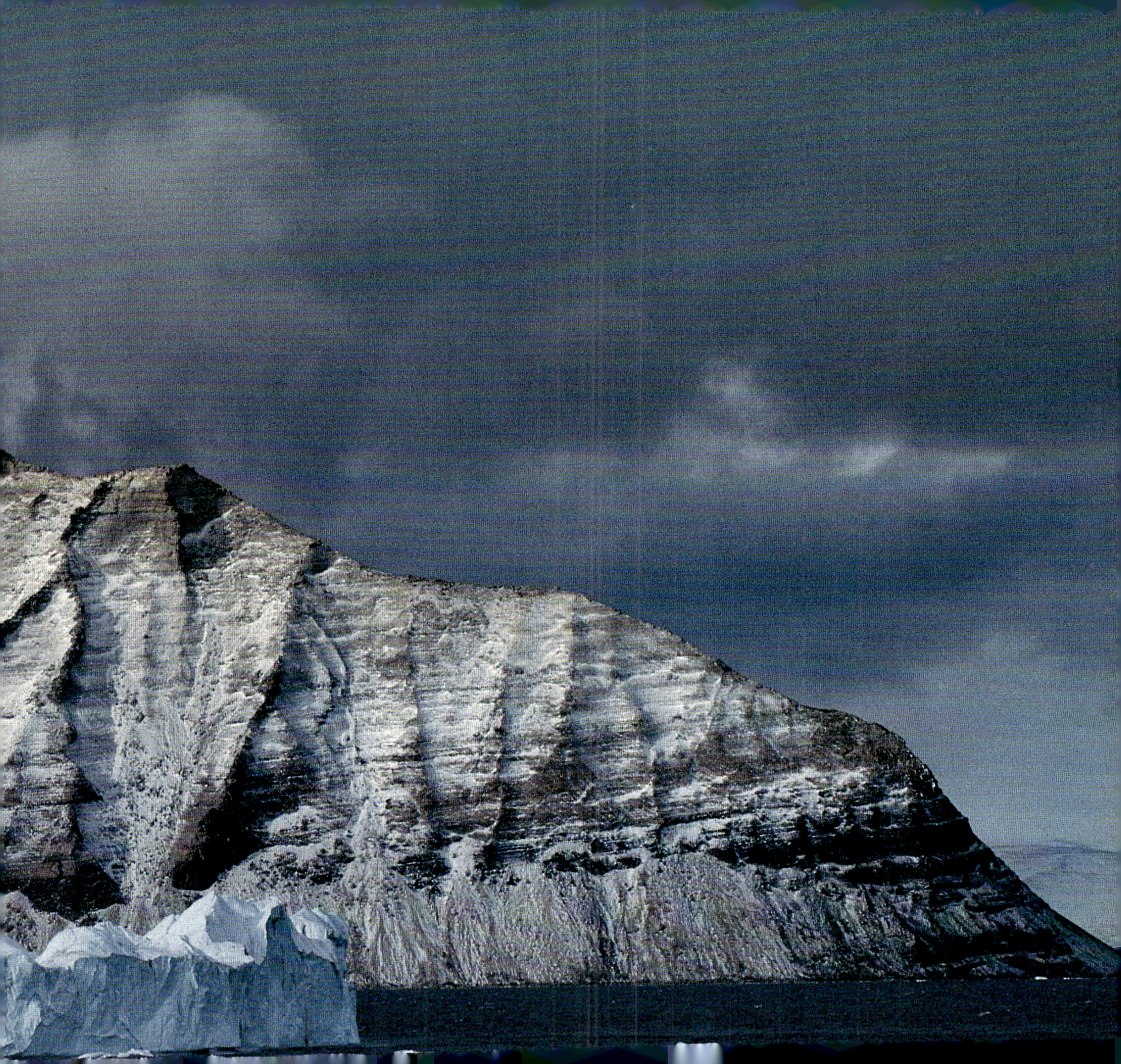

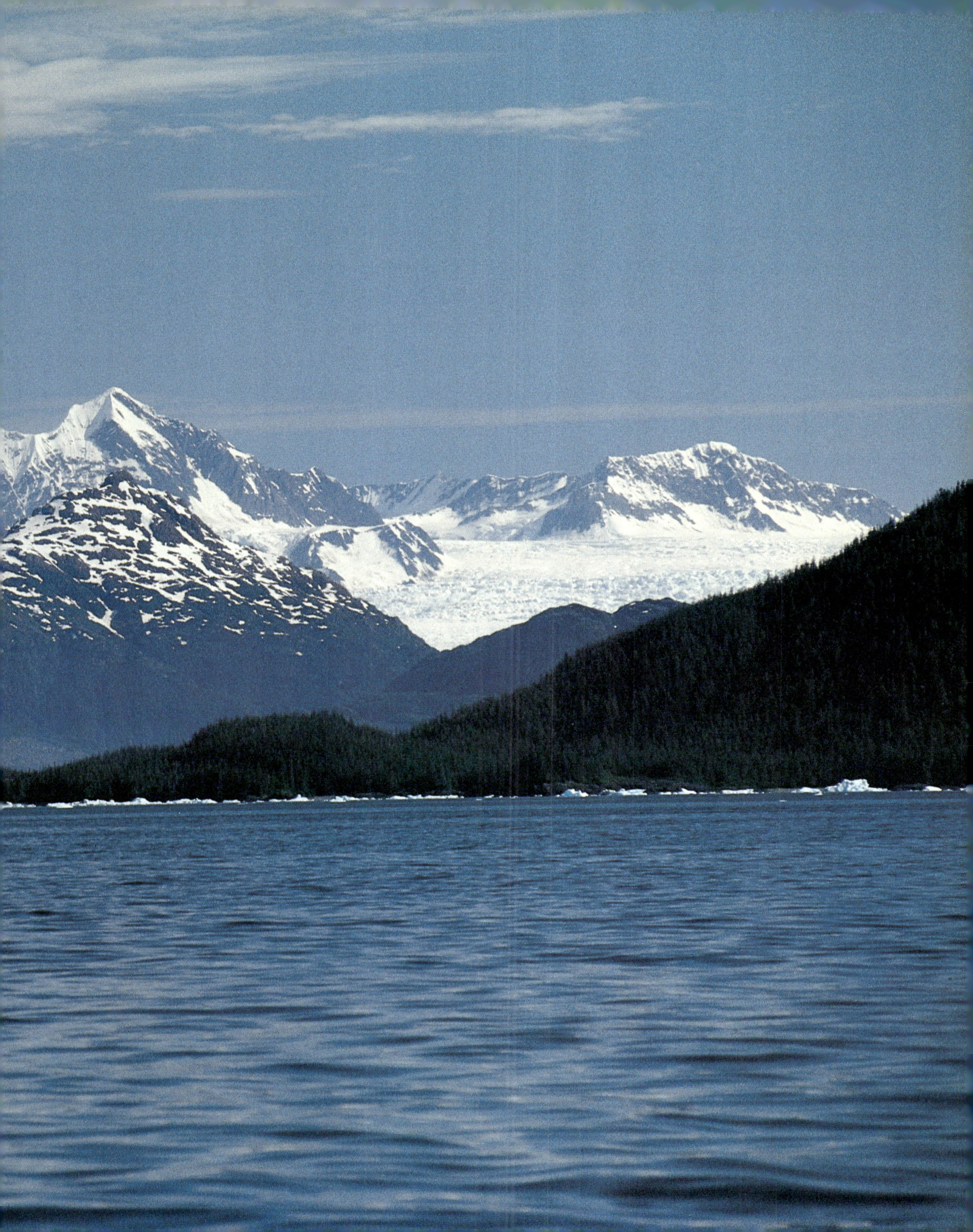

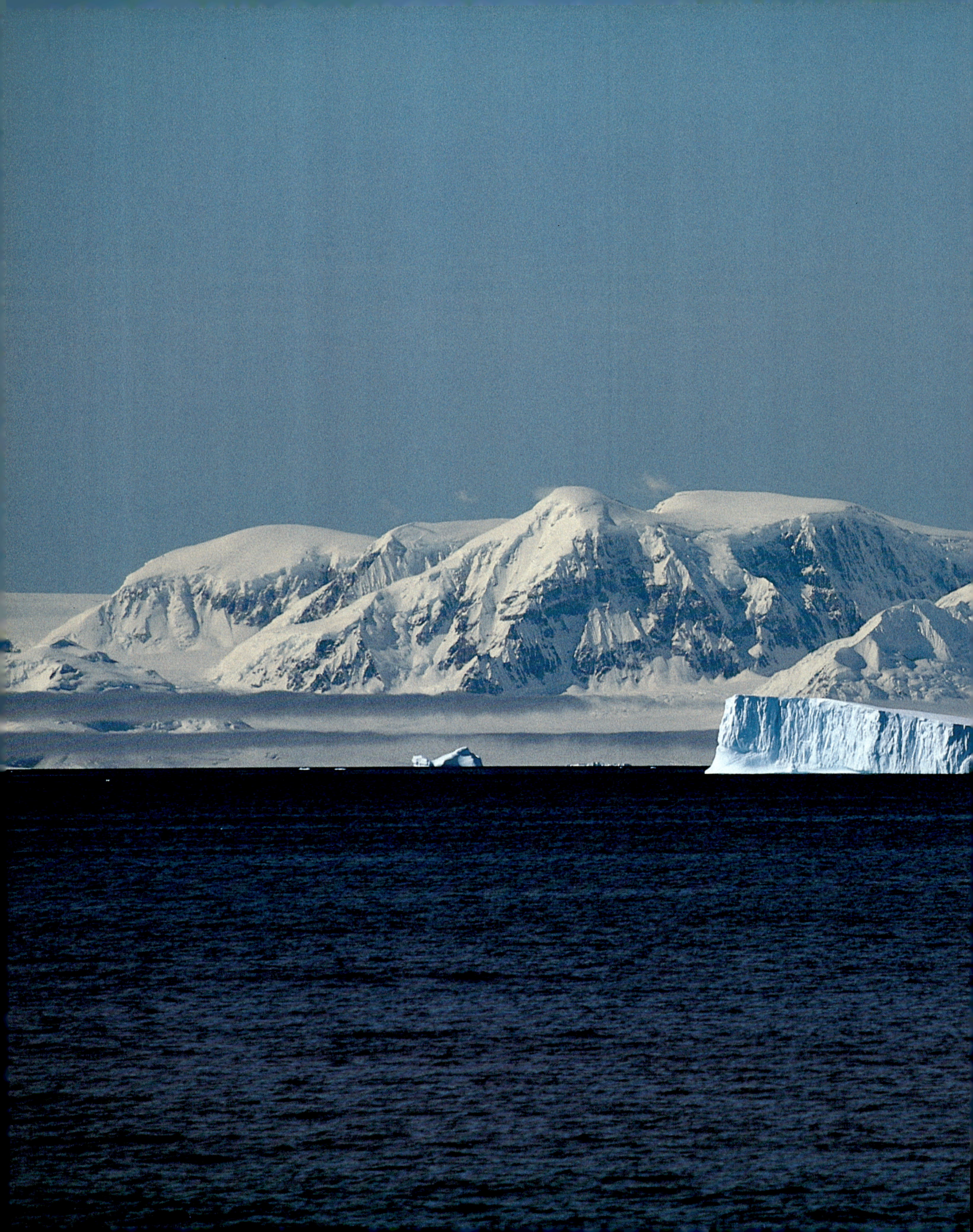

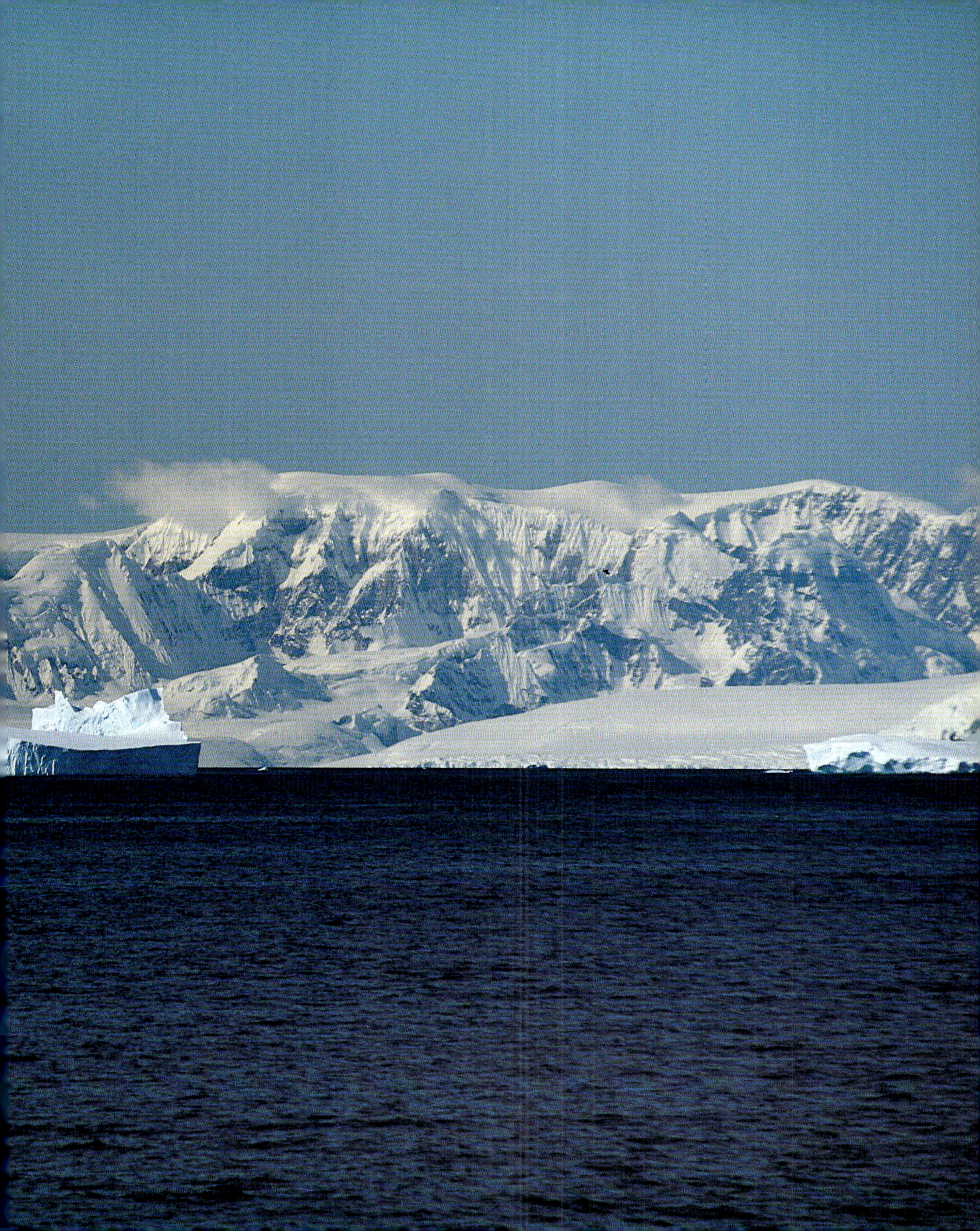

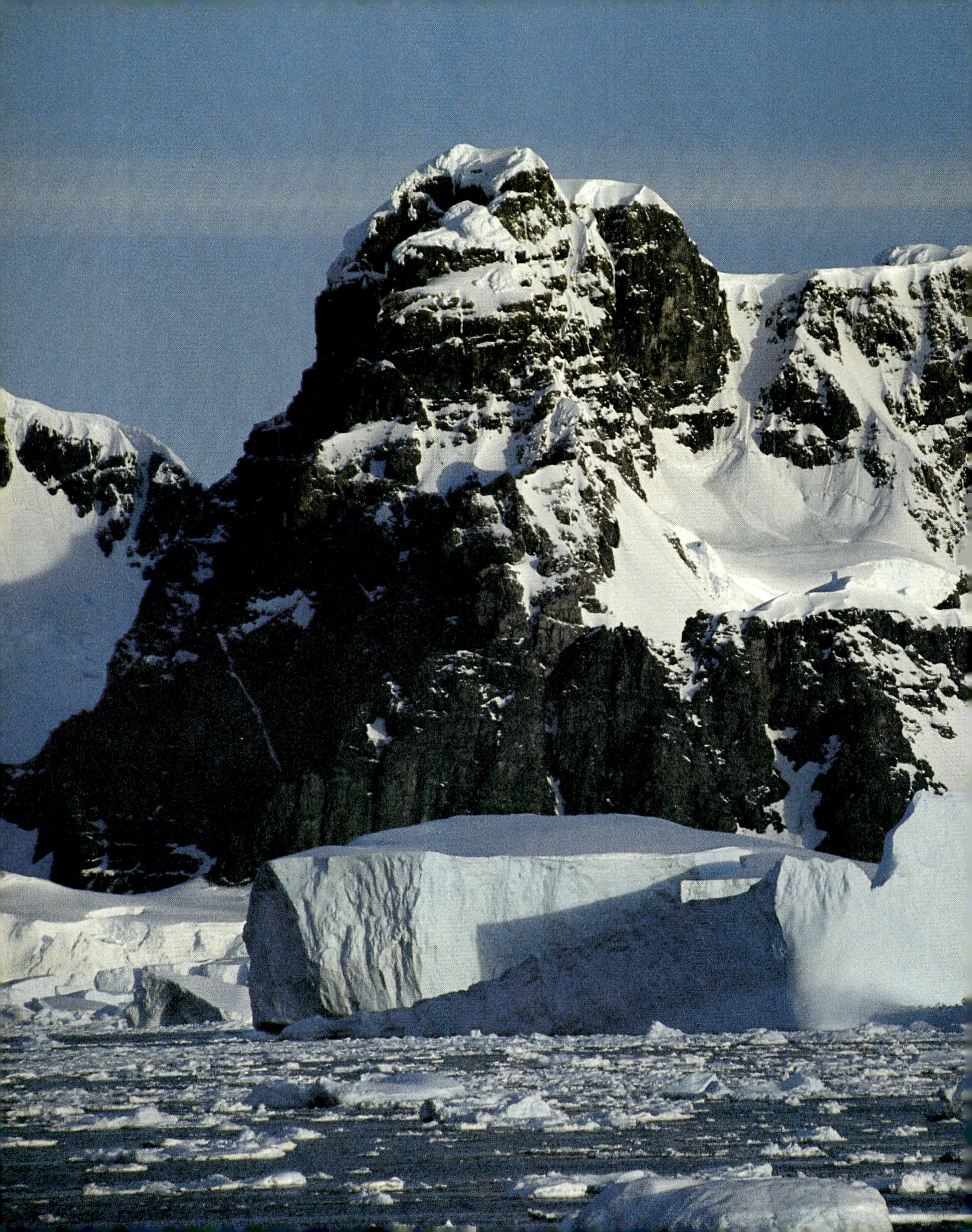

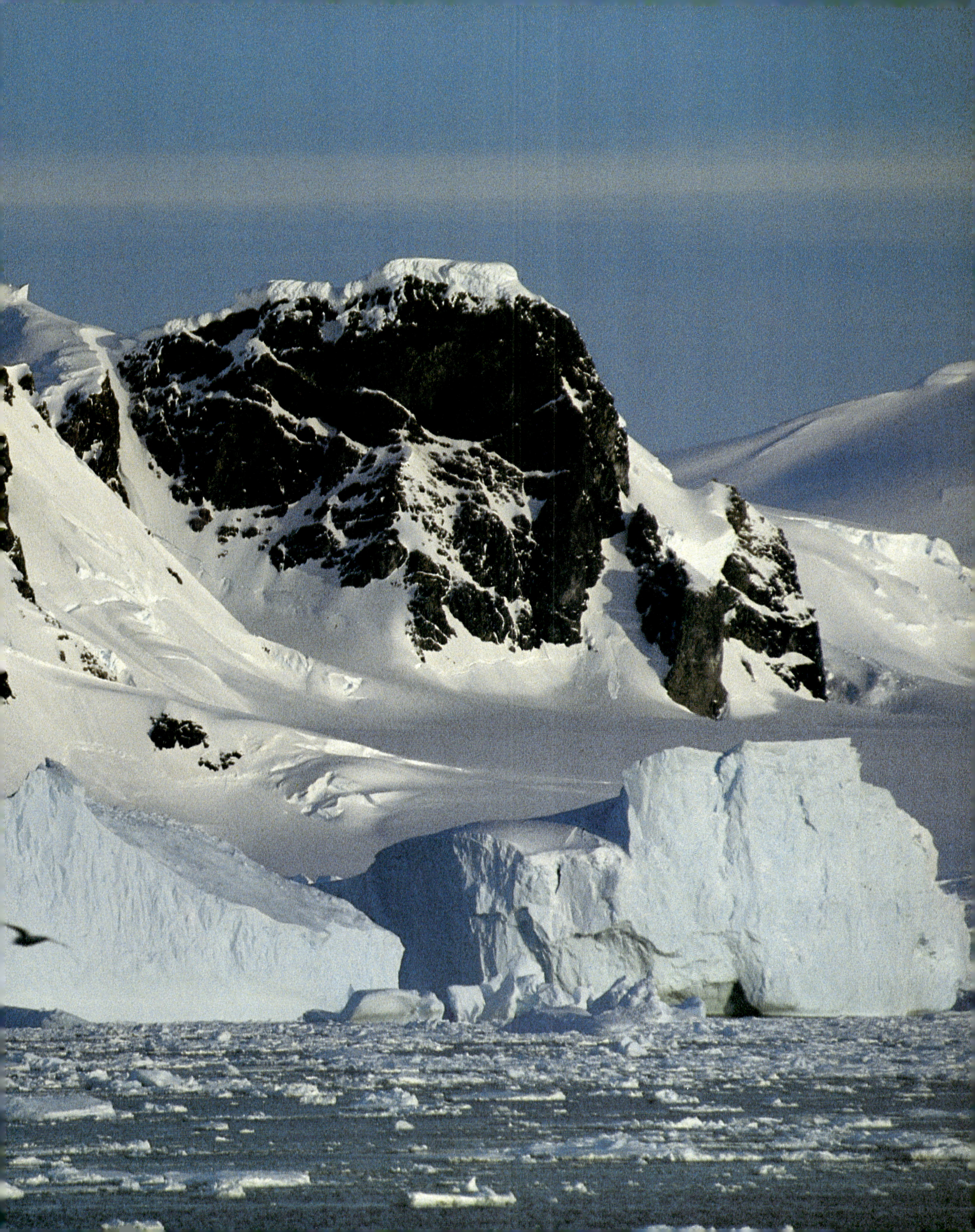

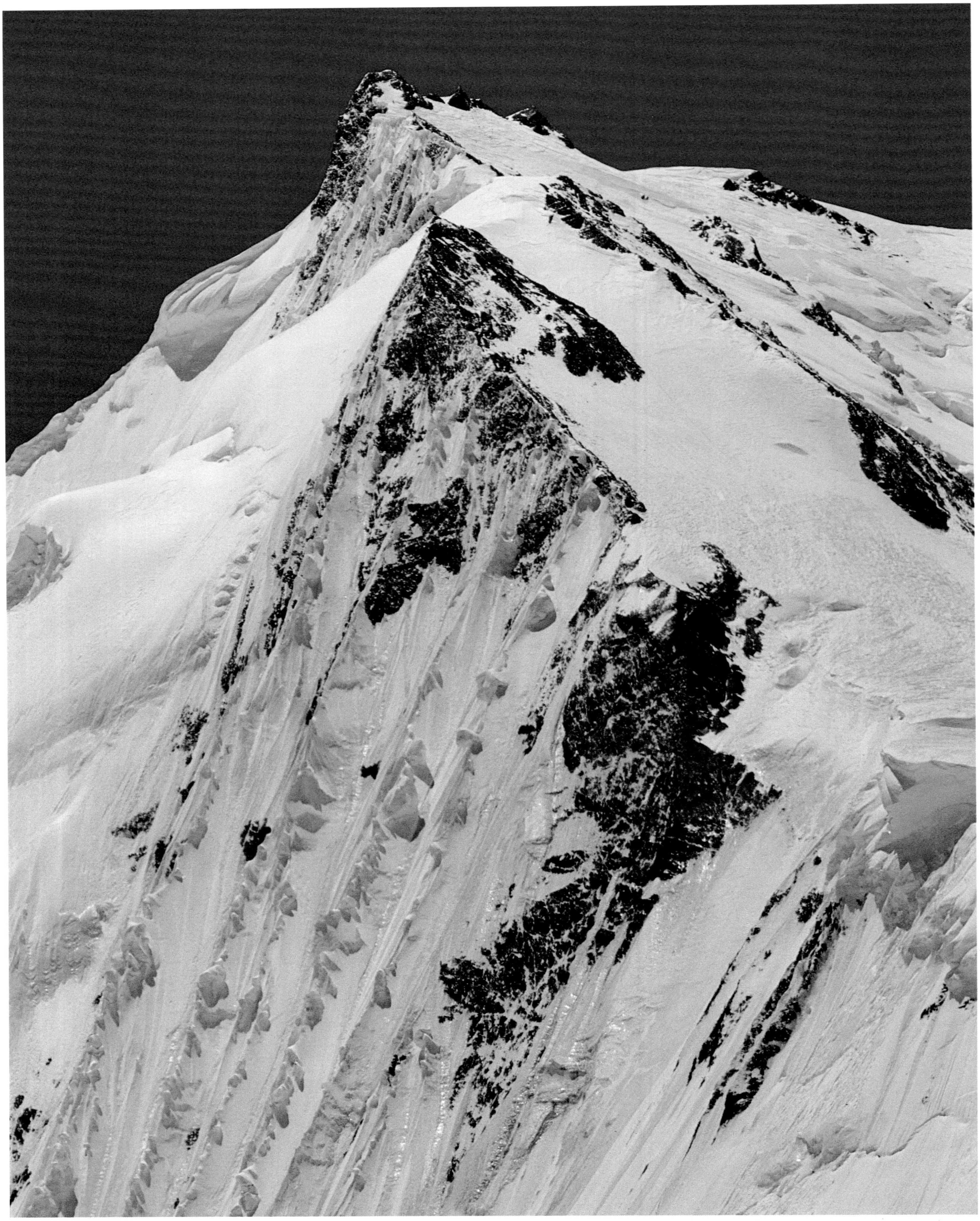

Le monde vu depuis les quatorze montagnes les plus hautes

Juanito Oiarzabal

Né en 1956, Juanito Oiarzabal est le sixième alpiniste à avoir gravi les quatorze sommets de plus de 8 000 mètres. Il a participé à plus de trente expéditions dans l'Himalaya et a également traversé le Groenland et le désert de Taklamakan (Turkestan).

Je suppose que lorsqu'on redescend d'une montagne aussi haute que l'Everest, et d'autant plus si on y est monté sans bouteilles d'oxygène, on devrait éprouver de la satisfaction et remercier la chance et les dieux de la montagne. Mais pour moi, plutôt que de la joie, c'est une sensation de soulagement que j'ai éprouvée à me retrouver dégagé de toutes ces entraves, non pas pour avoir survécu mais pour avoir réalisé quelque chose que seules cinq personnes avaient réussi avant moi : l'ascension des quatorze sommets dépassant 8 000 mètres que compte la planète. À vrai dire, j'avais terminé ma « collection » deux ans auparavant, mais cette fois j'en étais venu à bout, enfin, sans bouteilles d'oxygène. Il ne s'agissait pas d'un caprice mais d'une décision longuement méditée. Dans mon for intérieur, je savais que fouler ces cimes n'a pas la même valeur avec ou sans bouteilles d'oxygène, ou si vous y accédez par une voie ou par une autre, ou bien dans le cadre de vastes expéditions à base de cordes fixes et de porteurs d'altitude. Compte tenu de mes possibilités techniques et de mes capacités physiques, j'ai toujours préféré me mettre à la hauteur de la montagne, plutôt que le contraire. J'ai fait presque toutes ces ascensions avec de petits groupes d'amis, essentiellement parce que c'était moins onéreux et plus simple, mais aussi parce j'ai souvent eu le sentiment que tout, dans ces montagnes, n'a qu'une valeur très relative quand il s'agit d'atteindre la cime. Il m'a ainsi fallu réaliser vingt-cinq expéditions pour réussir à atteindre tous ces sommets dépassant 8 000 mètres. Pour au moins deux d'entre eux, le Shisha Pangma et le Kanchenjunga, j'ai connu de sérieux contretemps : j'ai failli ne pas en revenir. Pour d'autres, cependant, la chance a joué en notre faveur. En bref, aucun de ces sommets ne fut facile ; c'est-à-dire qu'il ne s'agissait pas de ces montagnes dont on redescend en déclarant que ce fut une promenade. Il me semble que le refus de faire usage de bouteilles d'oxygène était une question de principes. Ceux qui avaient atteint les plus hauts sommets de la Terre avant moi, Messner, Loretan, Carsolio, y étaient parvenus par leurs seul moyens personnels. Deux autres, les Polonais Wielicki et Kukucka, avaient utilisé de l'oxygène à l'Everest, mais, en revanche, ils avaient ouvert une voie passablement difficile, dans des conditions très dures, si bien que ce second point compensait le premier. Je voulais être à la hauteur de ces hommes à qui je m'étais si souvent identifié. Je voulais être digne de figurer à leurs côtés. C'est pour cela que j'avais décidé de retourner à l'Everest, même si j'en avais déjà foulé le sommet, et même si les trois expéditions antérieures que j'y avais faites m'avaient laissé pour diverses raisons un arrière-goût désagréable. Telle est la raison pour laquelle, à 45 ans, sans le poids d'aucun masque sur ma bouche ni sur ma conscience, j'avais pris plus de risques que jamais auparavant pour réussir à gravir la cime de l'Everest. Tout était pour moi désormais accompli. Tout cela représentait seize années pleines de satisfactions, quoique ponctuées aussi, pourquoi ne pas le reconnaître, de quelques moments très durs et même parfois amers. Je n'arrivais presque plus à me rappeler comment je m'étais engagé dans ce chemin. À plus forte raison, je ne pouvais imaginer ce qu'il allait advenir quand j'ai commencé à escalader les montagnes des Pyrénées et des Alpes. Si quelqu'un à cette époque m'avait posé la question, je n'aurais pas su correctement indiquer où l'on pouvait trouver un « huit mille ».

Si l'époque des Lumières n'avait pas apporté, parmi d'autres progrès notables, l'unification des systèmes de mesure, on ne parlerait pas des quatorze « huit mille ». Quelques alpinistes britanniques et nord-américains avec lesquels je me suis trouvé dans l'Himalaya plaisantent à propos des montagnes qui dépassent les 25 000 pieds (7 620 mètres).

L'arête nord-est du Chogolisa est l'un des itinéraires les plus élégants et les plus séduisants pour atteindre le sommet de cette montagne du Karakorum.

Si l'on mesurait en pieds au lieu de faire usage du système métrique décimal, ce seraient plusieurs dizaines de montagnes qui dépasseraient cette hauteur. Nous nous sommes trouvés face au même paradoxe, il n'y a pas longtemps, quand nous parvint la nouvelle spectaculaire selon laquelle la montagne la plus haute de la planète serait en réalité le K2. Il y eut pendant quelques mois une polémique, plus sensationnelle que rigoureuse, sur le fait de savoir si le K2 (pour lequel était revendiquée l'altitude inattendue de 8 890 mètres) était plus haut que l'Everest. On organisa des expéditions pour mesurer à nouveau les deux montagnes les plus élevées de la Terre, et l'on vérifia, de façon approximative, que la mesure réalisée au milieu du XIXe siècle était correcte. L'erreur résidait dans l'estimation de l'altitude du socle sur lequel s'élèvent les deux sommets. Spéculant à partir de ces données erronées, une revue spécialisée déduisit qu'il devait y avoir autour quelque 30 montagnes dépassant les 8 000 mètres, et une, l'Everest, qui était supérieure à 9 000 mètres. Comment les événements se seraient-ils déroulés, et qu'aurait été l'alpinisme himalayen s'il en avait été ainsi ? Difficile de le savoir.

Ce qui est certain, c'est que par suite des capricieuses mesures des hommes – et de la pression des plaques tectoniques – seules quatorze montagnes de la planète dépassent les mythiques 8 000 mètres. Ce sont en outre des altitudes, et spécialement dans le cas des cinq « grands » 8 000 mètres, qui sont à la limite des capacités physiologiques humaines dans le cas d'une ascension sans oxygène. Que ce soit ou non un caprice de la nature, tout nous porte à croire que les reliefs montagneux que la Terre déploie sur toute sa surface sont taillés à la mesure de l'homme. Ou peut-être, pour être moins égocentrique, l'homme est-il conçu à l'image et à la ressemblance de la nature la plus rude et la plus sauvage de la planète sur laquelle il lui est échu de vivre. À moins de recourir à des abus de technologie, c'est à grand-peine qu'il peut accéder aux points culminants. Mais de surcroît – et du point de vue du développement historique de l'alpinisme, cela est doublement extraordinaire – il existe un nombre de montagnes qu'on peut considérer comme juste et adapté : s'il y avait moins de montagnes de cette altitude, il est probable que beaucoup d'alpinistes les auraient déjà gravies et que, par conséquent, leur valeur sportive s'en trouverait amoindrie. C'est ce qui est en train de se passer, par exemple, pour l'ascension de l'Everest par la voie normale avec des bouteilles d'oxygène, une énorme quantité de cordes fixes et un grand nombre de sherpas. Le fait est qu'aujourd'hui plus de 1300 personnes ont réussi l'ascension de la plus haute montagne de la Terre. D'autre part, si au lieu de quatorze, il en existait trente ou quarante, il est probable que personne ne les aurait encore toutes escaladées. Peut-être même que personne n'en aurait fait le projet. Reinhold Messner, le premier à avoir gravi les quatorze « huit mille », a eu besoin, par exemple, de seize ans pour y parvenir. Bien que les progrès des communications et d'autres facteurs aient réduit le temps nécessaire aujourd'hui pour escalader l'une de ces montagnes par rapport aux années cinquante, les montagnards ayant vu le monde depuis ses quatorze sommets les plus élevés ne sont qu'une poignée. Et tout laisse à penser que dans les prochaines années ce club très fermé n'accueillera pas une foule excessive si on exclut l'usage de l'oxygène.

Les débuts de l'alpinisme sur ces géants furent très rudes. Après plusieurs années d'exploration, les hommes commencèrent, au milieu du XIXe siècle, à prendre conscience qu'en certaines zones de l'Asie se dressaient des montagnes colossales, bien plus hautes que tout ce que l'on connaissait. Il convient de rappeler que l'on croyait encore, peu auparavant, que le sommet le plus élevé se trouvait dans les Andes, ou que, par exemple, le pic de Teide, aux Canaries, avec ses modestes 3 718 mètres qui se découpent sur la mer, était le plus haut du monde. Les premiers alpinistes qui s'aventurèrent dans les montagnes d'Asie furent éblouis par la majesté de l'Himalaya et du Karakorum où, comme nous le savons aujourd'hui, sont concentrés tous les « huit mille » ; et ils se sentirent aussitôt écrasés par leur immensité, par les problèmes qu'impliquait leur ascension et les limites qu'impose la grande altitude. La première de ces tentatives, et l'une des plus novatrices, fut celle que réalisa Albert Frederick Mummery en 1895 au Nanga Parbat, le « huit mille » qui clôt la chaîne de l'Himalaya à l'ouest. L'alpiniste britannique et ses deux porteurs gurkhas disparurent en passant un col et furent les premières victimes de ce jeu dangereux. C'est ainsi que commença l'histoire tragique du Nanga, qui allait devenir, des années plus tard, le « huit mille » le plus meurtrier avant sa conquête définitive en 1953. Mummery était sans doute très en avance sur son époque, et l'altitude atteinte dans l'éperon central du Nanga fut un succès indubitable. Il lui manquait cependant l'expérience indispensable pour apprécier à leur juste valeur les problèmes rencontrés dans ces montagnes dès qu'on dépasse les 7 000 mètres. Ce britannique révolutionnaire a réussi des ascensions très difficiles dans les Alpes et des escalades de parois rocheuses représentant une grande avancée. Il était sans doute l'un des alpinistes techniquement les plus doués de la fin du XIXe siècle. De plus, les voies les plus faciles des « huit mille » ne peuvent être tenues pour techniquement supérieures à celles que l'on gravissait vers cette époque dans les Alpes.

On peut considérer que Mummery était techniquement préparé pour affronter le Nanga. Mais c'est l'altitude qui confère à ces montagnes un rang supérieur et qui fait leur différence. Et l'univers situé au-delà

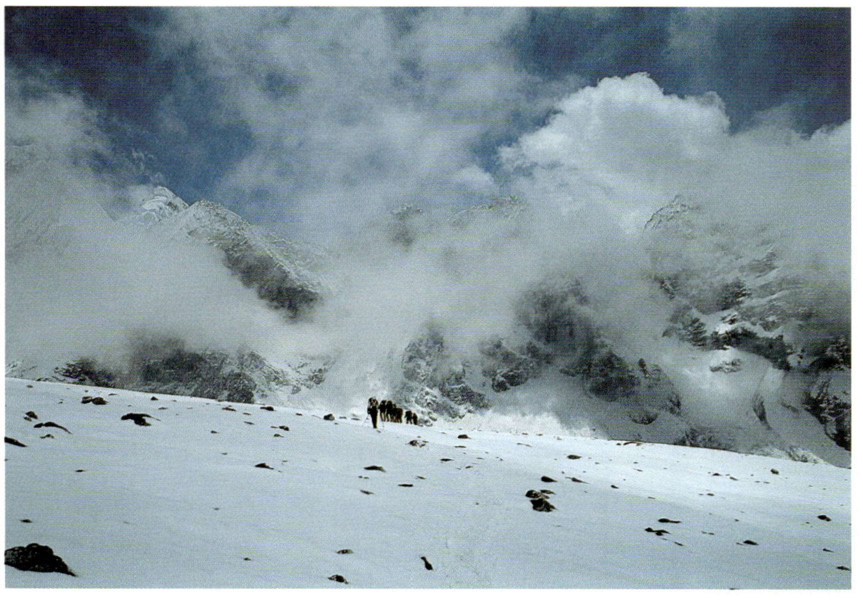

Un groupe de montagnards se dirige vers le camp I de l'Ama Dablam, dans l'Himalaya, au Népal. Au fond, dans le brouillard, se dresse le massif du Kantega.

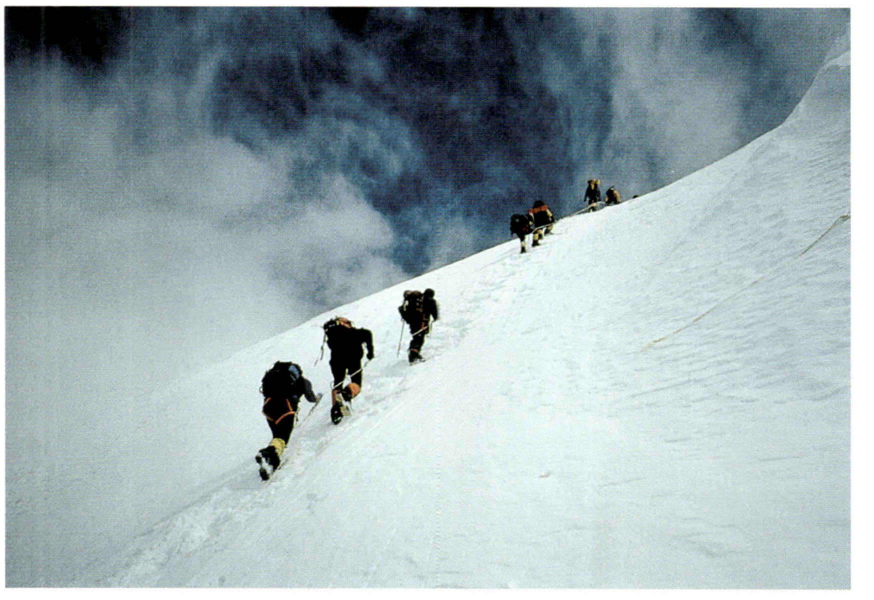

Des alpinistes grimpent le long des cordes fixes pour rejoindre le col nord de l'Everest.

des 7 000 mètres était alors aussi inconnu que Mars peut l'être encore pour nous. Il y avait un long chemin à parcourir avant de connaître (et avec bien des limites) les réactions de l'organisme quand nous nous aventurons dans l'ascension d'une montagne de 8 000 mètres.

Bien que les effets de l'altitude se fassent sentir dès 2 500 mètres, c'est à partir de 6 000 mètres que les fonctions corporelles commencent à se détériorer de façon progressive et sérieuse. Et à mesure que l'on s'élève, cette dégradation se poursuit inexorablement. En réalité, au-delà de 5 000 mètres, il n'y a pas d'acclimatation permanente. C'est l'altitude, *grosso modo*, de la majorité des camps de base à partir desquels commence l'ascension d'un « huit mille ». Bien que la proportion d'oxygène dans l'atmosphère terrestre soit plus ou moins stable, aux environs de 21 %, la pression diminue sur les sommets et les poumons ne captent plus qu'une quantité réduite de ce gaz vital pour la survie de notre espèce. On en déduit que, plus l'alpiniste passe de temps en altitude, plus il est vulnérable. Par ailleurs, le rendement physique est très amoindri par le manque de « combustible » de la machine humaine. Si, au niveau de la mer, un montagnard moyennement entraîné franchit sans grande difficulté des dénivelés de 500 mètres en une heure, à partir de 8 000 mètres il peut mettre plus d'une heure pour gravir seulement 100 mètres. En conditions normales, l'assaut final de l'une de ces montagnes m'a demandé, entre montée et redescente, de neuf à seize heures d'un effort maximal. N'importe quel himalayiste compétent sait qu'à 8 000 mètres, même en pleine forme, avec nourriture, boisson et équipement adéquat, le séjour à telle altitude ne doit durer que quelques heures. C'est-à-dire qu'à partir de 7 500 mètres – ce qu'on a nommé la « zone de la mort » –, le temps joue contre vous. Et cela si tout se passe bien. Mais, comme je l'ai constaté dans ma chair, rien ne se passe comme prévu et, le plus fréquemment, tout se passe mal. Les lois de Murphy se vérifient alors et tout va de mal en pis. C'est cette incertitude, et non la difficulté technique, le froid ou quelque autre élément, qui fait des géants de l'Himalaya un espace réservé aux alpinistes disposés à prendre tous les risques et dotés d'une grande disposition au sacrifice. Un seul fait sera peut-être plus éloquent que beaucoup d'exemples. Si on additionne tous les coefficients de risque de ces quatorze montagnes, on se trouve devant un paradoxe : il est statistiquement impossible de gravir tous ces sommets et de survivre. Quoi qu'il en soit, et au-delà de toutes ces données, les hauts sommets et tout ce qu'ils impliquent d'effort, de mystère et d'aventure, continueront d'attirer les amoureux de la montagne.

Je considère que c'est une raison suffisante pour conserver ce monde intact, à l'abri de la dégradation et de la spéculation mercantiliste. J'ai toujours pensé que les risques sont énormes là-haut, mais que cela vaut la peine malgré tout parce que la montagne a encore beaucoup à nous offrir. Nous ne pouvons pas nous permettre de perdre le silence et la solitude du royaume des hautes cimes.

Après la tragique expérience du Nanga Parbat, les alpinistes découvrirent peu à peu l'univers inconnu, exigeant et dangereux, des hautes altitudes et de l'air raréfié. Ce fut le début d'un âge d'or de l'exploration et l'ascension des quatorze sommets de plus de 8 000 mètres.

Des hommes comme le duc des Abruzzes, Mallory, Houston, Shipton et tant d'autres firent de nouvelles expériences et acquirent des connaissances qui aidèrent à dépasser les limites physiques et mentales des alpinistes. Il faut faire énormément de sacrifices pour oser pénétrer dans un univers où l'on perçoit « l'odeur de l'altitude ». À partir des années 1920, quelques pays se partagèrent l'Himalaya : les Italiens et les Américains allaient viser le K2, les Allemands et les Autrichiens le Nanga Parbat et les Britanniques l'Everest. Mais aucun de ces sommets ne put être conquis, bien que les alpinistes furent bien près de les vaincre tous les trois (non sans payer à la montagne son tribut de victimes). Dans le cas du Nanga Parbat, l'obsession des Allemands fit de ce « huit mille » une sorte de « montagne du destin » pour tout un peuple. Après la Seconde Guerre mondiale, les quatorze « huit mille » furent rapidement gravis, et même avec une certaine facilité. Les progrès techniques engendrés par la concurrence, l'efficacité accrue des vêtements et des équipements d'oxygène eurent pour effet qu'en quinze ans tout juste, entre 1950 et 1964, ces quatorze montagnes furent escaladées. Et cela aurait pu aller plus vite si les Chinois, qui avaient auparavant occupé le Tibet, ne s'étaient pas réservé l'exclusivité de l'ascension du Shisha Pangma, le dernier des « huit mille » à être vaincu et le seul entièrement situé en territoire tibétain. Ce fut une époque mythique d'épopées presque sans égales. Ces premiers « huitmillistes », comme Maurice Herzog, Hermann Buhl, Lionel Terray, Hillary, Tenzing, Bonatti, font désormais partie de la légende. Mais ce n'était là qu'un début. Les Andes, le Karakorum et les Himalaya connurent la même évolution que les Alpes. Ces alpinistes audacieux furent suivis par d'autres hommes non moins courageux. Au début des années 1970, plusieurs groupes se donnèrent pour objectif d'escalader les plus hautes murailles de la Terre. Des alpinistes comme Chris Bonington, Doug Scott, Peter Boardman, Joe Tasker, Nick Estcourt, Don Whilians contribuèrent à l'accomplissement d'un progrès gigantesque, même si ce fut au prix d'un considérable accroissement du niveau de risque dans la pratique de ce type d'alpinisme. Il s'agissait d'ajouter à l'altitude maximum de ces montagnes la difficulté technique et l'immensité des parois de roche et de glace les plus spectaculaires du monde. C'est ainsi qu'on devait escalader la paroi du Rupal du Nanga Parbat, la face sud-ouest de l'Everest, le versant sud de l'Annapurna et quelques autres encore. Mais l'évolution ne devait pas s'arrêter à cela. Plus tard, furent entreprises les ascensions sans sherpas ni cordes fixes, en solitaire, en hiver, dans le style alpin, sans bouteilles d'oxygène. Reinhold Messner domina cette période et devint le premier homme à avoir escaladé les quatorze « huit mille ». C'est une route que nous suivons encore aujourd'hui et je ne sais pas où elle nous mènera. J'espère que la nouvelle génération d'alpinistes sera à la hauteur de cette histoire, écrite par des gens qui considéraient leur activité davantage comme un style de vie que comme un sport.

C'est à tout cela que je pensais quand je revenais de la cime de l'Everest vers le monde des humains où l'on peut s'emplir les poumons d'un air dense et chaud ; je revenais à la vie. Cela avait été dur jusqu'au dernier instant et nous n'y étions pas tous parvenus. Une fois de plus l'expérience m'avait démontré à quel point ces hauts sommets sont durs et cruels, et à quel point il est insensé d'y transposer les notions de justice, telles que nous les concevons. Jusqu'au bout le sommet nous avait tenu tête. Mais, à la fin, après deux années de tentatives et quarante jours d'escalade sans trêve, Juan Vallejo et moi nous avions réussi à l'atteindre. Cela n'avait pas été facile, d'aucune façon. Certains de mes compagnons avait enduré une souffrance aux limites du supportable et, malgré cela, ils avaient dû faire demi-tour. Pour leur rendre justice, je peux dire que, comme Ferran Latorre, ils avaient préféré trébucher trois fois de suite plutôt que d'utiliser un masque à oxygène. C'était la troisième fois que Ferran dépassait les 8 500 mètres à l'Everest, par des voies difficiles, et il n'avait cependant pas réussi à fouler la cime. Cela me semblait terriblement injuste. Mais ces montagnes sont ainsi. En réalité, ce sont des accidents géographiques soumis aux lois de la physique et dans lesquels les hommes projettent leurs sentiments et leurs désirs. J'ai entendu dire que ces montagnes sont grandes, mais que, si l'on prend les hommes comme référence, elles deviennent grandioses. Je suis tout à fait d'accord. C'était ma quatrième expédition et je croyais avoir payé plus que largement mon tribut d'efforts et de sacrifices à la plus haute montagne de la Terre. Tandis que je marchais sur le glacier de Rongbuk pour regagner le camp de base et retrouver mes compagnons, j'ai jeté un regard en arrière et j'ai vu la cime dégagée qui jouait entre les nuages. C'est là que j'avais été quelques heures auparavant, mais quand je la regardais d'en bas, il me semblait que cela faisait un siècle. Dans ma tête se mélangeaient et se superposaient les images de mes diverses expéditions à l'Everest. Depuis la première, il s'était écoulé plus de dix ans. Il y avait eu notre tentative ratée de gagner la cime par la voie Bonington, sur la face sud-ouest, l'itinéraire probablement le plus prestigieux de la montagne. Je frémis en pensant au froid dont nous avions souffert et aux efforts que nous avions fournis sans que la montagne daigne s'apitoyer et nous offrir une chance. Presque de la même façon que l'année précédente par le versant nord, en suivant les traces des pionniers britanniques. Nous avons fait demi-tour, vaincus, mais, en revanche, nous avons connu des moments uniques, de ceux que l'on n'oublie pas ; comme la possibilité de nous mettre dans la peau d'alpinistes géants comme Irvine et Mallory, que pendant deux mois nous avons fait revivre en habillant deux de nos compagnons avec les vêtements du siècle passé. Et c'est dans cette tenue qu'ils réussirent à dépasser les 8 000 mètres, jusqu'au lieu où l'on suppose que disparurent les deux Britanniques, le 8 juin 1924. Ensuite, lors de notre effort décisif vers la cime, une tempête s'abattit sur la montagne, et depuis le pied du second ressaut, à 8 600 mètres d'altitude, il nous fallut rebrousser chemin dans des conditions très défavorables. Ce fut une descente aux limites de l'extrême, comme cette dernière tentative l'avait été, mais au moment d'arriver en bas j'avais déjà décidé d'essayer à nouveau. C'est probablement pour ça que ce jour de mai 2001, de retour à la maison, j'éprouvais quelque nostalgie devant cette vision de l'Everest, probablement la dernière, je le pressentais, et la plus décisive de ma vie de montagnard. L'ombre du Chomolungma m'écrasait de son imposante majesté. Je me rappelais précisément les quelques minutes précieuses et émouvantes que j'avais passées au sommet. Alors défilèrent dans ma tête, dans un flux vertigineux, les images de tant d'amis qui m'avaient aidé à mener à son terme le chemin des quatorze sommets les plus hauts de la Terre. À ce moment, je me suis spécialement rappelé ceux qui ne sont plus, comme mes chers amis Miranda, Atxo, Zulu ou Félix, qui m'avaient accompagné en plusieurs de ces ascensions, mais aussi ceux qui m'ont poussé vers là-haut. J'avais définitivement clos un cycle qui avait commencé en 1985, quand j'avais réalisé ma première expédition au Cho Oyu. J'étais heureux d'avoir survécu, de rentrer chez moi. Mes yeux s'embuèrent de larmes et mon cœur s'emplit d'un sentiment inexp icable. J'avais la certitude que c'est seulement avec l'appui de tant de gens de qualité que j'avais pu réussir. Et je ne pourrai jamais l'oublier.

LES QUATORZE « HUIT MILLE »

Montagne	*Altitude*	*Pays*	*Premiers ascensionnistes*
EVEREST	8 850 mètres (29 028 pieds)	Népal - Chine	Edmund Hillary-Tenzing Norgay (29 mai 1953)
K2	8 611 mètres (28 250 pieds)	Pakistan - Chine	Lino Lacedelli, Achille Compagnoni (31 juillet 1954)
KANCHENJUNGA	8 586 mètres (28 169 pieds)	Népal - Inde	G. Band, J. Brow (25 mai 1955)
LHOTSE	8 516 mètres (27 940 pieds)	Népal - Chine	F. Luchsinger, E. Reiss (18 mai 1956)
MAKALU	8 463 mètres (27 766 pieds)	Népal - Chine	Jean Couzy, Lionel Terray (15 mai 1955)
CHO OYU	8 201 mètres (26 906 pieds)	Népal - Chine	H. Tichy, S. Jöchler, P. D. Lama (19 octobre 1954)
DHAULAGIRI	8 167 mètres (26 795 pieds)	Népal	E. Forrer, A. Schelbert, M. Vaucher (13 mai 1960)
MANASLU	8 163 mètres (26 781 pieds)	Népal	T. Imanishi, Gyaltsen Norbu (9 mai 1956)
NANGA PARBAT	8 125 mètres (26 660 pieds)	Pakistan	Hermann Buhl (3 juillet 1953)
ANNAPURNA	8 091 mètres (26 545 pieds)	Népal	Maurice Herzog, Louis Lachenal (3 juin 1950)
HIDDEN PEAK	8 068 mètres (26 470 pieds)	Pakistan - Chine	P. Schoening, A. Kauffmann (4 juillet 1958)
BROAD PEAK	8 047 mètres (26 400 pieds)	Pakistan - Chine	M. Schumuck, F. Wintersteller, H. Buhl, K. Diemberger (9 juillet 1957)
GASHERBRUM II	8 035 mètres (26 360 pieds)	Pakistan - Chine	S. Larch, H. Willenpart, F. Moravec (7 juillet 1956)
SHISHA PANGMA	8 030 mètres (26 347 pieds)	Chine	10 alpinistes chinois et tibétains (2 mai 1964)

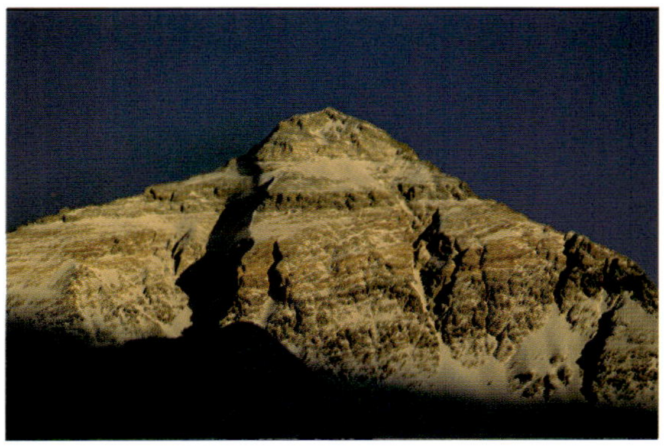

Versant nord de l'Everest (8 850 mètres). À gauche, on peut voir l'arête nord-est, avec le premier et le second ressaut.

Le K2 (8 611 mètres), le Broad Peak (8 047 mètres) et le glacier de Baltoro, depuis le camp II sur l'arête nord-est du Chogolisa (7 654 mètres).

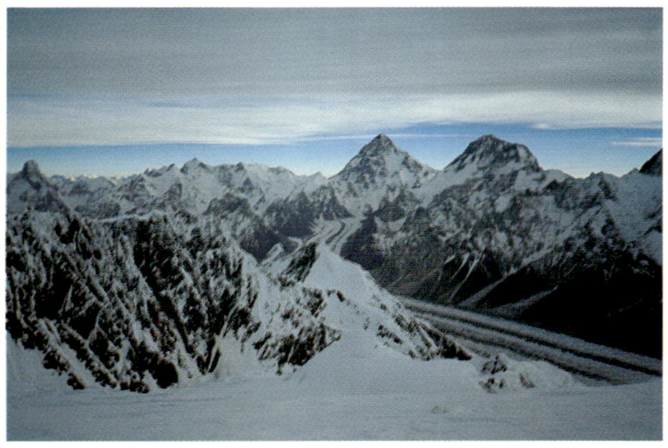

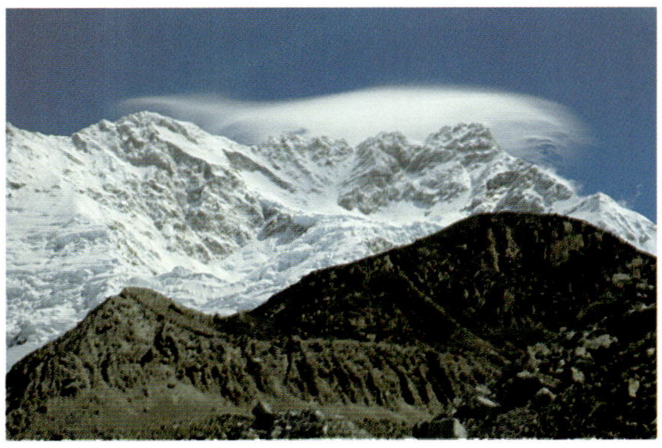

Situé entre le Népal et l'Inde, le Kanchenjunga est, avec ses 8 586 mètres, la troisième montagne la plus haute de la Terre et sans doute l'une des plus terribles pour les alpinistes. Son nom est dérivé du tibétain et signifie les Cinq Trésors de la Grande Neige.

L'une des murailles les plus difficiles et les plus exposées de la Terre : la face sud du Lhoste (8 516 mètres).

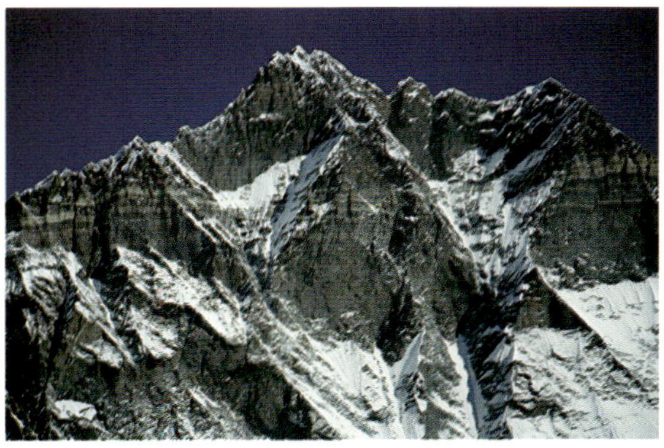

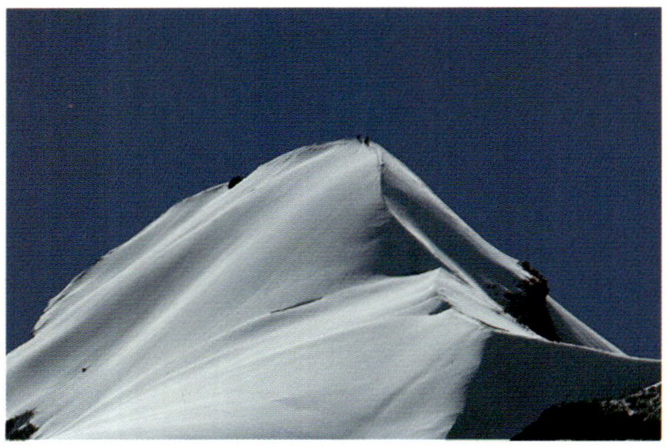

Alpinistes gravissant la première « bosse » du pilier ouest du Makalu (8 463 mètres).

Le versant ouest, éclairé par le soleil couchant, de la pyramide sommitale du Hidden Peak (8 068 mètres) ou Gasherbrum I.

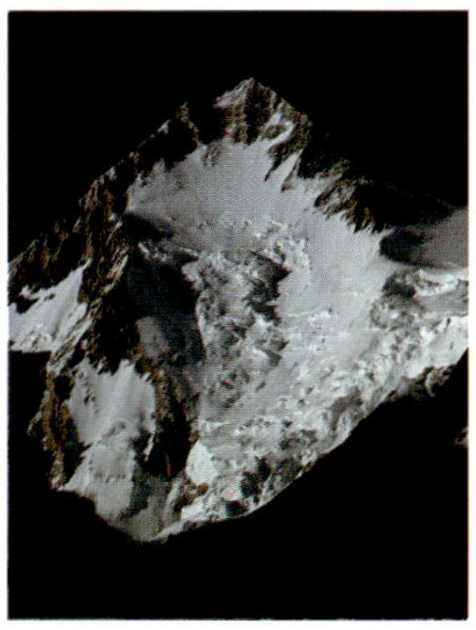

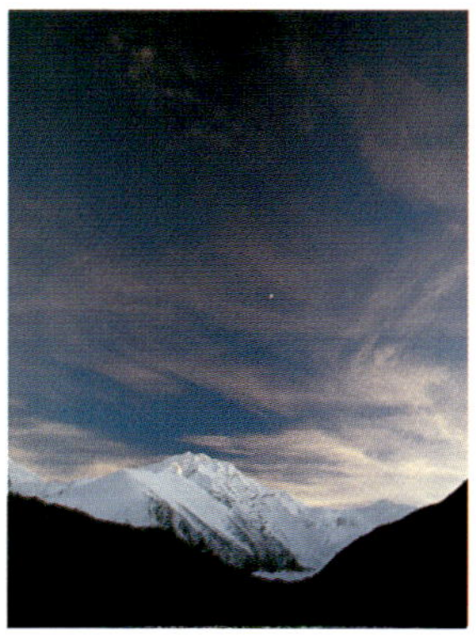

Le Shisha Pangma (8 030 mètres) est l'unique « huit mille » intégralement situé en territoire tibétain. En 1964 il fut le dernier des quatorze à être conquis.

Une montagne élancée sur le versant tibétain du Nangpa La.

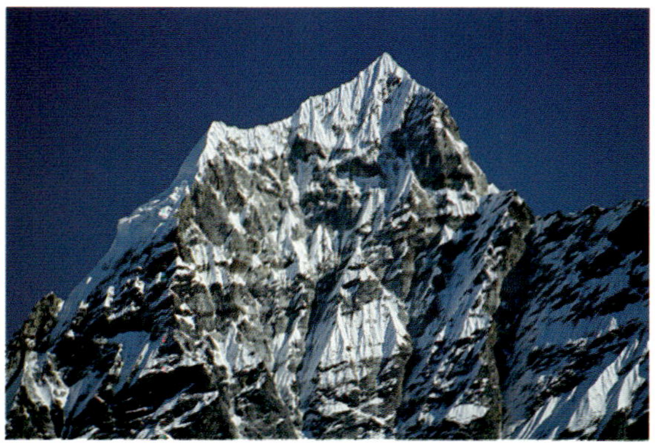

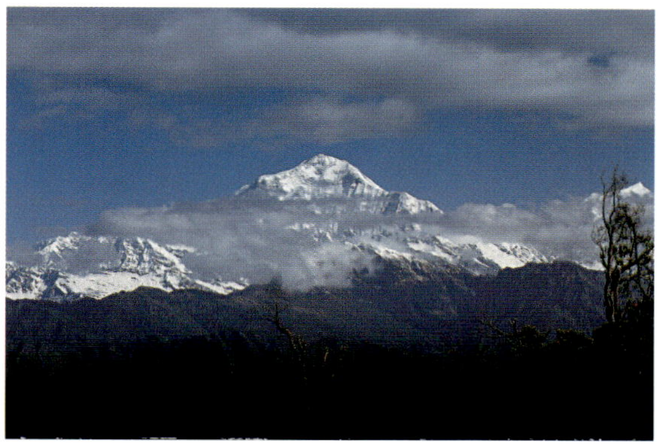

La Montagne blanche, le Dhaulagiri (8 167 mètres), frôlant les nuages de l'aube, depuis la vallée de Kali Gandaki.

Le Manaslu, montagne entièrement située au Népal, le royaume de l'Himalaya par excellence, s'élève jusqu'à 8 163 mètres à sa cime principale. Son nom peut se traduire par la Montagne de l'Esprit, beaucoup plus évocateur que celui de Pic XXX que lui avaient attribué les topographes britanniques.

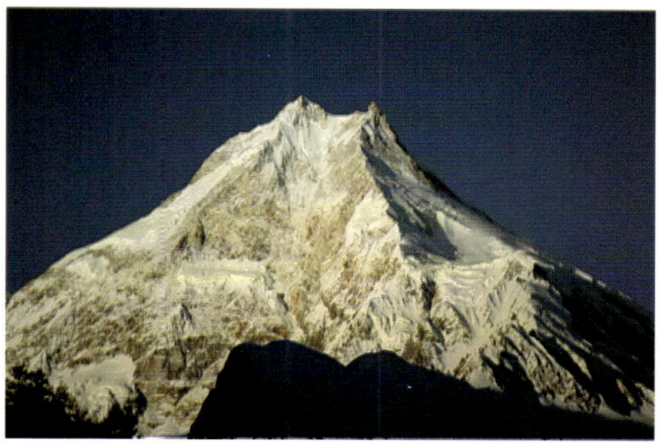

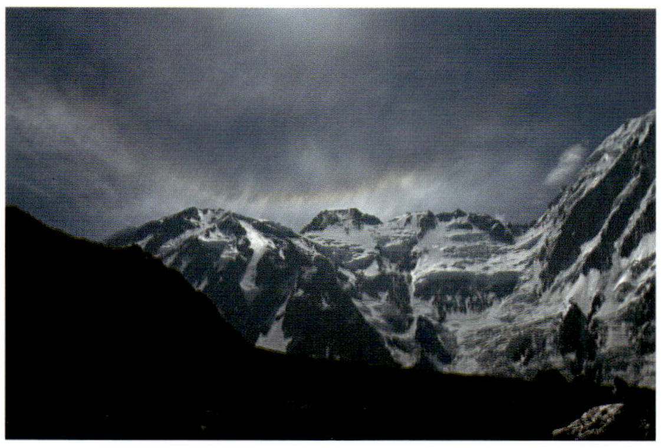

Le versant ouest, dit de Diamir, du terrible Nanga Parbat (8 125 mètres). Pendant des années, le Nanga fut considéré comme la « montagne assassine » à cause du grand nombre de victimes que coûta son ascension.

L'Annapurna sud (7 219 mètres). Népal.

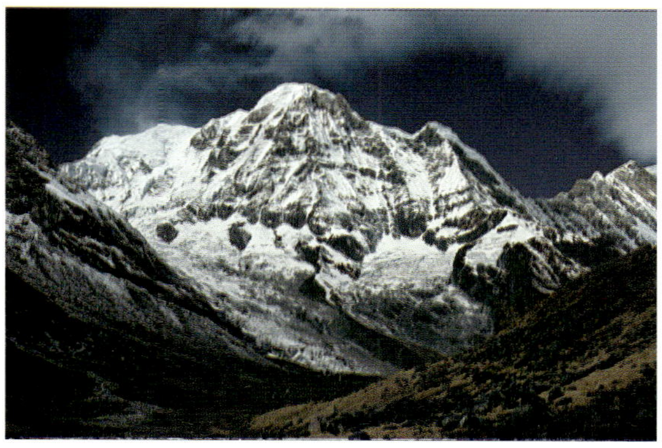

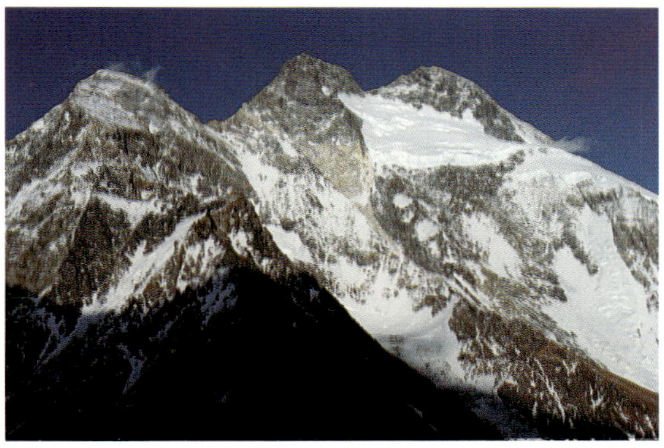

Les trois sommets du Broad Peak. La cime principale (8 047 mètres) est celle qui se voit le plus à droite.

Le Gasherbrum II (8 035 mètres) est situé dans le cirque des Gasherbrum, aux confins du Pakistan et du Xinjiang chinois. Ce « huit mille » est l'un des moins élevés des quatorze, mais aussi l'un des plus beaux. Son nom signifierait la Montagne lumineuse.

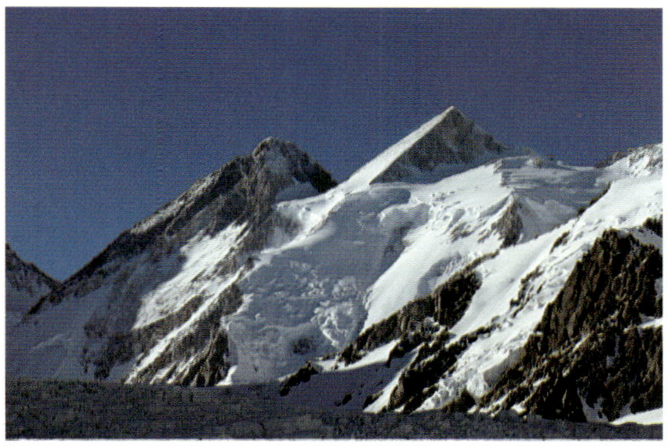

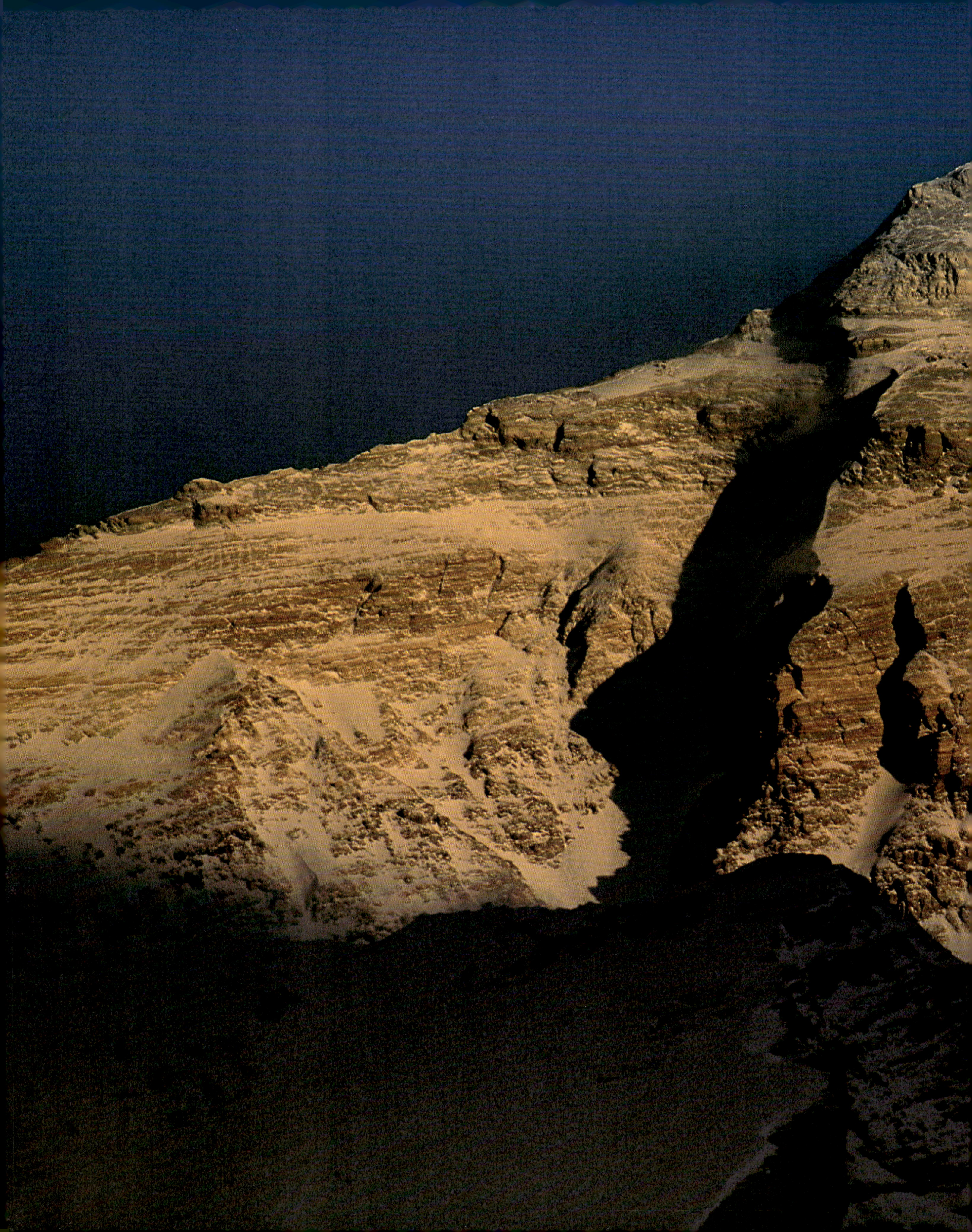

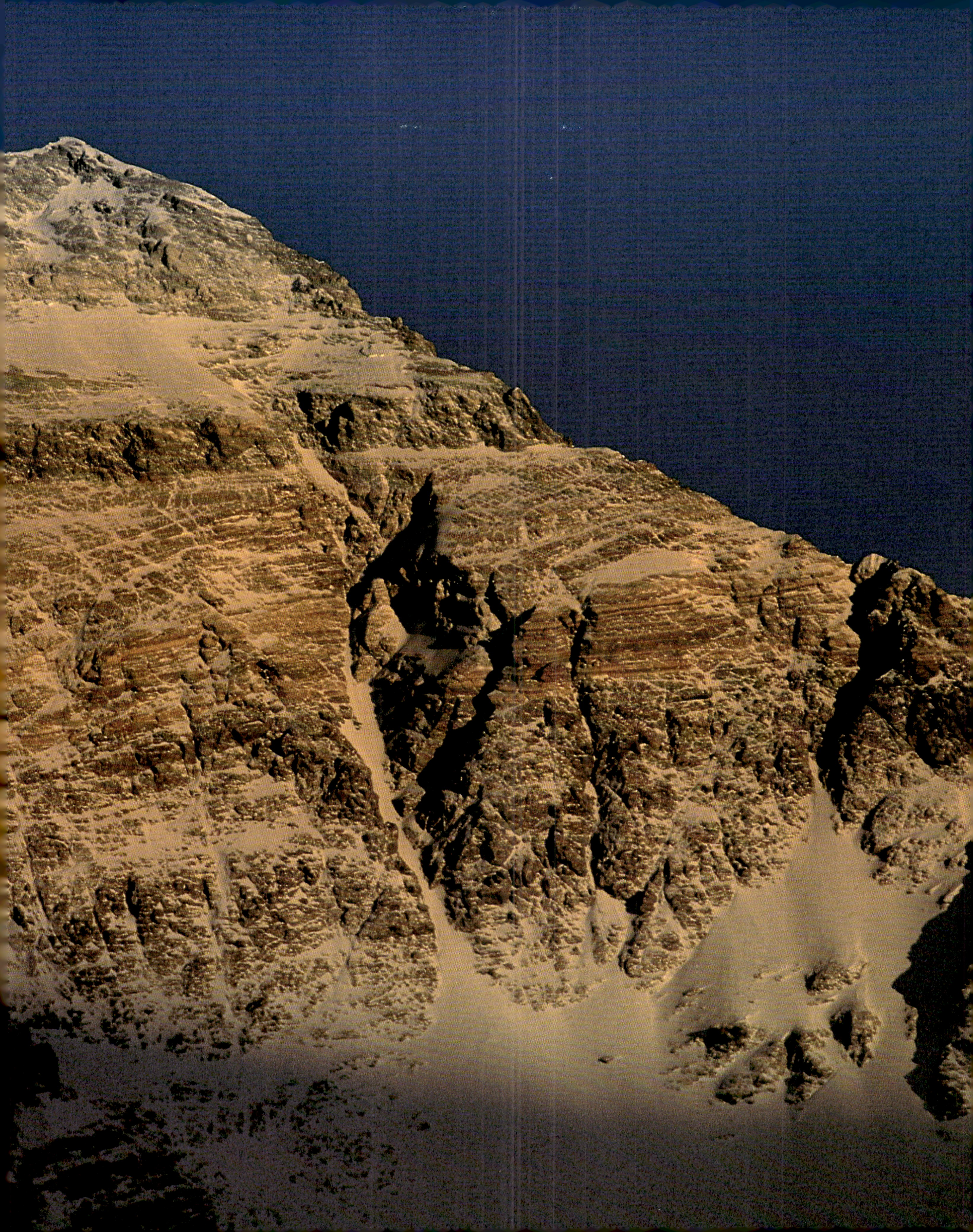

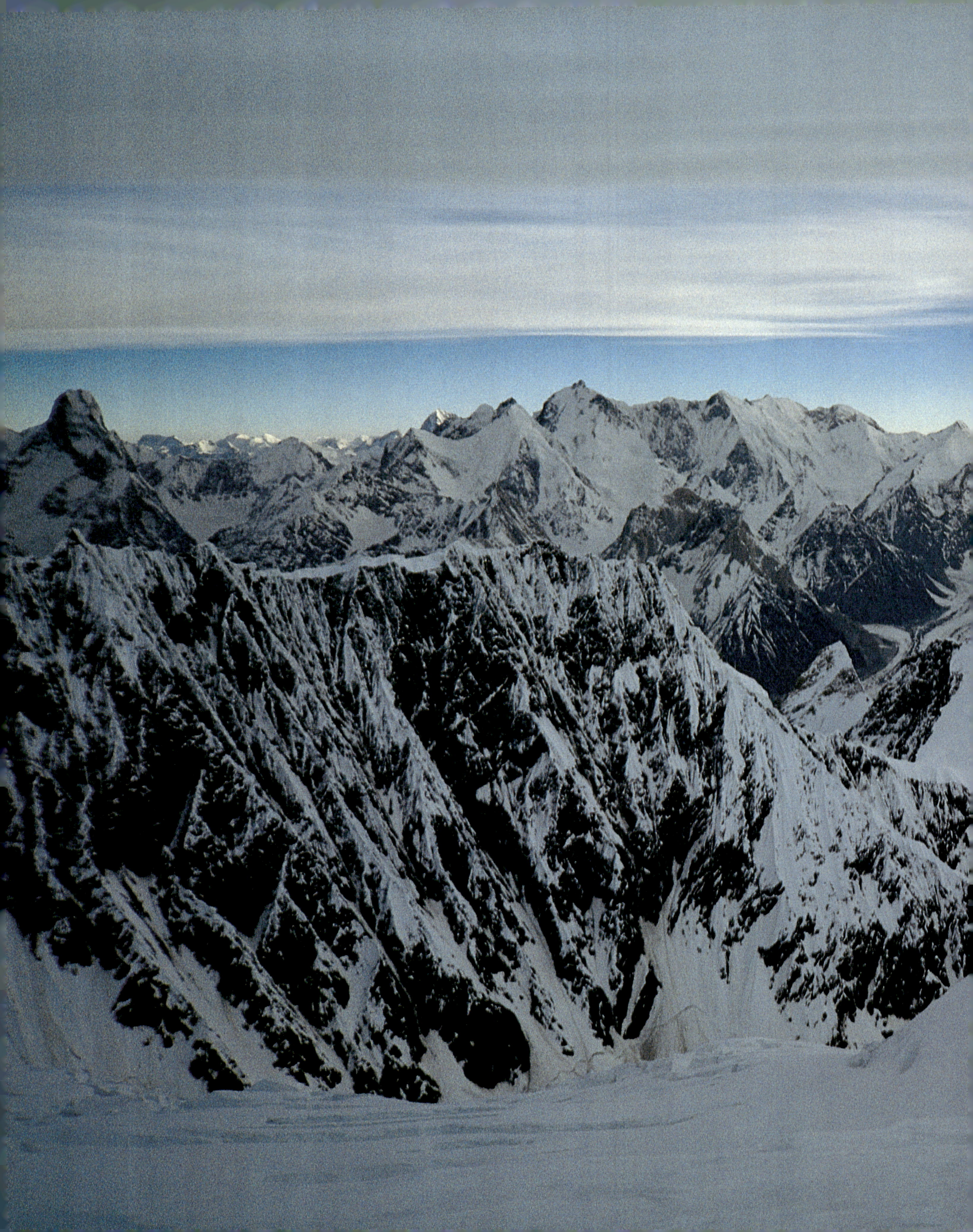

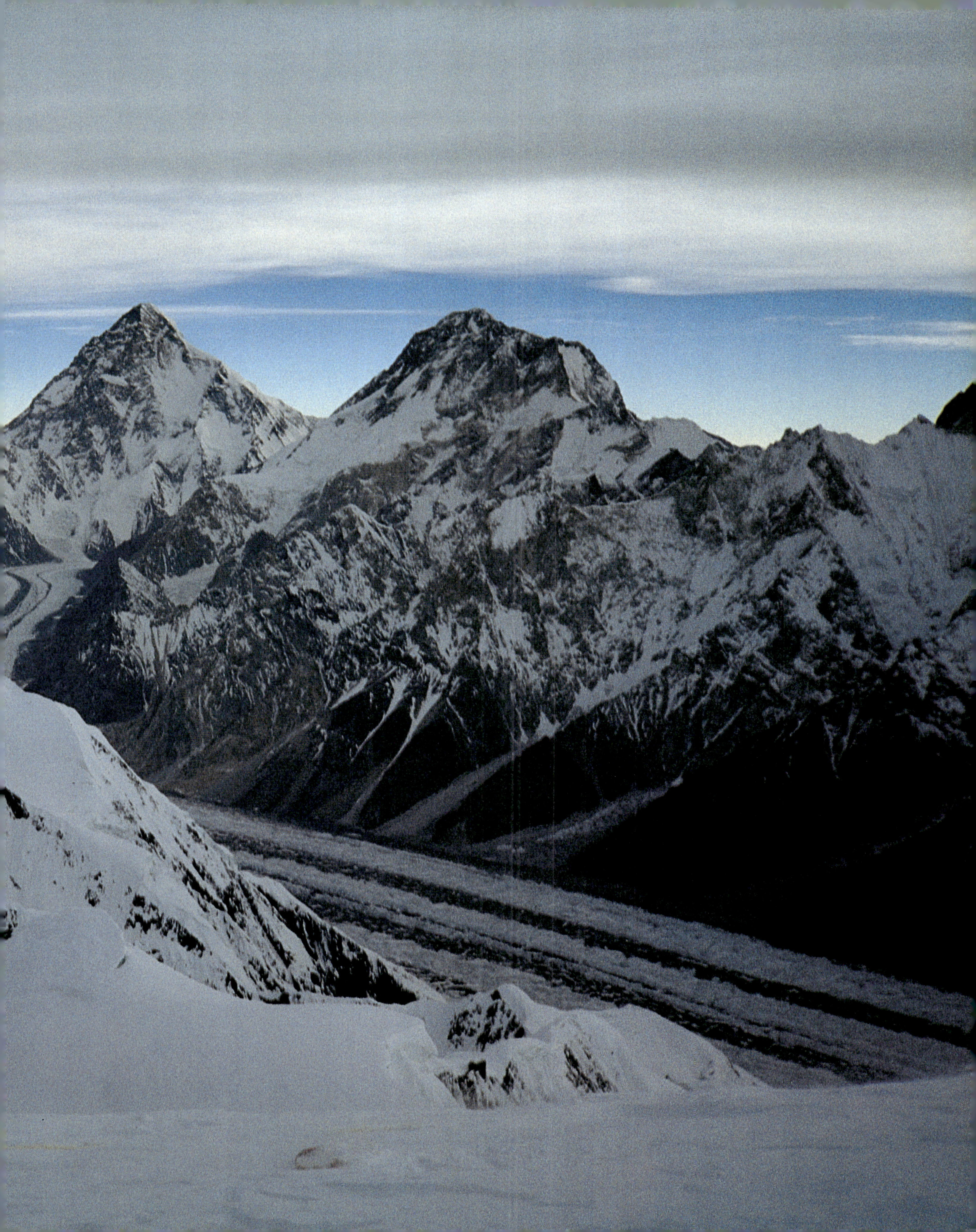

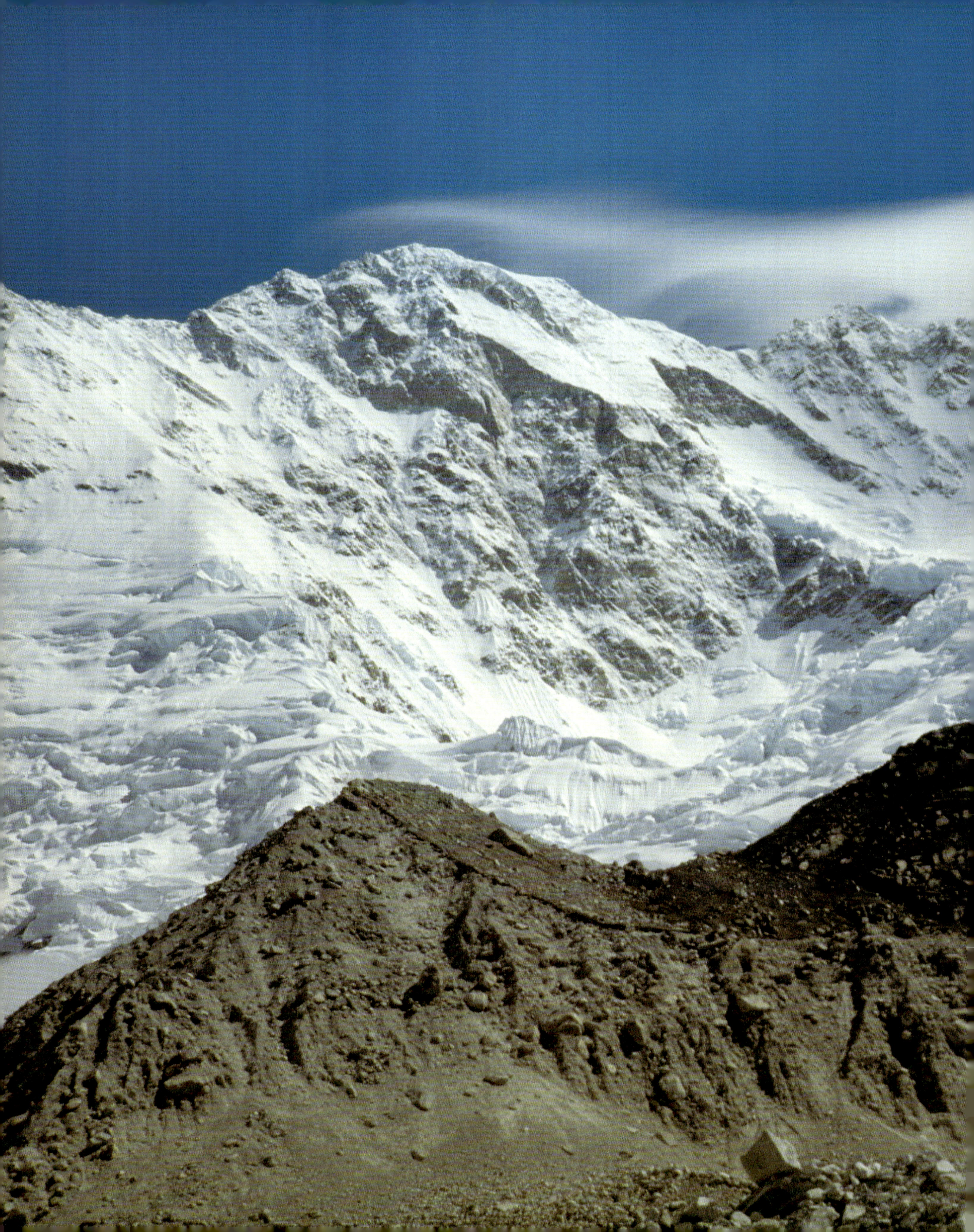

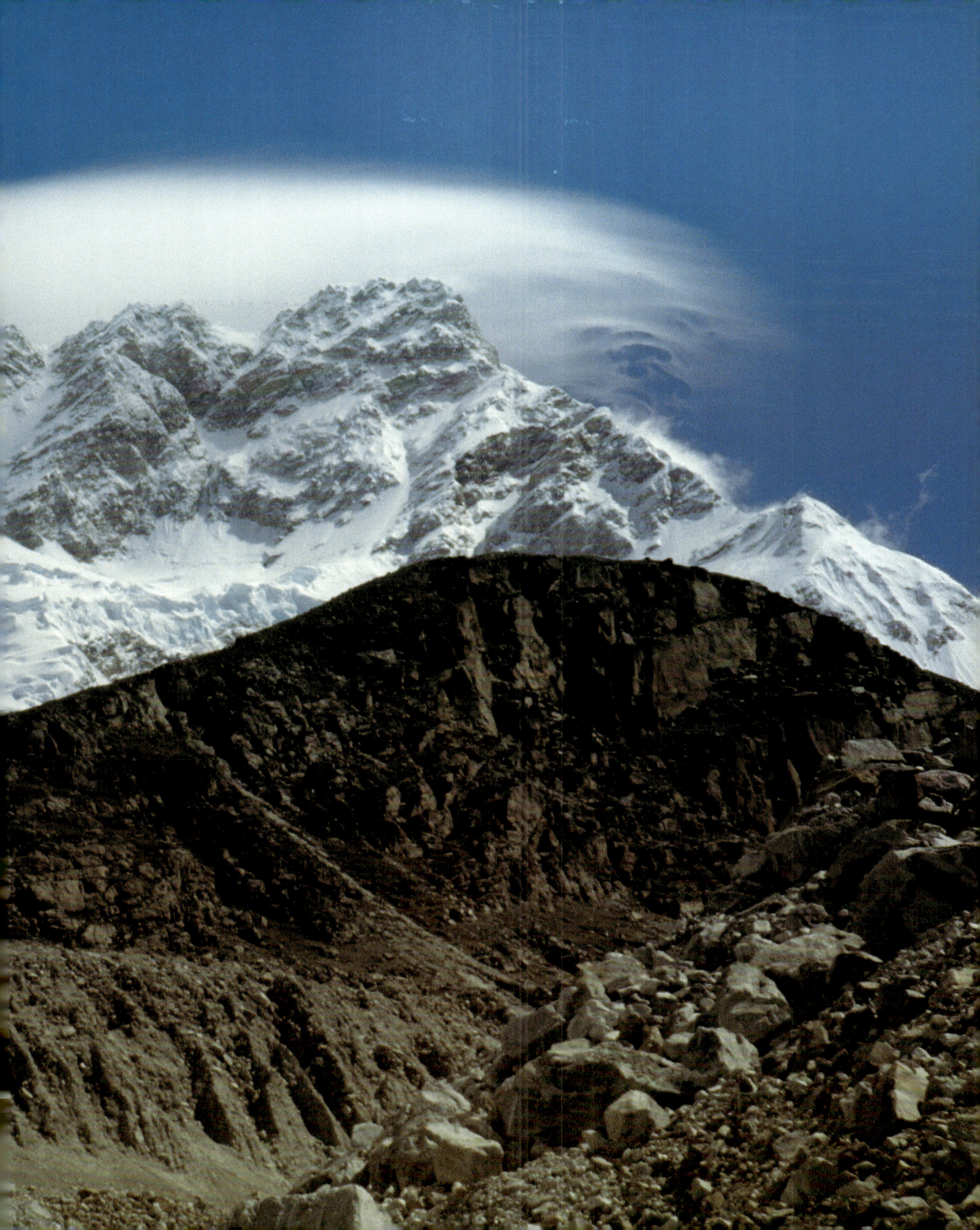

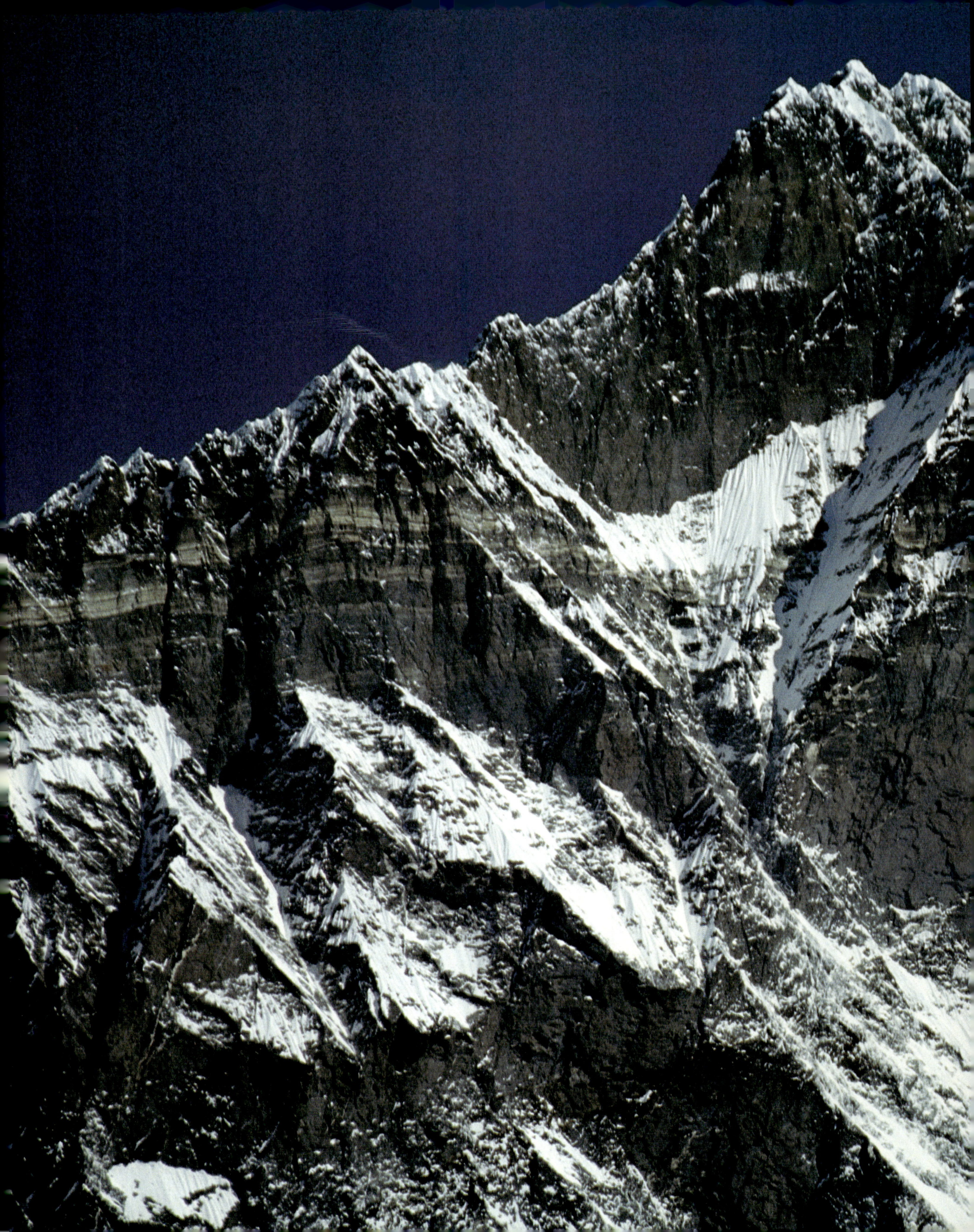

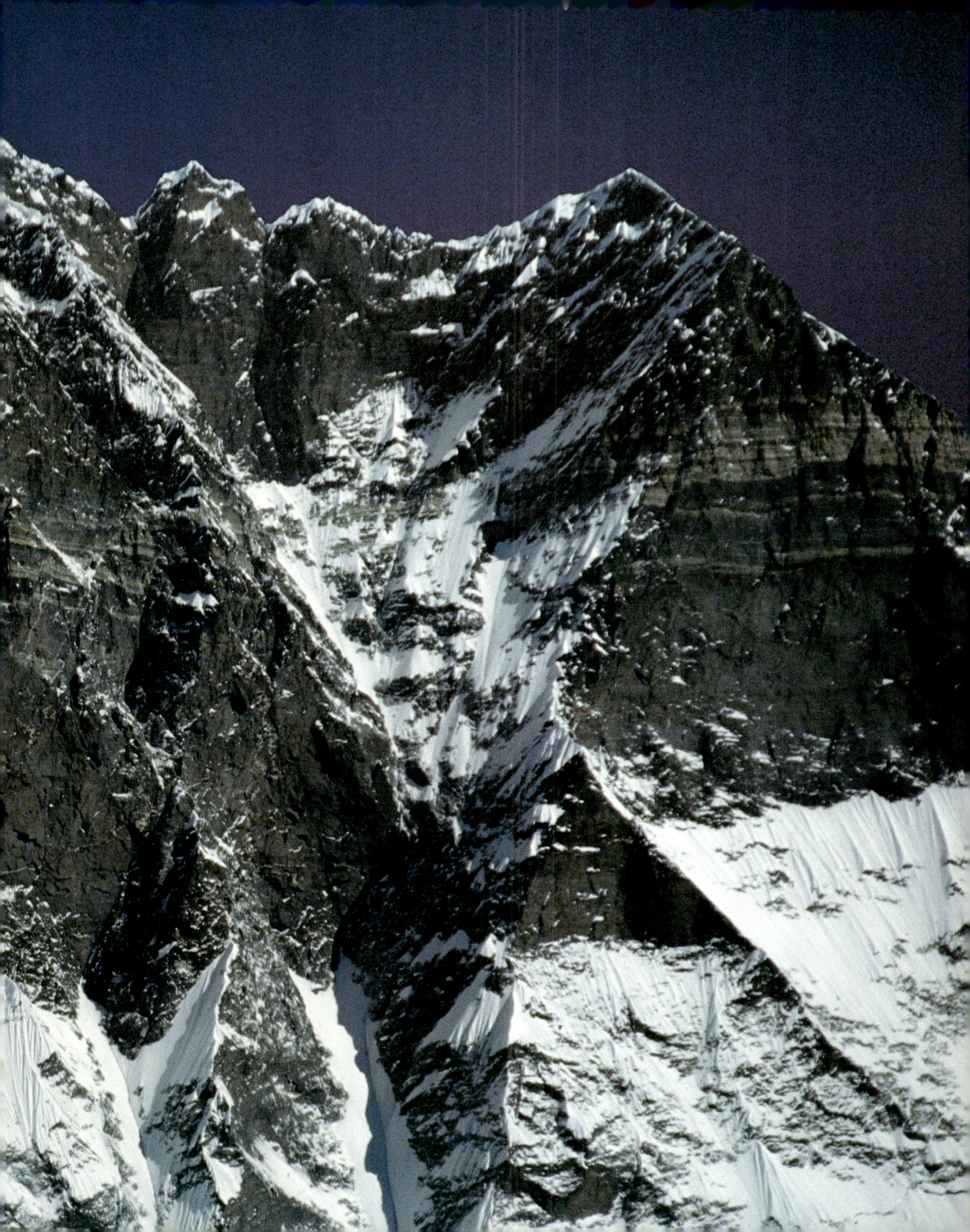

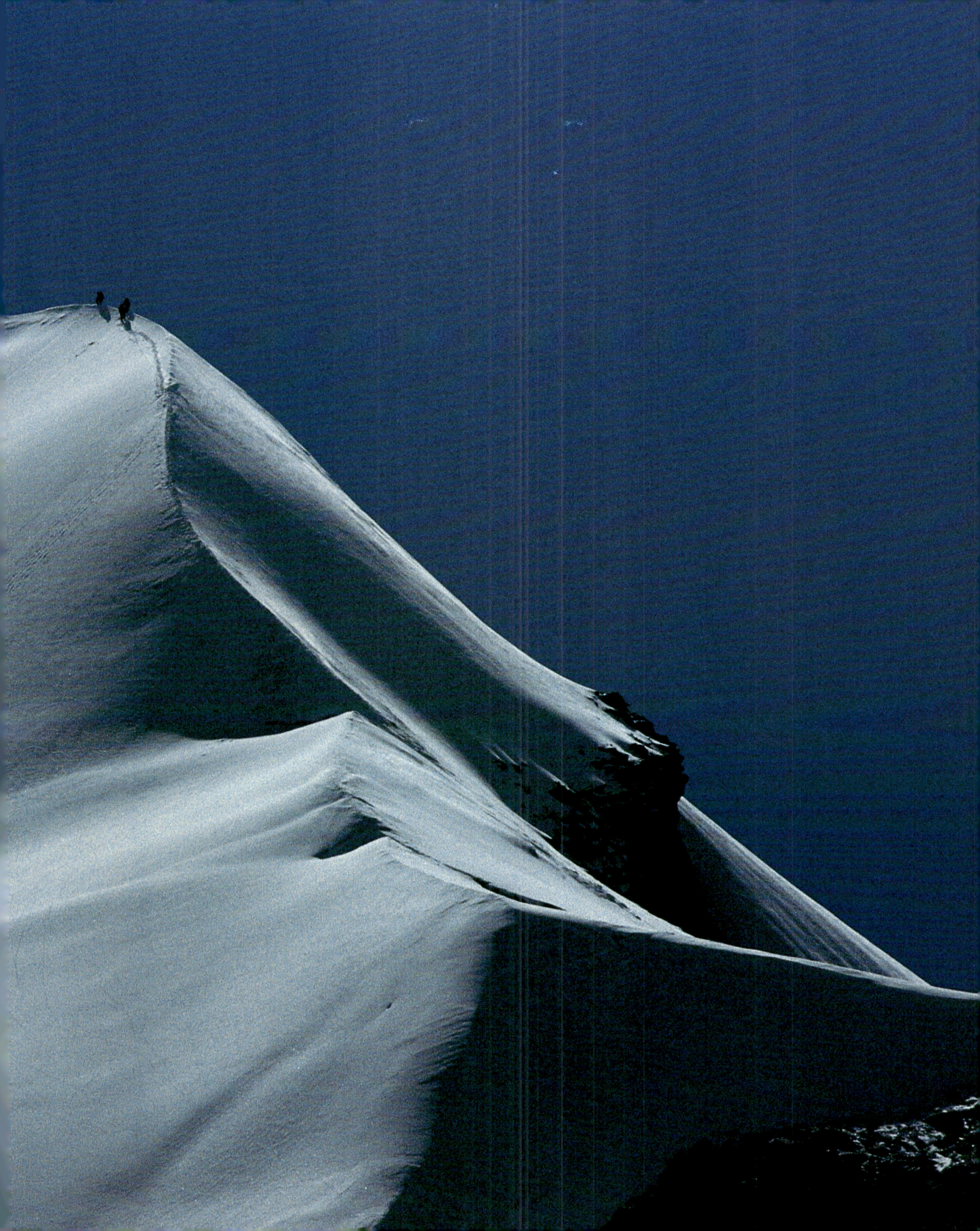

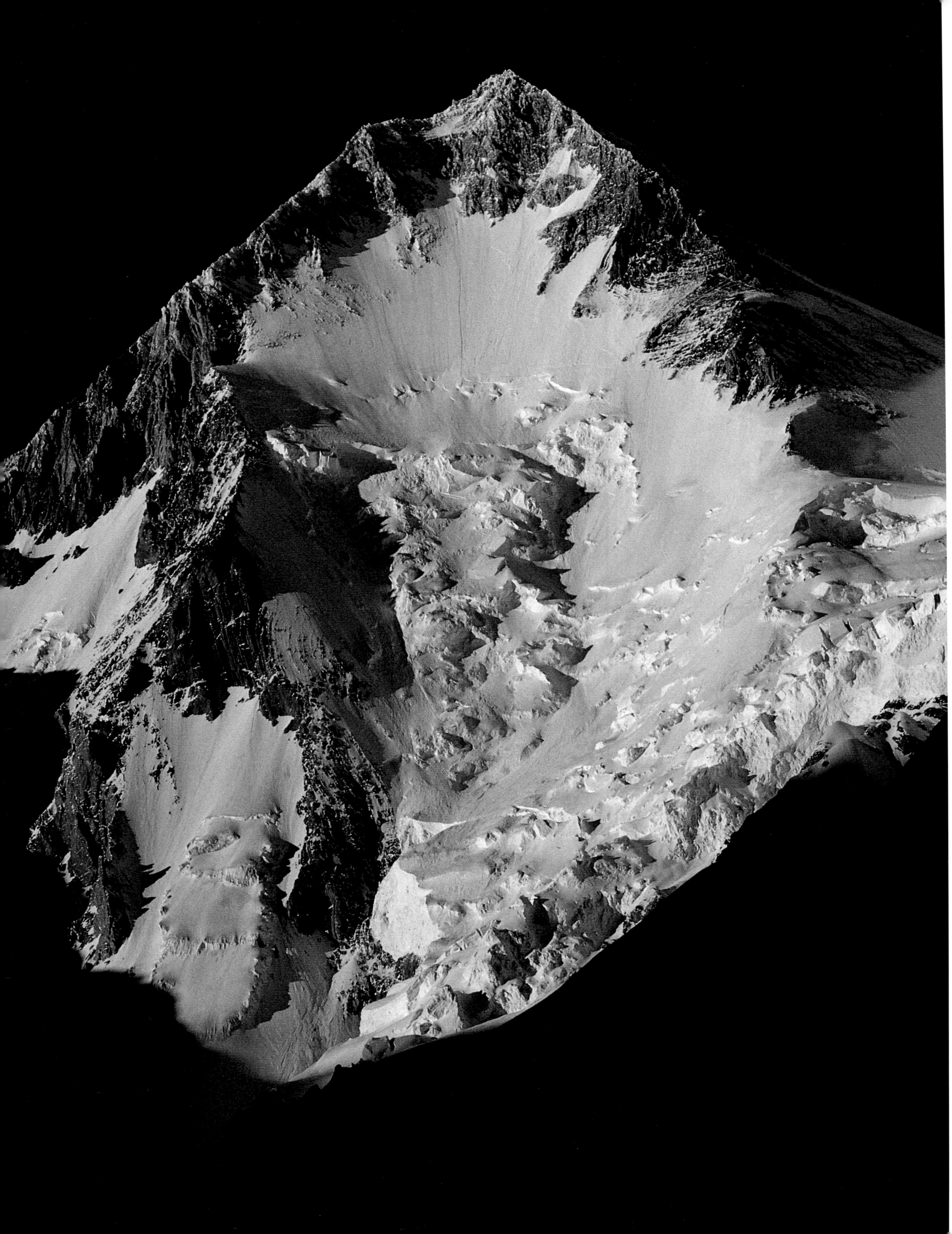

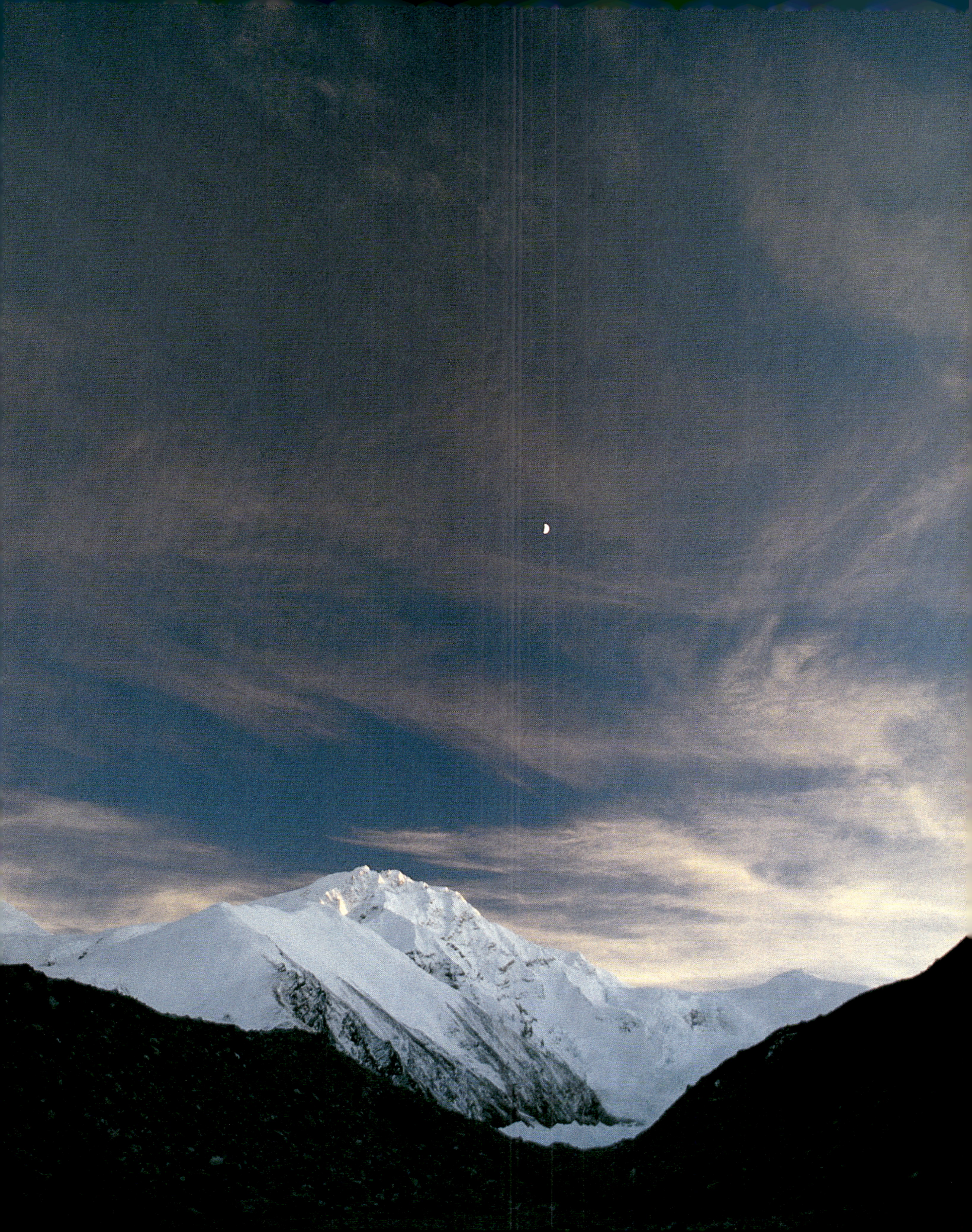

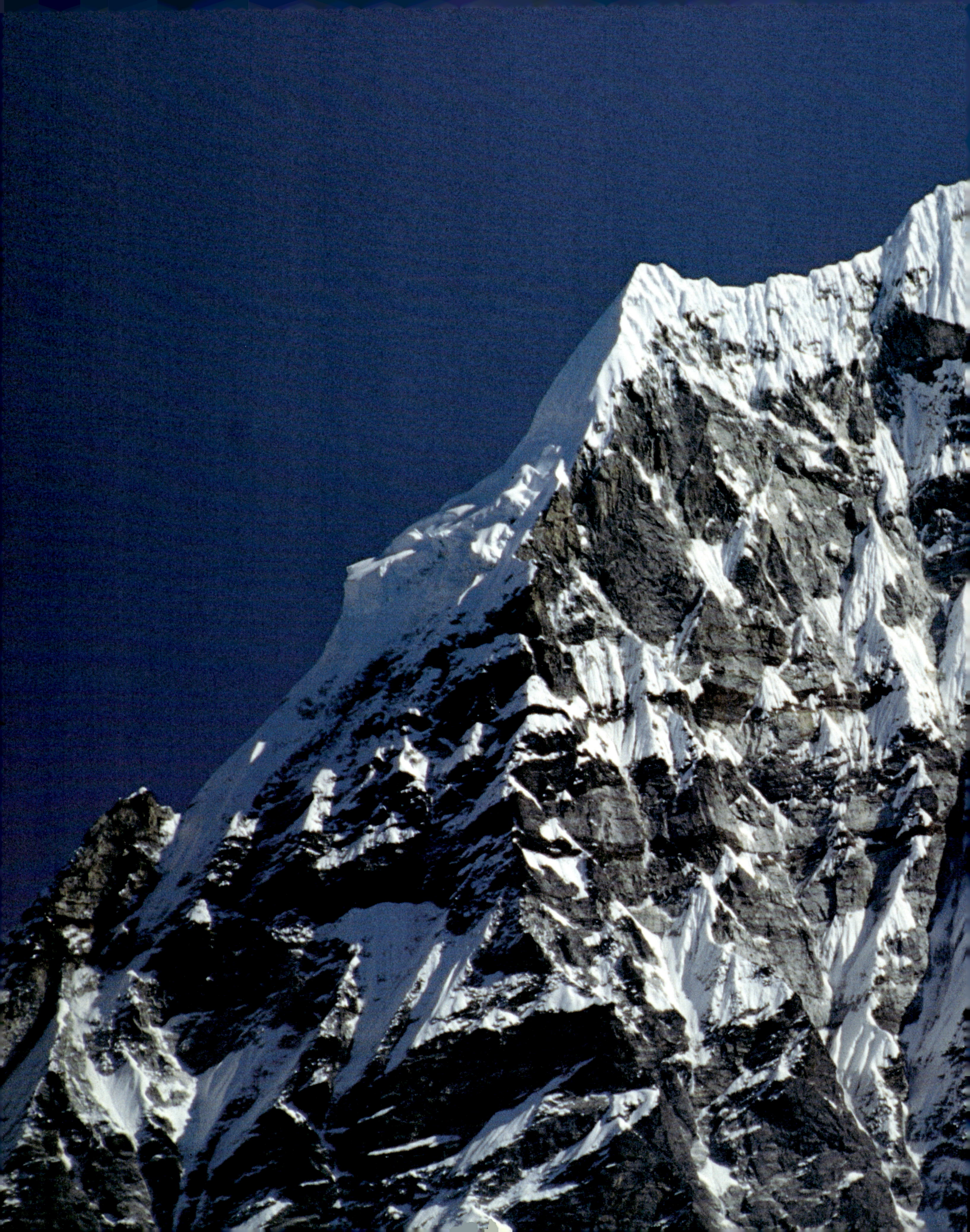

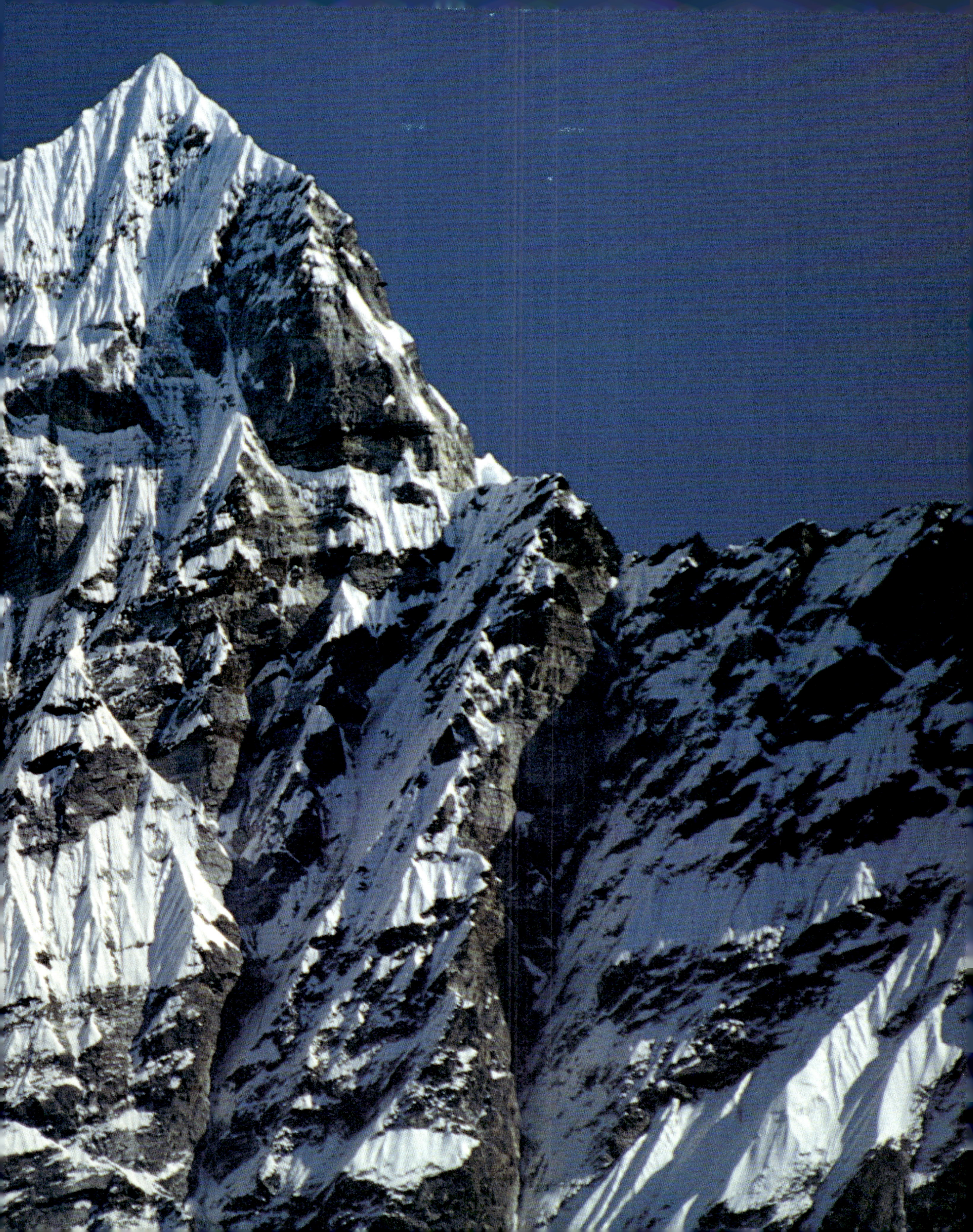

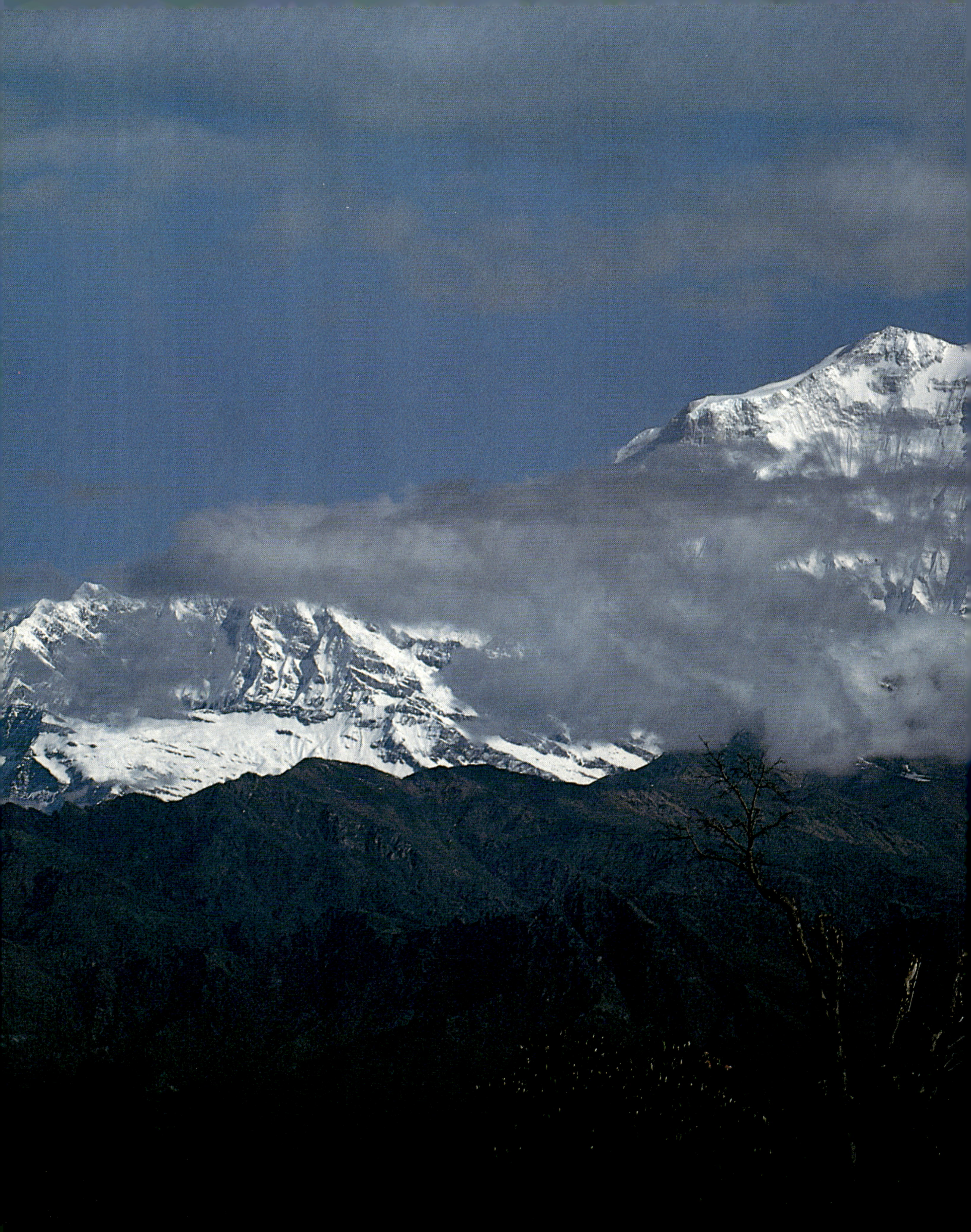

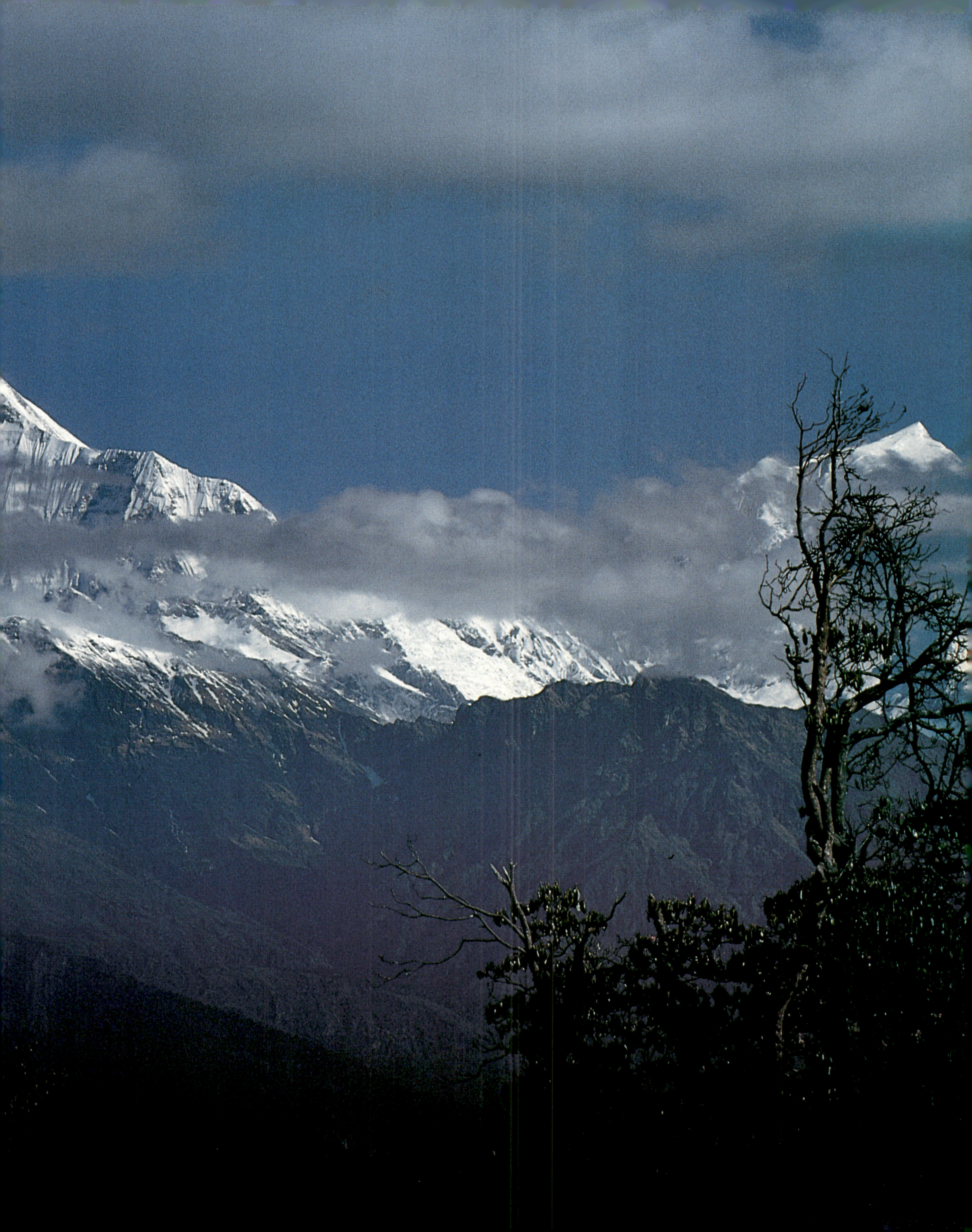

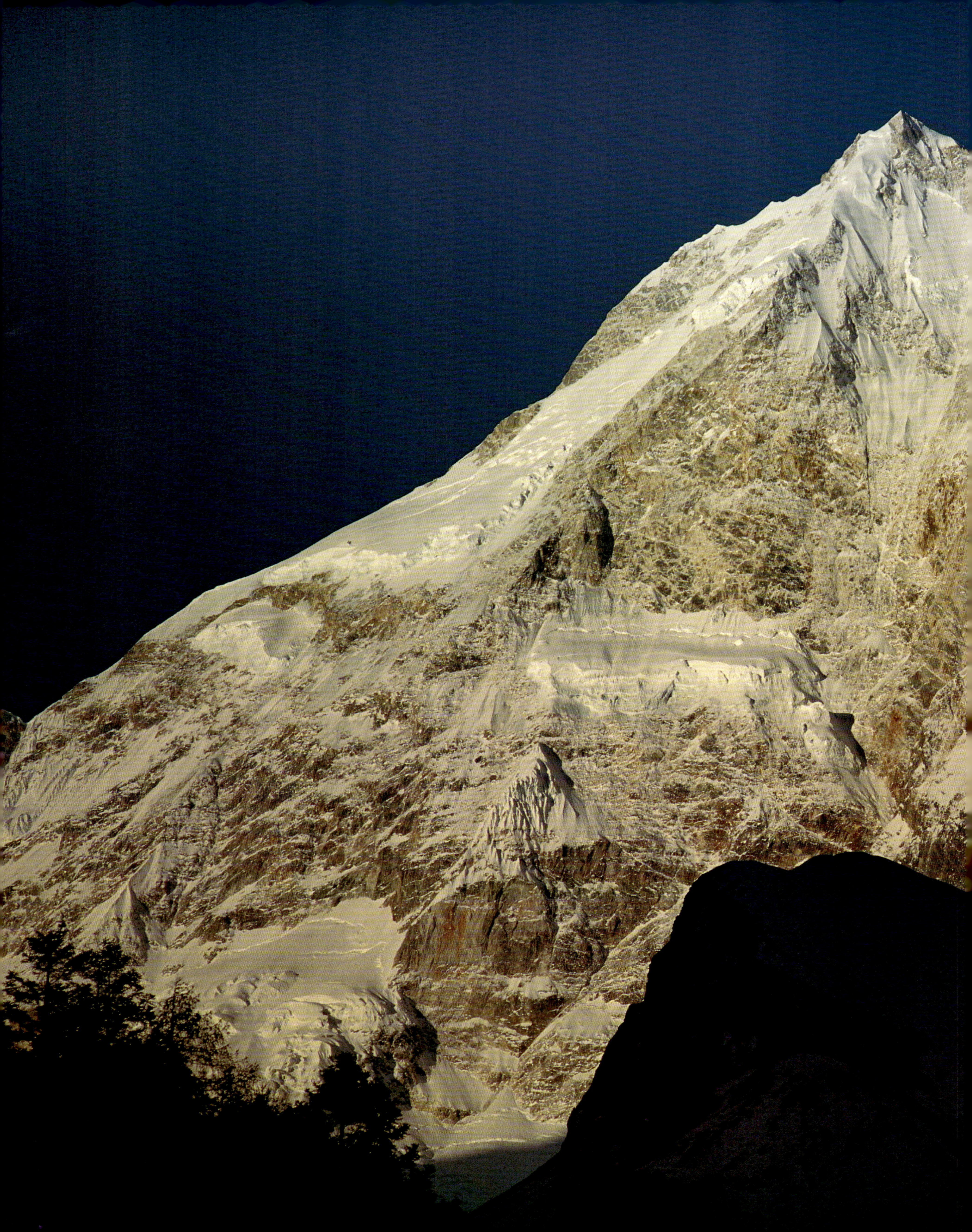

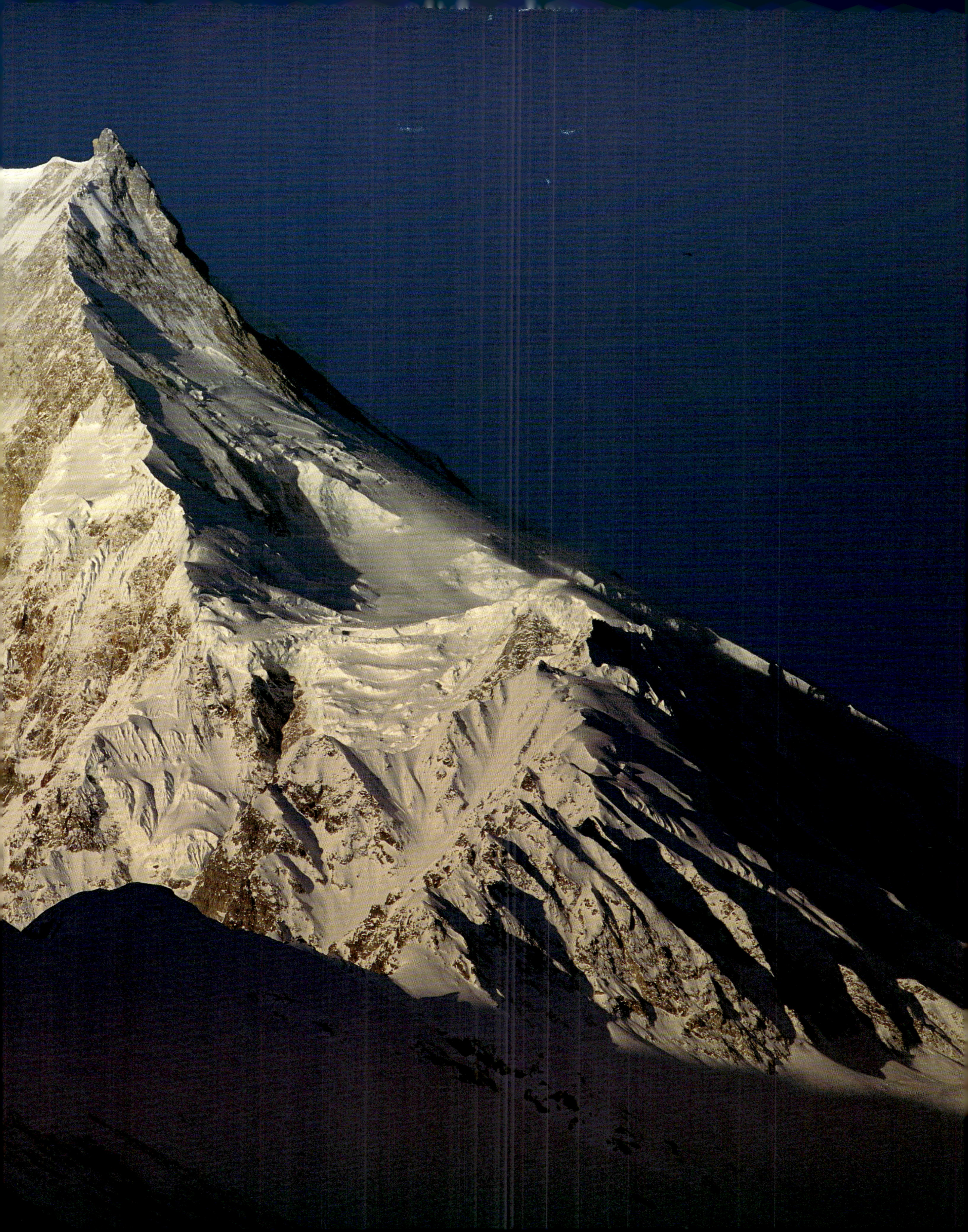

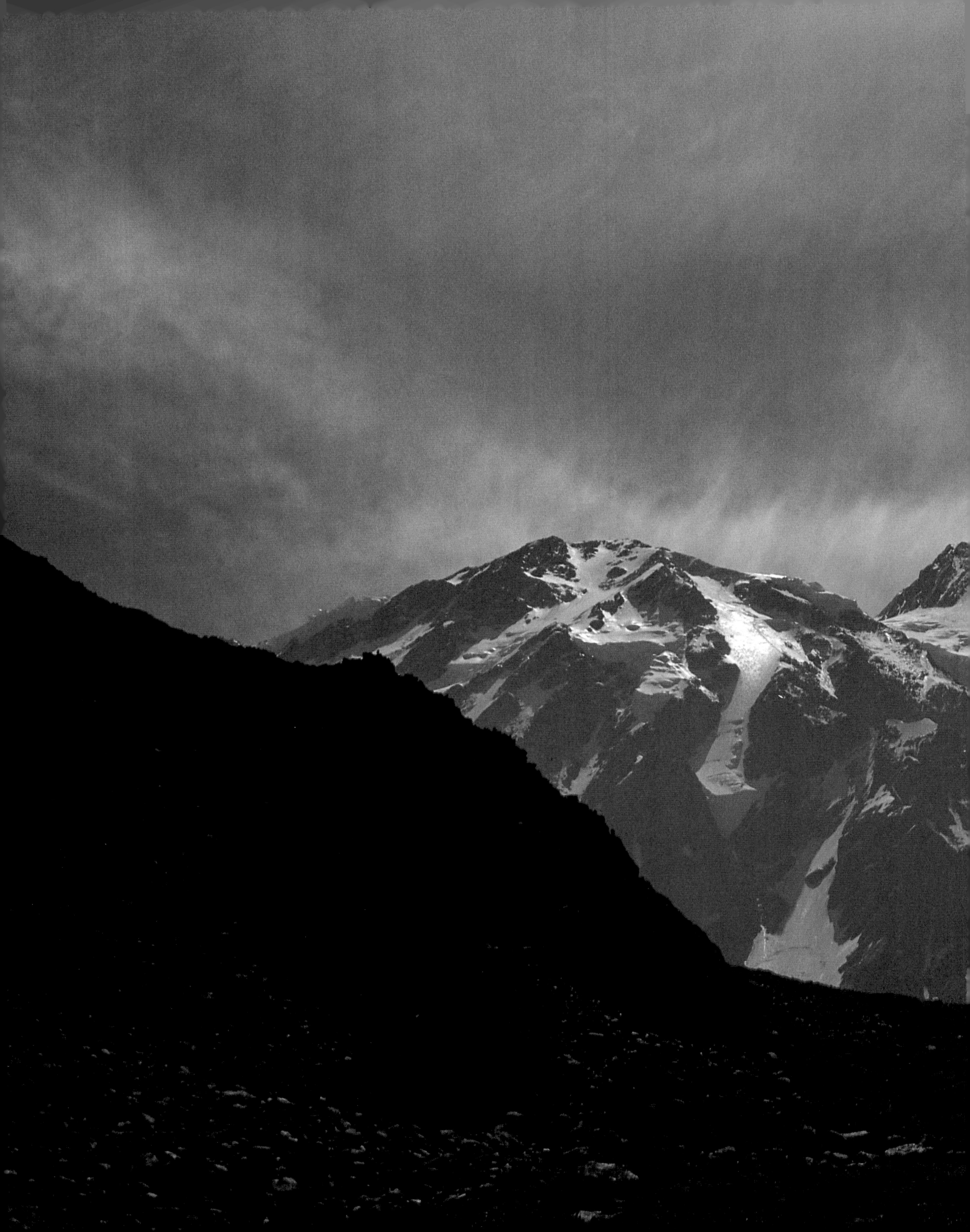

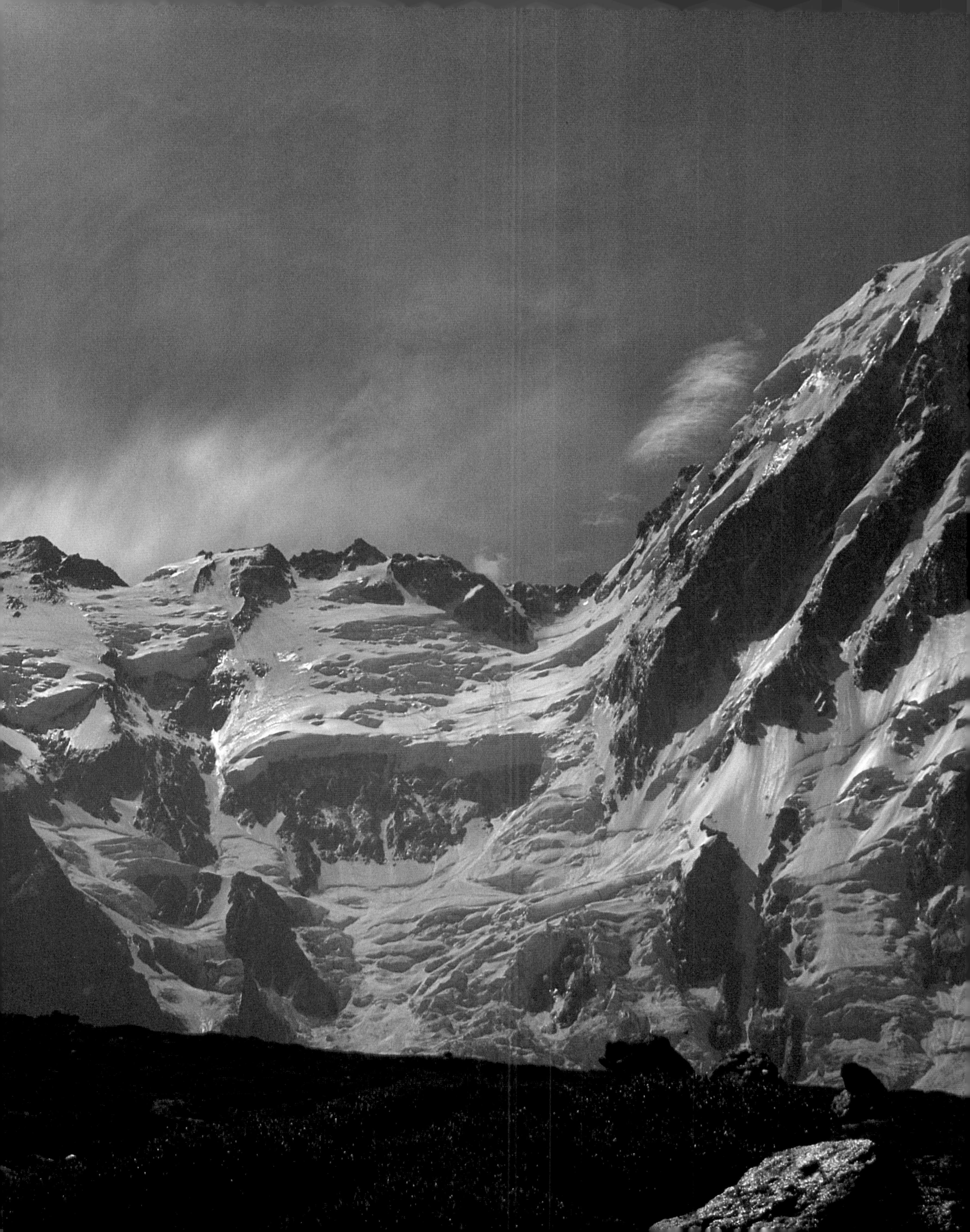

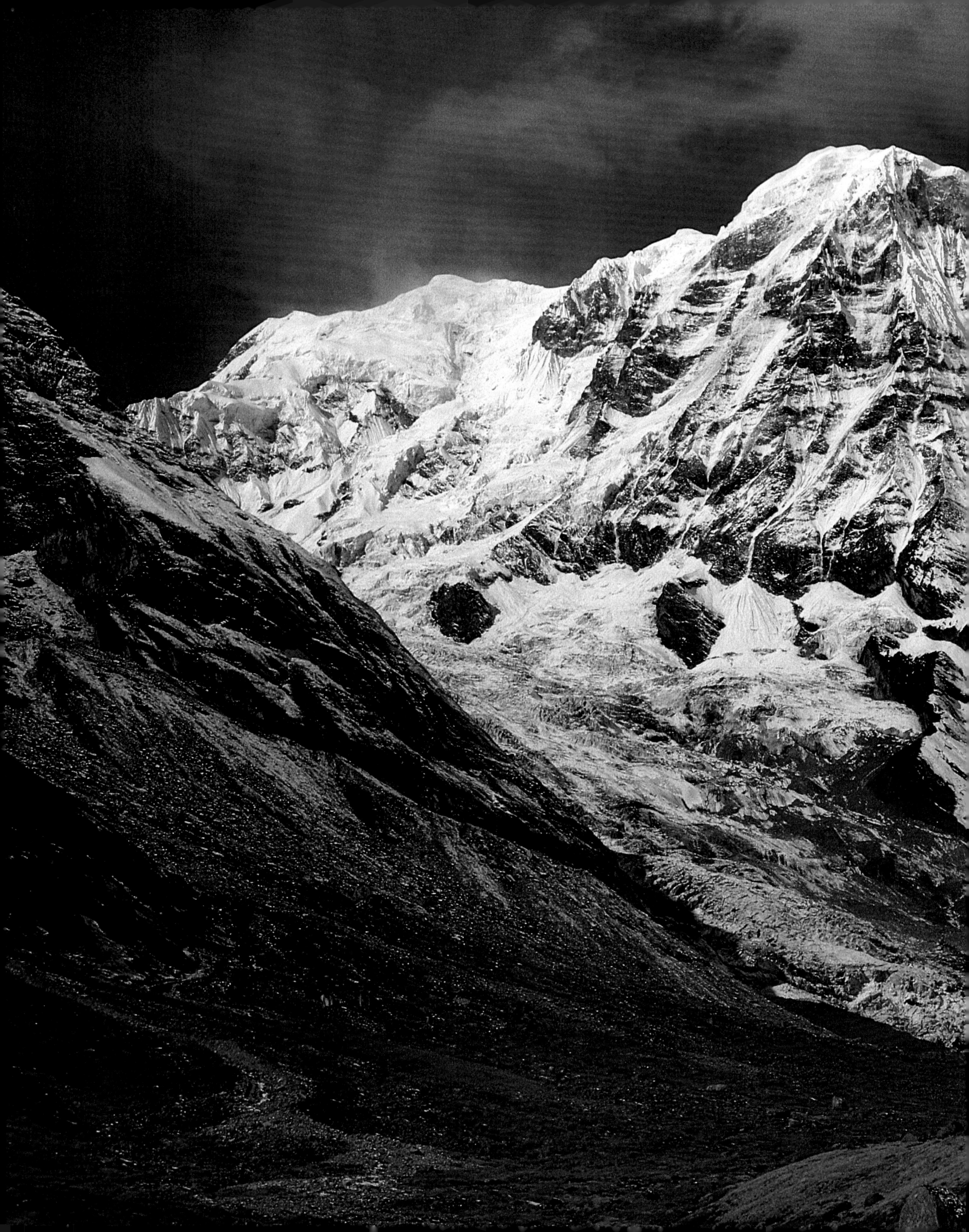

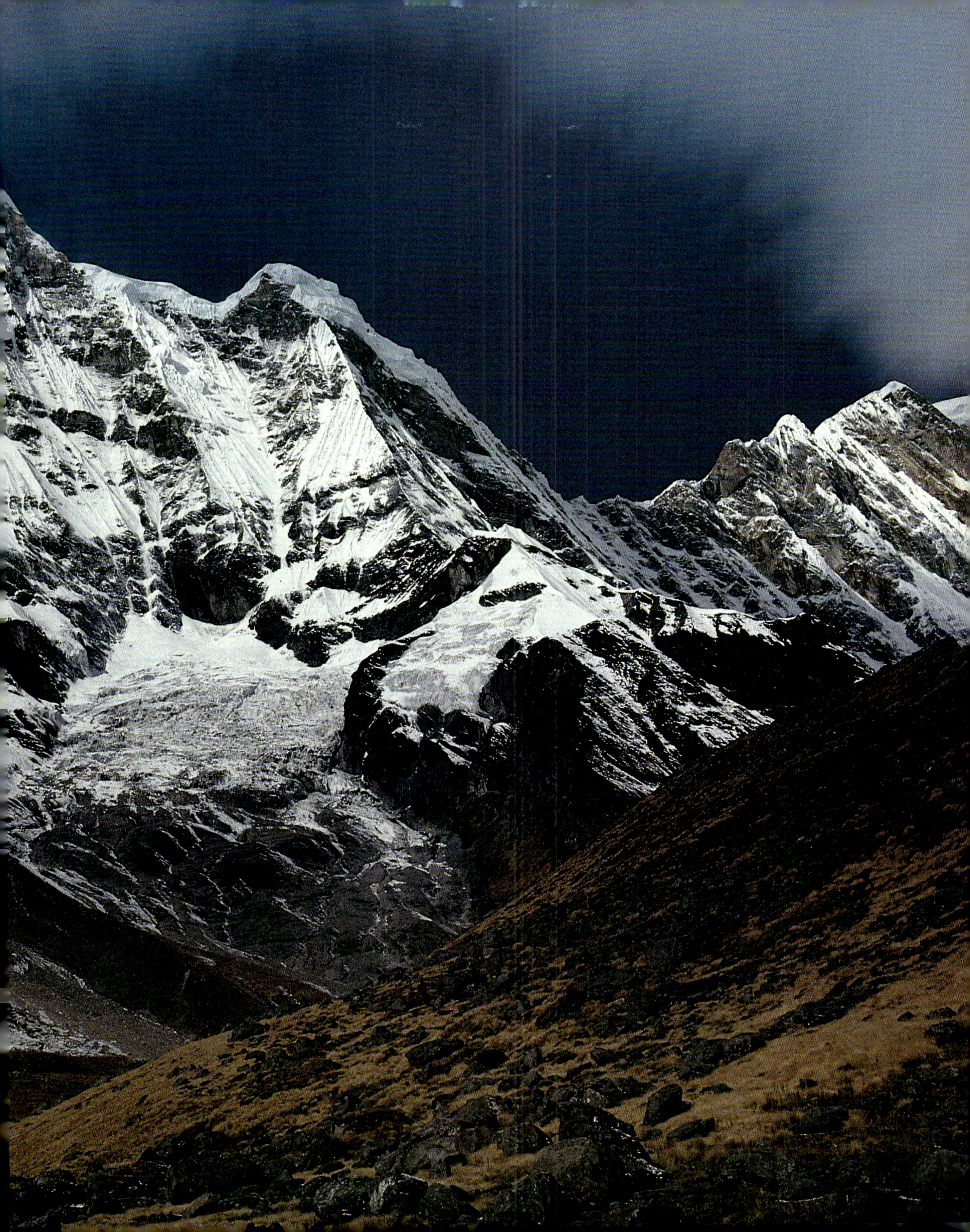

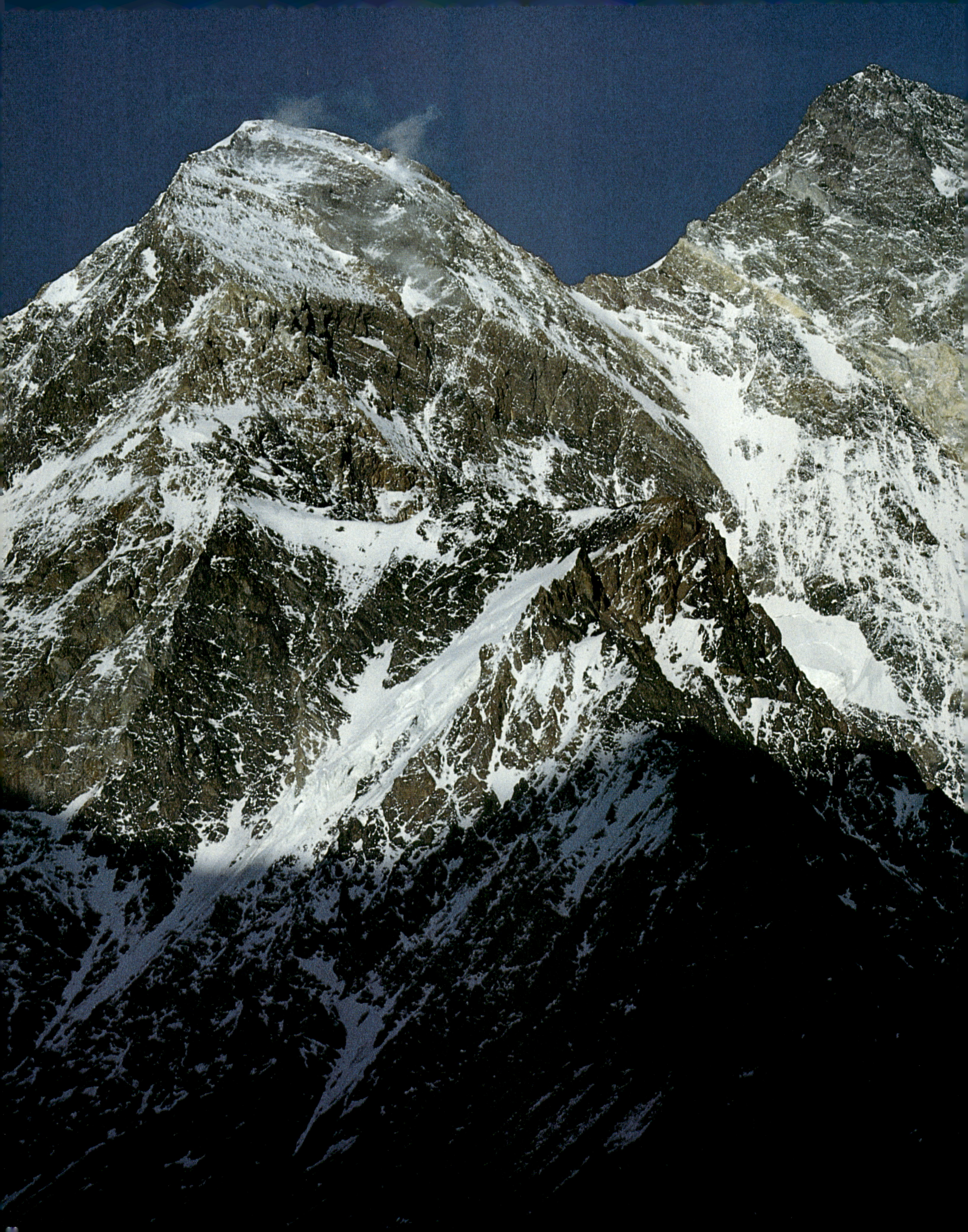

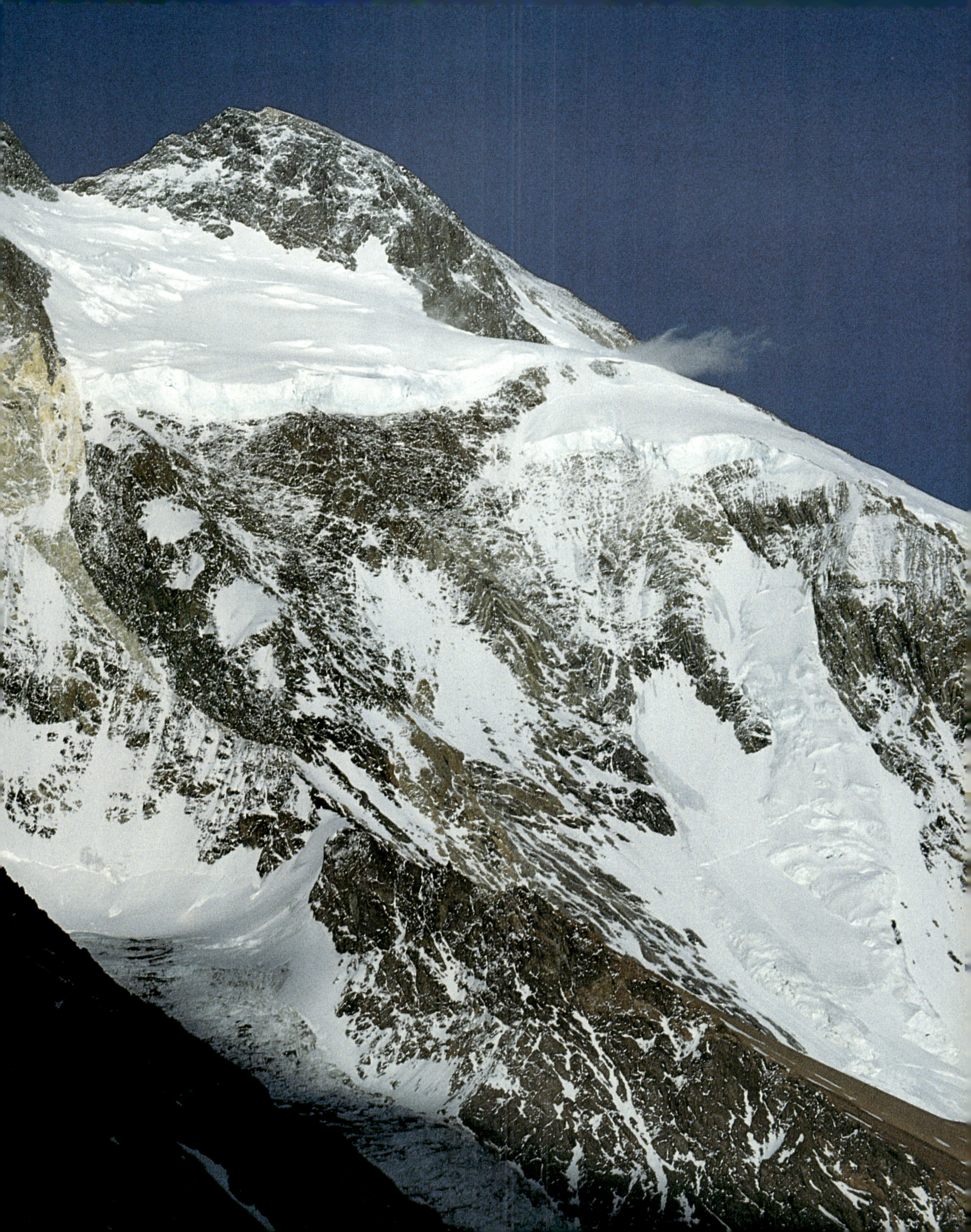

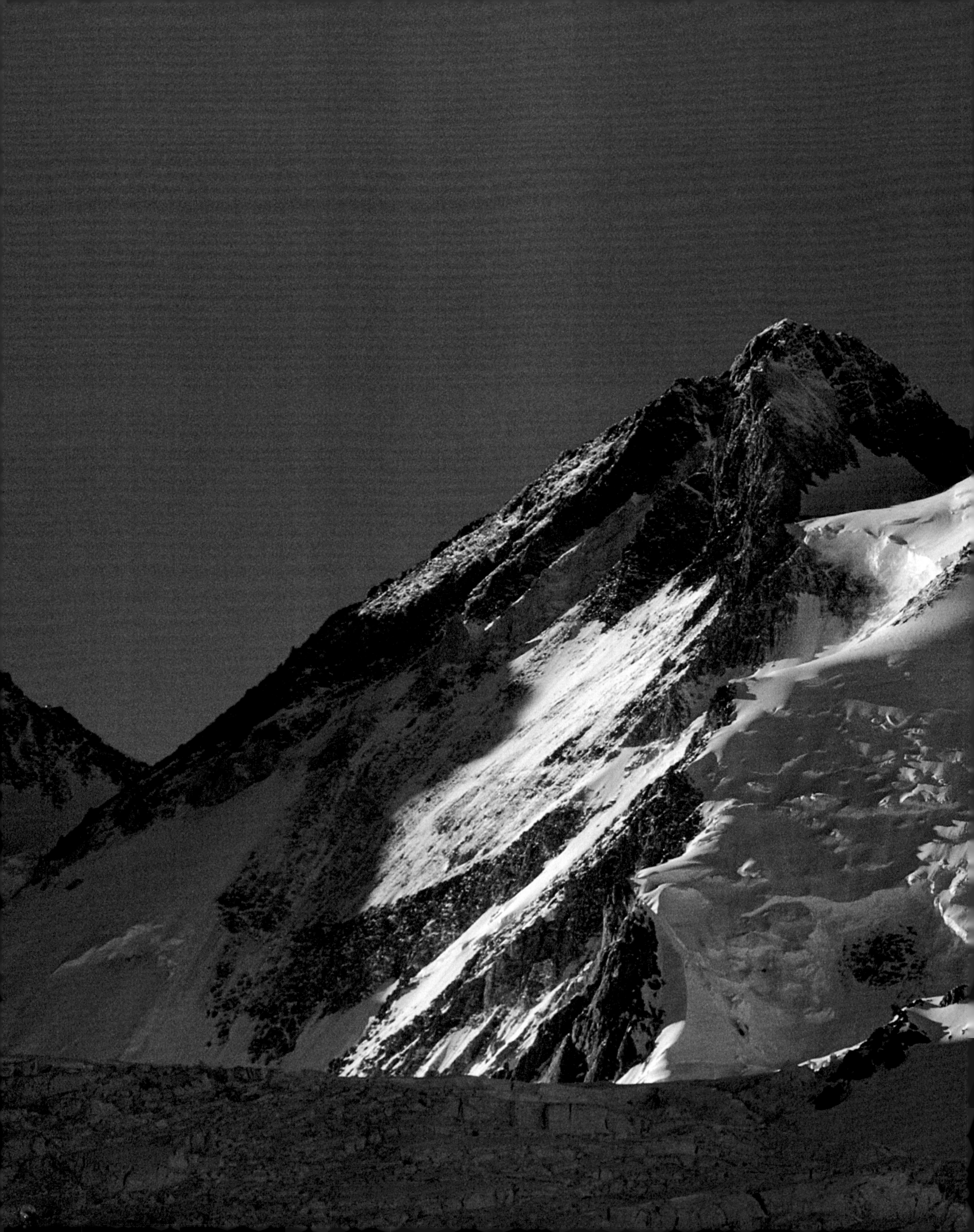

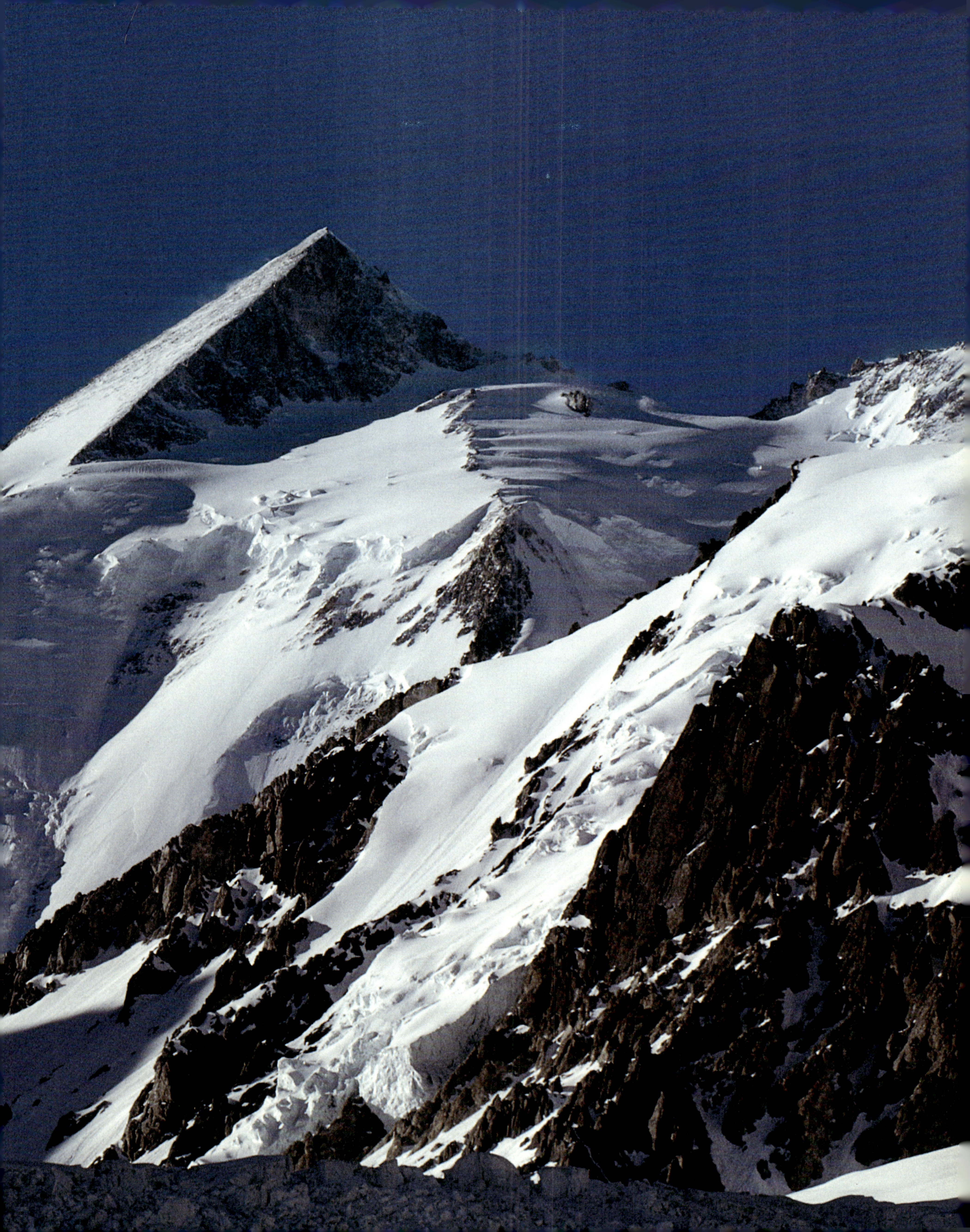

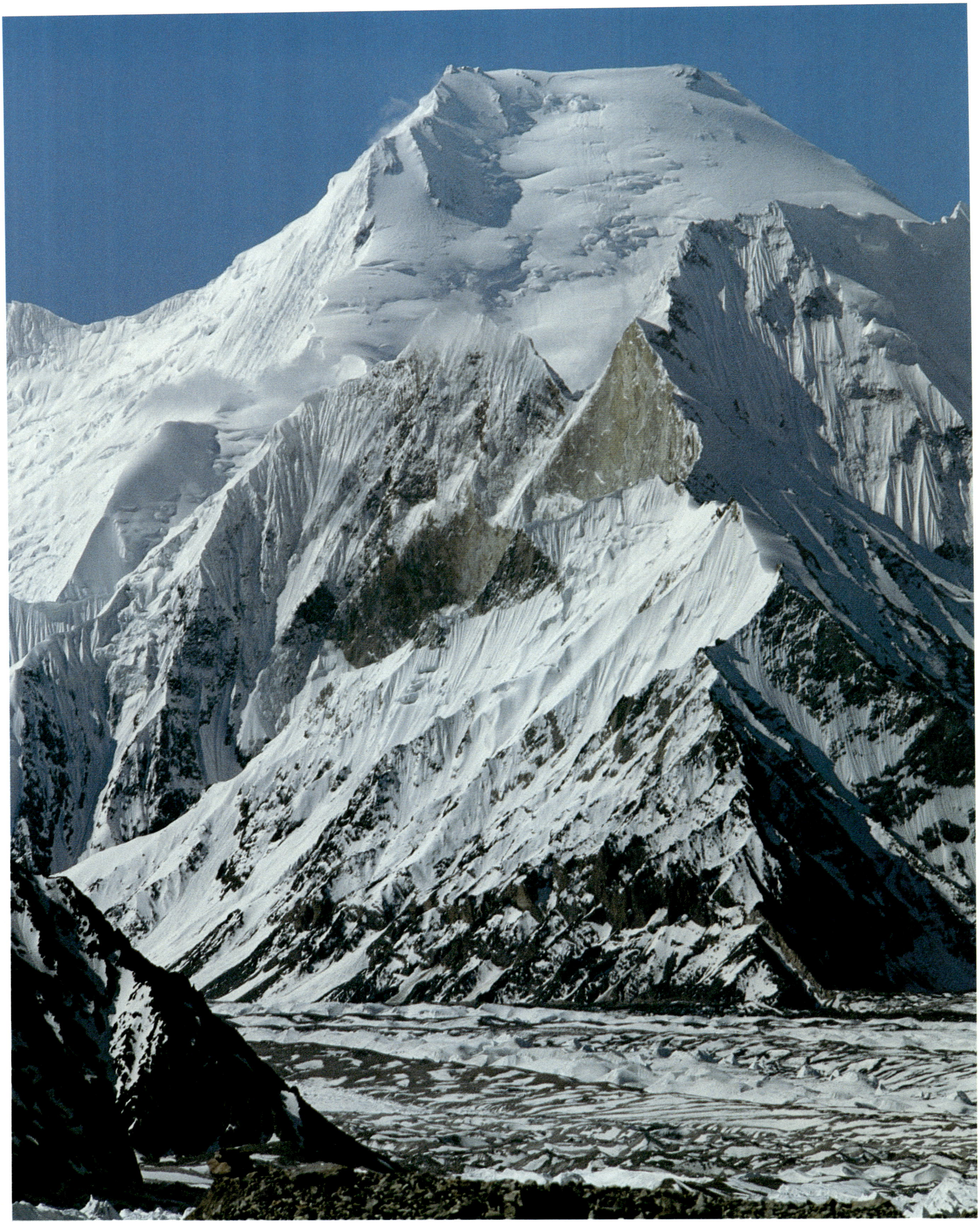

Deux cents ans de solitude

Brève histoire de l'exploration des montagnes et de l'alpinisme

Sebastián Álvaro

Sebastián Álvaro est producteur et réalisateur de documentaires télévisés.
Il a parcouru le monde, menant une centaine d'expéditions sous toutes les latitudes.

Ce que notre planète a de majestueux et de mystérieux atteint son plus haut degré dans les espaces montagneux. Ces espaces sont des milieux particuliers, qui s'inscrivent dans une tout autre perspective temporelle que la nôtre ; des lois naturelles qui leur sont propres résultent des biens comme des maux ; ce sont des enfers stériles faits de précipices, de glaces et de tempêtes, et ce sont aussi des paradis où habitent des dieux dans des paysages de cristal. Ce sont des îles de liberté et de solitude. Nombre de légendes et de mythes expliquent la relation ambivalente que l'homme a entretenue avec les montagnes et le rôle privilégié qu'ont joué celles-ci dans toutes les religions. La relation de l'homme avec la montagne est aussi ancienne que l'humanité. Il n'y a donc pas à s'étonner que, probablement depuis l'origine des temps et certainement depuis que nous avons des documents écrits, les dieux, les montagnes et les hommes aient entretenu une relation aussi intense, passionnée et conflictuelle que l'histoire même de l'humanité. Les cimes sacrées exercent une fascination ancestrale. Cette attraction a conduit l'homme, il y a plus de deux cents ans, à entreprendre la conquête des plus hauts sommets de la Terre, à défier la nature la plus sauvage, la plus hostile et la plus belle de notre planète.

Il y a peu d'activités qui réunissent tout ce qu'implique la pratique de l'alpinisme. Si l'on voulait réfléchir à ce qui pousse aujourd'hui certaines personnes à s'engager dans cette relation intense avec les montagnes, on découvrirait probablement, en premier lieu, l'envie de contempler le monde naturel et sauvage qui nous entoure à partir d'un observatoire incomparable. Un autre facteur d'importance, encore que plus modeste pour expliquer cet attachement, tient à la sensation de pénétrer dans un territoire inconnu d'où l'on découvrira ce qu'il y a de l'autre côté ; l'instinct d'exploration, qui dérive de notre curiosité naturelle, de notre envie de voir plus loin, de monter plus haut, en est un des moteurs. Tout cela procure une sensation prodigieuse, qui ne s'estompe jamais, et que l'on retrouve difficilement dans les autres sports où le spectacle (plus encore aujourd'hui, sous la pression des médias) se superpose toujours aux émotions de ceux qui s'y livrent. Il y a enfin la sensation de réaliser quelque chose de dangereux, de vivre une aventure ; en somme, à la satisfaction de se livrer à une activité sportive s'ajoutent la conscience qu'on y joue aussi sa propre vie et l'énorme responsabilité que cela implique. De là l'émotion qu'on éprouve en atteignant un sommet, en laissant derrière soi tant de difficultés, et en observant le paysage qui s'étend à l'infini. C'est alors seulement que l'on se rend compte que l'alpinisme, plus qu'un sport, est un style de vie.

Mais rien ne sort d'un seul coup du néant. La perception de la montagne, telle que nous la concevons aujourd'hui dans notre culture moderne, trouve son origine dans les Alpes avec les naturalistes de la Renaissance, du milieu du XVIe siècle : entre autres, Conrad Gesner, Josias Simler, Benedikt Marti et Guillaume Grataroli. On peut aussi mentionner Léonard de Vinci parmi les précurseurs, pour le récit de son ascension – incertaine – d'un sommet secondaire du massif du Mont-Rose et l'éloge qu'il fit de la beauté des paysages. Ces hommes favorisèrent l'évolution des mentalités de leurs contemporains et nous léguèrent une manière de voir la nature selon laquelle notre planète est changeante et dynamique. Un peu plus tôt, eut lieu un événement mémorable qu'il faut mentionner.

C'est dans le Vercors, sur le mont Aiguille – une cime peu ordinaire puisque son sommet plat, d'un kilomètre de long sur cent mètres de large, est entouré de toute part d'une imposante falaise rocheuse –, qu'eut lieu ce que l'on considère habituellement comme la première rencontre sportive de quelques hommes avec la montagne. Cette même année 1492, Christophe Colomb mit le pied sur le continent américain. Sur l'ordre du roi de France Charles VIII, une poignée de soldats sous le commandement d'Antoine de Ville, mena une escalade spectaculaire

Le Chogolisa (7 665 mètres), vu depuis Concordia Place. On peut, de cet endroit, constater que c'est l'une des montagnes les plus originales avec son sommet en forme de toit.

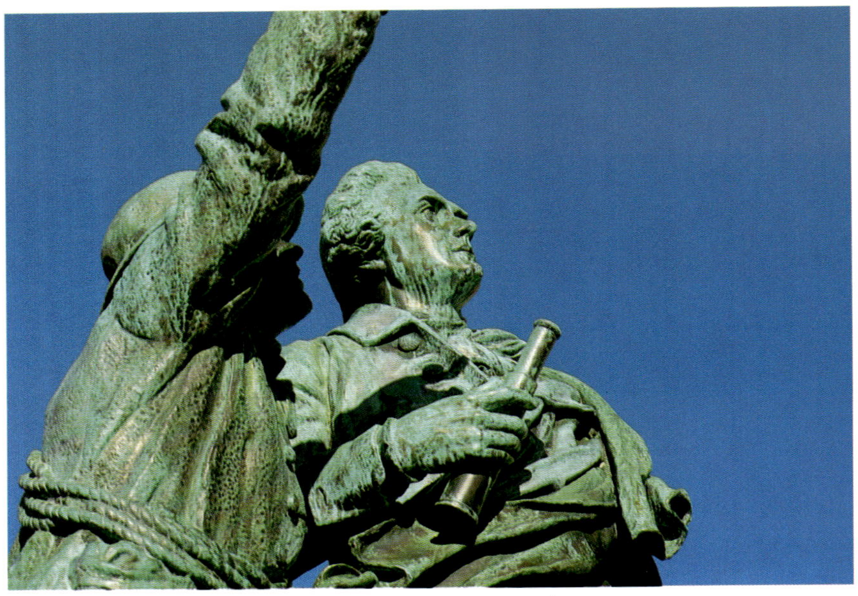

Statue de Horace Bénédict de Saussure, face au mont Blanc, à Chamonix. Le savant genevois est considéré comme l'inventeur de l'alpinisme.

pour vaincre les énormes défenses de cette montagne qu'on appelait alors le mont Inaccessible. Son altitude modeste (elle ne dépasse guère les 2 000 mètres) importait peu à l'époque, puisque sa silhouette spectaculaire, dominant le paysage alentour, constituait un défi à l'imagination, une provocation, un objet à conquérir. On ignore les raisons qui poussèrent le roi à donner cet ordre. Probablement la même soif de conquête que celle que déployaient les Espagnols et les Portugais dans d'autres parties du monde, avec un objectif passablement différent.

C'est ce même élan qui rendit possible l'un des premiers exploits montagnards de grande altitude. Il est méconnu, car les histoires de l'alpinisme s'intéressent plus, pour les précurseurs, aux événements qui se sont déroulés dans les Alpes. Diego de Ordaz, capitaine de Hernando Cortés, gravit en 1519 le volcan Popocatépetl, d'une altitude de 5 482 mètres (supérieure donc de plus de 600 mètres au mont Blanc), en quête de soufre pour fabriquer de la poudre.

Cependant, leurs mobiles, qu'ils fussent religieux ou militaires, différaient grandement de ceux des premiers alpinistes qui allaient leur succéder. La soif d'exploration et la curiosité scientifique n'allaient pas tarder à ouvrir d'autres voies, avec les multiples expéditions et les voyages autour du monde des XVIIe et XVIIIe siècles. Cette orientation fut essentielle non seulement à la connaissance géographique de notre planète mais aussi au développement postérieur de bien des sciences, depuis l'astronomie jusqu'à la botanique. Le XVIIIe siècle fut l'ère des sciences de la nature. C'est à cette époque que l'étude des montagnes se développa et, par voie de conséquence, l'alpinisme.

On trouve l'expression artistique de cet esprit des cimes chez Horace Bénédict de Saussure, qui nous légua ses récits, la description de ses voyages et des premières ascensions du mont Blanc. Grâce à lui, la plus haute montagne des Alpes passa au statut de cime sacrée à celui de sommet de la raison. Le Sinaï, le Kailas, le Golgotha ou le Licancabur, pour donner quatre exemples appartenant à quatre régions opposées de la Terre et correspondant à des religions très différentes, symbolisent la conception irrationnelle et mythique que l'homme se faisait de la haute montagne jusqu'à ce que Saussure la révélât comme territoire d'aventure. Jusqu'alors, hormis les cas de nécessité, l'homme vivait en tournant le dos à la montagne.

Les intentions de Saussure étaient de gravir le mont Blanc, de le mesurer et de procéder à des expériences scientifiques : c'est donc bien un sommet de notre temps. Le génie du Genevois fut d'« inventer » une réalité nouvelle, de percevoir ces montagnes avec des yeux neufs. L'alpinisme est né de cette soif de connaissance plutôt que de l'esprit sportif, qui n'apparut que plus tard. Comme il ne se sentait pas au départ préparé pour mener à bien cet exploit lui-même, il offrit une récompense à ceux qui, les premiers, escaladeraient cette imposante montagne. Mais, en son for intérieur, il avait un ardent désir de gravir le mont Blanc : « C'était devenu pour moi une espèce de maladie, écrit-il. Il m'était impossible de lever les yeux vers la montagne sans que je me sente la proie d'un tourment et d'un désir lancinant, presque douloureux. » Ce n'est qu'après vingt années de tentatives infructueuses que le mont Blanc fut escaladé pour la première fois, en 1786, par Michel-Gabriel Paccard et Jacques Balmat, sur les incitations du savant genevois. Alors se mit en branle une marche inéluctable qui n'est pas encore parvenue à son terme. L'année suivante, le scientifique réussit lui-même l'ascension. Le 3 août 1787, à onze heures du matin, Saussure, âgé de 47 ans, réalisa son rêve et mit le pied sur la cime du plus haut sommet d'Europe. Ce fut le juste accomplissement de son souhait le plus ardent.

Bientôt, les ascensions accompagnées par des guides originaires de la région devinrent chose commune sur les sommets les plus connus des Alpes. L'activité des alpinistes ne cessa de croître et de se multiplier, en quantité et en qualité, dans des escalades qui se succédaient sans répit. Tant qu'il y eut dans les Alpes des sommets inviolés, les alpinistes et leurs guides les soumirent à un siège en règle jusqu'à abattre leurs défenses et conquérir leurs cimes. En ces temps héroïques, un sommet n'avait d'autre vocation que d'être vaincu, et toute escalade se concevait comme une bataille. C'est ainsi que furent vaincues la plupart des hautes montagnes des Alpes. Grâce à l'élan et à l'habileté des alpinistes, en particulier d'un groupe d'Anglais – conduits, il convient de le rappeler, par des guides exceptionnels qui assumaient alors toute la responsabilité de l'ascension en ouvrant la voie – s'ouvrit au milieu du XIXe siècle ce qu'on a appelé l'« âge d'or de l'alpinisme », qui connut un développement rapide dans un territoire pratiquement vierge.

Presque simultanément, la même activité vit le jour dans les Pyrénées, et on vit se développer un pyrénéisme actif qui fut principalement français en ses débuts. Les ascensions, comme dans les Alpes, furent d'abord motivées par un intérêt éclairé pour la nature, avec notamment Palassou, Cordier et, plus tard, Charpentier. Cet élan initial fut relayé par quelques bergers (et le curé de Pineta en personne) qui s'improvisèrent guides locaux. Mais ce fut Louis François Élisabeth Ramond de Carbonnières, originaire de Strasbourg, homme de culture, naturaliste et voyageur, qui inventa et diffusa le pyrénéisme moderne. Il gagna les Pyrénées après avoir connu les Alpes. Il travailla comme professeur, fut l'objet de controverses, se mêla de politique, mena une vie agitée, échoua en prison et fut député puis préfet. Il doit sa renommée à son ascension du mont Perdu, à ses descriptions lyriques et vivantes de la montagne, aux expériences qui l'ont marqué, à ses explorations et à ses études. Ses ascensions étaient inspirées par sa passion pour la science, suivant en cela l'exemple de Saussure au mont Blanc, et baignaient dans une émotion toute romantique. En 1787, il atteignit la brèche de Roland et fut sur le point de conquérir la Maladetta ; en 1796, il gravit la brèche de Tuquerouye et contempla, fasciné, le « sublime spectacle » du resplendissant glacier du mont Perdu, alors dans sa plus grande extension depuis trois siècles. En 1802, il engagea deux guides, Laurent et Rondó, pour qu'ils ouvrent la voie jusqu'à la cime du mont Perdu. Aidés par le curé de Pineta qui connaissait les lieux, ils réussirent à atteindre le sommet, et Ramond renouvela l'ascension avec eux quelques jours plus tard. Les récits de ses voyages, qui mêlaient l'observation scientifique (couches géologiques, glaciers, plantes, géographie) à l'esprit montagnard et à la sensibilité poétique, connurent une grande diffusion et conduisirent beaucoup de gens, désireux de marcher sur ses traces, vers la montagne.

En 1865, presque tous les sommets les plus élevés des Alpes avaient été conquis, à une exception près : le Cervin, qui était le symbole même de l'inaccessible. De 1855 à 1865, les cimes vierges des Alpes avaient été escaladées par un groupe relativement réduit d'hommes décidés et courageux. À cette époque de l'âge d'or de l'alpinisme, presque tous les alpinistes étaient d'origine britannique. On peut affirmer que les Alpes furent alors plus anglaises que suisses, françaises ou italiennes ! C'était le temps du révérend Charles Hudson, de Tyndall, T. S. Kennedy, A. W. Moore et de tant d'autres (les guides avant tout, à qui l'histoire officielle n'a pas encore rendu un juste hommage), et spécialement d'Edward Whymper qui devait réaliser de nombreuses « premières » et rester dans l'histoire comme le « vainqueur » du Cervin.

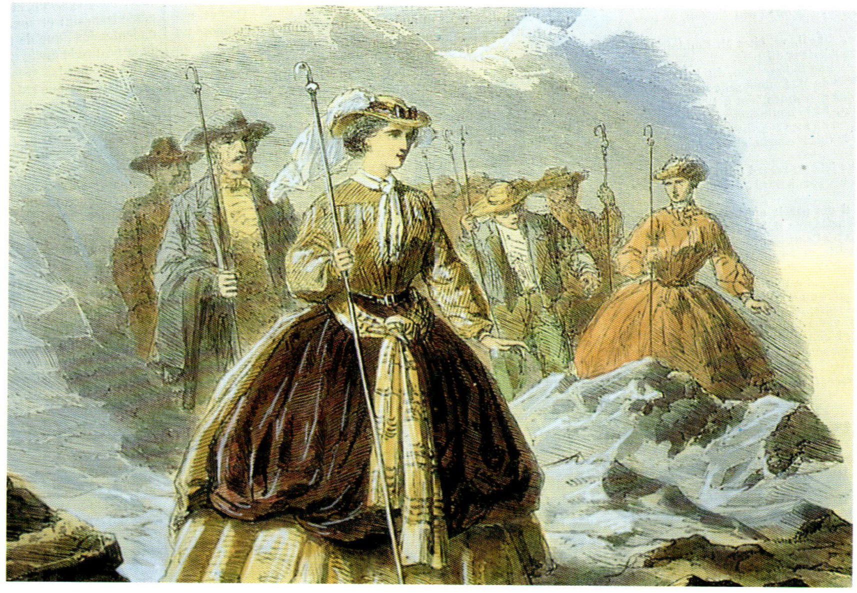

Gravure en couleurs de la fin du XIXe siècle, montrant l'impératrice Eugénie, épouse de Napoléon III, dans les Alpes. C'est à cette époque que les classes les plus aisées mirent les randonnées alpines à la mode.

L'histoire de l'ascension du Cervin résume bien la passion de l'homme pour ce sport, qui offre des moments uniques de vibrante émotion, mais aussi des épisodes dramatiques. On trouve des reflets de tout cela dans les diverses tentatives et la conquête définitive de celle qui passait pour la plus belle montagne des Alpes, la « cime exemplaire », le symbole de l'inaccessibilité. Edward Whymper et Jean-Antoine Carrel en firent l'objet de leur désir et de leur conquête.

Le premier était le type même de l'alpiniste anglais de l'ère victorienne, tandis que le second passait pour le parfait représentant de la race des guides courageux et orgueilleux qui vouaient leurs forces et leurs plus belles années à gravir les montagnes de leurs vallées natales et à y conduire les étrangers.

La conquête de la plus prestigieuse des montagnes alpines eut lieu durant l'été 1865 et fut marquée par la tragédie. Tandis que Carrel tentait l'assaut par le versant italien, le hasard, sur le versant suisse, offrit à Whymper une surprise inestimable (ou tragique, selon le point de vue, en raison des événements qui suivirent). Il croisa son ami le guide Michel Croz, qui avait été engagé par le révérend Hudson. En chemin, il rencontra également un tout jeune alpiniste, lord Francis Douglas, qui avait déjà à son actif de magnifiques ascensions et qui nourrissait lui aussi un ardent désir de gravir le Cervin, avec l'aide de ses guides, Peter Taugwalder père et fils. Les trois alpinistes décidèrent, d'un commun accord, d'unir leurs

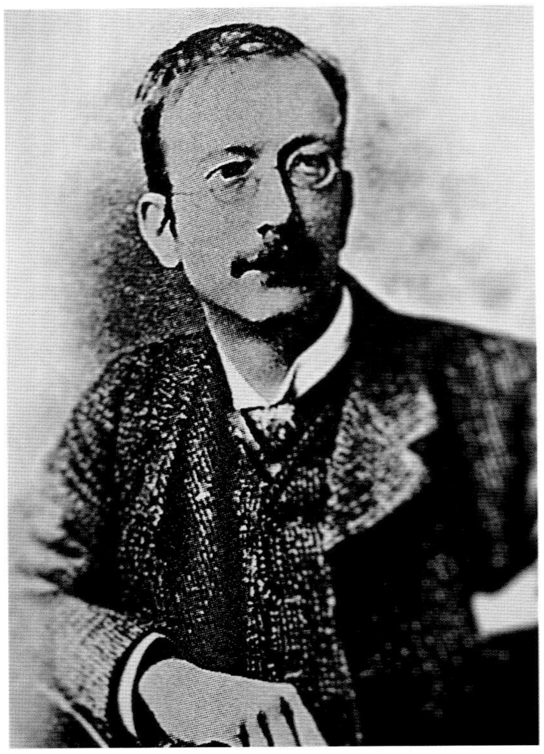

Le Britannique Albert Frederick Mummery bouleversa, à la fin du XIXe siècle, les conceptions et la pratique de l'alpinisme. Il devait disparaître au Nanga Parbat en 1895.

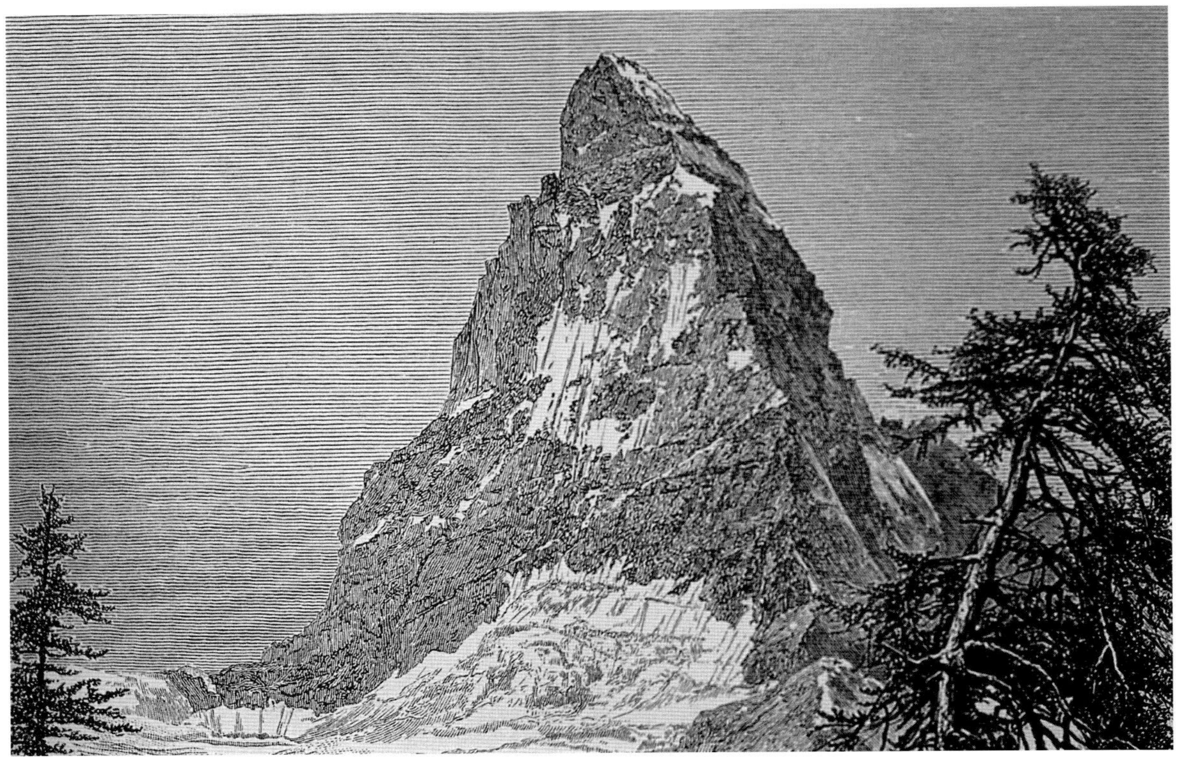

Gravure du Cervin. L'arête centrale, le Hörnli, fut celle que suivirent les premiers alpinistes, avec Whymper à leur tête, en 1865.

forces et de grimper ensemble. Le vendredi 14 juillet 1865 au matin, ils commencèrent l'escalade. Leur progression fut plus rapide que prévu et, à dix heures, ils avaient dépassé l'altitude de 4 250 mètres, c'est-à-dire qu'ils se trouvaient à 200 mètres de la cime. À partir de ce point, l'escalade devint plus difficile, délicate et dangereuse. Ce fut alors que Michel Croz prit la tête de la cordée et se livra à une périlleuse traversée, le long de l'immense précipice de la face nord. Ce secteur constituait le passage le plus exposé de l'ascension, duquel dépendait la réussite. Il ne restait, au-delà, qu'une facile pente enneigée qui devait les conduire au sommet, à la victoire. La première escalade du Cervin était réussie ! Et, comme une ironie du destin, avec une relative facilité qui rendait quelque peu ridicules les efforts déployés dans les nombreuses tentatives antérieures. Le sommet le plus inaccessible des Alpes s'était rendu à quelques hommes courageux et tenaces. En regardant vers l'arête italienne, Whymper put apercevoir Carrel et ses compagnons à quelque 200 mètres du sommet. Croz et Whymper se mirent à crier à leur intention et firent même rouler quelques pierres dans l'abîme. Quand Carrel se rendit compte qu'il ne serait pas le premier, il renonça à son ascension. Cependant, il revint trois jours plus tard et réussit cette fois la seconde ascension du Cervin, et la première par l'arête italienne.

Les sept hommes demeurèrent une heure sur la cime. Une heure qui fut peut-être la plus triomphale et la plus pleine de leur vie.

Pour quatre d'entre eux, ce fut aussi la dernière. Les sept hommes se remirent en marche. L'ascension du Cervin n'était pas encore finie. Ils parvinrent encordés les uns aux autres au début du passage difficile, celui-là même où Croz avait dû donner la pleine mesure de son talent lors de la montée. Le précipice de la face nord, sur plus de 1 200 mètres, semblait les guetter à chaque mouvement. La catastrophe survint à la vitesse de l'éclair. L'inexpérimenté Hadow glissa et dans sa chute tomba sur Michel Croz, qui fut entraîné dans le vide sans pouvoir se retenir. Après lui, ce fut le tour de deux autres compagnons, avant que ne casse la corde par laquelle ils étaient tous attachés. Des sept vainqueurs du Cervin, trois seulement revinrent en vie à Zermatt. La cime du Cervin avait cédé à la compétence, au courage et à la ténacité des alpinistes, mais elle avait exigé le sacrifice de quatre hommes valeureux.

À partir de ce moment, commença une période nouvelle pour l'alpinisme. L'intérêt se porta sur des itinéraires plus difficiles et plus spécialisés. Les frères Zsigmondy, Georg Winkler et, plus tard, Paul Preuss haussèrent le niveau de difficulté de l'escalade rocheuse et ébranlèrent les fondements de ce qui était la conception traditionnelle de l'alpinisme. Dès lors, rien ne fut plus comme avant. L'imagination succéda au désir

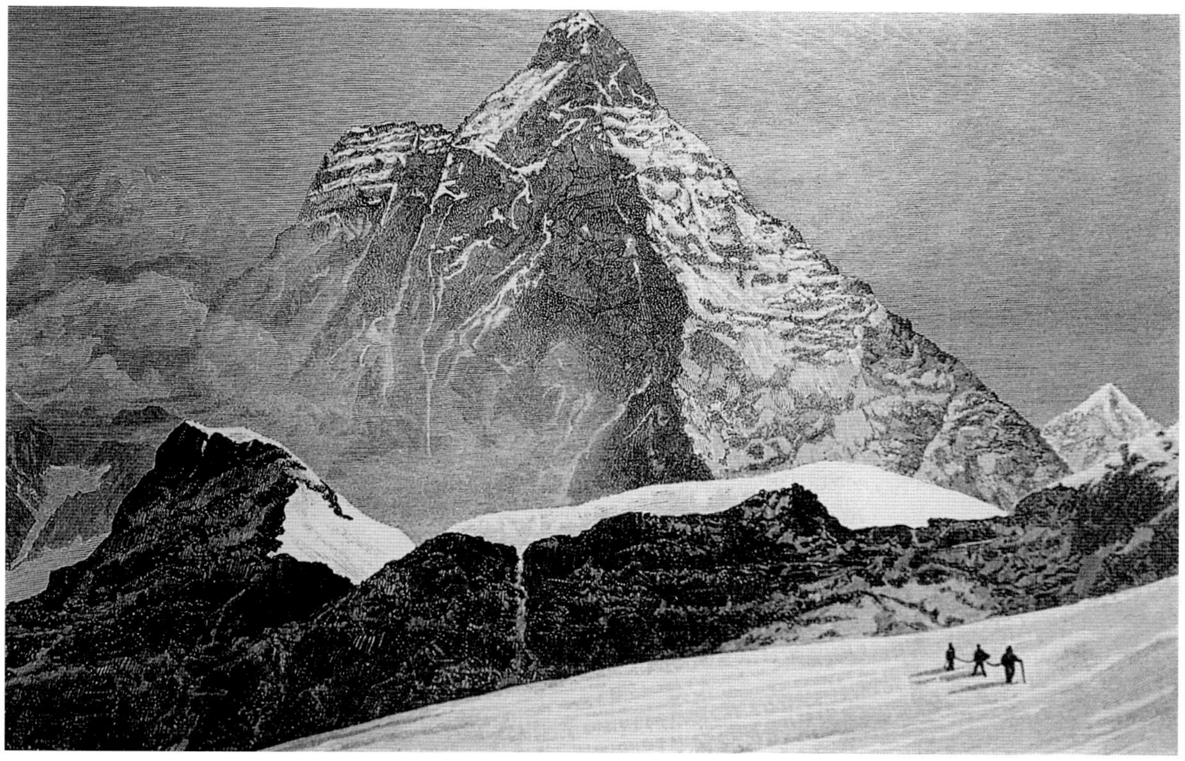

Dessin représentant trois alpinistes en route vers le Cervin, au cours d'une des premières tentatives.

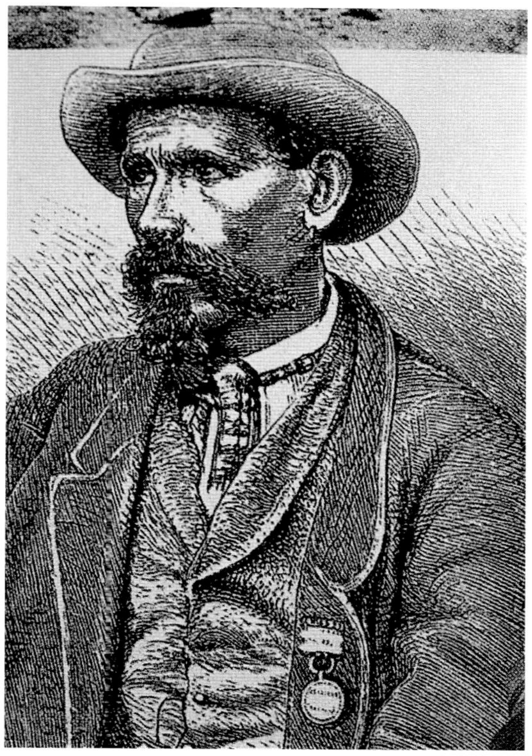

Le guide Jean-Antoine Carrel, qui fut le concurrent de Whymper dans l'ascension du Cervin.

effréné de conquête. Plus tard, les autres chaînes montagneuses connurent la même évolution. Le développement de l'alpinisme fut vertigineux. Arêtes, parois rocheuses verticales, couloirs de glace à pic attendaient dans les Alpes les nouveaux « ascensionnistes ». Jusqu'alors, il s'agissait de gravir les sommets, en cherchant la voie la plus facile. Désormais, il fallait atteindre les cimes en recherchant, au contraire, les difficultés. Durant ces années et les suivantes, l'équipement de l'alpiniste ne cessa de s'améliorer : les souliers cloutés firent place aux crampons, qui au fil du temps gagnèrent en sophistication et en efficacité. Les haches primitives, servant à tailler les marches, se perfectionnèrent, se virent dotées d'un manche court et conduisirent aux piolets, plus maniables et efficaces. On inventa de nouveaux outils comme les pitons, les broches à glace et les mousquetons. Willo Welzenbach, l'un des alpinistes allemands de la première moitié du XXe siècle, disparu dans l'une des premières grandes tragédies du Nanga Parbat, inventa l'échelle des six degrés. Dès lors, l'usage d'une cotation des difficultés se répandit.

Mais l'homme qui marqua le plus cette période fut le Britannique Albert Frederick Mummery. À la différence de Henry Russell dans les Pyrénées, il n'eut besoin d'aucun mobile d'exploration ou d'accroissement des connaissances pour s'aventurer dans ces paysages. La pratique de l'alpinisme n'avait d'autre finalité qu'elle-même, que de se déployer dans le silence du brouillard et de la roche des sommets.

Mummery, considéré avec raison comme le père de l'alpinisme moderne, donna autant d'importance au concept de voie d'accès qu'à celui de sommet, car « le véritable alpiniste est celui qui tente des ascensions nouvelles ». Chaque itinéraire découvre en réalité une montagne nouvelle, et ce qui importe avant tout ce sont les difficultés qu'il faut vaincre, les problèmes qu'il faut résoudre et le style avec lequel on les aborde. Cohérent avec cette attitude, Mummery escalada le Cervin à six reprises, ouvrant deux voies nouvelles sur celle qui était tenue, peu de temps auparavant, comme le prototype de la montagne inaccessible.

Mummery réalisa pendant vingt ans de nombreuses ascensions, dont beaucoup de voies nouvelles. Bien qu'il fut au départ accompagné par l'excellent guide Alexandre Burgener, il se fit par la suite le défenseur des ascensions sans guide, durant lesquelles on ne devait compter que sur ses propres forces – en ce domaine aussi, il fut un précurseur. Sur la texture granitique des aiguilles effilées de Chamonix, il fut l'initiateur d'un alpinisme plus athlétique et plus audacieux, et se lança dans la conquête de nouveaux espaces verticaux où aucun homme ne s'était encore aventuré. Il fut aussi le premier à tenter l'escalade d'une montagne de plus de 8 000 mètres, en s'attaquant en 1895 au Nanga Parbat, le géant de roche et de neige qui ferme la colossale chaîne de l'Himalaya sur sa limite occidentale. L'époque des grandes aventures himalayennes commençait.

C'était la première fois que quelqu'un osait s'attaquer à une montagne d'une telle dimension. Le Nanga Parbat conjugue immensité et brutalité : son sommet s'élève à 8 125 mètres, et son dénivelé par rapport au camp de base, situé à quelque 4 000 mètres, est l'un des plus importants du monde. Il fallait un esprit exceptionnel, comme celui de Mummery, pour imaginer, planifier et risquer une telle ascension. Sa petite expédition commença par reconnaître le versant du Rupal, mais elle le jugea impraticable. Cependant, sur le versant de Diamir, à l'ouest, ils pensèrent avoir une possibilité d'attaquer l'éperon central. Ils se lancèrent aussitôt dans l'entreprise, mais durent battre en retraite. Malgré cela, Mummery fit une nouvelle tentative avec Ragobir, l'un de ses porteurs. À près de 7 000 mètres, Mummery dut renoncer car le porteur était malade. Quoi qu'il en fût, c'était un exploit considérable pour l'époque. N'importe qui se serait senti satisfait et aurait mis un point final à l'expédition, mais Mummery était un alpiniste hors du commun. Pour lui, cela ne représentait que le premier pas de son audacieux projet : transposer dans l'Himalaya ce style qui lui avait valu de si brillants résultats dans les Alpes. Il ignorait probablement les effets dévastateurs de l'altitude sur l'organisme de l'alpiniste au-delà de 7 500 mètres.

À leur retour dans la vallée, ils décidèrent d'explorer le versant nord, celui de Rakhiot, par lequel le Nanga Parbat finira par être vaincu. Pour cela, Mummery se proposa de franchir l'arête qui réunit le Ganalo Peak et le Nanga, pour atteindre le Diama Pass à plus de 6 000 mètres, en compagnie de ses deux porteurs gurkhas. Ses deux autres compagnons, Hastings et Collie, les attendirent en vain sur l'autre versant du col. Personne ne devait revoir les trois hommes. Ils ont probablement été engloutis par une avalanche. Ce furent les premières victimes du Nanga Parbat. C'est ainsi que disparut, à l'âge de quarante ans seulement, l'un des meilleurs alpinistes de tous les temps. Son audace, son agilité et son intelligence (seuls deux ou trois alpinistes prenaient alors le temps d'étudier les différents versants d'une montagne avant d'entreprendre son ascension : c'est là le mariage le plus pur de l'exploration et de l'alpinisme) constituent des exemples jamais égalés à ce jour.

Mais, avant de partir pour le Nanga Parbat, Mummery avait escaladé le Cervin par son arête de Zmutt, en compagnie d'un jeune noble italien, Louis-Amédée de Savoie, duc des Abruzzes, qui partageait son goût de la nouveauté, sa rigueur et sa passion pour la montagne. Ce jeune homme, né en 1873 au palais royal de Madrid, fut appelé « le dernier grand explorateur italien » ; il était fils de l'éphémère roi d'Espagne Louis-Amédée de Savoie. Ses explorations, de 1895 à 1928, sont parmi les plus remarquables de l'époque. Ce fut un homme exceptionnel, l'un des rares explorateurs des pays latins à oser faire irruption sur une scène essentiellement dominée par des montagnards anglo-saxons. Ses expéditions alliaient la rigueur scientifique, l'esprit d'exploration et un caractère sportif et audacieux. Il eut une carrière spectaculaire. Comme navigateur, il fit deux fois le tour du monde. Après avoir effectué quelques ascensions honorables dans les Alpes, il se choisit un objectif considérable : il fit la première ascension du mont Saint Elias, l'une des montagnes les plus difficiles de l'Alaska. Dans l'Arctique, il alla au-delà de la latitude atteinte par Nansen. En Afrique, il explora le Ruwenzori, les Montagnes de la Lune, et dans le Karakorum, il effectua l'une des explorations les plus complètes de la zone centrale du massif. De surcroît, il découvrit la voie d'ascension du K2, et établit au Chogolisa un record d'altitude qui se maintint pendant de longues années. Enfin, dans la corne de l'Afrique, il explora le fleuve Uebi Scebeli. Une simple tombe, en Somalie, rappelle le souvenir de l'un des plus grands explorateurs de tous les temps.

Peu d'années après l'expédition du duc des Abruzzes au Karakorum, le mobile sportif l'avait de loin emporté sur celui de la science ou de l'exploration. George Leigh Mallory, l'âme des expéditions de 1921, 1922 et 1924 à l'Everest, et l'un des alpinistes les plus importants de sa génération, allait résumer clairement ce nouveau sentiment : « Si quelqu'un me demandait quelle est l'utilité d'escalader ou de tenter d'escalader le pic le plus élevé du monde, je devrais dire qu'elle est nulle. On ne poursuit aucune fin scientifique, simplement la satisfaction d'un désir, ce désir indomptable qui bat au fond du cœur de l'homme : découvrir ce qui est inexploré. Les deux pôles étant conquis, seul le puissant sommet de l'Everest demeure devant les yeux de l'explorateur comme l'ultime grande conquête encore possible. »

La conquête de l'Everest représente, au début du xxe siècle, la dernière grande aventure en suspens. Après avoir trouvé une voie d'ascension en 1921 et avoir dépassé les 8 000 mètres l'année suivante, les Britanniques revinrent à l'Everest en 1924. Aux premiers jours de juin, avec les tempêtes de mousson qui rôdaient aux portes de l'Himalaya, ils jouaient leur dernière carte. C'était la troisième tentative organisée par les Britanniques, et cet ultime essai était entre les mains d'Irvine et de Mallory. Quelques jours auparavant, Norton et Somervell avaient engagé avec succès une première attaque : ils avaient réussi à atteindre, sans bouteilles d'oxygène, les 8 570 mètres. Une altitude qui ne fut dépassée, dans des conditions équivalentes, qu'en 1978, quand Messner et Habeler réalisèrent la première ascension de l'Everest sans oxygène ! Il ne s'agissait plus désormais de risquer une nouvelle tentative, ni d'établir de nouveaux records d'altitude. Un seul objectif subsistait : atteindre le sommet. Les deux alpinistes étaient convaincus qu'ils tenaient entre leurs mains le succès ou l'échec définitif. Il était évident que pour Mallory, à presque 38 ans et avec trois expéditions derrière lui, c'était la dernière occasion. Norton décrit ainsi l'atmosphère qui régnait en ces moments : « Mallory était disposé à n'admettre aucune déroute tant qu'il existerait quelque probabilité de vaincre... Je crois vraiment qu'entre lui et la montagne, le combat était devenu une affaire personnelle. »

Avec une telle responsabilité pesant sur leurs épaules, ils commencèrent l'ascension, décidés à parvenir au sommet. Mallory était confiant dans sa volonté de fer, l'expérience qu'il avait de cette voie et l'extraordinaire énergie de son jeune compagnon. De plus, ils comptaient sur l'inestimable secours des bouteilles d'oxygène ; car, bien qu'il eût été au début hostile à leur usage pour des raisons éthiques, il s'était convaincu, à la lumière des échecs des nombreuses tentatives antérieures, que leur utilisation était indispensable pour la conquête de l'Everest. Le 8 juin 1924, par un temps magnifique, ils partirent vers la cime. Ils furent aperçus tous les deux à douze heures cinquante, selon le témoignage de leur compagnon, le géologue Noël Odell, à quelque 8 650 mètres d'altitude, « progressant résolument » vers le sommet. On ne les revit jamais en vie. Depuis lors, la disparition des deux alpinistes est enveloppée de mystère. Et la découverte du corps de Mallory, à 650 mètres du sommet, en mai 1999 – soit soixante-quinze ans après sa disparition –, n'a pas résolu l'affaire. L'appareil photo de l'alpiniste, qui aurait éventuellement pu prouver la réussite de leur ascension, est resté introuvable. Nul ne sait s'ils ont réussi ou non à atteindre le sommet.

Au contraire des Britanniques, les Français n'ont pas, à cette époque, joué un grand rôle dans l'alpinisme extra-européen. Retardé par la guerre de 1871, le Club alpin français ne vit le jour qu'en 1874, soit près de vingt ans après l'Alpine Club. Trois ans plus tard, un jeune noble du Languedoc, Emmanuel Boileau de Castelnau, s'associait à un vieux guide, fils d'un berger provençal, pour gravir le plus beau sommet des Alpes qui restait à conquérir : la Meije. Étonnante réussite : Boileau par la suite abandonnera la montagne... Quant à Gaspard, il sera à l'origine d'une prestigieuse lignée de guides.

Car, dans les Alpes comme dans les Pyrénées, l'alpinisme au tournant du XXe siècle ne se conçoit guère sans guides et, dans toutes les vallées, des familles de paysans, que rien auparavant n'attirait vers les hauteurs si ce n'est la chasse au chamois, se reconvertissent dans cette activité. Des compagnies se constituent pour les réunir. Le Club alpin organise des cours pour les former. C'est aussi à cette époque qu'a lieu, dans tous les pays montagneux d'Europe, un gigantesque effort d'équipement de la montagne en faveur des alpinistes : construction de sentiers, pose de câbles et de cordes fixes, mais surtout construction de refuges. En 1904, il en existe déjà près de 500 dans toutes les Alpes ; dans la seule année 1912, le club alpin austro-allemand en édifie pas moins de 22 ! Un peu partout, un alpinisme « bourgeois », réservé à des citadins plutôt aisés, se développe.

La Première Guerre mondiale qui ravagea l'Europe eut pour conséquence un éveil des nationalismes, sous les formes les plus totalitaires que l'histoire ait jamais connues. Personne n'était à l'abri de ces idées nationalistes exacerbées au début des années 1920. Des circonstances objectives favorisaient leur expansion : un sentiment de défaite et d'humiliation en Allemagne en raison des conditions imposées par les vainqueurs, la crise économique et sociale, l'extrême misère dans laquelle vivaient d'importantes couches de la population, le chômage, l'insécurité, la peur de la bourgeoisie devant une propagation de la révolution prolétarienne qui avait eu lieu en Russie. Ce fut un phénomène qui s'étendit à toute vitesse, comme une tache d'huile sans cesse élargie à travers toute l'Europe.

Pendant ces années-là, on vit s'estomper la conception naturaliste, scientifique, imprégnée d'humanisme et d'esprit sportif de la montagne, et que représentaient les Anglais fortunés de l'Alpine Club, qui pratiquaient l'escalade « à l'occasion ». L'aristocratie et la riche bourgeoisie, jusque-là prédominantes dans la montagne, laissèrent une place à de nombreux jeunes gens enthousiastes qui trouvaient là un lieu d'entraînement approprié pour mettre leur énergie à l'épreuve. Au début des années 1930, surgit en Allemagne, spécialement à Munich, un mouvement de jeunes alpinistes qui recherchaient les difficultés extrêmes. La tension politique et sociale croissante, l'oisiveté de la jeunesse et les sanctions qui accompagnèrent la défaite de la Première Guerre mondiale, leur éducation particulière, toutes ces raisons expliquent qu'une bonne partie de la jeunesse allemande considéra le goût de l'aventure, un certain vagabondage, comme une façon d'échapper à la dureté des temps. Ces jeunes gens d'avant-garde semblaient avides de faire preuve de courage, d'héroïsme et d'ardeur patriotique. En montagne, cela se traduisit par le désir de vaincre à tout prix. Cet état d'esprit inspira quelques-uns des plus grands exploits et des plus déchirantes tragédies au Nanga Parbat. L'élite de l'alpinisme allemand fut décimée dans cette aventure : on vit disparaître 26 hommes en deux expéditions seulement ! Et le Nanga Parbat dut attendre l'après-guerre pour être gravi.

Dans ce contexte où, aux sommets des montagnes, on préfère les parois difficiles et les itinéraires périlleux, prit corps l'idée des « trois derniers problèmes » des Alpes, qui se traduisit par quelques-uns des plus remarquables exploits de l'alpinisme. Pour vaincre ces dernières difficultés, il fallut de grands efforts et de lourds sacrifices. La rivalité entre les nations teinta de couleurs dramatiques cette période. La face nord du Cervin fut escaladée par des Allemands en 1931, la face nord des Grandes Jorasses en 1935, également par des Allemands, et l'éperon nord de la pointe Walker par des Italiens en 1938. La même année, la dangereuse face nord de l'Eiger fut enfin vaincue, après une série de tentatives dramatiques. L'un des protagonistes de cette escalade, Heinrich Harrer (que nous retrouverons plus tard au Nanga Parbat, et qui acquit une renommée mondiale grâce à un livre remarquable qui fut porté à l'écran, *Sept ans d'aventure au Tibet*, récit de son séjour en terre tibétaine et de ses relations avec le Dalaï-Lama), après l'ascension qu'il mena à bien sur la paroi la plus terrible et la plus convoitée des Alpes, écrivit : « C'est pour nous une récompense d'une valeur inestimable que de pouvoir voir et parler avec le Führer. Nous avons escaladé la face nord de l'Eiger, nous sommes allés au-delà de la cime pour pouvoir voir notre Führer. » Les vents qui soufflaient sur l'alpinisme laissaient aussi présager que la Seconde Guerre mondiale allait bientôt éclater.

Jusqu'alors, les expéditions en direction des plus hautes cimes de l'Himalaya y accédaient par le Tibet. En effet, le Népal, qui abrite huit des quatorze sommets de plus de 8 000 mètres, demeurait fermé à l'influence étrangère. Cependant, quand prit fin le conflit sanglant qui avait représenté une parenthèse forcée dans la conquête des plus hauts sommets de la Terre, les expéditions commencèrent à explorer les versants des montagnes situées au sud du haut plateau tibétain. Cela ressemble à un paradoxe : après plus de quarante ans de tentatives infructueuses, dès que recommencent les expéditions, à partir de 1950, il suffit de quinze ans pour atteindre les quatorze sommets de plus de 8 000 mètres. Il est impossible de faire le récit détaillé de chacune de ces ascensions, mais certaines d'entre elles, non seulement transformèrent les idées qu'on avait de la montagne et des limites des alpinistes, mais furent aussi des étapes fondamentales dans l'évolution de l'alpinisme et l'occasion de profondes transformations dans les pays où ces exploits se déroulèrent.

Ce fut le cas de l'expédition française conduite par Maurice Herzog, qui parvint en 1950 au sommet de l'Annapurna. Herzog devint l'un des deux premiers hommes, avec son compagnon le guide Louis Lachenal, à gravir une montagne de plus de 8 000 mètres. Sa descente fut dramatique, une lutte pour la survie et une leçon de solidarité comme on n'en a guère vu en montagne. Trois ans plus tard, l'expédition britannique conduite par John Hunt atteignit à force de ténacité le sommet de l'Everest. Edmund Hillary et le sherpa Tenzing réalisèrent enfin le rêve de tant d'hommes. Cette même année 1953, au Nanga Parbat, l'Autrichien Hermann Buhl triompha de la montagne inaccessible en achevant en solitaire la dernière partie d'un très long itinéraire. Et si les Allemands avaient vaincu le Nanga Parbat et les Britanniques l'Everest, dans le prolongement d'une tradition qui leur avait coûté beaucoup d'années et beaucoup de vies, les Italiens, eux aussi, rejoignirent le groupe restreint des vainqueurs des plus hautes cimes de la planète. Ils prirent pour objectif la deuxième plus haute montagne de la Terre, le K2, considéré comme « la montagne des montagnes ».

En 1954, une puissante expédition dirigée par Ardito Desio se dirigea vers le pied du K2 pour essayer de couronner par la victoire plus de cinquante ans de tentatives, italiennes et américaines surtout, qui avaient pour quelques-unes d'entre elles échoué tout près de la cime. Lino Lacedelli et Achille Compagnoni finirent par atteindre le sommet grâce aux efforts de toute l'expédition, au sein de laquelle se trouvait un tout jeune alpiniste, destiné à jouer un rôle éminent dans le proche avenir : Walter Bonatti.

La figure de Walter Bonatti est essentielle, aussi bien pour comprendre l'aventure contemporaine, que pour expliquer l'évolution de l'alpinisme dans la seconde moitié du xxe siècle. La quantité et la qualité de ses escalades, de ses voyages, de ses aventures sont d'une envergure telle que toutes ses entreprises constituent encore aujourd'hui une référence indiscutable. Sa première expédition au K2 a marqué son activité ultérieure. Bonatti participa à l'attaque du sommet comme porteur des bouteilles d'oxygène qui, le lendemain, allaient permettre à Compagnoni et Lacedelli d'atteindre la cime. Bonatti et le porteur hunza qui l'accompagnait, Mahdi, durent effectuer un bivouac très difficile, à près de 8 000 mètres, qui faillit leur coûter la vie. De fait, le porteur dut subir de graves amputations. Bonatti a toujours prétendu que leurs deux compagnons les avaient abandonnés. Selon la version officielle de l'expédition, c'était simplement qu'ils ne les avaient pas entendus. Ce qui est sûr, c'est qu'à son retour, après les attaques qu'il avait endurées, Bonatti entreprit en solitaire, pendant cinq jours, l'une des escalades les plus importantes des Alpes : le vertigineux pilier ouest du Dru qui, depuis 1955, porte son nom. Il fit ainsi taire les critiques, et depuis lors la renommée de l'alpiniste italien n'a cessé de grandir. Son histoire est impressionnante. La paroi est du Grand Capucin, sa dramatique retraite au pilier central du Frenay, la remarquable ascension, très en avance sur son temps, du Gasherbrum IV, une des plus belles montagnes du Karakorum, et son renoncement à l'univers de l'alpinisme extrême après une ascension en solitaire de la face nord du Cervin, tels sont quelques-uns de ses exploits les plus connus. Comme le sont aussi ses voyages et ses explorations, de l'Amazone à l'Antarctique, quand presque personne n'avait encore révélé ces paysages d'une intense beauté et ces territoires de nouvelles aventures. Bonatti fut, selon Chris Bonington, « l'un des plus grands alpinistes de l'histoire, une personnalité extrêmement complexe et un sportif extraordinairement complet, qui domina la discipline pendant la décade des années 1950 et le début des années 1960, de la même façon que Reinhold Messner devait le faire quelques années plus tard ».

Au milieu des années 1970, on avait achevé d'escalader tous les « huit mille », presque tous par des voies pas trop difficiles. Bien qu'on eût connu des ascensions mémorables, comme celles du K2, du Gasherbrum IV et quelques autres encore, il s'agissait là d'exceptions dans un contexte où la plupart des expéditions étaient conçues dans un autre esprit. À partir de ce moment, cependant, les alpinistes, conformément à la trajectoire suivie dans les Alpes, se mirent en quête de voies plus difficiles sur des parois ou des arêtes encore vierges. Sur les parois du Yosemite, aux États-Unis, les nouvelles tendances étaient de se passer autant que possible de toute aide artificielle. Ces idées eurent à moyen terme une grande influence, et l'on vit apparaître le concept des « *big walls* », les grandes parois. Dans le style classique qui avait conduit à de si beaux résultats, on attaqua, entre autres, quelques-unes des parois les plus gigantesques et des escalades les plus difficiles que l'on avait jamais tentées.

Une expédition conduite par l'organisateur réputé Karl Herrligkoffer, dont faisait partie Reinhold Messner, escalada le versant de Rupal du Nanga Parbat. Les Britanniques constituaient l'avant-garde de ce type d'alpinisme qui comporte tant de risques. Chris Bonington, l'un des organisateurs d'expéditions qui connut les plus grands succès de tous les temps, forma l'un des groupes d'alpinistes les plus solides qui ait jamais existé. Les Britanniques vainquirent la face sud de l'Annapurna et la face sud-ouest de l'Everest.

Après la Première Guerre mondiale, l'alpinisme français avait aussi connu de grands changements. Un des personnages emblématiques de cette période est Pierre Allain. D'origine modeste, formé sur les minuscules rochers de Fontainebleau, ce fut un inventeur de génie, à qui l'on doit notamment les premiers mousquetons légers, et qui réussit des ascensions où les meilleurs guides s'étaient cassé les dents. Mais, en vérité, l'émergence d'un alpinisme plus populaire n'a pas conduit à accroître l'opposition entre guides et « sans guides », montagnards et citadins, mais au contraire à l'estomper. On l'a bien vu dans la génération formée à la fin de la Seconde Guerre mondiale, celle des Lionel Terray, Gaston Rébuffat ou Louis Lachenal : désireux de consacrer leur vie à la montagne, ces citadins prirent le parti de devenir guides à leur tour.

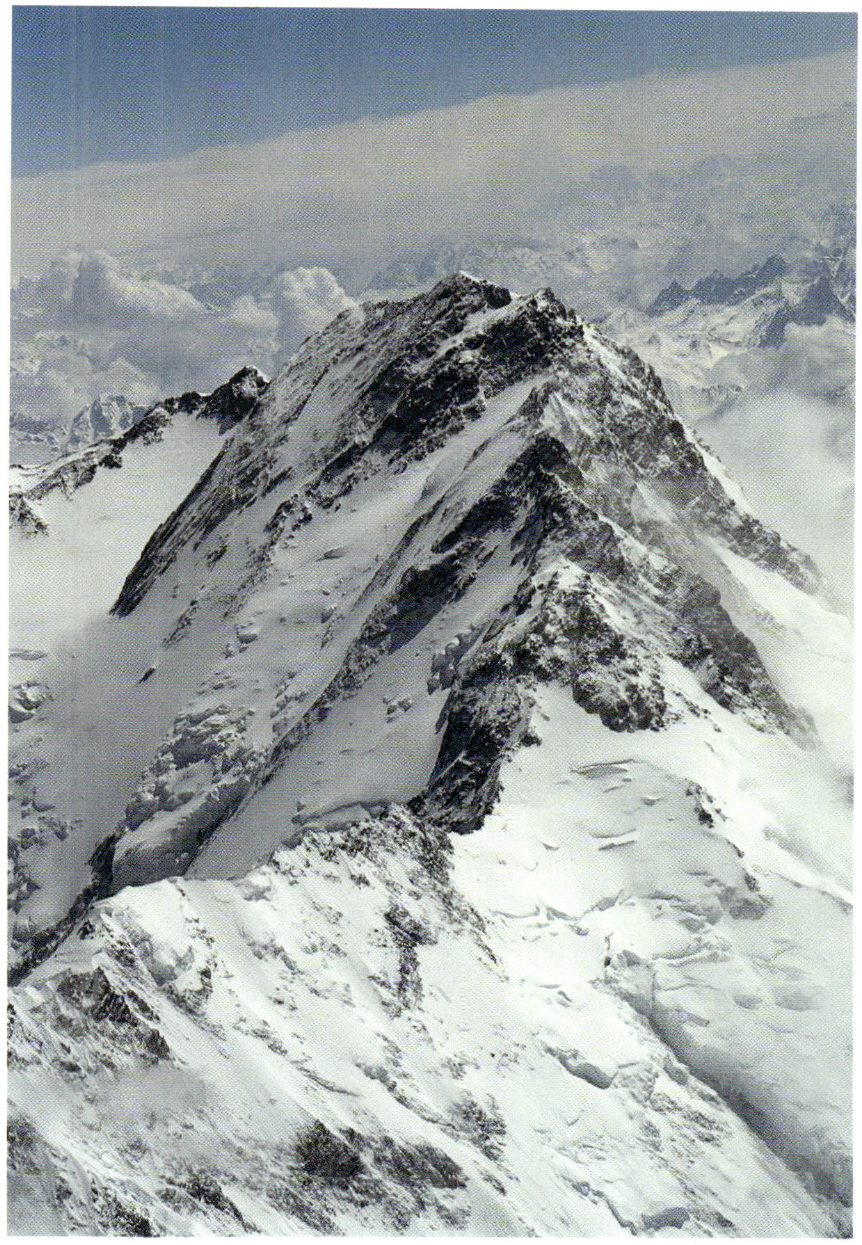

Vue aérienne du terrible Nanga Parbat (8 125 mètres). On peut observer le trapèze sommital qui protège l'une des cimes les plus convoitées de l'Himalaya.

Les années 1950 correspondent au premier succès populaire de l'alpinisme : l'ascension retentissante de l'Annapurna par Herzog et Lachenal, dont le récit se vendra à des millions d'exemplaires. Quelques années auparavant, *Premier de cordée*, le roman écrit en 1941 par un guide de Chamonix né à Paris, Roger Frison-Roche, avait également suscité un enthousiasme sans précédent. Le paradoxe est que ce roman mettait en place, dans l'imaginaire du public, une relation entre « guides montagnards » et « clients citadins » qui était en train de devenir largement obsolète ! Il appartiendra d'ailleurs à un autre guide, le Marseillais Gaston Rébuffat, de donner de l'alpinisme une version véritablement humaniste, où l'aspect esthétique prime sur le combat.

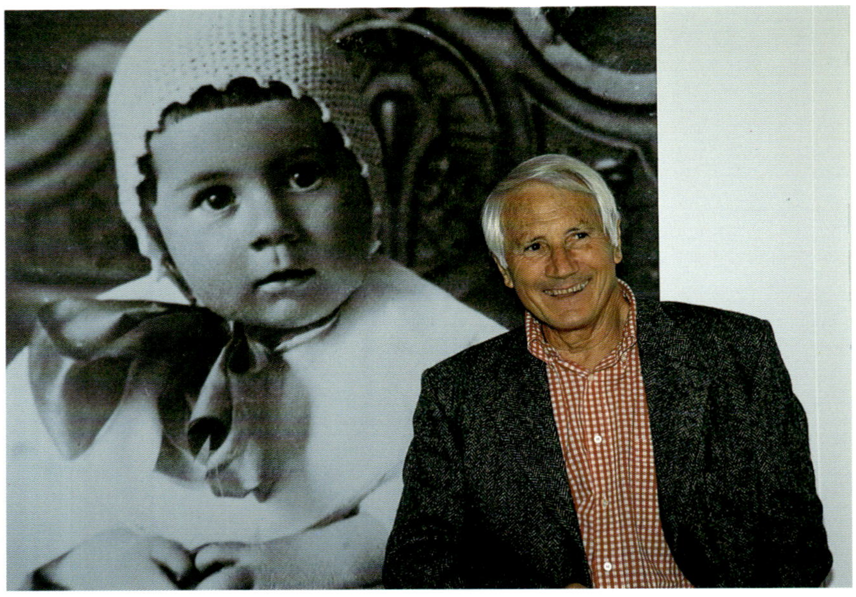

L'alpiniste et journaliste Walter Bonatti lors d'une exposition photographique retraçant sa vie. Bonatti a dominé le monde de l'alpinisme entre 1955 et 1965.

La conquête de l'Annapurna avait renfloué les caisses de la Fédération française de la montagne. Cela lui permit d'organiser d'autres expéditions remarquables, dans les Andes comme dans l'Himalaya. En 1955, l'équipe conduite par Jean Franco au Makalu gravit au grand complet ce sommet de plus de 8 000 mètres. Les expéditions françaises suivantes se concentrèrent sur des sommets moins élevés, mais bien plus difficiles, comme la tour de Muztagh ou le Jannu.

À cette époque, les grandes entreprises nationales commencèrent à laisser place à des groupes plus légers, mais avec des objectifs plus ambitieux – une tendance déjà esquissée précédemment par quelques alpinistes. Eric Shipton (membre des expéditions britanniques à l'Everest des années 1930, et qui faillit être le chef de l'expédition de 1953) prônait des équipes réduites et un style moins lourd. Peut-être par dépit, après qu'il fut écarté de l'expédition qui devait atteindre la cime de l'Everest, Shipton déclara : « Maintenant que la conquête en est faite, l'alpinisme peut retrouver place à l'Everest. » C'est, en effet, dans cet esprit qu'il parcourut les principaux massifs montagneux du monde, et qu'il entreprit ses escalades avec un petit nombre de compagnons et un équipement technique réduit. Shipton, dont on raconte qu'il préparait n'importe quel voyage en quelques heures et qu'il planifiait une expédition sur le verso d'une carte postale, comme son ami William H. Tilman, fut un précurseur de ce style léger, qu'il mit en œuvre en Patagonie, très éloigné des institutions britanniques et de l'Himalaya. Bien engagé lui aussi en cette voie, Hermann Buhl, dans un éclair de génie (ce même éclair peut-être qui le poussa en solitaire jusqu'à la cime du Nanga Parbat) s'attaqua au Broad Peak et au Chogolisa sans les entraves qu'imposaient les grandes expéditions de son temps. Ces idées étaient, en définitive, déjà celles de beaucoup d'innovateurs précédents, comme Paul Preuss, Emil Zsigmondy ou Mummery ; et par la suite, Bonatti poursuivra sur ce chemin d'un alpinisme plus audacieux, sans entraves. Ce fut Reinhold Messner qui l'épura davantage encore et le mena à son apogée. Pendant vingt ans, il révolutionna presque toutes les facettes de l'alpinisme. Dans le style alpin, sans oxygène, en solitaire, il affronta tous les plus hauts sommets. Cet homme fut le créateur d'une époque.

En 1970, à 25 ans, il était déjà un alpiniste prestigieux ; c'est ce qui lui permit de se lancer à l'assaut de l'Himalaya. Il réussit l'escalade du colossal versant de Rupal du Nanga Parbat mais, lors de la descente, son frère Gunther disparut, et il eut à souffrir lui-même de graves gelures. Malgré cela, il réussit à se reprendre, et de cette expérience sortit le plus grand alpiniste de tous les temps. Entre autres nombreux succès, il fut le premier à gravir les quatorze « huit mille », toujours sans oxygène, le premier à escalader un « huit mille », le Hidden Peak, en style alpin, le premier à escalader de la même façon, et en solitaire, le Nanga Parbat, le premier à atteindre la cime de l'Everest, en compagnie de Peter Habeler, sans recourir à l'oxygène. De plus, poussant à l'extrême sa périlleuse philosophie de l'alpinisme, il escalada en 1980 la face nord de l'Everest, en solitaire et sans oxygène. Son esprit aventureux le conduisit aussi à traverser l'Antarctique à pied, ou le désert de Taklamakan, et à explorer plusieurs zones de l'Asie centrale ou du Tibet.

L'alpinisme qui naît dans les années soixante-dix est un alpinisme « éclaté ». L'attirance pour la haute altitude et les massifs lointains ; le goût de corser la difficulté par des ascensions solitaires ou hivernales ; la découverte de nouvelles disciplines, comme le deltaplane, le parapente ou le ski extrême ; de nouveaux terrains de jeux, comme les cascades gelées ; l'influence de l'escalade pure, elle-même en train de se séparer de l'alpinisme ; la tentation de la médiatisation, parfois jusqu'à l'excès. Jean-Marc Boivin s'illustra dans toutes les situations extrêmes, en alpinisme, en ski, en deltaplane ou en parapente. Christophe Profit et Éric Escoffier se livrèrent à un duel fortement médiatisé pour « enchaîner » le plus vite possible les trois parois nord de l'Eiger, du Cervin et des Grandes Jorasses. Catherine Destivelle démontra que les ascensions les plus engagées que l'on puisse concevoir dans les Alpes, les solitaires hivernales, n'étaient pas l'apanage des hommes. D'autres encore se laissèrent attirer par les pôles... Le terrain de jeu est désormais à la mesure de la planète, et le mot « expédition » n'a plus rien d'exceptionnel, comme c'était le cas vingt ans auparavant.

Toutefois, un de nos meilleurs himalayistes, Pierre Béghin, sentait bien qu'après avoir « fait ses classes » dans les Alpes, les véritables défis se trouvaient en Himalaya. Mais, à vrai dire, l'alpinisme changeait aussi d'un autre point de vue : si jusqu'alors on pouvait assez aisément distinguer des « écoles » nationales, avec des mentalités et des points de vue divers, les équipes mêlant plusieurs nationalités sont de plus en plus fréquentes – et surtout en Himalaya.

Cette orientation inaugurée par Messner fut adoptée partout à partir des années 1980. Les motivations et les sentiments des alpinistes évoluèrent. L'élan intime et personnel se substitua aux mobiles dépassés de l'orgueil national. En un petit nombre d'années, qu'on peut bien considérer comme prodigieuses, et dans ce style léger que depuis lors on connaît sous le nom de style alpin, les Britanniques Doug Scott, Alex McIntyre et Roger Baxter-Jones réussirent (en 1982) la face sud-ouest du Shisha Pangma ; les Espagnols Enric Lucas et Nil Bohigas escaladèrent (en 1984) la terrible et périlleuse paroi sud de l'Annapurna. En 1984, les Polonais Wojciech Kurtyka et Jerzy Kukuczka réalisèrent une incroyable traversée des trois cimes du Broad Peak, cependant que, presque en même temps, Messner, avec son compagnon Hans Kammerlander, enchaînait la traversée des deux principaux sommets des Gasherbrum. L'année suivante, en 1985, l'Autrichien Robert Schauer et, à nouveau, le Polonais Kurtyka escaladèrent l'une des grandes murailles de la Terre, la paroi ouest du Gasherbrum IV ; même s'ils n'atteignirent pas la cime, qu'avaient déjà foulée Bonatti et Mauri vingt-huit ans auparavant, ils parvinrent à résoudre l'un des « derniers problèmes » de l'Himalaya.

Et finalement, en 1986, en pleine saison des moussons, les Suisses Erhard Loretan et Jean Troillet escaladèrent la face nord de l'Everest, d'une seule traite, sans oxygène, en seulement quarante-deux heures de montée et quatre de descente. Beaucoup d'autres exploits mériteraient un chapitre à part. Dans cette perspective, l'ascension réussie par le Slovène Tomas Humar de la face sud du Dhaulagiri, en automne 1999, constitue la plus récente de ces audacieuses aventures.

Toutes ces ascensions sont des exploits formidables et mériteraient de figurer comme tels parmi les plus grandes réussites alpines de tous les temps. Mais, aussi importantes qu'elles soient sur le plan sportif, elles sont plus importantes encore par leur valeur éthique et l'engagement idéologique qu'elles impliquent. Elles représentent un apport décisif et une vision nouvelle pour cette activité apparue il y a deux cents ans, et devenue pure passion et pure aventure grâce à l'audace et la compétence de toute une génération d'hommes et de femmes. Telle est l'ultime métamorphose du sentiment de la montagne.

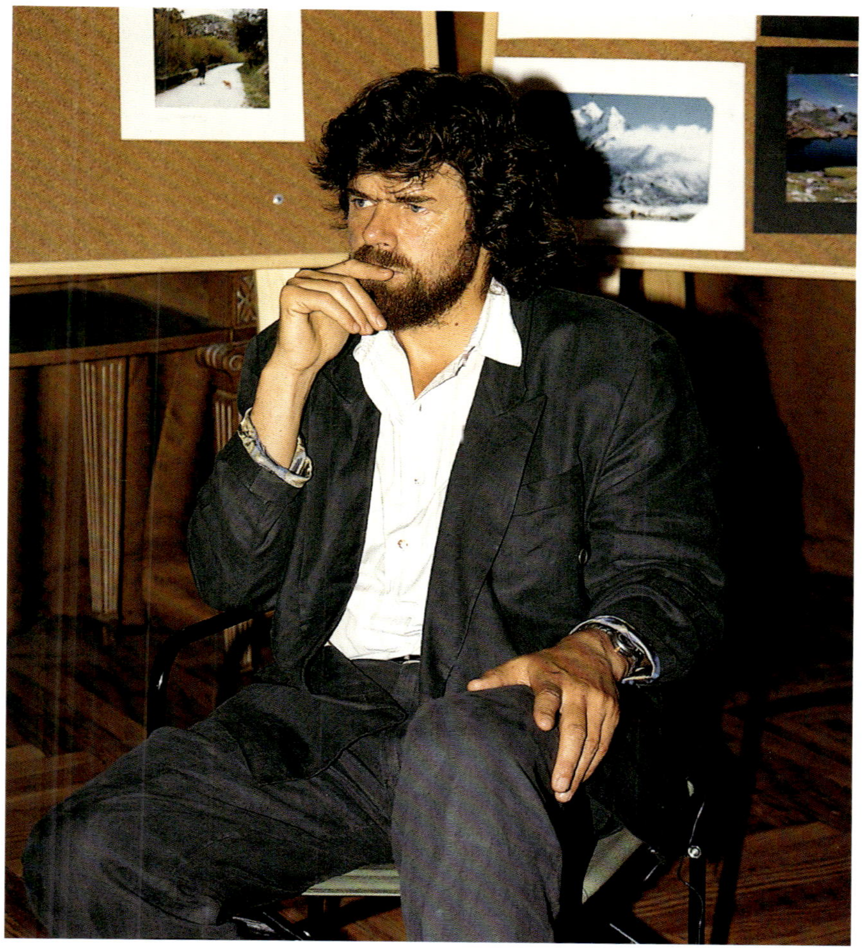

L'alpiniste, écrivain et député européen Reinhold Messner a été probablement le plus important alpiniste de notre époque. Il fut le premier homme à escalader les quatorze sommets de plus de 8 000 mètres.

Épilogue

Durant ces deux cents ans, de Saussure à Messner, la quête de ces paysages de solitude s'est transformée en un éloge prolongé et renouvelé de l'une des plus grandes merveilles de la Terre. De plus, dans cet univers des sommets, il existe encore des zones assez reculées, dépeuplées et énigmatiques, comme les derniers contreforts de l'Himalaya oriental, ou les montagnes éloignées du cœur de l'Antarctique, pour que survive le mystère qui auréolait il y a peu les montagnes plus proches de nous, maintenant dévoilées jusque dans leurs recoins les plus secrets. Il reste sans doute des défis possibles et des mystères, même s'il est nécessaire de stimuler l'imagination. Beaucoup de choses, néanmoins, ont changé ces dernières années. La pression que subissent certaines zones de montagne s'accroît considérablement et menace quelque chose d'aussi fondamental que leur solitude, leur paysage, autant dire l'esprit de la montagne. En outre, la transformation des montagnes en objets de commerce, leur entrée dans les circuits économiques et financiers comme un simple secteur de plus pour leurs capitaux, leurs plus-values et leurs dividendes, est une réalité qui se confirme chaque jour. Il se crée des territoires de moins en moins associés à la montagne et de plus en plus soumis à l'esprit du tourisme ; on assiste ainsi à la destruction du patrimoine naturel. Et de même qu'un noble paysage a des effets positifs sur l'esprit, un paysage dégradé contribue aussi à dégrader ceux qui y vivent.

Par ailleurs, la pratique des activités de montagne peut également avoir des effets négatifs. Certaines zones, comme l'Himalaya déjà, et d'autres grandes chaînes de montagnes souffrent de dégradations. Il faudra sans doute de grands efforts de discipline et de modération pour organiser des ascensions propres, pour rechercher des montagnes plus modestes mais cependant intéressantes dans d'autres secteurs moins connus de l'Himalaya, pour que les expéditions assument le ramassage de leurs déchets et effacent la trace de leur passage. Mais les grandes expéditions commerciales ont modifié la tendance novatrice des années 1980 et suscitent un alpinisme de répétition. Elles contractent une lourde dette dans le simple fait d'inscrire ce type d'activités à la rubrique « tourisme de haute montagne ». En premier lieu, leur impact sur l'environnement est supérieur à celui des autres expéditions d'alpinistes. Deux connaisseurs aussi avertis de l'Himalaya et de son histoire que Michael Thompson et Chris Bonington recommandent de « faire des ascensions plus sportives et en équipes plus réduites... pour atténuer l'impact sur le milieu environnant ». Sans doute y a-t-il sur l'Everest des bouteilles d'oxygène depuis l'époque de Mallory, mais ce n'est que récemment que sont apparues ces dizaines de bouteilles jonchées sur quelques mètres, suspendues aux cordes fixes ou éparpillées dans les rochers. Parfois, les clients quittent le camp II de l'Everest, à quelque 6 500 mètres, avec déjà des bouteilles sur le dos. Du côté nord, la situation n'est guère différente. En 2001, une agence connue offrait six bouteilles par client, ce qui, multiplié par des dizaines de clients, a un effet destructeur sur le paysage de l'Everest. En outre, comme l'a récemment signalé Reinhold Messner, « ceux qui escaladent cet Everest n'escaladent pas le même Everest que Mallory ou Hillary ni le même Everest que j'ai moi-même gravi ».

Ce sont là autant de problèmes que la montagne doit affronter. Peut-être n'est-il pas tout à fait indispensable de parler de niveaux ou d'étapes dans la sensibilisation morale à la préservation de la nature en altitude, mais voici trois horizons (successifs ou complémentaires) que l'on peut évoquer : la conservation de ses ressources, la protection désintéressée de ses espaces et, finalement, la dignité qui va de pair avec sa fréquentation et dont la formulation la plus claire se résume dans l'expression du « sentiment de la montagne ». L'homme, dans l'usage qu'il fait de sa liberté, doit opter pour la connaissance ou l'ignorance, pour le respect ou pour la destruction et la dégradation morale. C'est à lui de choisir. La vie est un choix.

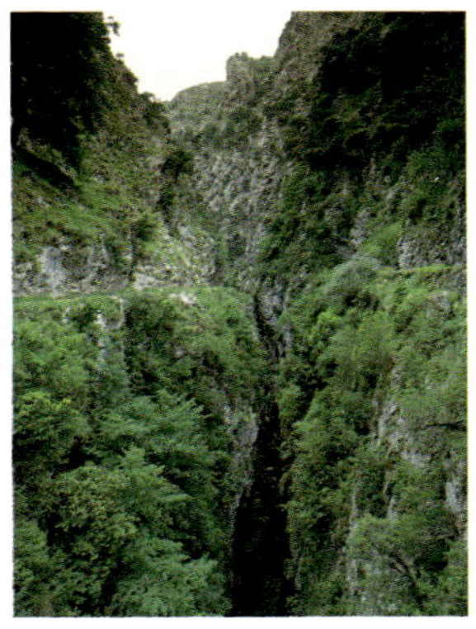

Le canyon creusé par le rio Cares,
dans le massif des Picos de Europa,
est l'un des plus beaux d'Espagne.

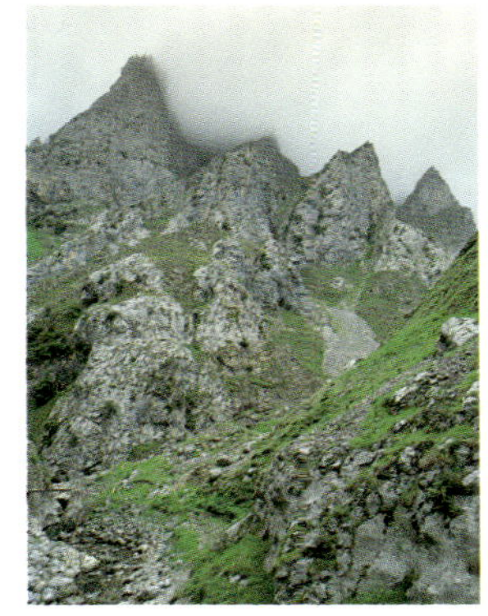

Les montagnes calcaires des Picos de Europa sont
l'une des zones les plus escarpées d'Espagne.
Elles prolongent vers l'ouest, en bordure atlantique,
la chaîne des Pyrénées.

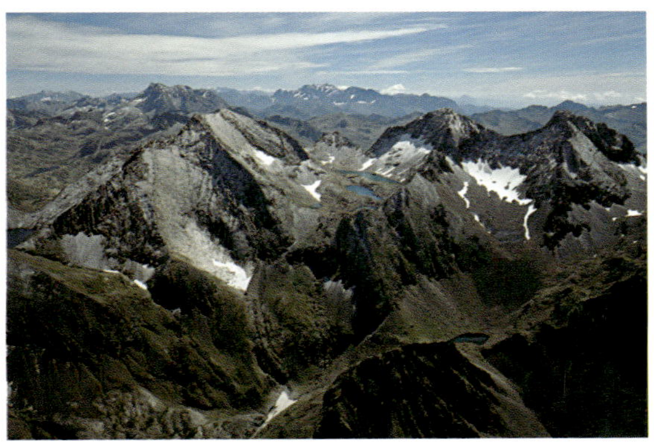

Les lacs de Pondiellos suspendus entre les massifs
d'Infierno et d'Argualas. Vallée de Tena.
Pyrénées de Huesca, Espagne.

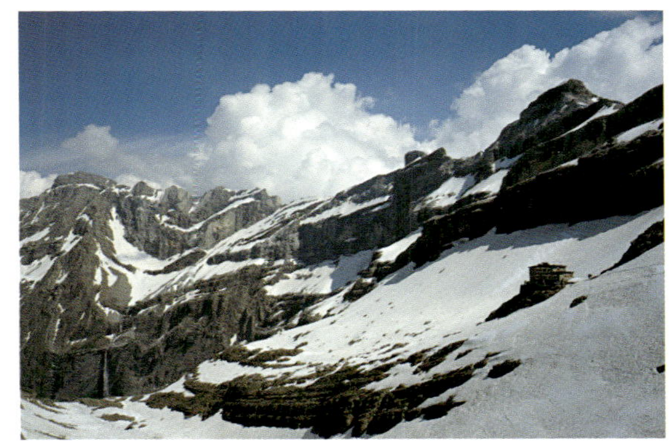

Le majestueux cirque de Gavarnie, sur le versant
français des Pyrénées, est un paradis pour
les amoureux des cascades de glace.
Au premier plan, le refuge de la Brèche de Roland.

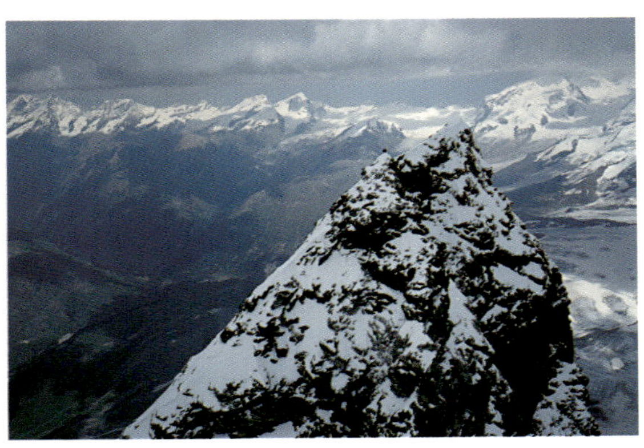

Le sommet du Cervin (4 478 mètres) avec, au premier plan,
le versant italien.

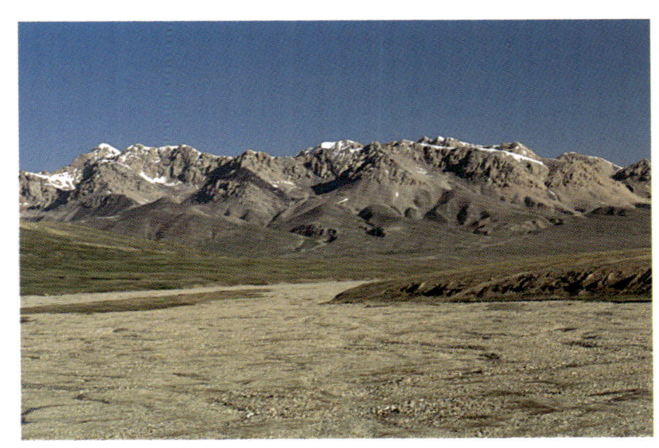

Un groupe de montagnes du Tien Shan
s'étend en direction du Xinjiang chinois.

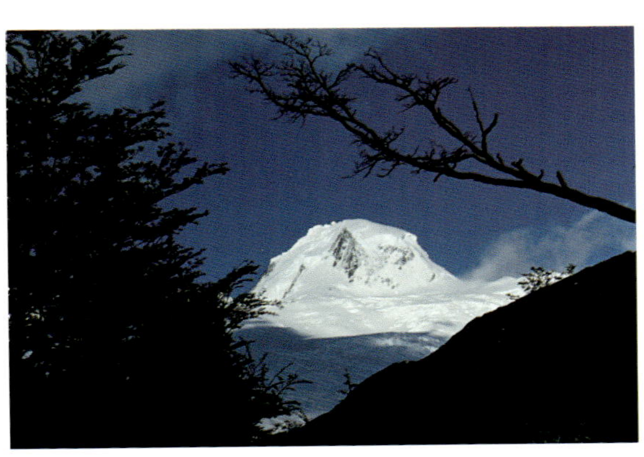

Le mont Bove en Terre de Feu (Chili). Les
montagnes de cette région de la planète, malgré
leur altitude modeste (2 500 mètres),
sont redoutables en raison du mauvais temps
et de la latitude.

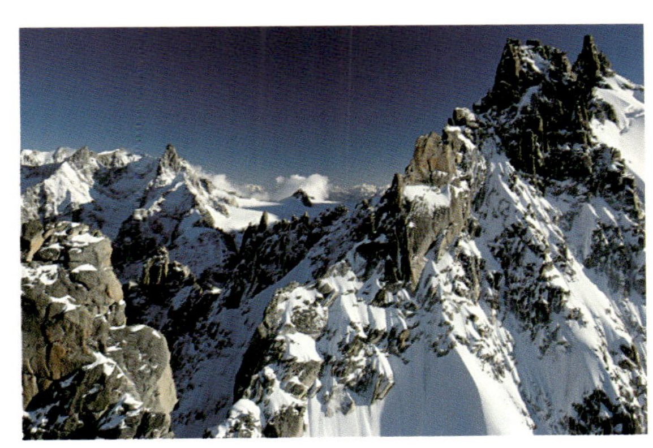

L'impressionnante profusion d'aiguilles rocheuses
dans le massif du Mont-Blanc. À droite l'aiguille
du Plan, au fond la Dent du Géant.

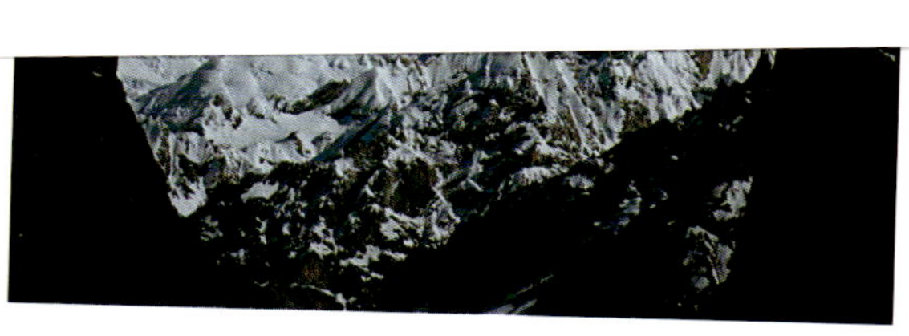

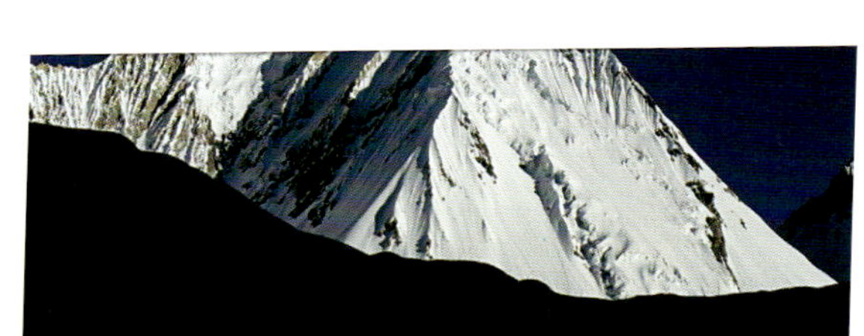

Le Gasherbrum V (7 321 mètres) est l'une des six
montagnes du groupe qui enserre un magnifique
amphithéâtre glaciaire.

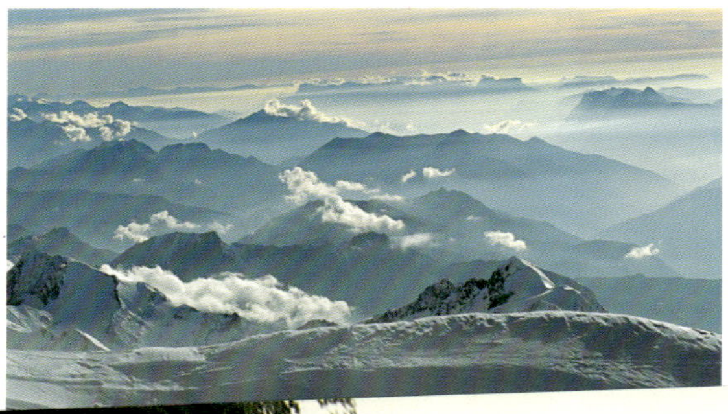

Depuis la cime du mont Blanc (4 807 mètres), panorama des sommets qui s'étendent vers l'ouest.

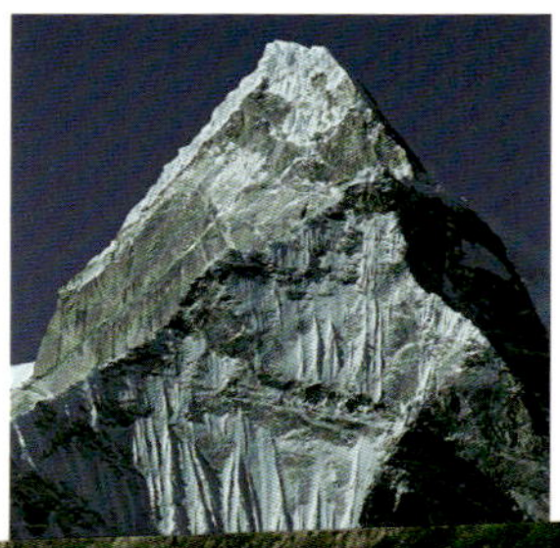

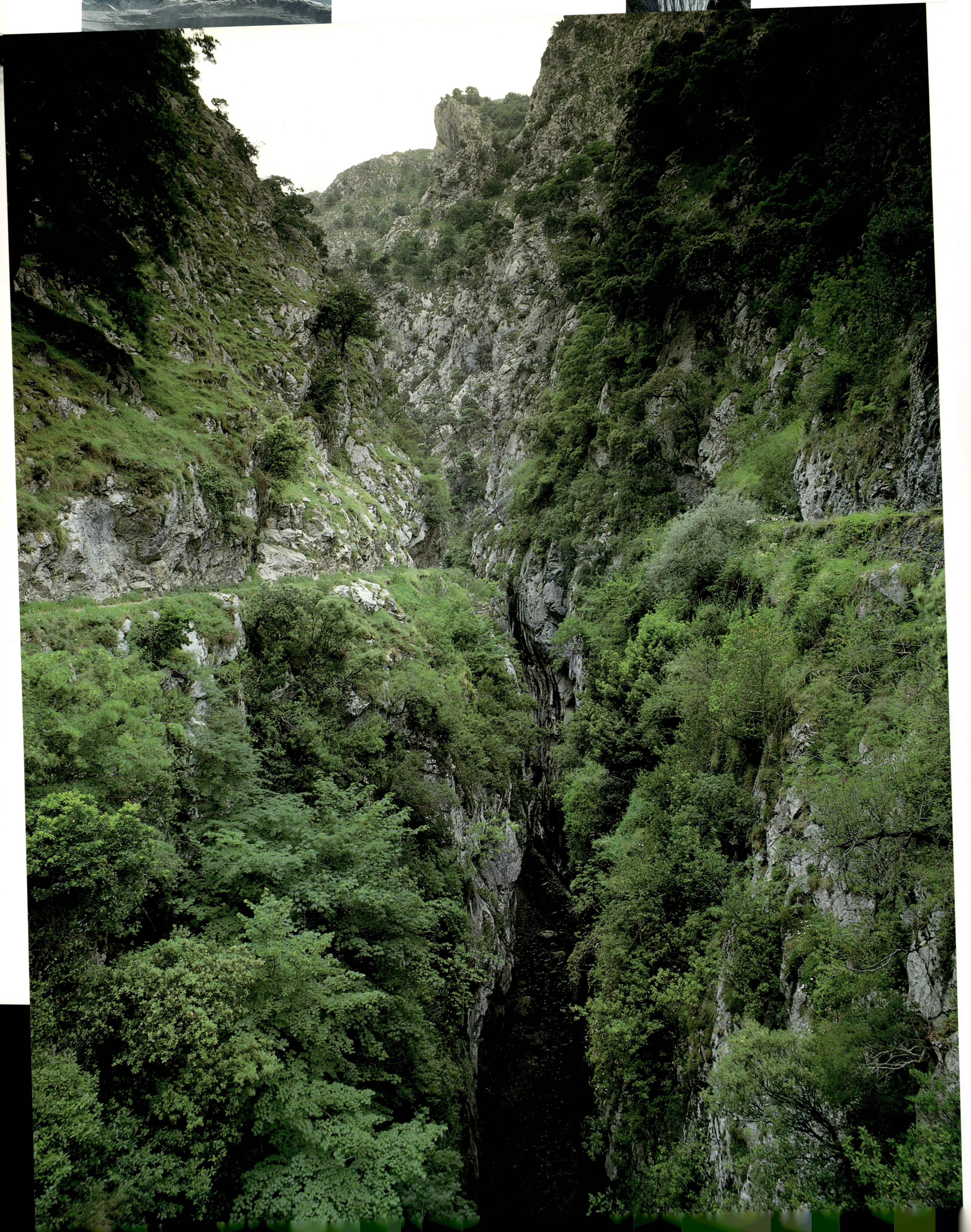

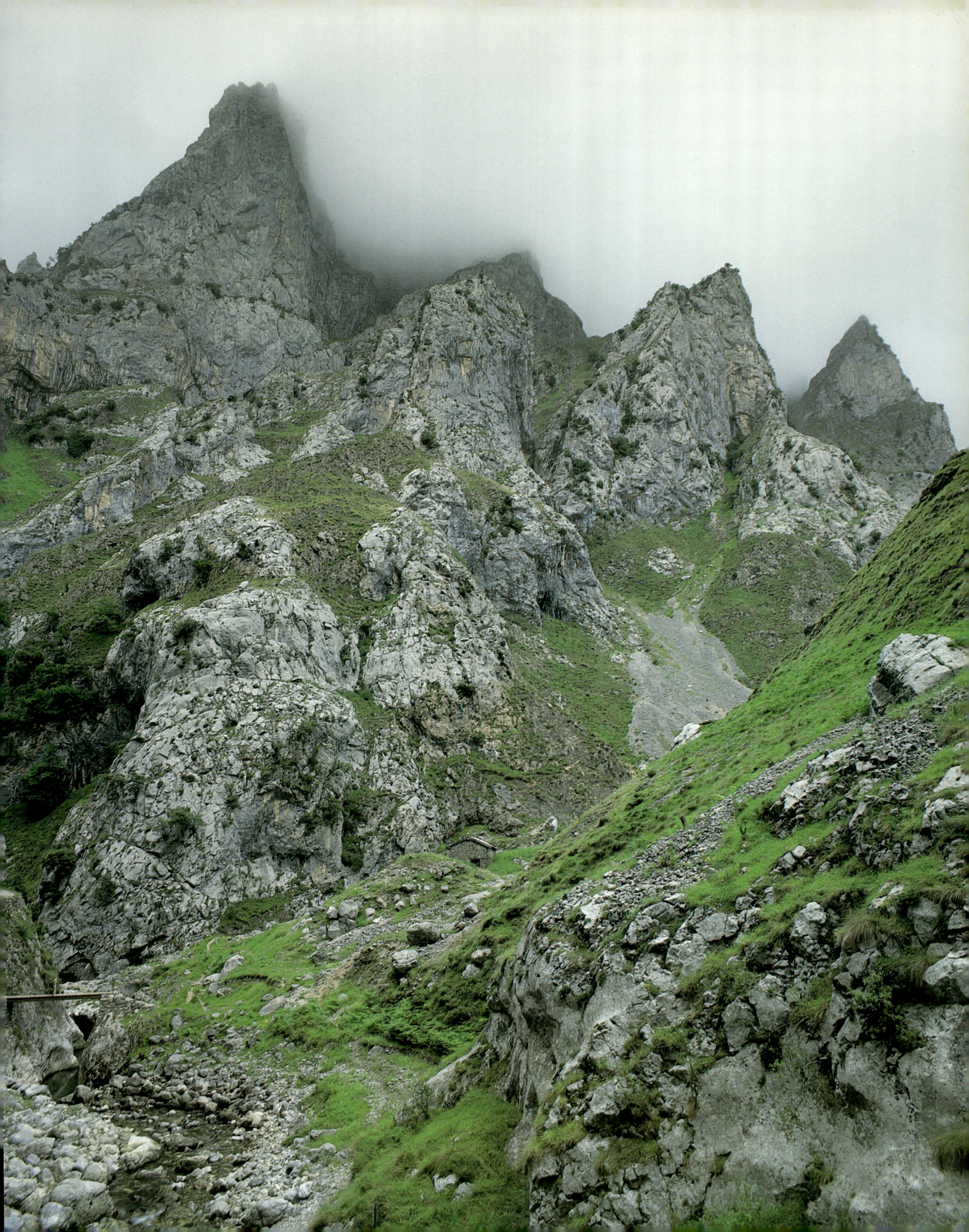

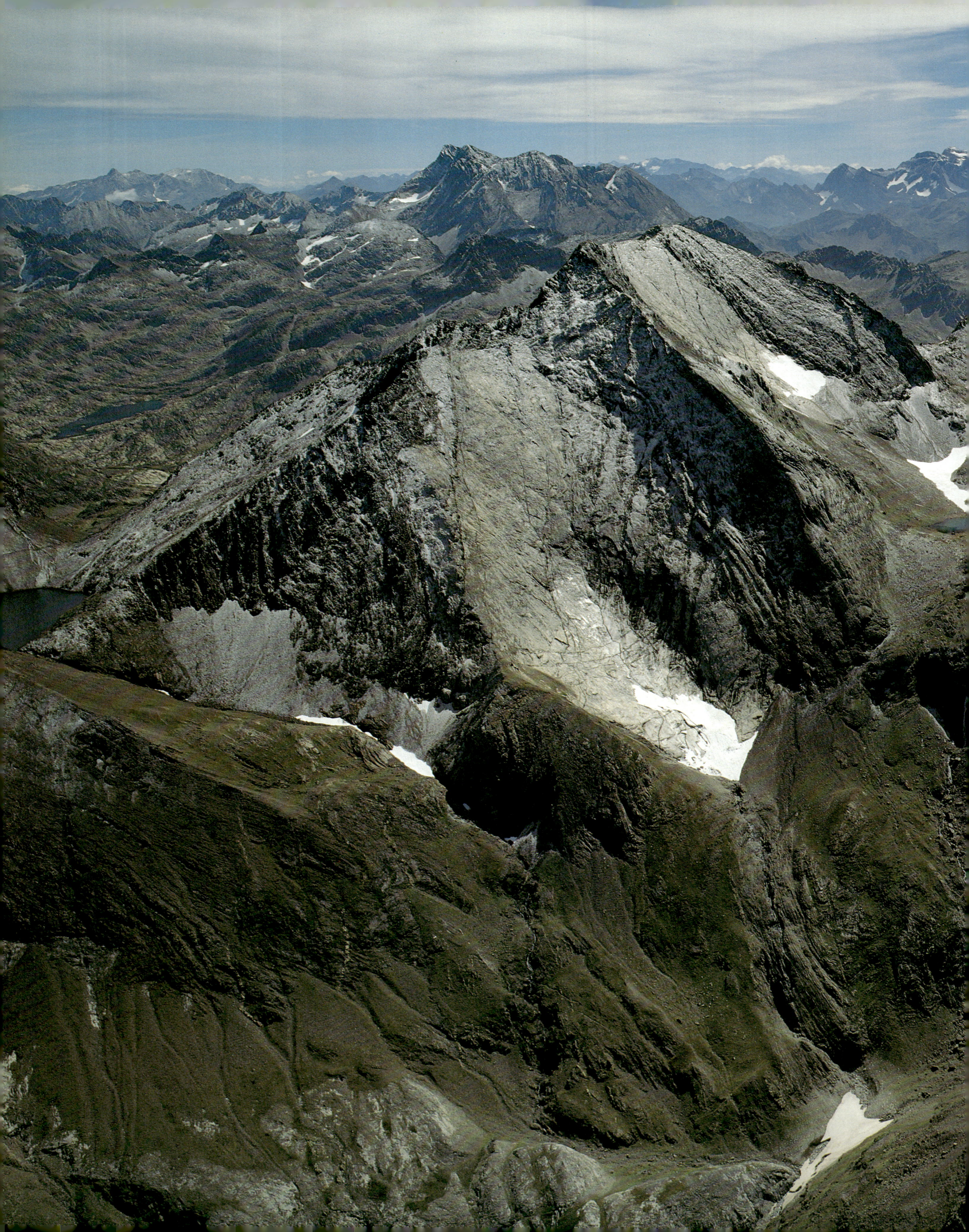

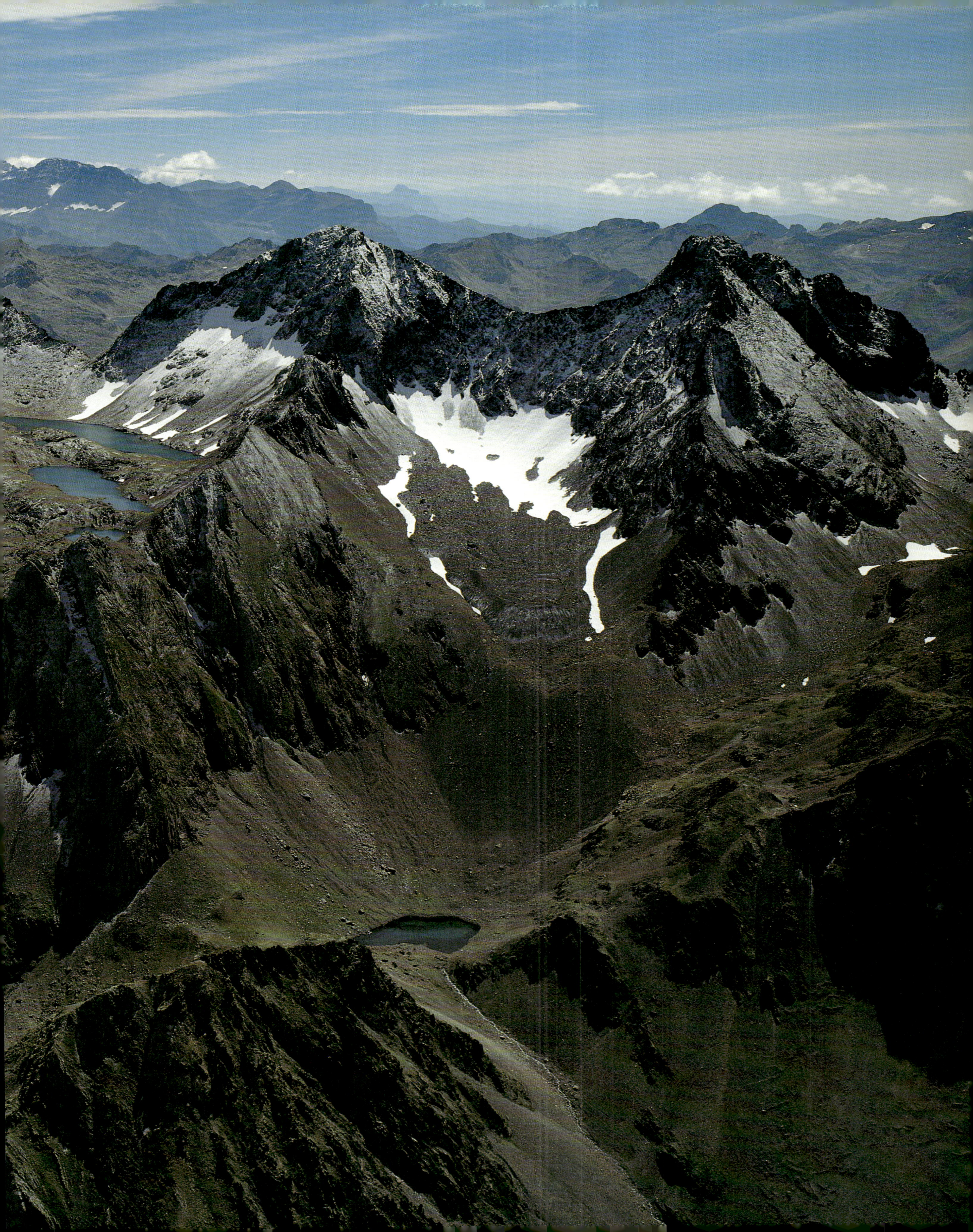

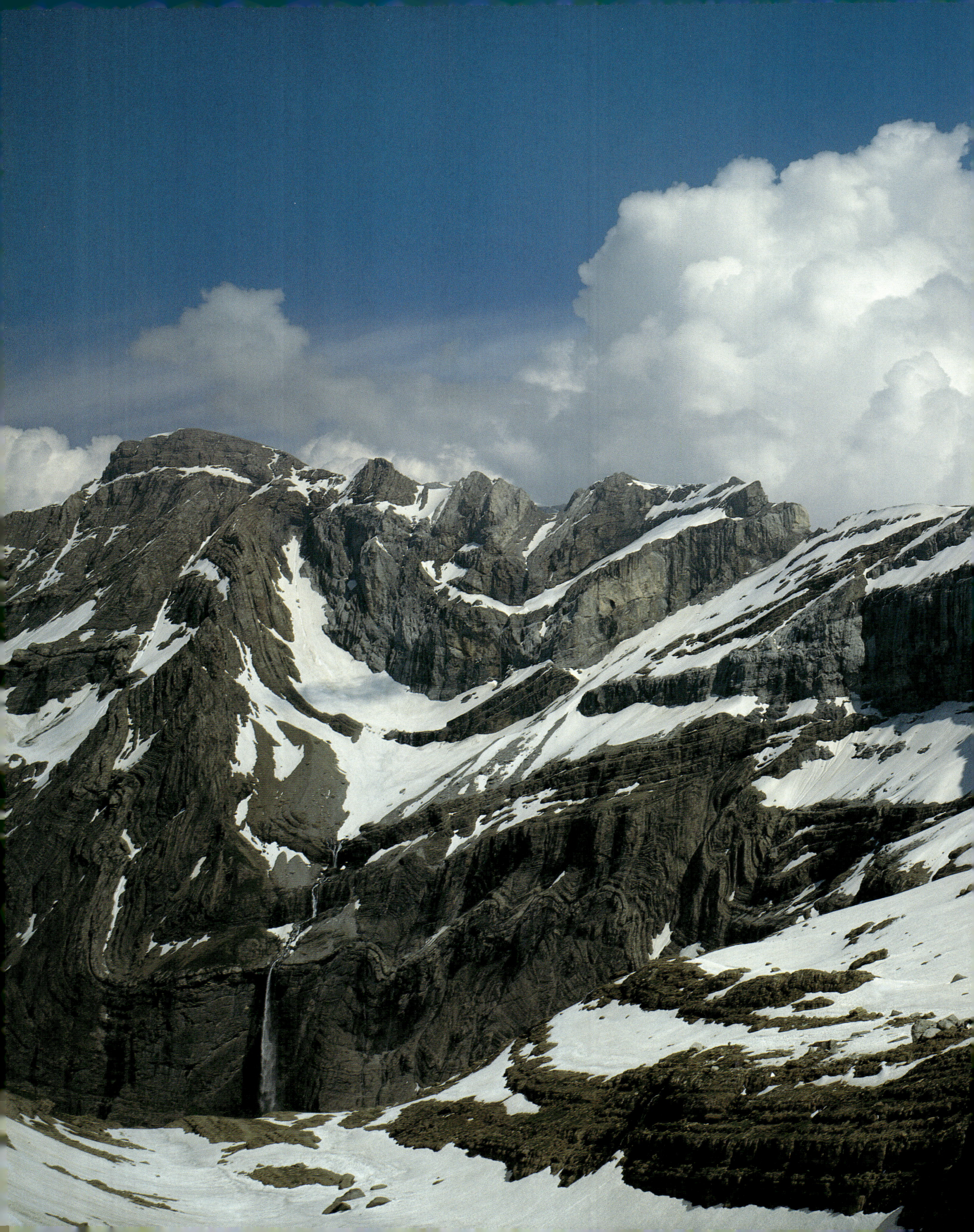

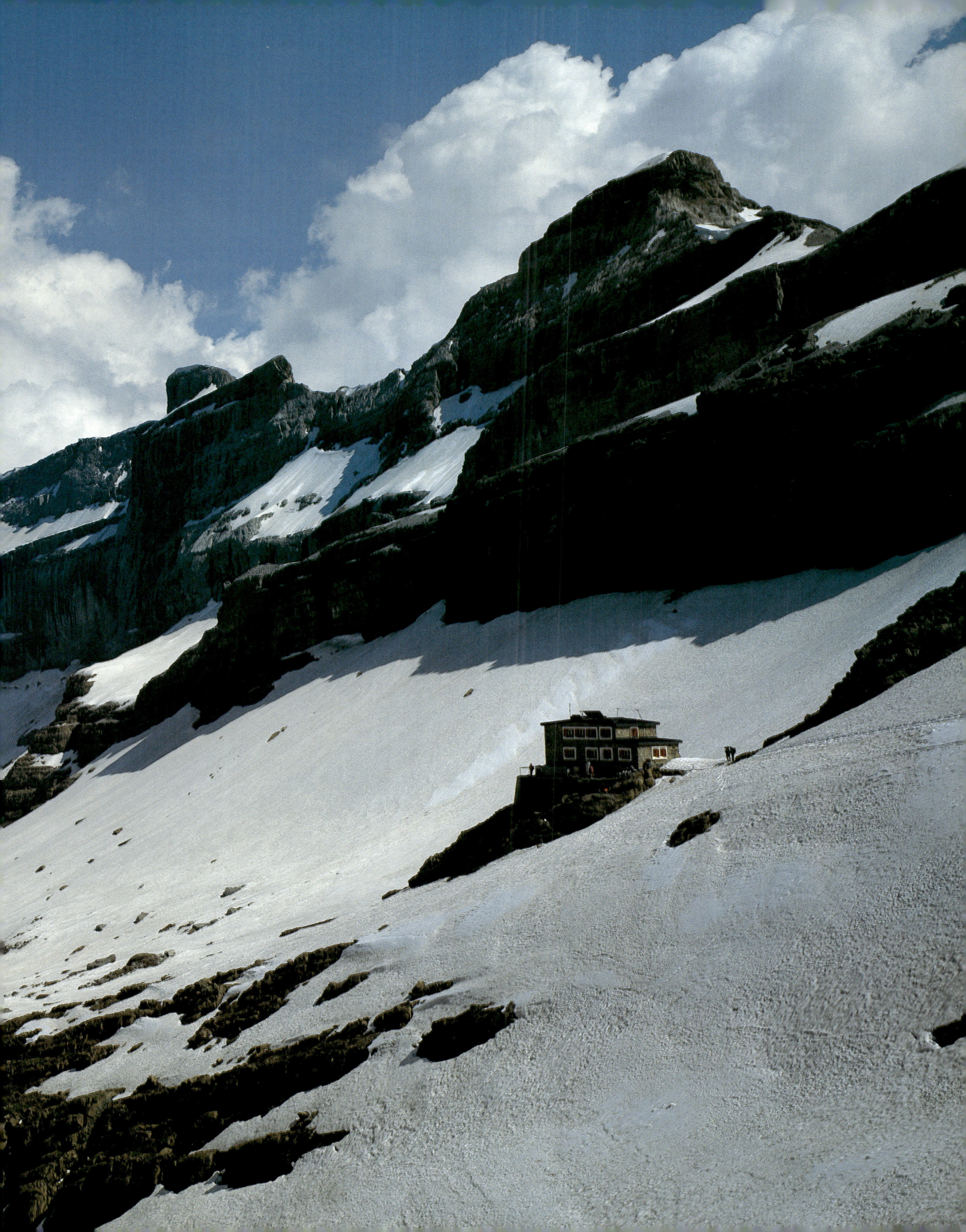

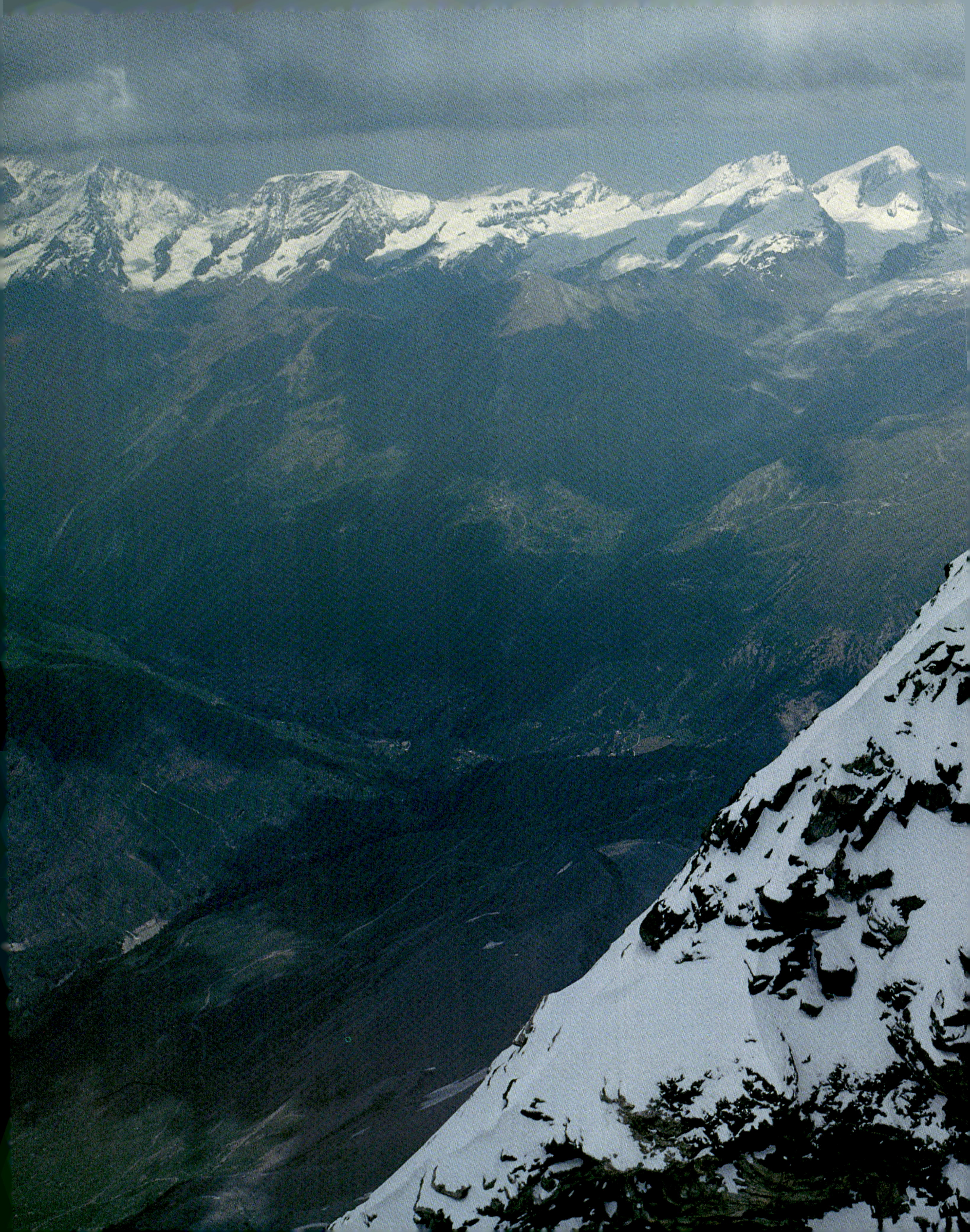

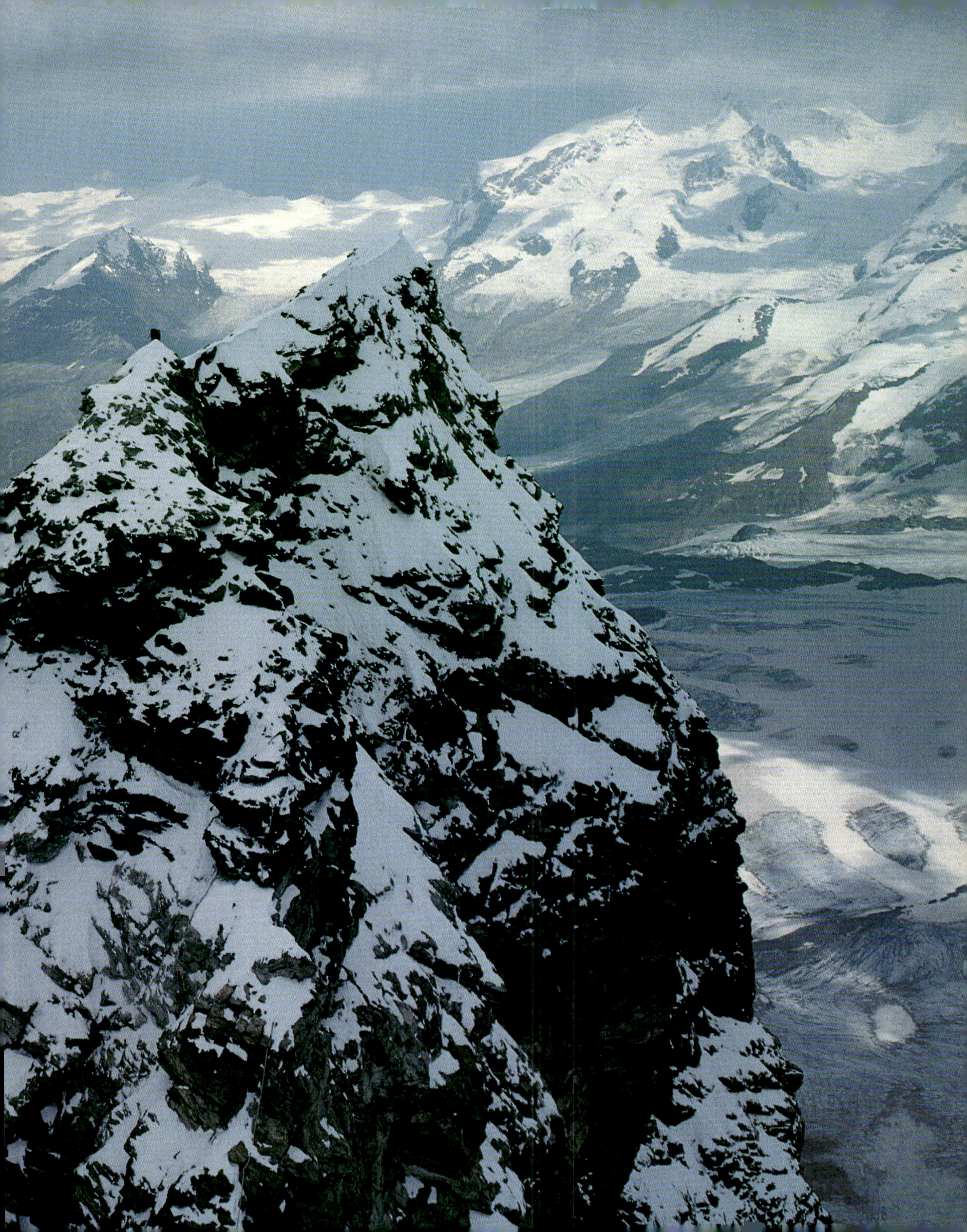

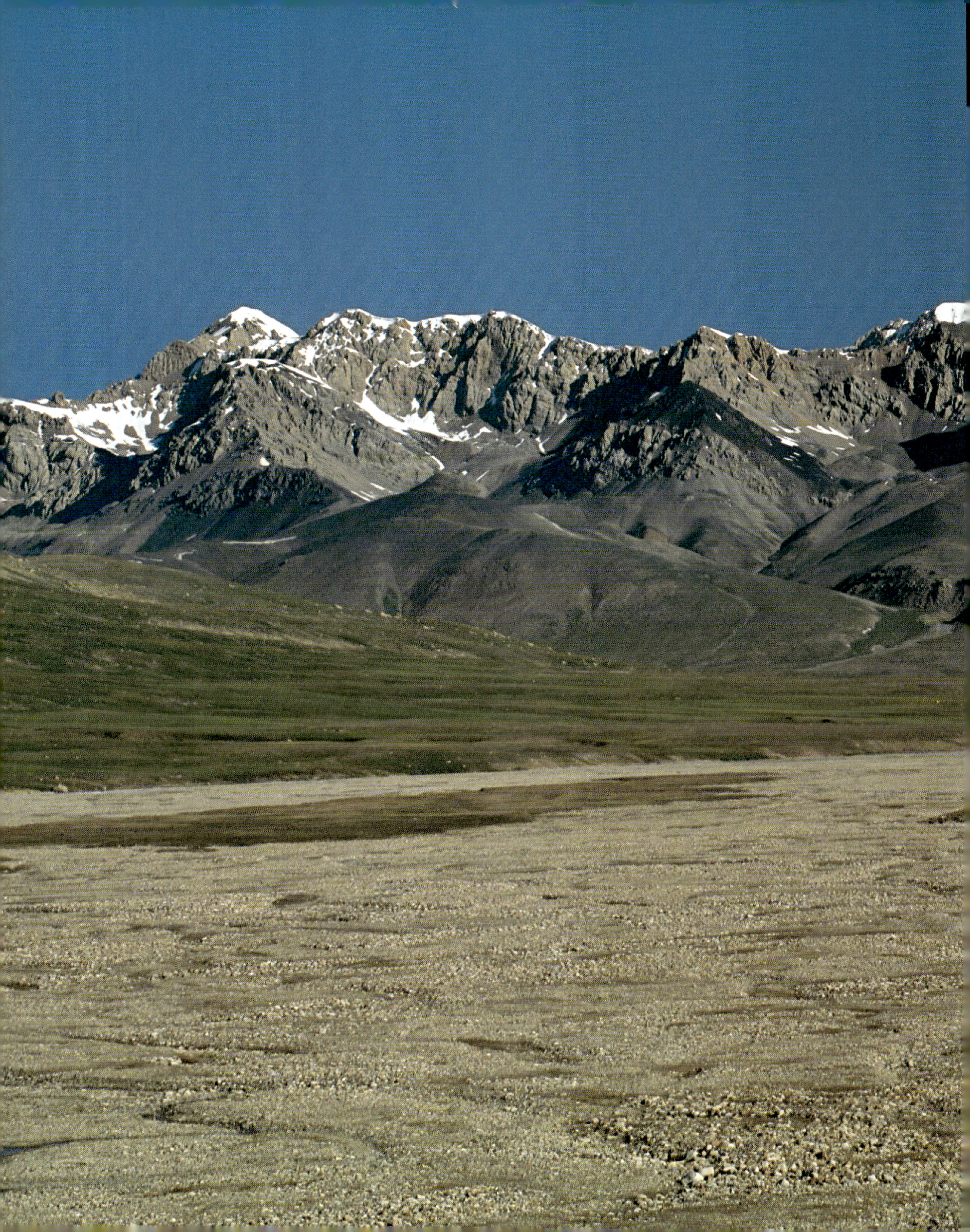

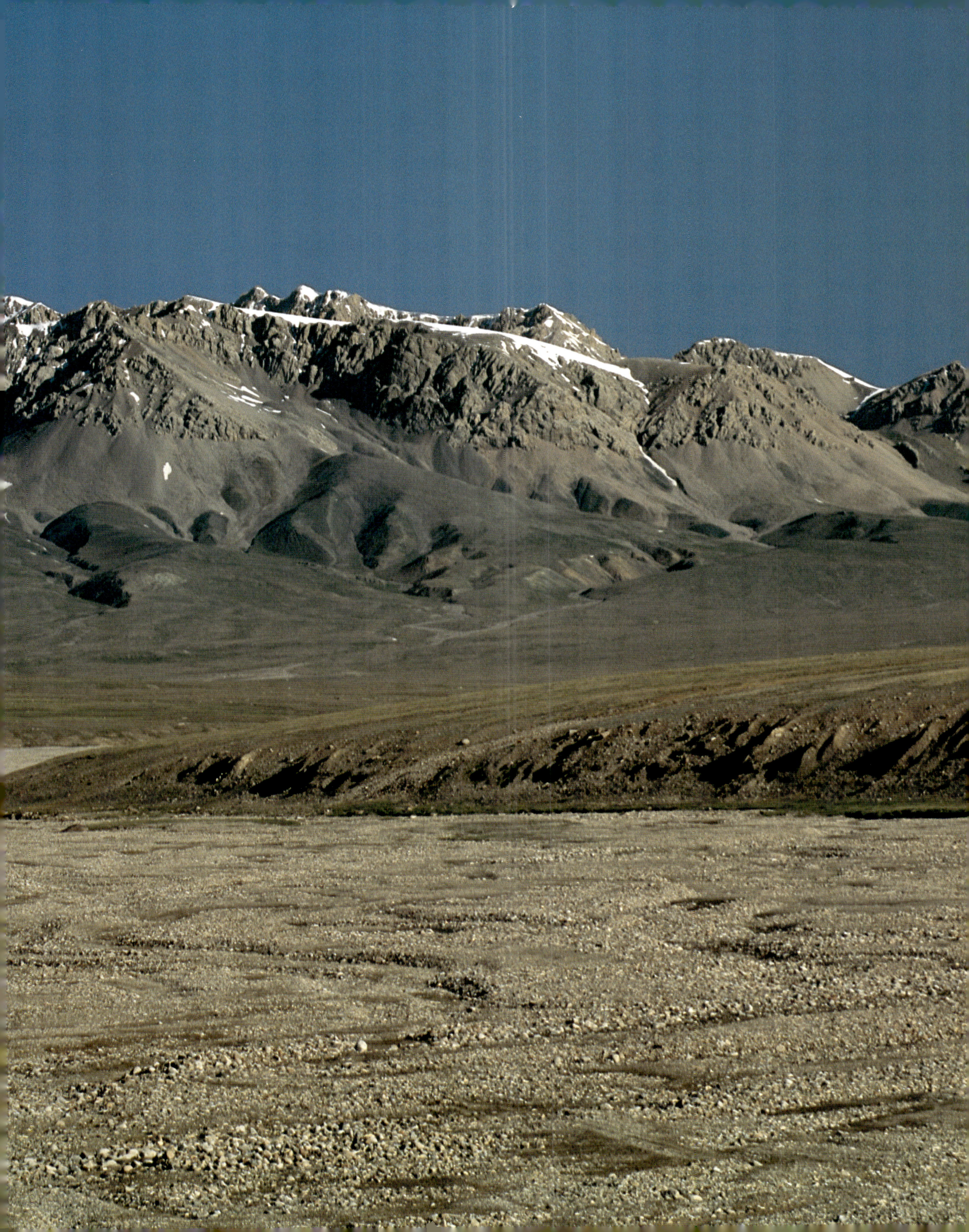

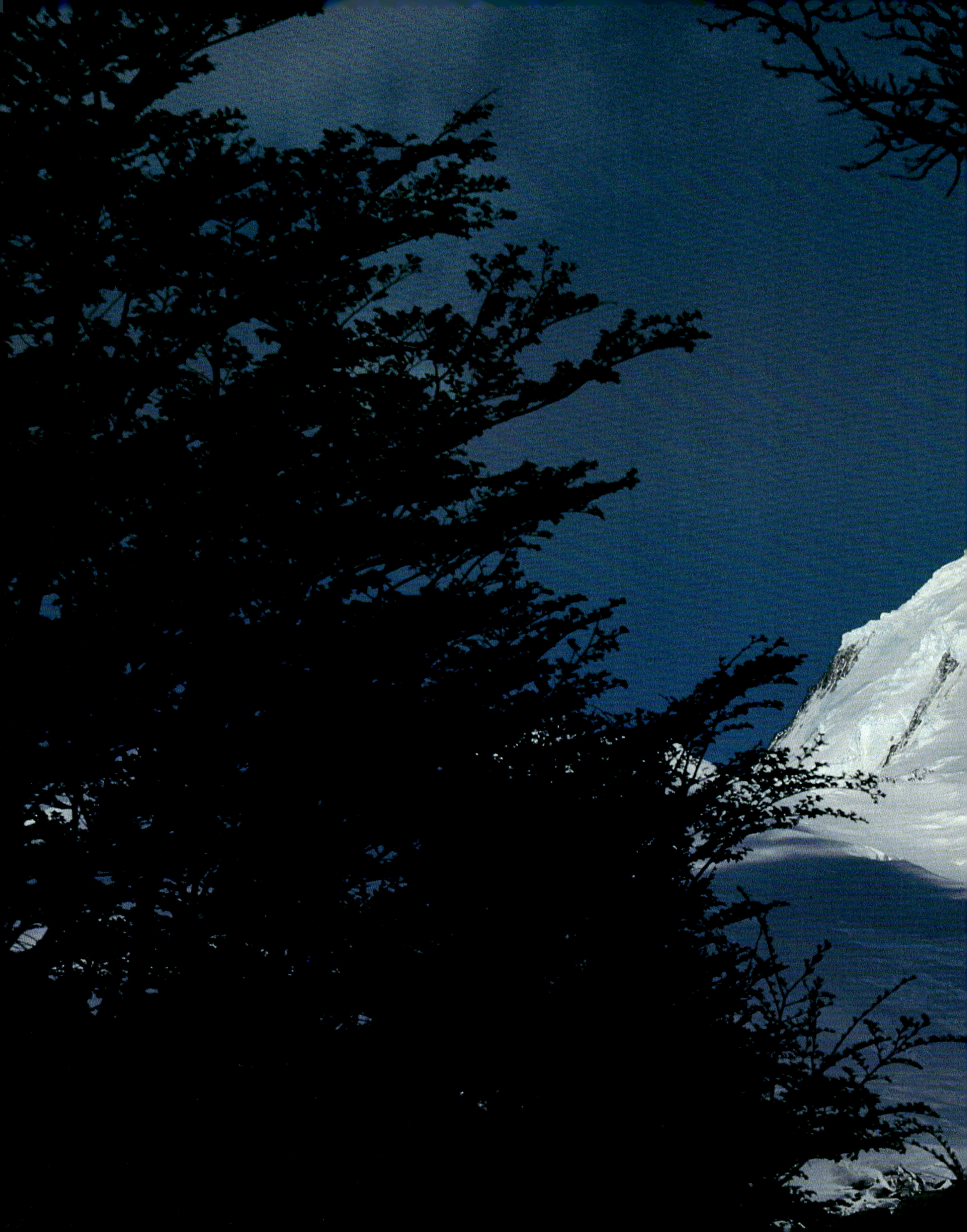

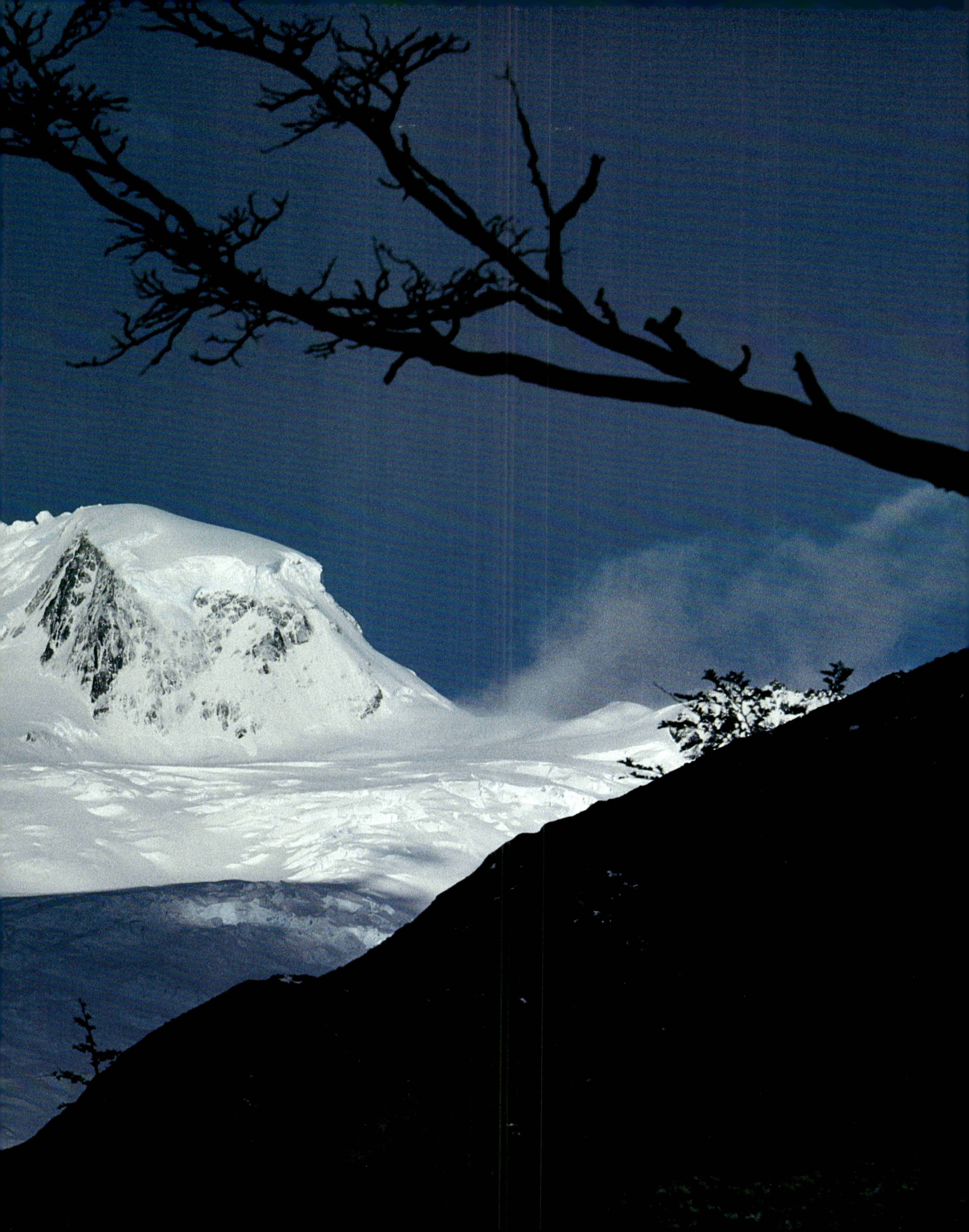

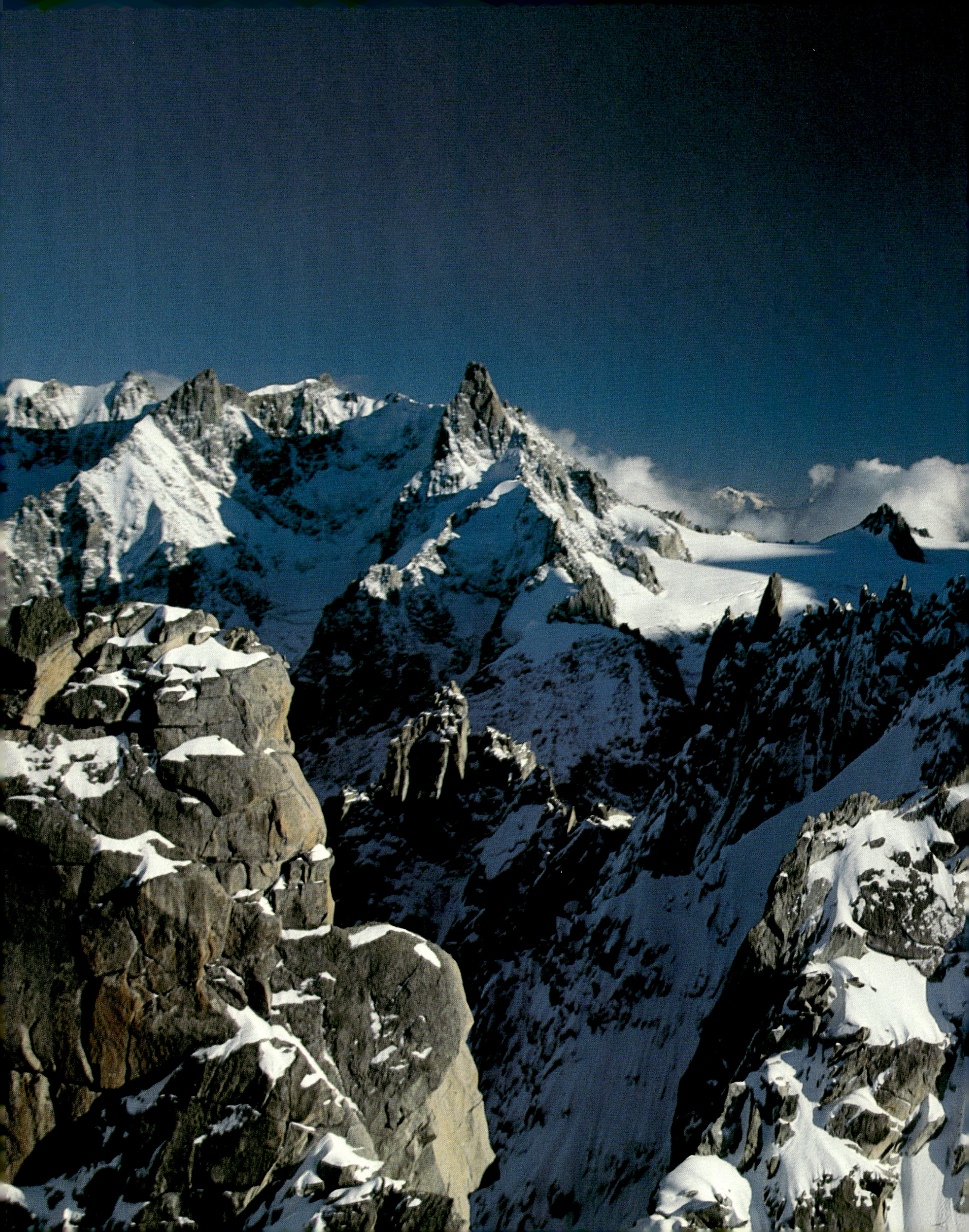

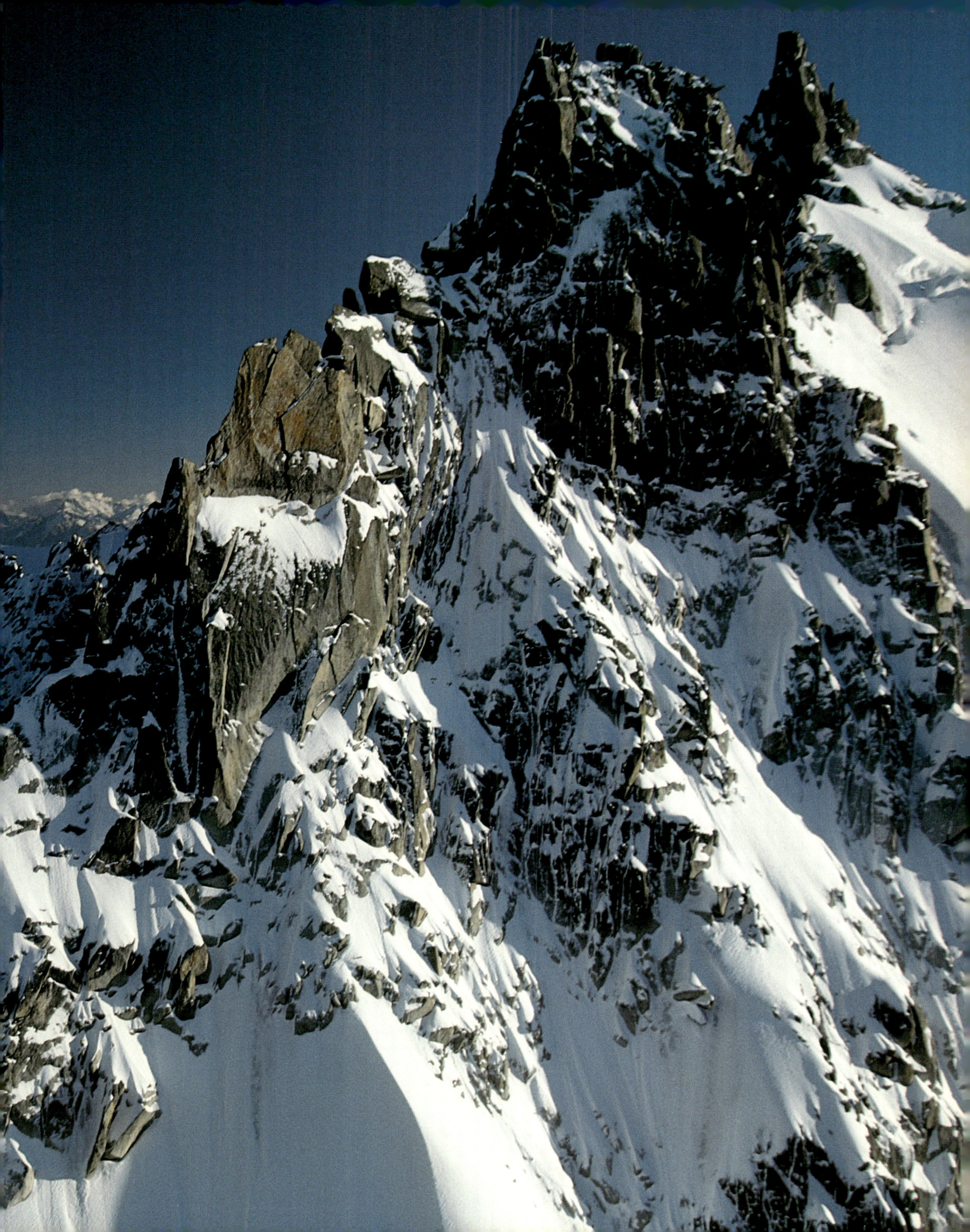

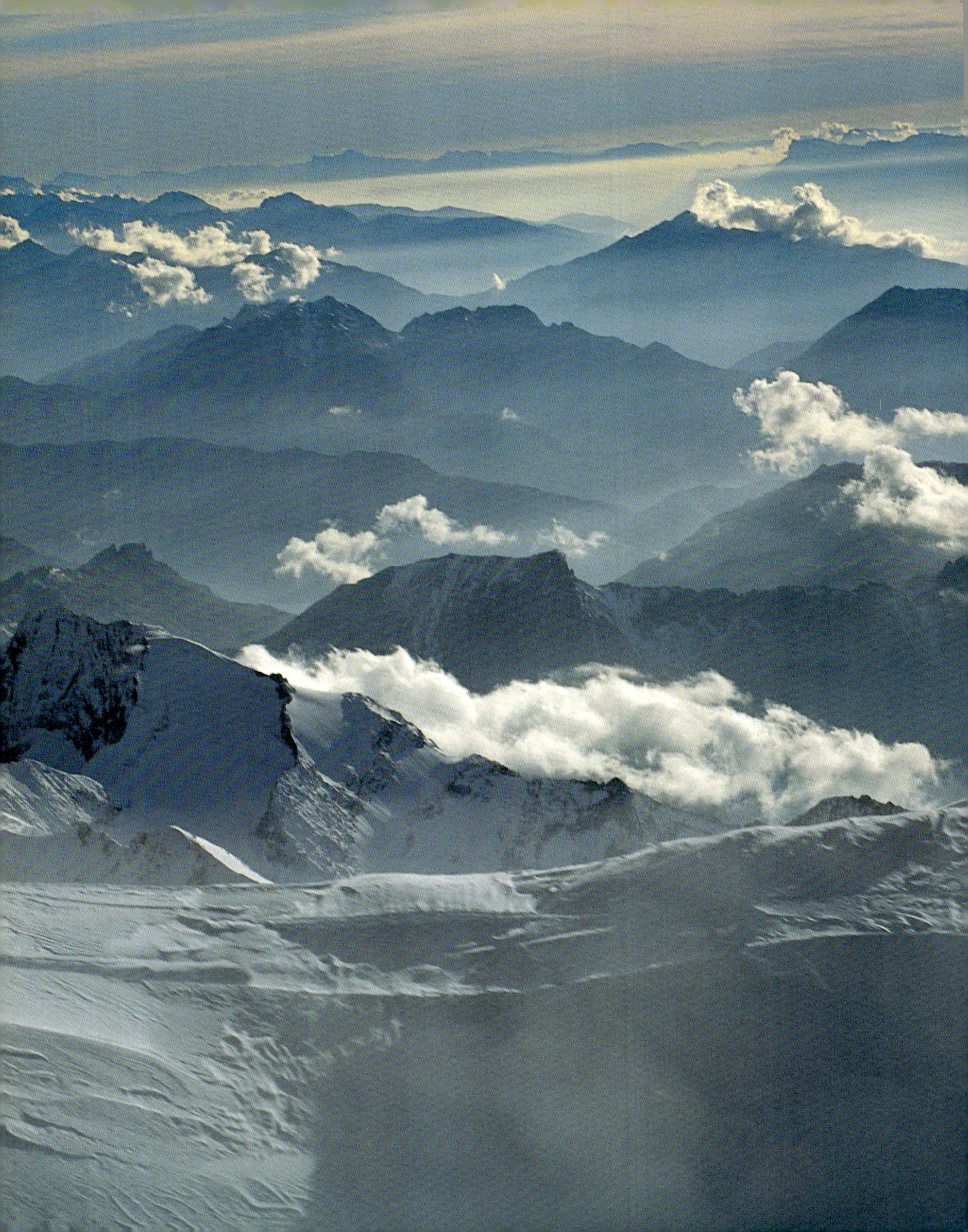

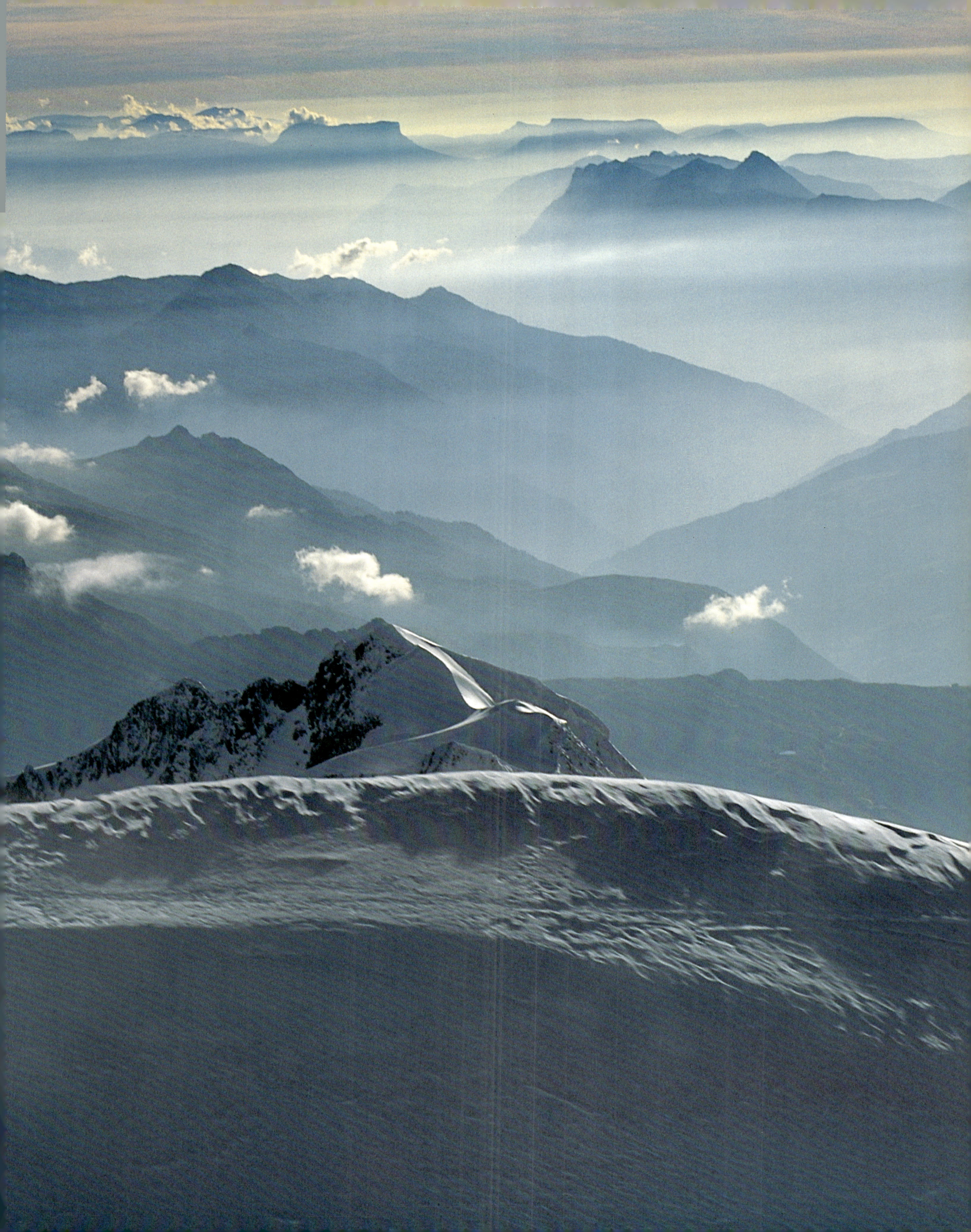

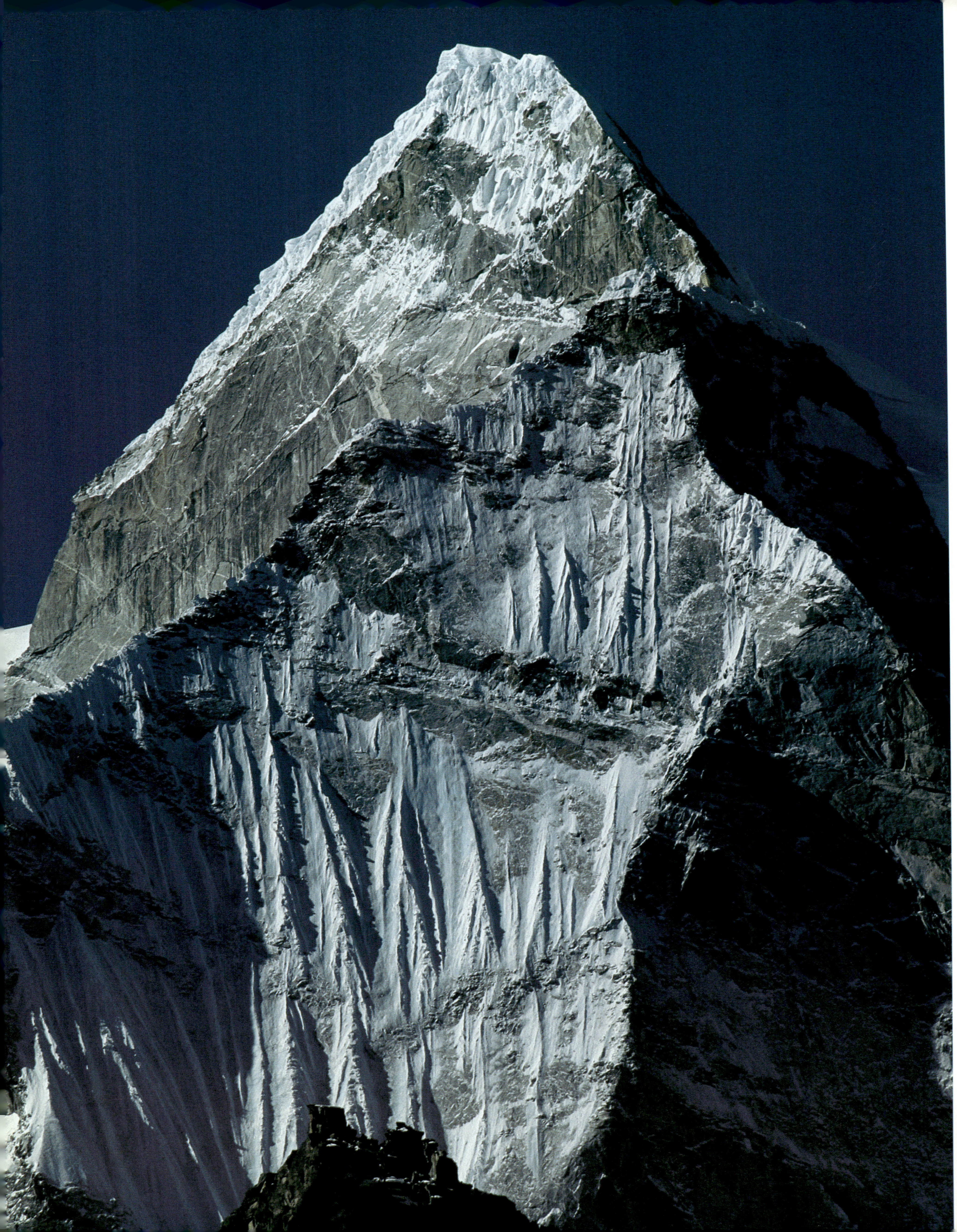

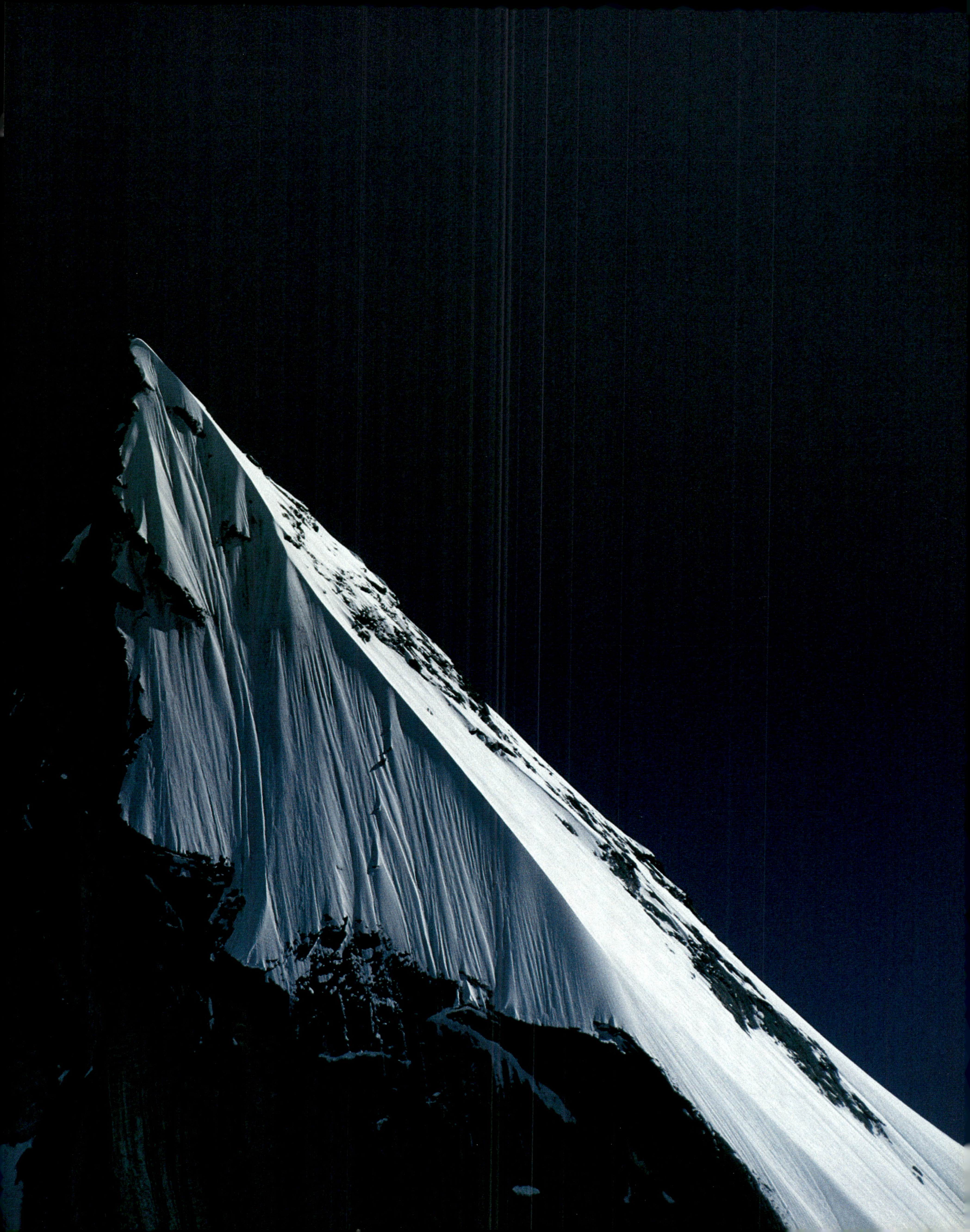

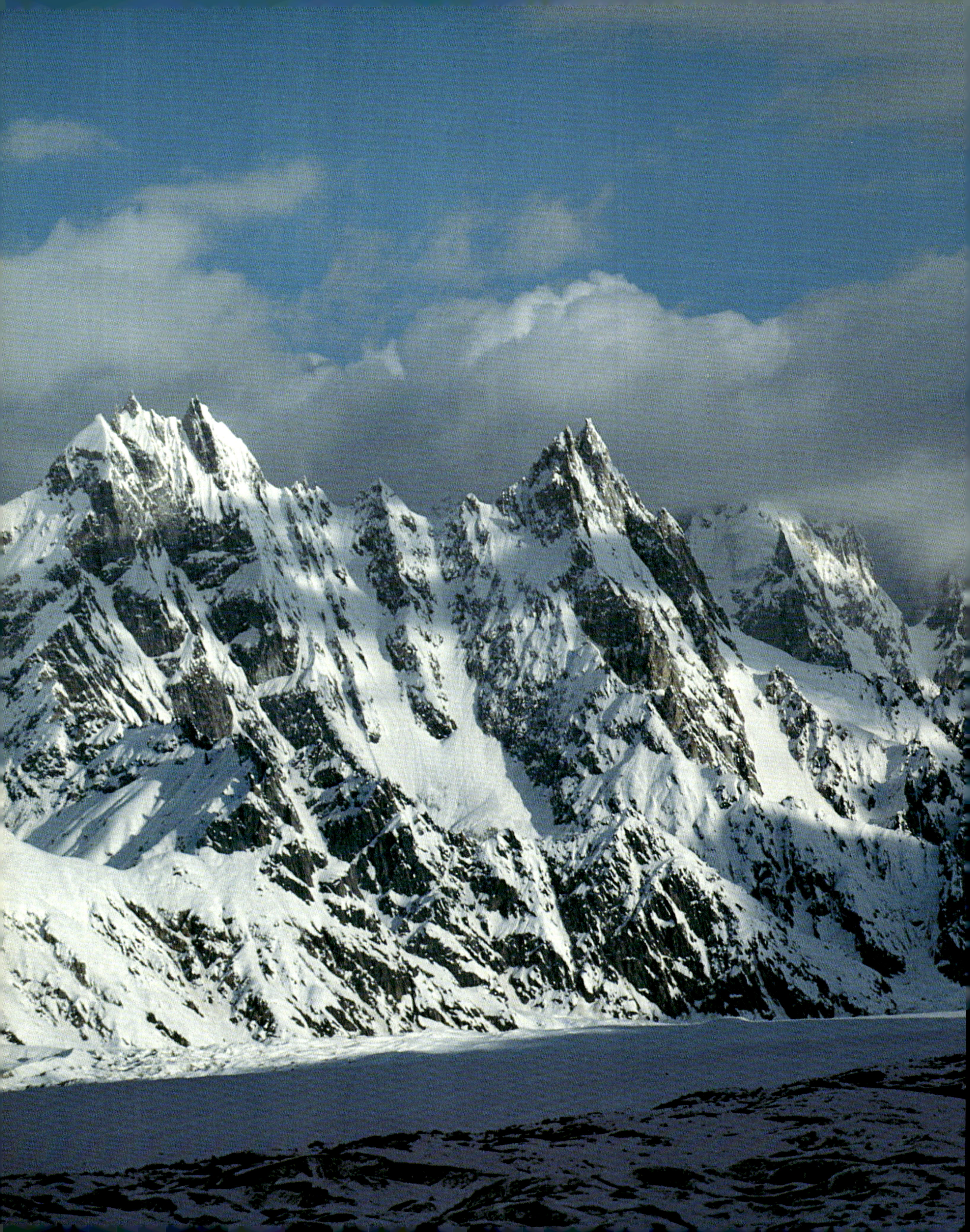

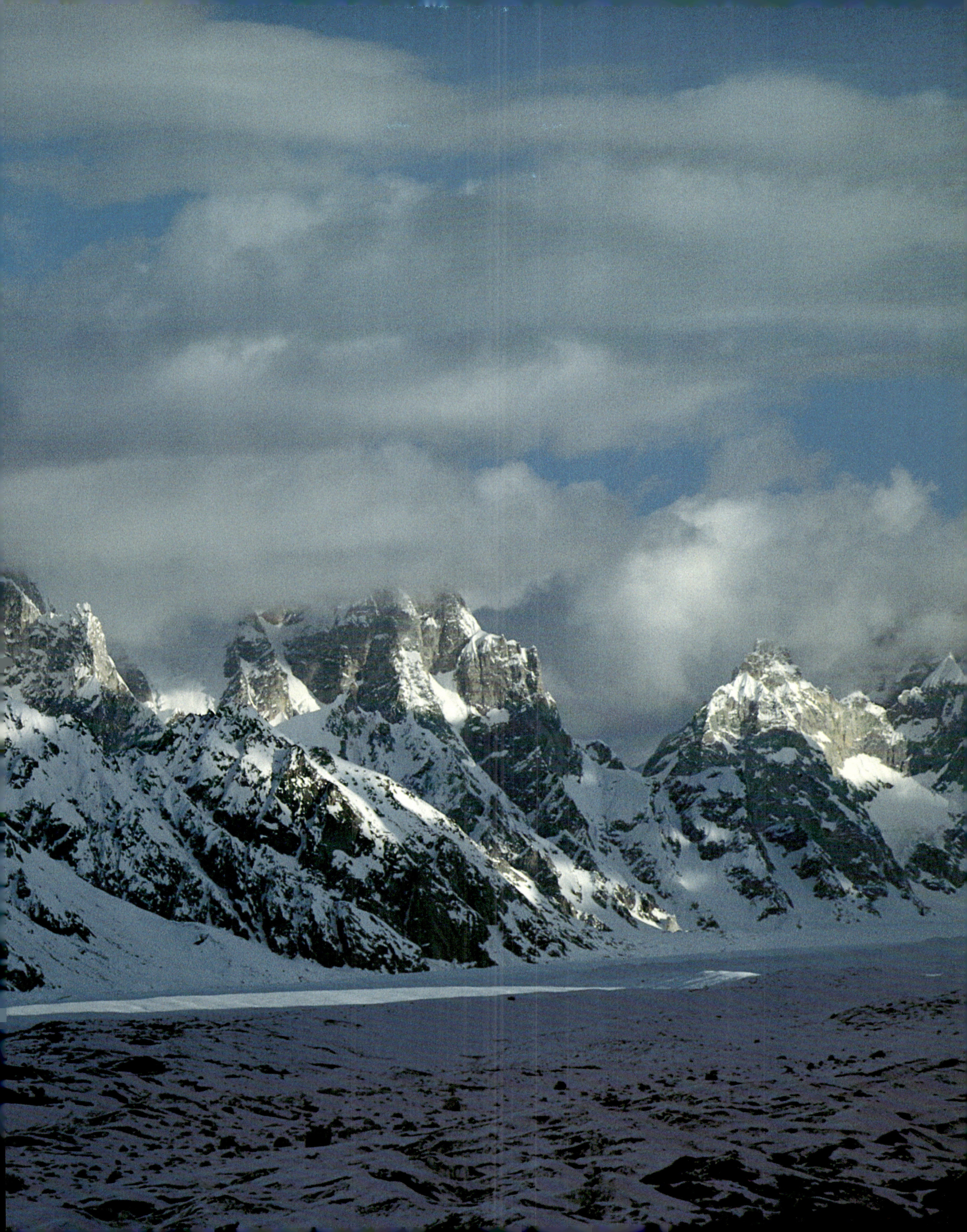

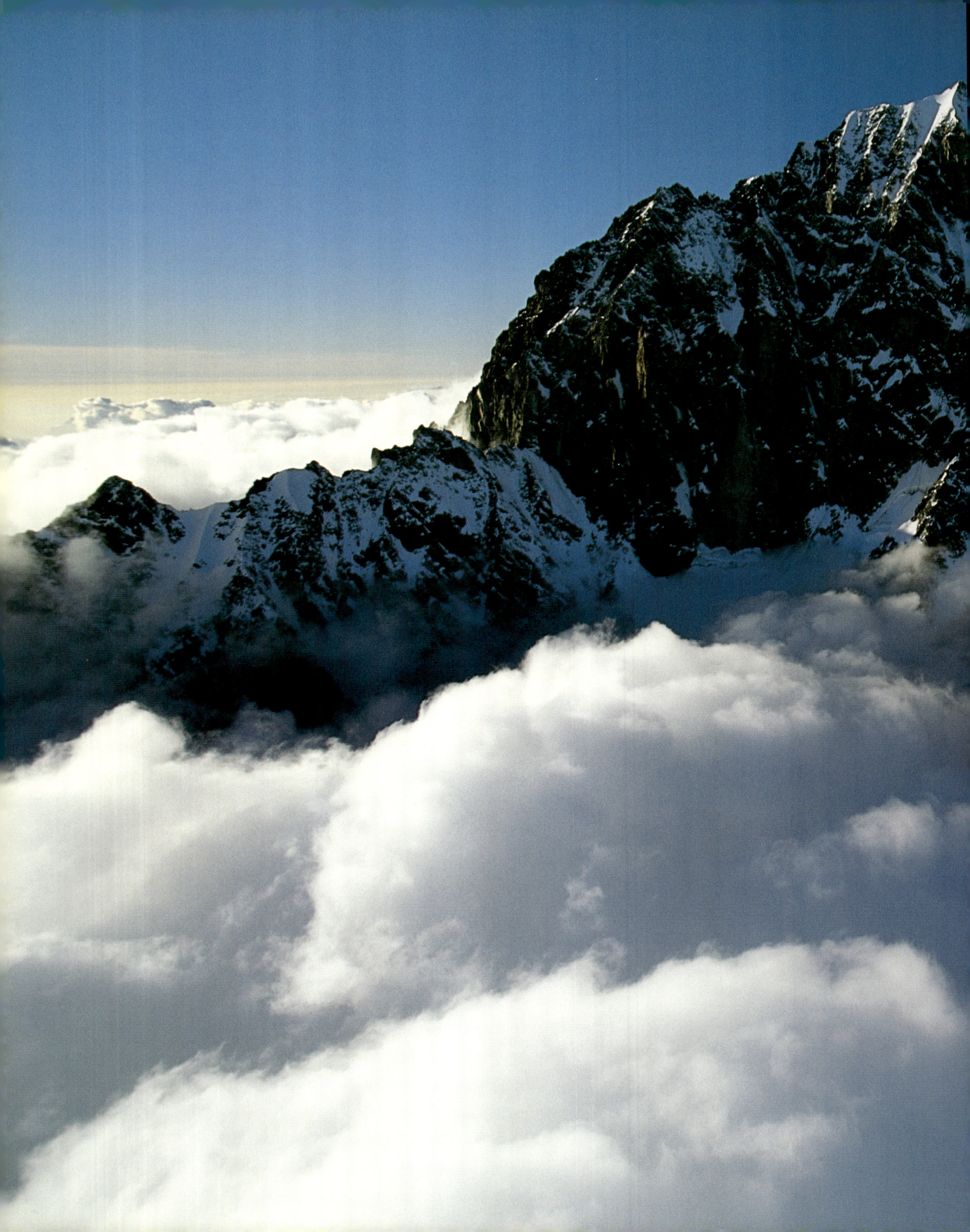

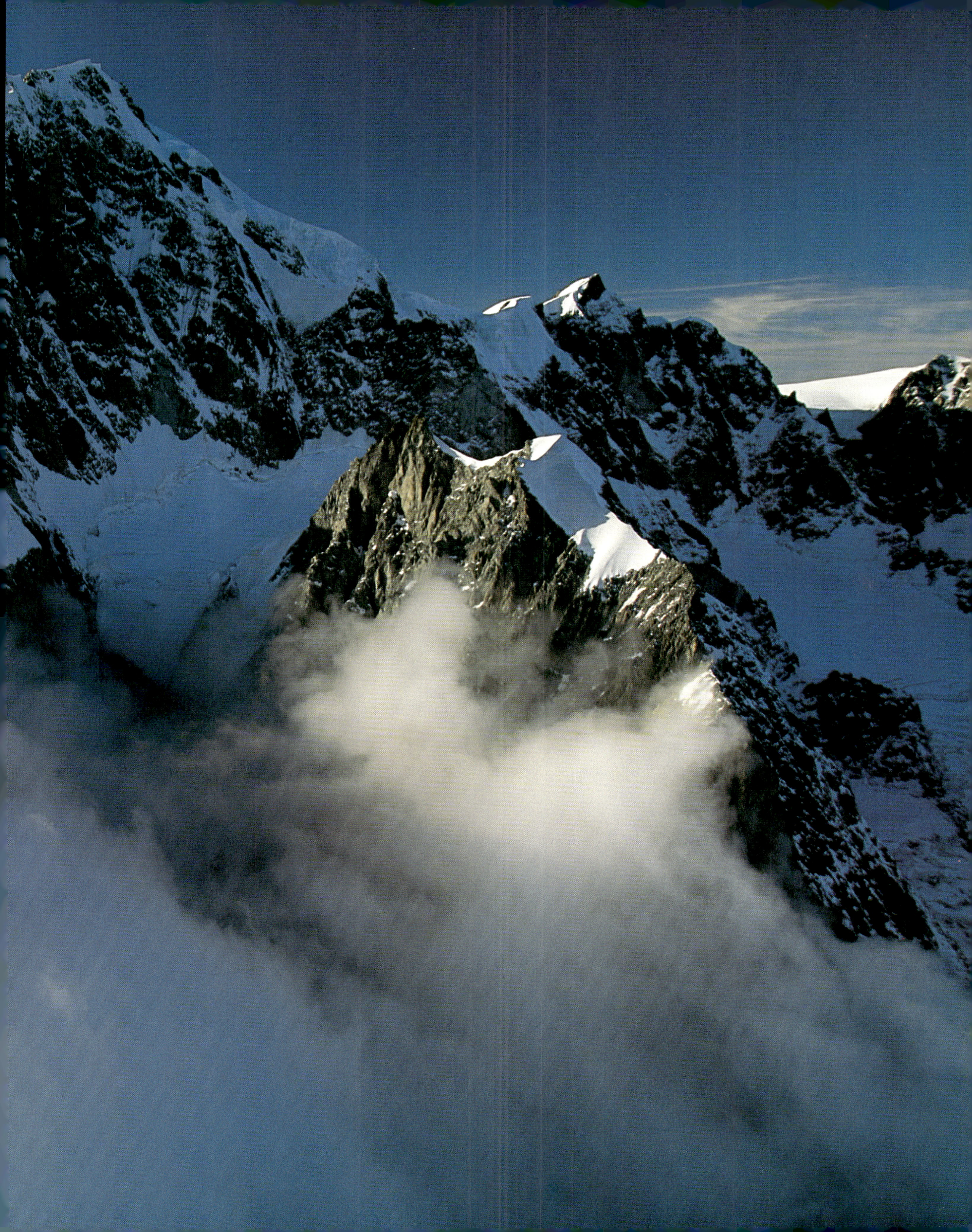

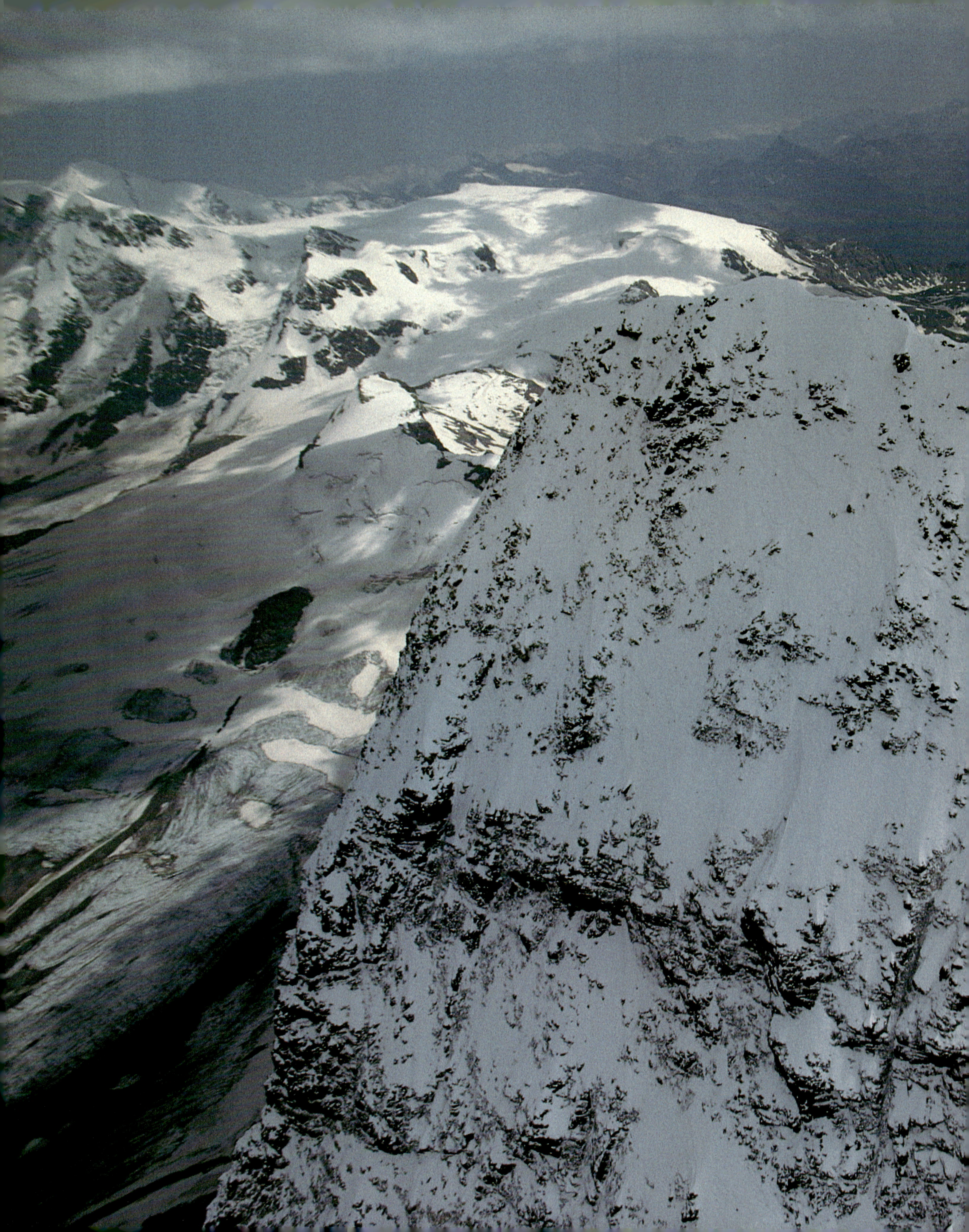

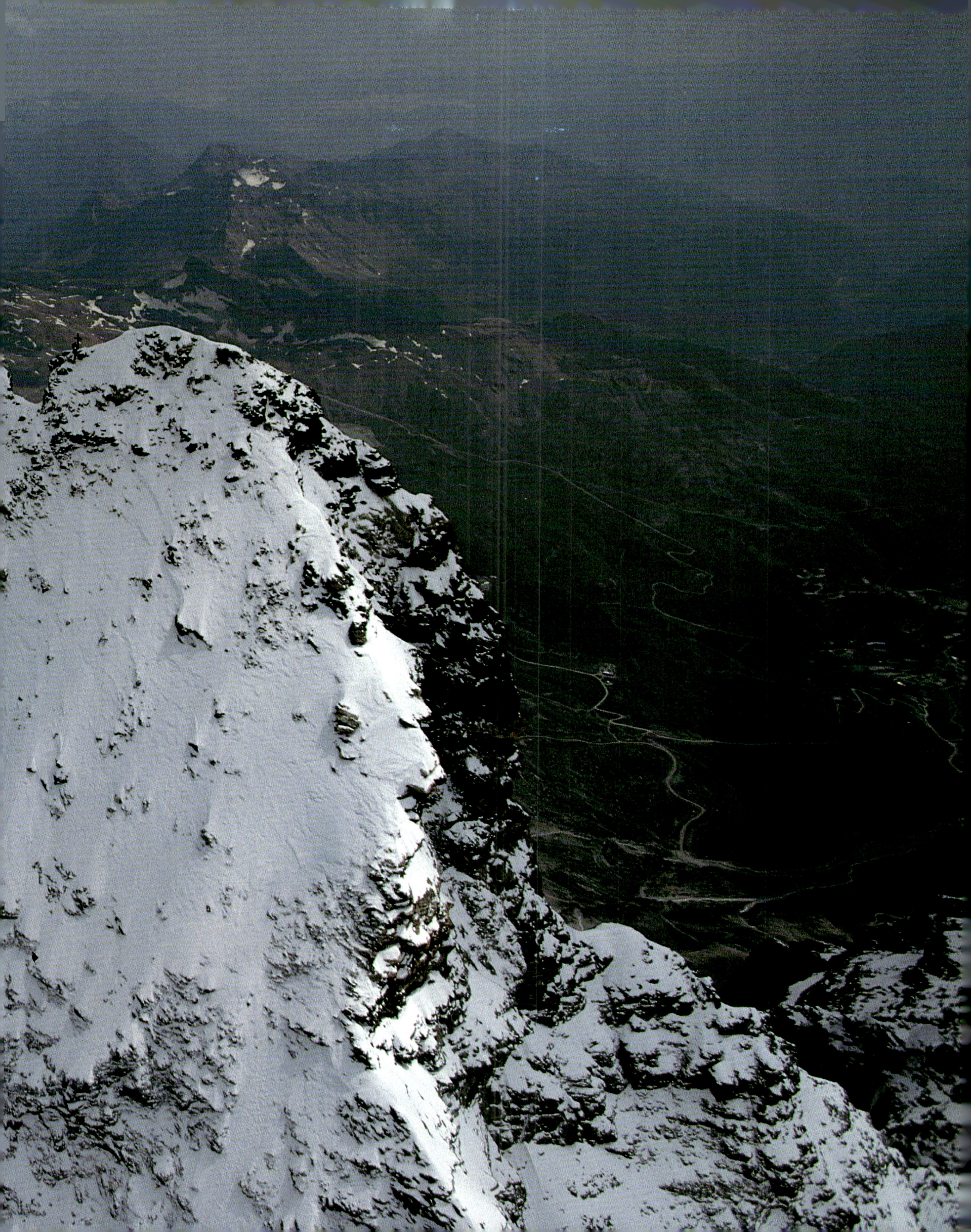

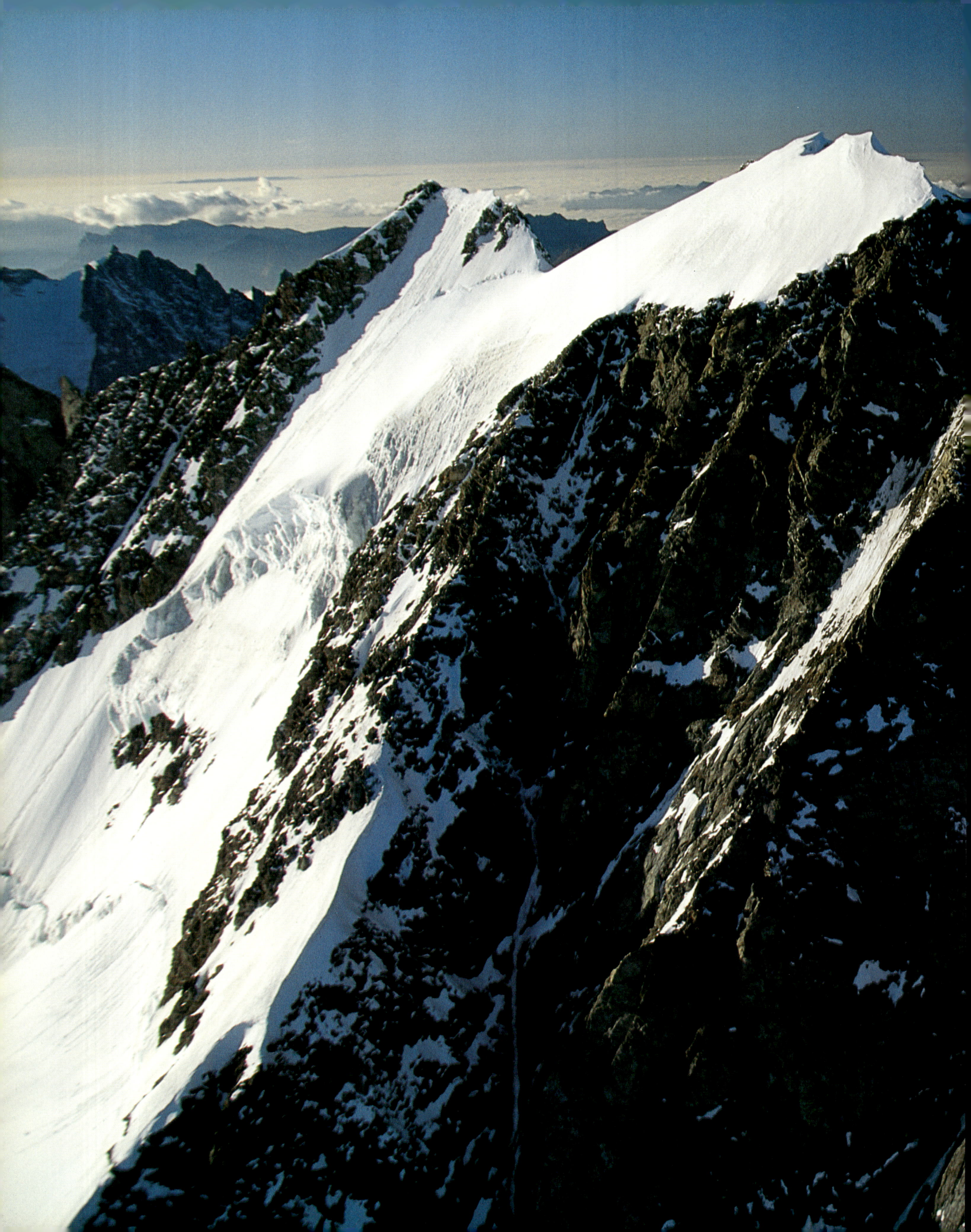

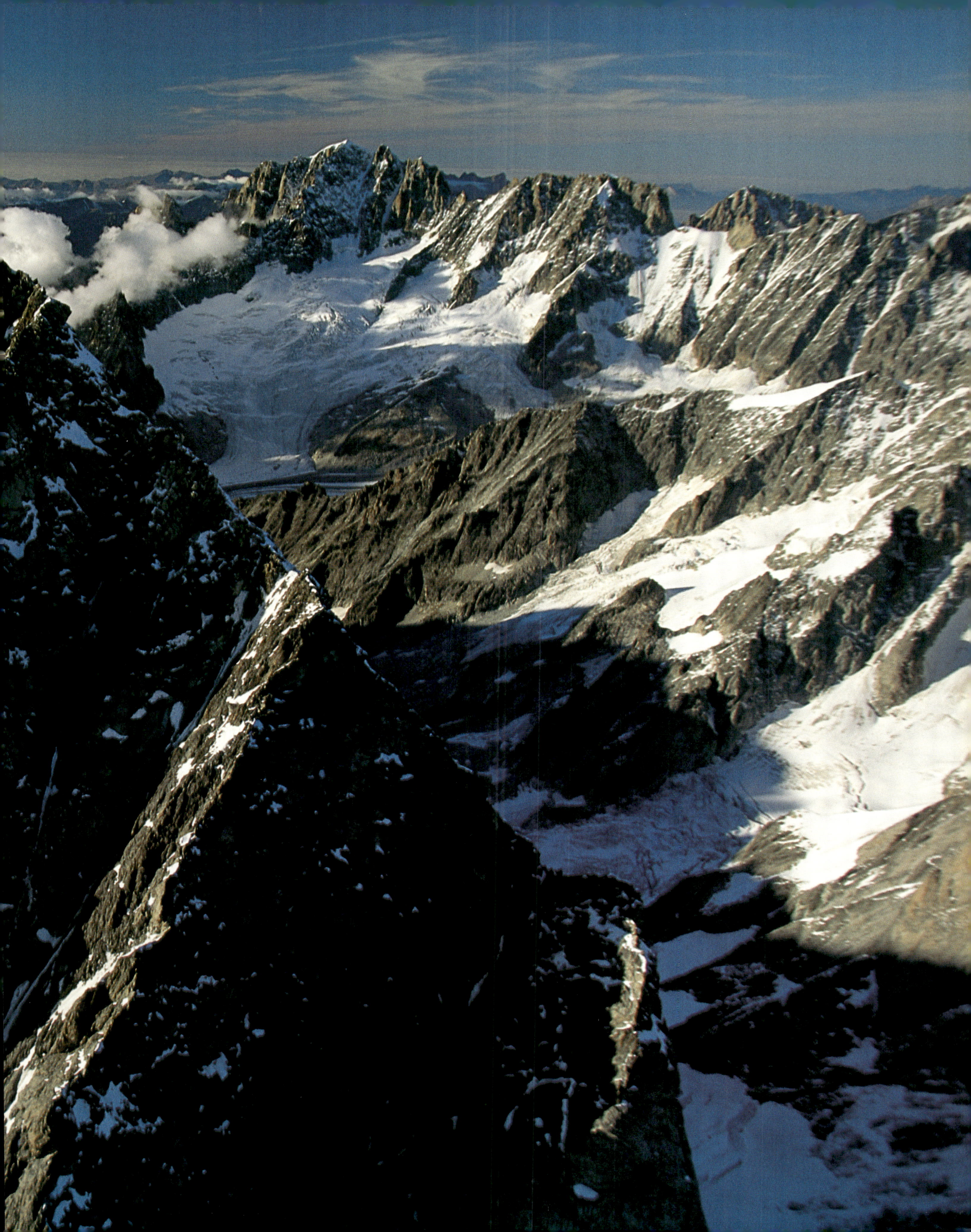

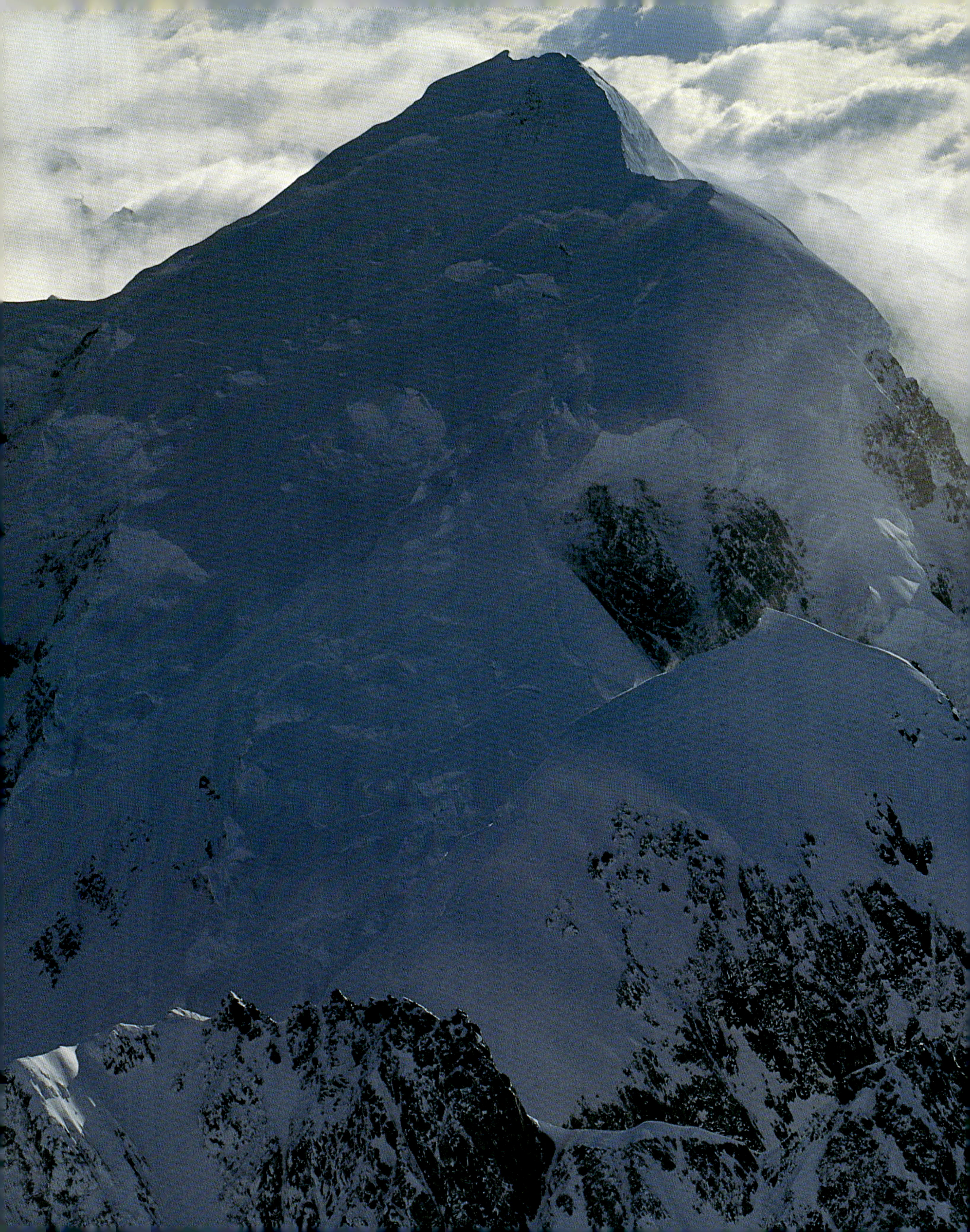

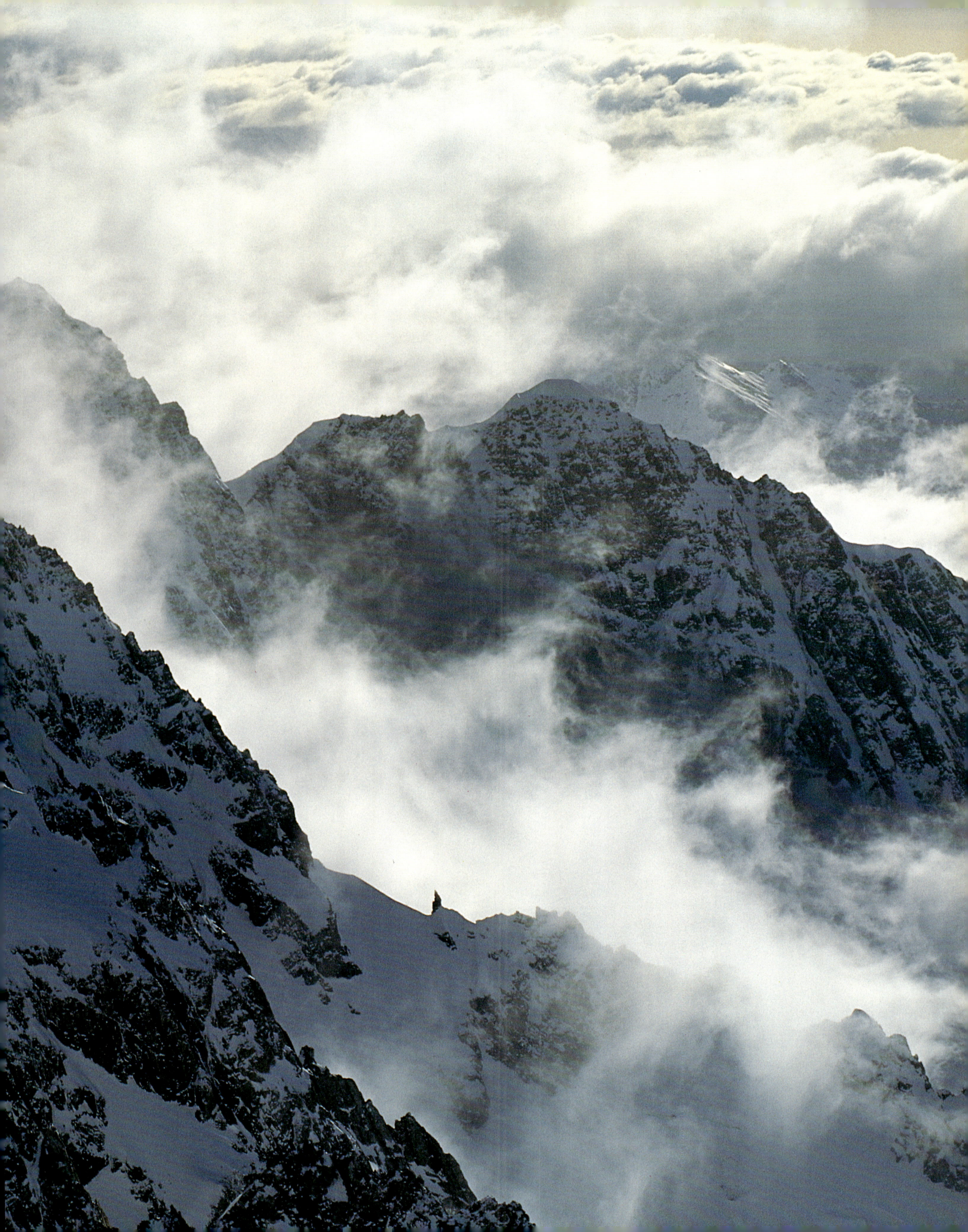

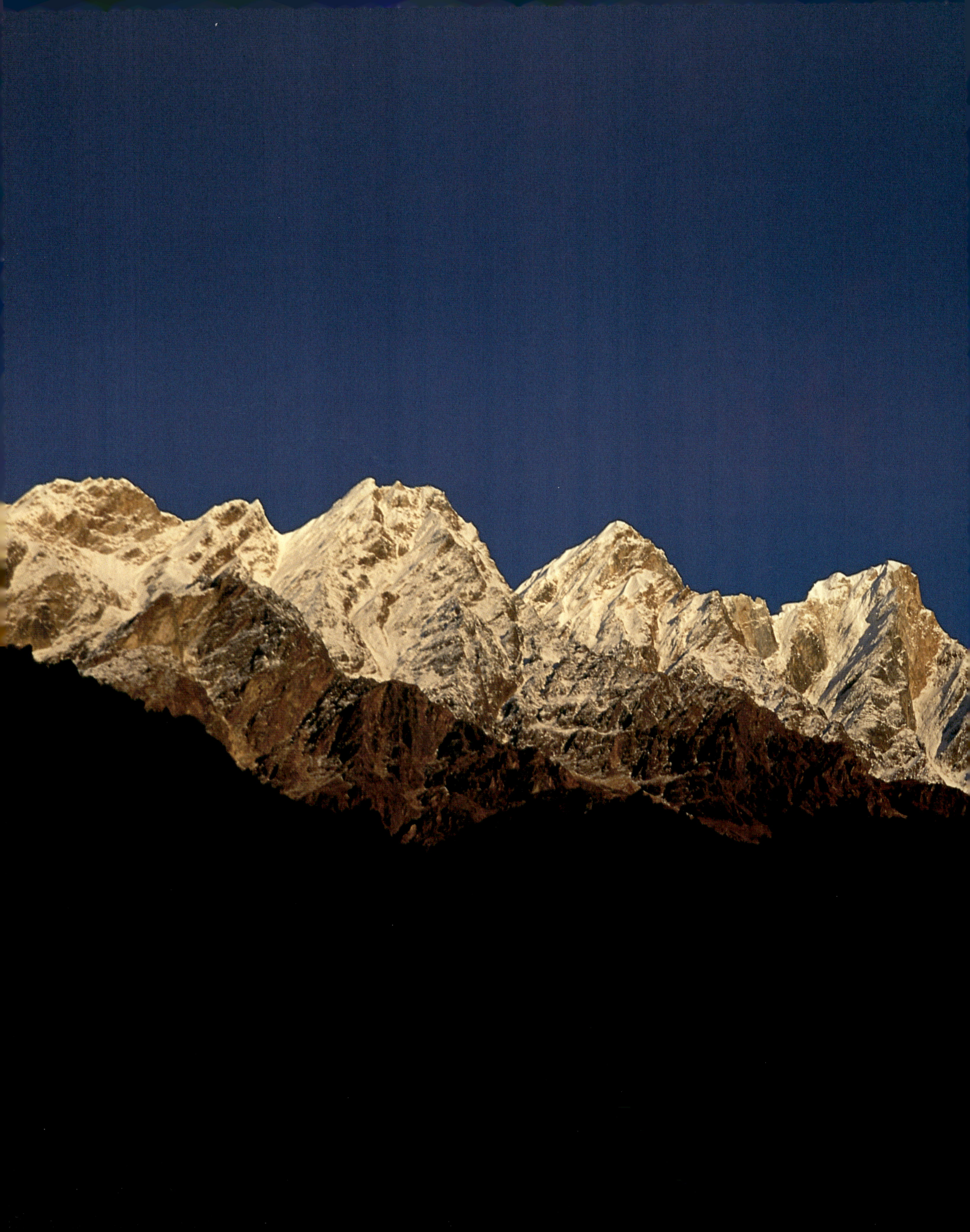

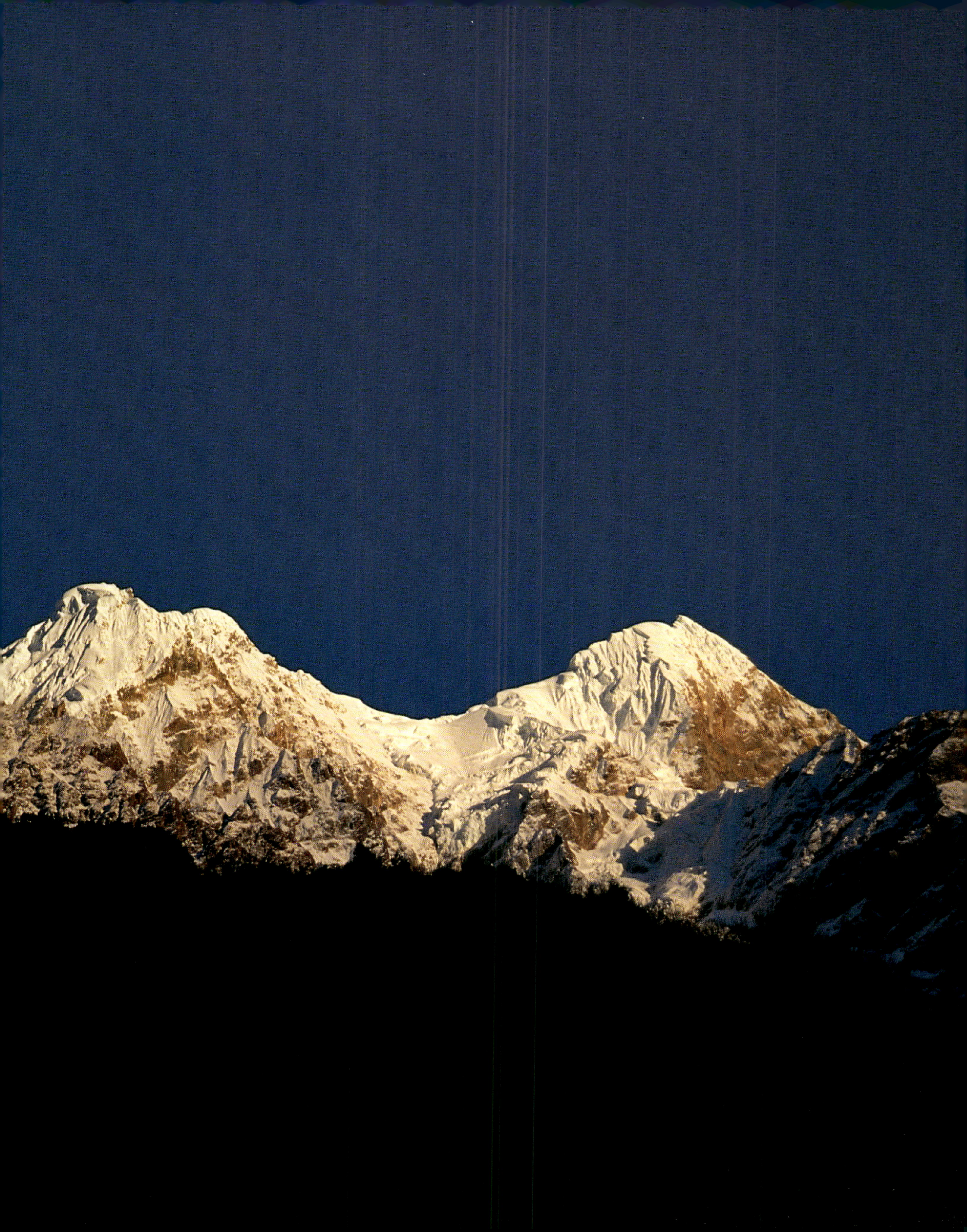

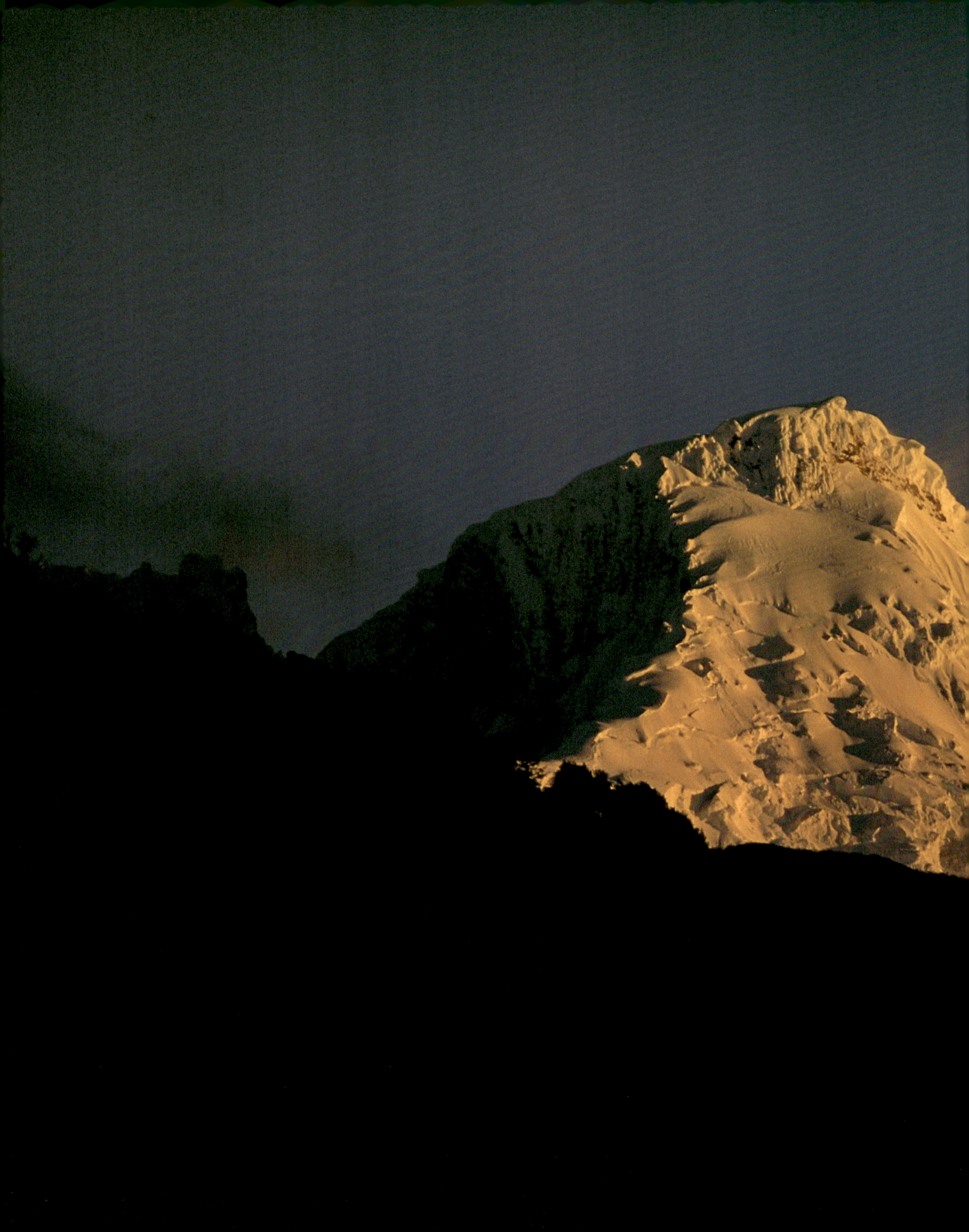

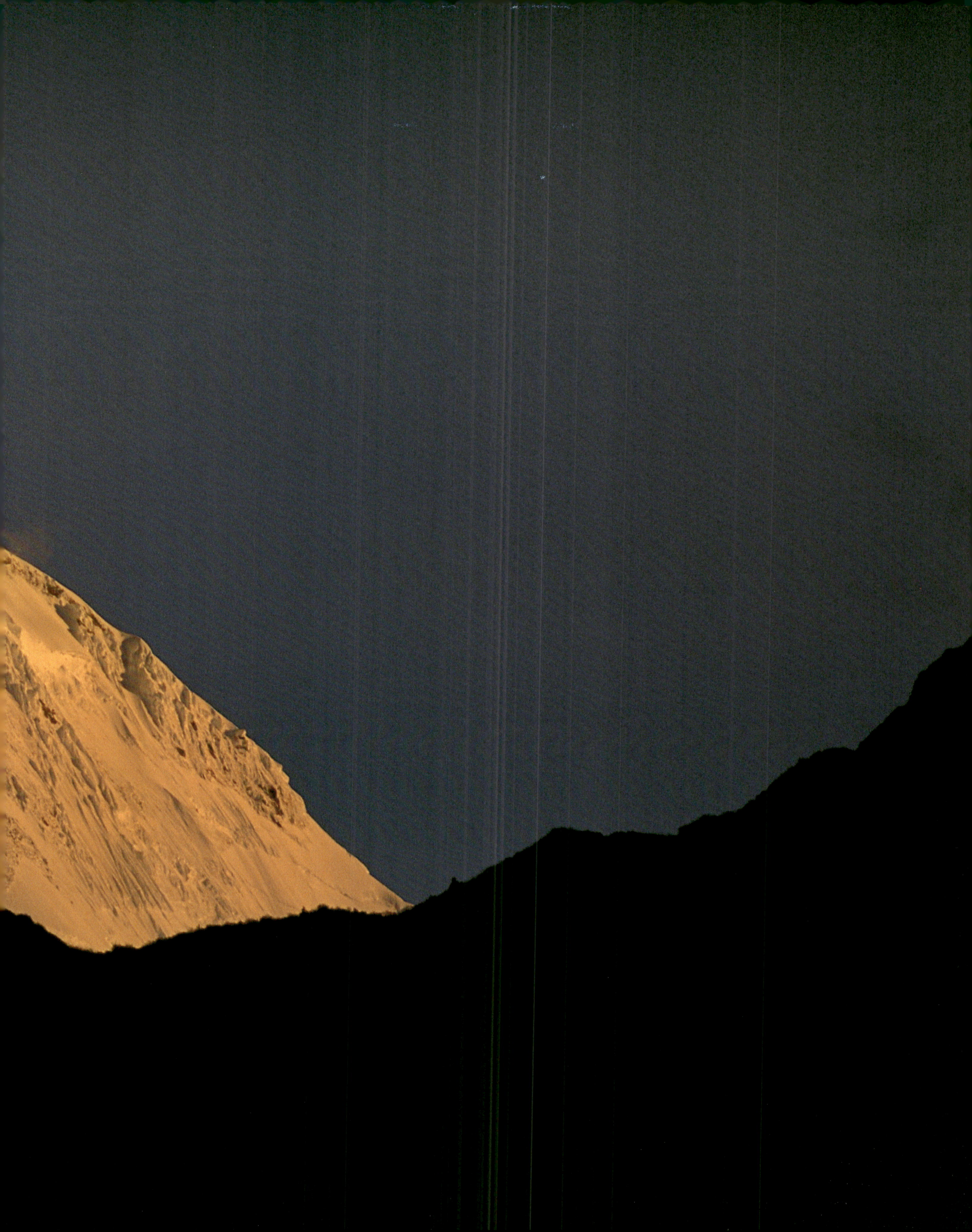

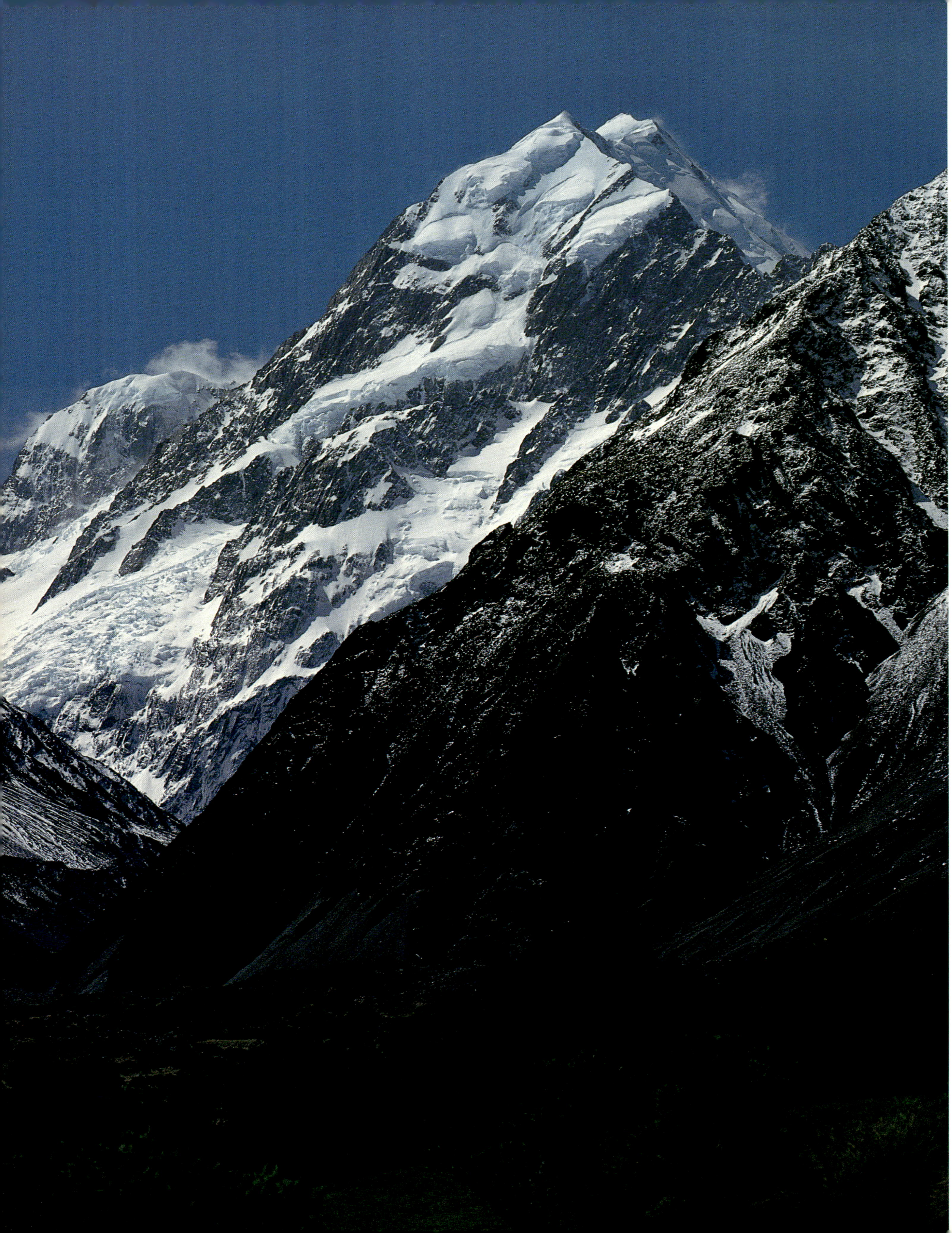

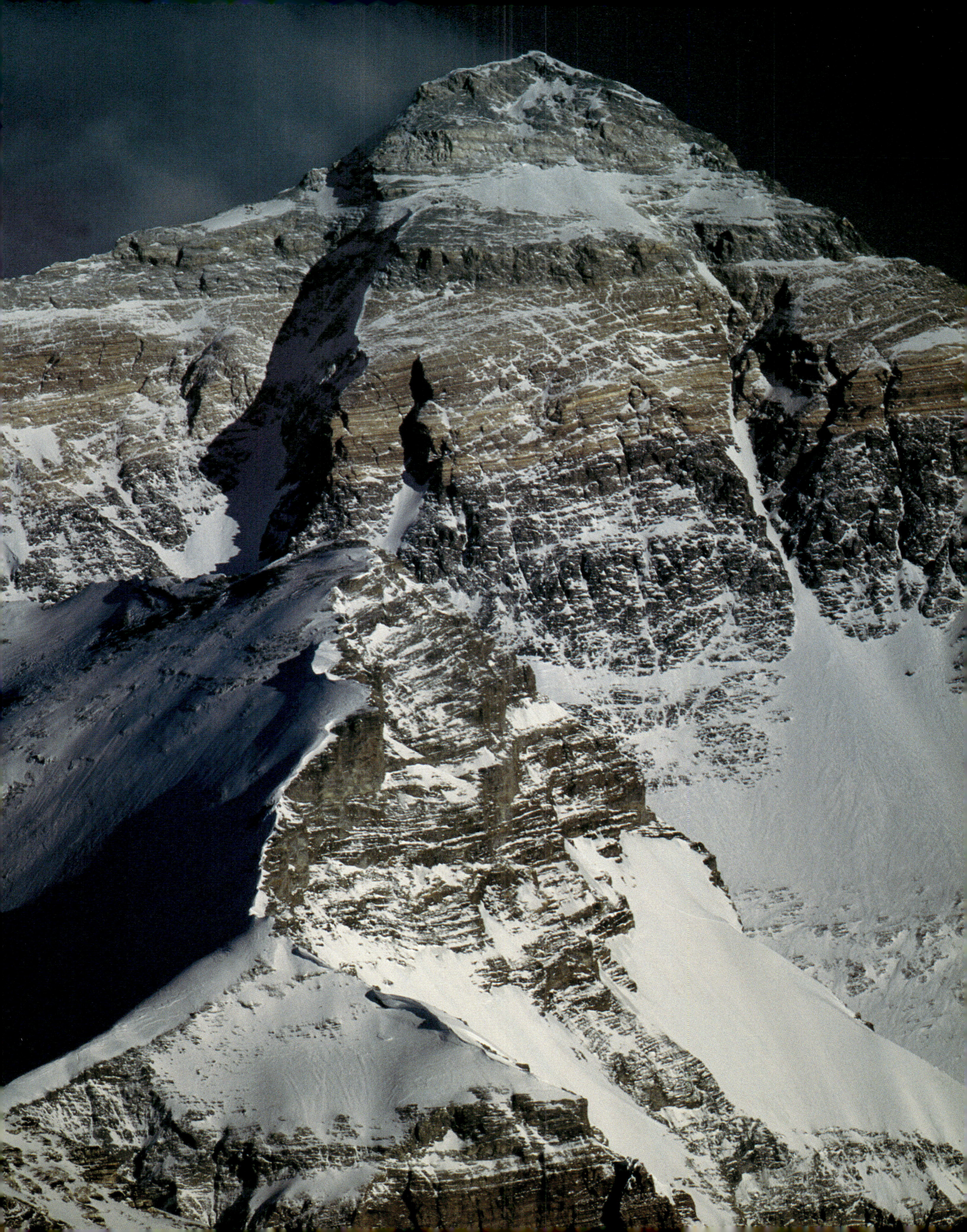

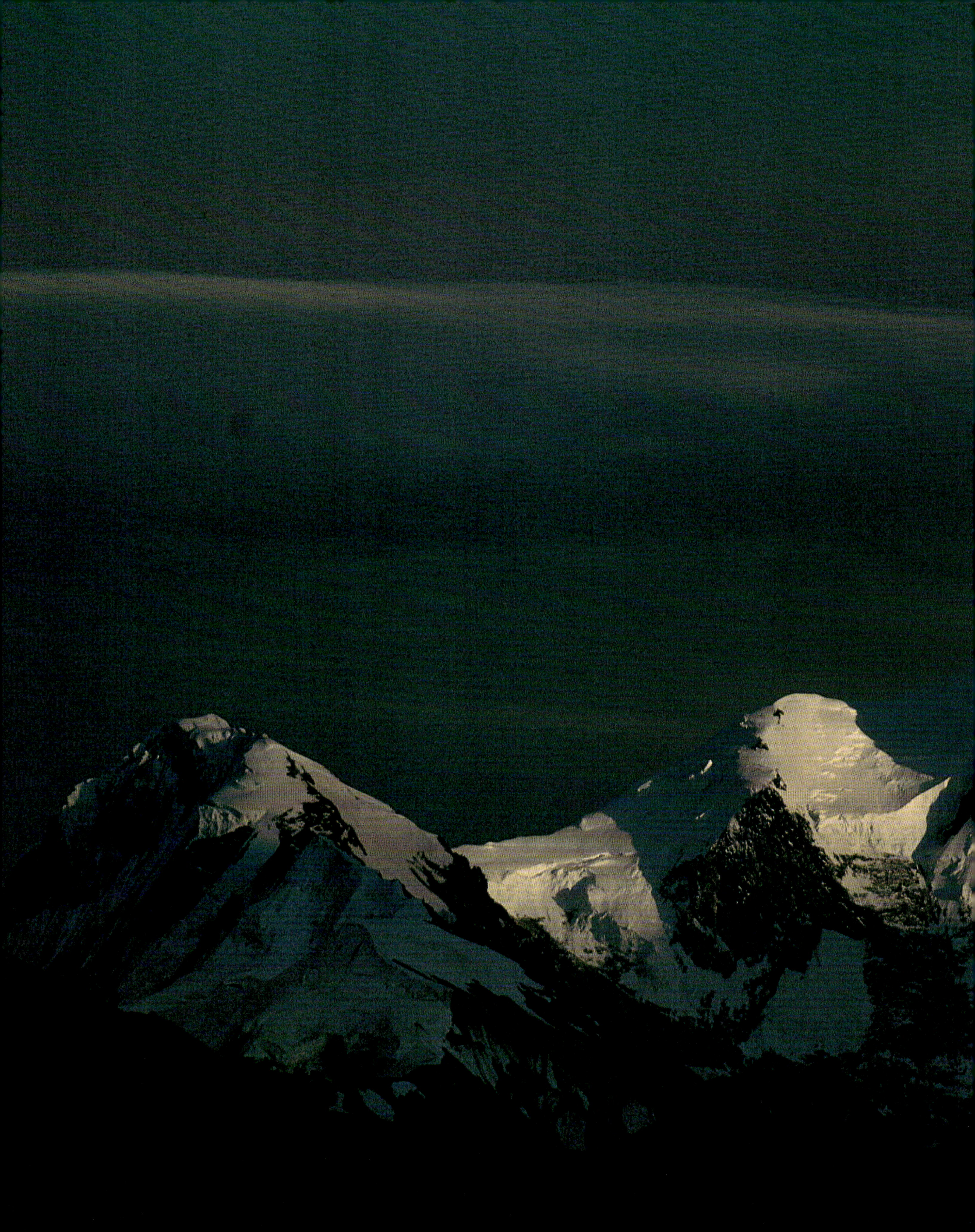

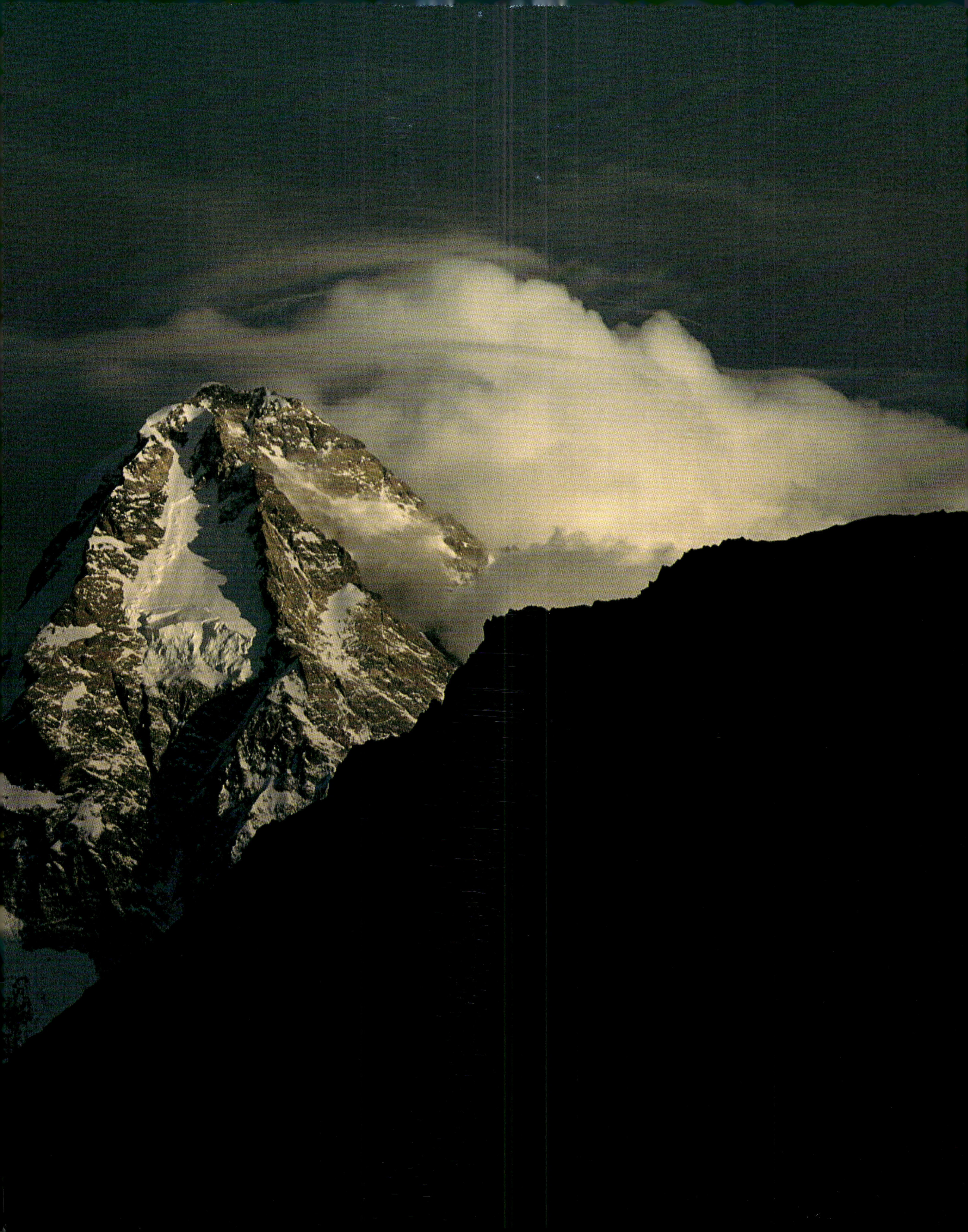

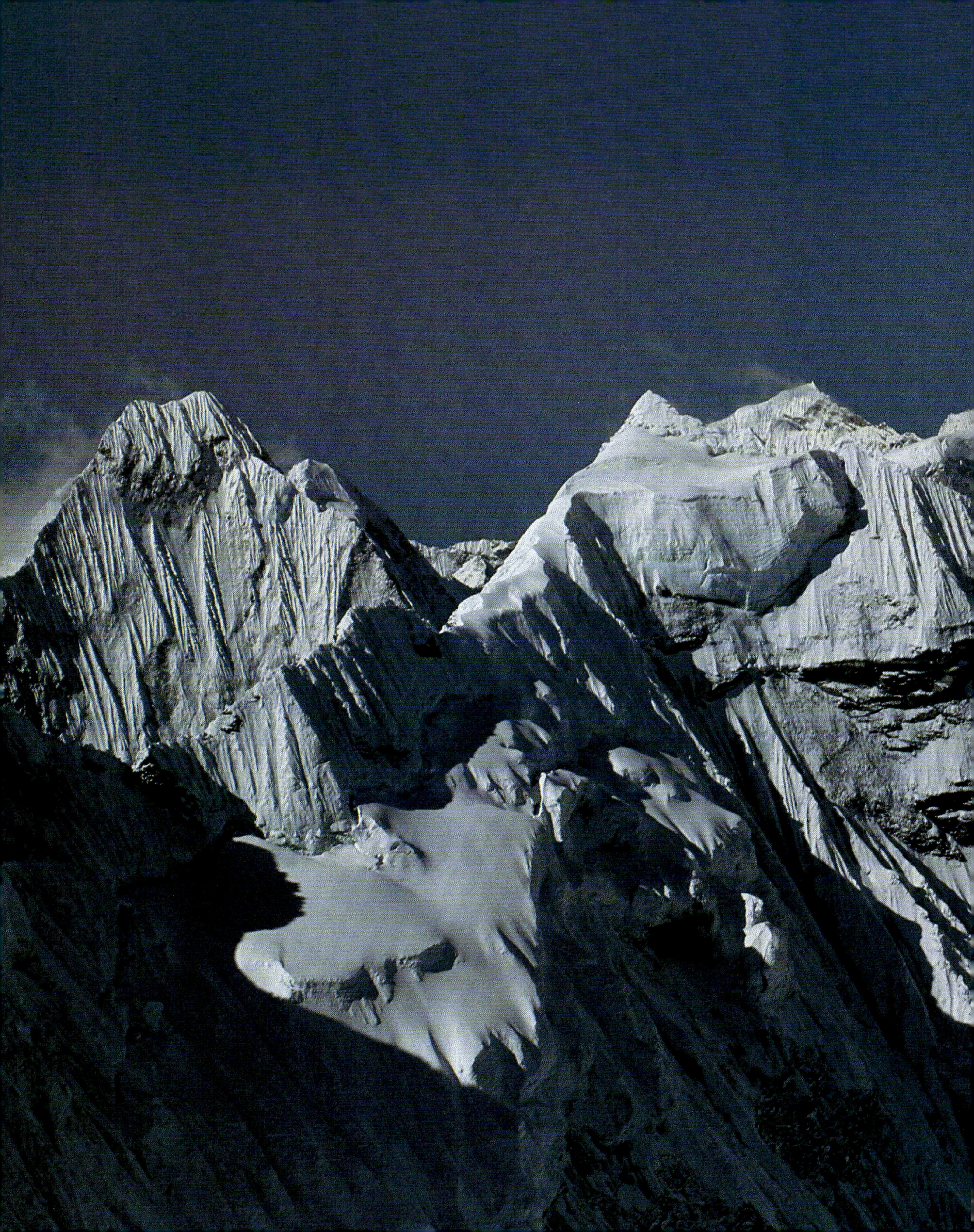

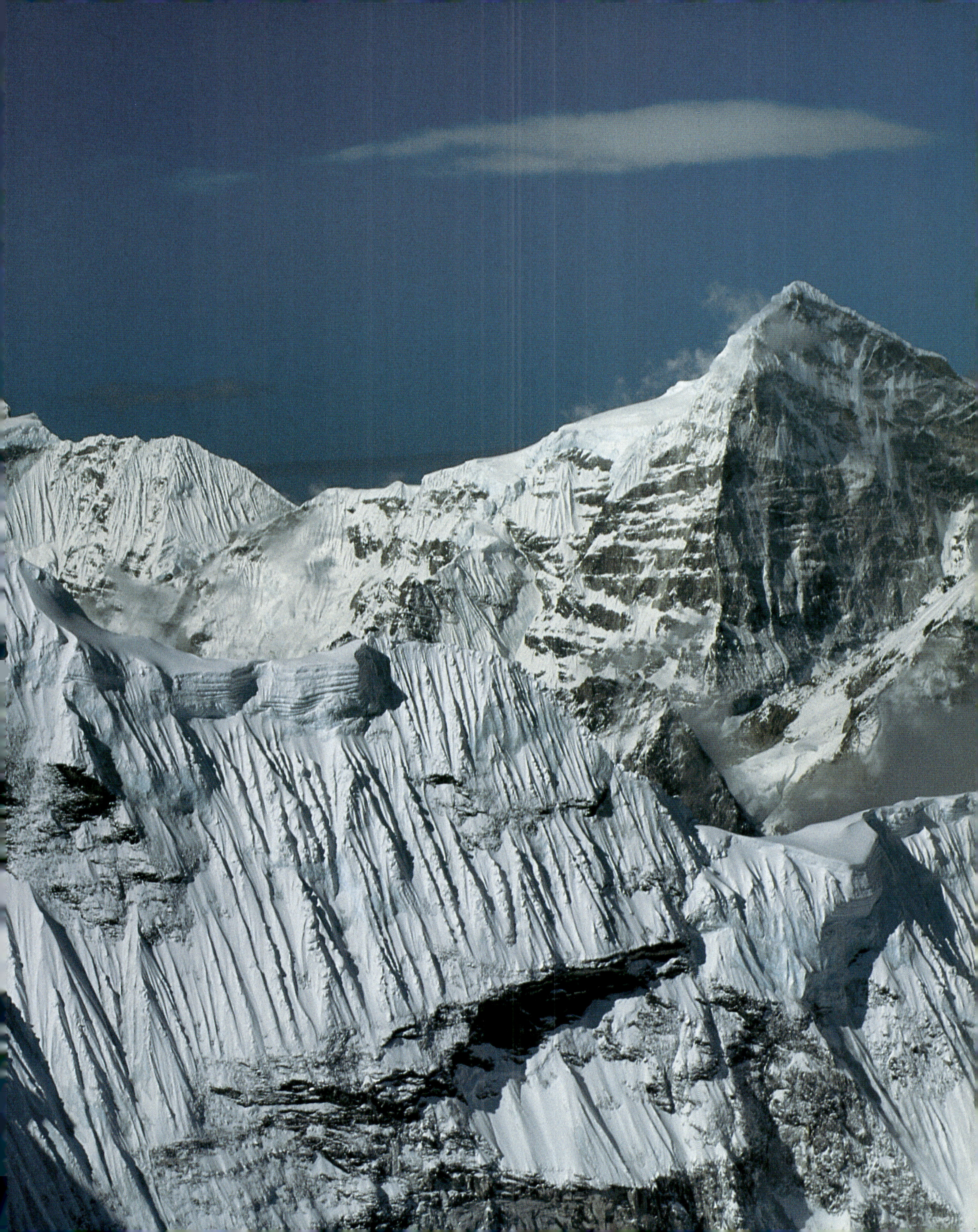

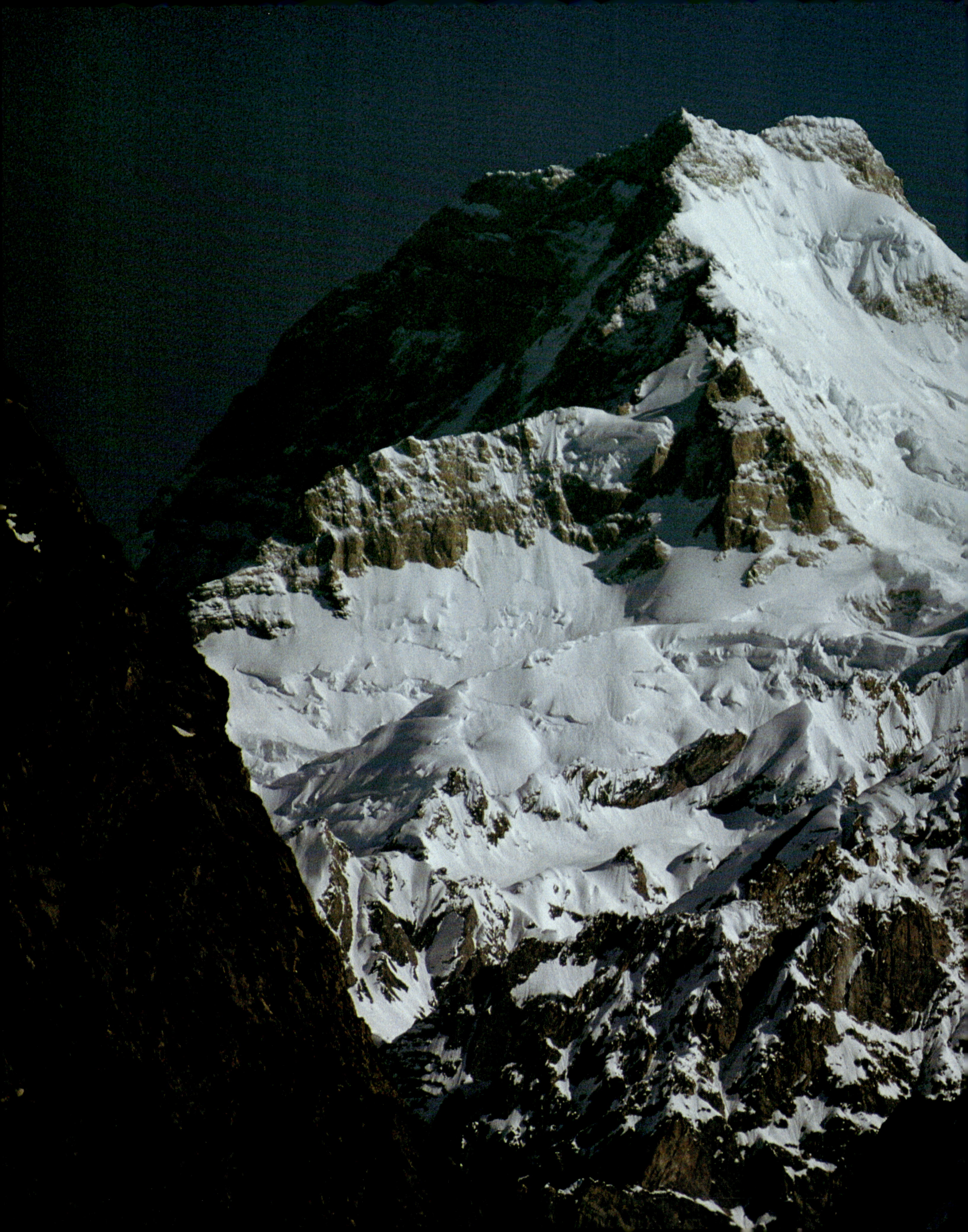

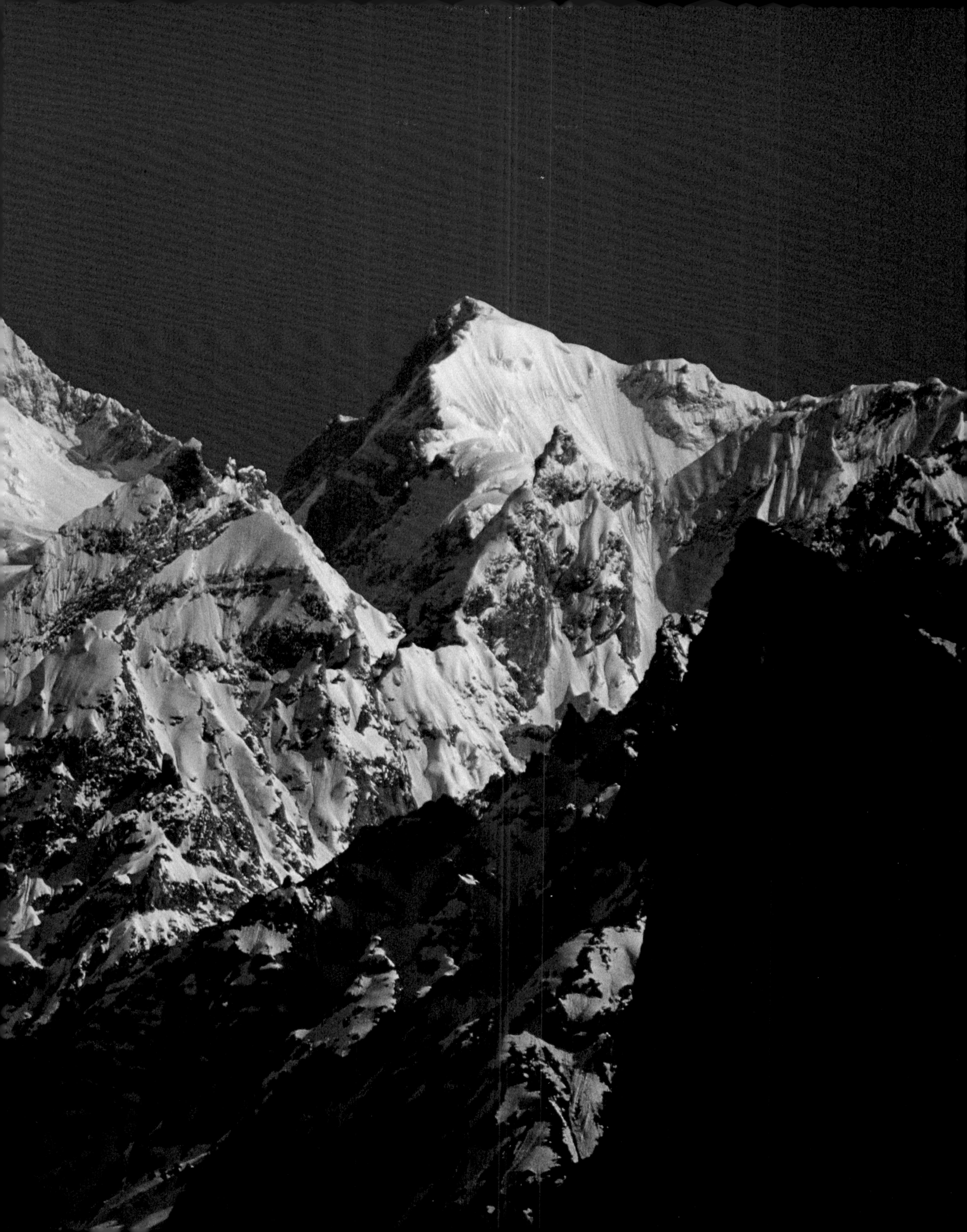

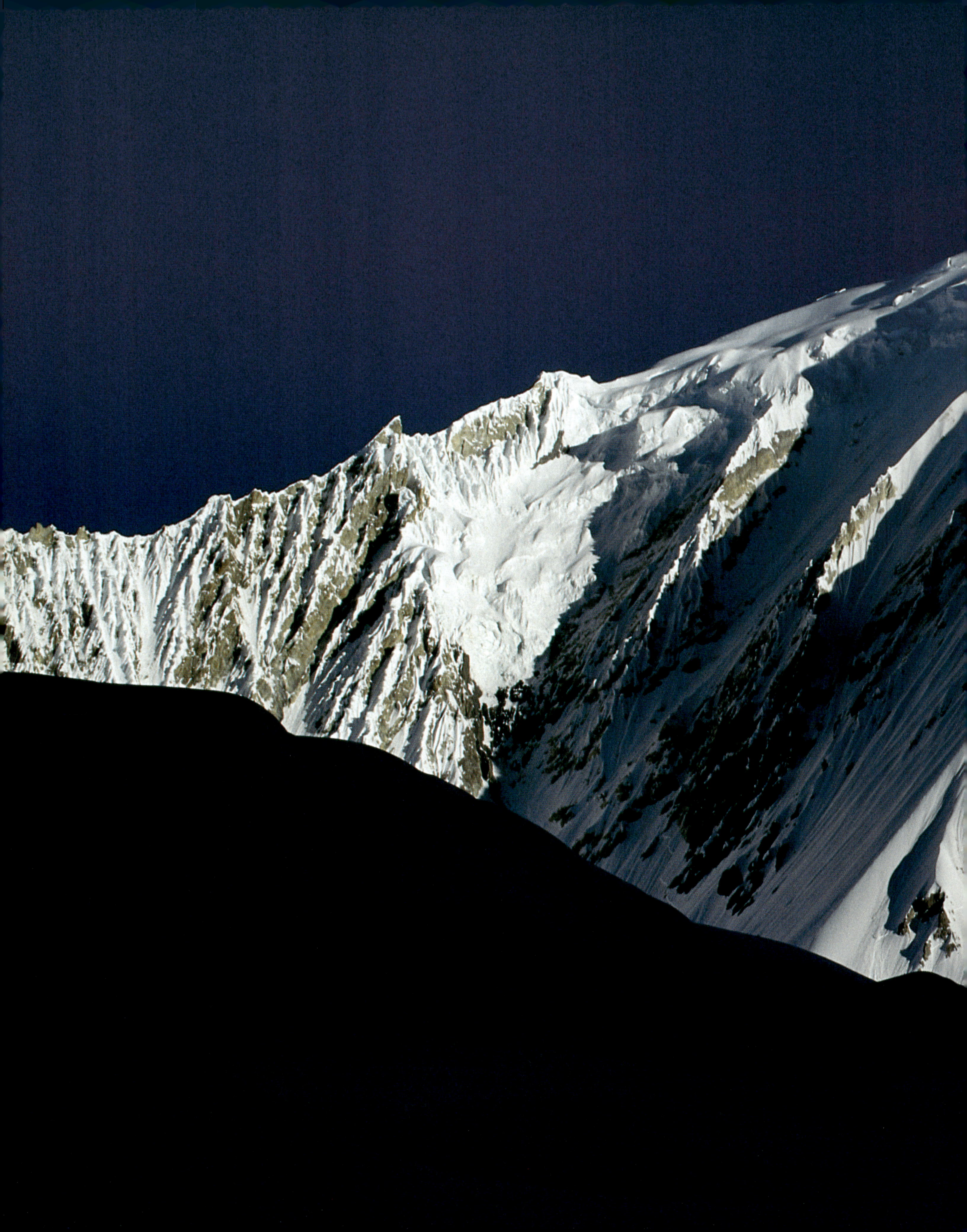

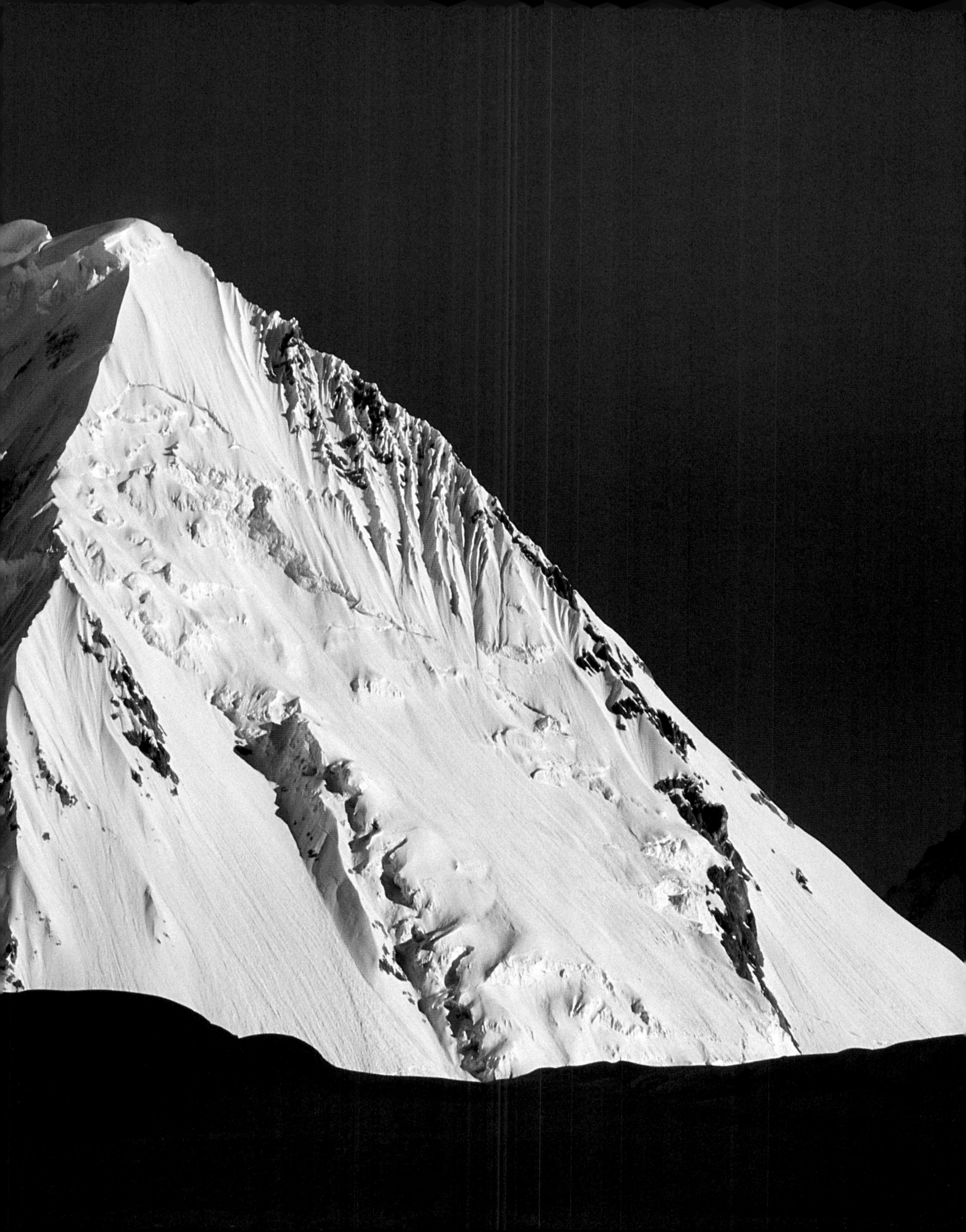

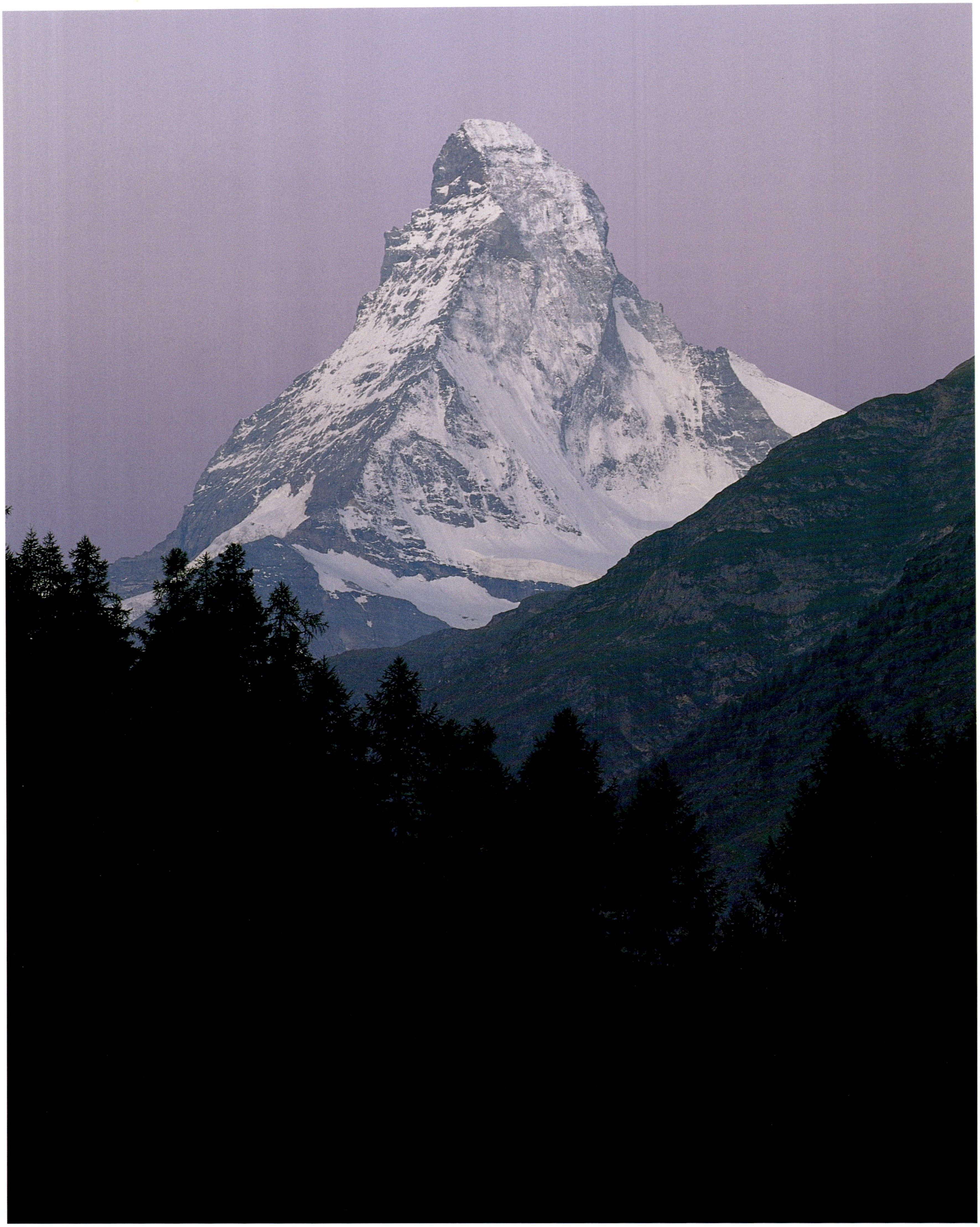

Au commencement était la montagne

Joaquín Fernández

Journaliste spécialisé dans les questions d'environnement,
Joaquín Fernández est également l'auteur de nombreux ouvrages consacrés à l'écologie.

Notre goût spontané pour un paysage déterminé est souvent brouillé par l'apport de connaissances que nous fournit la science, avec une mention spécifique pour l'écologie. Et nous n'osons pas toujours exprimer nos goûts par crainte des reproches des scientifiques, des écologistes, des gardes prétoriennes qui veillent à l'orthodoxie asphyxiante du politiquement correct.

La nature ne manque pas de hiérarchies, comme certains l'ont souligné avec une insistance suspecte, mais face à l'appréciation individuelle des paysages, on voit s'imposer l'uniformité la plus triviale, rassemblant les respectables autorités scientifiques et les subjectivités qui sont souvent à la source des inquiétudes conservatrices militantes. L'esthétique, l'instinct, la magie, l'extase, les sentiments sont au-dessus de toute autre considération. Ou serait-ce, peut-être, que les considérations écologiques (scientifiques) ont été déterminantes dans la création du parc national de Yellowstone en 1872 ? Pas le moins du monde. Ni aux États-Unis, ni non plus en France, lors de la première tentative de création d'un parc national : celui des Écrins, dès 1914 – même si, en fait, ce parc n'a vu le jour qu'en 1973.

Mais la science n'est pas seule à avoir contribué à cette distanciation objectiviste et quelque peu dépersonnalisante du paysage. Le mercantilisme rampant a été tout aussi décisif, en donnant une valeur vénale (avec de prétendues intentions pédagogiques) aux richesses naturelles d'un pays : rivières, forêts, animaux, paysages... L'identification de la nature avec notre ressource (de quoi vivons-nous donc ?) n'est pas nouvelle, il est vrai, mais ce qui est relativement récent, c'est la dimension économique des initiatives protectrices. Relativement, dis-je, car il n'est pas superflu de rappeler les efforts de Pedro Pidal pour convaincre les Espagnols sceptiques et craintifs avant la création du parc national de la montagne de Covadonga (1917), non pas avec des arguments éthiques ou esthétiques, mais purement économiques. Le parc, déclarait-il, attirera le tourisme, source de richesse pour les villages. Nous y voilà.

Pour autant qu'on veuille idéaliser la relation qu'entretiennent les populations rurales avec leur environnement, c'est un fait qu'il n'a jamais existé et qu'il n'existe pas d'attitudes de compassion ou de générosité de leur part à l'égard du paysage – ce en quoi elles rejoignent la culture urbaine. Il ne s'agit que d'une affaire d'échelle. L'impact du bétail, de l'agriculture ou de la chasse est plus supportable que la politique de la terre brûlée que pratiquent l'industrie minière, la construction ou le tourisme de masse.

Pour citer un exemple qui me touche de près, au cours de la récente polémique qui s'est développée autour de la construction d'une route dans le bassin minier de Nalón (Asturies), en direction du col de Tarna, jusqu'aux portes du parc naturel de Redes, où rôde encore de temps à autre quelque ours de montagne égaré, on a dénoncé la disparition des fertiles terres maraîchères qui avaient épargné bien des famines dans les temps difficiles de l'après-guerre, alors que les mines n'accordaient que des salaires de misère. Mais ceux qui auraient dû se sentir les plus affectés par cette agression de la route tournèrent leurs regards d'un tout autre côté, à l'abri des substantielles pensions qu'offre aujourd'hui le régime des retraites anticipées.

Plus que les jardins maraîchers – entend-on – les routes sont aujourd'hui nécessaires pour nous conduire rapidement à l'hôpital en cas d'infarctus. Il ne leur vient même pas à l'esprit qu'ils devraient avoir aussi quelque gratitude pour la terre qui nous nourrit, même si tant de gens vivent aujourd'hui de l'air du temps.

Je pense aussi à ce maire qui se rendit auprès de l'organisme administratif compétent pour savoir si sa commune risquait d'être

Versant suisse du Cervin, ou Matterhorn. C'est l'image devenue populaire et connue dans le monde entier de « la montagne parfaite ».

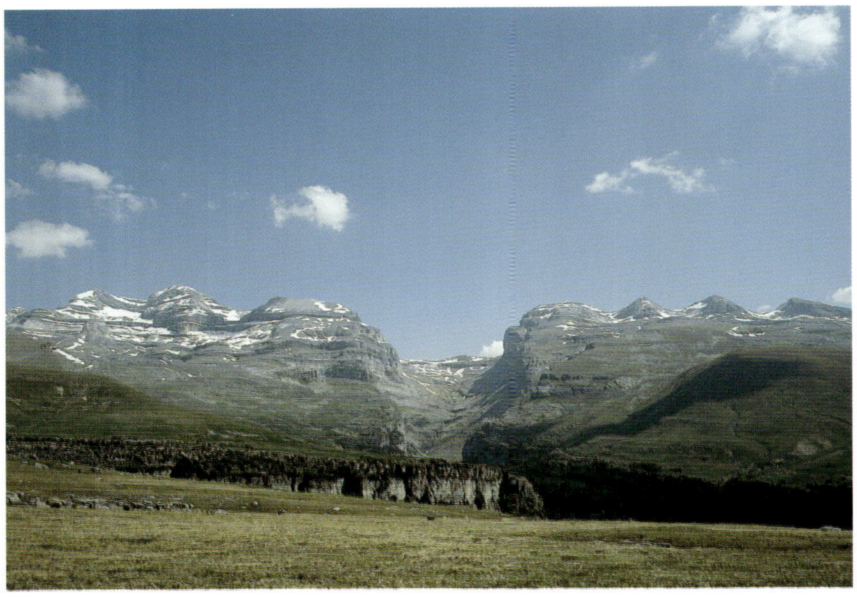

Les Trois Sœurs (mont Perdu, Cylindre, Soum de Ramond) et les Trois Marie (à droite), séparées par le col d'Añisclo. Parc national d'Ordesa et du mont Perdu. Huesca, Espagne.

affectée par la future création du parc national de Guadarrama, entre Madrid et Ségovie. Après s'être entendu dire que c'était peu probable, il respira avec soulagement et rejeta toute autre explication :

– Oui, oui, je suis au courant des avantages des parcs et de tout ce que vous racontez à ce sujet, mais cela ne m'intéresse pas.

Je ne veux pas insister ici sur le discours purement économiste qui a contaminé à l'excès les postulats du développement durable. Un pareil acharnement à démontrer que la protection est compatible avec le développement a suscité des espoirs démesurés autour des espaces naturels, qui pourront difficilement être satisfaits sans que soient trahis les objectifs. Parfois, ce sera le seul impératif administratif (politique) qui permettra d'échapper aux contradictions. Il convient de rappeler en tout cas que les premiers espaces protégés (sauvés ?) ne le furent qu'*in extremis*, c'est-à-dire quand l'exploitation impitoyable de leurs ressources avait conduit à une situation presque irréversible. C'est ce qui s'est passé en Espagne dans les parcs nationaux de Covadonga et d'Ordesa, inaugurés respectivement en 1918 et 1920, et auparavant dans les Réserves royales (1905), qui tentaient de préserver des espèces au bord de l'extinction à cause de la chasse, comme l'isard ou le bouquetin des Pyrénées. Nous ne quittons pas la montagne.

Pendant le voyage qu'il fit au mont Perdu entre 1801 et 1804, Ramond nota dans son journal : « C'est un triste spectacle qu'offre la plus grande partie des Pyrénées : partout des coupes de bois, aucune pépinière nulle part ; c'est en vain que l'on cherchera bientôt un arbre qui ait donné de l'ombre aux aïeuls, un petit bosquet qui promette d'en donner aux petits-enfants... » Plus tard, le Parisien Lucien Briet portera les mêmes accusations en entendant le bruit incessant de la hache qui ravageait les forêts d'Ordesa. Des années après, Pedro Pidal affrontera avec courage les installations hydrauliques dans ce qui était désormais un parc national, comme il le fera aussi dans les montagnes de Covadonga contre les braconniers, les pyromanes et les entreprises minières, bien qu'il eût lui-même des liens avec les affaires sidérurgico-minières.

Lorsqu'on revoit l'histoire des initiatives en faveur de la nature, on constate en effet qu'il ne s'agissait pas de gestes gratuits ou moralisants. S'il est vrai que les premiers défenseurs de la nature, tel F.-A. Rausch en 1818, cherchaient avant tout à restaurer « les anciennes températures et l'ordre primitif des saisons », autrement dit le Paradis perdu, il n'en est pas moins vrai que le combat contre la dégradation de l'environnement a toujours entretenu un rapport étroit avec la survie de l'être humain, dans le sens le plus étendu de l'expression. Pour nous sauver nous, plutôt que pour la sauver elle. De l'idée de survie, nous sommes passés à la maladroite avarice des nouveaux riches, qui n'aiment que les paysages d'artifice construits par la spéculation.

La montagne comme métaphore sociale

Même dans cette approche décomplexée de la nature qui se généralise à partir du XIXe siècle dans les villes de la moitié du monde, il est évident qu'apparaissent de nouveaux intérêts en rapport avec les loisirs ou la santé. La nature, le soleil et l'air pur deviennent le remède le plus efficace contre les maux de la misère. On parle alors à peine de problèmes d'environnement, mais beaucoup d'hygiène, vaste concept qui entretient des rapports avec la santé, l'hygiène personnelle, l'alimentation, les conditions de travail, l'urbanisme, les déchets, la qualité de l'eau ou la propreté des rues.

Cette préoccupation ouvrit la voie au mouvement hygiéniste, qui s'enrichit à son tour des nuances du naturisme, du nudisme, du végétarisme et d'autres mouvements socioculturels, lesquels revendiquaient simultanément le souci de la nature, de l'environnement immédiat (la ville) et, pour chacun, de son propre corps. Cette écologie personnelle s'efforçait de se libérer de l'obscurantisme oppresseur de tant de siècles. C'est pourquoi nous devons nuancer l'affirmation selon laquelle les préoccupations écologiques sont le propre des sociétés riches. Depuis toujours, comme le sommet de Johannesburg, en 2002, l'a clairement exprimé, la lutte contre la misère a été essentiellement une lutte contre la dégradation de l'environnement dans son acception la plus large. Et vice versa.

Ce renouvellement des habitudes quotidiennes, datant d'un siècle et demi environ, entretient une relation fondamentale avec la montagne. Même si cela ressemble à une plaisanterie macabre, la tuberculose a été un dramatique précédent de la culture écologique, étant donné que ceux qui en souffraient tirèrent parti de ce rapprochement intéressé avec la nature. La tuberculose a son écho dans la littérature et le cinéma, avec la montagne comme cadre généreux, de préférence en Suisse. S'il est vrai que nous ne pouvons pas démontrer que la montagne est la source de la vie, il est néanmoins certain que la montagne nous a revitalisés, nous a fait revivre, nous a fait renaître.

En même temps, la montagne a commencé à servir, pour les privilégiés, de territoire de loisirs, des loisirs eux-mêmes thérapeutiques et curatifs, dans la pratique de sports tels que l'alpinisme, l'escalade et le ski, ou simplement d'espace pour des expériences esthétiques, comme en témoignent la littérature montagnarde et l'histoire de l'art.

C'est à cette époque qu'apparaissent les peintres de montagne, tels, en France, Alexandre Calame (1810-1864), François Diday (1802-1877) ou Gabriel Loppé (1825-1913). Calame fut le premier paysagiste qui se spécialisa dans la montagne ; ses tableaux, comme le célèbre *Orage à la Handeck* (1839), connurent un grand succès.

La peinture de chevalet en plein air rompt avec la tradition de la peinture de paysages historiques idéalisés en ateliers et en académies. Et il convient d'analyser cette rupture d'un point de vue non seulement pictural, mais aussi social, car le mépris que les tenants de l'orthodoxie artistique manifestent envers le paysage reproduit *in situ*, avec une minutie photographique, déteint sur la nature elle-même, dont ils vivent séparés dans leur ignorance et leur oisiveté. Au contraire, ceux qui s'adonnent à ce type de peinture sont à la fois des amateurs et des défenseurs de la nature qui les inspire. Les peintres se font randonneurs et dorment dans la montagne pour capter en toute fidélité la lumière de l'aurore. Finalement, inévitablement, ils en concluront que « la Terre ne connaît pas la vulgarité ». Ce que déclaraient déjà les naturalistes de l'époque.

« Pour le paysagiste, écrit le peintre espagnol Carlos de Haes, la vie simple de la campagne doit être comme un besoin. L'artiste doit d'une certaine façon s'identifier avec la nature champêtre. » Et il ajoute : « La nature supporte difficilement le travail de l'imagination : elle est si puissante que l'homme n'a que trop à faire pour la reproduire. L'innombrable multitude de ses accidents et de ses combinaisons ne nous laisse pas grand-chose à inventer. » Y a-t-il attitude plus respectueuse et plus humble envers la nature ?

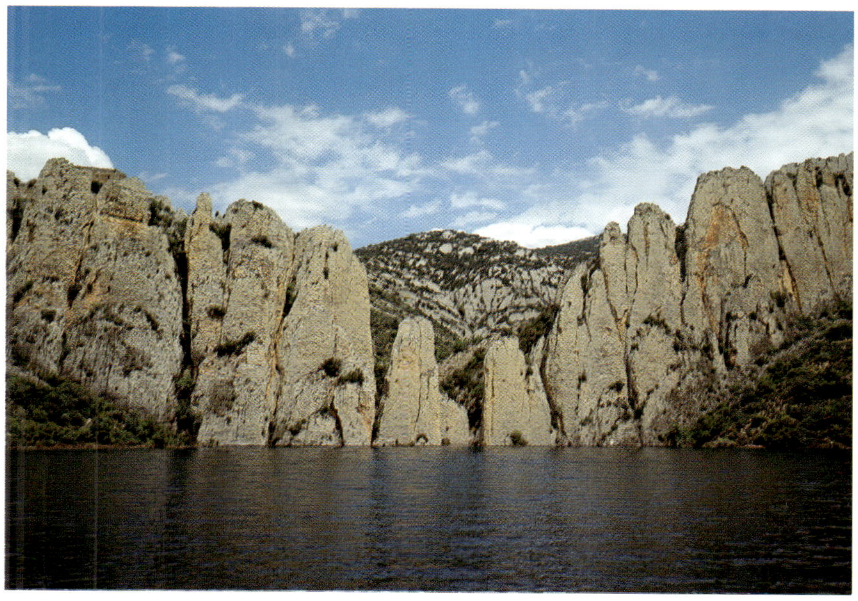

Muraille de Chine de Finestras. Contreforts pyrénéens de Huesca.
Lac du barrage de Canelles, Espagne.

La montagne comme métaphore pédagogique

La rénovation de la pédagogie dans l'Europe du XIXe siècle et d'une bonne partie du XXe trouve son inspiration principale chez Jean-Jacques Rousseau, et revendique la nature comme école. Si les scientifiques se précipitent dans la montagne pour découvrir et décrire cette nature oubliée et inconnue, les pédagogues réclament pour leurs élèves un air libre et pur. Depuis les *Voyages en zigzag* dans lesquels l'instituteur Rodolphe Toepffer conduisait, dès 1837, sa ribambelle d'écoliers, jusqu'aux « caravanes scolaires » du Club alpin français, l'école hors les murs est une bannière spécifique du XIXe siècle. L'excursion est devenue une méthode pédagogique de premier ordre.

Ce fut en 1875, un an à peine après sa création, que le Club alpin français organisa les premières caravanes scolaires, « destinées à développer dans notre jeunesse, sous la conduite d'hommes prudents et éclairés, le goût des courses à pied et la connaissance des montagnes ». Ce retour régénérateur à la nature, à la montagne principalement, devint une métaphore des aspirations aux transformations sociales que tant de gens attendaient ardemment.

« Pour apprécier dans son ensemble l'architecture de la montagne – écrivait dans ces années-là le géographe et pédagogue Élisée Reclus – il faut l'étudier et la parcourir en tous sens, gravir tous les pics, pénétrer dans les secteurs les plus reculés. La montagne est un infini, comme l'est toute chose pour qui cherche à la connaître à fond. Le sommet sur lequel il me plaisait de m'asseoir n'était pas la cime souveraine où l'on peut s'installer comme un roi sur son trône pour contempler à ses pieds l'étendue de ses royaumes. Je me sentais plus à l'aise sur une hauteur secondaire, d'où mon regard pouvait en même temps embrasser les versants inférieurs et s'élever ensuite d'arête en arête vers les murailles les plus hautes et vers la cime baignant dans l'azur du ciel. [...] L'homme est invisible, mais on le devine [...]. En bas, au loin, dans la fumée, sous une couche d'air vicié par d'innombrables respirations, une lueur blanchâtre indique une grande ville. Nous pensons alors avec tristesse à toutes les vilenies et les perfidies qu'on trouve dans ces fourmilières, à tous les vices qui fermentent sous cette pustule quasiment invisible. »

Dans toute l'Europe, le regard qu'on portait sur la ville depuis la montagne devint presque toujours critique. Ainsi, en Espagne, on regrettait alors que des villes comme Madrid ou Grenade vivent en tournant le dos respectivement à la sierra de Guadarrama ou la sierra Nevada, mais quand les gens eurent accès à ces hauteurs, les choses commencèrent à changer. Le mouvement qu'on a baptisé « Cité Jardin » coïncide avec l'apogée de l'alpinisme et de la randonnée. Le concept de campagne pour vivre et de ville pour travailler gagnait du terrain.

Comme les caravanes scolaires du Club alpin français, les colonies scolaires mises en œuvre en Espagne par l'Institution libre d'enseignement poursuivaient des objectifs à la fois sanitaires et pédagogiques. Il y avait des colonies de montagne ou de plateau, et des colonies de bord de mer où se rendaient pendant l'été les enfants qui souffraient du mal de la misère. « Tous les ans, écrit le professeur Adolfo Posada, professeur à l'université d'Oviedo, quand commence l'été, je parle des colonies scolaires, je tiens cela pour un devoir dans mon travail pédagogique. Il faut faire quelque chose pour ces pauvres enfants anémiés qui errent le long des rues dans la poussière qui tue, sous un soleil qui brûle, qui ont besoin en extrême urgence d'air libre et pur, de brises salines, de bains reconstituants, de nourriture saine, de joie, surtout de la joie que procure le voyage. »

Contre les tendances obscurantistes des pisse-vinaigre, obsédés par l'âme et indifférents au corps, surtout au corps d'autrui, ces idées inspirées par le philosophe allemand C. C. F. Krause doivent s'imposer. Le corps sain et, pourquoi pas, le corps beau, modelé par une bonne alimentation et par l'exercice physique dans un environnement naturel adéquat. C'est à cela que se réfère également Ernesto Winter, membre lui aussi de l'Institution, quand il traite de la sensualité dans son livre intitulé *Éloge de l'inquiétude*. À l'encontre de ceux qui voient dans la complaisance pour le corps une source de péché, Winter défend la jouissance sensuelle que procurent un simple bain et le contact avec du linge propre.

Une biographie récente de George Mallory, le grand alpiniste dont le nom et le corps demeurent pour toujours unis à l'Everest, présente deux photographies de lui sur lesquelles il pose nu, sans que le sexe soit visible. À propos de la première photo, qui date de 1911, il dit : « J'éprouve un profond intérêt pour ma propre nudité. » La seconde date de 1922 et il s'y montre cette fois nu, non pas pour une pose, mais pour franchir une rivière durant la traversée du Tibet. Mallory se sentait en harmonie avec la revendication pour chacun de son propre corps, comme l'était aussi Roberto Frasinelli, « l'Allemand de Corao », quand il gambadait nu sur la neige des Picos de Europa. Il ne faut pas rejeter l'idée qu'il le faisait pour de simples raisons d'hygiène ou de discipline corporelle, mais on peut imaginer aussi des mobiles de pure sensualité et même de désengourdissement sexuel, en dépit de l'effet constricteur du froid sur certains muscles.

En accord avec l'inquiétude sociale exprimée par Adolfo Posada qui, avec Adolfo Buylla et Aniceto Sela (le « triple pilier de la pédagogie »), fit de l'université d'Oviedo une référence nationale dans cette nouvelle culture, Ramon Pérez de Ayala a écrit en 1925 un feuilleton de plusieurs chapitres pour le journal *El Sol*, intitulé « La reconquête du paysage » : « J'ai écrit qu'on respirait dans l'université d'Oviedo une atmosphère de Renaissance [...]. Les Italiens de la Renaissance pensaient, comme Rousseau, que l'homme naît naturellement libre. Le moyen de la libération, par conséquent, devrait consister en un retour à la nature. Reconquête du moi, reconquête de la liberté et reconquête du paysage finissent par être des expressions parallèles [...]. Par affinité élective et symbolique, l'homme avide de libération aspire à la cime de la montagne. »

Malheureusement, l'accès à la montagne avec des objectifs sportifs ou sanitaires était conditionné par le statut social. Il y eut dans les premiers temps de la vogue montagnarde une fréquentation élitiste et même aristocratique, de caractère exclusif. Dans une biographie du duc des Abruzzes, Louis-Amédée de Savoie, qui a tant de points communs avec Pedro Pidal, il est raconté comment le Club alpin britannique repoussa, en 1880, la candidature d'un alpiniste aussi prestigieux que Mummery, bien qu'il fût lui-même un commerçant fortuné. Les auteurs précisent qu'« en ce temps-là, en Angleterre, il était inconcevable que quiconque ne vivant pas de ses rentes puisse s'adonner à un sport ».

Mais le problème de fond n'était pas la classe sociale des postulants à l'entrée de ces clubs (qu'ils se débrouillent entre eux), mais le manque de moyens de locomotion, qui rendait difficile l'accès pour un

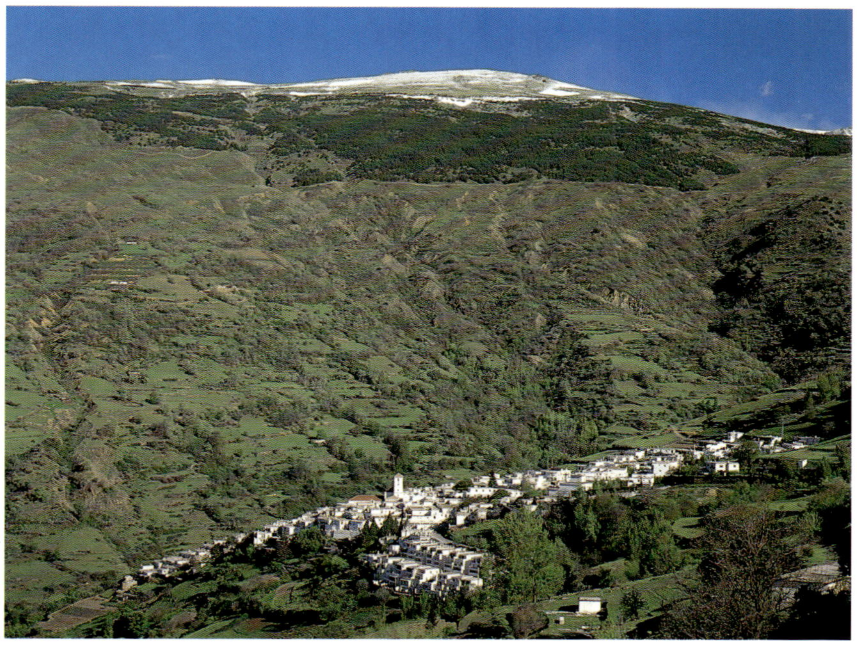

Village typique de l'Alpujarra de Grenade, au pied de la sierra Nevada.

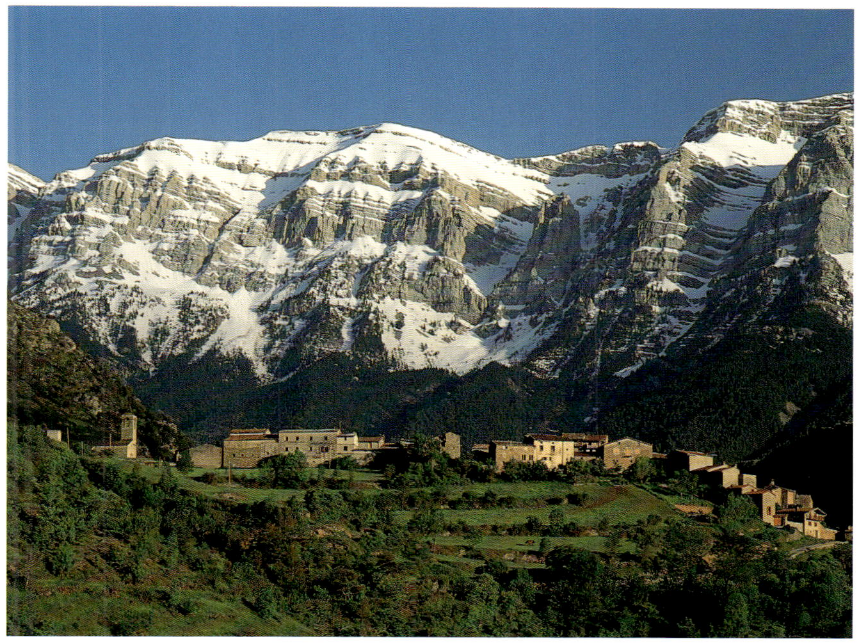

Le village d'Arseguel, se découpant sur le parc naturel de la sierra de Cadí-Moixeró. Haut-Urgell, Catalogne, Espagne.

citoyen ordinaire aux bienfaits dont certains voulaient se réserver l'exclusivité. Les privilèges de la fortune entrent aussi en jeu dans la nature quand l'air pur commence à être coté en Bourse.

Il exista cependant des différences d'un pays ou d'un club à l'autre. En France, le Club alpin était nettement moins élitiste que son homologue britannique, mais ses membres faisaient tout de même partie de l'élite sociale. D'autres sociétés plus « populaires » – toutes proportions gardées–, virent aussi le jour. Il en fut de même en Espagne. Quand le Club alpin espagnol construisit son premier refuge dans la sierra de Guadarrama, avec cette architecture si typée qu'elle a fini par désigner un style, quelques-uns des membres du club, hommes et femmes, réclamèrent des installations d'appoint pour héberger leurs chauffeurs, étant donné qu'on pouvait déjà accéder à la nature en voiture. La société Peñalara montra une plus grande ouverture d'esprit, car ses sociétaires fondateurs étaient d'anciens élèves de l'Institution libre d'enseignement qui, bien qu'elle fût aussi un noyau élitiste, s'était efforcée de socialiser les biens de la culture et de la nature.

Cette vocation minoritaire n'obéissait pas toujours à des préjugés de classe. La société Peñalara avait auparavant porté le nom de *Los Doce Amigos*, parce que les fondateurs étaient douze, et qu'ils n'avaient pas l'intention au départ d'accueillir plus de sociétaires (peut-être n'en auraient-ils pas trouvé), comme ne le voulaient pas davantage *Los Diez Amigos Limited* de Grenade, par exemple. Mais, rapidement, ces clubs minoritaires « craquèrent aux entournures » pour s'élargir sans trop faire la fine bouche, et jouer le rôle de groupe de pression permanent et efficace pour que les administrations construisent des routes et des chemins confortables d'accès aux montagnes.

Quand on considère que ces activités de loisirs montagnards ont contribué de manière décisive à développer l'intérêt actuel pour la protection de l'environnement, on pourrait trouver choquante cette obsession en faveur des routes qui ne manqueraient pas en fin de compte de dégrader la nature tant admirée. Ne serait-ce que par l'effet multiplicateur du tourisme de masse, contre lequel leurs propres instigateurs ne tardèrent pas à se manifester.

« Les routes sont des moyens de communication que la Députation doit se garder d'oublier », clamait encore la revue *Peñalara* en 1930. « L'automobile est un moyen de locomotion de plus en plus répandu et les autocars magnifiques qu'on construit aujourd'hui permettent de voyager avec rapidité et confort. »

De son côté, le Commissariat royal au tourisme, dont les liens sont si étroits avec la Réunion des parcs nationaux, s'efforçait dès le début du XXe siècle de diversifier l'offre touristique en assurant la promotion d'espaces appropriés et en construisant les installations confortables nécessaires à leur usage (les premiers *paradores* nationaux).

Luis Lozano, de la revue *Peñalara*, apporte une critique en contrepoint étonnamment sévère : « Les besoins de communications obli-

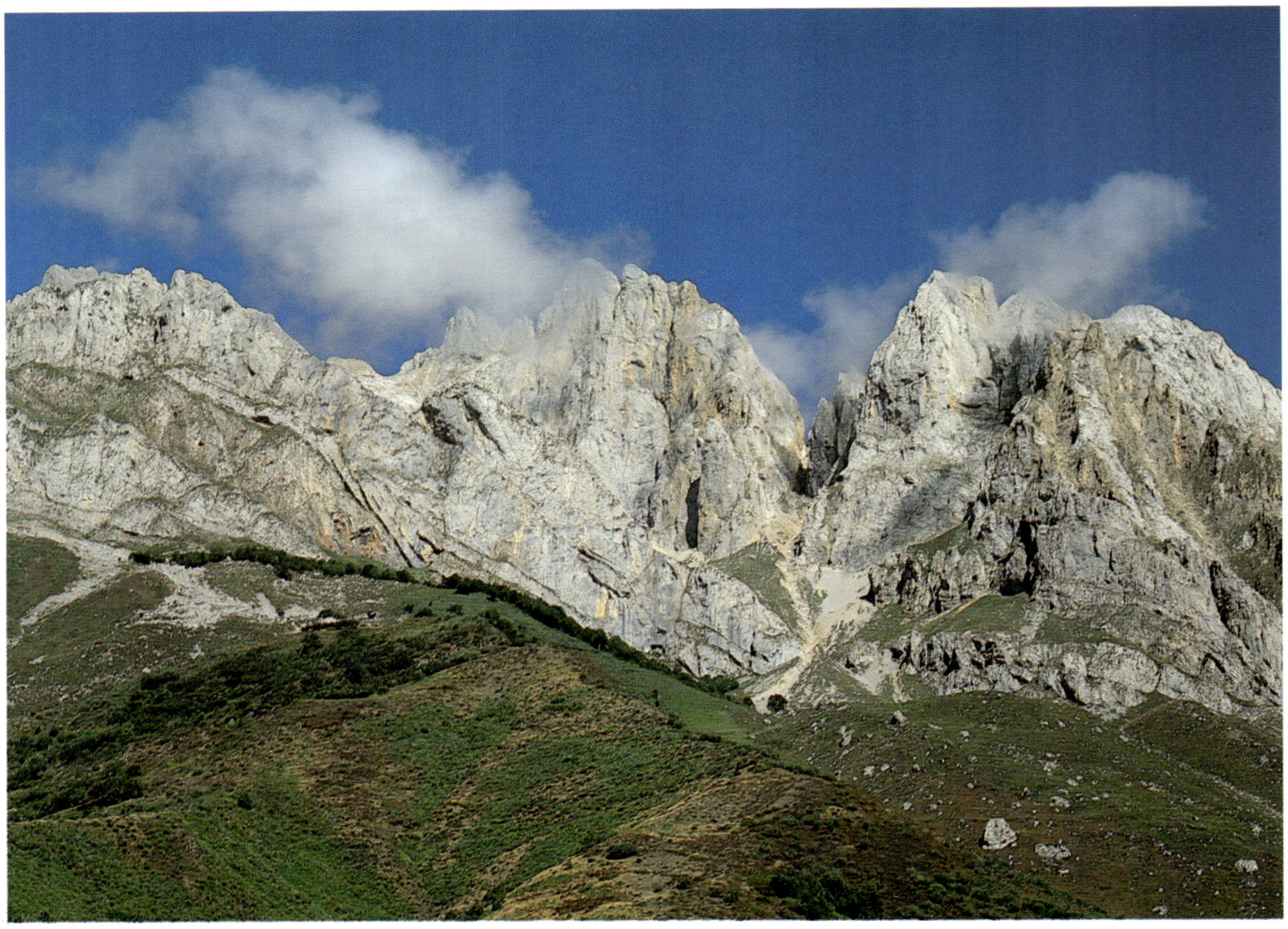

Torre Ciega et Torres de Arestas dans le parc national des Picos de Europa. Versant léonais. Espagne.

gent à prolonger un tronçon de route dans l'un des coins les plus poétiques du pays. Il s'agit d'une forêt dense de vieux pins [...] et le hasard a voulu que les ingénieurs fassent précisément passer la route là où se trouvaient les pins aux troncs les plus gros. On aurait pu l'éviter, mais personne ne s'est soucié de semblables vétilles. »

Les protestations contre les barrages et les centrales hydroélectriques, qui causèrent tant de tracas à Pedro Pidal, ne manquent pas non plus. Quelqu'un d'aussi modéré que le fondateur du Club alpin espagnol écrit à propos d'un projet de barrage au lac de Gredos : « Si, en 1898, lors de nos premières excursions, et après les efforts que nous avait coûtés l'accès au cœur de cette sierra, on nous avait dit qu'à brève échéance il nous faudrait assister à la disparition de l'une des merveilles qu'elle recèle – le lac – en raison des impératifs de la civilisation et du progrès, nous n'aurions pu y croire. Et cependant, rien n'est plus sûr. »

La montagne et les montagnards sont une référence inéluctable dans la redécouverte de la nature, dans les ambitions les plus vastes qui visent à sa protection, et qui prennent corps dans la création des parcs nationaux. En France comme en Espagne, les premiers furent consacrés à des massifs montagneux. Altitudes considérables, forêts, roches, eau, faune cynégétique... et spectacle grandiose. Ce qui n'apparaissait pas au simple coup d'œil était sans importance. Le protectionnisme de cette époque ignorait les nuances, regardait au travers de jumelles, non pas au microscope.

On ne parlait pas encore de Port-Cros ou de l'embouchure du Guadalquivir, ces années-là, ni d'aucune autre zone humide, à moins qu'il ne fût question de la supprimer en toute hâte pour lutter contre le paludisme, ni même de la forêt méditerranéenne aux essences très diverses. On n'avait d'intérêt que pour la nature de grande altitude, celle qui se projette dans le ciel, d'autant plus belle qu'elle était plus haute. Grand Paradis, Grisons, Abruzzes, Vanoise, sierra Nevada, Pyrénées, et autres montagnes de moindre importance mais qui emplissent la mémoire collective des peuples.

Lorsque l'on examine la liste des parcs nationaux européens, il est frappant de voir que les premiers d'entre eux ont tous été consacrés à des massifs montagneux, et qu'aujourd'hui encore, même si une sorte de concession a été faite à d'autres paysages (côtes marines, marécages, déserts, etc.), la montagne y reste majoritaire.

Après l'Année internationale des montagnes, il convient de rappeler, et même de revendiquer s'il le fallait, le rôle des montagnes dans l'origine de la culture écologique, en se laissant conduire par le sentiment (« le sentiment de la montagne », qu'évoque dans ses

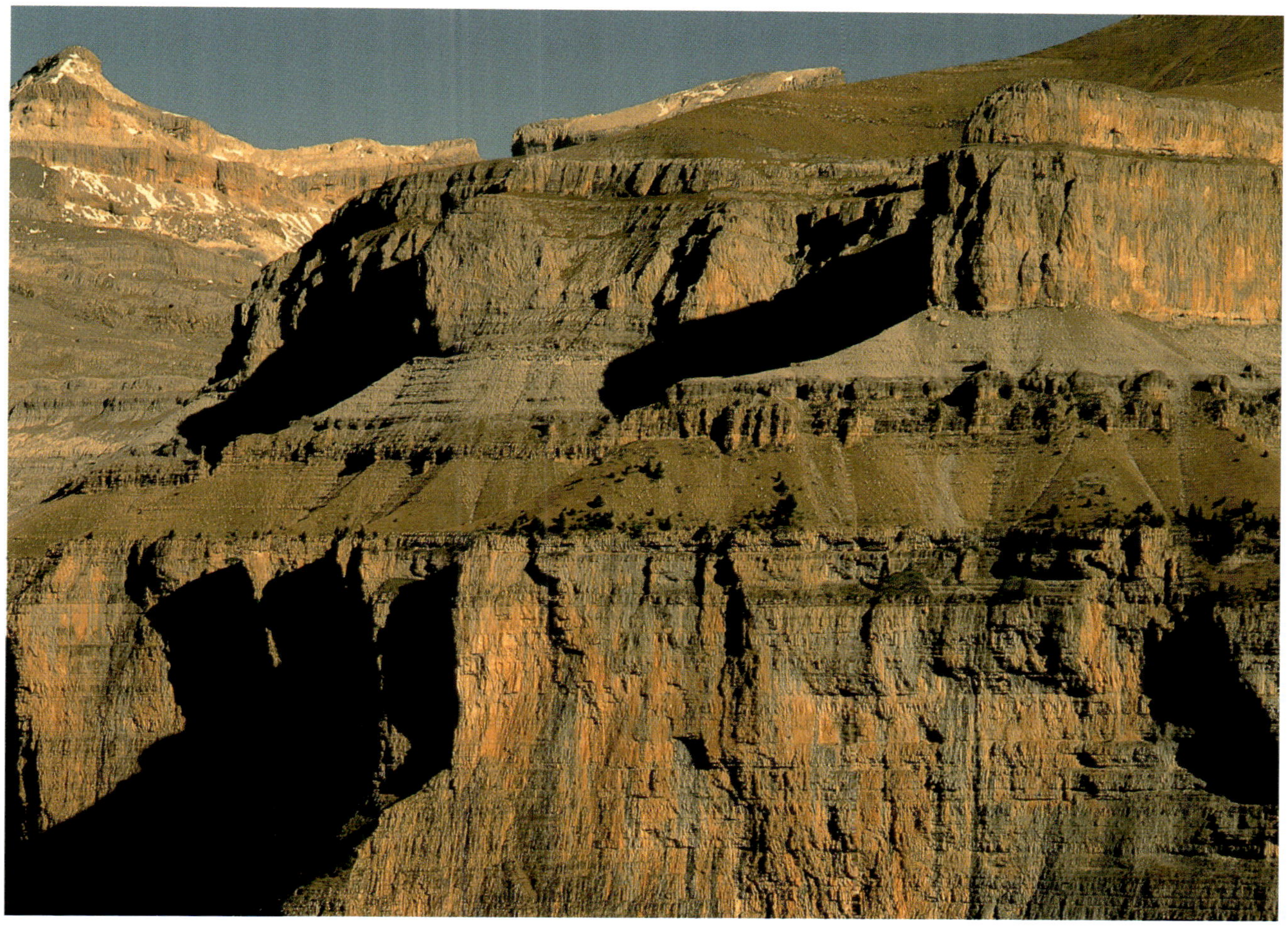

Les murailles qui enserrent l'un des plus beaux canyons des Pyrénées : la vallée d'Ordesa. On aperçoit, au fond, la Brèche de Roland. Huesca, Espagne.

discours et ses écrits le professeur Martínez de Pisón) et par la gratitude. Quand les intellectuels du début du XXe siècle prenaient la défense de la diversité des paysages, ils ne partaient pas de prémisses différentes, même s'ils dissimulaient leur intention louable, et dans le fond, politique, de réconcilier un peuple avec son paysage.

Il n'est pas question néanmoins d'établir à ce niveau des dichotomies inopportunes (côtes marines ou montagne), ni de définir un canon naturaliste ou un monothéisme du paysage ; ni d'alléguer des considérations désuètes sur le laid et le beau, ou de défendre d'insupportables hiérarchies des valeurs, mais de retourner à la spontanéité dans notre approche de la nature, et de donner à la montagne sa juste place, une place de premier rang. Et de même qu'en art et en littérature, on revient un peu de tant d'insipides avant-gardismes qui ne trouvent plus d'échos que dans le scandale médiatique, il faut que notre relation avec la nature remette chaque chose à sa place. C'est-à-dire dans le voisinage du cœur et des sens, et, s'il le faut, même à l'abri de ces montagnards qui, sous couvert de loisirs revêtus de négoce, donnent priorité à leurs ambitions économiques, politiques ou sportives sur l'urgence de la protection. Les alliés de la montagne ne sont pas toujours ceux qu'on croit.

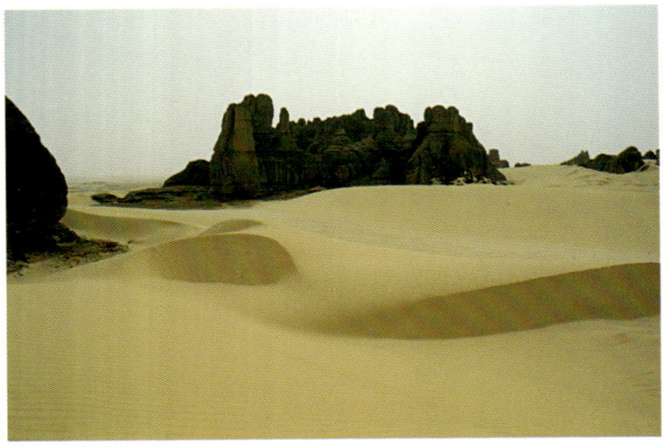

Aiguilles rocheuses au cœur du désert du Sahara, dans le sud de l'Algérie.

Arche rocheuse dans le massif du Spitzkoppe. Région de Damaraland, Namibie.

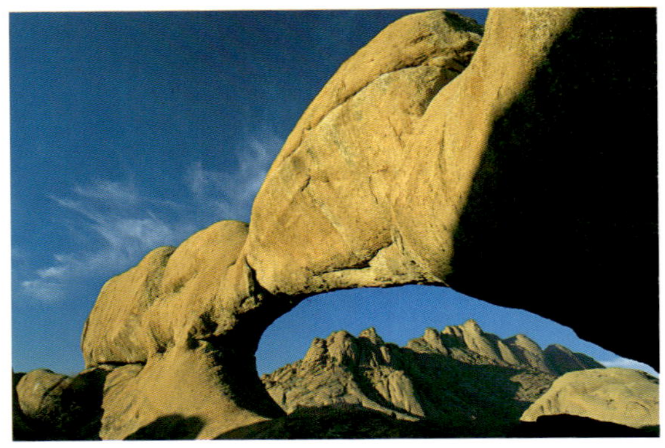

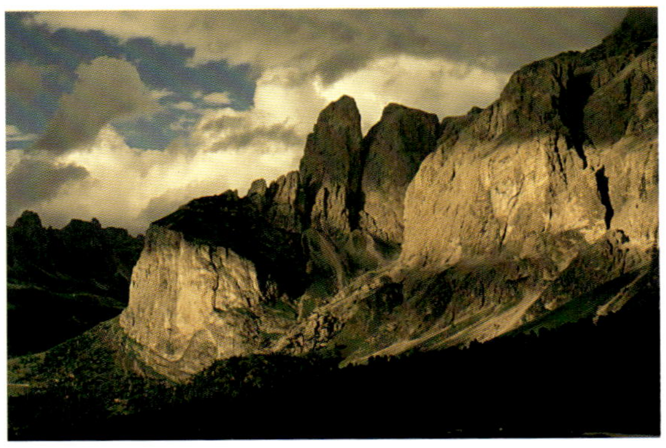

Un exemple de montagnes calcaires : le groupe de Sella, dans le massif des Dolomites, Italie.

Le versant nord du Breitlauihorn (3 655 mètres) au crépuscule. Vallée du Lötschental, Valais, Suisse.

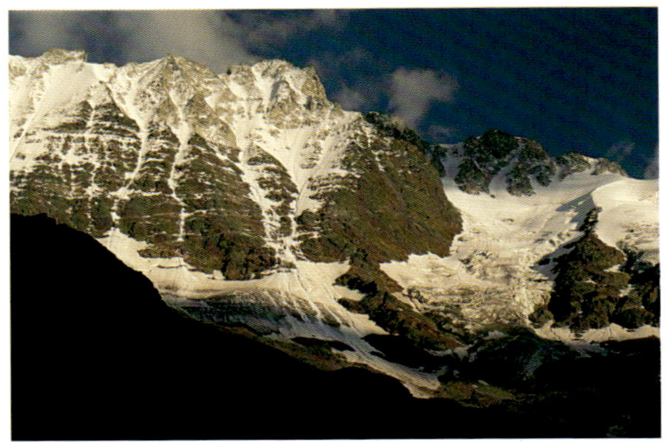

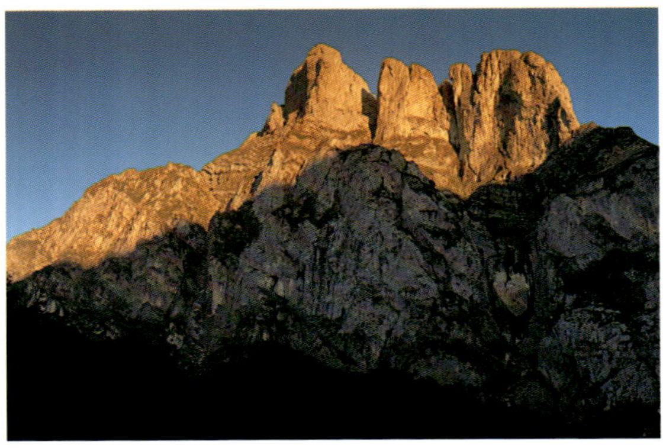

Lumières du matin sur le pic Remoña. Parc national des Picos de Europa, cordillère Cantabrique, Espagne.

Montagne de Waputik, dans le parc national de Banff. Montagnes Rocheuses, Alberta, Canada.

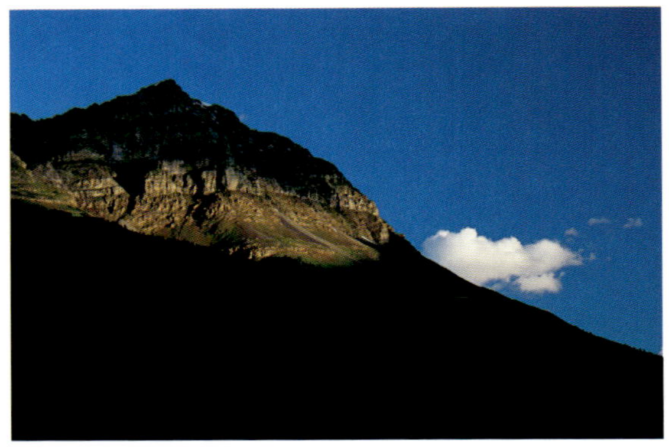

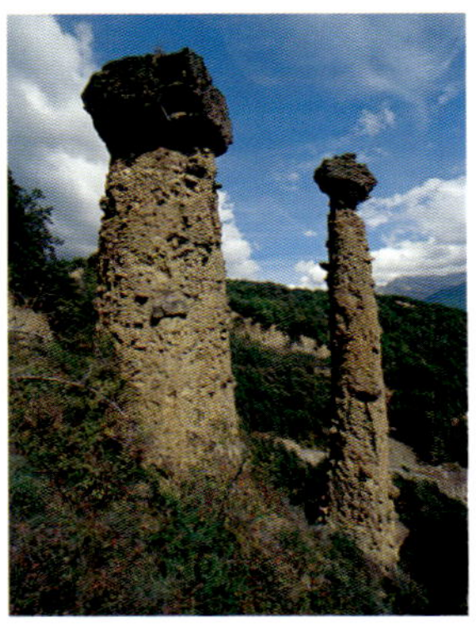

Les Demoiselles d'Aras, dans les Pyrénées de Huesca (Espagne), sont un exemple de la formation connue sous le nom de « cheminées de fées », qui est due à l'érosion.

Ermitage roman installé entre deux strates calcaires parallèles dans les Pyrénées aragonaises. Muraille de Chine de Finestras, Espagne.

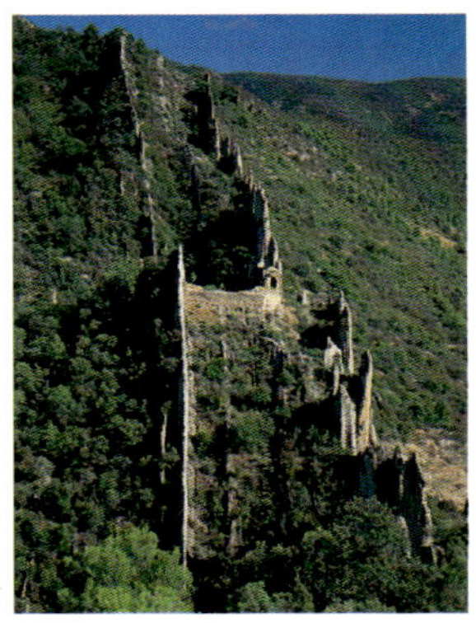

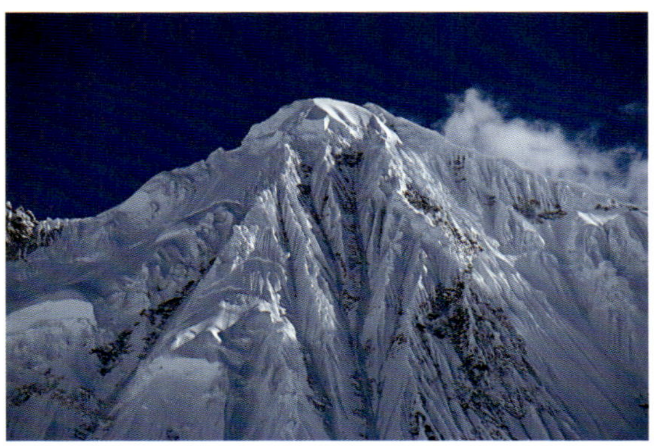

Les fantomatiques arêtes de glace du Gasherbrum VI (7 003 mètres), depuis le plateau glaciaire du même nom, dans le secteur le plus abrupt et le plus beau du Karakorum.

L'imposante aiguille du Dru vue de la vallée de Chamonix. Sur le pilier ouest (à droite), Walter Bonatti ouvrit l'une des routes les plus prestigieuses des Alpes.

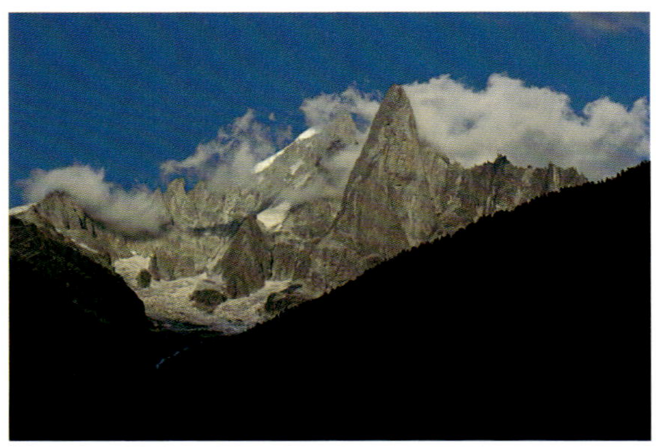

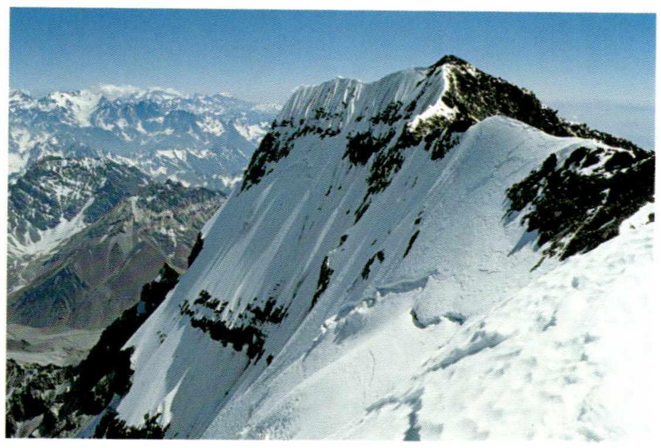

L'impressionnante face sud de l'Aconcagua l'une des plus vastes murailles de la Terre.

Contreforts du K7 (6 934 mètres), depuis le glacier de Charakusa (Karakorum).

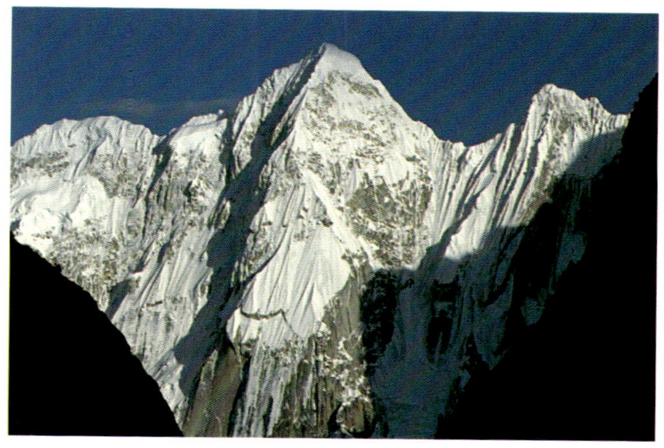

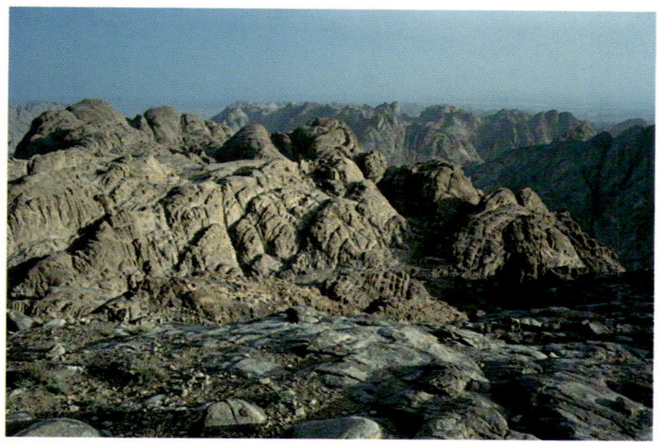

Vue matinale des montagnes du Sinaï, ou djebel Musa. Égypte.

Pic du Grand Teton dans le parc national du même nom. Wyoming, États-Unis.

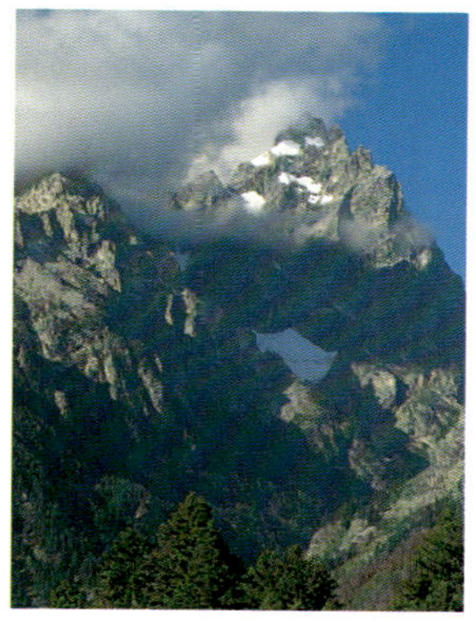

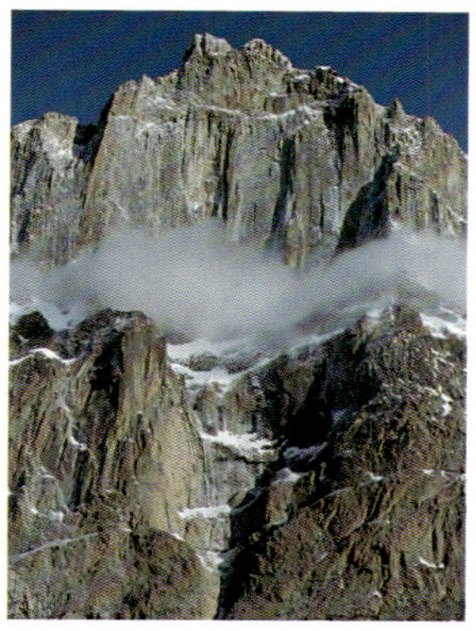

Vue de la cathédrale depuis Urdukas, sur le flanc droit du glacier de Baltoro. Karakorum, Pakistan.

La masse de l'aiguille Verte (au centre) semble écraser dans le crépuscule les élégantes formes rocheuses des Drus (à gauche).

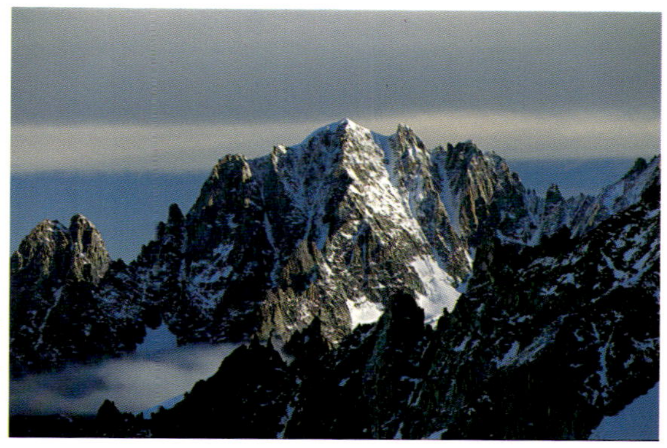

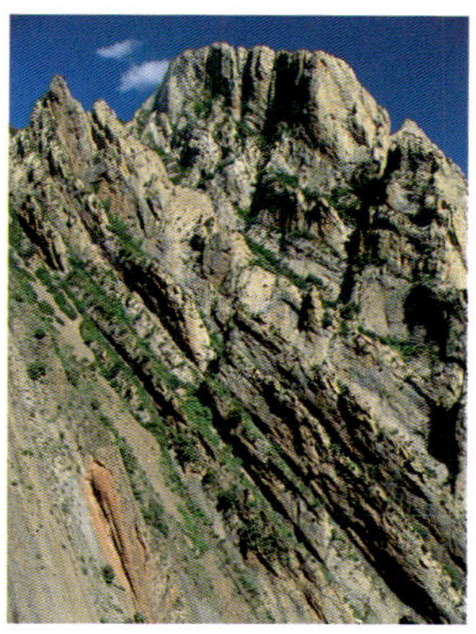

Les *congostos* sont des gorges calcaires creusées par l'érosion des rivières pyrénéennes. Sur la photographie, le *congosto* de Escalés. Ribagorza, Huesca, Espagne.

Une montagne devenue un symbole de l'escalade rocheuse : El Capitán, dont on voit ici, à la limite de l'ombre et du soleil, la célèbre voie du Nose. Parc national du Yosemite, États-Unis.

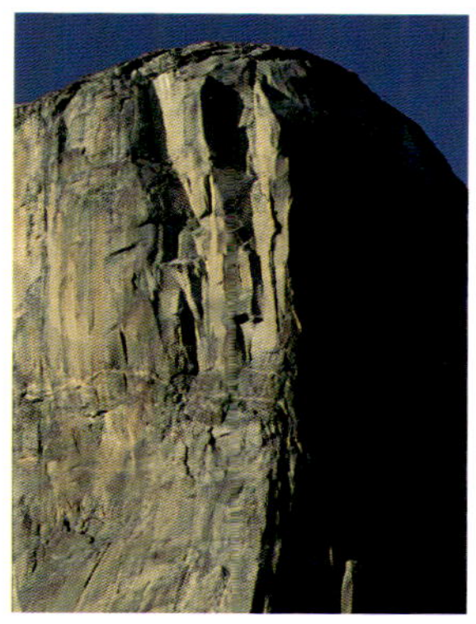

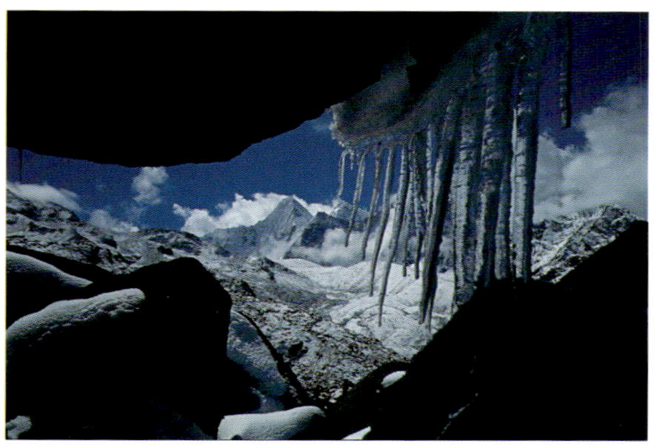

Vue panoramique des alentours de l'Ama Dablam (6 856 mètres), dans la région de Solo Khumbu, Népal.

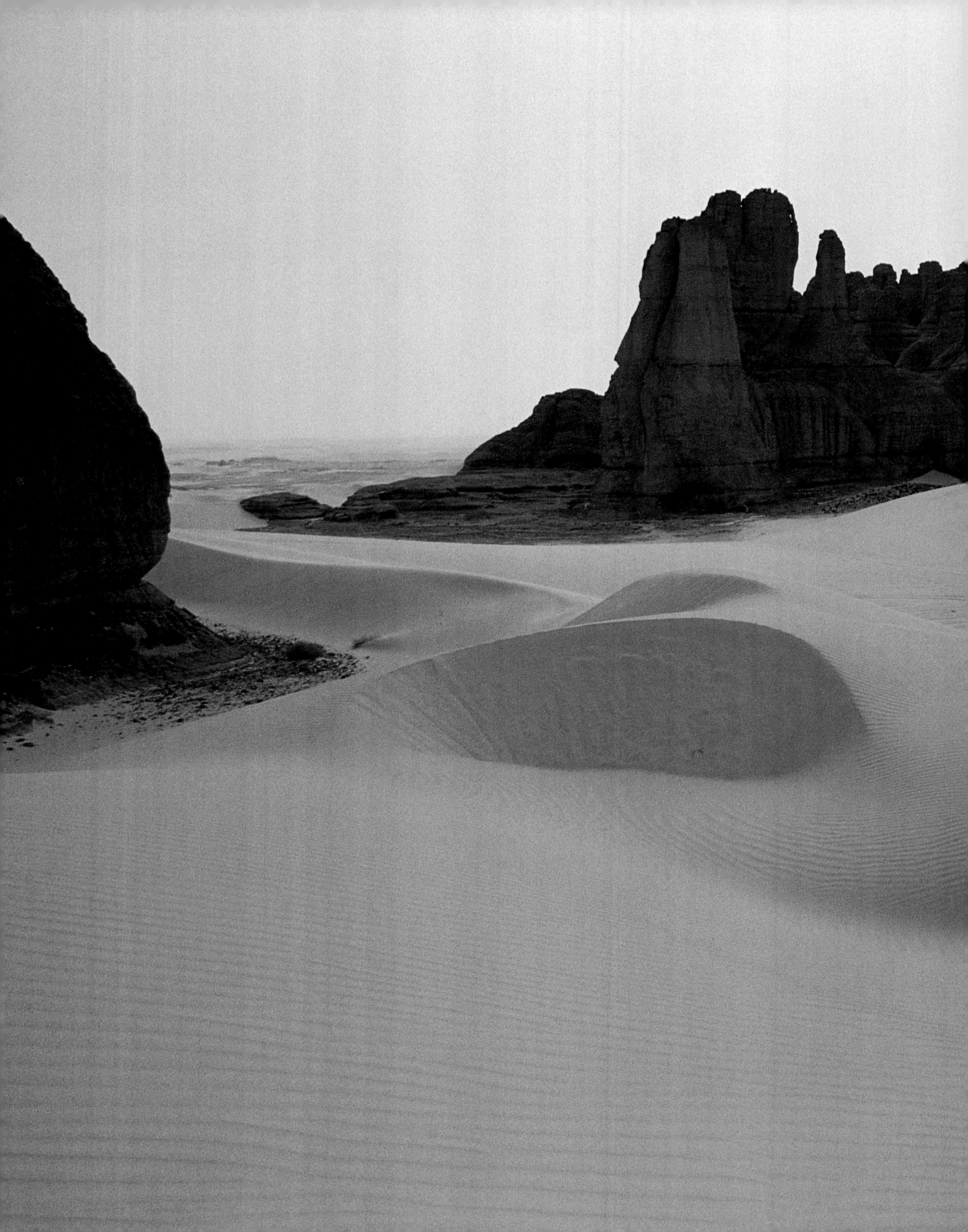

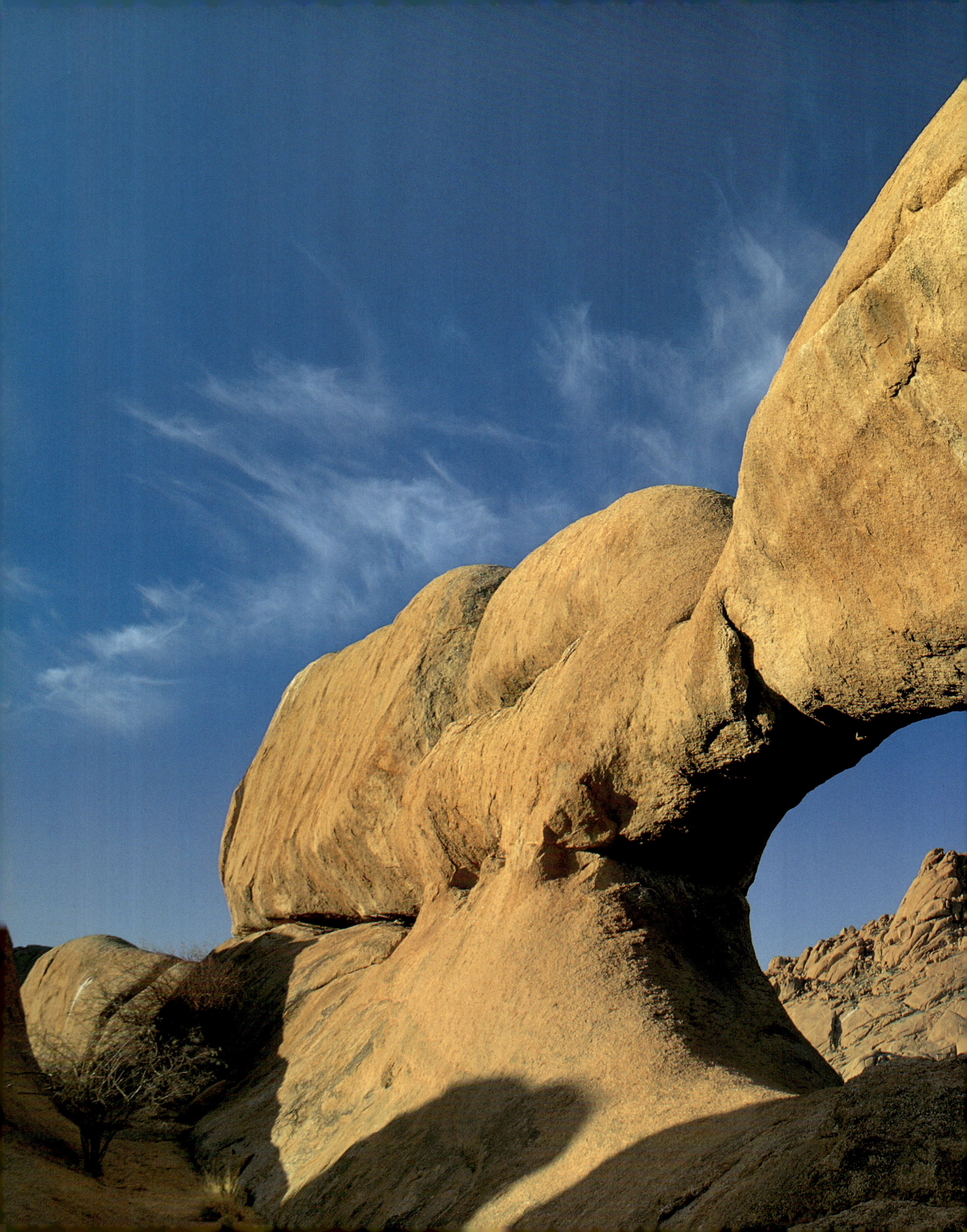

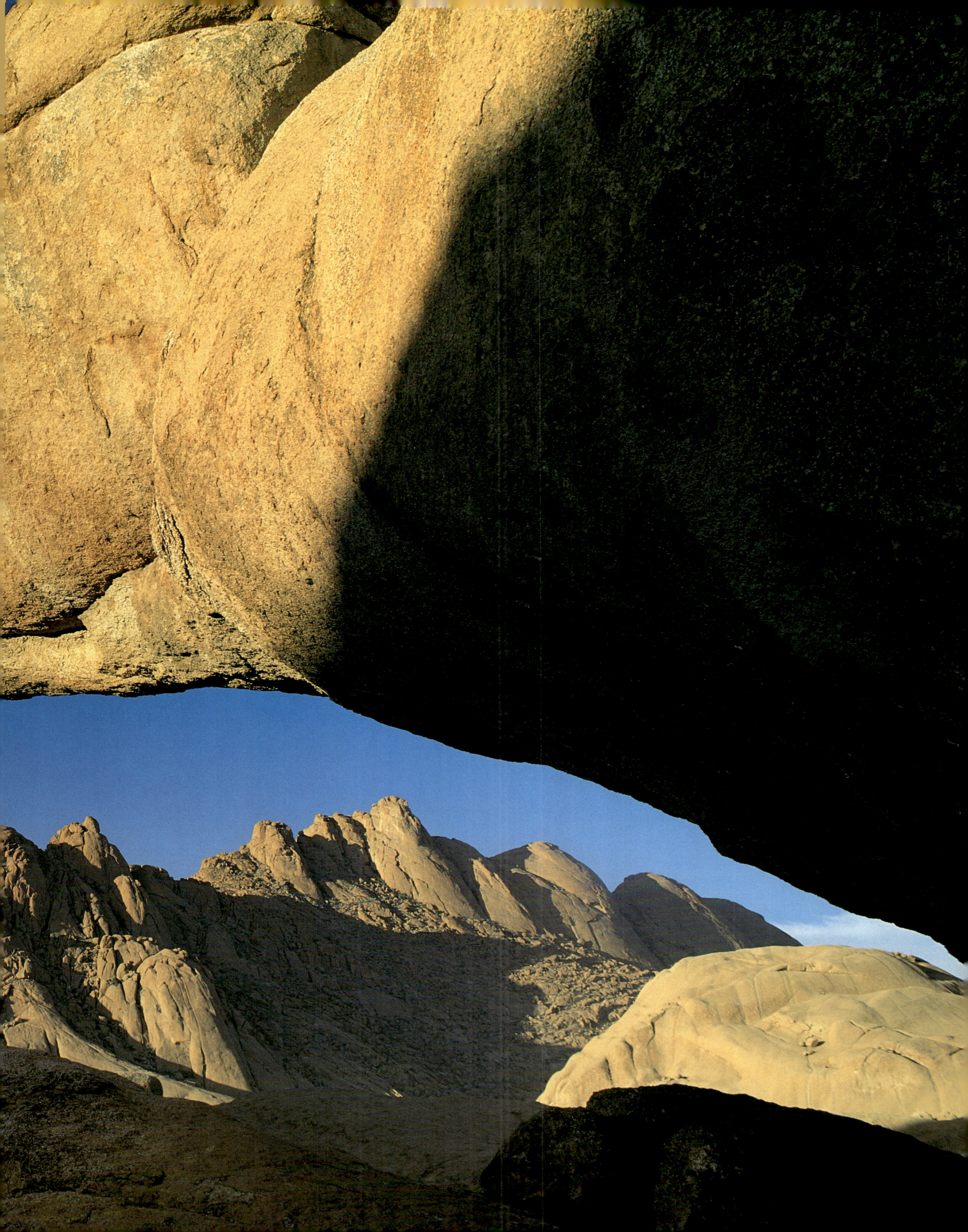

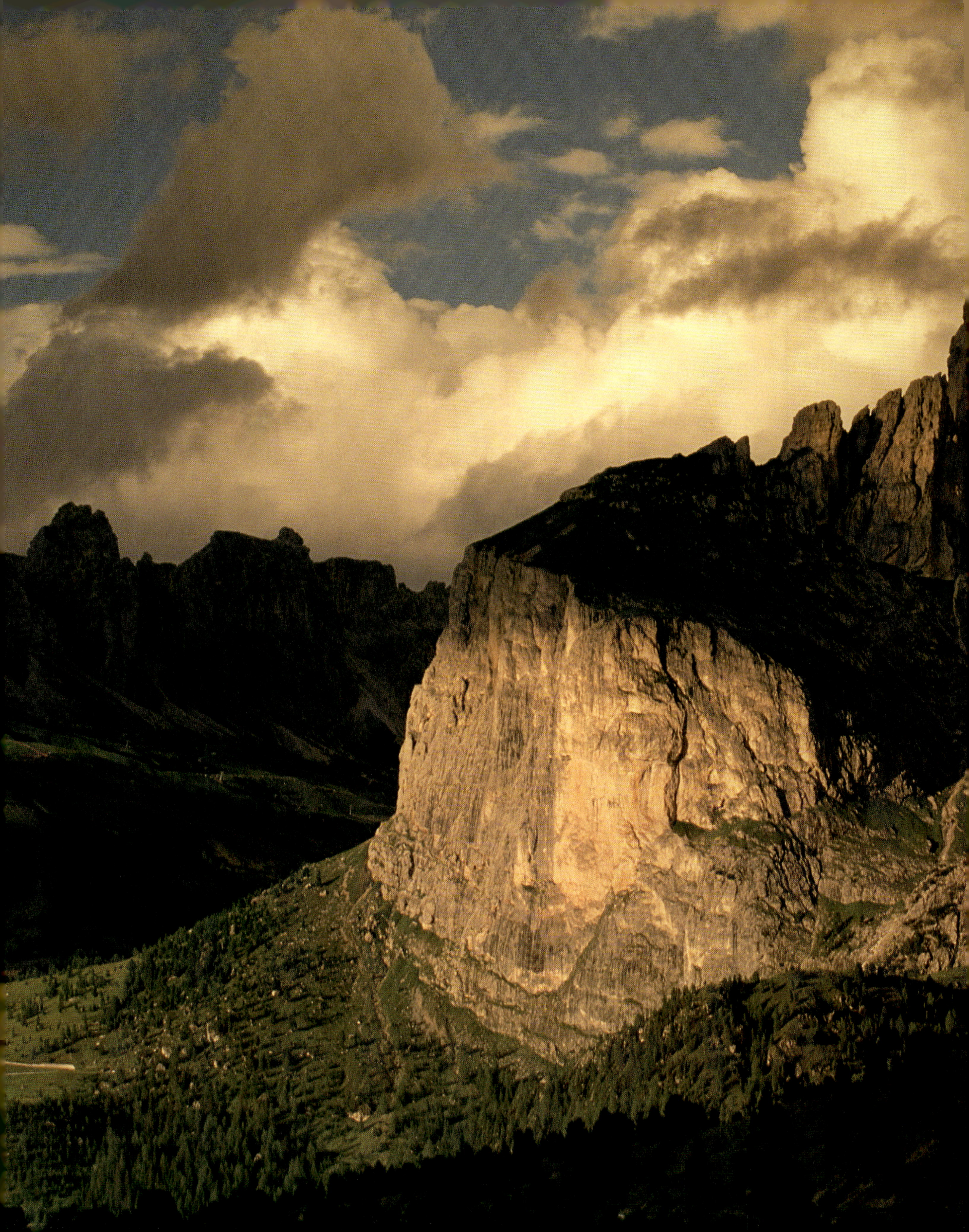

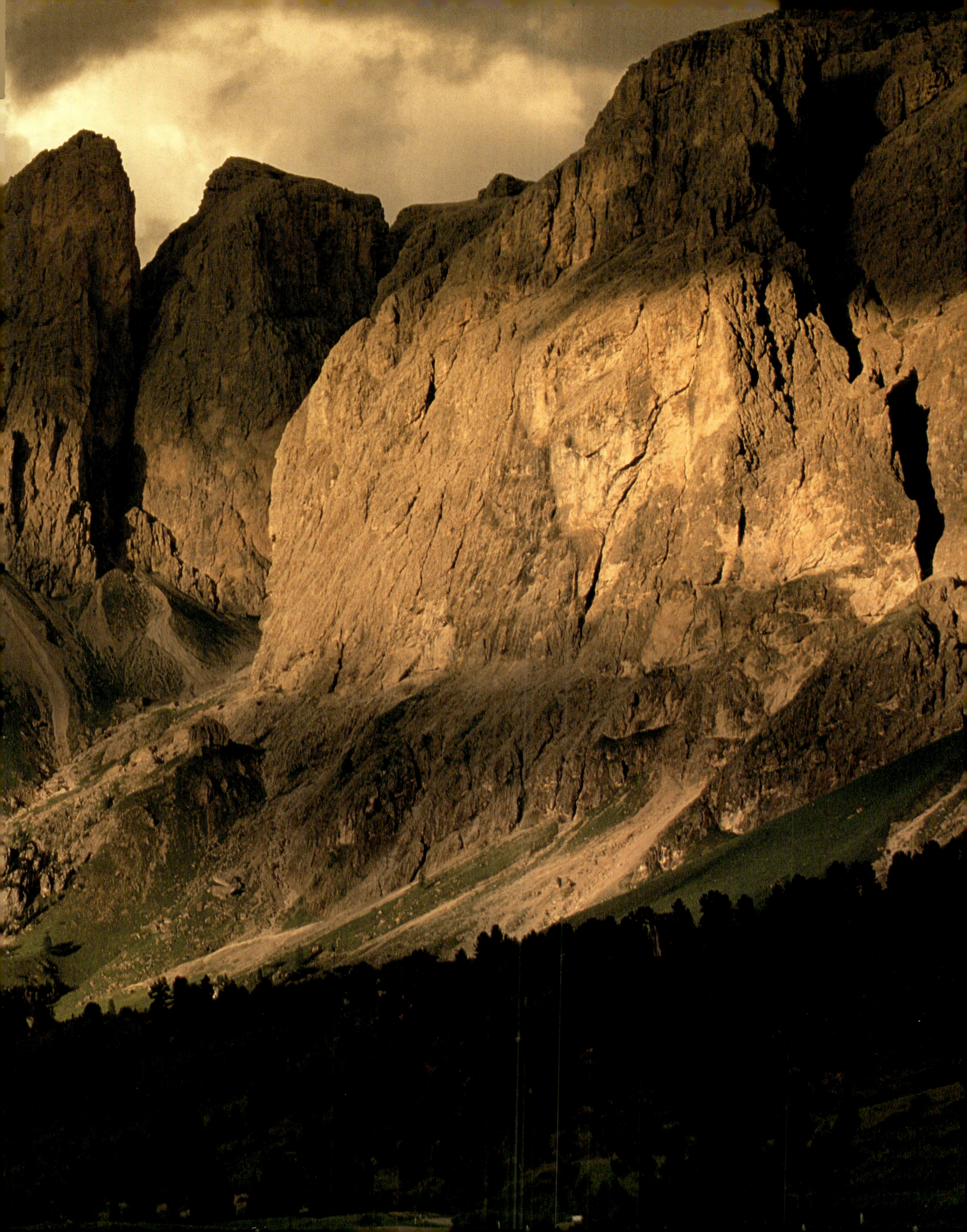

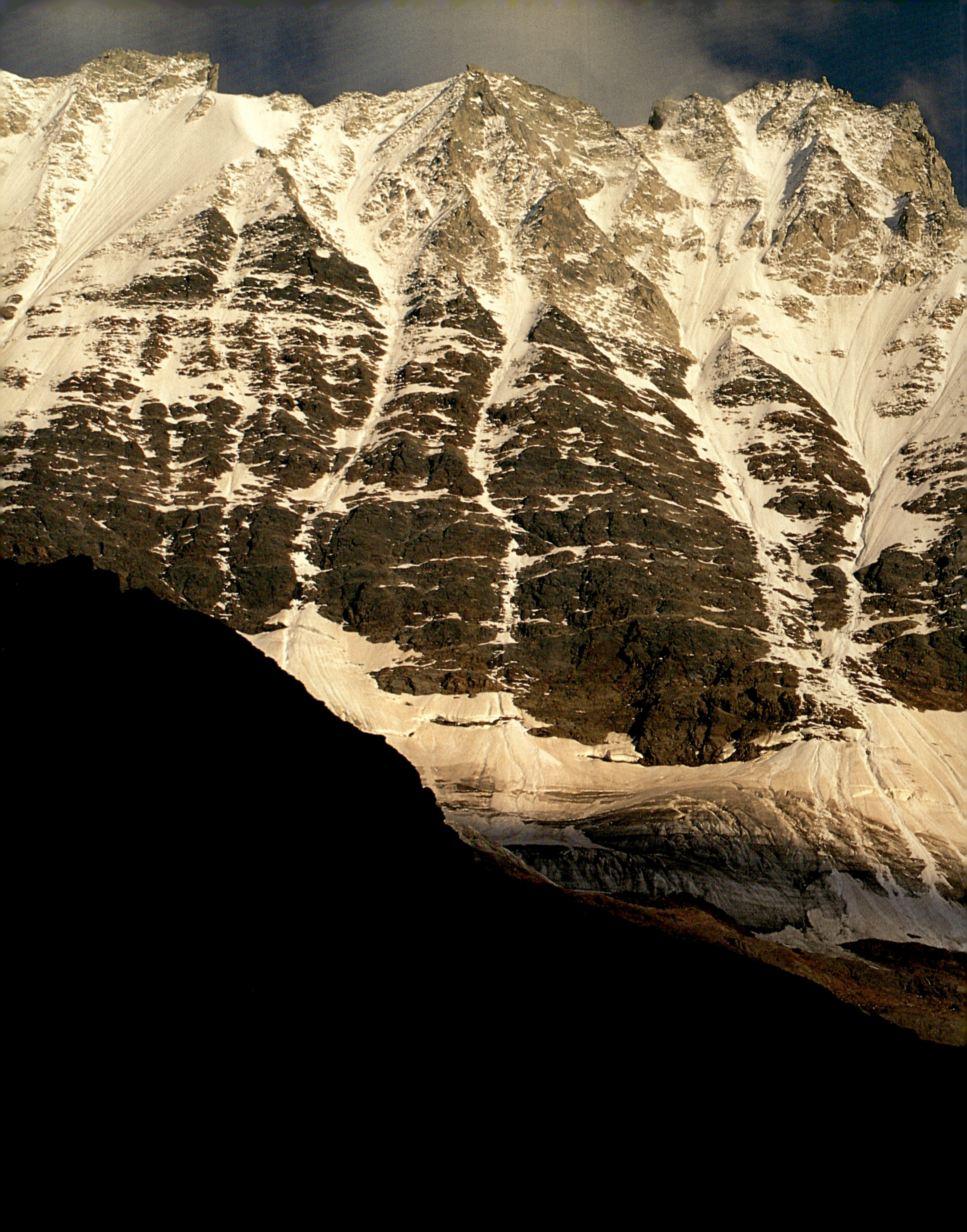

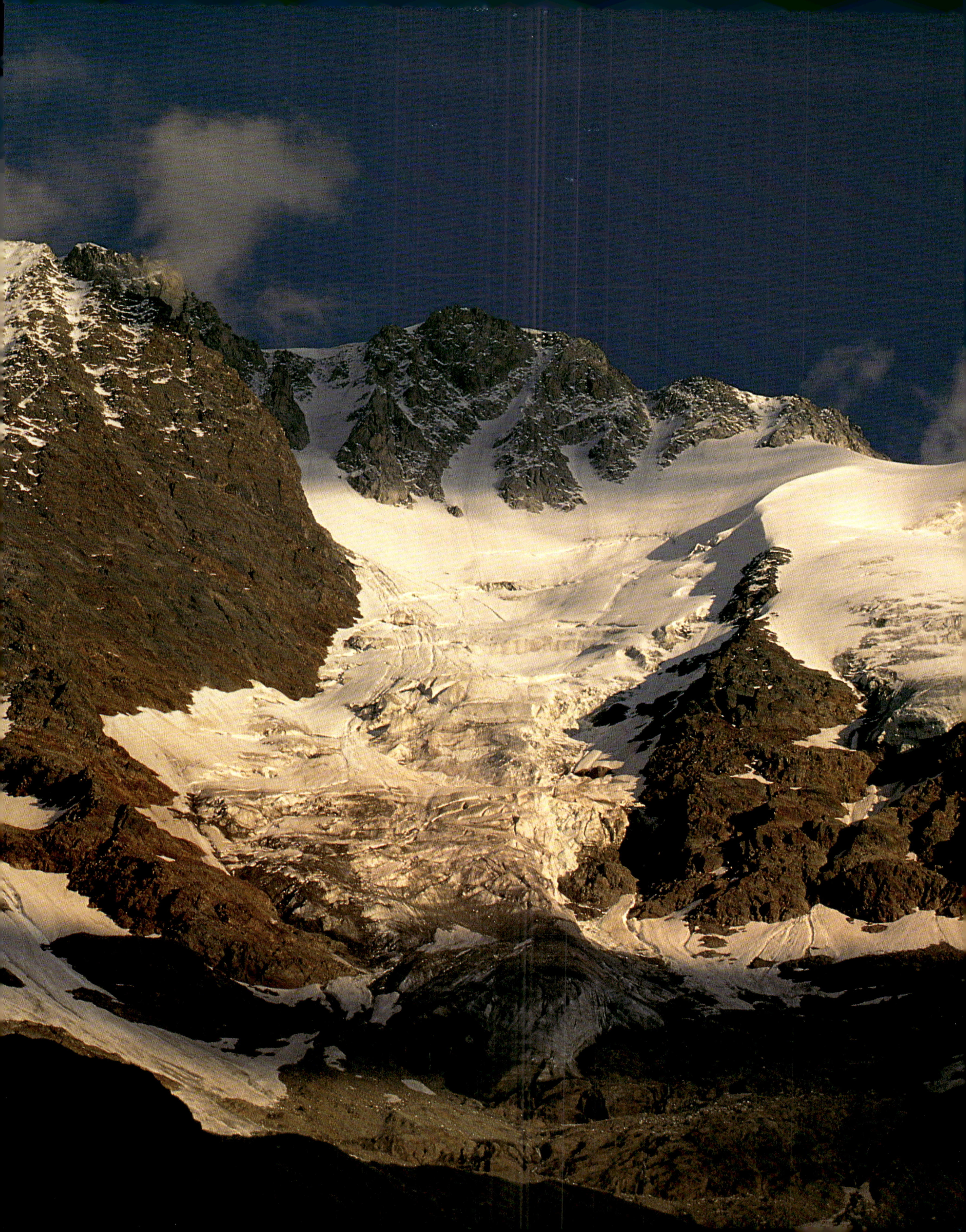

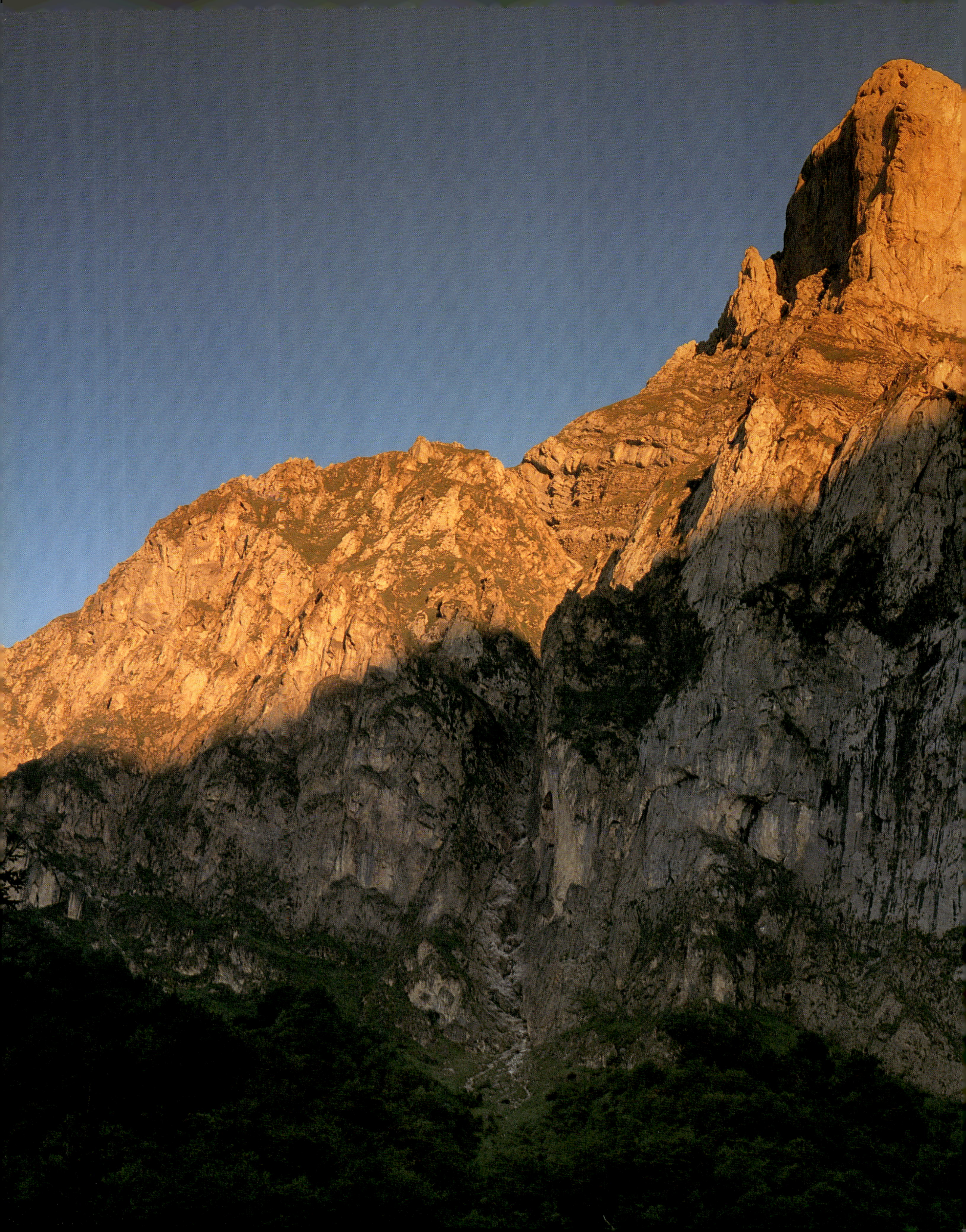

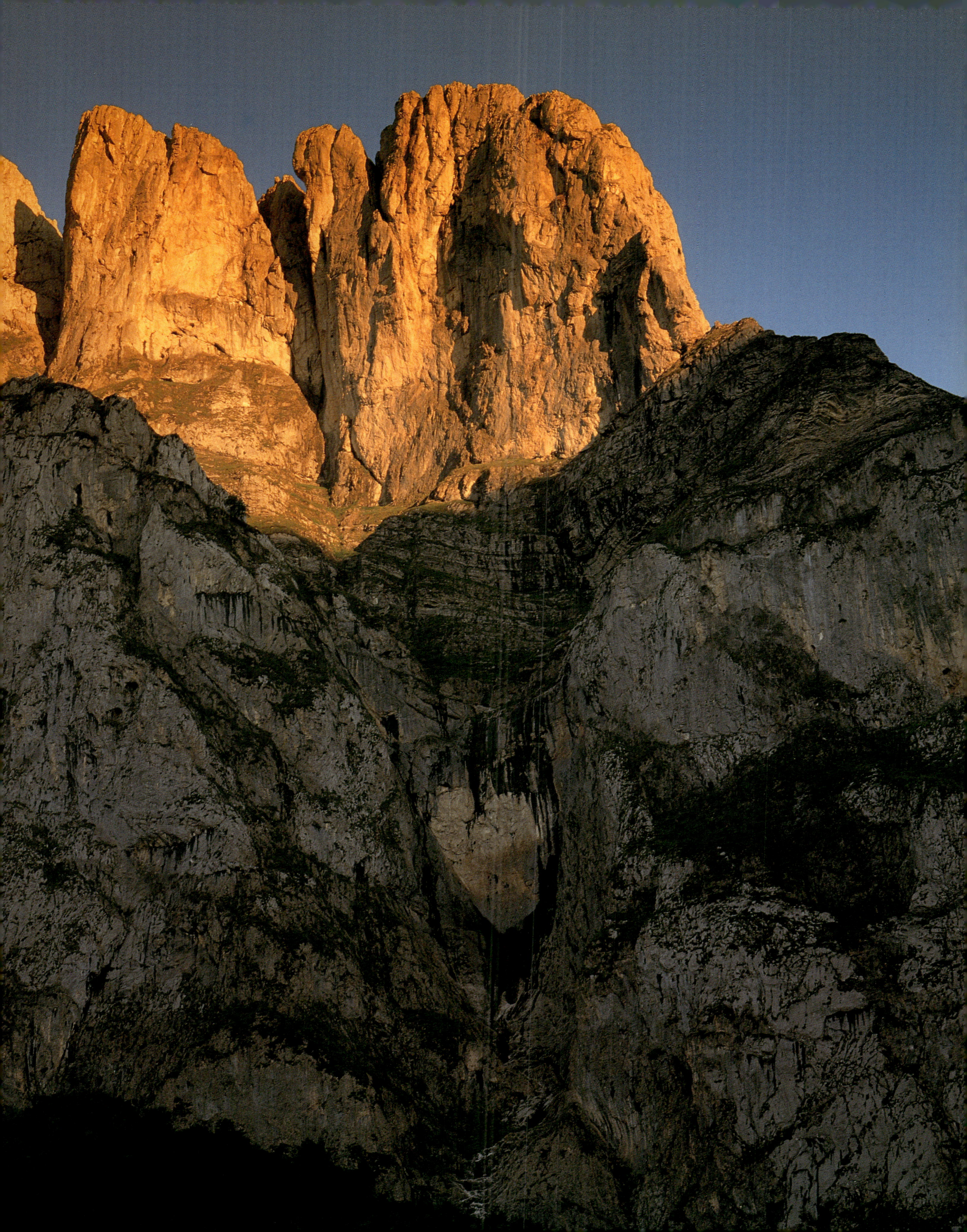

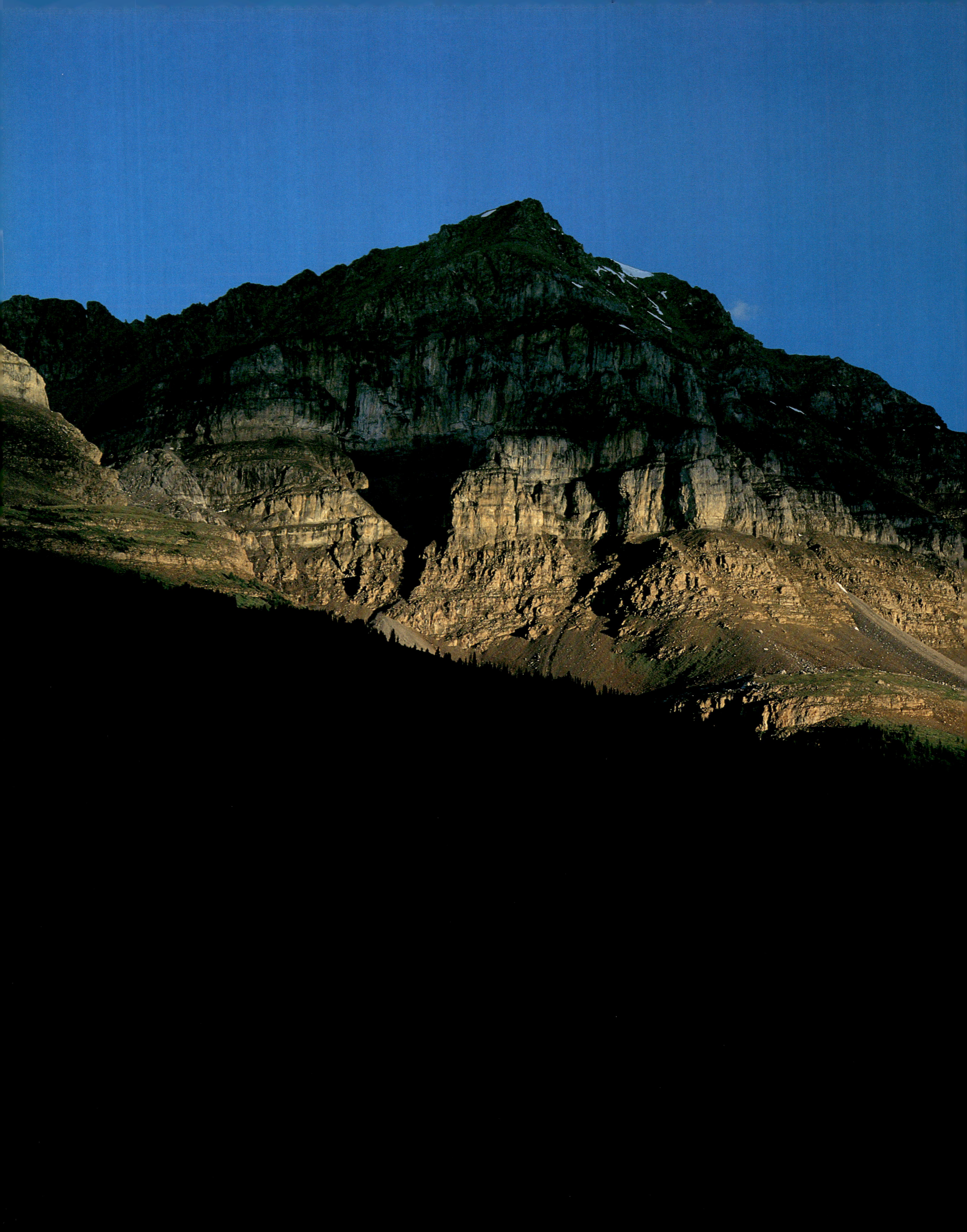

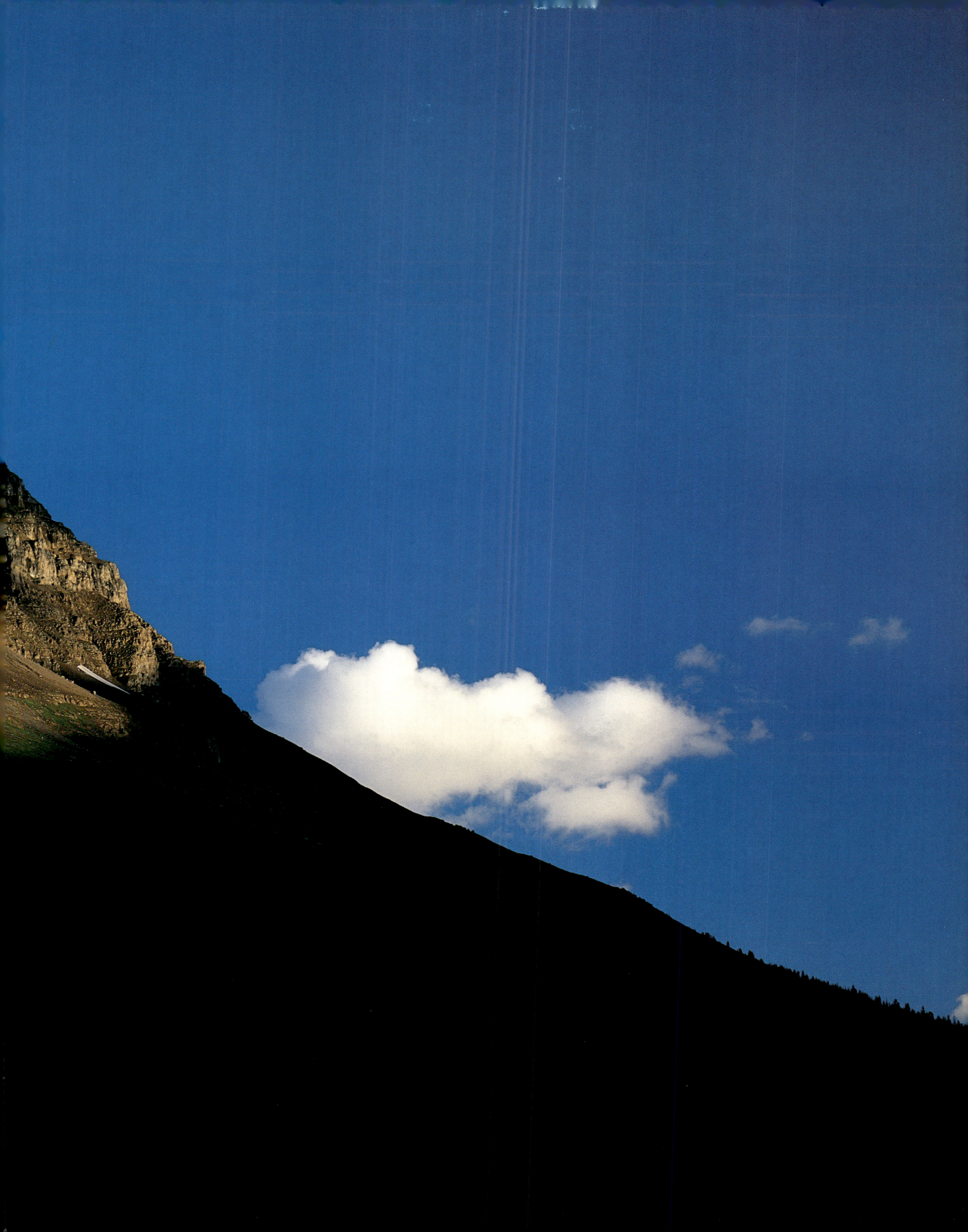

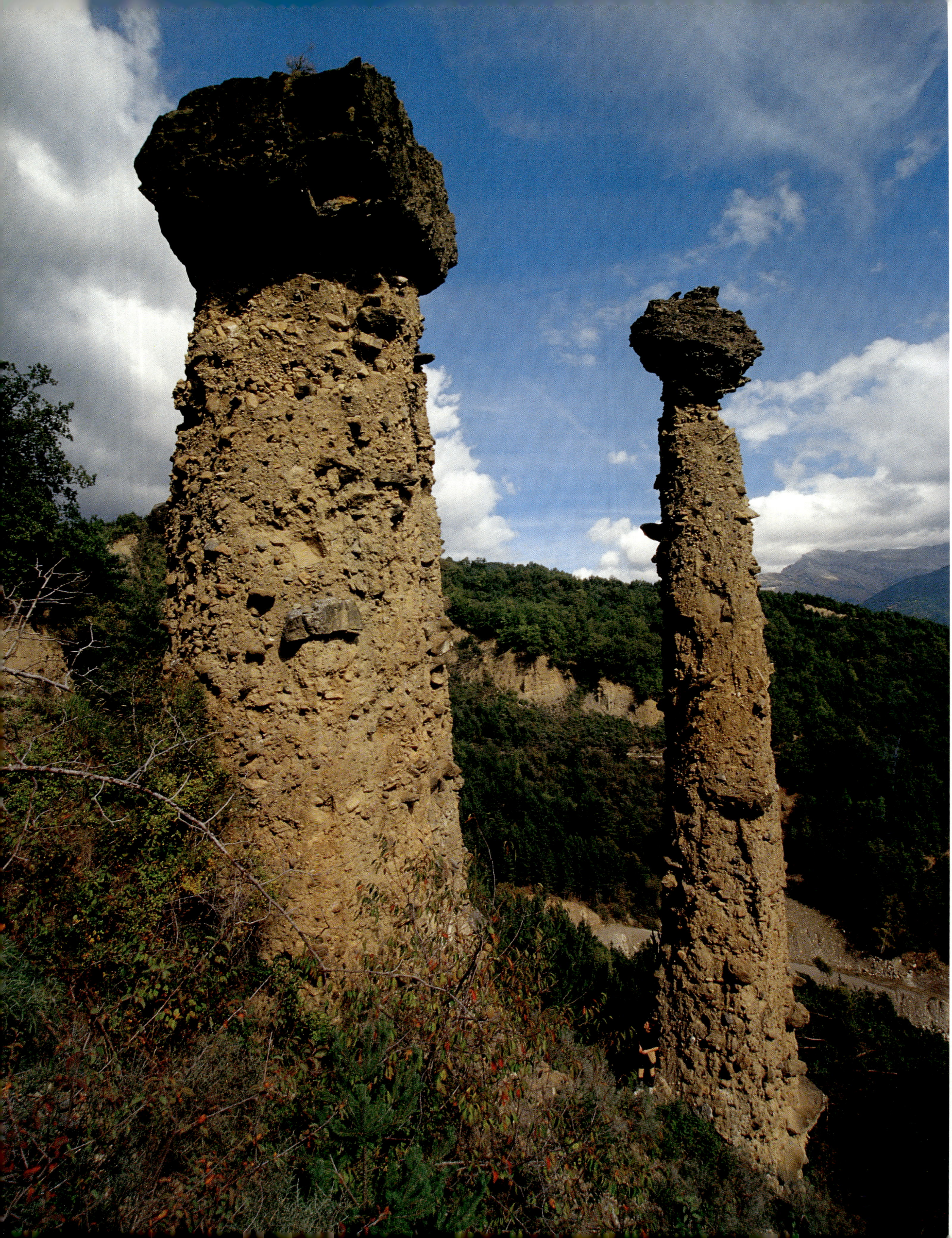

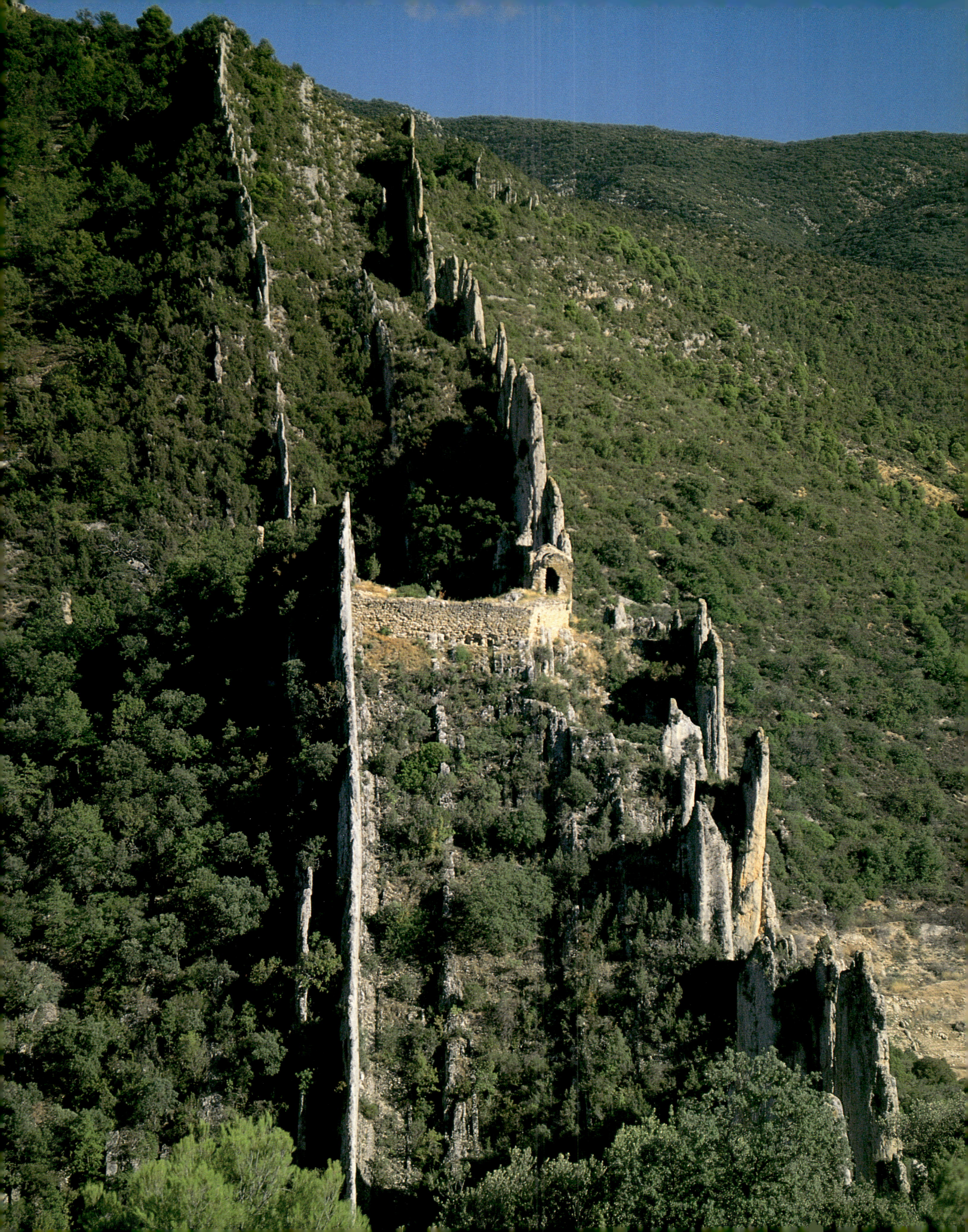

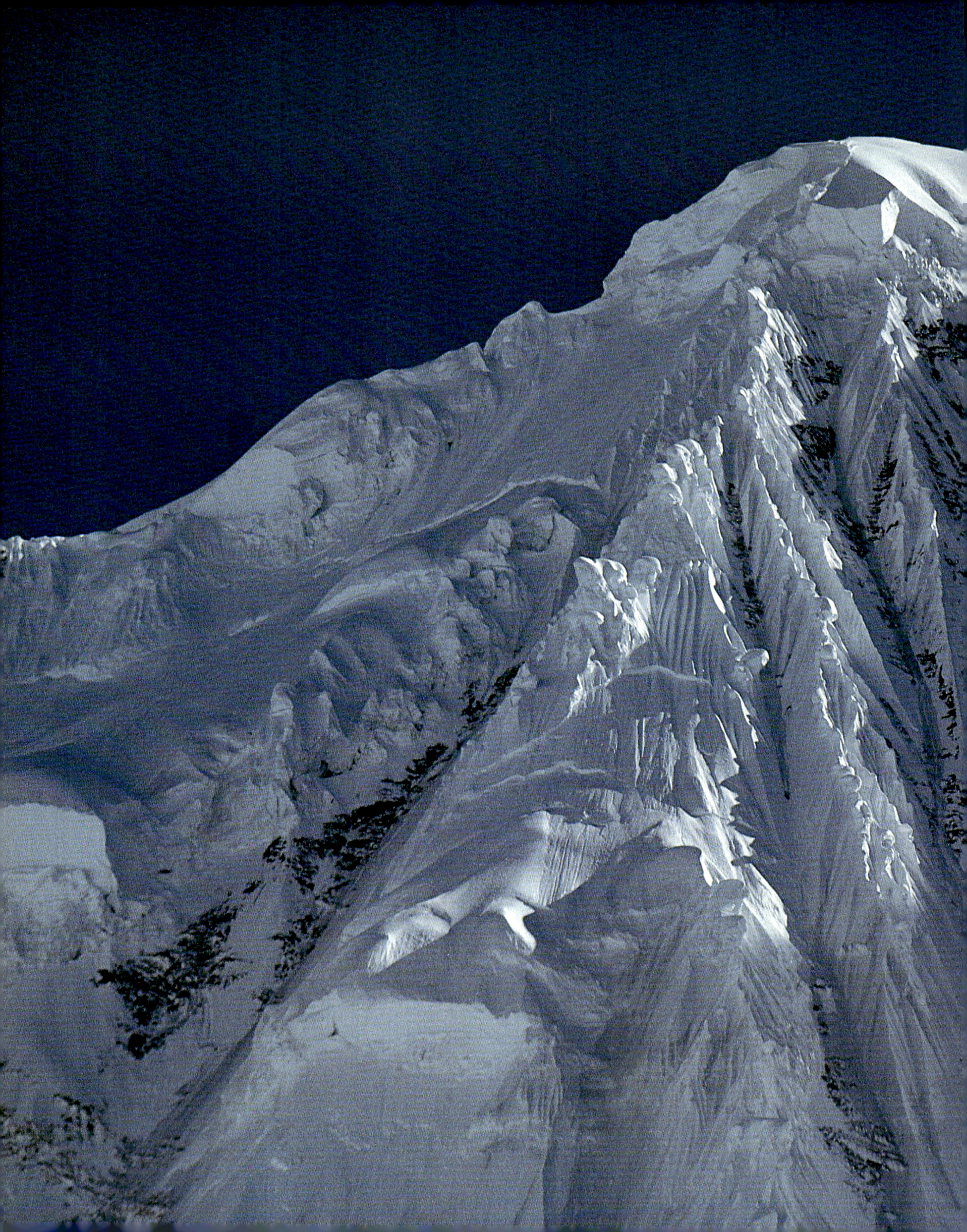

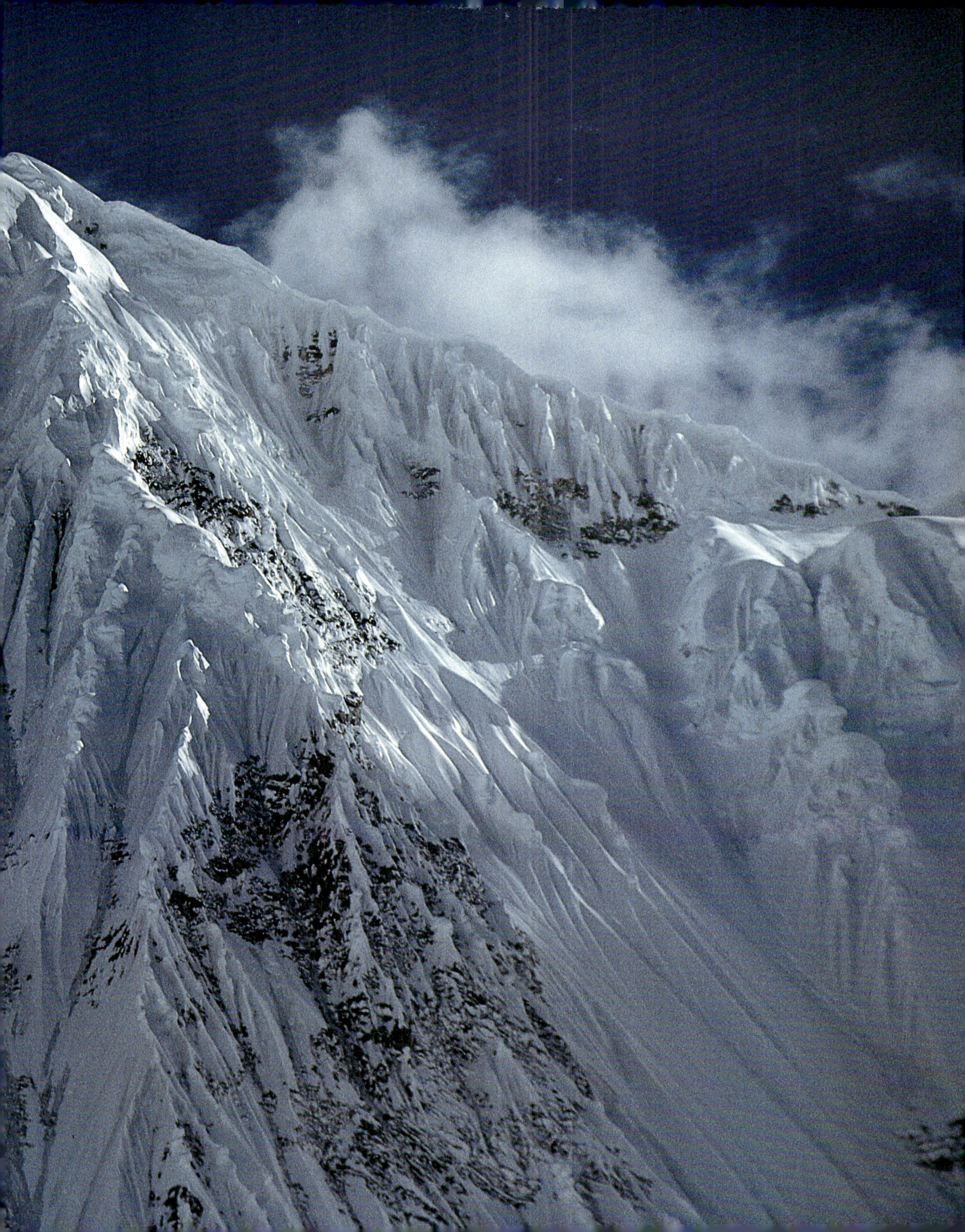

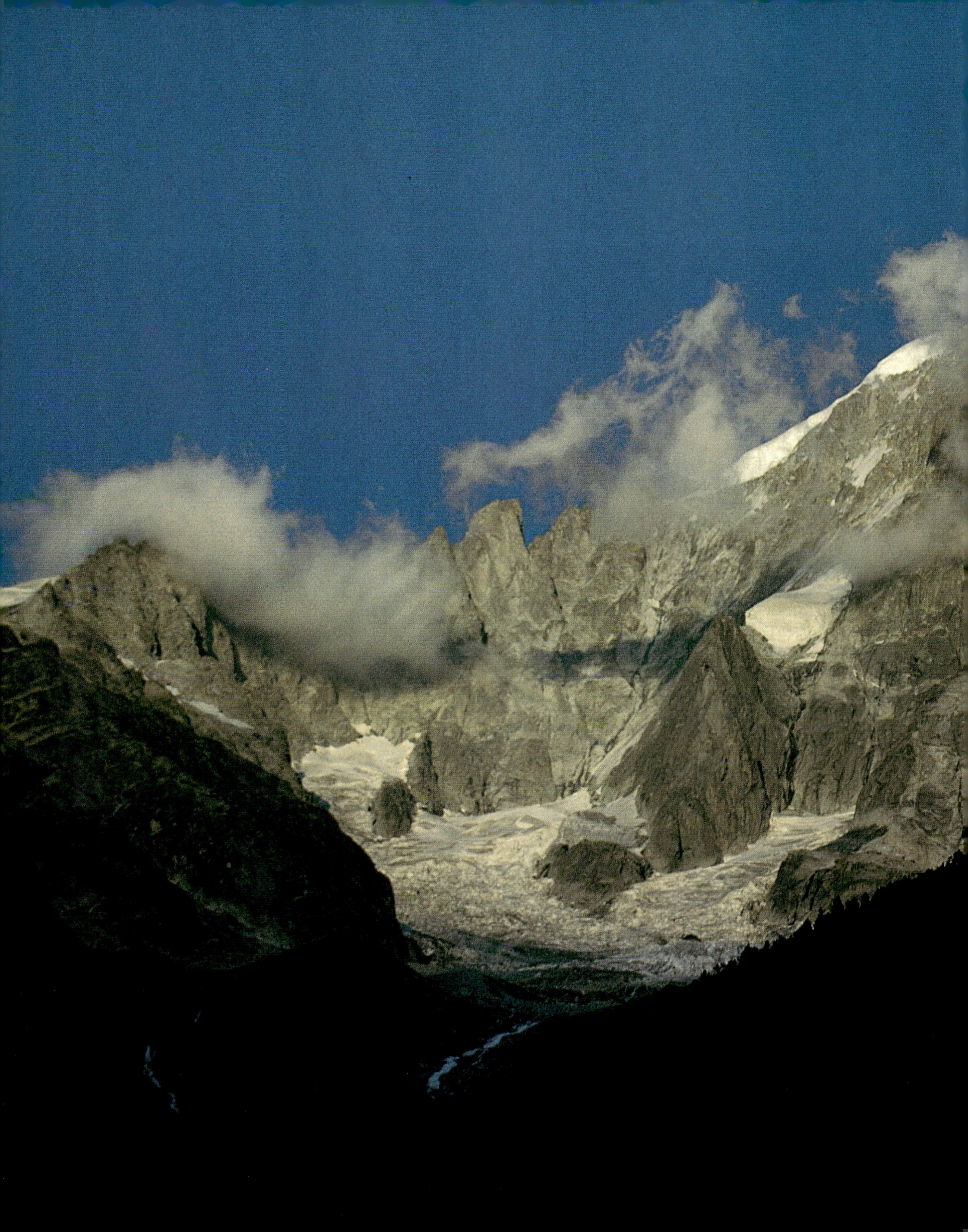

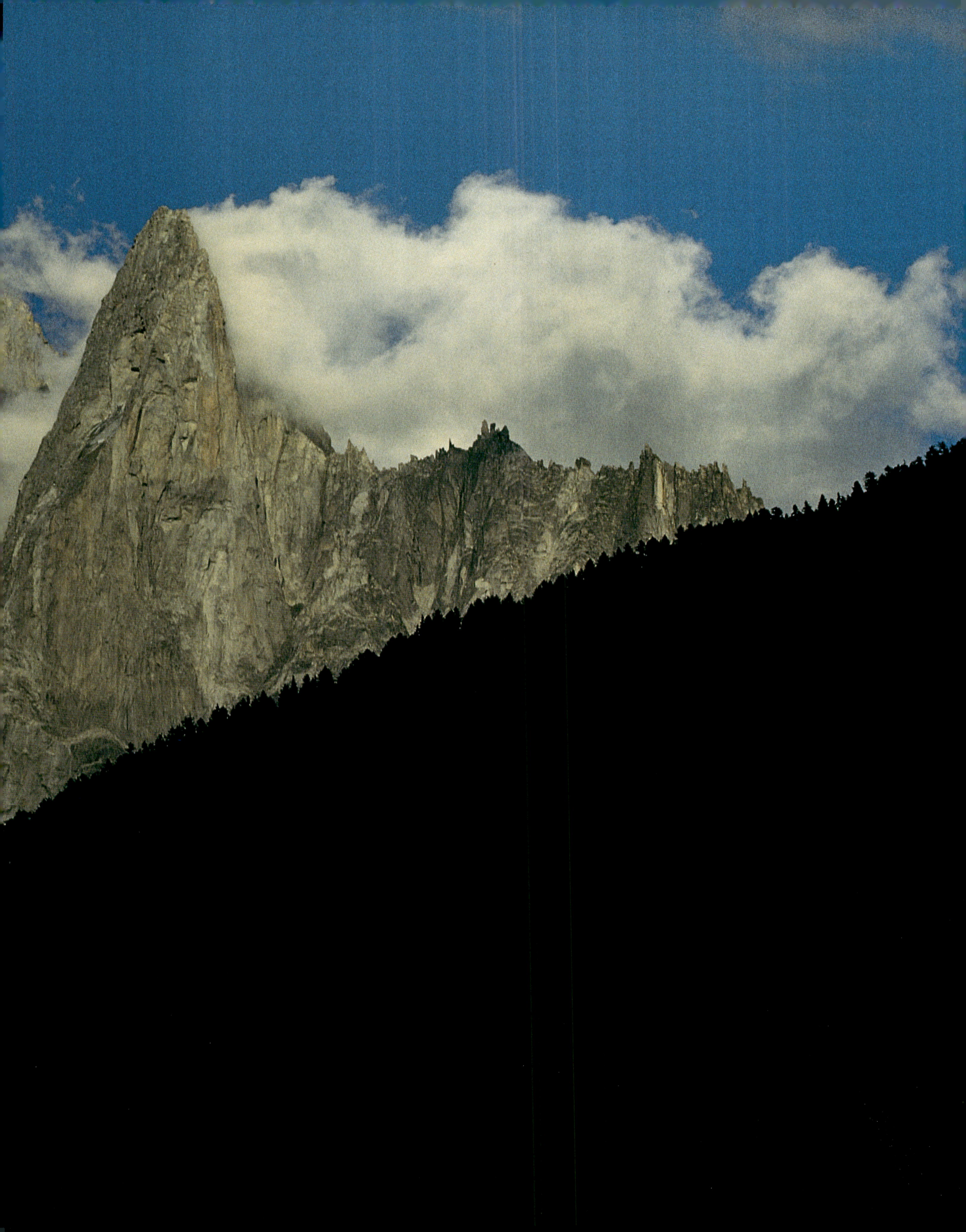

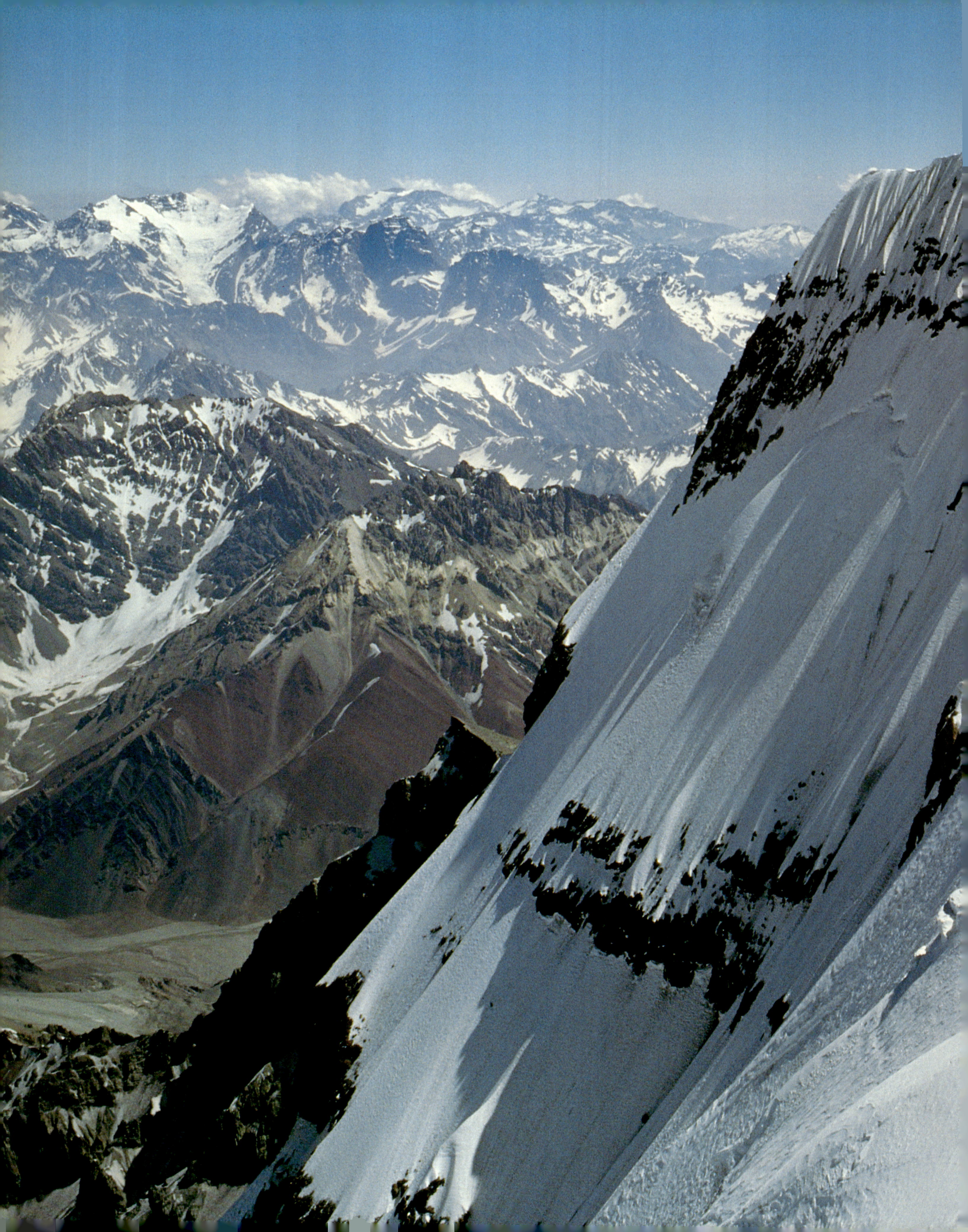

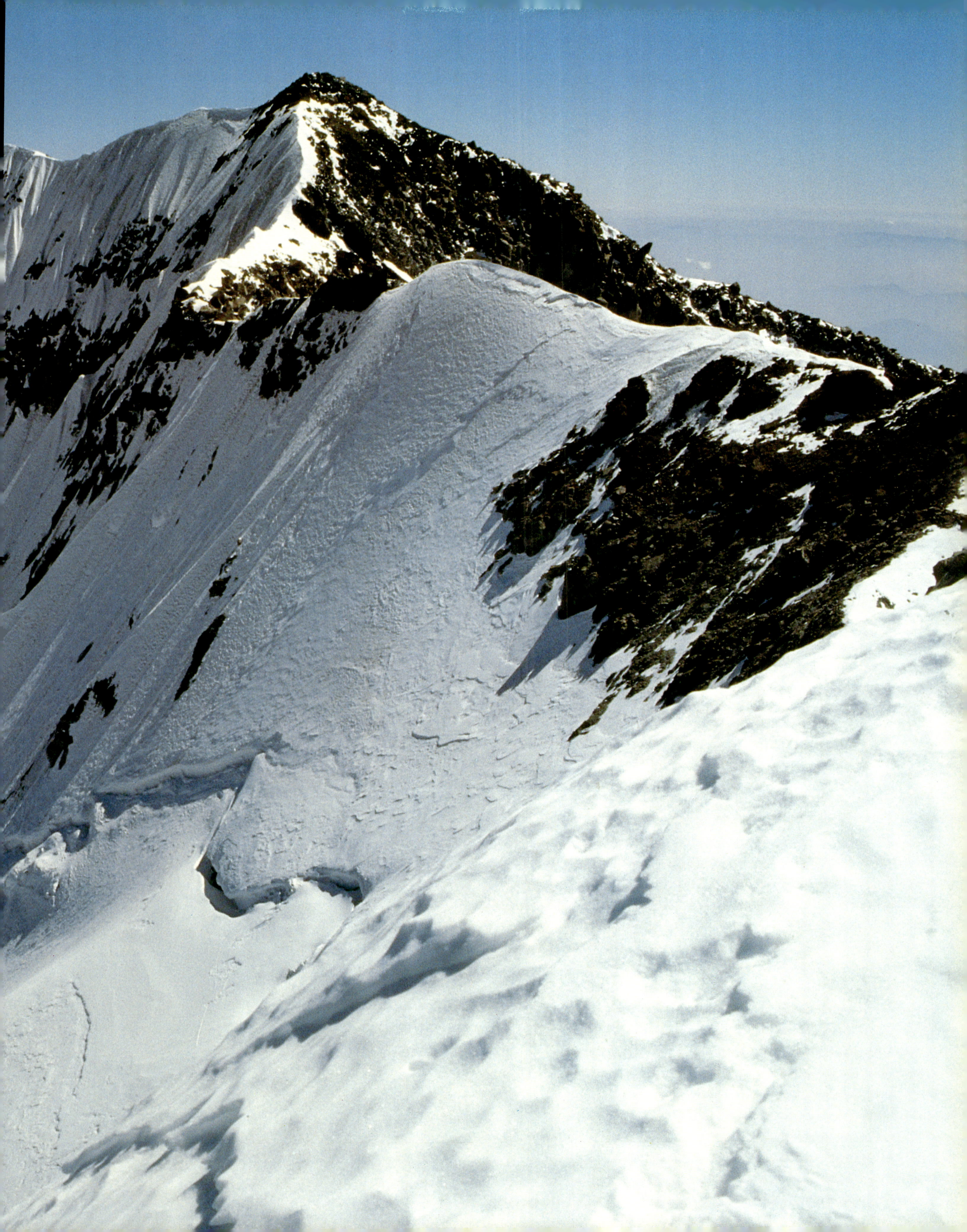

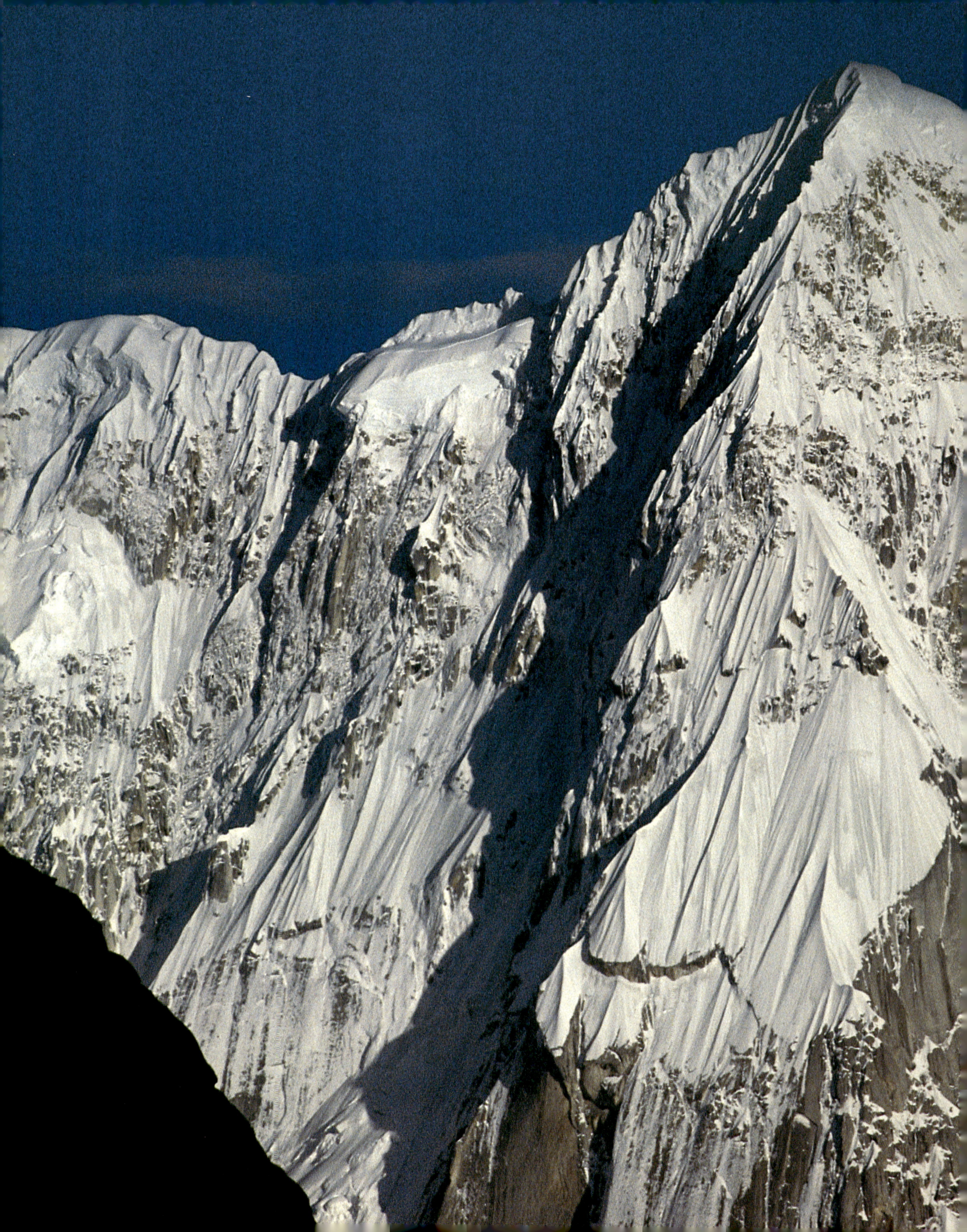

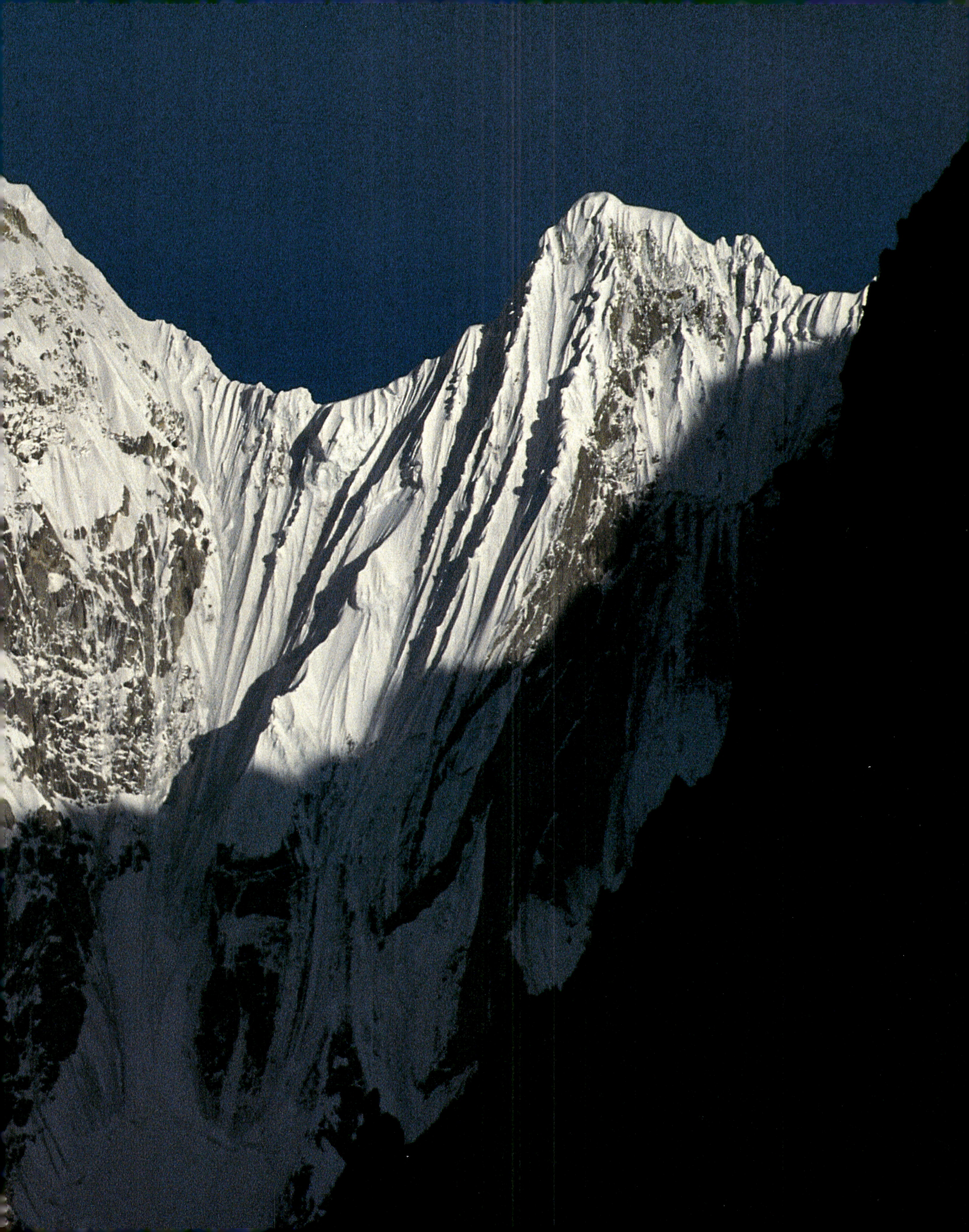

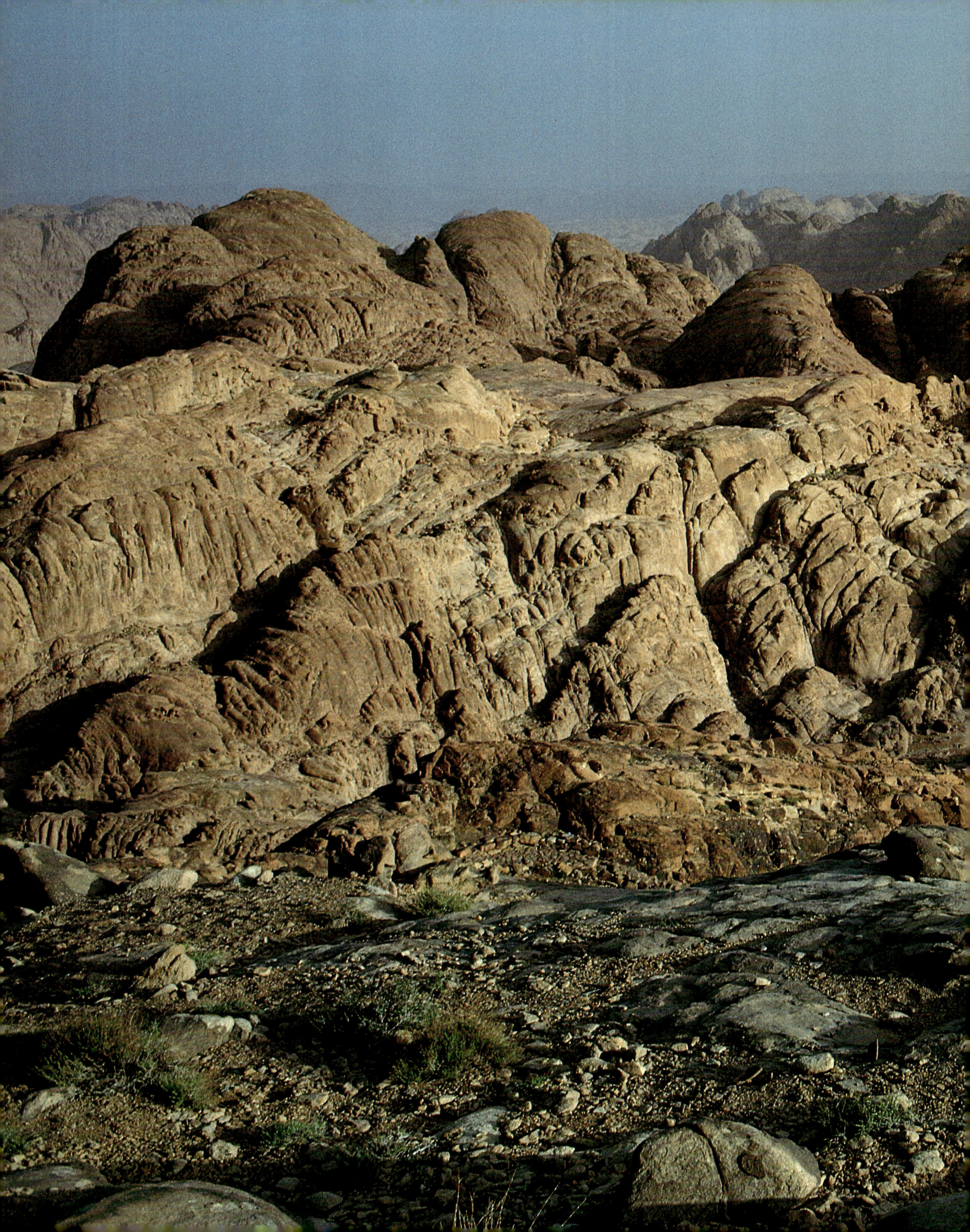

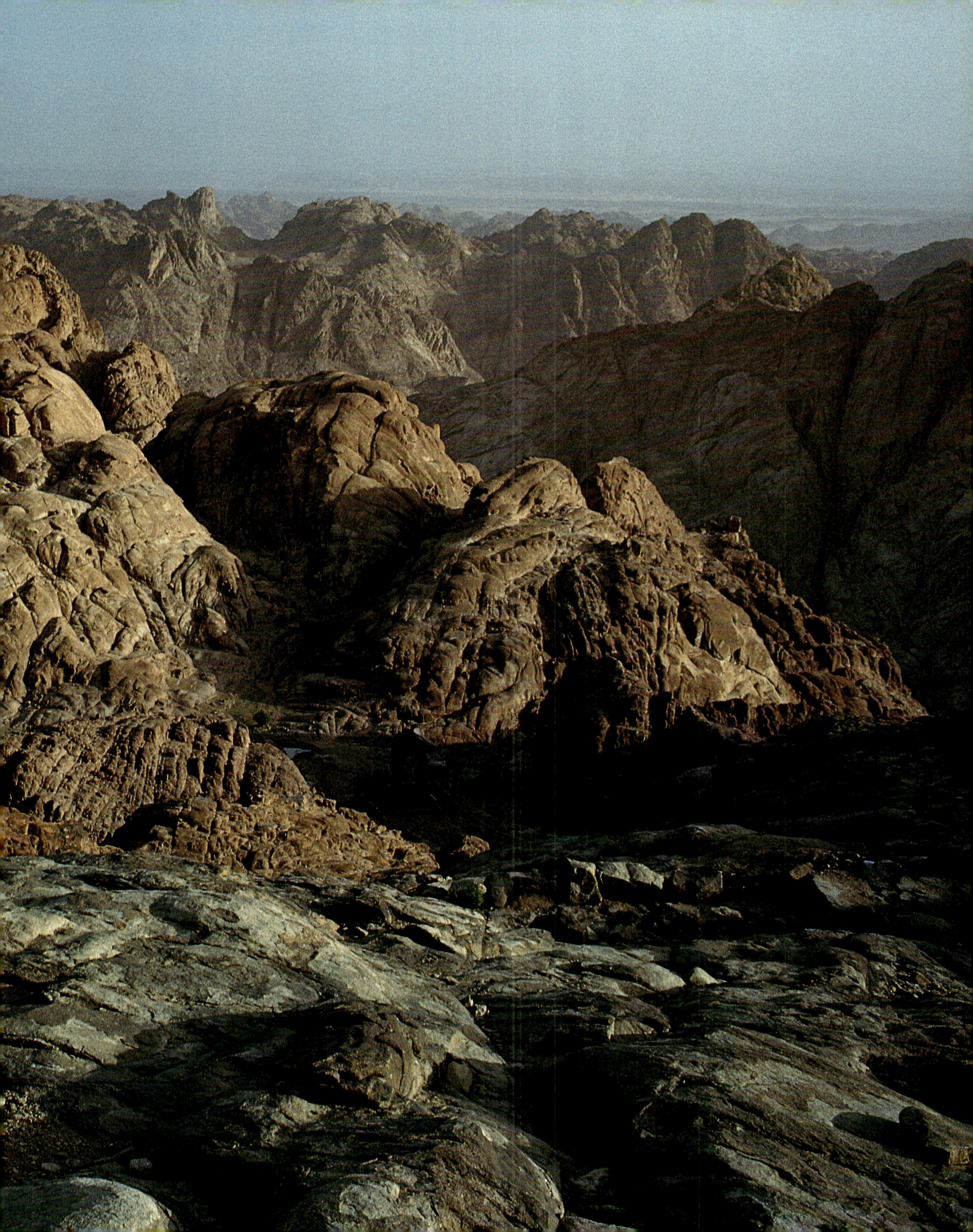

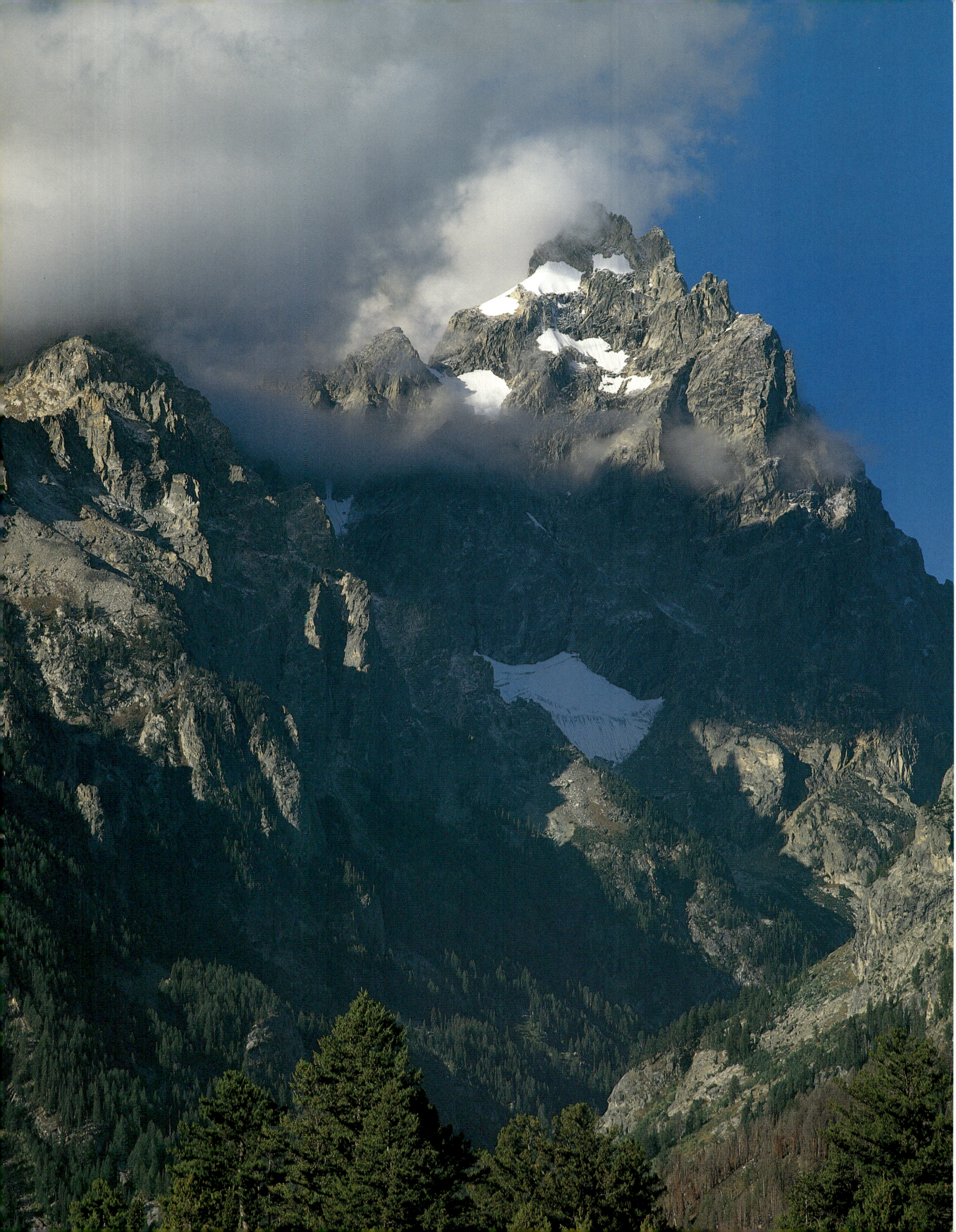

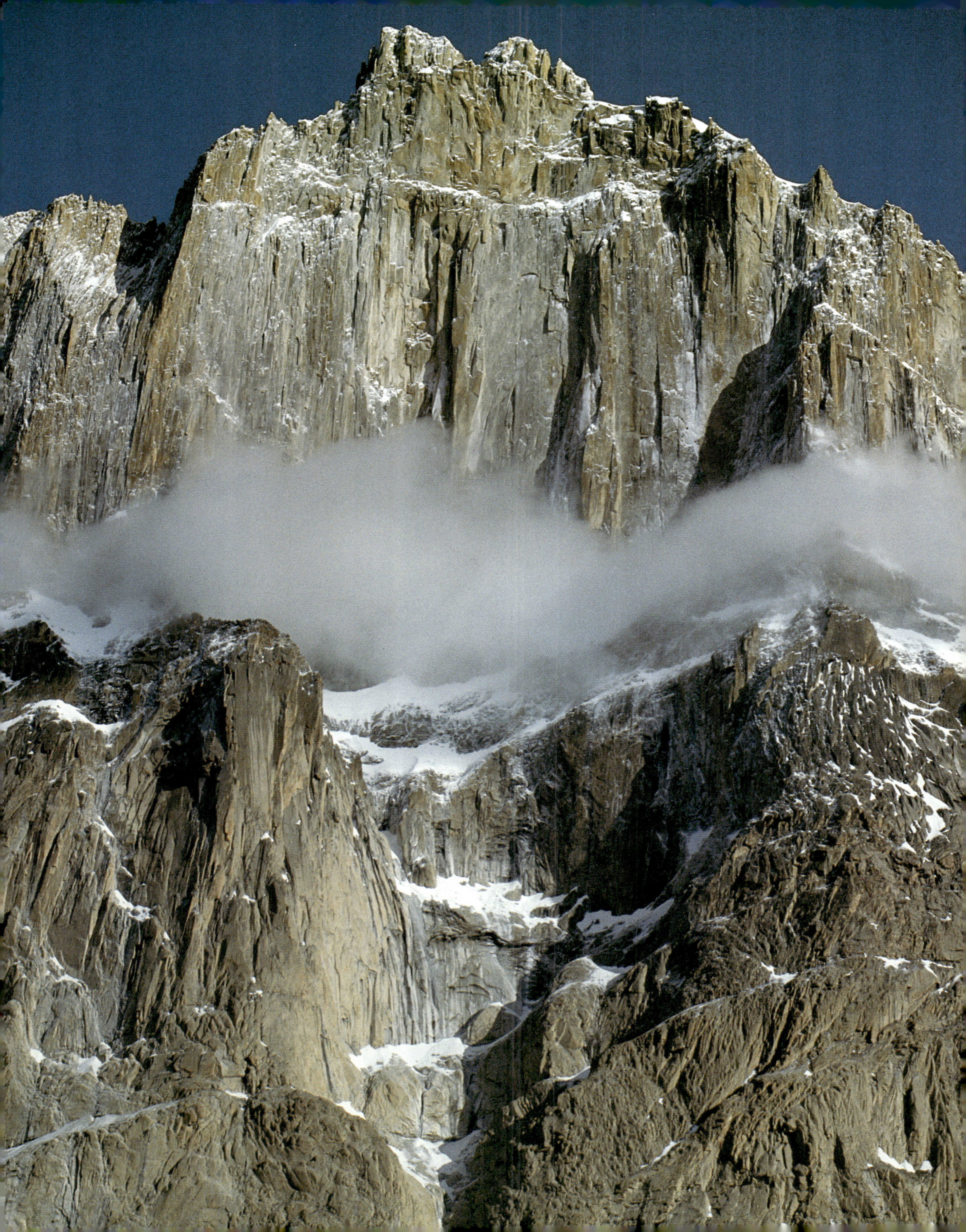

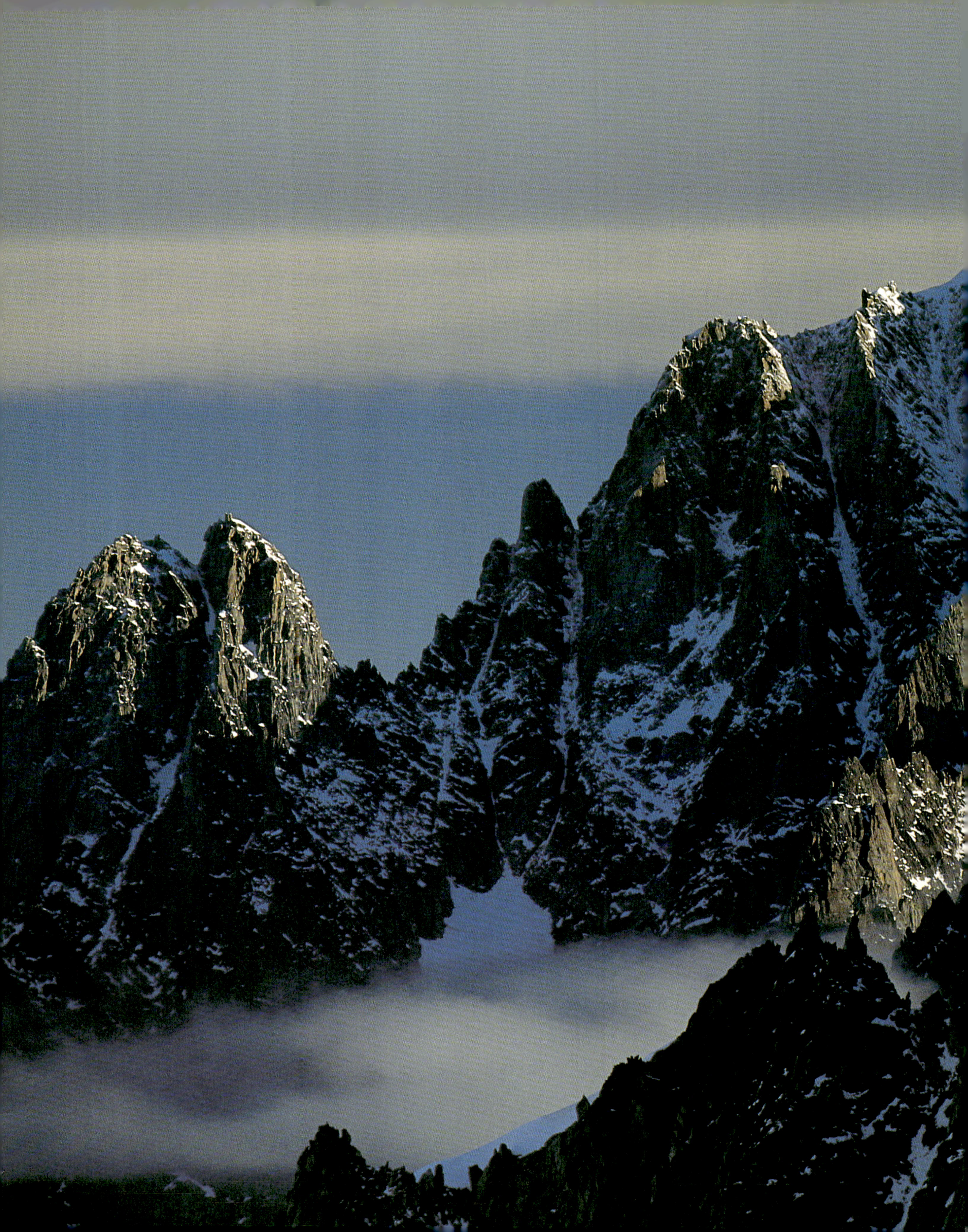

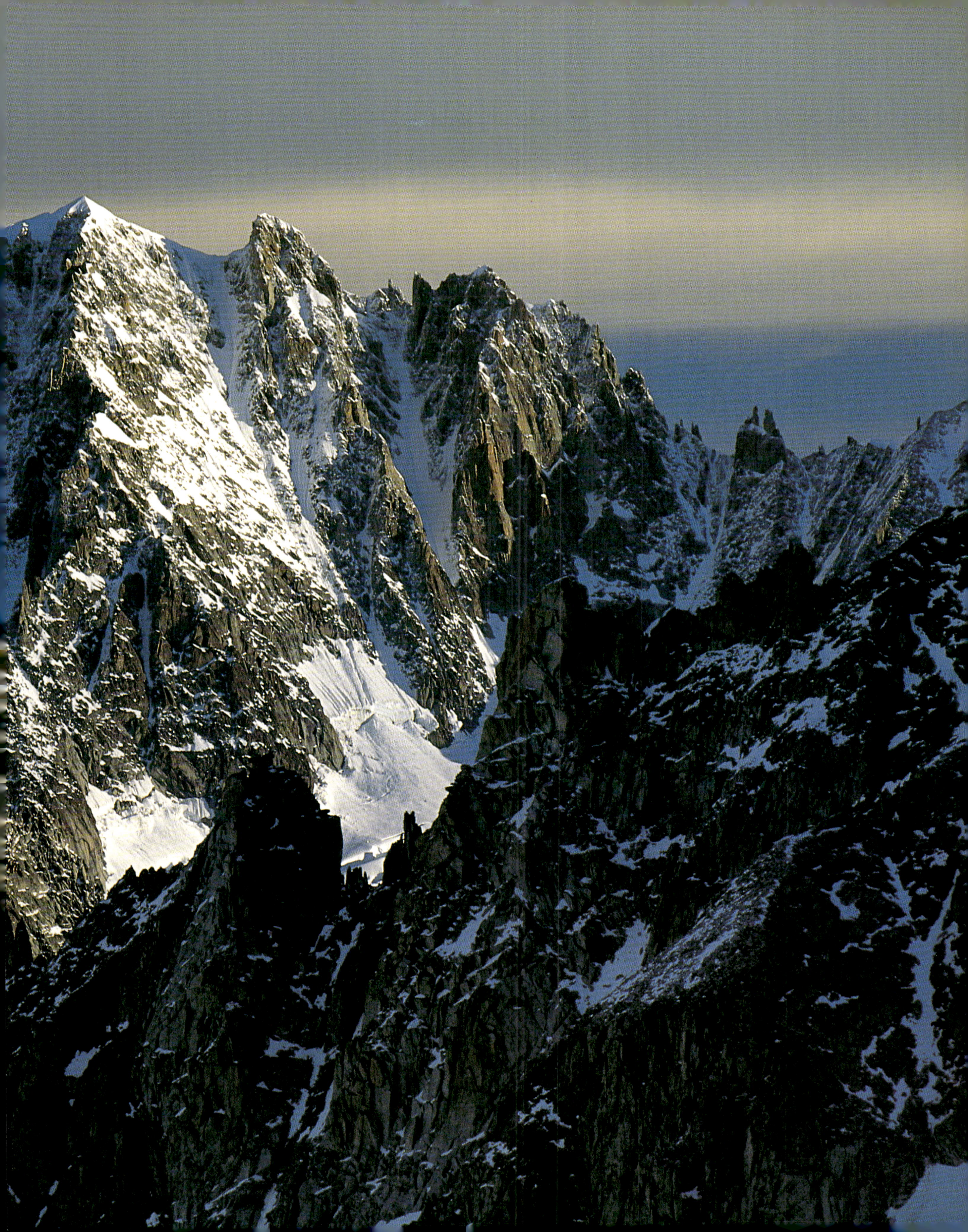

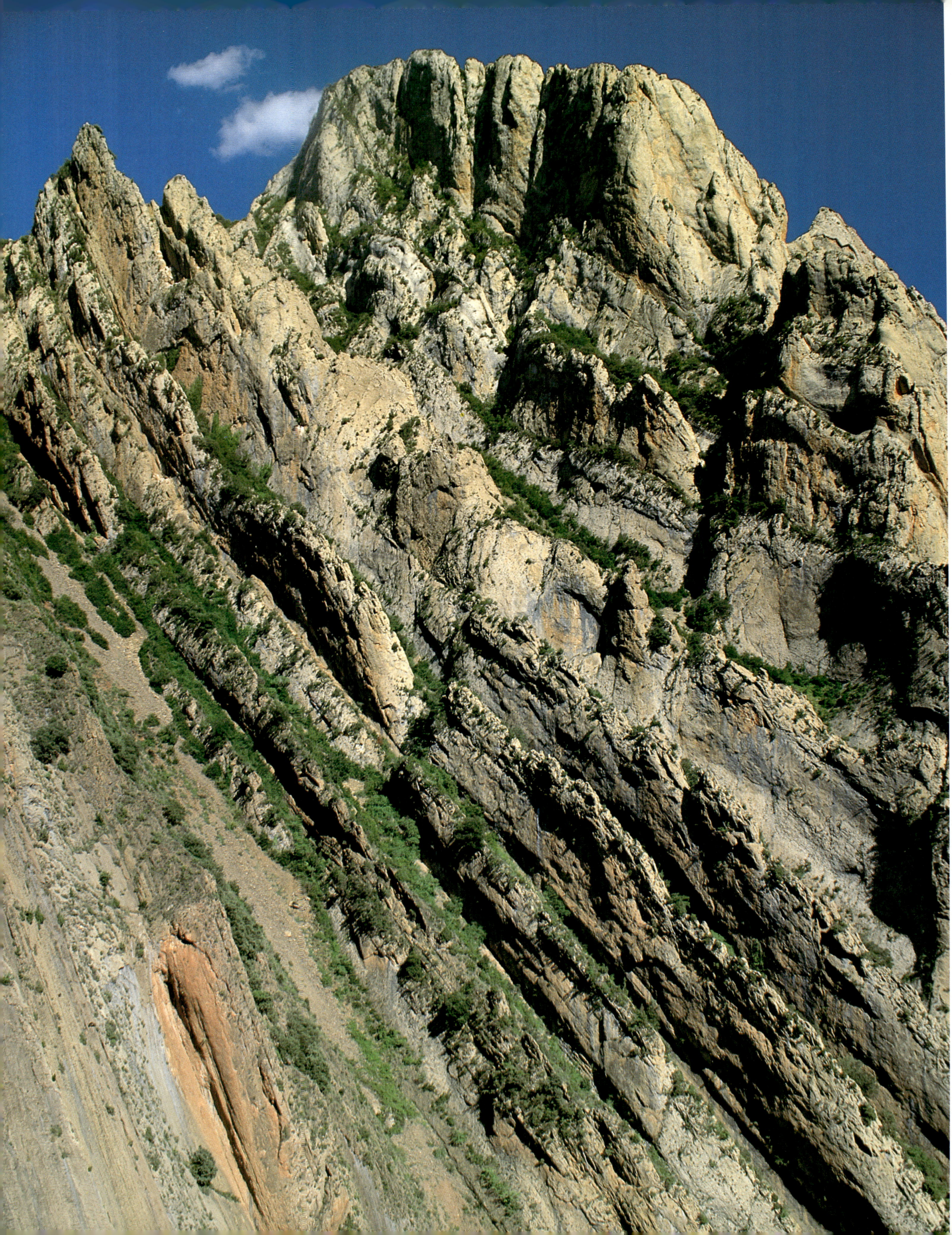

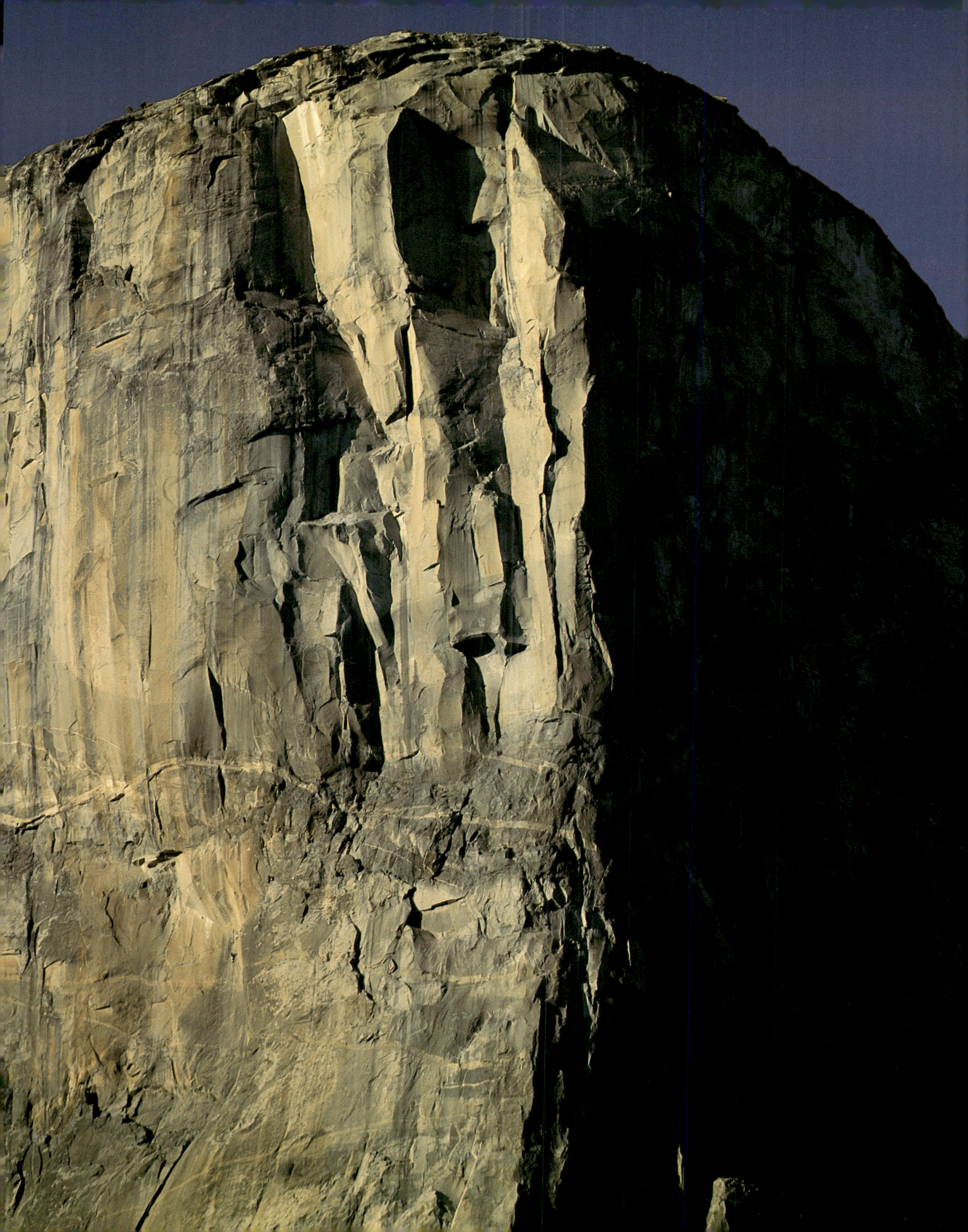

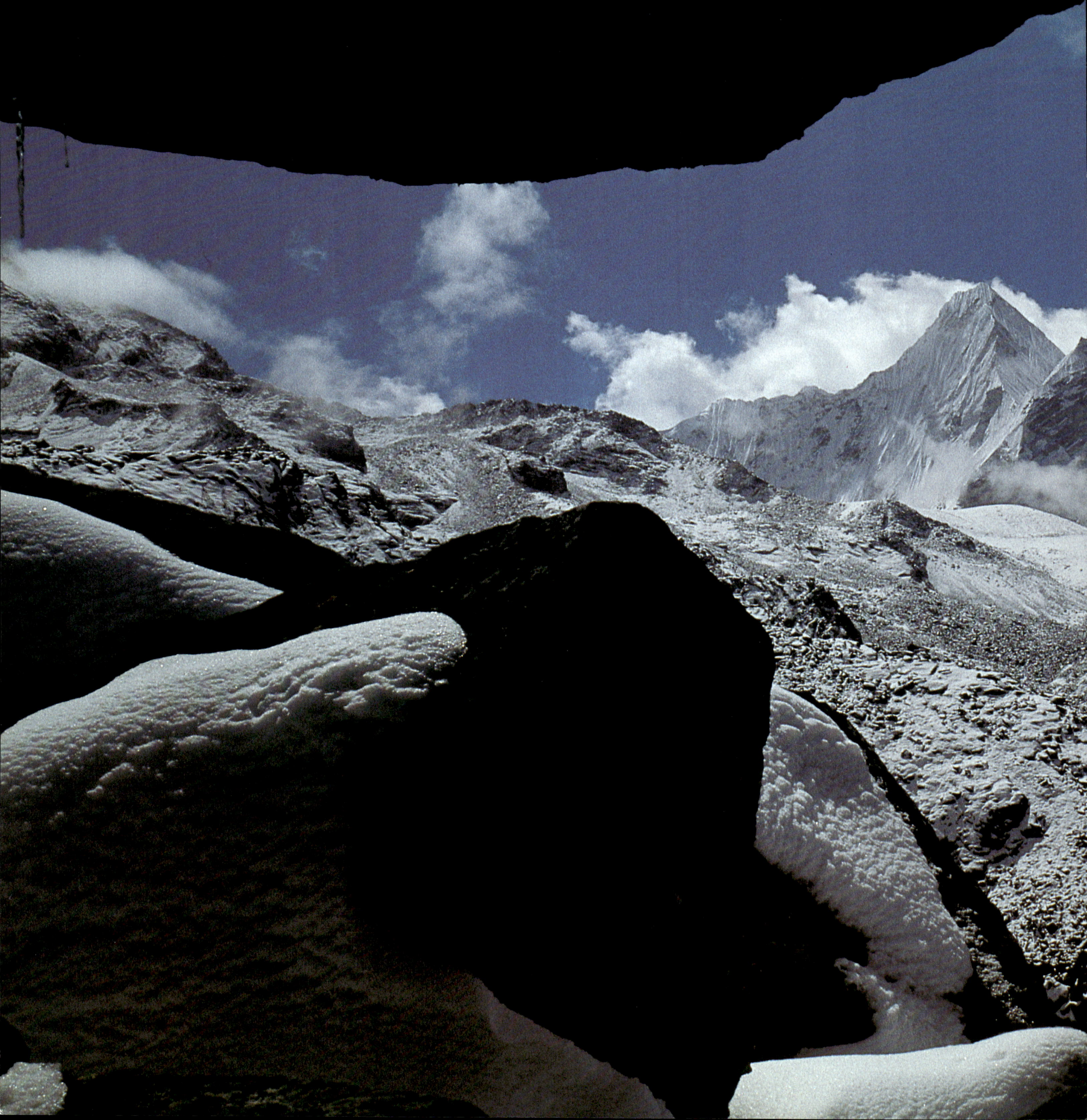

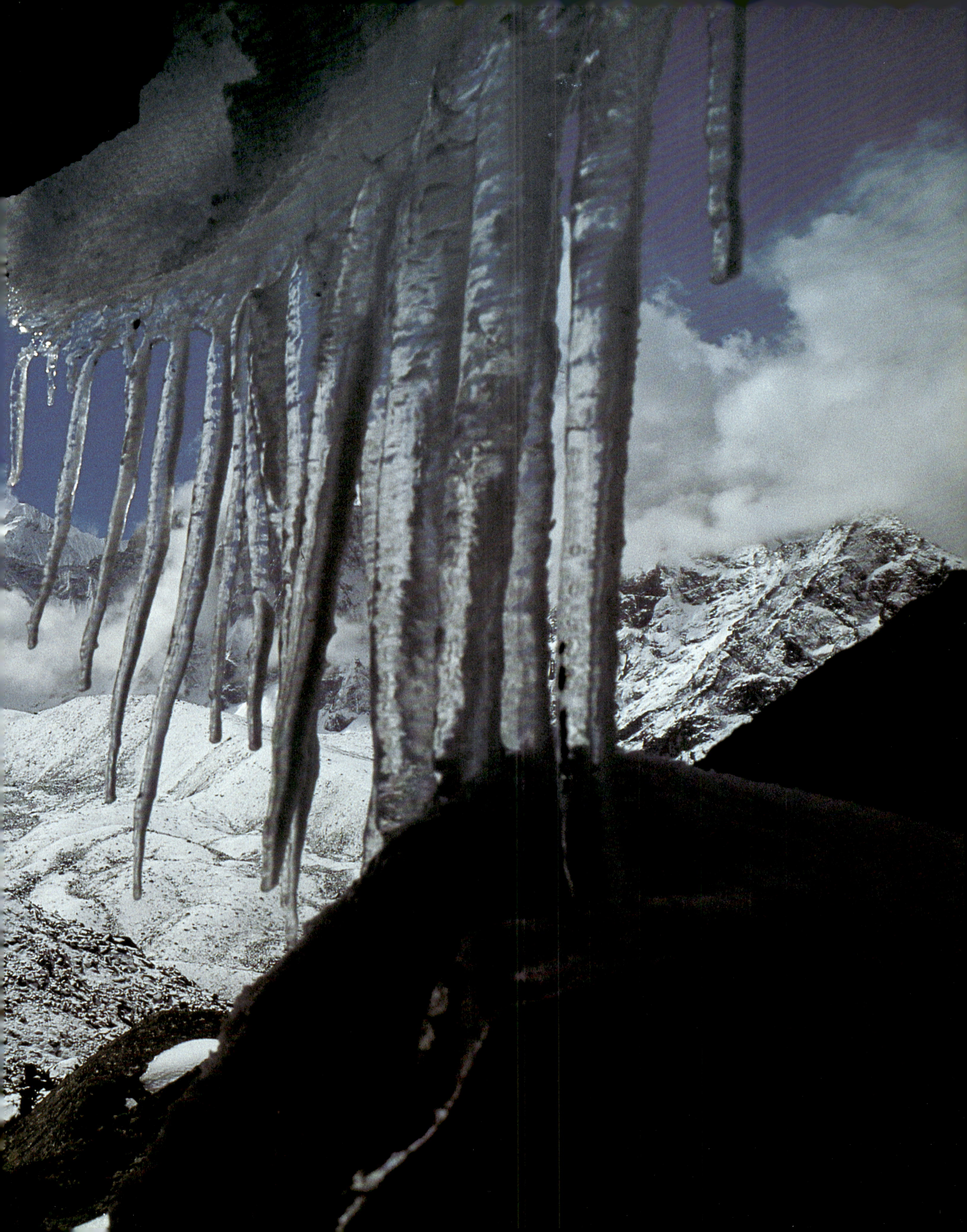

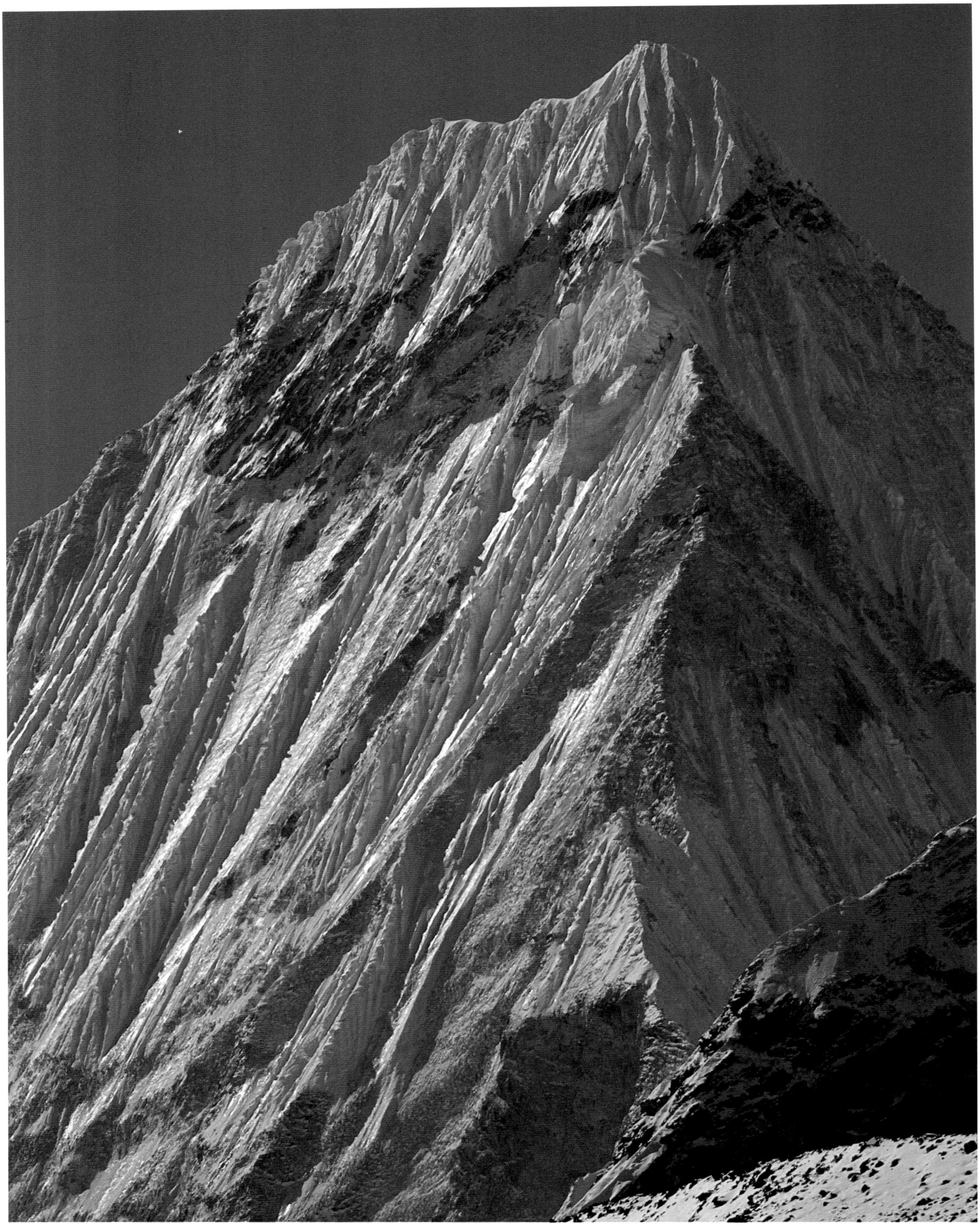

Paysages désobéissants

Joaquín Araújo

Écrivain, documentariste, journaliste, naturaliste, agriculteur écologiste... Joaquín Araújo est un touche-à-tout de talent. Il est lauréat du prix Global 500, remis par l'ONU, qui récompense les défenseurs de l'environnement.

Il y a des choses que quiconque descend de là-haut ne saurait répéter.

DANTE

Un

Mais la lumière glisse
sans fin sur les limites.
Oh ! perfection ouverte !

JORGE GUILLÉN

La montagne veut toutes les aurores et les obtient toutes. Qui ne s'est jamais enflammé à contempler ces cimes de braises froides, quand s'annonce l'étape du jour, très haute, en même temps que la première transparence ? Si de surcroît il y a de la neige, là-bas suspendue, tout horizon élevé nous démontre, du fait de son surplomb et de sa rougeur, que cela vaut la peine de s'échapper jusqu'où elles sont, même si ce n'est, pour le moment, que du regard. Car si les gages que donne l'horizon sont un prodige pour nourrir notre émerveillement, ils se transformeront en pas vers l'éternel prélude du jour.

AINSI AU COMMENCEMENT

Deux

Et le rouge étalon du soir hennit dans les roches calcaires

SAINT JOHN PERSE

Ensuite, pour finir, la montagne occulte les besognes du jour en enterrant tous les soirs, dans la nuit, cette corneille sans ailes qui croasse des obscurités.

Bien qu'elle fasse partie de l'inexistante horloge, la montagne ne sait ni ne veut mesurer le temps. Elle se divertit en attrapant les lumières avant les autres et en les cachant, à petits coups de dents gloutons, pour son repos et pour le nôtre. Qui donc n'a couché dans sa poitrine ses meilleurs soupirs en admirant comment le soir se vêtait de ses meilleures parures pour se mettre au lit ?

AINSI LE TEMPS DE CHAQUE JOUR

Trois

Adoptés par l'ouvert,
poncés jusqu'à l'invisible,
nous étions une victoire qui ne prendrait jamais fin.

RENÉ CHAR

Les sierras et les cordillères n'acceptent pas d'ordre logique pour le calendrier de la vie. Car, ici, le printemps comme l'été arrivent plus tard, tandis que l'automne et l'hiver devancent ceux qui, en d'autres campagnes dépourvues d'éminence, s'adaptent à une monotonie circulaire. L'altitude renforce les nuances de ce retour pendulaire des cycles de la vie. Elle les rend plus intenses, notoires, concentrés. En outre, elle se fait gloire de les interrompre par des changements brusques. Là-haut, c'est chose naturelle que les quatre saisons décrochent du calendrier en une poignée de jours ou qu'une seule journée nous fasse vivre tous les climats de l'année.

AINSI LE COURS DES SAISONS

Quatre

Plus haut que les alouettes
je me repose en plein ciel
sur la gorge de la montagne.
MATSUO BASHO

Les vieilles et lointaines cordillères nous jouent aussi l'un des meilleurs tours qui réjouissent encore ce monde. Parce que la montagne met en scène l'idée de hauteur, la seule notion de l'illimité que nous ayons sur cette planète. Dans un monde de plus en plus ramassé, les cimes font figure de gigantesque transgression, parce qu'elles s'élèvent vers la plénitude. Il n'y a pas plus belle rébellion face à la superbe imbécile des maîtres de la réalité.

Souvent, la défense des sommets consiste à se montrer lointains alors qu'ils sont tout proches. L'altitude est l'un des meilleurs déguisements du paysage pour être réellement paysage, c'est-à-dire ce territoire non détérioré par les atteintes subies dans sa beauté.

Leur fonction d'incessants début et fin des cycles du temps et de l'espace transforme les cimes en l'un des rares soulagements encore exempts du danger d'extinction.

Leur geste le plus répété est de faire sourire presque tous les horizons. Elles obtiennent ainsi la joie d'échapper à ces tyrannies de l'abattement, qui redoublent. Ce sont donc des victoires pacifiques qui nous délivrent de l'élargissement endémique de la plate médiocrité.

AINSI L'ESPACE

Cinq

...sans doute, la conscience saine, des animaux de la montagne
vont et viennent, en sécurité,
et le grand oiseau capuchonné
plane autour des cimes de la grande négation.
D'être ici, abandonné
Sur les montagnes du cœur...
RAINER M. RILKE

Elles ont aussi un caractère d'arrière-garde pour une partie des rares fugitifs qui nous restent. Il y a toujours deux formes de fuites sur les pistes refuges des montagnes. Celle du paysage lui-même, qui fuit vers le haut et celle de ceux qui prennent le large et leur plaisir sur leurs pentes. Les escarpements sont aussi des résidences de la splendeur passée de beaucoup d'espèces que la plaine a expulsées. Ce seront les descentes en vol plané de l'aigle ou du gypaète. Ce sera la silhouette découpée de l'isard couronnant l'arête la plus haute. Ce sera la trace de l'ours ou du lagopède. Ce sera si souvent nos halètements de fuyards poursuivis... En tout cas, la vie en altitude paraît invariablement plus libre que dans les plaines. Ce qui s'est le plus échappé vers les flancs des montagnes ce sont les forêts. La plupart d'entre elles escaladent les versants, même sur l'abîme, et donnent à la montagne un piédestal irréprochable. Elles sont de plus la dernière opportunité pour ce monde déchiré que seuls rapiècent les verts les plus hauts, tels ceux que la futaie dépose sur les tapis de la terre. Presque tout ce qui n'a pas disparu nous le trouvons parfois dans les montagnes réparatrices.

AINSI LA FLORE ET LA FAUNE

Six

Jamais personne ne peut être sur l'horizon.
JOSÉ SARAMAGO

À cause de tout cela, raconter ce que les montagnes nous ont donné relève à plein de notre monde en quête perpétuelle de desseins impossibles. La cime est toujours rare et destinée à de rares privilégiés, mais elle déverse sans cesse de nouveaux futurs sur le monde, des avalanches de propositions, des occultations effrontées et des suggestions sommaires de ce qui est et de ce qui veut être.

Mais elles nous ont surtout accordé un emprunt, leur désobéissance. Nous qui nous réfugions dans la hauteur, nous sommes aussi un paysage critique à l'égard d'une société qui lutte pour sa soumission.

Les côtes ne coûtent pas tant à gravir parce qu'elles comportent sans doute leur récompense, comme ces compensations que frère Luis de León trouvait supérieures aux conforts qui entourent les envies, les luttes pour le pouvoir ou les biens de la plaine. Comment ne pas rappeler, quand on voit les nuages posés sur les cimes, c'est-à-dire comme nous aimerions être, cette strophe :

Sierra qui montes au ciel
très haute, et qui jouis du repos
que ne connaît pas le sol...

Il s'agit d'aller où il n'y a presque rien, mais d'où tu peux atteindre de ton regard, parfois aussi de ton émotion, les résidences où se trouve tout. Il n'y a pas meilleur badaud que l'horizon et si tu montes sur ses épaules tu peux te pencher sur le paysage des paysages allongés tout en bas. Le lointain, qui entrave tant ce gens, ici nous délie jusqu'à faire de nous les ailes mêmes du vent. Parce que d'ici tu contemples toutes les calligraphies dont use la lumière pour écrire les panoramas.

Et bien que l'infini ait commencé à se faire rare, rien ne nous fait plus grands que de nous loger dans ces entrailles de la femme primordiale qu'est la Terre. Élevée.

AINSI NOUS

Sept

Déclaration de gratitude

Ils parlèrent des
horizons qui entourent
tout ce qui pour encore
n'a pas disparu.
JOHN BERGER

Parce qu'elles sont ainsi avec le temps et l'espace, avec les autres êtres vivants et avec nous, pour tout cela nous aimons les montagnes. Il ne nous coûte rien de donner vie à leurs pentes. D'être, donc, leurs complices, leurs chroniqueurs, leurs chantres ou leurs accompagnateurs.

Situés sur la haute pointe, peut-être serons-nous capables de percevoir que la gratuité nous a accompagnés jusqu'ici. Mais que ses cadeaux ne sont pas moins dans la tranquille contemplation de la vaste étendue, quand nous nous penchons depuis la pointe accusatrice. Le premier visé est le retentissant échec du confort dans lequel nous vivons souvent.

La montagne a rendu beaucoup d'entre nous désobéissants et par conséquent libres.

Parce qu'elles sont de là-bas tout en étant d'ici. C'est pourquoi elles nous sortent de ce narcissisme toujours plus insupportable. Elles ne sont pas trop différentes de nos propres états d'âme comme si la peau de la Terre avait le même caractère et les mêmes émotions que nous. Et, si ce n'est pas le cas, nous avons tant reçu du spectacle de la vie et de ses paysages que nous n'hésitons pas, nombreux aussi en cela, à leur prêter nos émotions pour que, comme une averse de lumière, elles inondent ce que nous regardons. Ce qui couronne les montagnes, de toute façon, c'est cette belle phrase que le silence prononce de temps en temps : « Merci de venir me connaître. »

Car vivre sans les montagnes et ce qu'elles nous donnent, c'est-à-dire leur rébellion et leur liberté ; ne pas vouloir apprécier leur torrent de beauté, c'est comme n'être jamais tombé amoureux. C'est avoir gaspillé l'un des plus beaux cadeaux par lesquels la vie multiplie son sens et son destin. Parce que, loin et haut, c'est toujours ainsi que commence le recommencement.

AINSI LA FIN, QUI EST TOUJOURS COMMENCEMENT.

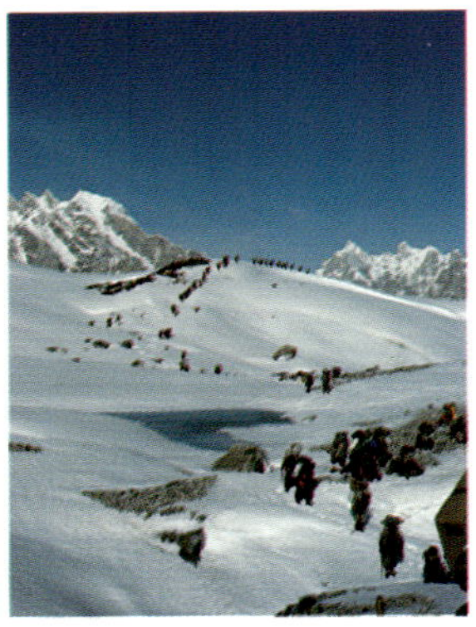

Porteurs baltis d'une expédition vers le K2, près de l'endroit connu sous le nom de Concordia Place, sur le glacier de Baltoro.

Une caravane provenant du Baltistan voisin (nord du Pakistan) pénètre dans la région du Ladakh, en Inde.

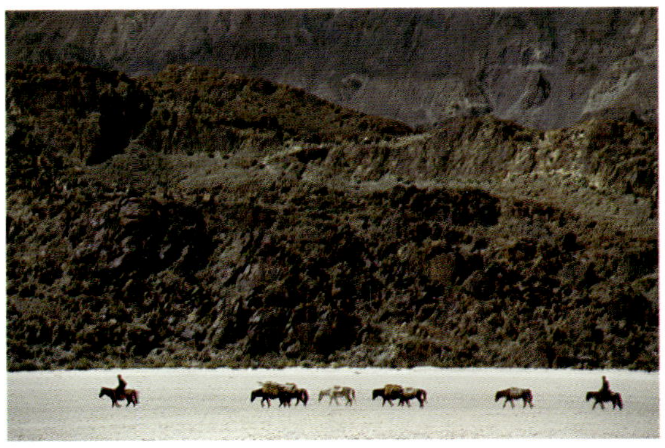

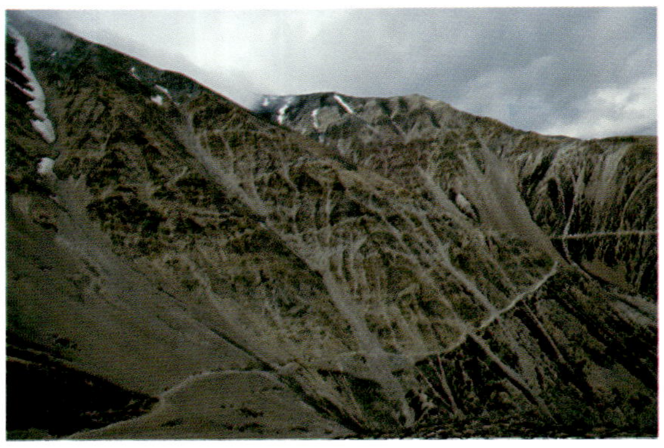

Un groupe de bergers népalais se dirige vers le Tibet, près de Taklakot, avec des chèvres chargées de grain, qui reviendront plus tard chargées de sel.

Une caravane de chameaux pénètre dans l'aride zone nord du Karakorum, dans le Xinjiang chinois.

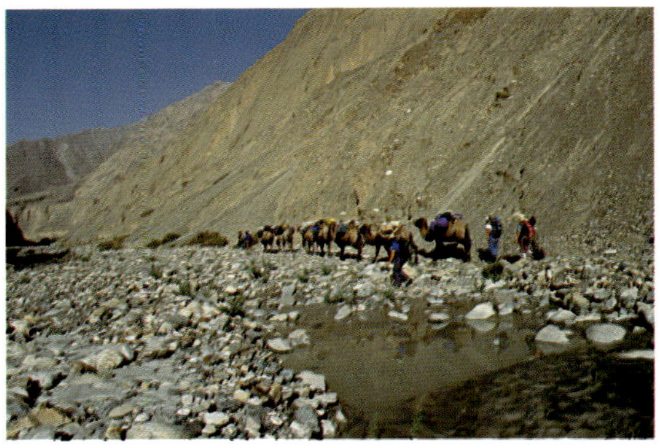

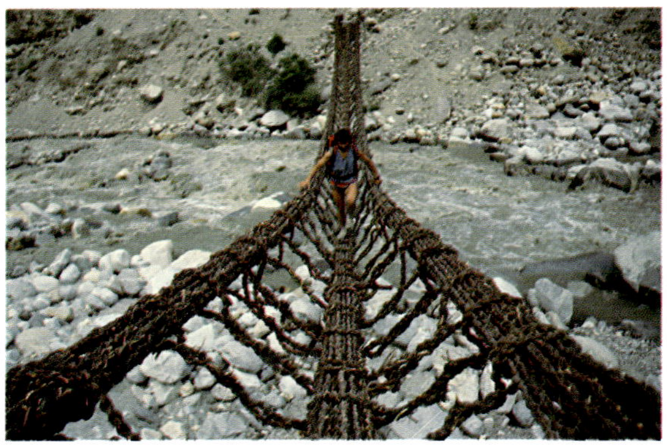

Traversée d'un pont précaire tressé à l'aide de branchages dans le Karakorum, près du village de Hoto.

Traversée de la rivière Shaksgam, sur le versant nord du Karakorum, en direction du K2. C'est l'une des marches d'approche les plus dangereuses de l'Himalaya.

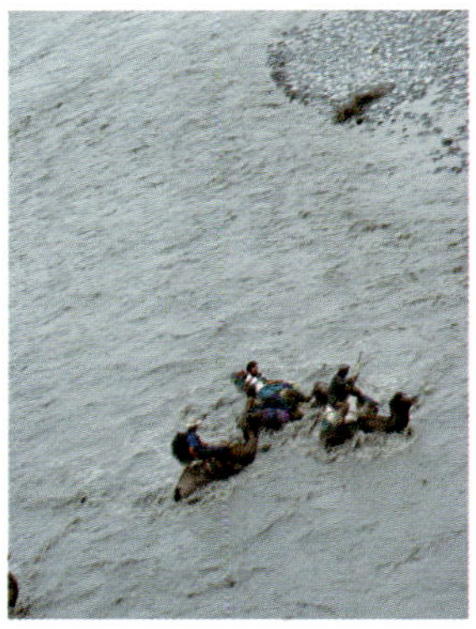

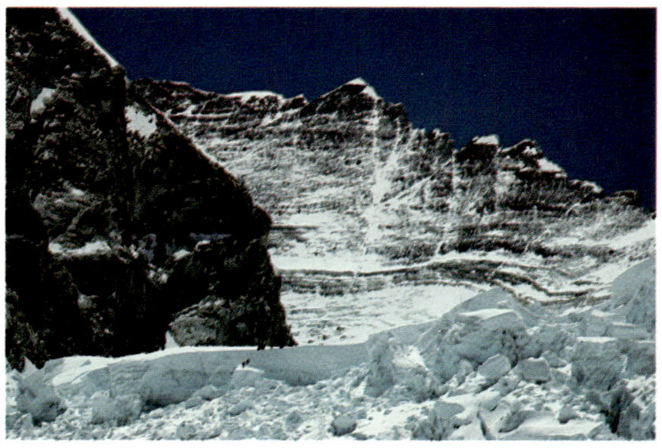

Au centre de l'image, des alpinistes franchissent, à l'aide d'une échelle, le dernier obstacle de la Cascade de glace, sur l'itinéraire normal de l'Everest. Au fond, se dressent les contreforts du Lhotse (8 516 mètres).

Typiques cultures en terrasses au Népal.

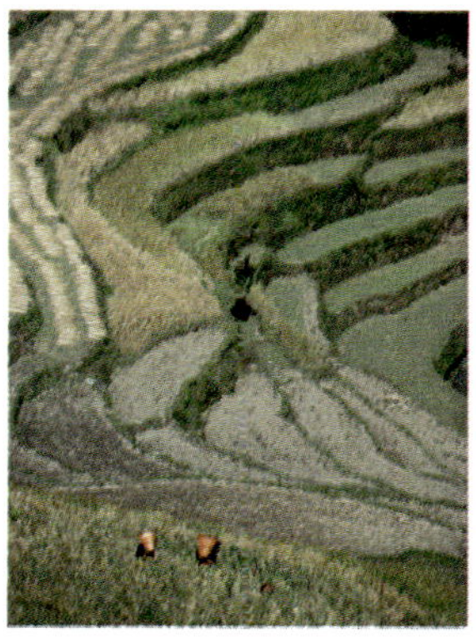

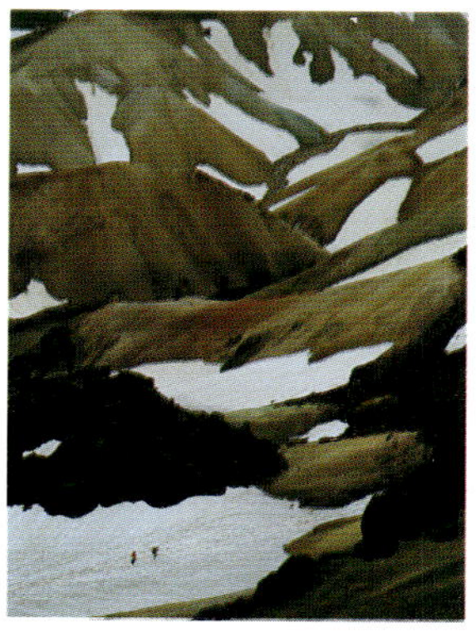

Deux personnes traversent le désert
de rhyolites et de neige dans la toundra.
Landmannalaugar, Islande.

Caravane de mulets et de porteurs
dans la vallée de Markha.
Région du Ladakh, Inde.

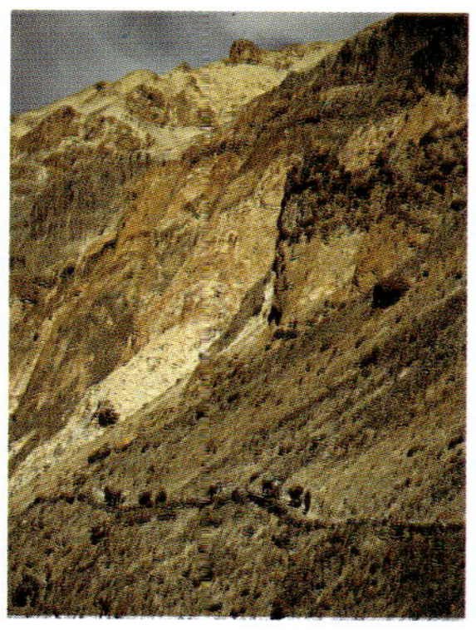

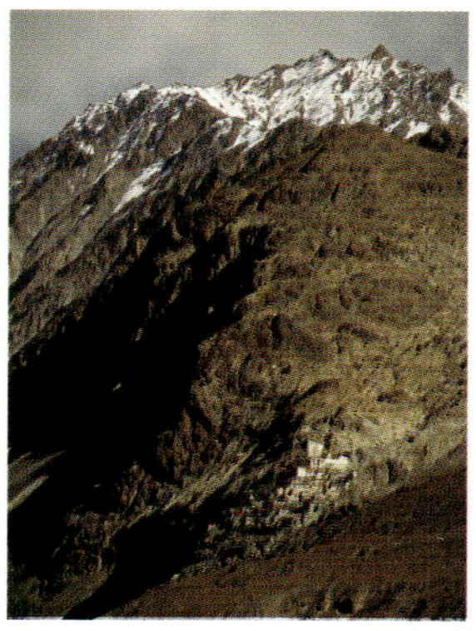

Monastère bouddhiste établi sur des contreforts
rocheux dans la région de Nubra, au Ladakh (Inde).

Nomades tibétains à cheval dans la région
des lacs sacrés. Au fond, s'élève la masse
du Gurla Mandata (7 694 mètres).

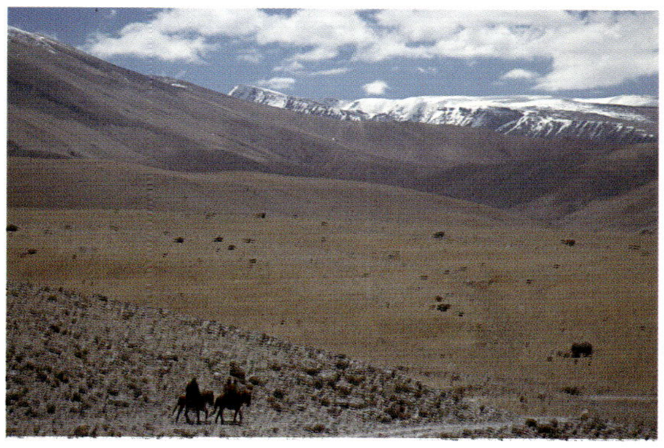

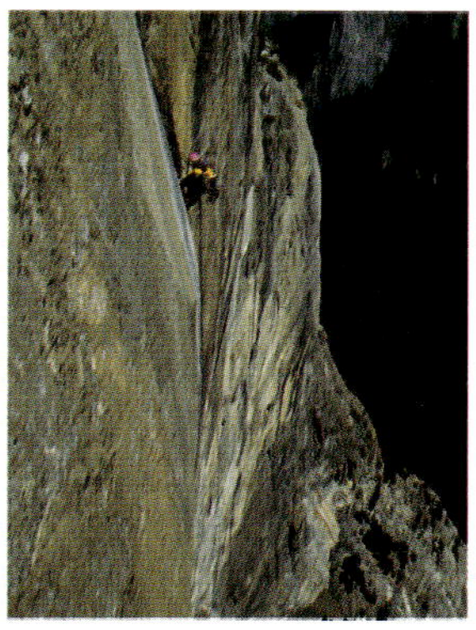

Escalade de la voie Aurora sur la paroi
de El Capitán. Parc national de Yosemite,
Californie, États-Unis.

En rappel dans le canyon de Mascún,
dans la sierra de Guara.
Pyrénées aragonaises, Espagne.

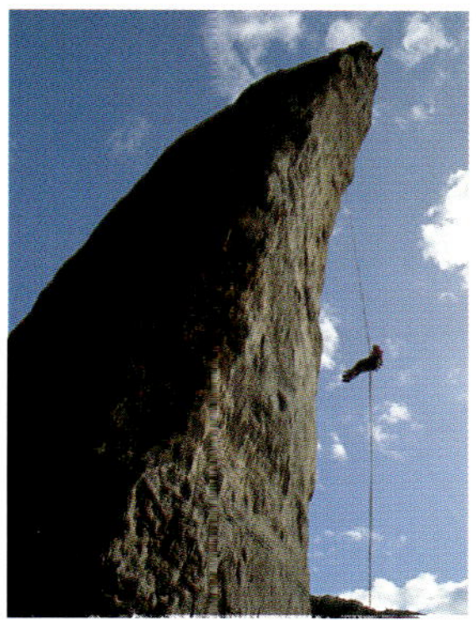

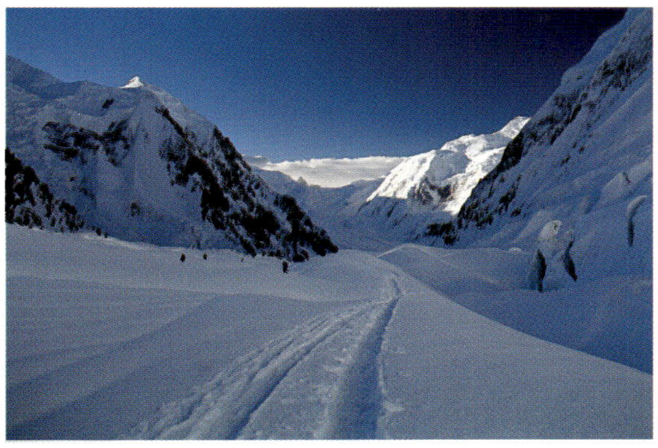

Deux alpinistes descendent du cirque
des Gasherbrum, à 6 000 mètres.
Au fond, apparaît le flanc est du Baltoro Kangri,
illuminé par les premiers rayons du soleil.

Deux alpinistes remontant un glacier dans
le massif de Kizil Asker, dans les montagnes
du Tien Shan (Kirghizistan).

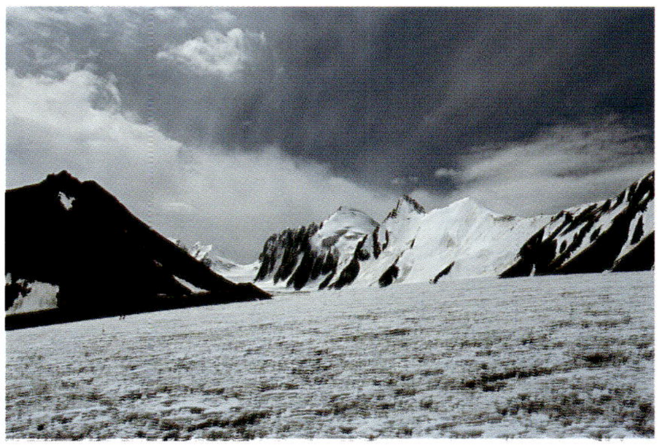

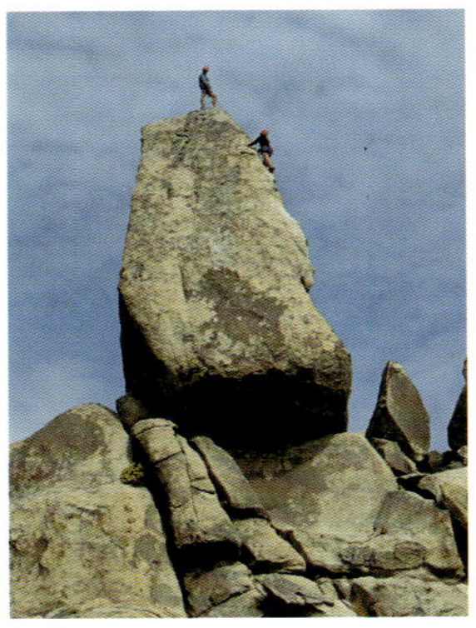

En escalade au sommet d'un rocher
dans le parc national de Joshua Tree.
Californie, États-Unis.

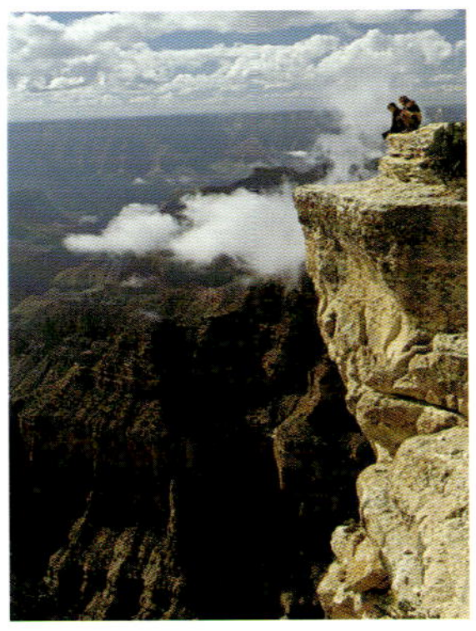

Un exemple d'érosion dans l'une des plus
impressionnantes gorges de la planète :
le Grand Canyon du Colorado.

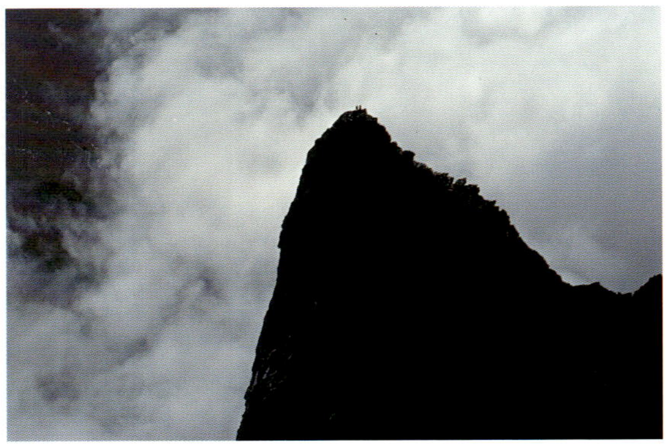

Deux alpinistes au sommet de l'aiguille Noire
de Peuterey (3 773 mètres) observant le vide
qui s'étend à leurs pieds.

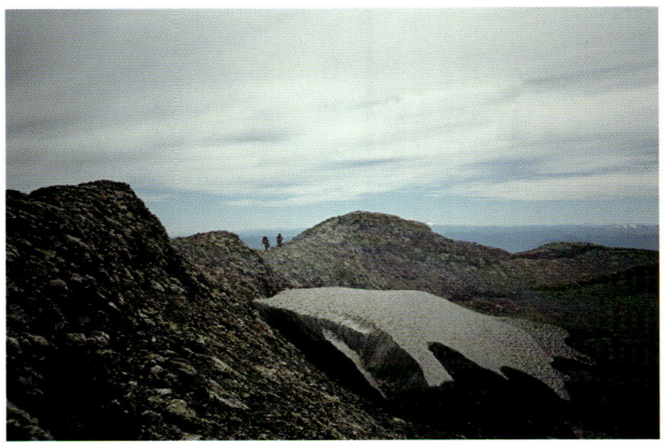

Deux alpinistes sur les bords du cratère
du volcan Villarrica, dans le sud du Chili.

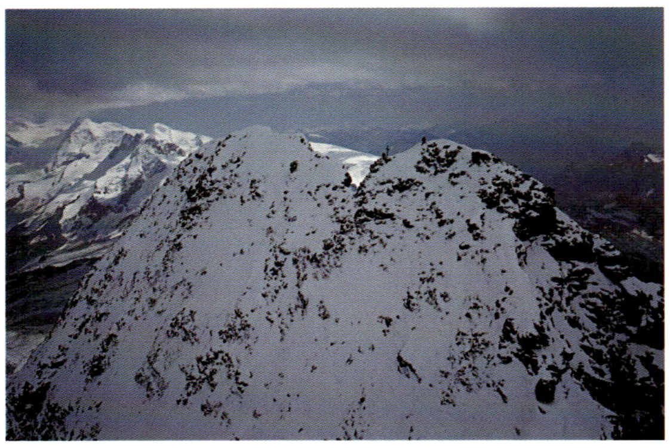

Deux alpinistes atteignent le sommet italien
du Cervin, symbole pendant de longues années
de l'inaccessibilité et du défi impossible.

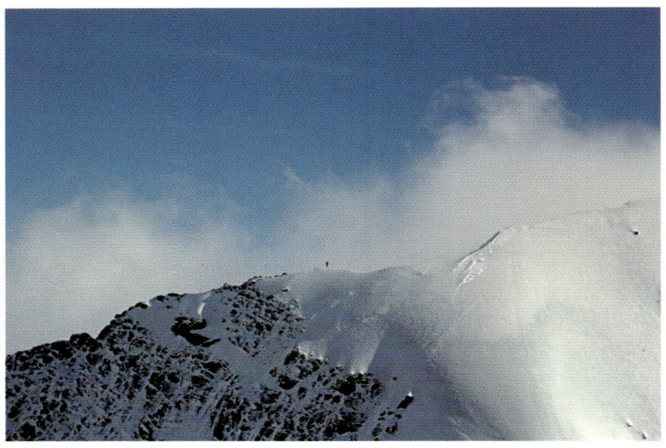

Un alpiniste parcourt les derniers mètres de l'arête
de Mittellegi vers le sommet de l'Eiger,
dans l'Oberland bernois, en Suisse.

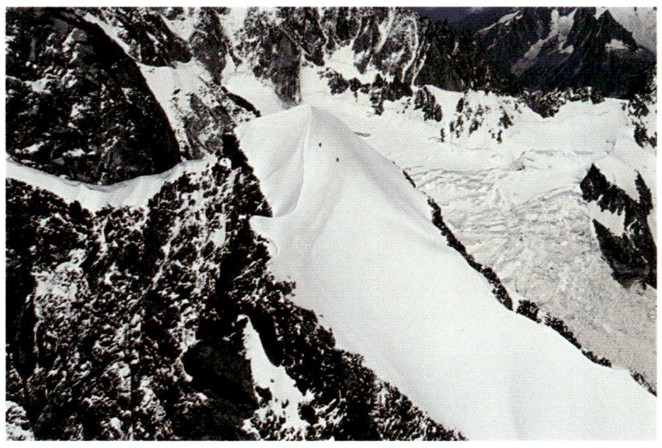

Deux alpinistes atteignent la cime
de l'aiguille Blanche de Peuterey (4 108 mètres),
dans le massif du Mont-Blanc.

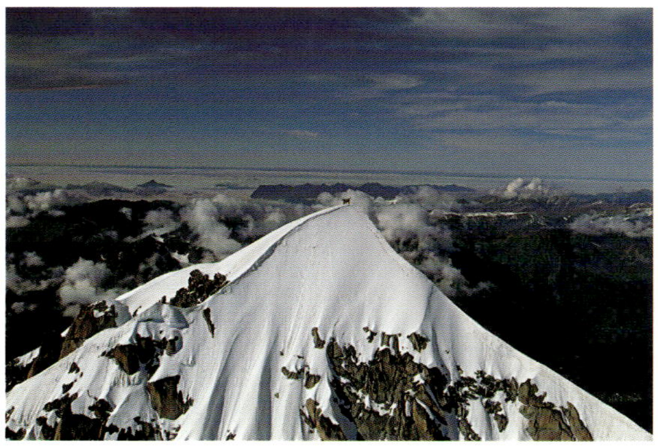

Trois alpinistes sur la cime de l'aiguille Verte
(4 122 mètres), l'une des plus belles montagnes
du massif du Mont-Blanc.

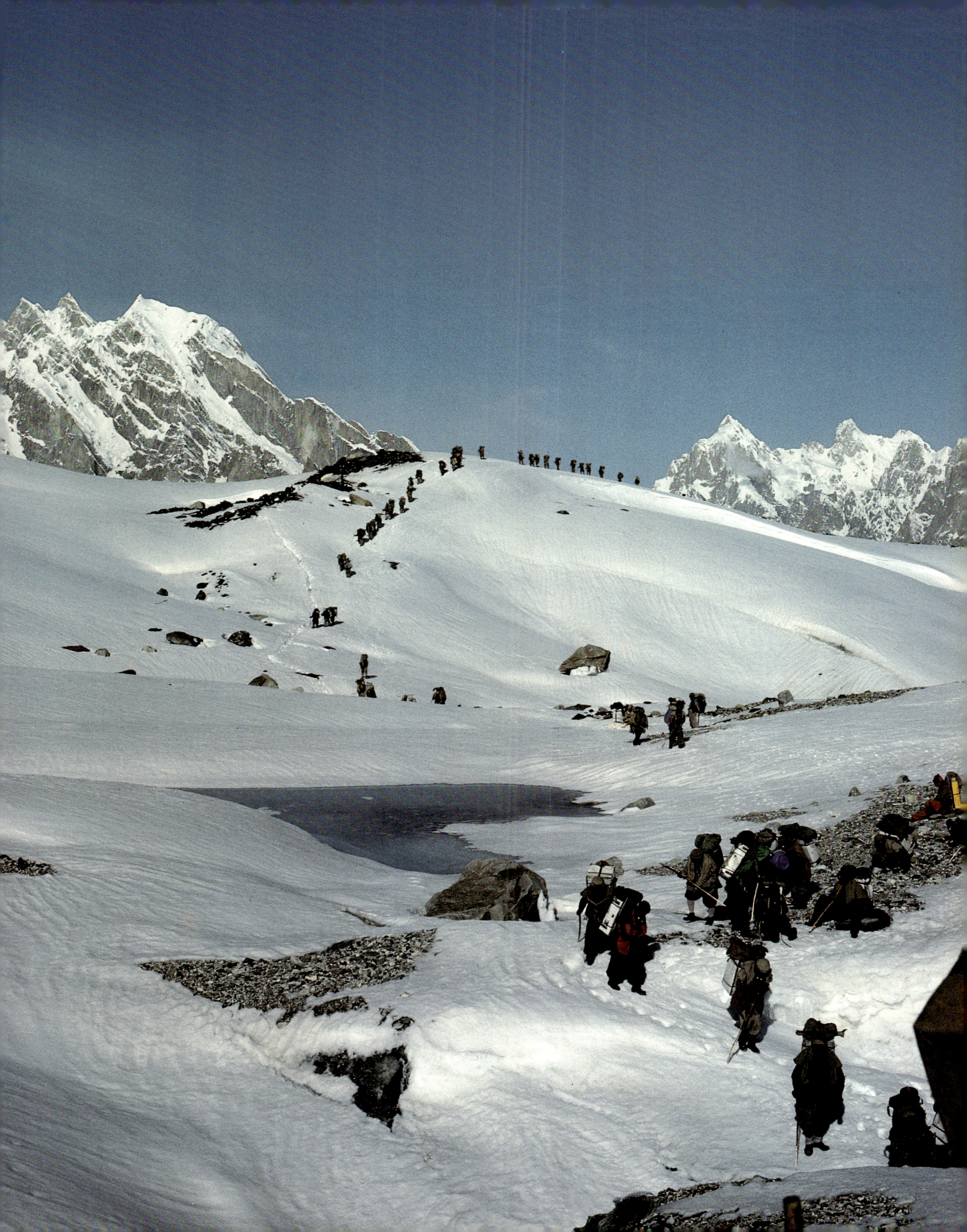

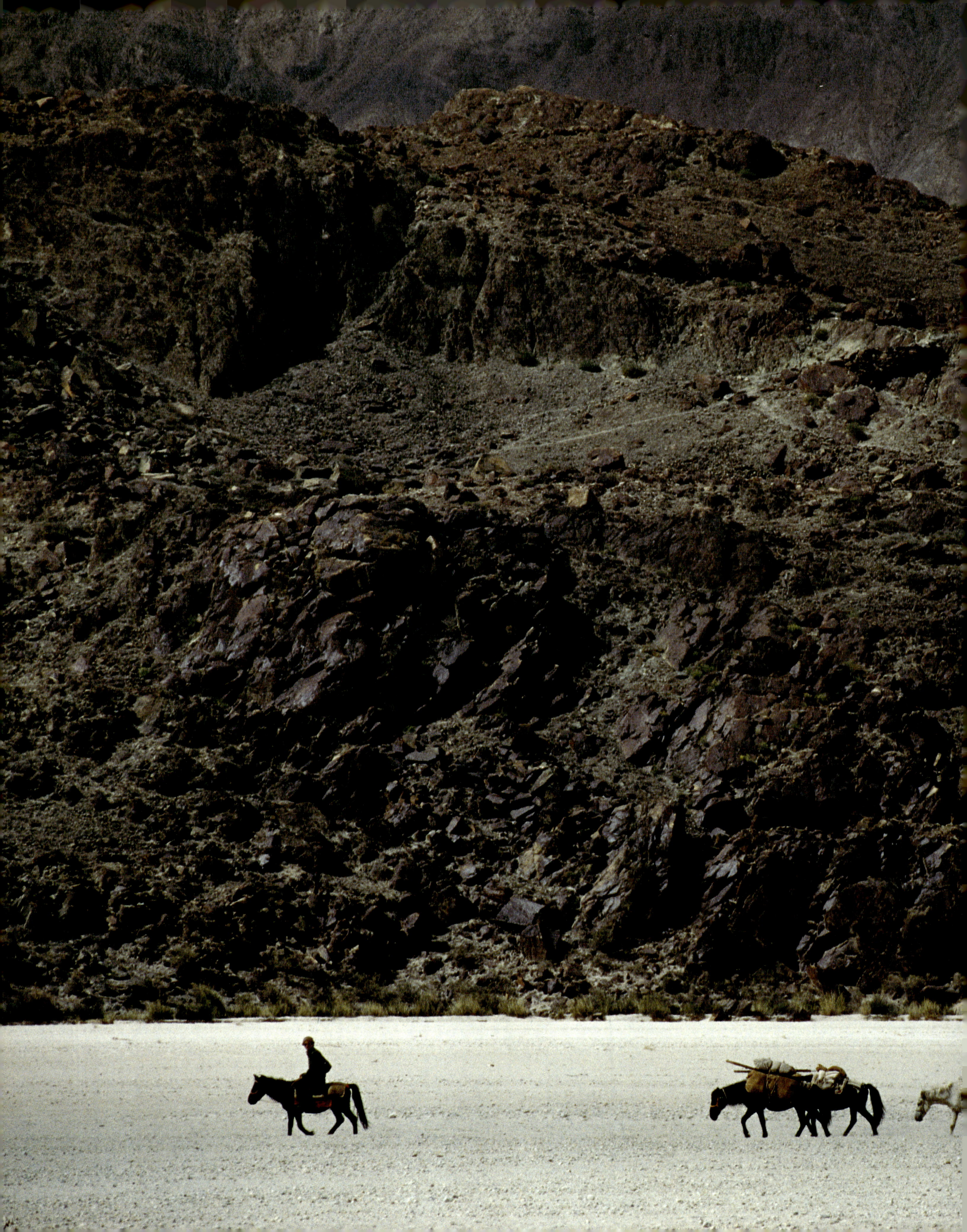

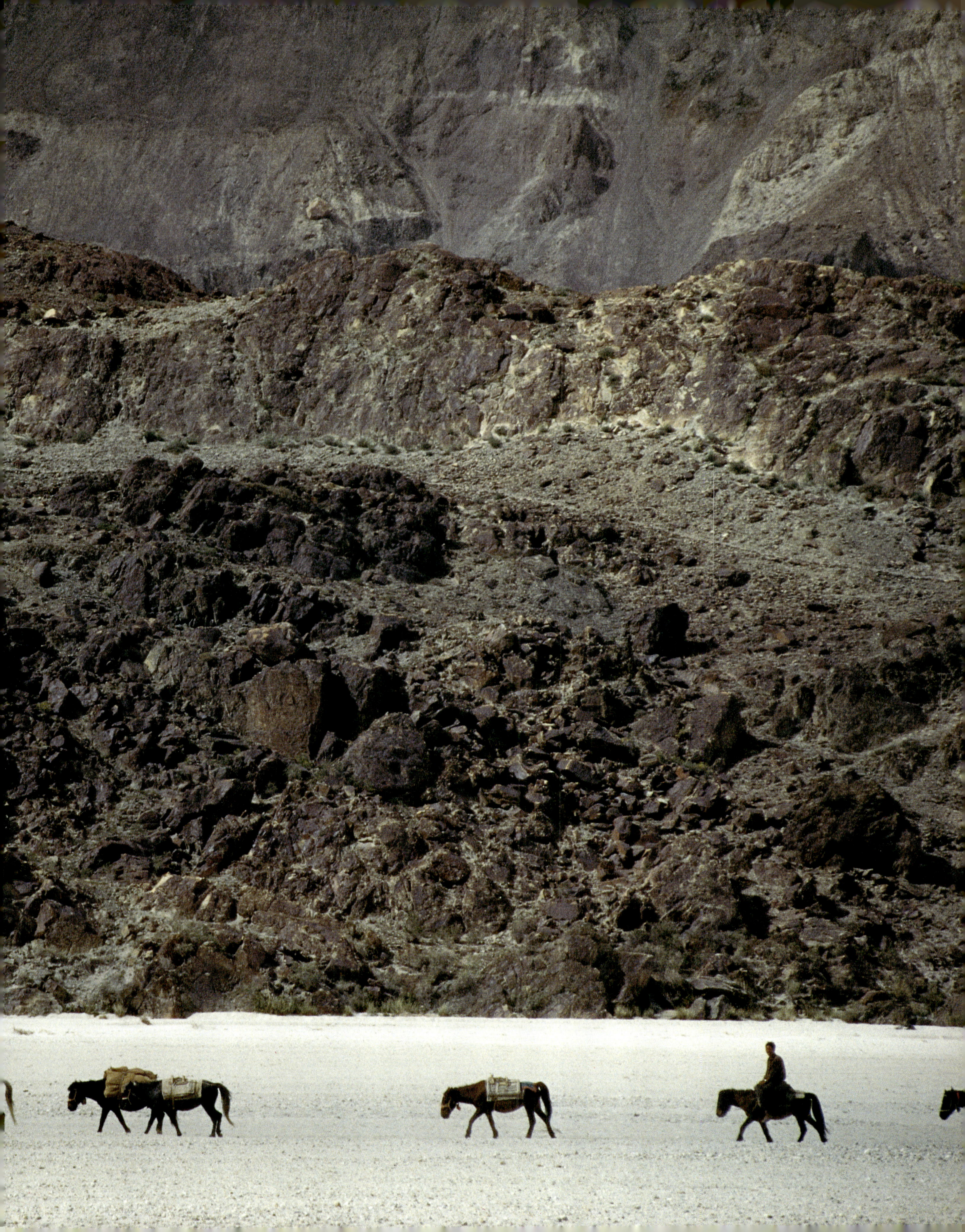

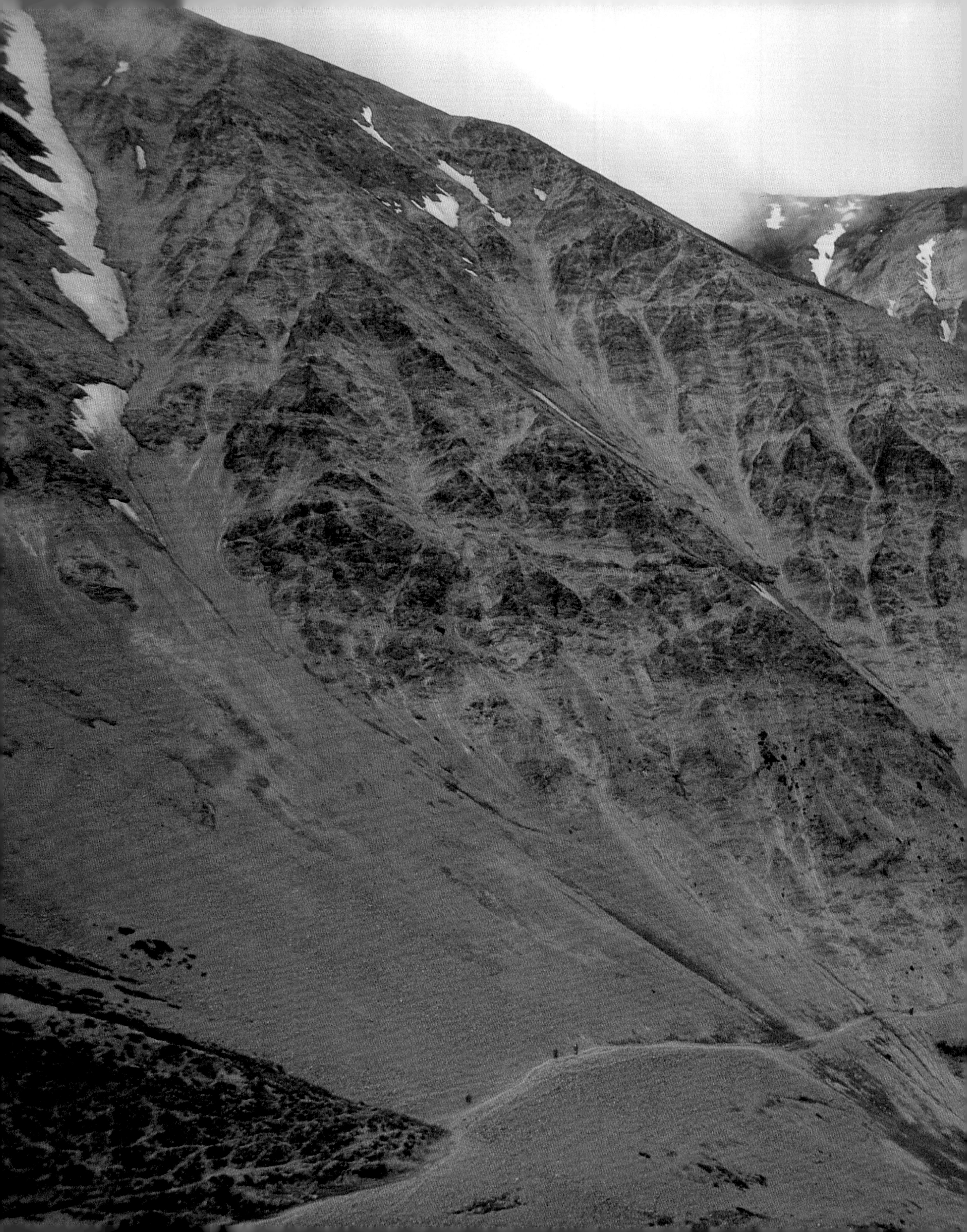

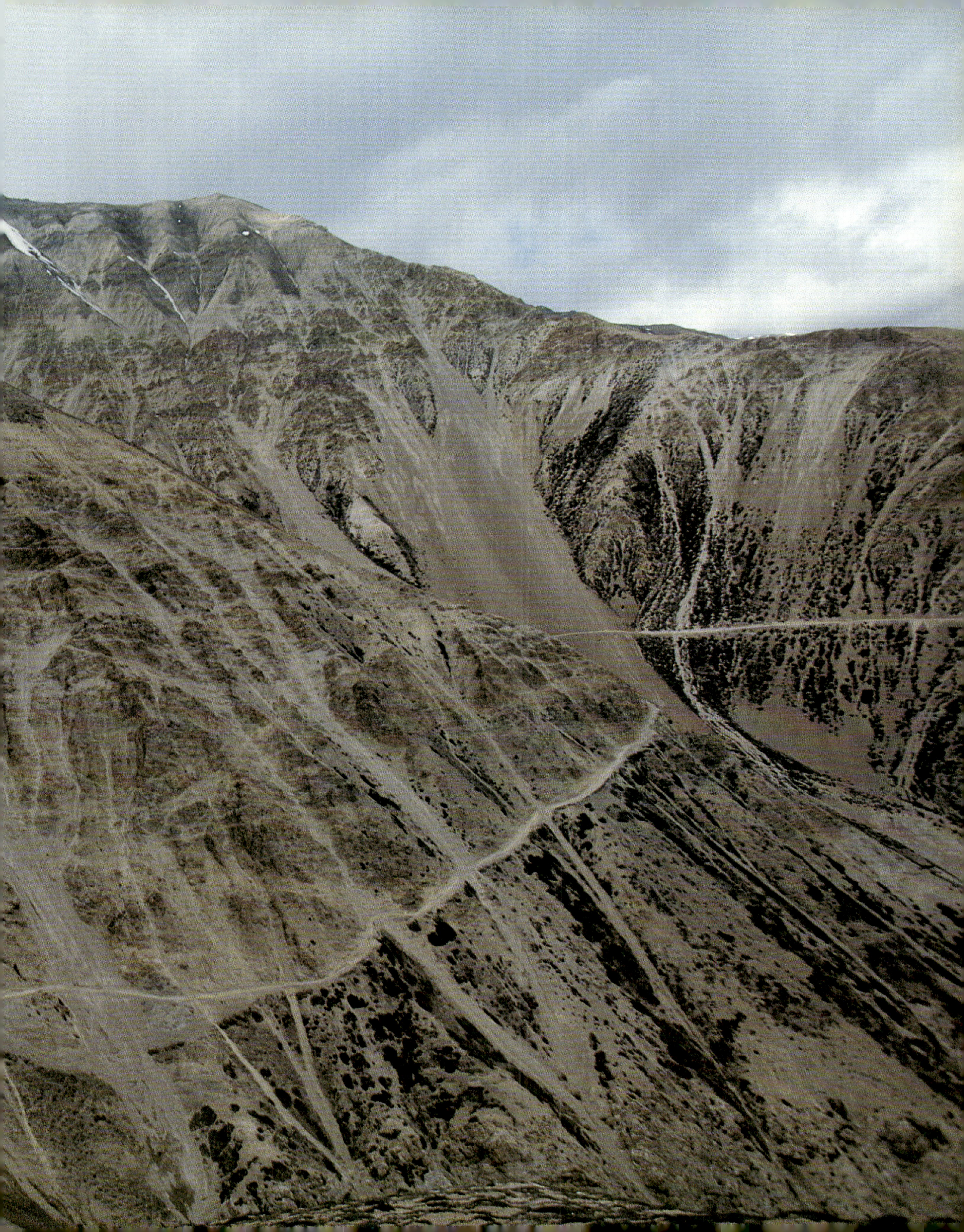

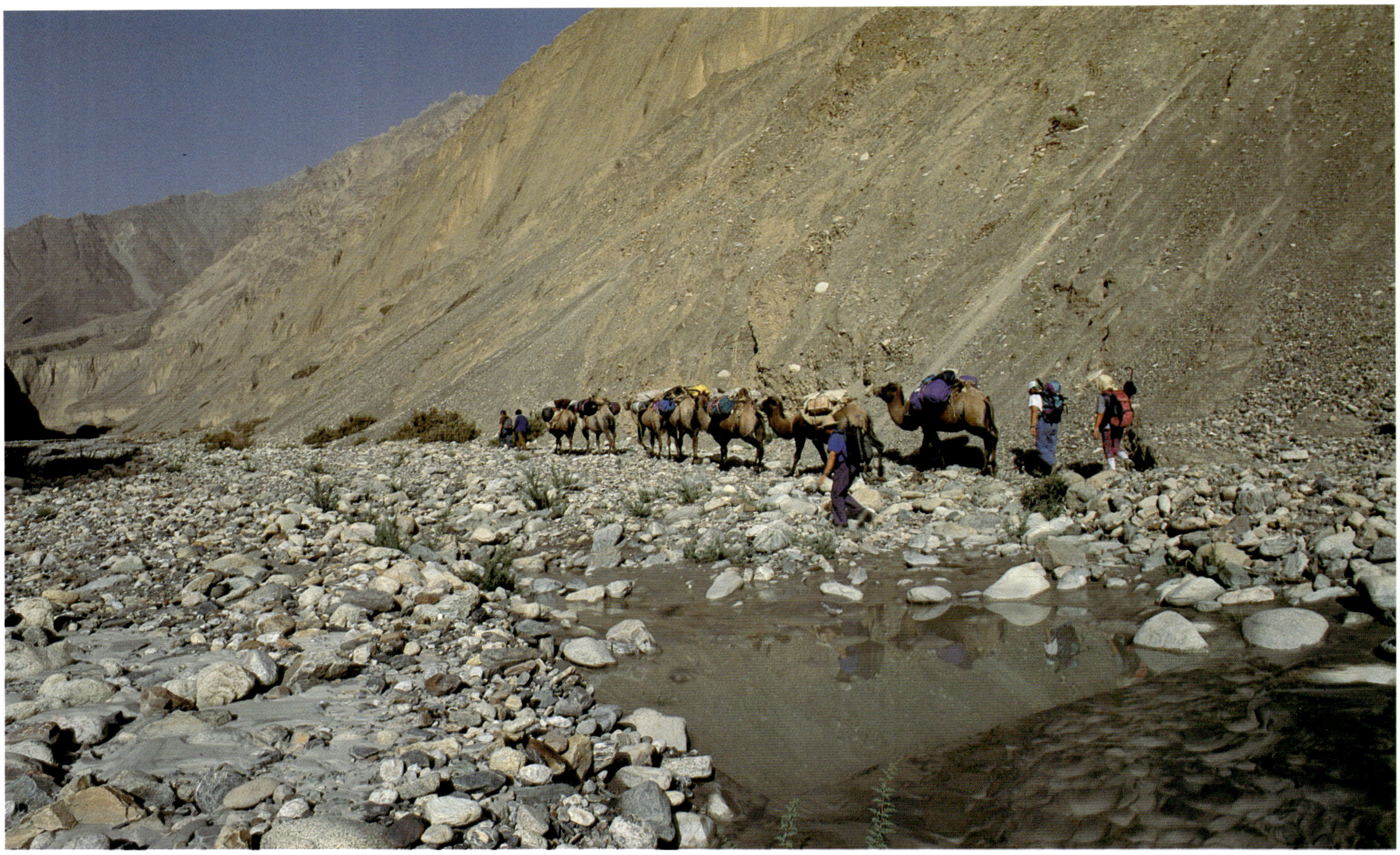

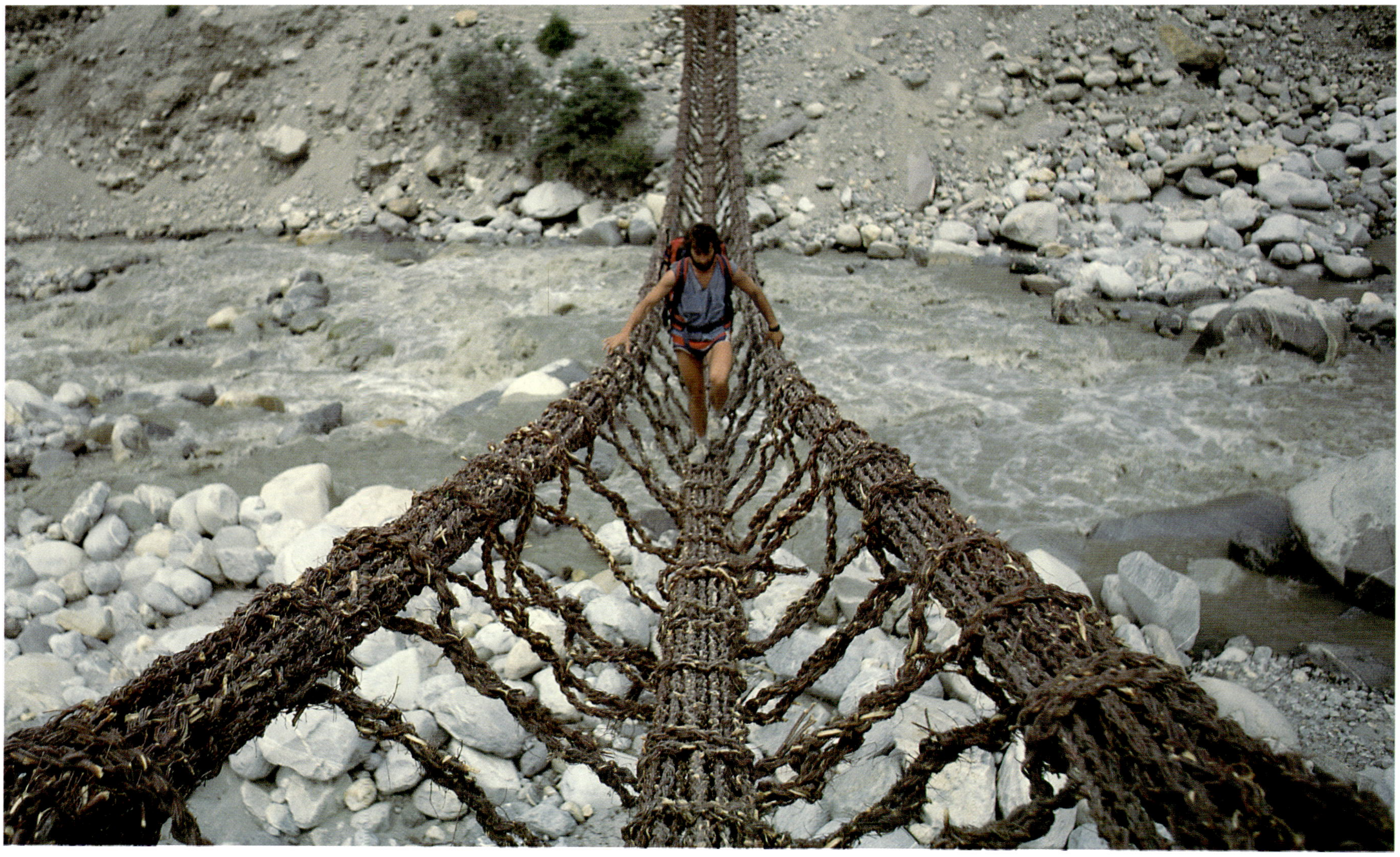

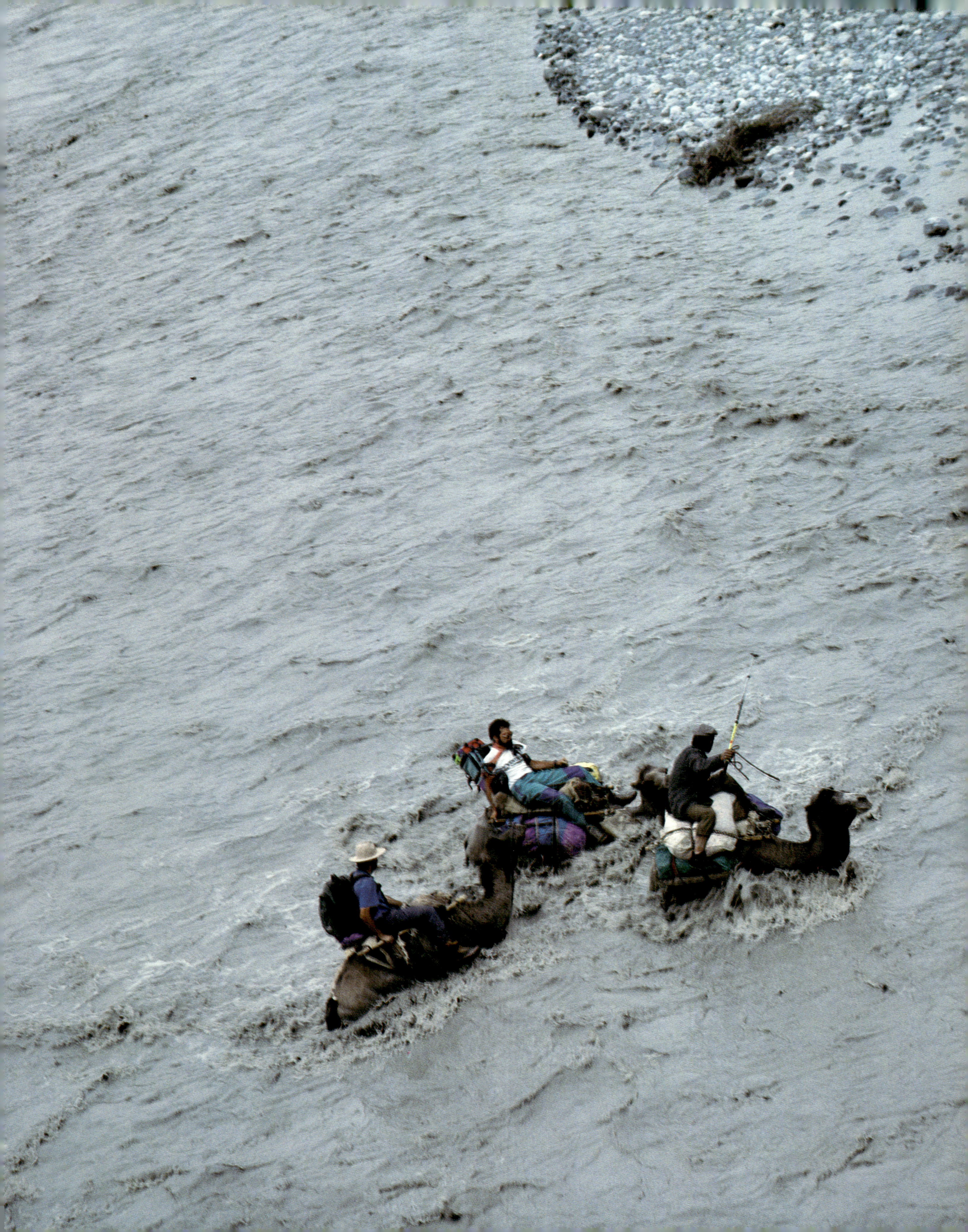

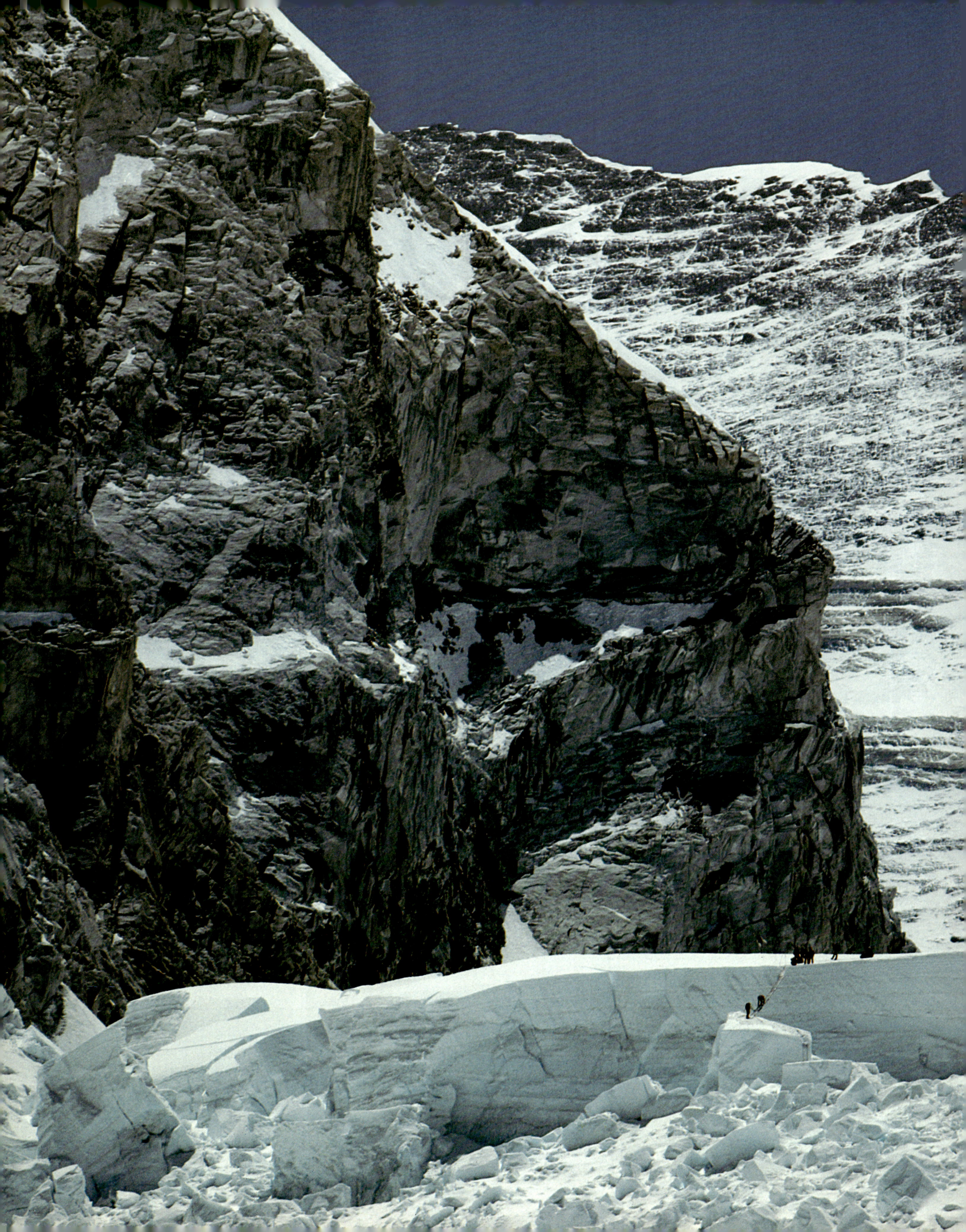

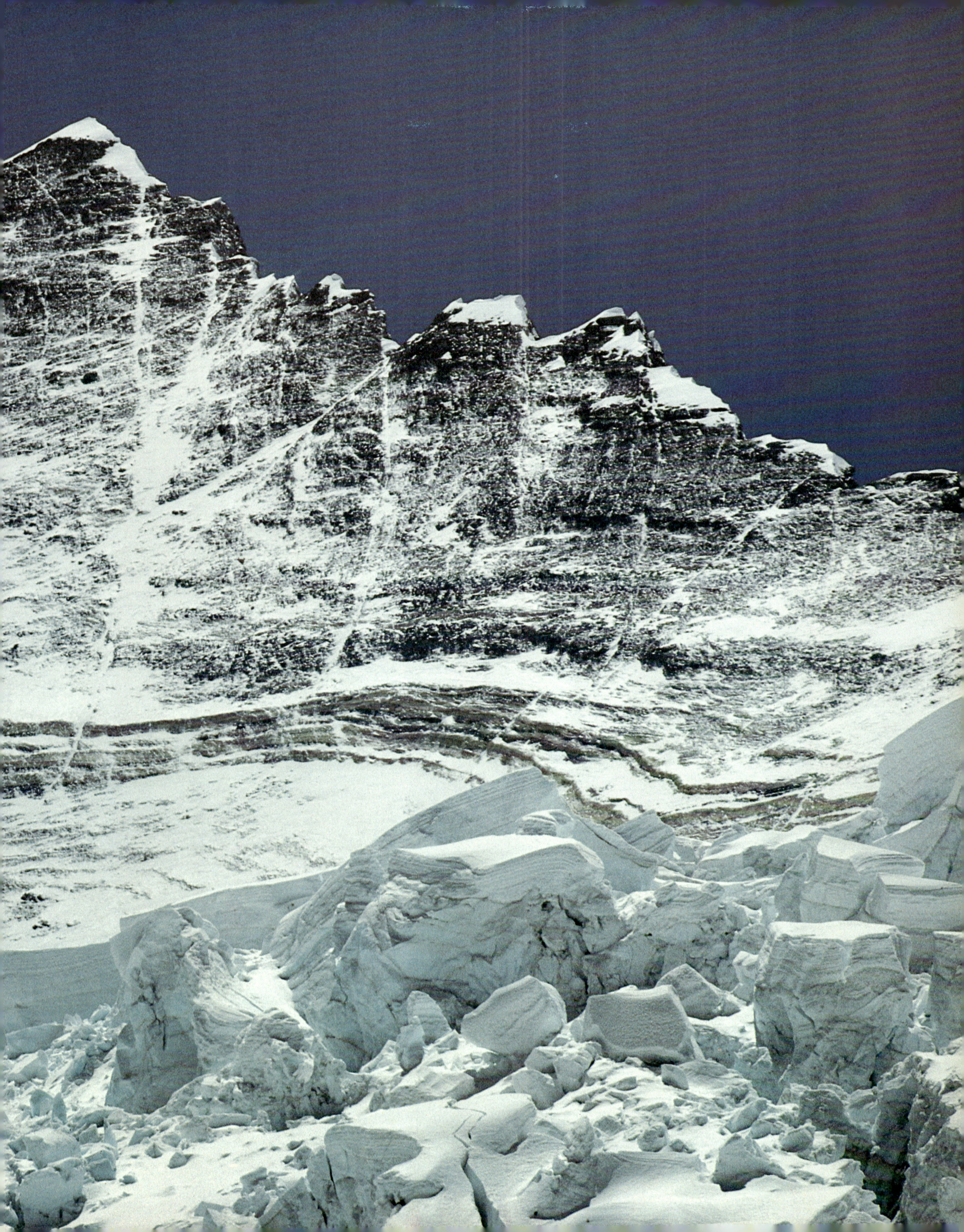

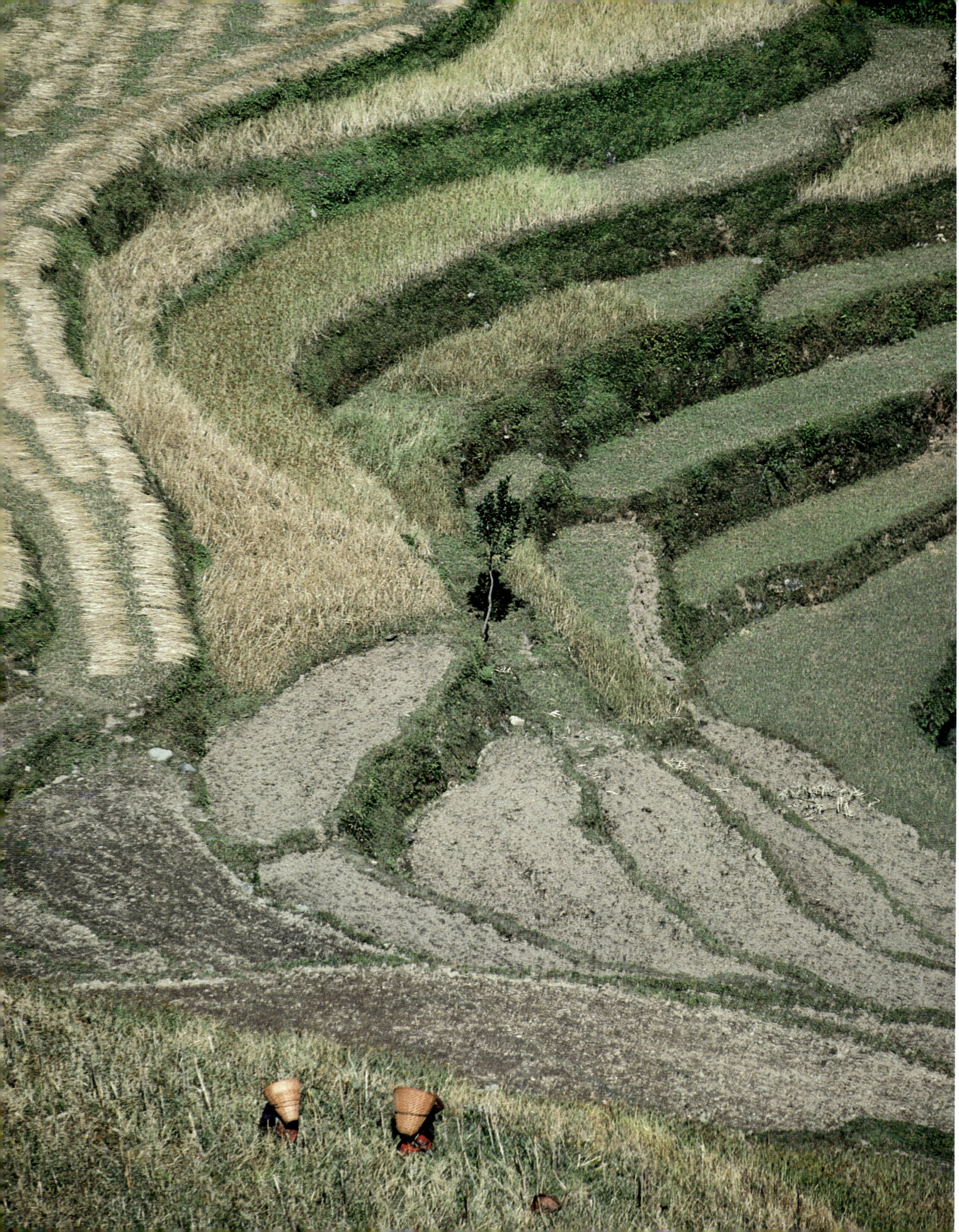

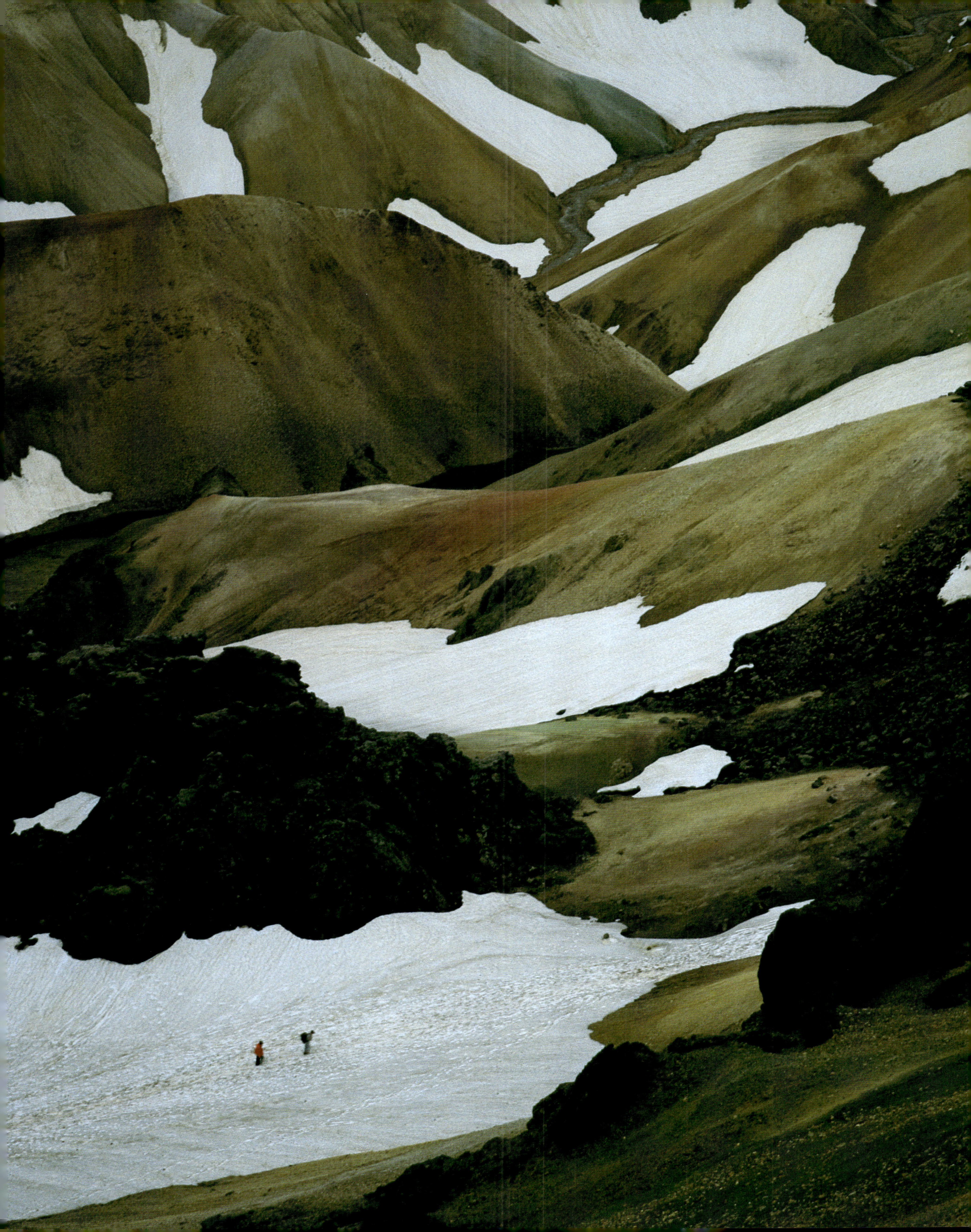

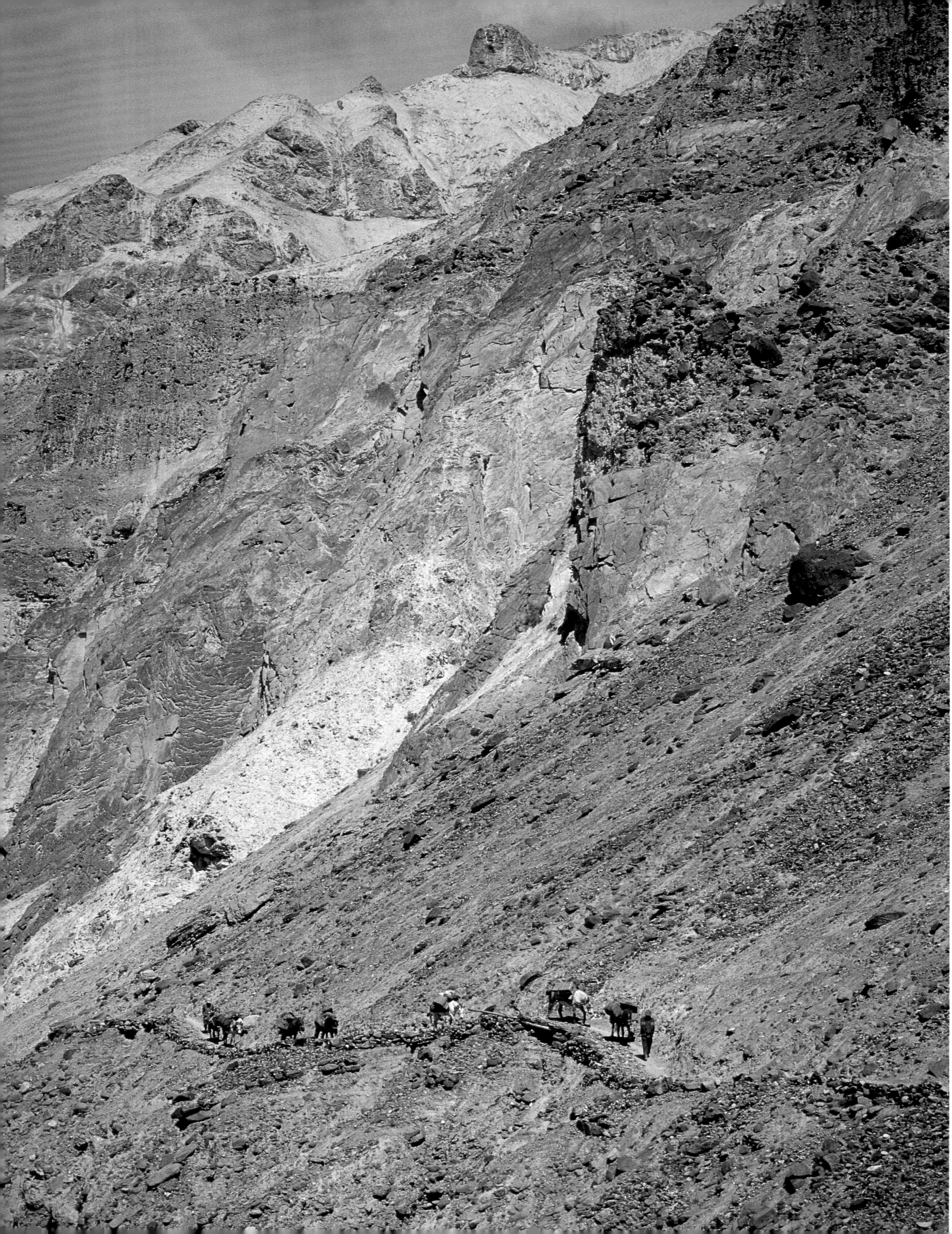

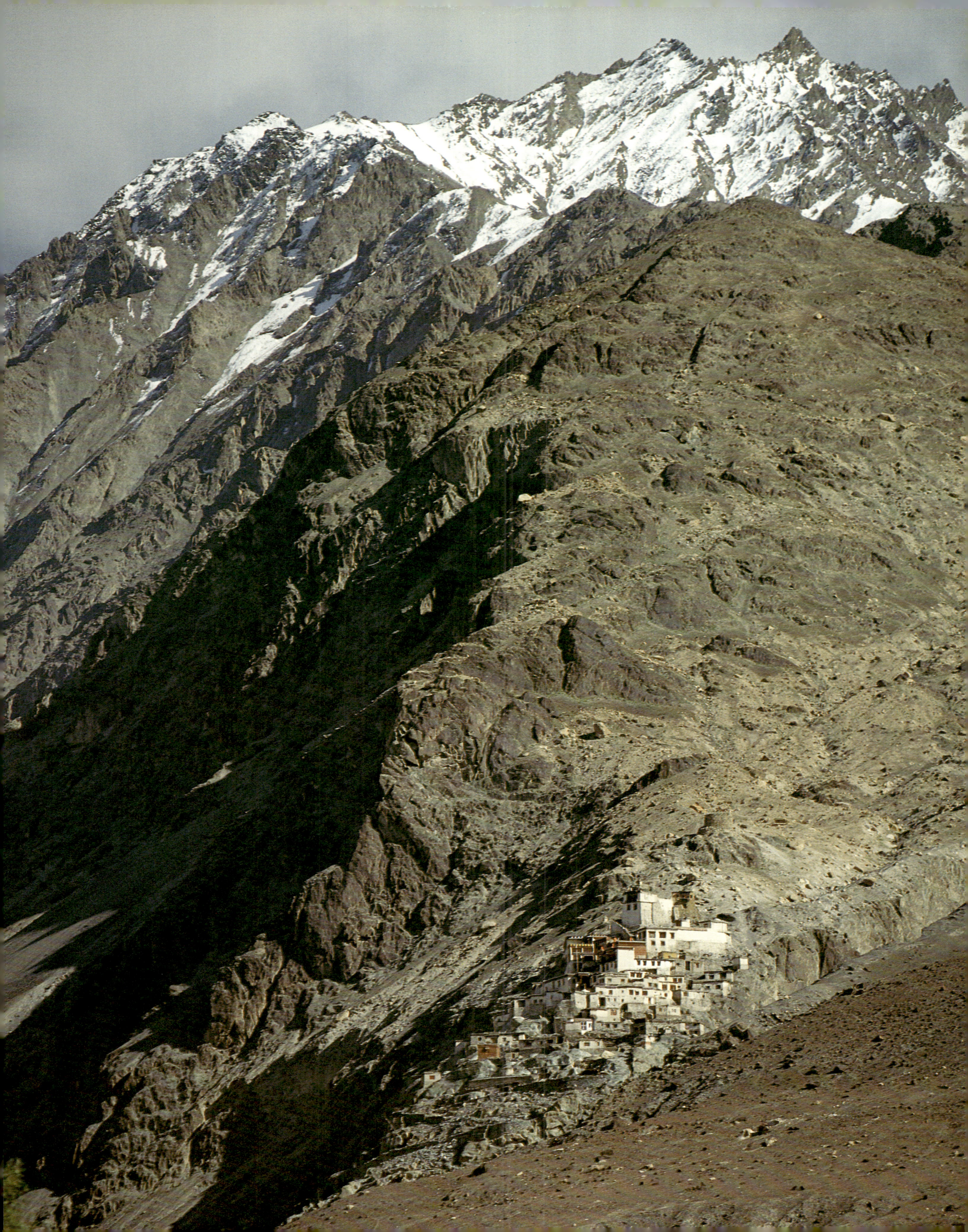

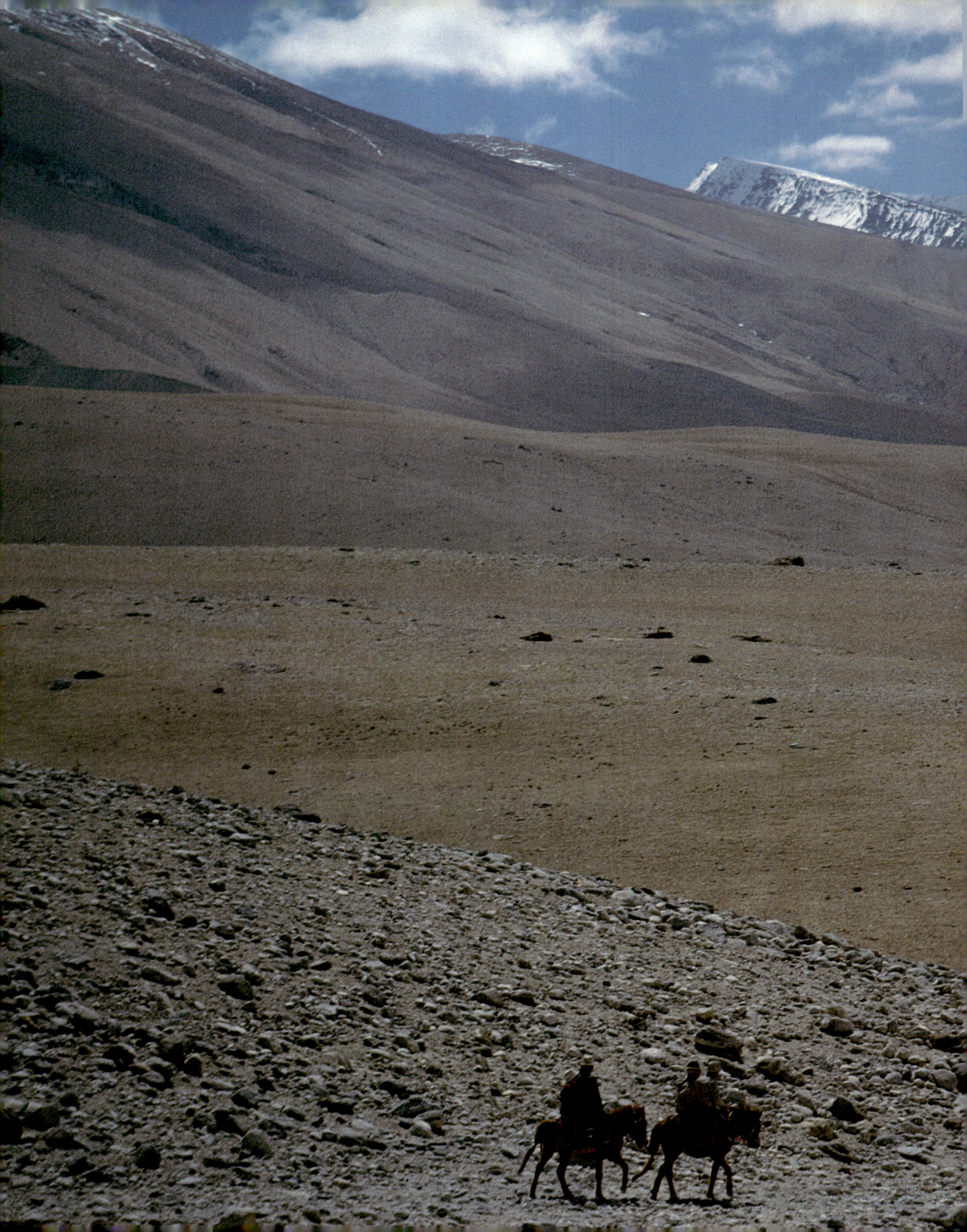

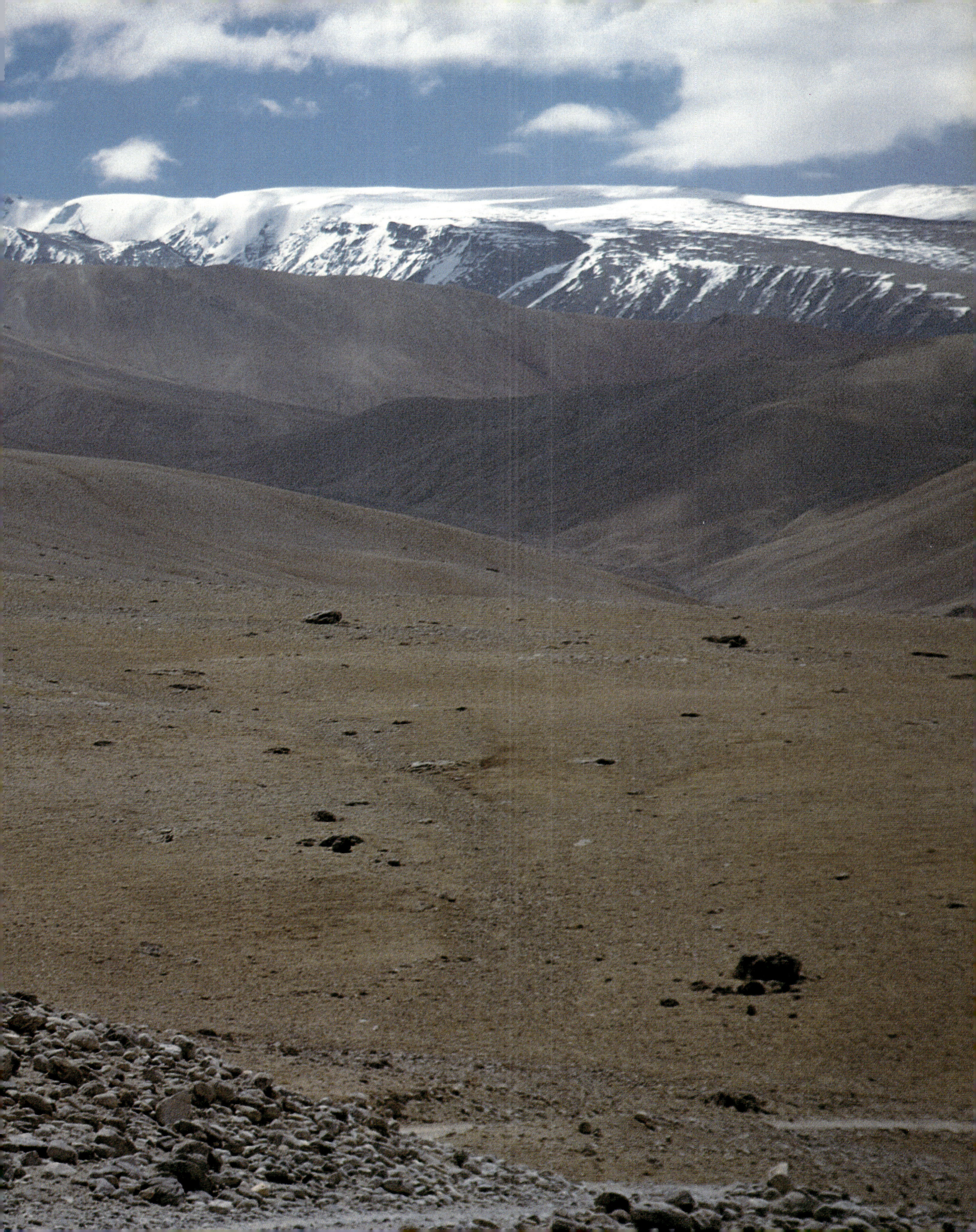

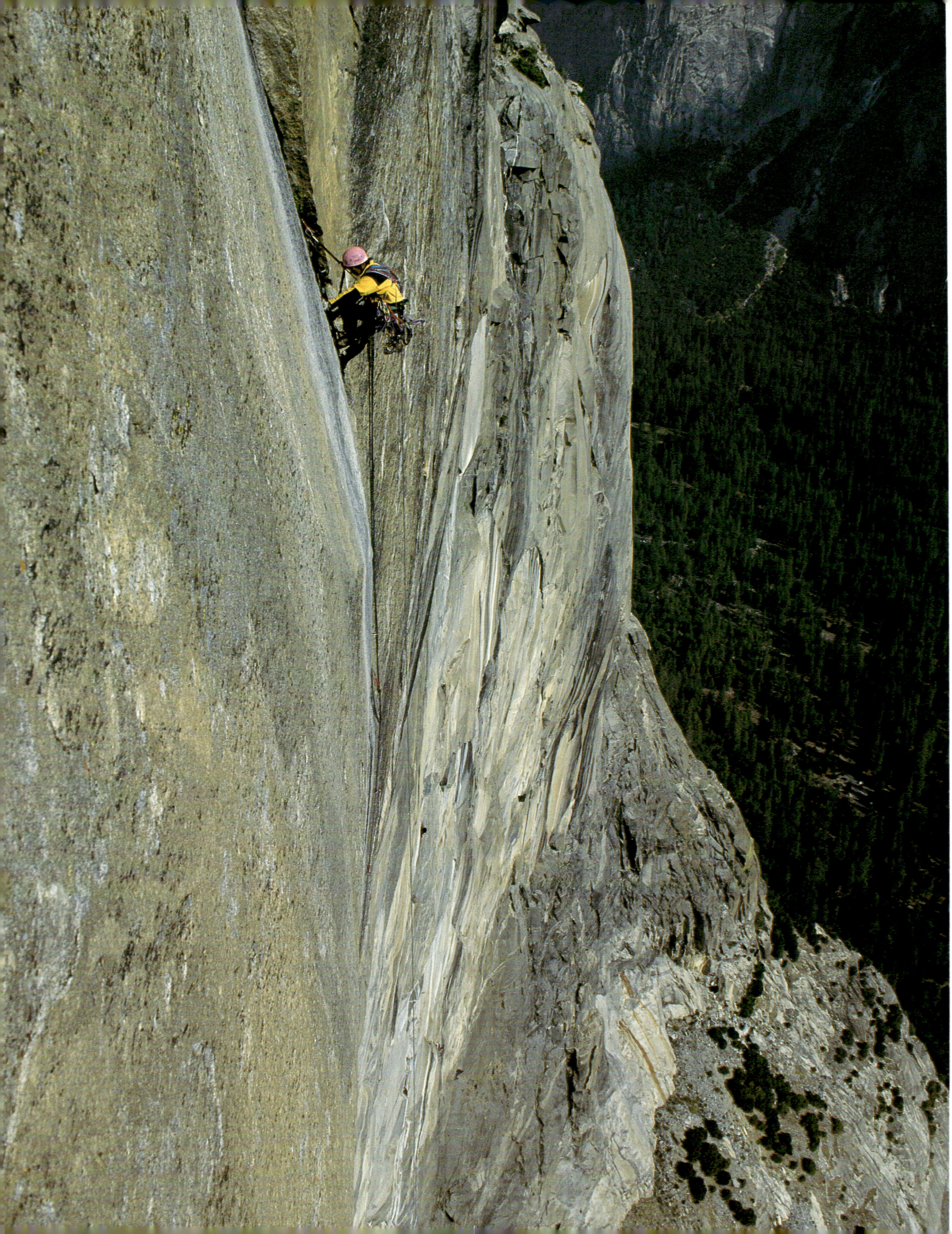

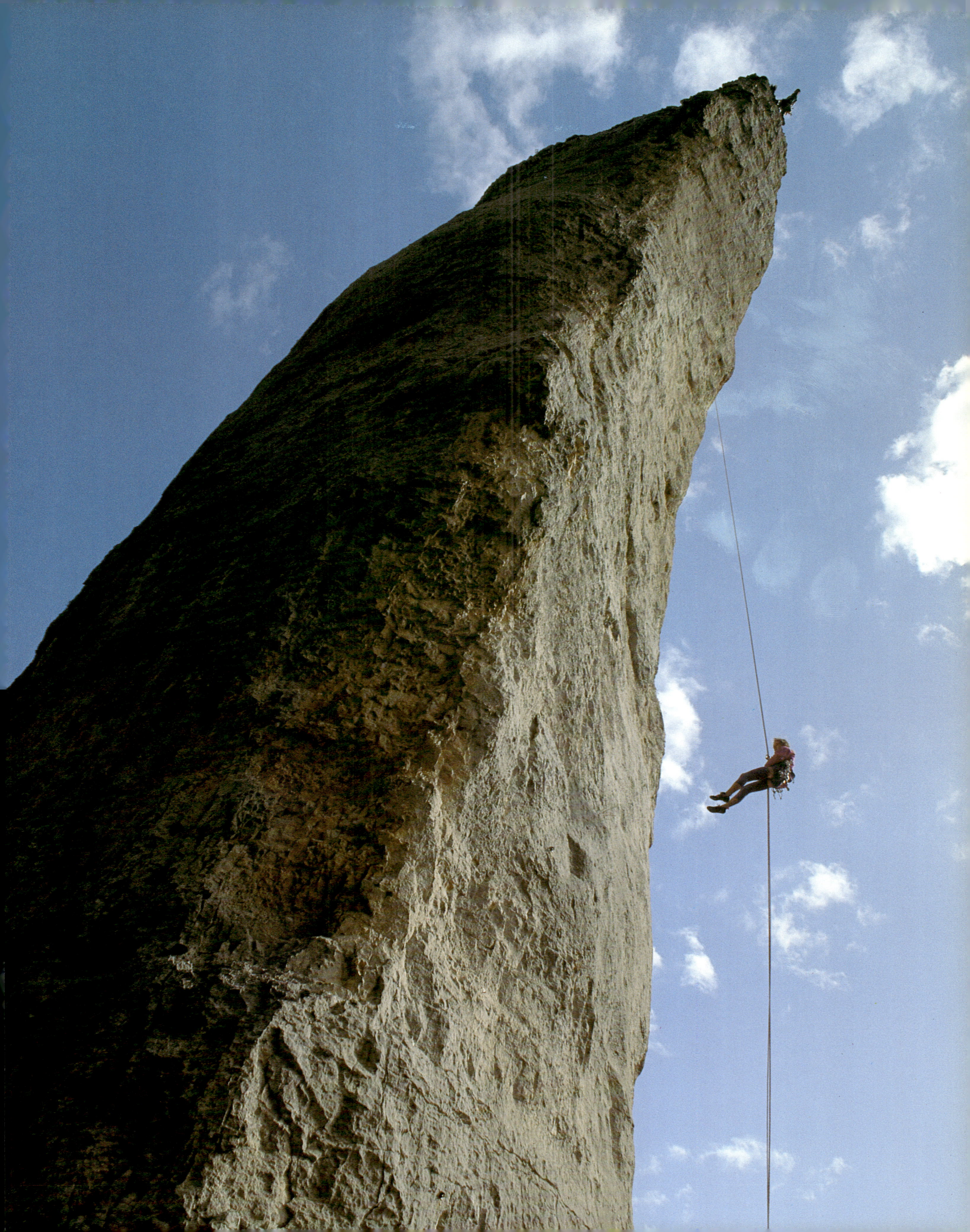

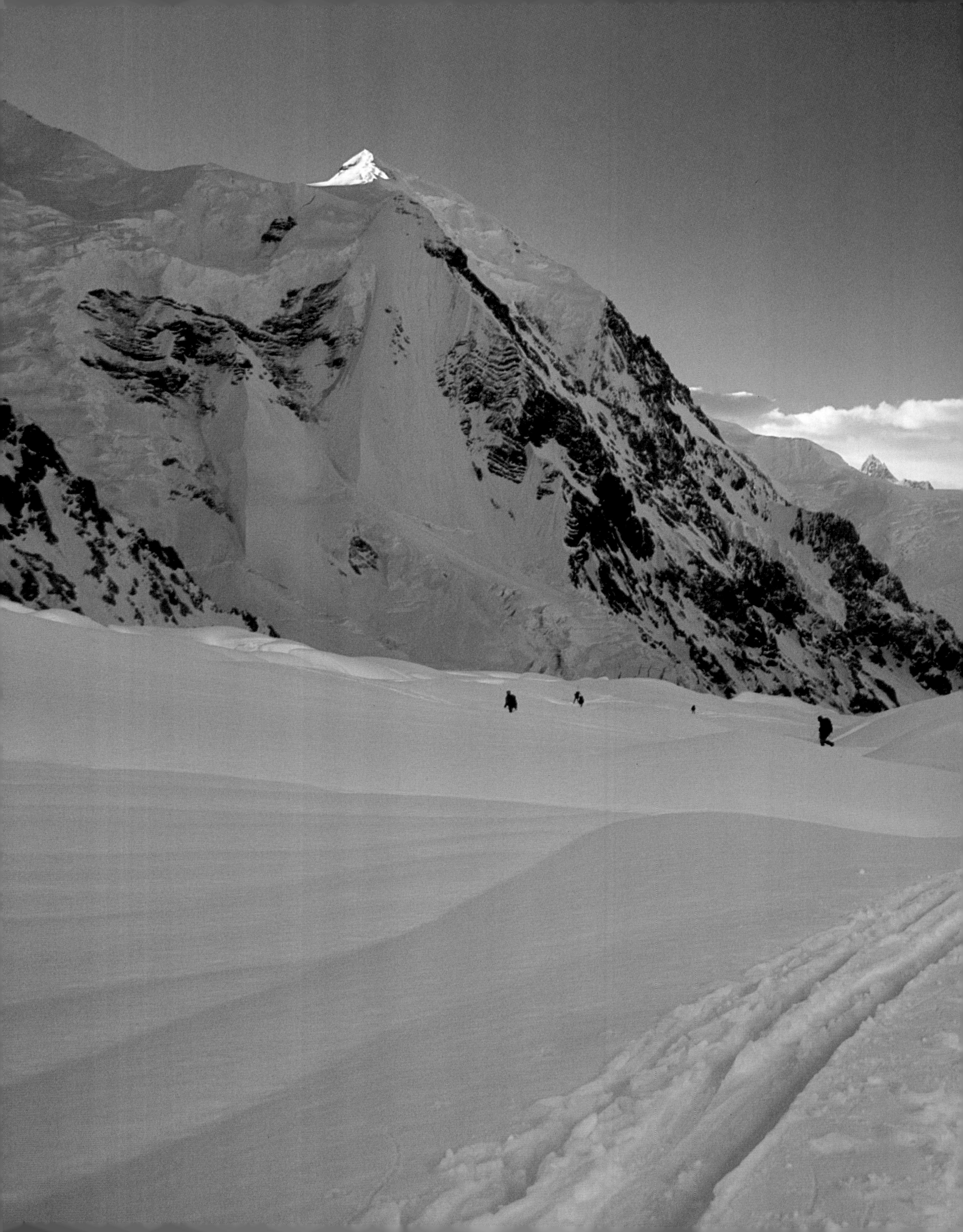

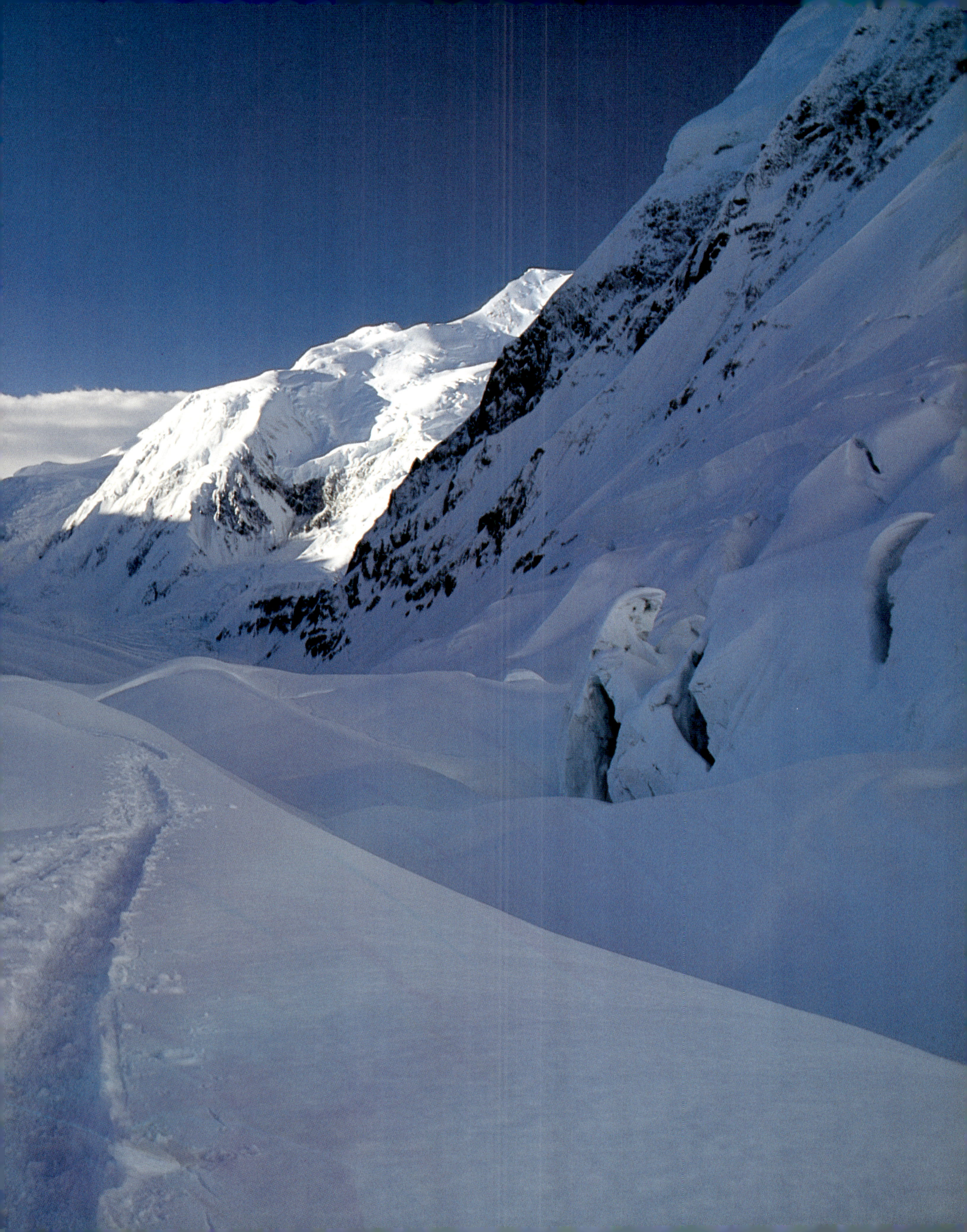

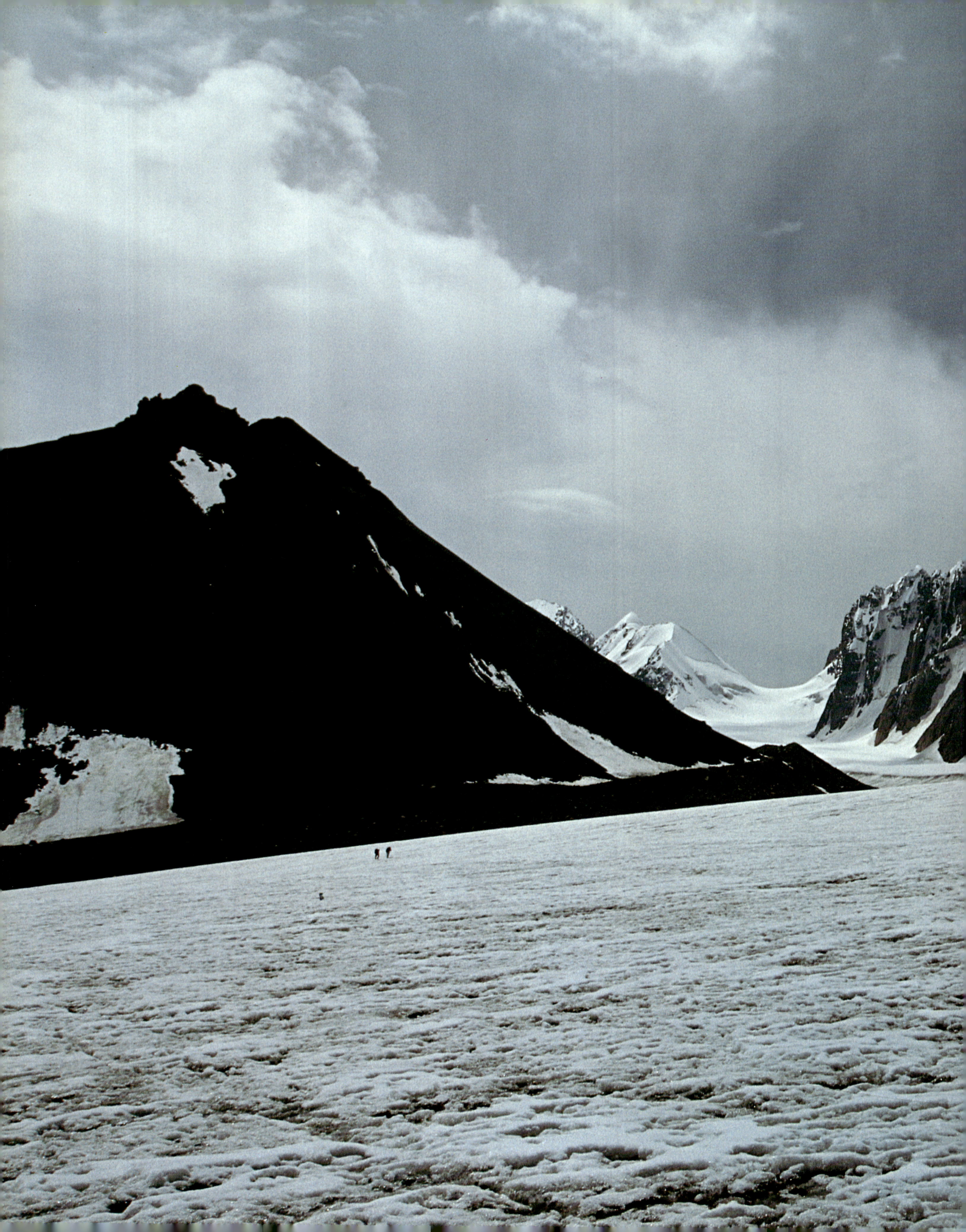

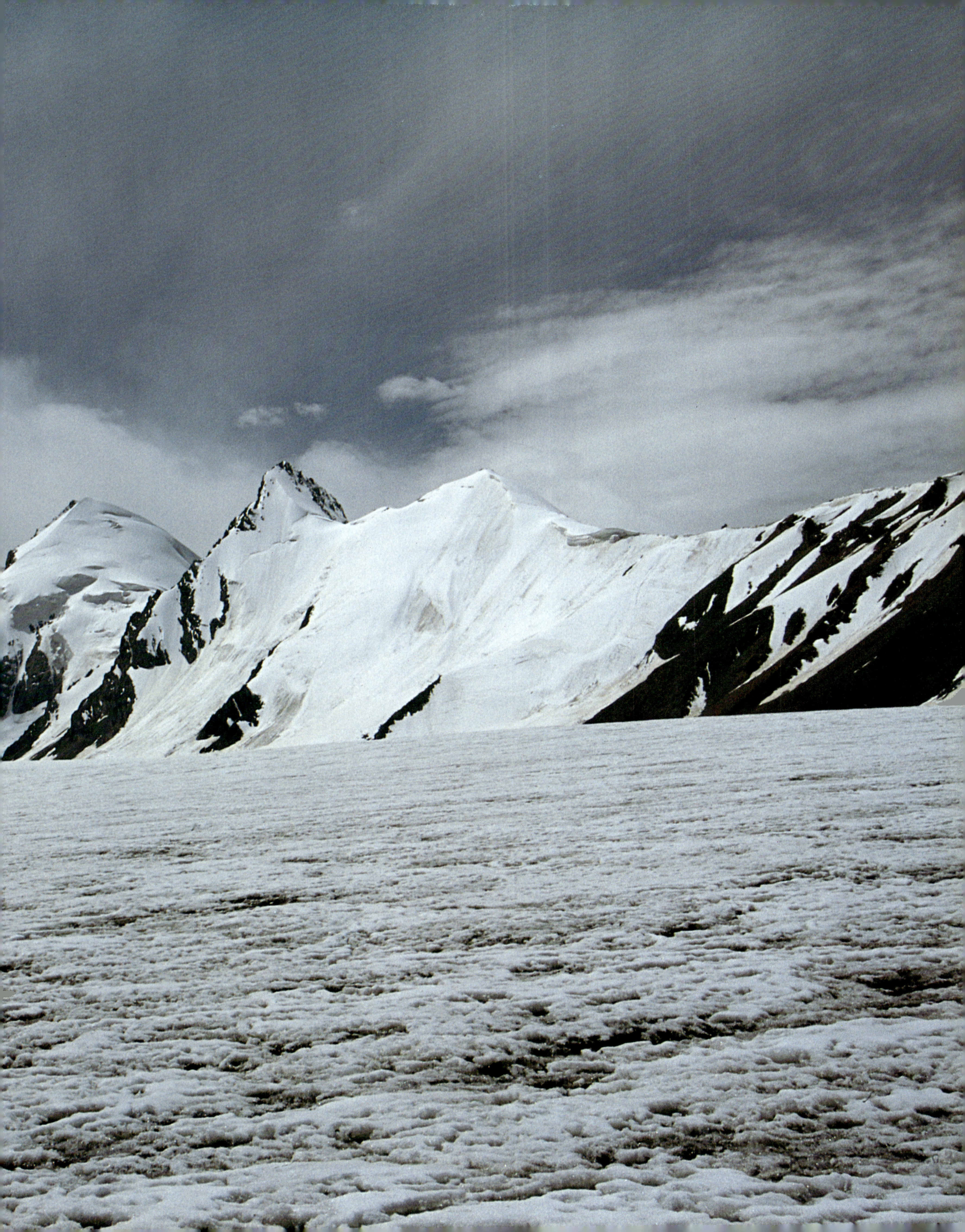

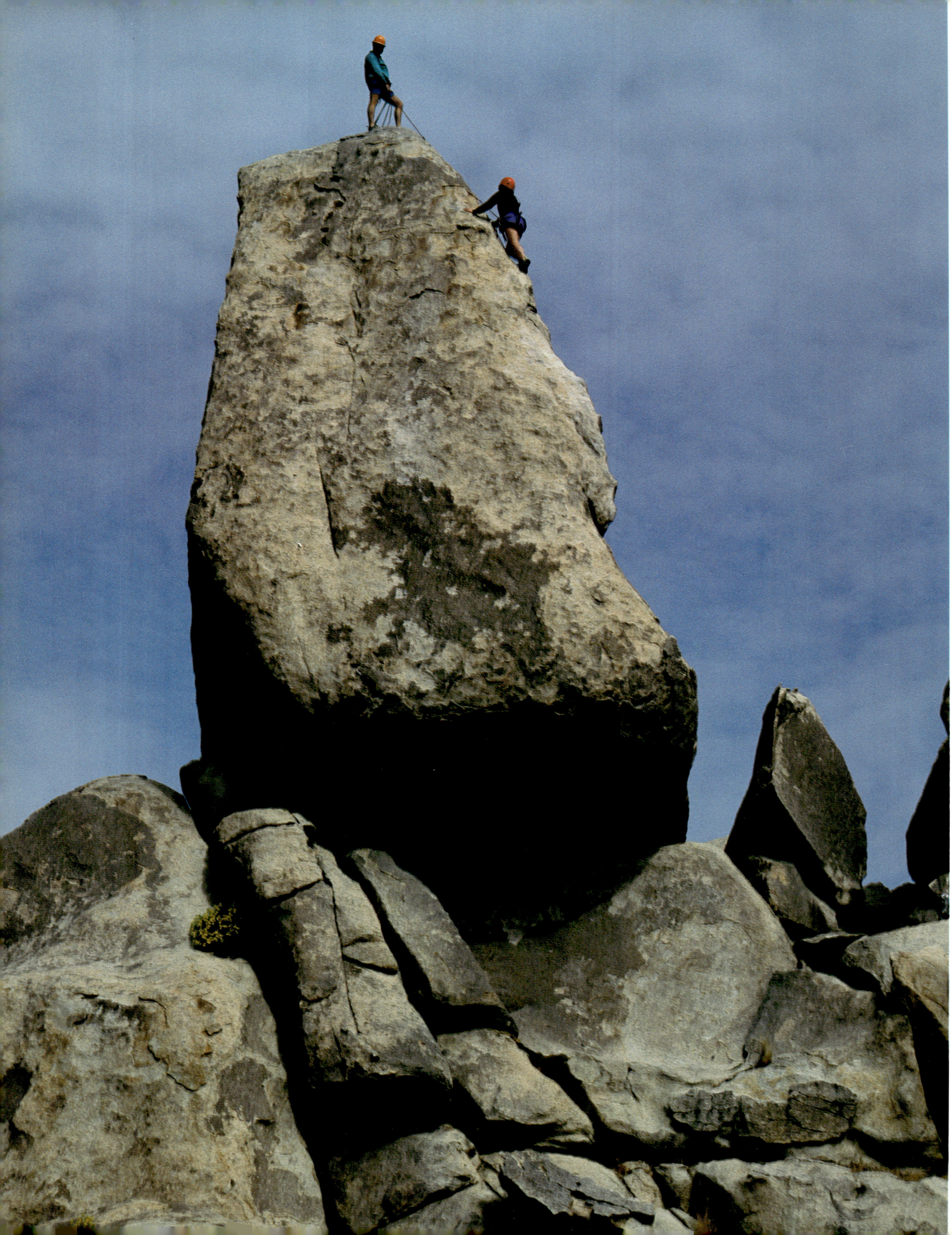

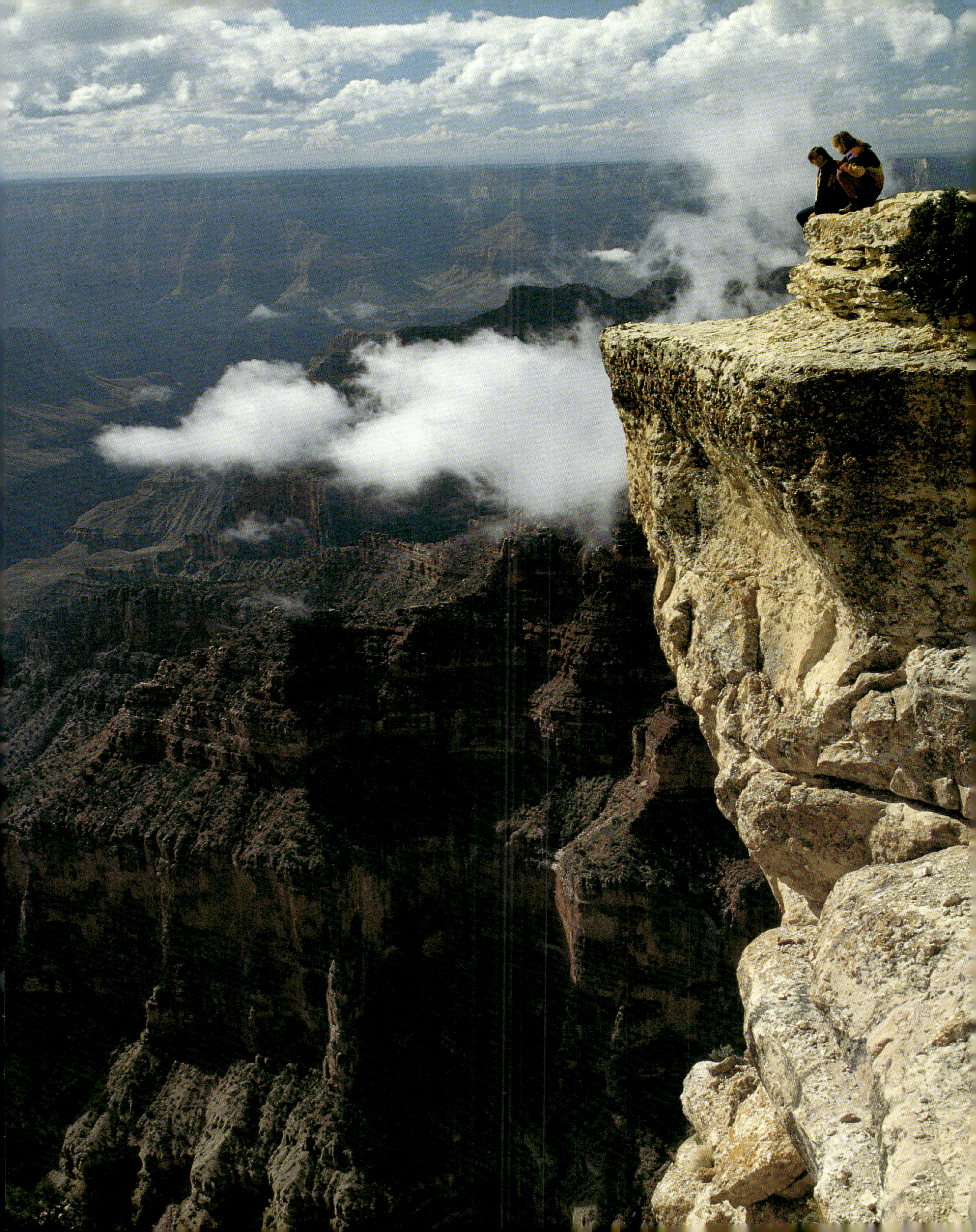

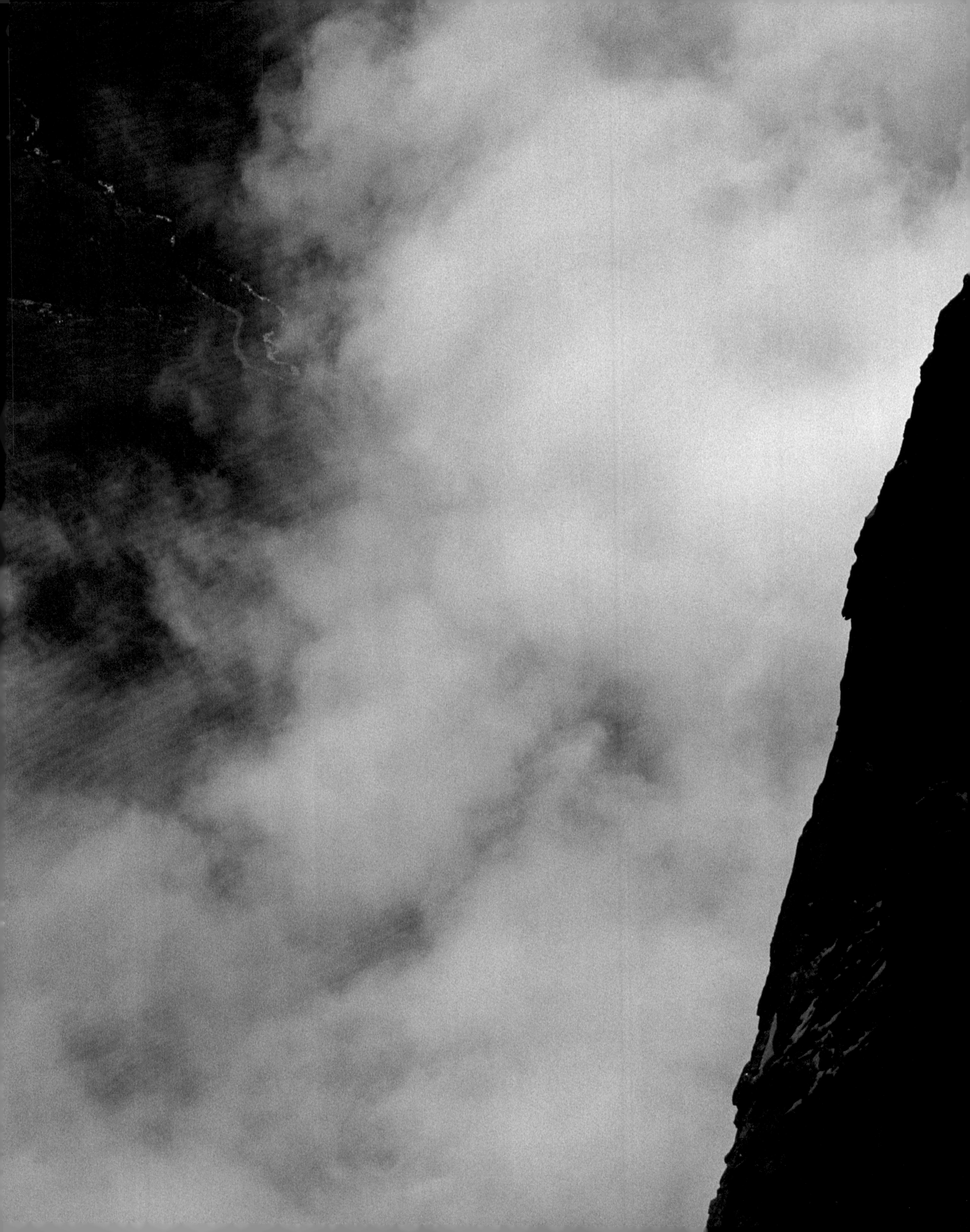

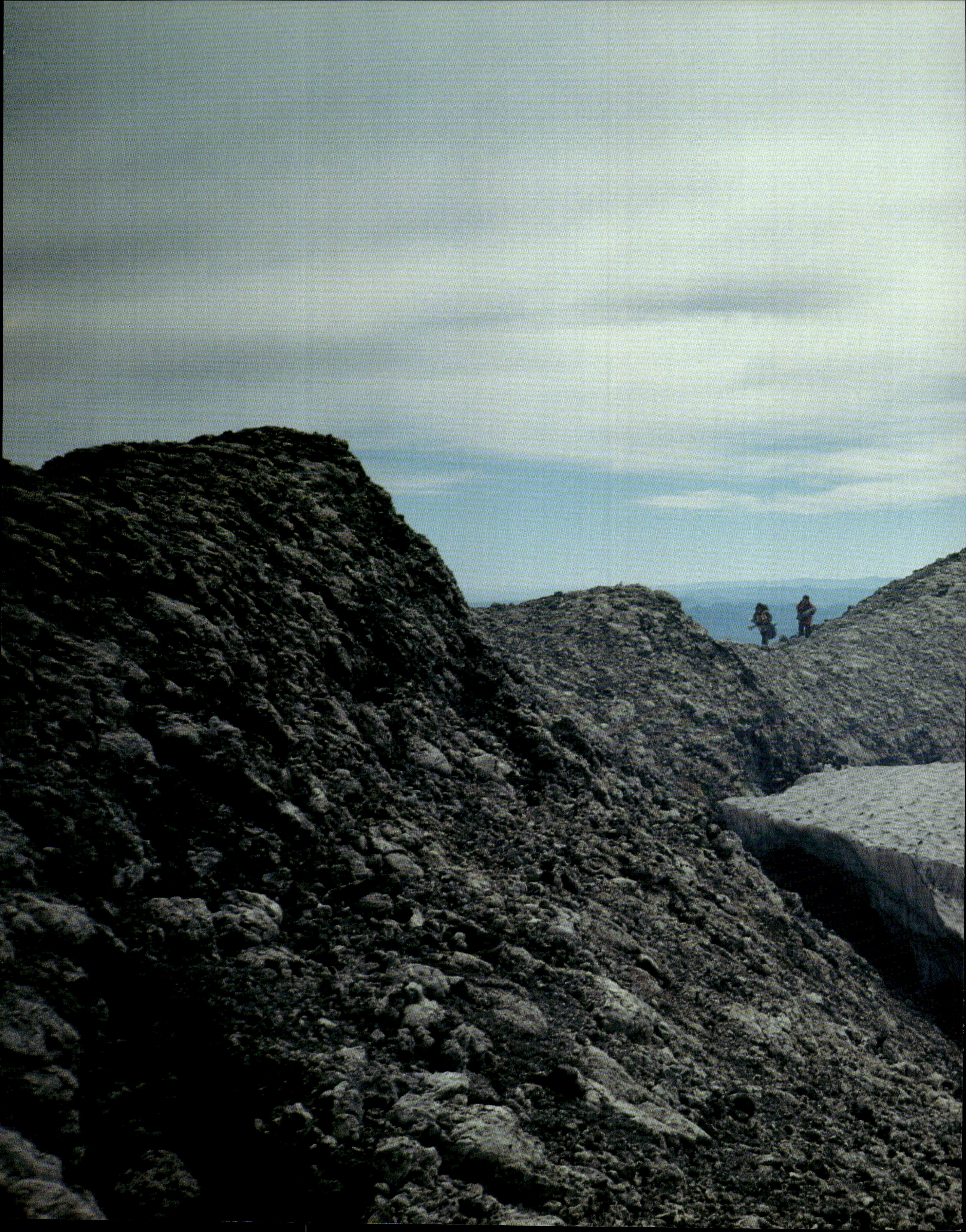

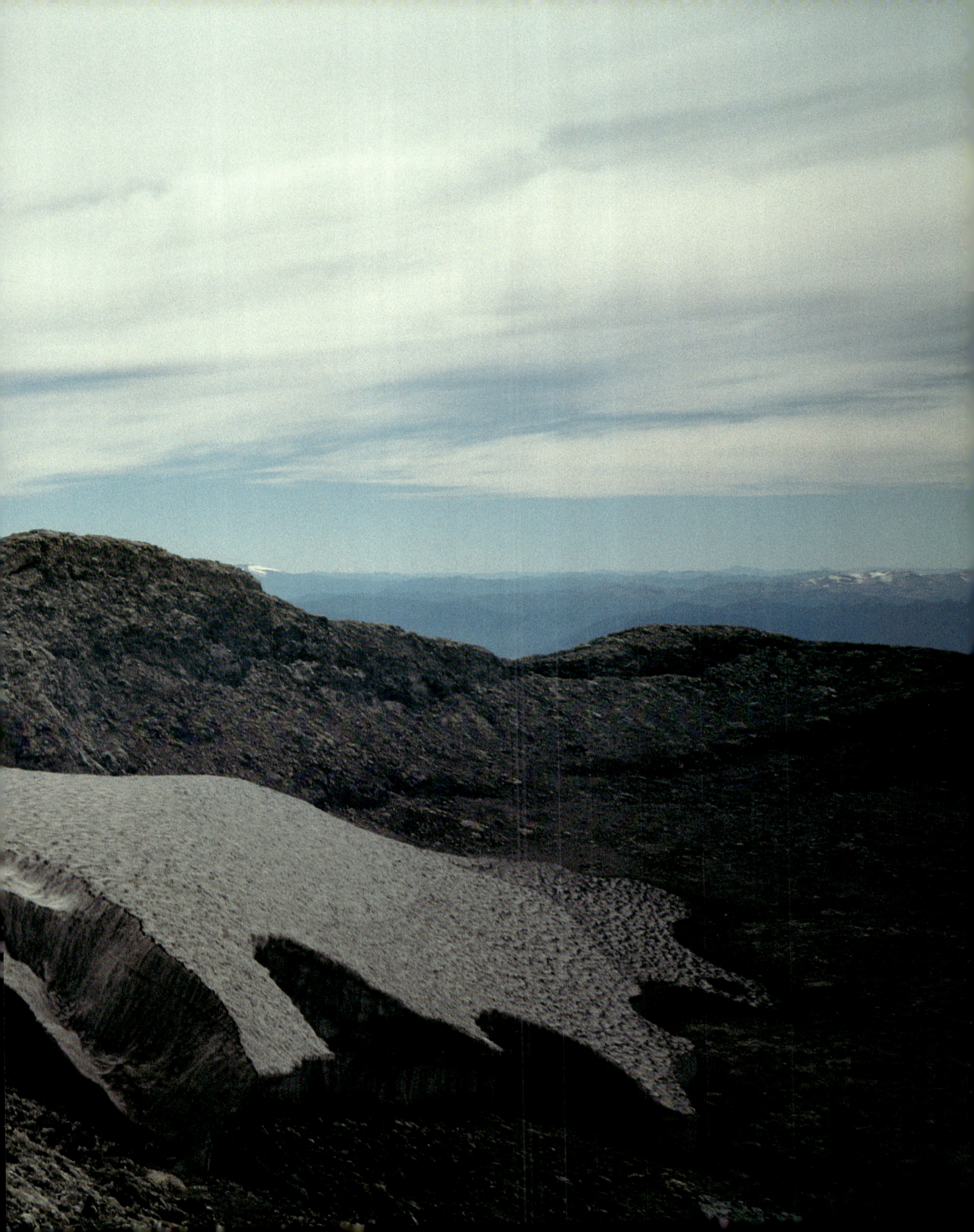

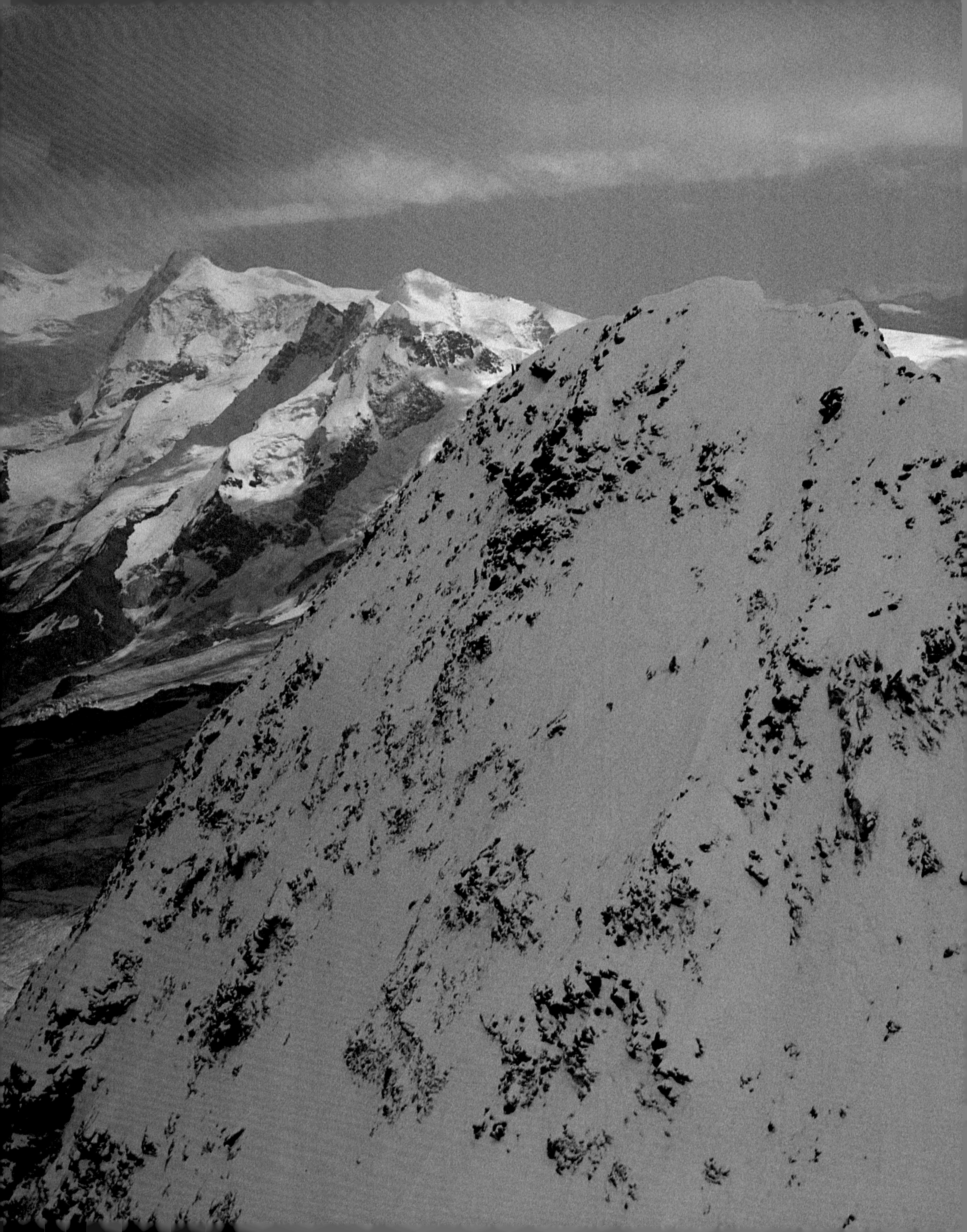

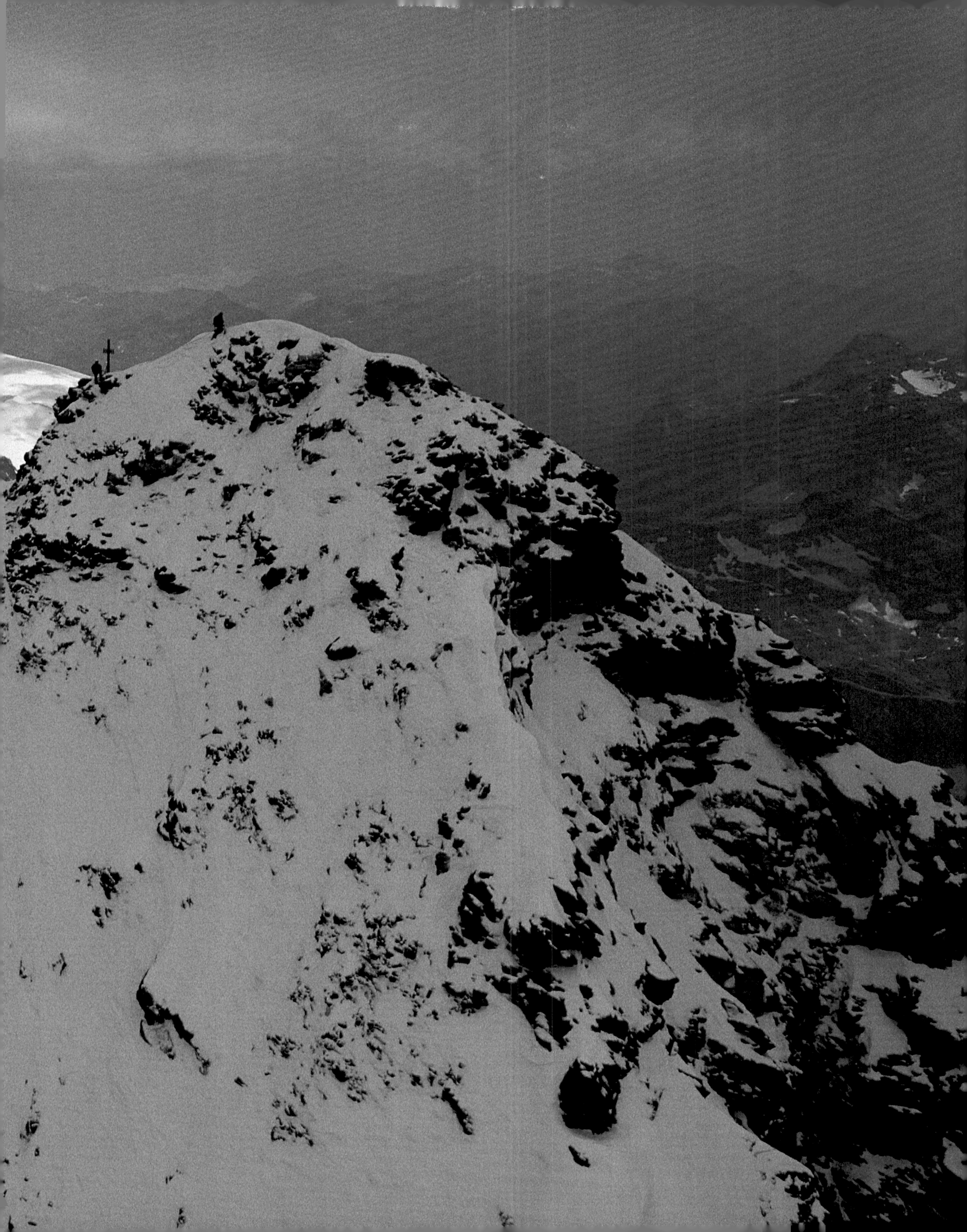

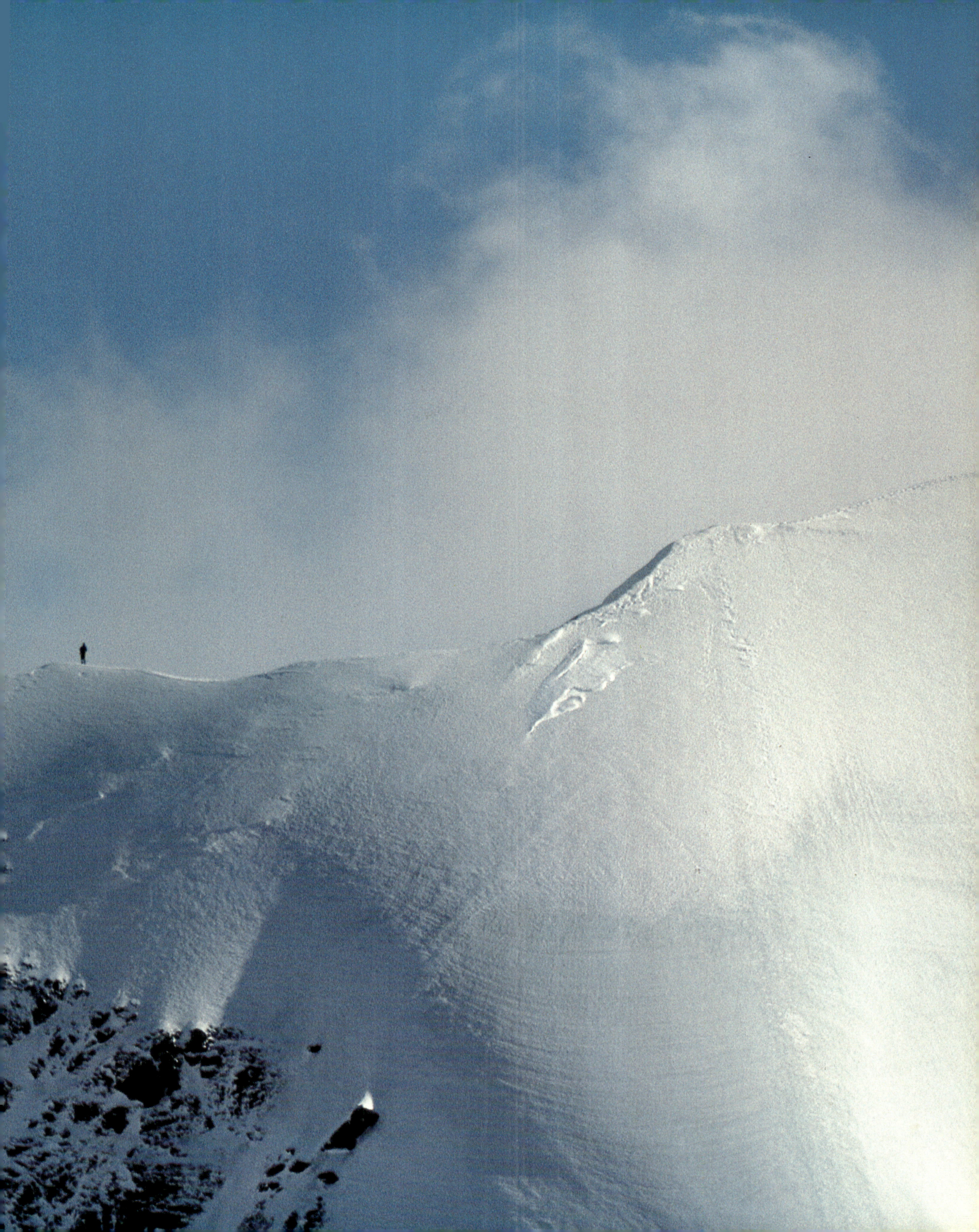

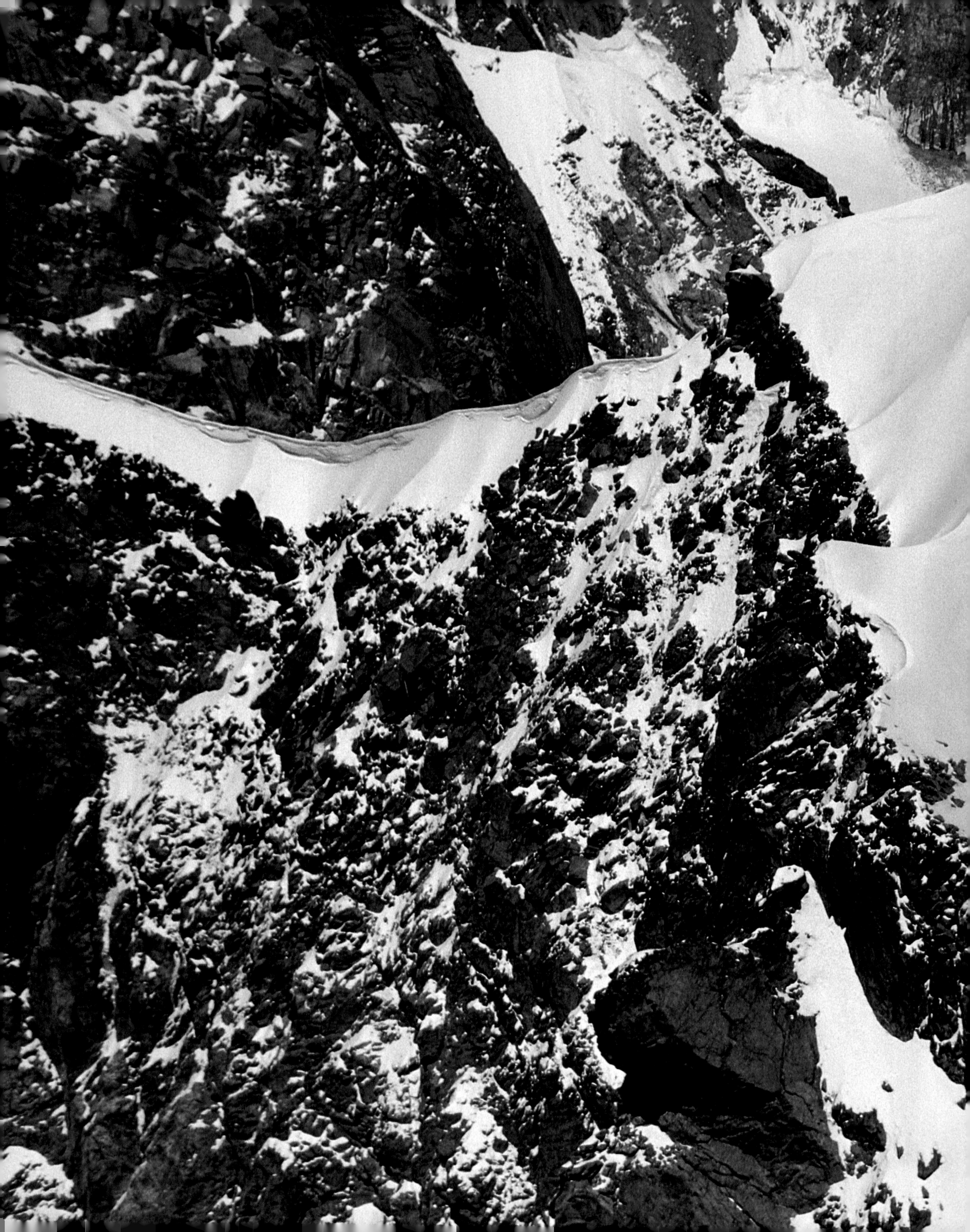

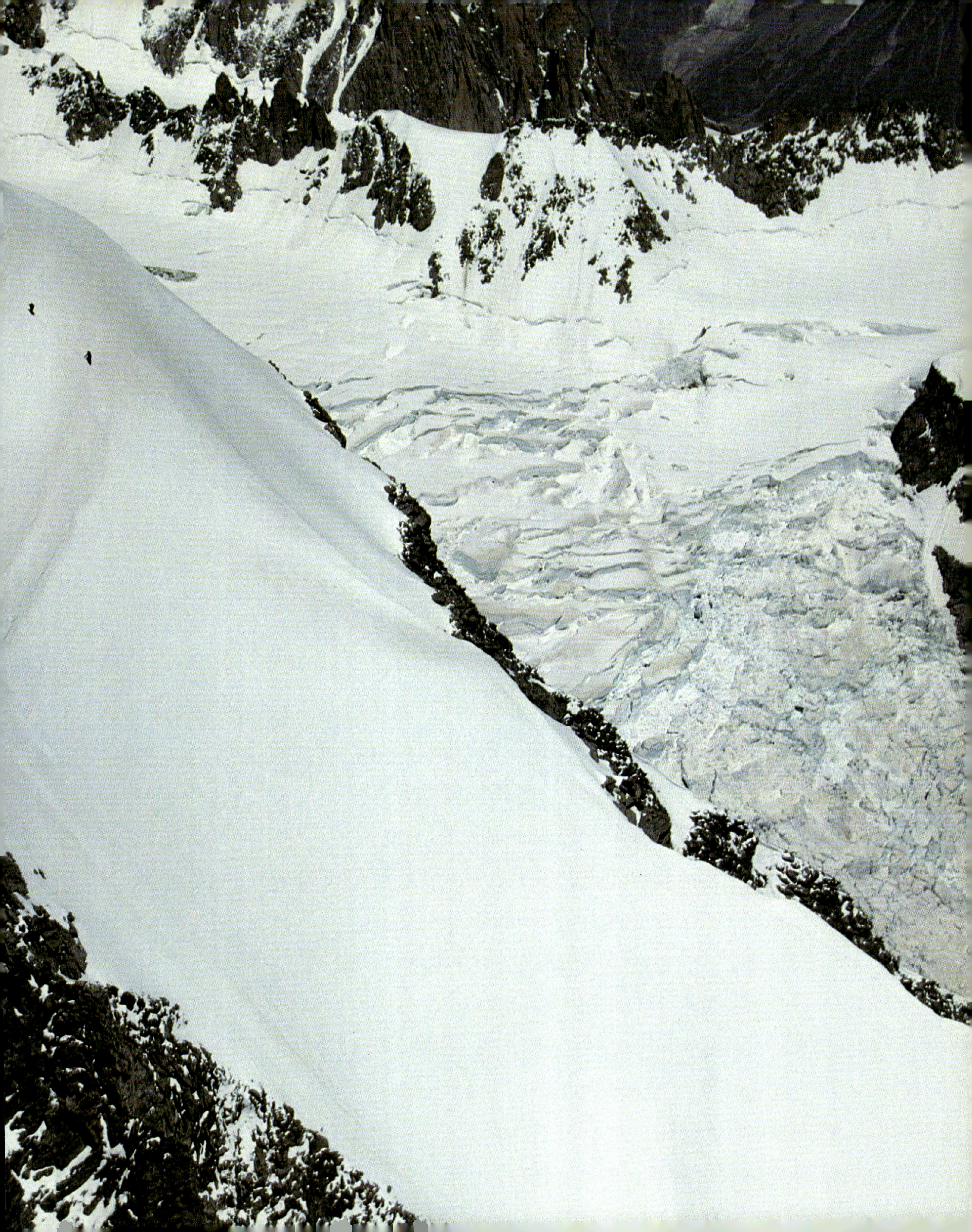

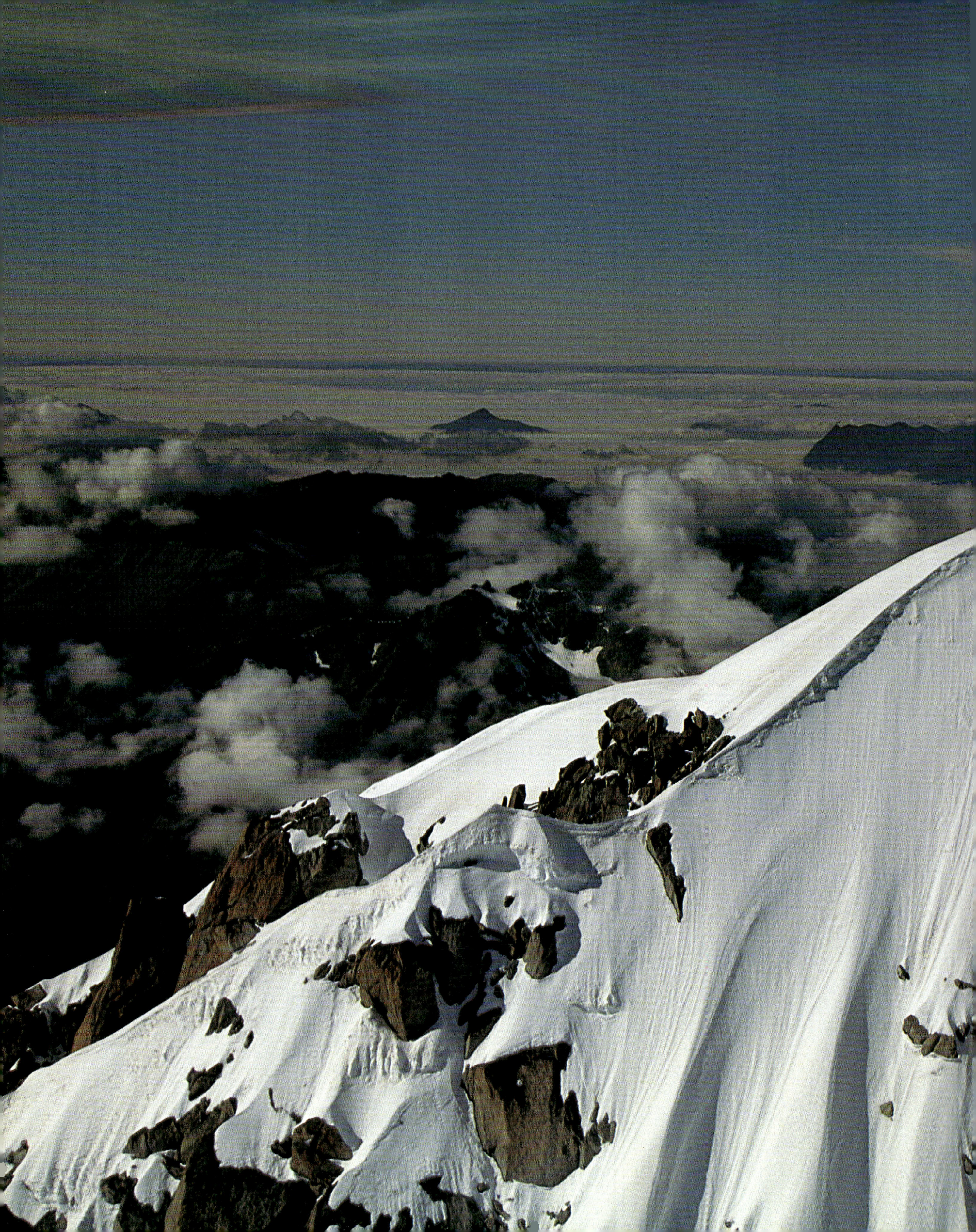

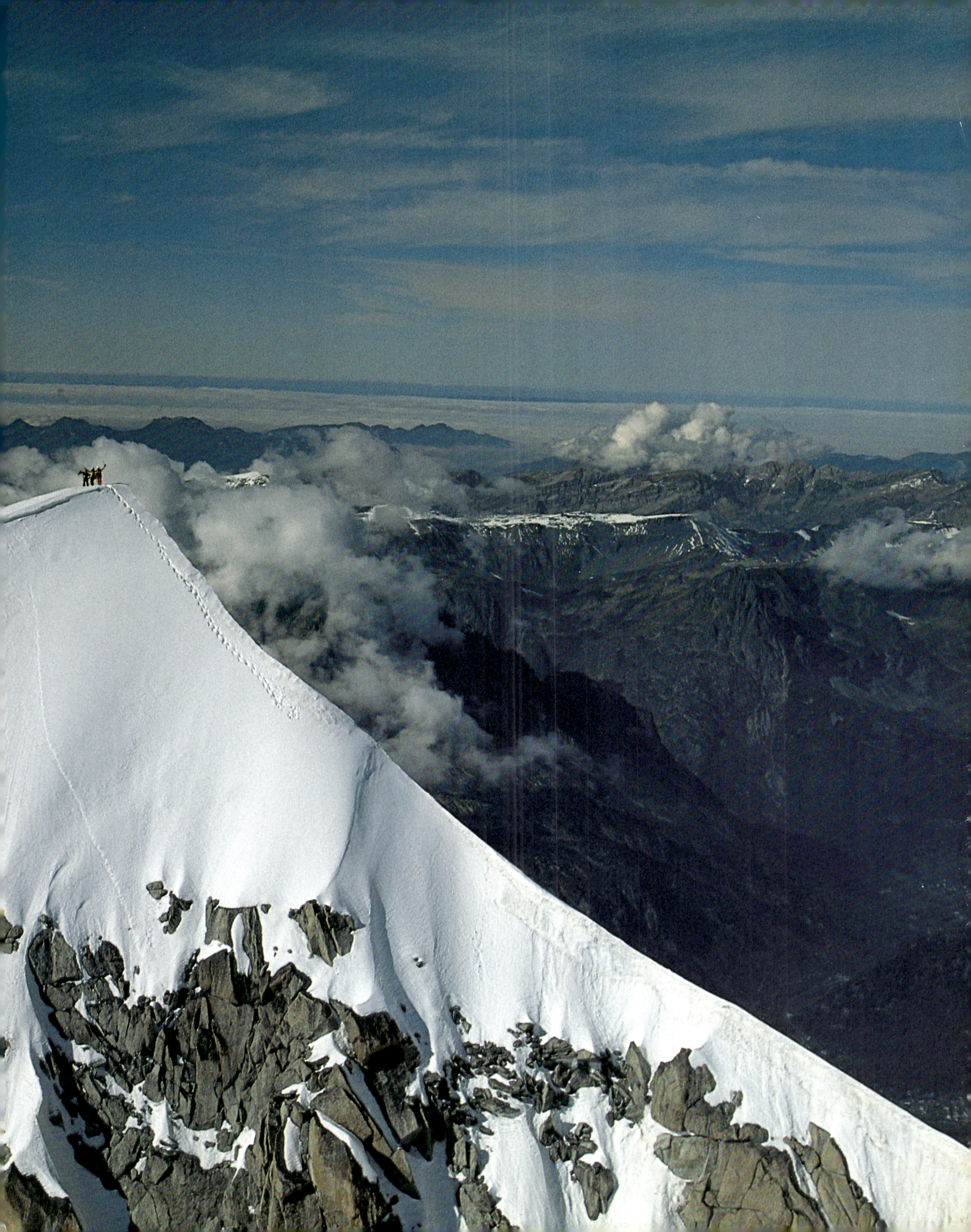

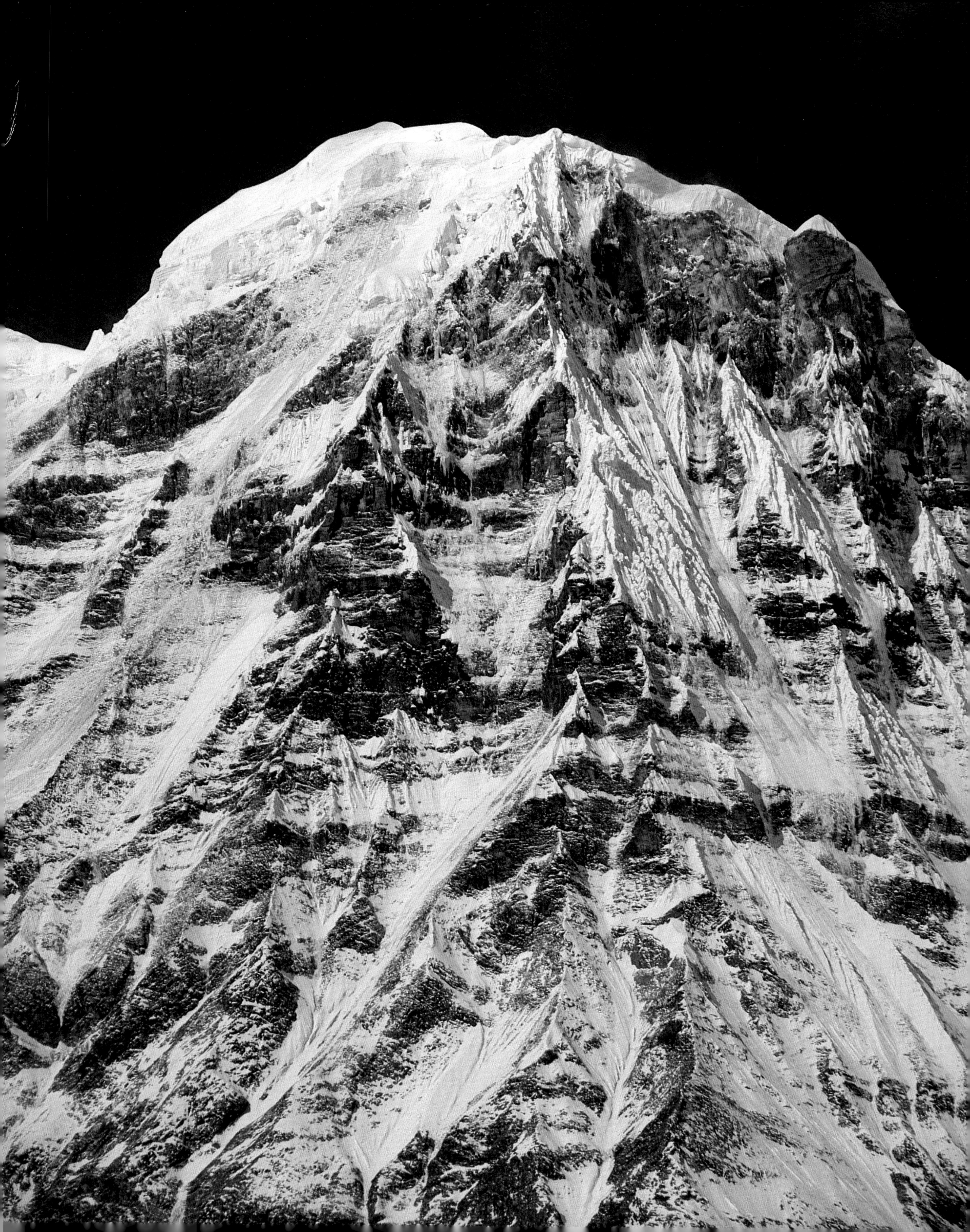

CRÉDITS PHOTOGRAPHIQUES

SEBASTIÁN ÁLVARO
8-9, 12, 14, 22-23, 28, 36, 40-41, 42-43, 44-45, 46-47, 48, 50-51, 103 (droite),106-107, 108-109, 112, 113, 114-115, 116-117, 118-119, 120-121, 122-123, 124-125, 126, 129, 134-135, 136-137, 140-141, 144, 145, 146-147, 150-151, 152-153, 156-157, 158-159, 160, 162, 163, 164, 165, 169, 170, 171, 182-183, 184-185, 186-187, 188-189, 190-191, 192, 193, 194-195, 196-197, 198-199, 200-201, 202-203, 204-205, 206-207, 208-209, 210-211, 212-213, 214-215, 216-217, 218, 246-247, 248-249, 253, 254-255, 258-259, 267, 260, 268, 270-271, 272, 273, 274-275, 280-281, 284-285, 286-287, 290-291, 292-293, 294-295, 296-297, 298-299, 300-301.

ORIOL ALAMANY
17, 18 (droite), 19, 29, 32, 33, 37, 38-39, 49, 68-69, 70-71, 72-73, 74-75, 76-77, 78-79, 81, 84-85, 86-87, 88, 89, 176, 177, 223, 224, 228-229, 230-231, 232-233, 234-235, 236-237, 238-239,250-251, 252.

ESTEBAN ANÍA
15, 16, 18 (gauche), 24-25, 26-27, 30-31, 34-35, 178-179, 180-181, 256-257, 282, 283, 288, 289.

JULIO HERRERA
52, 80, 90, 92, 142-143, 154-155, 266-267, 276, 278, 279, 302.

EDUARDO VIÑUALES
82-83, 94, 95, 96, 97, 98, 99, 101, 102, 103 (gauche), 277.

E. SERRANO CAÑADAS
56, 57, 58, 59, 60, 61, 62, 63.

JOSU BERECIARTUA
138-139, 148-149.

ARCHIVES LUNWERG
110-111, 225.

LUNWERG EDITORES

Directeur général
Juan Carlos Luna

Directeur artistique
Andrés Gamboa

Directrice de production
Mercedes Carregal

Maquettistes
Elisa Cid
Miguel Ángel Palleiro

Coordination des textes
María José Moyano